一枝一叶总关情

——贵阳市脱贫攻坚实践

（上卷）

贵阳市农业农村局　贵阳市乡村振兴局　贵阳市生态移民局／编著

人民出版社

编 委 会

目 录 CONTENTS

第二部分　因地制宜精准扶贫

第三部分　企业助力社会聚力

序 言

赵德明*

消除贫困是人类的共同使命，一切形式的极端贫困都在阻碍着人民追求幸福生活的基本权利，贫困及其衍生出来的饥饿、疾病、社会冲突等一系列难题长期困扰着许多发展中国家。我国作为全球最大的发展中国家，一直致力于让贫困人口和贫困地区摆脱贫困、促进人民生活小康，从 2000 年人民生活总体上达到小康水平到 2021 年全面建成小康社会，从 2015 年在世界上率先完成联合国千年发展目标到 2020 年提前 10 年实现联合国 2030 年可持续发展议程确定的减贫目标，中国扶贫开发取得了举世瞩目的伟大成就，中国特色减贫道路引起众多发展中国家竞相效仿，为全球减贫事业提供了"中国方案"、作出了重大贡献。

消除贫困、改善民生、逐步实现共同富裕，是中国特色社会主义的本质要求，是中国共产党的重要使命，一代代共产党人不忘初心、牢记使命、艰苦奋斗，带领人民与贫困斗争，书写了可歌可泣的历史

---

* 赵德明，贵州省委常委、省委统战部部长，原贵阳市委书记。

篇章。特别是党的十八大以来，以习近平同志为核心的党中央把脱贫攻坚摆在治国理政的突出位置，建立专项扶贫、行业扶贫、社会扶贫等多方力量有机结合、全党全社会力量参与的大扶贫格局，"六个精准"、实施"五个一批"、解决"四个问题"、强化东西部扶贫协作和对口支援、解决"两不愁三保障"突出问题、决战决胜脱贫攻坚等习近平扶贫重要论述在神州大地落地生根、开花结果，如期打赢脱贫攻坚战，中华民族千百年来存在的绝对贫困问题历史性地得到解决，脱贫攻坚的伟大实践充分彰显了中国共产党领导和中国特色社会主义制度的显著优越性。

贵州作为脱贫攻坚主战场，在精准扶贫国家战略推动下，在习近平总书记关心和厚爱下，贵州牢记嘱托、感恩奋进，焕发精神、实现蜕变，经济增速连续九年位居全国前列，脱贫攻坚创造形成"四场硬仗""五个专项治理""四个聚焦"等工作体系，创新探索"六个坚持""五个体系""八要素"等工作抓手，总结提出"五步工作法"等工作方法，贵州经验成为全国脱贫攻坚"省级样板"，贵州取得的成绩被习近平总书记称为"党和国家事业大踏步前进的一个缩影"。

贵阳作为贵州省省会，历届市委、市政府始终扛起脱贫攻坚重大政治责任，统筹"市内"和"市外"两个战场，付出了巨大努力，取得了显著成效。尤其是近年来，贵阳市深入贯彻落实习近平总书记关于精准扶贫精准脱贫的重要论述，全面落实党中央、国务院和贵州省委、省政府决策部署，一切工作向脱贫攻坚发力，一切工作与脱贫攻坚融合，一切工作为脱贫攻坚服务，以脱贫攻坚统揽经济社会发展全局，践行"五步工作法"，把握"八个关键细节"，超常规推进农村产业革命，创新实施"强化产销对接"攻坚行动计划、贫困人口"清零"行动、易地扶贫搬迁"共筑行动"，推进城乡公共设施互联互通、一体发展，全面补齐"两不愁三保障"短板弱项，全市贫困人口实现稳定脱贫，彻底撕掉了绝对贫困标签。同时，强化省会担当，实施结对帮扶"六大工程"，开创"输血造血、反哺共赢"的省内帮扶协作新路，助推全省13个贫困县脱贫摘帽，带动51万贫困人口实现脱贫。

脱贫攻坚取得全面胜利，"三农"工作重心历史性转移到全面推进乡村振兴。精心策划、适时编辑出版《一枝一叶总关情——贵阳市脱贫攻坚实践》，从党委政府主体责任、因地制宜精准扶贫、企业助力社会聚力、携手同行感恩共进、榜样带动先进模范等不同的维度，以显著成就和沧桑巨变的视角，全面记录贵阳脱贫攻坚的奋斗历程、宝贵经验和丰硕成果，为巩固拓展脱贫攻坚成果，全面推进乡村振兴，加快农业现代化贡献智慧，凝聚力量、齐心协力推动"十四五"巩固拓展脱贫成果取得更大成效，向着农业强、农村美、农民富的现代化目标砥砺前行。

本书的出版面世，得益于各级领导帮助支持和编辑人员艰辛劳动，在此谨表谢意。

凝聚蓬勃力量　精准贵阳战法

奋力夺取脱贫攻坚和全面小康伟大胜利

陈　晏*

"林城"贵阳市阳光明媚，从城区制高点黔灵山顶俯瞰贵阳城区，青山环绕着鳞次栉比的高楼。近年来贵阳市以生态立市，大力提高城市绿化面积，目前城市森林覆盖率已超过45%。（新华社记者刘续摄）

　　"民亦劳止，汔可小康"源于《诗经》的词句寄托着中华民族千百年来的发展愿景，早在1979年，邓小平同志就创造性地借用"小康"这个概念来表述"中国式的现代化"的重要思想，自此开

---

　*　陈晏，贵州省政协副主席，原贵阳市委副书记、市人民政府市长。

启了波澜壮阔的小康社会奋斗历程。时间再追溯到 2014 年 6 月，习近平总书记明确指出，中国已经进入全面建成小康社会的决定性阶段，实现这个目标是实现中华民族伟大复兴中国梦的关键一步。

"小康不小康，关键在老乡"，习近平总书记多次表示，他最牵挂、最放心不下的还是困难群众，让所有贫困人口脱贫是他牵挂最多、花精力最多的一件事情。党的十八大以来，以习近平同志为核心的党中央把脱贫攻坚摆在治国理政的突出位置，作出一系列重大部署和安排，脱贫攻坚力度之大、规模之广、影响之深，前所未有。

"贫困不除、愧对历史，群众不富、寝食难安，小康不达、誓不罢休"，全省上下牢记嘱托、感恩奋进，以脱贫攻坚统揽经济社会发展全局，举全省之力，向千百年来的绝对贫困问题发起总攻。易地扶贫搬迁让 192 万群众搬出贫困大山，农村产业革命唤醒千百年沉寂的土地，7.87 万公里"组组通"硬化路打通贫困地区脱贫致富"最后一公里"，全省 66 个贫困县全部脱贫摘帽，923 万贫困人口全部脱贫，由全国贫困人口最多的省份转变为减贫人数最多的省份，书写了中国减贫奇迹的贵州精彩篇章。

"一切工作都要向脱贫攻坚发力，一切工作都要与脱贫攻坚融合，一切工作都要为脱贫攻坚服务"，这是贵阳作为省会城市始终坚决扛起脱贫攻坚重大政治责任的最直接、最真实写照。2015 年 6 月，习近平总书记在贵阳主持召开部分省区市党委主要负责同志座谈会时强调，"扶贫开发贵在精准，重在精准，成败之举在于精准"，五年来，贵阳市始终把"精准"的要求落实到脱贫攻坚全过程、各环节，坚持以脱贫攻坚统揽经济社会发展全局，坚持以高标准要求、高水平开放、高质量发展助推决战决胜脱贫攻坚，统筹好"内""外"两个战场，2015 年在全省率先实现"整市脱贫"，到 2019 年全市建档立卡贫困人口 15088 户 43084 人全部达到脱贫标准。全市农村居民人均可支配收入从 2015 年的 11918 元增长到 2019 年的 17275 元，连续五年收入和增速"双高于"全国平均水平。探索出一系列精准管用的"贵阳战法"，推动脱贫攻坚取得根本性胜利，奋力夺取脱贫攻坚和全面小康伟大胜利。

一、坚持精准扶贫精准脱贫基本方略，突出"四个精准"措施，如期实现贫困人口"清零"，彻底撕掉绝对贫困标签

2019 年是脱贫攻坚尤为关键的一年。4 月 16 日，习近平总书记在重庆主持召开解决"两不愁三保障"突出问题座谈会，强调脱贫攻坚战进入决胜的关键阶段，务必一鼓作气、顽强作战，不获全胜决不收兵。6 月 30 日，省委十二届五次全会召开，全会要求已脱贫摘帽的 33 个县，剩余农村贫困人口 2020 年必须全部脱贫。贵阳市在 2015 年实现"整市脱贫"，2016 年 64 个贫困村出列，到 2018 年累计脱贫 8969 户 29520 人，还余贫困人口 6119 户 13564 人。全市上下尽锐出战，突出"四个精准"，2019 年如期实现贫困人口"清零"。

突出统筹部署精准。先后印发《中共贵阳市委办公厅贵阳市人民政府办公厅关于印发贵阳市巩固脱贫成果工作方案的通知》《贵阳市扶贫开发领导小组关于印发贵阳市 2019 年贫困人口清零工作实施方案》等系列重要文件，深入开展大调研、大排查、大清查、大走访四大行动，下足绣花工夫，逐村逐户逐人过堂，巩固脱贫成效，确保脱贫质量。建立大统筹大调度机制，实行市委、市政府分管领导一月一调度，分管副秘书长半月一调度，市扶贫开发领导小组办公室每周调度，对 7 个区（市、县）和 11 个市直部门共派单督办、整改完成问题 98 个，确保贫困人口"清零"任务圆满完成。

突出攻坚方向精准。聚焦贫困发生率高于全市平均值的 31 个

乡（镇）、45 个贫困村，作为脱贫攻坚的急中之急、坚中之坚，重点推进，以户保村、以村保乡。聚焦全市建档立卡未脱贫的 6119 户13564 人贫困人口，通过扶持生产和就业发展脱贫 5170 人，易地搬迁安置脱贫 1067 人，生态补偿脱贫 36 人，教育扶贫 255 人，社会保障兜底 7036 人，全部达到"两不愁三保障"脱贫标准。

突出攻坚内容精准。坚持走访对标"五看"，即一看房、二看粮、三看劳动力强不强、四看家中有没有读书郎、五看有没有人躺在床。对标"八有"，即有饭吃、不缺粮，有衣穿、四季齐，有水喝、质达标，有学上、不辍学，有医保、能看病，有房住、居安全，有产业、能致富，有环境、清净洁。对全市建档立卡贫困人口 15088 户 43084人全面核查，不漏一户、不落一人，确保贫困人口真脱贫、脱真贫。

突出攻坚打法精准。市级层面明确主管责任，做好统筹衔接、培训、推动、指导，通过明察暗访发现问题，推动问题解决。县级层面强化主体责任，"一把手"亲自指挥，对贫困发生率高于全市平均水平的村全部走访到位，逐村研究制定"按时打赢"方案，着力破解工作难题。乡级层面落实主战责任，乡党委政府成立工作专班，逐村逐户逐人逐项全面开展拉网式排查，列出问题清单、明确措施时限、按时对账销号。村级层面突出主攻责任，成立乡镇包村领导任队长，村支两委、第一书记、驻村干部、村民小组长为成员的攻坚队，重点摸排"两不愁三保障"覆盖情况，确保脱贫措施精准到人。

二、超常规推进农村产业革命，聚焦教育医疗住房"三保障"和饮水安全，农业农村发生天翻地覆，贫困群众获得感、幸福感、安全感持续提升

习近平总书记多次强调，发展产业是实现脱贫的根本之策。脱贫标准就是稳定实现"两不愁三保障"。这是衡量贫困人口是否真正脱贫的硬杠杠，是核心指标。贵州发起"来一场振兴农村经济的深刻的产业革命"，推动产业扶贫取得重大成效，将教育、医疗、住房三保障纳入"四场硬仗"强力推动、聚力攻坚，系统推动贫困人口尽快脱贫、稳定脱贫。贵阳市坚决贯彻落实中央、省决策部署，超常规推进农村产业革命，持续补齐教育医疗住房"三保障"和饮水安全短板，农业农村发展强劲有力、今非昔比，贫困群众获得感、幸福感、安全感不断提高。

从"小散弱"到"强带动"。贵阳市聚焦"八要素"，精准战术打法，主攻菜篮子、果盘子、茶园子、药坝子、奶瓶子"五子登科"六大主导产业，累计调减低效作物93.61万亩，调增以果药茶为主的经济作物78.87万亩，全市经济作物种植面积达到253万亩；建成生猪家庭牧场450个，家禽产能已达3000万羽，并因地制宜推广"龙头企业＋合作社＋农户"组织方式，创新推广土地所有权固定分红、土地承包权保底分红、土地经营权阶梯分红、农户务工劳务分红、产业发展帮扶分红、反租倒包经营分红"六股分红"模式，共带动贫困户14387户42158人稳定增收。

从"饮水难"到"喝好水"。全市累计完成水利基础设施投资7.33亿元，新建、维修水利基础设施812处，巩固提升农村饮水安全人口53.27万人。累计投入1.68亿元建成农村饮水安全巩固提升工程18处，解决11.96万人农村饮水安全问题。建设完工147个农村分散饮水巩固提升工程，农村集中供水率从90.3%提升到99.03%，打通农村供水"最后一公里"问题。

从"上学难"到"上好学"。全市累计投资138亿元，完成新改扩建、维修改造学校593所，新增学位109845个，逐步改善农村就读中小学办学条件。农村义务教育学校和农村学前教育营养改善计划实现全覆盖,累计发放各类学生资助资金 22.94 亿元,惠及学生 192.8 万人次,严格落实"七长"责任制保障义务教育阶段辍学学生"动态清零",让每名困难学生都能上好学。

从"看病难"到"放心治"。全市村卫生室及合格村医实现行政村全覆盖,成立了 798 个家庭医生团队,农村建档立卡贫困人口家庭医生签约率达 100%。累计培训县级卫生技术人员 7555 人次,乡级 3299 人次,村级 2698 人次,基层医疗服务能力稳步提升。实现建档立卡贫困人口基本医疗保险、大病保险和医疗救助"三重医疗保障"全覆盖,在全省率先实现建档立卡贫困人口省内就医三重医疗保障"一站式"结算,进一步方便贫困人口就医。

从"老破小"到"换新颜"。全市累计完成农房风貌改造 15389 户,建设小康房 1.54 万户,农村宜居条件持续改善。全面完成建档立卡贫困户房屋安全性评定,累计实施农村危房改造 4777 户,整治完成农村老旧住房透风漏雨 3400 户,并持续开展住房安全动态排查,发现一户、整改一户,及时化解因灾新增危房等风险隐患,确保农村贫困群众住房安全有保障。

三、破解"一方水土养不活一方人"难题,构建易地扶贫搬迁"五个体系",创新实施"共筑行动",让搬迁群众搬得出、稳得住、快融入、能致富

20 多年前,时任福建省委副书记的习近平来到宁夏西海固调研对口帮扶,启动一项根本性工程"移民吊庄",让生活在"一方水土养不活一方人"的西海固群众搬迁到他亲自命名的"闽宁村"。时间流逝,不变的是矢志不渝的为民情怀、一以贯之的扶贫理念。2015 年 10 月 16 日,习近平总书记出席"减贫与发展高层论坛"并发表题

为《携手消除贫困　促进共同发展》的主旨演讲，首次提出"五个一批"的脱贫措施，易地搬迁脱贫一批就是其中重要内容之一。2016年，全省启动新时期易地扶贫搬迁工作，贵阳市经过多次筛选核实，有3009户12090人偏远地区农村困难群众符合条件并自愿搬迁，拉开了易地扶贫搬迁攻坚战的帷幕。

强化安置点建设确保搬得出。贵阳市坚持以产定搬、以岗定搬，统筹考虑水土资源条件、就业吸纳能力、产业发展潜力和公共服务供给能力等多方面因素，共建设9个安置点（清镇市站街镇2个安置点、修文县龙场镇2个安置点、开阳县城关镇2个安置点、乌当区云锦东风镇1个安置点、花溪区桐木岭1个安置点、息烽县永靖镇1个安置点）全部在县城规划区域内，总投资11.89亿元，建设住房3064套，3009户12090人搬迁群众全部于2019年6月完成搬迁入住。

构建"五个体系"确保稳得住能致富。全市9个安置点引入社区建设理念，实现"五通五化"（通路、通电、通水、通电视、通网络，硬化、绿化、美化、亮化、净化），建立便民利民"八个一"服务工程（一个安置小区综合服务中心，一个新时代文明实践中心，一个文体活动中心，一个老幼服务活动中心，一个党员活动中心，一个平价购物中心，一个警务室，一个卫生室），新配建的3所幼儿园、1所小学、1所中学、7所医疗机构和7所警务室全部投入使用，配套11个扶贫车间、78个铺位、111个门面方便搬迁群众生产生活，符合低保条件的2008人全部转成城镇低保，党支部、居民公约安置点全覆盖，易地扶贫搬迁劳动力"零就业"家庭动态清零，搬迁群众实现学有所教、劳有所得、病有所医、住得安心舒心放心。

实施"共筑行动"确保快融入。建立"市领导包县、县领导包安置点、科级领导包楼栋单元、结对党员包户"的工作机制，5400余名党员结对帮扶搬迁群众全覆盖，每月不定期走访了解群众生产生活困难，帮助解决搬迁群众揪心事、烦心事和操心事，同步开展感恩教育 155 场次、普法教育 63 场次、市民意识培训 71 场次等，动员搬迁群众户籍转移到安置地 4924 人，充分尊重搬迁对象意愿办理"易地扶贫搬迁市民证"，加快搬迁群众市民化进程，助推搬迁群众快速融入搬迁安置点新环境。

四、强化省会担当，竭力开展省内结对帮扶，实施六大帮扶工程"输血造血、反哺共赢"，助力全省"决战脱贫攻坚，决胜同步小康"

贵州作为全国脱贫攻坚的主战场，在国家东西部扶贫协作的大战略下，由上海、浙江、广东等 6 个省（直辖市）的 8 个城市，分别对口帮扶贵州的 8 个市（州）。在此基础上，贵阳提高站位、主动担当，实施大产业带动、大市场带动、大就业带动、教育医疗和人才带动"六大帮扶工程"，探索出"输血造血、反哺共赢"省内帮扶协作新路。先后助推习水、印江、镇宁、麻江、普安、水城、剑河、长顺、罗甸、天柱、望谟、纳雍、紫云等 13 个贫困县脱贫摘帽，助推结对帮扶县 51 万贫困人口实现脱贫，为全省"决战脱贫攻坚，决胜同步小康"作出省会贡献。

当好"协同军"，压紧压实帮扶责任。依托贵阳市 3 个一级农产品批发市场、135 个农贸市场、78 个大型社会化超市、154 个公益性惠民生鲜超市、300 个社区智慧微菜场组成的大中小微市场流通体系，2016 年以来累计交易本省农产品 476 万吨，金额达 495.7 亿元。2020 年以"三专"建设推动消费扶贫为抓手，建成扶贫专柜 1500 个、扶贫销售专区 237 个、扶贫专馆 110 家，帮助销售省内农产品 101.7 万吨、108.4 亿元。推动农产品"七进"，学校、医院、企业采购本省农产品比例分别达 93.8%、100%、94.9%，为全省大规模种养的农产品卖出去、卖出好价钱作出省会贡献。

凝聚"大合力"，提供真金白银保障。2016 年以来，市县两级共计投入帮扶资金 18.33 亿元，其中财政帮扶资金 9.63 亿元，动员社会资金 8.7 亿元，实施各类帮扶项目 458 个，引导 168 家在筑企业开展"百企帮百村"结对帮扶。

拓展"两市场"，积极推动消费扶贫。在贵阳农产品物流园、贵阳地利农产品物流园、贵阳数字化禽蛋配送中心以及 154 个惠民生鲜超市、70 家社会化大型连锁生鲜超市、126 个社区智慧微菜场均设立"贵州产业扶贫销售专区"，通过直采直供方式，累计采购销售本省农副农产品 478.64 万吨，金额达 472.47 亿元。在北京、上海、广州、重庆等地开设 80 余个销售窗口，拓宽"黔货出山"通道。

聚焦"促共赢"，延伸做强农业产业。统筹推动市农投集团、各区（市、开发区）平台公司、涉农经营主体共投资 12 亿元，在 12 个帮扶县开展蔬菜、畜牧、渔业等生产基地建设，推广"品牌运营＋区域龙头企业＋合作社＋农户"的模式，把产业发展效益留在当地，增强帮扶县产业带贫减贫效益。充分发挥龙头企业的带动作用，采取贫困户入股集体经济，参与基地建设，实施"三变"带动帮扶，吸纳贫困户务工，打造利益联结产业共同体，走出一条脱贫攻坚的新路。

立足"长效帮"，强化就业人才支持。全市累计为贫困县提供就业岗位 56.21 万个，吸纳当地农村劳动力就业 10.01 万人。累计完成帮扶县农民全员培训 28433 人，涉及贫困户 330 名。累计组织培训当地乡村干部 470 人次，选派农村专业技术人才、教育专家、医疗技术骨干、信息技术专家等 85 名同志到帮扶县挂职，把好的经验做法带到当地，帮带当地基层干部能力素质提升。

瞄准"稳脱贫"，夯实筑牢民生需求。贵阳 24 所学校与帮扶县

22 所学校开展结对帮扶，累计开展"送教"、讲座等形式活动 110 余次，惠及学生 40 万人次，组织贫困县相关学校骨干教师 600 余人次到贵阳市观摩学习。全市 22 所医院结对帮扶县 31 所医院，累计为受援医院骨干医师培训、进修 170 余次，组织开展扶贫义诊 70 次。

五、持续巩固脱贫攻坚成果，提升脱贫攻坚质量和成色，确保高质量、打好收官战，坚决夺取脱贫攻坚同步小康全面胜利

2020 年是决胜脱贫攻坚、全面建成小康社会的收官之年。习近平总书记在 3 月 6 日决战决胜脱贫攻坚座谈会上强调，"到 2020 年现行标准下的农村贫困人口全部脱贫，是党中央向全国人民作出的郑重承诺，必须如期实现，没有任何退路和弹性。这是一场硬仗，越到最后越要紧绷这根弦，不能停顿、不能大意、不能放松。"省委、省政府也先后召开了脱贫攻坚誓师大会、各市（州）党委书记抓脱贫攻坚座谈会、脱贫攻坚"冲刺 90 天　打赢歼灭战"动员大会等一系列重要会议，省委十二届七次全会对"确保高质量、打好收官战，坚决夺取脱贫攻坚同步小康全面胜利"作出全面安排。贵阳市坚持一刻不能松劲、一步不能停止、一天不能耽误，全面查缺补漏，全力巩固脱贫成果，确保高质量、足成色夺取全胜。

打好"冲刺 90 天　打赢歼灭战"。成立市脱贫攻坚"冲刺 90 天　打赢歼灭战"工作专班，分别与 18 家部门和 7 个区（市、县）签订总攻责任状，按照"定时、定点、定人"工作机制，召开专班调度会 13 次，派发提示函 24 件，编发信息倒逼工作简报 11 期。"窗口期"内共排查纳入"双台账"问题 160 个和市委板块联动专项巡察发现问题 503 个，均全部完成整改销号，推动"3+1"保障、劳务就业、群众满意度等一批短板弱项得到解决提升，进一步夯实脱贫成果。

打好贵阳贵安协同作战。成立贵阳贵安协同作战指挥部以及贵阳市协同作战工作专班，从全市选派 40 名干部与贵安新区干部组成 20 支协同作战工作队，入驻贵安新区高峰镇、马场镇 18 个村和湖潮乡、党武镇，协同贵安新区共整改完成问题 305 个，并探索出绘制建档立卡户分布地图、回访"一表清"等一些好经验好做法，推动"一达标两不愁三保障"和饮水安全问题得到有效解决，全面消除了影响打赢脱贫攻坚战的硬伤。

建立防贫监测和帮扶机制。创新"APP+ 保险 + 社会扶贫网"组合模式，构筑贫困发生"拦水坝"和"截流闸"。上线运行防贫预警监测 APP，集合线下联动监测，对脱贫不稳定户和边缘户返贫致贫风险早发现、早预警、早处置，第一时间采取帮扶措施，坚决防止新的贫困发生。部署实施防贫保险，通过保险"兜底"方式建立临贫预警、骤贫处置、脱贫保稳精准防贫机制。2020 年 11 月，全市建档立卡贫困户 42970 人，边缘户 289 人，贵安新区 7223 人全部购买防止返贫致贫保险。完成"中国社会扶贫网"注册 78 万人，凝聚社会扶贫力量，稳定脱贫成果。

贵阳市以优异的成绩向党和人民、向历史交上一份优异的答卷，全面夺取了脱贫攻坚战伟大胜利。扬帆再起航，再战新征程，贵阳市将交接好脱贫攻坚与乡村振兴接力棒，全面推进乡村振兴，加快农业农村现代化，向着农业强、农村美、农民富的现代化目标勠力同心，砥砺前行。

第一部分
落实党委政府主体责任

一、党建扶贫

——强化组织保证　夯实脱贫根基

习近平总书记指出，农村基层党组织是党在农村全部工作和战斗力的基础，是贯彻落实党的扶贫开发工作部署的战斗堡垒。抓好党建

贵阳市1171名技术干部以国家远程教育系统为支撑，结合各村实际大力发展技术含量高、销路好的特色农产品，帮助农民走上脱贫致富之路。（新华社记者杨俊江摄）

扶贫，是贫困地区脱贫致富的重要经验。要把扶贫开发同基层组织建设有机结合起来，抓好以村党组织为核心的村级组织配套建设，把基层党组织建设成为带领乡亲们脱贫致富、维护农村稳定的坚强领导集体，发展经济、改善民生、建设服务性党支部，寓管理于服务之中，真正发挥战斗堡垒作用。

党的十八大以来，全市组织系统自觉担负起抓党建促脱贫攻坚的重大政治责任，坚持以政治建设为统领，以"强基固本利治，强镇兴村富民"为目标，紧紧围绕建强农村战斗堡垒目标，不断充实攻坚力量、提升攻坚能力、激发攻坚活力，全力提升农村基层党组织的组织力、凝聚力和战斗力，切实为脱贫攻坚、农村产业革命、乡村振兴提供坚强的组织保证。

（一）建强队伍，充实攻坚力量

围绕提升基层党组织的组织力和政治功能，结合脱贫攻坚、农村产业革命，全面落实"一任务两要点三清单"，建强"两委一队三个人"，选优配强党组织书记、大力培养村级后备力量、精准选派驻村帮扶队伍等措施，不断充实脱贫攻坚工作力量，打造一支"不走的扶贫工作队"。

1.选优配强村党组织书记

2013年起，深入实施农村基层党组织"领头雁工程"，努力培养造就一支素质优良、结构合理、作风过硬、群众公认的带头人队伍，培养造就一批政治素质好、工作能力强、作风形象优，能带领农民群众脱贫致富的村党组织书记。2019年起，为深入贯彻党的十九大精神，推进乡村振兴战略，大力推行村党组织书记、村委会主任"一肩挑"。

坚持把政治建设放在首位，按照"一好双强"标准（政治素质好、带富能力强、协调能力强），打破身份、地域、体制的限制，注重从农村致富能手、复员退伍军人、外出务工经商等人员中选拔村党组织书记。对无合适人选的，从县乡机关事业单位中下派优秀党员干部到村专职担任党组织书记，确保个个过硬。通过村级党组织换届选举、定期开展村党组织书记履职尽责和作用发挥情况分析研判，对能力不强、实绩较差、群众意见较大的及时调整补充。

党的十九大以来，全市共调整充实村党组织书记200余人，2018年、2019年全市21名村党组织书记获全省脱贫攻坚"三优一先"表彰，56名村党组织书记获全市脱贫攻坚"两优一先"表彰，先后涌现出开阳县双流镇三合村党支部书记严文富、清镇市王庄乡小坡村党支部书记陈权利等带领农村群众脱贫致富的先进典型。截至2020年，全市912个行政村中已有450个村推行党组织书记和村委会主任"一肩挑"，占45.18%。

2.大力培养后备力量

近年来，强化三个"管理"优化队伍结构、注重三"源"拓宽选人渠道、严把三"关"培育优质队伍等具体措施，不断拓宽农村发展党员视野和渠道，加强优秀后备人才递进培养，大力实施农村党员"双培"工程，夯实后备力量基础，确保每个村至少储备2名后备力量，为按时高质量打赢脱贫攻坚战，接续推进乡村振兴提供源源不断的后续人才资源。

对存在党员队伍老化、结构不合理、较长时间未发展党员等问题的村实行计划单列管理，在对农村党员队伍年龄、文化、分布结构、发挥作用的情况以及申请入党人、入党积极分子的数量和培养教育情况进行分析的基础上，制定年度发展计划，对部分发展党员工作力度不大、效果不明显的乡（镇、社区）、村列入重点管理单位，限期整改转化。

注重"开源"，拓宽视野在外出务工优秀青年中发展党员，及时把活跃在农业生产一线的优秀青年和种植养殖大户、致富能手吸引到党组织周围，全面激活党员发展源头。注重"培源"，注重从村级组织的优秀青年、创业带富能手、退伍军人、大（中）专毕业生、优秀外出务工人员等群体中培养入党积极分子。注重"固源"，将落实"三会一课"、主题党日等制度与村级日常工作有机结合，让党员通过"三会一课"、主题党日了解村级事务、参与村务管理，充分调动党员的参与热情，使"三会一课"、主题党日成为推动各项工作开展的有效载体。

严把程序关，严格执行发展党员5个阶段、25项程序，进一步严格落实政治审查、谈心谈话、组织审批、入党宣誓、按期转正等入党基本程序，坚持做到"五个不发展"。严把教育关，注重加强对青年人的日常教育引导工作，充分利用电脑网络、QQ、微信、党建红云APP等新媒介，畅通与青年人交流沟通渠道。严把监督关，建立由党委组织部门牵头，纪检监察机关、审批机关、检察机关、公安机关、司法机关等部门参与的政审联审机制，考实考准发展对象的入党动机、政治觉悟、道德品质、遵纪守法等情况。

同时，创造条件让年轻党员参与村级事务管理，落实专人传帮带，及时选拔闯劲足、敢担当、有公心的优秀党员担任村党组织书记，建立发展党员工作责任制、农村发展党员预警制、发展党员工作汇报制、发展党员工作约谈制、发展党员责任追究制，压实基层党委发展党员工作责任，推动基层党组织书记用心用力抓，切实抓出成效。截至2020年上半年，全市共有农村党员41000余名，村级后备力量2500余名。

3.建强驻村帮扶队伍

习近平总书记强调，选派扶贫工作队是加强基层扶贫工作的有效组织措施，要做到每个贫困村都有驻村工作队、每个贫困户都有帮扶责任人。党的十八大以来，严格落实"四个不摘"要求，按照省委实施同步小康驻村工作推进精准帮扶的统一部署，选派优秀年轻干部担任村第一书记和驻村干部，积极协调各方资源开展驻村帮扶，形成了"人往基层走、物往基层倾、事在基层办"和"一人驻村，全局帮扶"的良好局面，扎实推进脱贫攻坚工作，全面改变乡村面貌。2015年6月，贵阳市"六化"驻村帮扶工作得到时任省委常委、组织部部长孙永春的肯定性批示。

坚持"尽锐出战"，精准选派驻村干部。立足精准帮扶，突出选派干部的针对性，努力做到"因村选人、因人定村"。对派出单位的职能优势、驻村干部的能力特长，以及帮扶村的基本情况、发展规划进行综合研判，科学匹配。把帮扶重心放在64个贫困村、党组织软弱涣散村、旅游环线村等脱贫攻坚任务较重的村，特别是将市派干部向清镇市、修文县、息烽县、开阳县等基础条件较差的地方倾斜。注重驻村干部素质结构，严格落实第一书记人选要求，坚持把优秀年轻干部、后备干部、科级干部等政治信仰坚定、能力素质过硬的优秀干部选派到脱贫攻坚一线培养锻炼。2020年，在全市建档立卡贫困人口已全部清零的情况下，增加4个驻村工作组开展帮扶工作，确保帮扶力度不减、干劲不松。党的十八大以来，全市共选派省市县乡村五级驻村干部8600余人次开展驻村帮扶工作。市、县两级采取领导班子和帮扶单位党组织、党员干部"一对一"结对贫困户的方式，实现了64个贫困村和所有建档立卡贫困群众结对帮扶全覆盖。

坚持"真蹲实驻"，科学管理驻村干部。按照省委组织部《关于进一步从严管理村党组织第一书记和驻村干部的意见》，认真落实工作目标、岗位责任、正向激励、负向约束"四位一体"从严管理干部机制，在全市驻村工作中实行"七必究"，进一步加强对第一书记、驻村干部的纪律作风管理，明确要求第一书记和驻村干部驻村期间不再承担原单位工作，党组织关系转移到所驻村，切实防止和解决驻不下、驻不实、作用发挥不好等问题。制定实施《驻村工作四必清》，即人必清、财必清、物必清、事必清，督促指导第一书记、驻村干部掌握上情、吃透下情，全面摸清全村资源情况，找准发展路子，盘活用好各种要素资源，发展壮大村级集体经济，带动贫困群众抱团发展、携手致富。2016年，研发了"党建红云"手机APP系统，分设"驻村纪实""驻村动态""考勤管理""驻村辅导""互动分享""政策文件"6个栏目，通过驻村APP开展释疑解惑，宣传涉农政策项目，驻村干部及时上传工作动态，上传纪实的天数作为发放驻村补助的依据，从而实现对村第一书记和驻村干部的科学化日常管理，确保驻村干部真蹲实驻。自"党建红云"手机APP系统运行以来，各驻村干部上传工作动态900余条，各行业部门答疑解惑近500条。

坚持"三个捆绑"，切实提升帮扶成效。严格落实"资金、项目、责任"三个捆绑，统筹驻村帮扶资源，进一步压实派出单位帮扶责任、驻村干部具体责任。把开展驻村结对帮扶作为各级各部门党建工作考核的重要内容，将各级领导干部带头驻村调研、指导帮扶情况与贯彻落实党员干部直接联系群众要求结合起来，明确单位主要领导每半年不少于1次，班子成员轮流到村调研指导，每个季度不少于1次。

以问题为导向、以实效为目标，2019年、2020年，连续开展驻村帮扶不扎实专项治理和抓党建促脱贫攻坚挂牌督战，补齐驻村帮扶工作短板弱项，切实提升帮扶成效。2019年，驻村帮扶不扎实专项治理工作中，围绕驻村工作不扎实、帮扶责任落实不到位、教育管理需加强、激励关爱不充分等4个方面查找出43个具体问题进行整改，帮扶单位党委（党组）专项研究 867 次，帮扶单位"一把手"调研指导工作 922 次，帮扶单位领导班子成员到帮扶地调研指导工作 1640 次，共计支持 6782 万元帮助 590 个项目发展。全市第一书记、驻村干部、驻村工作组走访群众 6.8 万余户（次），召开群众座谈会 4000 余场（次），帮助群众解决实际困难 5000 多个；帮助引进企业 59 个，协调项目 860 个，指导成立农民合作社 107 个，帮助争取资金 1.3 亿余元，驻村帮扶成效得到极大提升，群众对驻村工作的满意度明显提高。2020 年，抓党建促脱贫攻坚挂牌督战发现问题 119 个，根据问题表现聚焦脱贫攻坚一线队伍责任、能力、作风，建立两本台账进行整改，实行销号管理，所有问题全部整改到位，为巩固提升脱贫攻坚成效提供坚强组织保证。

（二）精准培训，提升攻坚能力

习近平总书记指出，打好脱贫攻坚战，关键在人，在人的观念、能力、干劲。党的十八大以来，以落实"五步工作法"、农村产业革命"八要素"、"一任务两要点三清单"等为重点，注重推广城乡"三变"改革和塘约经验，坚持"点单"与"配菜"相结合、"走出去"与"请进来"相结合，采取上级调训、示范培训、全员轮训等方式，不断提升村党组织书记、第一书记、驻村干部和农村党员骨干履职能力，进一步提高脱贫攻坚一线干部按时高质量打赢脱贫攻坚的能力水平，培育一支懂扶贫、会帮扶、作风硬的脱贫攻坚干部队伍。

1. 精准设置培训内容

按照"脱贫攻坚需要什么就培训什么，干部缺什么就补什么"原则，根据不同培训对象，精准设置培训内容。

将《习近平扶贫论述摘编》作为各级干部培训重要内容，为村第一书记和驻村干部配备《摆脱贫困》《习近平的七年知青岁月》等书籍，凝聚思想共识，提升政策水平，强化组织能力，提升按时高质量打赢脱贫攻坚战的信心决心。

聚焦组织部门主责主业，将抓党建促脱贫攻坚、如何做群众工作、如何指导集体经济发展等方面的业务知识作为脱贫攻坚一线干部培训精品内容。同时，注重脱贫攻坚一线干部现身说法，将实践经验搬上讲台，切实增强脱贫攻坚工作的精准度和实效性，提升群众的满意度和获得感。

加强一线干部对脱贫攻坚相关政策学习，每年将贫困对象精准识别退出、教育扶贫、医疗扶贫、社会兜底保障、危房改造、易地扶贫搬迁、产业就业扶贫等方面的政策法规、业务知识和专业技能知识汇编成册，以工作手册形式发放到脱贫攻坚一线干部手中进行经常性学习，确保广大干部精准、科学、有效地贯彻落实脱贫攻坚各项政策措施。

2.分级抓好干部培训

近年来，按照"分级负责、整体联动、全面覆盖"的要求，采取上级调训、市级示范培训、区县轮训的方式分级开展脱贫攻坚一线干部培训，确保培训范围全覆盖。

选派基层一线干部参加国家、省主办的各类脱贫攻坚培训班，2019年以来，推荐35人参加中组部边疆民族地区村党组织书记培训班、12人参加全省农村党员骨干脱贫攻坚示范培训班。

市级通过举办精准脱贫攻坚战市县乡扶贫系统干部和乡镇党政领导干部、精准脱贫攻坚战村党组织书记村委会主任、同步小康驻村干部、农村致富带头人、乡镇党务干部抓党建促脱贫攻坚、大扶贫＋富美乡村建设等专题培训班和业务知识讲座，各区（市、县）派员观摩学习，不断提升示范效应。每年举办第一书记示范培训班，对下派的村第一书记和驻村工作组组长集中开展岗前培训，强化培训基层党建、群众工作和发展壮大集体经济政策，帮助他们尽快进入角色发挥作用。举办乡镇组织委员培训班，提升乡村党务工作者基层党建业务知识能力水平，进一步夯实乡村基层组织建设基础。

各区（市、县）围绕各阶段脱贫攻坚工作任务，采取集中授课、现场观摩、以会代训等方式，结合本地产业发展、基层组织建设需求，对脱贫攻坚一线干部实行轮训，进一步提高了干部能力素质。2019年，区（市、县）培训村党组织书记、第一书记和驻村干部4300余人次；2020年开展干部培训90多班次，培训8400余人次。

3. 灵活运用培训方式

除开展集中培训外，贵阳市进一步结合实际灵活运用多种方式对脱贫攻坚一线干部开展常态化培训。以"两学一做"学习教育常态化制度化为抓手，用好"学习强国"APP，结合"三会一课"、新时代学习大讲堂、党委（组）中心组学习等方式进一步扩大学习覆盖面，积极组织市、县、乡、村各级党员、干部参加脱贫攻坚专题培训，加强实战训练，做到学以立德、学以增智、学以致用。

（三）强化激励，激发攻坚活力

习近平总书记强调，要关心爱护基层一线扶贫干部，让有为者有位、吃苦者吃香、流汗流血牺牲者流芳，激励他们为打好脱贫攻坚战努力工作。党的十八大以来，贵阳市不断健全完善关心关爱、关怀激励的制度措施，激励基层干部在脱贫攻坚、乡村振兴一线大展身手、担当作为、建功立业。

1. 完善激励机制

先后制定实施《关于加强乡（镇、社区）、村（居）基层一线干部关怀激励的意见》《关于进一步提高村干部报酬和村办公经费的意见》《进一步关心关爱脱贫攻坚一线工作人员激发决战决胜活力实施办法》等政策文件，明确培养使用、表彰激励、待遇保障、人文关怀等具体措施，进一步关心关爱脱贫攻坚一线干部。按照"六有"标准和"6+X"功能布局，建设村级党组织阵地和活动场所，每村每年核拨不低于5万元的村级组织办公经费、服务群众经费和党员活动经费等。大力推进"6+N"基础设施建设，为基层干部工作生活创造良好环境。

2. 提高薪酬待遇

采取"基础报酬＋绩效报酬"的方式，稳步提升村干部报酬待遇和村级办公经费。从2018年7月起，全市所有行政村党组织书记、村委会主任报酬提高到每月4200元，村党组织副书记、村委会副主任提高到每月3500元，其他村干部提高到每月3100元。全面落实第一书记、驻村干部浮动工资、津贴补贴、工作经费等优待政策，按每天55元、80元的标准发放生活补助；对市直单位选派到"三县一市"的村第一书记、驻村干部发放艰苦边远地区津贴；每月报销2次从单位驻地到所驻村的往返公共交通费，激励他们真蹲实驻、真帮实促、真抓实干。

3. 注重政治关爱

坚持把脱贫攻坚一线作为培养锻炼优秀干部的主渠道，让干部在脱贫攻坚一线锤炼党性、提升能力，注重从脱贫攻坚一线识别干部、使用干部、激励干部。党的十八大以来，从脱贫攻坚一线干部中提拔科级及以上干部400余人，面向脱贫攻坚中表现优秀的村干部、大学生村官、第一书记和驻村干部招录公务员和事业单位人员17人。2018年以来，全市77名村党组织书记、124名第一书记和驻村干部获省"三优一先"、市"两优一先"表彰。

典型案例一

花溪区——抓党建促脱贫　聚力量奔小康

贵阳市花溪区以党建促脱贫攻坚为重要抓手，围绕主责主业，认真聚焦"督攻坚责任""督攻坚队伍""督攻坚能力"，重点从压实攻坚责任、配强攻坚队伍、建强攻坚堡垒、提升攻坚能力、优化攻坚打法、激励担当作为6个方面开展挂牌督战，推动基层党组织和广大党员发挥战斗堡垒作用、先锋模范作用，确保实现决胜全面建成小康社会、决战脱贫攻坚目标任务。

一、实行"一肩挑"　攻下"桥头堡"

村级党组织干部队伍是决战决胜脱贫攻坚取得最后胜利的关键。花溪区对全区122个行政村党组织书记履职情况逐村"过筛子"分析研判，从致富能手、退伍军人、大学生村官、返乡创业人员和机关干部中挑选出43人担任村支部书记，实行"一肩挑"。

"夏书记带着我们流转土地，我家一年下来有3万多元的收入呢！再加上我在辣椒基地打工的收入，家里彻底脱贫了。"花溪区孟关乡石龙村村民韩大姐一边管护辣椒苗一边说。

韩大姐说的夏书记，是孟关乡石龙村党支部书记夏飞龙，也是花溪区实行村党组织书记、村委会主任"一肩挑"的第一批"领头羊"。他担任村支书后，带领石龙村集中流转500亩土地建辣椒基地、500亩土地建冬瓜示范基地、2000亩土地打造高标准经果林种植示范点，采取"公司＋合作社＋农户"的经营模式，引导农户将土地经营权入股到合作社，引进龙头企业统一购种、种植、管护、销售、分红，带领全村近百户农户年增收 3000 元以上，全村 27 户建档立卡户全部实现脱贫。

在抓党建促脱贫攻坚中，花溪区以党建引领脱贫攻坚，谋深抓实管用措施，全力推动任务落地，及时跟进主动作为，把组织优势转化为扶贫优势，为选优配强村干部，建强决战一线攻坚堡垒，把政治过硬、能力突出、熟悉基层的 122 名党员干部充实到基层党组织担任村党支部书记，并培养 313 名优秀青年成为村级后备干部，通过压实攻坚责任、配强攻坚队伍、建强攻坚堡垒、提升攻坚能力、优化攻坚打法、激励担当作为，形成一支抓党建促决战决胜脱贫攻坚工作的基层脱贫攻坚排头兵。

二、派出"尖刀队" 直赴主战场

在跨过贫困线后，要巩固稳定脱贫，将脱贫攻坚与乡村振兴有效衔接，是难打的硬仗。花溪区再次优化调整同步小康驻村工作队，派出 29 名第一书记、116 名驻村干部，形成一支脱贫攻坚"尖刀队"，对 29 个贫困村和软弱涣散村实施全覆盖结对帮扶。

"我算了一笔账：胎菊可以制茶，也可以入药，每亩收益在 1 万元以上，每亩流转费用 400 元，建档立卡户全面参与土地耕作、栽种、施肥、灌溉、除草、采摘等工作，每人每天 100 元工资。这些加起来，就能帮助建档立卡户实现长效脱贫。"说起脱贫致富的办法，花溪区黔陶乡半坡村第一书记徐伟滔滔不绝。

半坡村海拔高，胎菊就喜欢这样冷凉或温暖的气候。为了胎菊项目落地，徐伟请来专家实地考察、测试土质。得到专家的肯定后，他带领村支两委协调资金 7 万元，采用"合作社＋党员带头人＋农户＋建档立卡户"模式，由合作社统一从农户处流转土地，党员李定林、罗家文与合作社签订合同流转荒地 20 亩，又跑遍贵阳各地,最后联系息烽农投公司,签订免费提供胎菊统一收购的合作协议。

在全省脱贫攻坚"冲刺 90 天 打赢歼灭战"中,从"因人定村、因村派人"选派同步小康驻村工作组"绿马甲"队伍,到抓党建促脱贫促乡村振兴,探索"党支部+合作社+农户(贫困户)"产业发展模式,再到现场销售、网上销售、直播带货等市场营销手段,花溪区持续发力,内培外引打造了一支"永不走的工作队"。

据统计,花溪区同步小康驻村干部和第一书记共走访群众22114 人次,帮助谋划出路点子 273 个,解决困难问题 248 个,化解矛盾纠纷 252 起(件),办理好事实事 568 件,协调各类项目 144 个,协调各类资金 2600 余万元。

三、"党建+"领战 激发新动能

花溪区燕楼镇同心村曾是国家级三类贫困村,近年来,该村先后实施完成黑毛猪养殖产业化项目、优质肉用土鸡产业化项目、豇豆产业化种植项目等 80 余个项目,全面覆盖贫困户,所涉农户年人均增收 5000 元。

"我们的成功很好复制,那就是'党建引领+产业结构调整'发展模式……"同心村党支部书记穆贞军说。

在同心村,村党组织广泛发动农户种植辣椒、黄豆等经济作物,实行统一种苗、规范种植及技术支持,村党支部与农产品公司签订购销合同,实现产销对接。2020 年,全村共种植 200 亩黄豆,同时种植辣椒 170 余亩,占燕楼镇种植总量的三分之一,仅党员干部主动认领、示范种植的就有 74.55 亩,全村建档立卡户年平均增收 5000 元以上。

花溪区在脱贫与乡村振兴的同频共振推进中,建立"党建+"

产业发展模式，充分发挥党组织核心作用，引导农业规模化、标准化、集约化发展，动员社会各方力量参与脱贫攻坚，突出抓好贫困村集体经济发展，形成组织部门牵头抓总、财政部门加大资金投入和监管、农业农村部门加强项目运行管理、相关部门协同配合的工作格局，紧扣产业发展"八要素"，形成了"茶、蔬、果、菌、药、花"六大产业同步发展态势。

截至 2020 年 6 月底，花溪区投入各级扶贫资金 2291 万元，安排项目 55 个，完成香葱、白菜、菠菜等蔬菜播种 9.33 万亩（次），投产茶园 1.12 万亩，产量 773.69 吨；完成红豆杉、太子参、白及等中药材种植 150 亩；完成肉禽出栏 12.19 万羽，禽蛋产量 1271 吨。

二、产业扶贫

——发展一个产业　带富一方群众

　　贵州是全国脱贫攻坚的主战场，作为省会，贵阳在脱贫攻坚战中责无旁贷、义不容辞。一个个产业扶贫项目，都体现了贵阳扛起省会责任、强化省会担当、发挥省会优势，帮助全省贫困地区打赢脱贫攻坚战的决心和担当。

　　发展产业是实现脱贫的根本之策。近年来，贵阳市以省委挂牌督战的"9+3"贫困县为重点，举全市之力主动开展对外帮扶工作，认真对照"八要素"，用好"五步工作法"，大力实施大产业带动帮扶工程，助力印江、长顺、望谟等"9+3"县（区）产业发展，增强贫困地区"造血"功能，带动帮扶地区群众增收致富，为全省"决战脱贫攻坚、决胜同步小康"作出省会贡献。

（一）因地制宜合作共建，保供基地带动产业发展

　　威宁自治县是省委挂牌督战"9+3"贫困县之一。这两天，贵阳市农投集团在威宁投资建设的 5 万亩标准化蔬菜基地已经确定项目选址，距离项目签约不到一个月时间。

"我们在经过多次调研、考察后，结合威宁的气候、土壤、水源等自然条件和区位优势，确定以蔬菜产业作为产业帮扶项目，把威宁定位为贵阳市高标准高原喜凉蔬菜保供基地。"贵阳市农投集团总经理王祖泽介绍，公司专门邀请了贵州大学等科研院所及市、县蔬菜方面专家作为"参谋队"组成项目规划组，结合威宁蔬菜产业发展总体规划，制定了建设生产方案，明确了"时间表"、绘制了"作战图"。

同时，贵阳市农投集团还派遣了涵盖蔬菜种植、物资保障、采后处理、市场销售等人员的经营管理团队进驻威宁，一边开展项目选址，一边进行种子、有机肥、地膜、复合肥等生产物资和农机具采购，以保证生产高效有序推进。

据介绍，蔬菜保供基地将布局威宁 13 个乡（镇），以结球甘蓝、大白菜、萝卜、花菜、莴笋、菜心、包心芥菜、豌豆尖、芫荽、抱子甘蓝等 10 个特色品种为主要种植品种。

从长顺县万亩蔬菜保供基地到长顺生猪产业扶贫项目，从榕江县万亩蔬菜保供基地到印江县 5000 亩蔬菜保供基地，从望谟县生态水产养殖基地到望谟县 30 万羽标准化蛋鸡场……在市委、市政府坚强领导下，贵阳市农投集团充分发挥产业发展优势，在帮扶地区大力发展蔬菜、食用菌、畜禽水产等产业扶贫项目，有力助推了当地农业产业发展。

此外，贵阳市云岩区、南明区、花溪区、白云区、观山湖区、高新区、经开区、双龙航空港经济区等也积极帮助对口帮扶县发展蜜蜂养殖、百香果种植、肉牛养殖、林下养鸡等产业项目。

在开展产业帮扶过程中，贵阳市结合本地市场需求，立足帮扶地区实际，围绕"一品一业、百业富贵"发展愿景和"一县一业"产业发展格局，大力实施"百品百特"工程，选准主攻产业和主攻方向，协调引进贵阳市龙头企业，在帮扶地区建立农产品保供基地，优先发展帮扶地区特色农业产业，破解帮扶地区产业发展难题。

目前，贵阳市通过援建、股份合作、合作共建、产业招商等模式，已在帮扶地区实施产业帮扶项目 145 个，总投资 12 亿元，在带动当地增收脱贫、产业发展等方面取得了显著成效。

2020 年是脱贫攻坚的决战决胜之年，贵阳市将继续在长顺、望谟等地投资 12.35 亿元，实施 19 个产业扶贫项目，持续带动当地产业发展壮大。

（二）完善利益联结机制，多渠道助群众增收

2019 年 3 月，贵阳市农投集团在木黄镇打造 5000 亩高标准蔬菜保供基地项目，新光、荣光、乌巢三个村 1563 户的 2200 亩土地以每亩每年 650 元的价格流转给公司。

"我们把土地租给公司种蔬菜，长期在基地上班，85 块钱一天。"新光村村民田儒秀说，她和村民一起把土地租给公司后，不但一次性领到了二年的土地租金，还与公司签订劳务合同，就近务工更安心。

同时，按照"企业＋合作社＋农户"的模式，公司每年按照合约支付一定的资金作为村集体经济收入，所得的收入再进行二次分红，不但辐射带动村民通过土地流转和就近务工增收，还通过村集体经济分红增加村民的收入。

"我们在发展蔬菜、畜禽水产等产业扶贫项目时，积极采取'龙头企业＋合作社＋农户'组织模式，推广'三权共享、六红带动'利益联结机制，着力通过发展产业，吸附更多农民参与到产业中，转变为产业工人。"王祖泽说。

在发展扶贫产业项目中，要更好地带动群众特别是困难群众增收，就必须完善利益联结机制。

贵阳市充分发挥龙头企业的带动作用，不断深化拓展"龙头企业＋合作社＋农户"的组织方式，支持帮扶地贫困户入股集体经济、参与基地建设等，努力打造利益联结的产业共同体，走出一条脱贫攻坚的新路。

在镇宁县，简嘎乡板岩村集体出土地——160亩荒芜河滩，市农投集团出资金，共同打造流水生态养鱼池，每年产出名特优鲜鱼2000吨，产值6000万元以上。目前，该项目已带动95户当地贫困户脱贫，带动当地50余人就业。除就业务工性收入外，企业每年拿出近40万元给贫困户分红。

在望谟县，当地政府将部分财政扶贫资金量化到村到户，投入5000万元由贵阳市农投集团用于项目开发建设，市农投集团给予其每年7%的固定分红，让贫困群众通过劳动务工、入股分红、订单生产等获得收益，目前已分红175万元。

在股金、务工、分红等多重收入的支撑下，越来越多的贫困群众已实现增收脱贫。2020年，贵阳市"9+3"对口帮扶县剩余贫困人口80048人已稳定脱贫。

（三）加强产销对接合作，大市场带动产业大发展

产业扶贫，重点要在扶持贫困地区农产品产销对接上拿出管用措施。

省委十二届五次全会指出，要深入推进农村产业革命，始终坚持以市场为导向，加强产销对接工作。市委十届七次全会提出，实施"加强产销对接推进农村产业革命助力脱贫攻坚行动计划"。

发展农业种养殖业，不仅要种得下、养得好，更要卖得出。因此，在选择和发展扶贫产业时，就要做到未雨绸缪，解决生产环节之

后的加工、销售等问题。

在长顺县广顺镇来远村的贵阳农副产品保供基地核心区，村民们正忙着种植西兰花、辣椒、香芋、南瓜等蔬菜，三个月后，预计将实现产值 600 万元。

"我们积极发展订单农业，根据市场需求向村集体合作社按照'三定三统'的原则签订蔬菜订单，村集体合作社按照'三定三统'的原则组织农户进行生产，产品由贵阳市农投集团下属企业收购、加工、销售。"广顺基地负责人周伟说，作为贵阳的蔬菜保供基地，广顺基地紧盯贵阳市民"餐桌子"，丰富贵阳市民"菜篮子"，精准选择"短、平、快"和深受贵阳市民喜爱的蔬菜品种，并积极为广东等省外市场供应蔬菜。

目前，广顺镇四寨基地已获批大湾区市场供应资质，可为大湾区、粤港澳市场提供本地优质蔬菜，已向广东茂名批发市场、广州江南批发市场、深圳海吉星批发市场陆续供应西兰花、红油菜心等蔬菜近 400 吨。

为加强鲜活农产品流通基础设施建设，打通蔬菜等农产品销售的"最后一公里"，助推黔货出山，贵阳建设了贵阳农产品物流园、贵阳地利农产品物流园、贵阳数字化禽蛋配送中心等，而且都设立有贵州产业扶贫销售专区，每天全省大量蔬菜、水果、活禽等农产品在这里批发交易。在全市建成的 154 个惠民生鲜超市里，也设有"贵州绿色农产品产业扶贫销售专区"，优先采购本省农副产品，助力全省脱贫攻坚。

贵阳市还通过"农批零对接""农超对接""农校对接"等，不断扩大和畅通威宁、长顺、罗甸等地农产品的产销渠道，最大限度地释放贵阳农产品市场空间，提高对口帮扶县农产品销售占比，切实发挥贵阳大市场在大扶贫中的带动作用。

典型案例一

商务局——畅通产销渠道　助力精准扶贫

近年来，根据省、市脱贫攻坚战略部署和产业扶贫要求，贵阳市商务局立足商务工作实际，紧紧围绕全省农业产业结构调整和12个主导产业以及全市"五子登科"主攻方向，创新开展贵阳市大市场带动工程，坚持以加强产销对接为突破口，强力推进农产品流通体系建设，打造完善扶贫载体，做大做强农产品供应链，深入挖掘农产品市场消费潜力，拓宽本省农产品产销对接渠道，有效发挥了贵阳大市场在促进本省农产品市场销售助推全

贵阳市着力构建社区平价生鲜果蔬菜直销体系，据贵阳市商务局介绍，目前全市已有57辆流动大货车，它们分时段流动到各社区固定地点销售，其销售的生鲜果蔬菜整体价格要比周边农贸市场销售价格低15%—30%，被称为平价"大篷车"，深受市民欢迎。（新华社记者黄勇摄）

省脱贫攻坚中的积极带动作用。据不完全统计，自 2017 年全省打响脱贫攻坚战以来，贵阳主要农产品批零市场累计采购销售本省果蔬、粮油、干调、肉类、活禽等农副产品约 454.68 万吨，采购交易金额约 447.23 亿元。其中，2017 年，贵阳市场采购销售本省农副产品约 126.74 万吨、106.17 亿元；2018 年采购销售本省农副产品约 134 万吨、145 亿元；2019 年，采购销售本省农副产品约 147 万吨、136 亿元；2020 年采购销售本省农副产品约 147.54 万吨、153.41 亿元。

一、强化顶层设计和政策支撑，明确流通领域实施产业扶贫的方向思路

结合全省农业产业结构调整实际，紧紧围绕促进本省农产品市场销售的工作目标，强化省会担当，牵头制定出台《中共贵阳市委贵阳市人民政府关于充分发挥贵阳大市场作用带动全省大扶贫的实施意见》《关于推动贵阳市大市场带动全省大扶贫若干政策措施》《关于推动贵阳市大市场带动全省大扶贫若干政策措施实施细则》等一系列政策措施，明确依托贵阳"大市场"带动全省"大扶贫"的方向思路，对批发零售环节和农产品流通企业建立本省蔬菜等农产品销售专区、深化产销精准对接、筑牢产销合作关系、强化冷链设施建设、开拓省外市场、发展农产品电商等九个方面进行引导鼓励和支持，重点发挥公益性农产品市场、农产品生产流通国有平台和电商渠道作用，逐步完善农产品流通基础设施建设，促进本省农产品的产销对接效果和市场占有率提升。会同市教育局、市农业农村局、市军民融合办等有关部门制定出台《贵阳市学校团餐运营企业与省内农产品生产基地直采直销奖补暂行办法》《贵阳市 2020 年贵州农产品"七进"工作推进方案》等措施方案，依托全市各类公共机构拓宽本省农产品的

销售渠道。2020年，申报市级财政预算资金5000万元，重点支持深化与"9+3"对口帮扶地区及全省农产品生产基地产销精准对接。

二、深化产销衔接有效模式，拓宽农产品销售市场

一是深入推进贵州农产品进批发市场。组织贵阳农产品物流园、贵阳地利农产品物流园等全市一级农产品批发市场开辟扶贫销售专区，减免摊位费和进场费的方式，全力支持贵州农产品进场交易。据不完全统计，2019年全市主要农副产品批发市场累计交易本省农副产品约133万吨、120亿元；2020年，交易约136.52万吨、137.76亿元。二是深入推进贵州农产品进生鲜超市。组织154个惠民生鲜超市和80多家社会化大型生鲜超市与全省对口帮扶地区和农产品生产基地开展产销对接、签订产销协议、直采直供，畅通贵州农产品终端销售渠道。据统计，2019年全市230多家生鲜超市共采购销售本省农产品约14万吨、16亿元；2020年采购销售约11.02万吨、15.65亿元。三是深入推进贵州农产品进网上商城。牵头组织在天猫、京东、苏宁易购等全国知名垂直电商平台设立贵州产品馆、扶贫销售专区，支持贵州电商云、贵电商等本土平台发展，拓宽贵州农产品网上销售渠道。据统计，2019年全市农产品电子商务网络零售完成3.95亿元；2020年完成5.68亿元。四是大力推进贵州农产品进校园。牵头制定《贵阳市学校团餐运营企业与省内农产品生产基地直采直销奖补暂行办法》，明确学校团餐运营企业准入标准和奖补政策。2020年，申报市级财政预算资金1500万元，支持贵州农产品进校园。如组织贵州财经大学等重点高校累计在贵阳农产品物流园扶贫专区采购本省农产品2万余吨，涉及金额5213万元；支持贵农正丰公司开展团餐配送，2020年已累计向云岩、修文、开

阳等区县 50 余个学校配送盒饭约 102 万份、毛菜约 268 吨。五是大力推进贵州农产品进军营。牵头拟定《贵阳市 2020 年贵州农产品进军营工作方案》,组织全市优质农产品生产企业和产品开展军地对接、"黔货出山"进军营,拓宽贵州农产品销售渠道。2020 年累计销售本省农产品约 26.3 吨、106 万元进入驻港部队、驻澳部队、福州东部战区、驻贵阳部队等军队。如,市农投集团组织 17.9 吨贵州优质白条肉鸡供应驻港部队食堂、438 箱贵州牛奶供应福州军区部队;贵阳地利农产品物流园与空军磊庄机场达成供货协议,2020 年向其供应贵州农产品 2000 万元。

三、建强建优农产品供应链条,畅通农产品销售渠道

一是建立健全公益性农产品流通体系。统筹市区两级财政资金约 5 亿元和国有企业投资约 30 亿元,建成全省第一个公益性农产品批发市场——贵阳农产品物流园和公益性惠民生鲜超市 154 个,成为全市大市场带动工程的主要载体。如贵阳农产品物流园一期 2019 年 3 月 15 日建成开业以来,累计交易本省蔬菜 40.1 万吨、交易额 8.75 亿元。其中,本省农产品销往省外 6.6 万吨,交易额 1.5 亿元。二是补齐农产品冷链物流短板。重点解决生产基地缺乏冷链,造成农产品短腿问题。采取财政资金奖补方式,支持市场主体建成贵阳农产品物流园冷链仓储配送中心、贵州合力集团生鲜配送中心、贵阳供销马车队生鲜分拣配送中心等一大批农产品集配中心;支持市农投集团在全省规划建设 15 个农产品采后处理中心。目前,全市冷库综合库容达 50 余万吨,专业冷链物流车达到约 400 辆,基本实现对全市农产品生产基地的全覆盖。三是加快推进电子商务进农村。组织清镇、修文、息烽、开阳、白云、乌当分别获得国家级和省级电子商务进农村综合示范,获得中央和省级资金 9500 万元,建成清镇等 13

个电商产业园，统筹建成 586 个农村电商服务站点，实现乡级快递网点 100% 覆盖，构建"市—县—乡—村"四级农村电商服务体系，打通工业品下行、农产品上行渠道。如"贵电商"平台 2019 年销售本地农产品 2.3 万件、销售额 300 多万元，揽收上行农产品 4 万余件、总重量 65 吨，平均降低农产品上行成本 20% 以上。2019 年，贵阳市农村电商网络零售额完成约 3 亿元，增速达到 18.5%，比全省平均值高 1.8 个百分点。四是大力推广农产品零售新业态。已建成运营 126 个社区智慧微菜场，将全省农产品直接送到小区居民楼下，目前已销售本省农产品 500 万元，推动线下实体超市终端引流消费 2600 万元；建成盒马鲜生超市 5 家，改造阿里"淘鲜达"超市 10 家、苏宁小店 72 家。如盒马鲜生将贵州省优质黄牛肉纳入其全国供应链销往成都、长沙、重庆、西安、武汉等地，仅 2019 年 9 月—2020 年 3 月就合计销售 970 万。五是大力推广团餐配送。如贵农正丰公司日均加工本省蔬菜约 80 吨，每日对云岩区、修文县、开阳县等区域 47 个学校配送盒饭 2.03 万份。

四、加强统筹协调，认真履行产销对接专班职责

一是加强专班建设。在省专班的指导下，不断调整充实市、区两级农产品促销工作专班，建立健全专班工作制度、热线电话，收集汇总销售报表，编报工作简报；加强汇报对接，争取省里支持；同时，加强市级统筹协调和指导服务，加强产销对接调度，全力避免出现蔬菜大面积滞销、"菜贱伤农"的情况，确保目标任务的完成。二是开展对口帮扶。2017 年以来，市商务局与全省 8 个市州商务主管部门签订战略合作协议，并持续组织本市农产品流通骨干企业与省内各市州生产企业开展产销对接活动 100 余次，2019 年，全市主要一级农产品批发市场和生鲜超市累

计采购本省其他市（州）农副产品 23.84 万吨、金额约 13.6 亿元，活禽 218 万羽、金额约 1.3 亿元。其中，采购长顺县农副产品 1.23 万吨、金额约 4700 万元，活禽 18 万羽、金额约 1008 万元；采购望谟县农副产品约 0.3 万吨、金额约 2600 万元，活禽 10.2 万羽、金额约 571.2 万元；采购罗甸县农副产品约 2 万吨、金额约 2900 万元，活禽 8.2 万羽、金额约 459.2 万元。三是开展业务培训。从 2018 年起，已对望谟县、罗甸县完成 120 人次电子商务培训；组织"农村经纪人骨干培训班"，共计培训农村经纪人 200 人次。四是组织项目申报和资金扶持。如支持贵阳农产品物流园申报成为国家公益性农产品批发市场，获得专项建设债券 10.11 亿元和省农商互联 2800 万元专项资金支持等，加快二期工程建设、完善市场基础设施建设和交易功能；2020 年新冠肺炎疫情期间，共组织认定三批农产品等重要商品重点保供企业 41 家，已兑现补助资金 1500 余万元。

典型案例二

供销社——扎根农村、为农减负、促农增收

党的十八大以来，贵阳市供销社结合行业特点和自身实际，充分发挥自身扎根农村，网络遍布城乡的优势，以创新为手段，紧紧围绕农村电商、"三位一体"新型合作社建设、农资供应、产销对接等工作全力推进脱贫攻坚工作，形成了具有供销特色的工作亮点和典型成效，实现了责任落实、政策落实、工作落实的良好局面。

一、发展农村电商，推进电商扶贫

夯实农村电商基础，完善运维服务手段。2019 年，贵电商在开阳县宅吉乡官庄村、清镇市犁倭镇红岩村、息烽县九庄镇三合村、修文县六桶镇石板村等 45 个贫困村完成农村电商服务站新建，同时对系统内传统经营网点进行信息化升级改造。截至 2020 年 6 月，累计建成并运营农村电商市级运营中心 1 个，贵电商综合示范基地 1 个，农村电商服务站 402 个，实现了农村电商服务站在全市贫困村的全覆盖，直接服务覆盖 12.67 万户近 60 万村民，累计交易额突破 2 亿元，直接给站点带来返点收益 500 余万元，为农民增收减负近千万元，进一步加速了农村地区的发展和进步，带动贫困人口增收。

自建物流体系，解决"最后一公里"难题。2017 年，供销社依托市级电商平台——贵电商，成立贵电商物流公司积极实施快递下乡工程，在全市率先启动农村电商"最先一公里"和"最后一公里"服务，搭建覆盖全市农村的"县—乡—村"三级农村物流配送服务体系。建成农村物流市级运营中心 1 个，县级分拣分拨运营中心 6 个，乡、村

有 180 多万农村人口的贵阳市着力打造以乡镇连锁超市、农家店为主体的新型农村商品流通服务网络。（新华社记者杨楹摄）

物流分拨点50余个，串联200余个供销社系统基层网点，整合顺丰速运、四通一达、东骏物流、安能物流、苏宁物流、云聚物流、极兔物流等快递物流企业资源，实现从县城到乡镇再到村寨的三级农村物流配送，配送业务覆盖乌当区、开阳县、息烽县、白云区、清镇市、长顺县等，累计投放配送车辆25台，开辟配送干线近40条，直接创造就业岗位120余个，带动农村村民就业创业300余人，服务辐射近50万村民，完成电商包裹揽收配送500万件次，平均为乡村物流配送站站主增加收入1.8万元，帮助村民节省包裹代保管和取件费200万元，帮助村民节约往返乡镇收取包裹的交通成本近千万元。完成揽收农产品上行包裹5万件，总重80吨，平均为农产品上行降低物流成本20%以上，帮助农产品经营主体节约物流成本支出100余万元。

加大线上线下销售推广，助力贫困地区农产品流通。贵电商微商城开设了"毕节扶贫馆""望谟扶贫馆""罗甸扶贫馆"和"贵州水果馆"，并依托供销马车队，开展贵阳城区社区社群电商建设工作，建立城市社区社群宣传推广销售蔬菜、水果、干货等，建设社区社群累计共200个，线上粉丝数累计10.27万余人，并通过在拼多多、京东、网易严选和淘宝设立店铺开展水果销售，累计实现本地特色农产品销售额达5000余万元。贵电商公司为全市100个困难村开设了分销电商网店，既方便村民销售自栽自种的农产品，又让城区居民更加便捷地购买到贫困地区农产品。

2020年1月10日至20日，以"不忘为农服务初心，牢记脱贫攻坚使命"为主题的"2020贵阳供销助力脱贫攻坚农产品展销会"在贵阳市新路口"青云都汇"农贸市场举行。参展单位包括贵阳市白云、花溪、乌当、息烽、修文、清镇等区（市、县）和黔南州龙里县、黔东南州黄平县、毕节市七星关区和纳雍县、遵义市播州区等共计 32 家农民专业合作社、农产品生产加工企业、农户，包括了畜禽、腊味、蛋类、蔬菜、水果、水饺、观赏植物等 60 多个参展品种，间接带动了青云都汇商城内 200 余商户 1000 多种海鲜产品、干货冻品的销售。五天内共计有 8 万多市民到场参观、购物，实现销售总额达到 700 万元，现场销售合作社农产品 30 万元，线上直接成交额 5 万元，累计销售合作社农产品 20 余吨。

二、推进新型基层社建设，试点建设村级供销社

指导各区（市、县）供销社做好"三位一体"新型基层社建设。2019 年至今，贵阳市供销社完成 11 个"三位一体"新型基层社建设工作。建设的"三位一体"新型基层社充分发挥基层供销社服务农村的作用，结合当地产业优势，主动对接农民专业合作社，为农民专业合作社提供专业的农化服务，提供质优价廉的农资，与农民专业合作社共同开展农业生产；并利用供销社流通渠道帮助农产品销售及实现线上推广；同时充分利用社员股金服务体系为社员提供资金互助保障，真正实现生产合作＋供销合作＋信用合作"三位一体"，实现供销社与农民的密切联系。修文县扎佐供销社六屯分社积极推进"三位一体"新型基层社建设。生产合作上，组织生产，领办、协办农民专业合作社 3 个，依托供销农化服务中心，主动为区域内的农业产业发展提供农化服务，在六屯镇结构调整猕猴桃 310 亩、辐射带动 900 亩精品水果种植；供销合作上，整合资源，打通产品线上线下流通渠道，帮助销售农产品；信用合作上，以修文供销社员股金服务为基础，并与各金融机构合作，为社员提供资金支持。

在息烽县试点推进村级供销社建设。息烽县供销社领办的息烽县月亮口茶叶种植专业合作社，按照"龙头企业＋专业合作

社＋农户"的模式组建团元山村级供销合作社，以村级供销合作社为载体，按照"以供销社建基地为引领、村集体（农民专业合作社）带动、扶持农户参与、供销社包销售"的组织形式，推动团元山村农业产业结构调整，计划种植茶叶2000亩。具体模式为：供销社牵头种植茶叶1000亩，扶持带动村合作经济组织（支部＋合作社）种植茶叶400亩、农户自种茶叶600亩，在团元山村实现茶叶种植全覆盖，打造息烽茶产业特色村。2019年底启动至今，供销社茶园已带动种植茶叶约1000亩，实现茶青采摘300斤，茶叶加工厂也正式开工。

三、完善农资供应保障体系，为农减负促农增收

积极做好农资供应工作。结合坝区农业产业结构调整的要求，不断优化化肥品种结构，按照早部署、早行动、早落实，积极对接厂家、铁路部门、汽运部门货源落实衔接，千方百计筹措资金，组织调运、储备到位，做到数量足、质量优、服务好。化肥供应量充足，并充分利用已建的18个市级、县级、乡级农资配送中心直接将化肥配送到终端销售网点，严把进货质量关，从源头上杜绝假冒伪劣农资商品从供销社渠道进入市场，维护农民利益，减少中间环节，千方百计保证农业生产用肥和市场价格的基本平稳。目前为保证明年春耕生产期间的化肥供应，积极开展市场调研，做好化肥今冬明春的储备工作，并为三秋生产做好农资供应，2019年至今，销售化肥14.8万吨。

加大农化服务，强化服务功能。依托农化服务中心为农业经营主体、种植大户开展测土配肥、配送工作，截至2020年6月取土测土150余个土样，销售各类配方肥3000余吨，并资助贫困户秋种用肥，助力贫困户开展农业生产。

四、打通农产品直配通道，实现产销对接

依托供销马车队，积极开展订单农业，打通农产品直配通道，实现产销对接。供销马车队先后与黔西县、威宁县、赫章县、都匀市、平塘县、独山县、长顺县、望谟县、罗甸县、榕江县、六盘水市、息烽县、修文县全省等 15 个区县的 30 余个农民专业合作社建立合作关系，为其提供生产、流通、加工等综合性服务，并提供生姜、辣椒、香葱、土豆、黑毛猪等种养殖订单，开展订单农业，进行保价收购，引导专业合作社的建设和发展，调动农民积极性，按劳分配，形成"供销＋农民"的利益联结体，且开放合作，积极开展果蔬基地建设工作，惠及贫困农民12000 余人。

同时打通流通渠道，自 2018 年起，依托供销马车队配送中心开展"农校对接""农企对接""农超对接"的生鲜配送，截至2020 年 6 月，生鲜配送业务覆盖到全省三个地州五个区县（贵阳市花溪区、开阳县，六盘水市钟山区、水城县，遵义赤水市）近 200 家学校和企事业单位，服务人群近 20 万人。2019 年销售农产品 4223.92 吨，销售额约 5825.55 万元，其中果蔬 3033.3 吨，肉类 657.67 吨，其他干货粮油蛋类 1520.43 吨。采购本省农产品共计 4304.17 吨，销售额 4996.96 万元。

此外，成立贵阳市供销社 500 亩以上坝区农业产业结构调整工作领导小组，召开专门会议进行安排布置，积极对接有关部门，掌握了解全市 500 亩以上样板坝区、达标坝区的分布，摸清坝区的农业种植等有关基本情况，结合供销社实际工作，统筹推进坝区农业产业结构调整工作，积极做好农资、农村电商及产销对接工作。

典型案例三

"校农结合"——农产品直供校园餐桌

为助推脱贫攻坚取得全面胜利，充分发挥贵阳"大扶贫"带动"大市场"作用，2018年9月，贵阳市下发《全面开展"校农结合"工作助推农村产业革命和脱贫攻坚实施方案的通知》，根据通知安排，2019年全市各级农村中小学（幼儿园）食堂贵州农产品采购比例须达80%以上，全力助推脱贫攻坚。

"校农结合"工作是产销有机对接的创新，也是计划生产、便捷流通、订单购销的协调统筹，更是脱贫攻坚的有力抓手，为将该项工作纵深推进，取得实效，贵阳市加强对各区（市、县）组织领导的同时，厘清思路，完善制度与产销体系，使得"校农结合"工作取得了不俗成绩。2019年，全市供餐学校共1757所，就餐学生达82万人，全市学校食堂采购全省贫困地区农产品4.28万吨，占采购总量的87.38%，超贵州省目标任务7.38个百分点。

一批又一批贫困群众在"校农结合"工作中积极作为，书写出脱贫致富的新篇章。

一、政企联手，实现学生餐"贵州产"

在息烽县永靖中学食堂办公室，文件柜内整齐地存放着每天运达的蔬菜及肉禽产品的农药残留检测动态单、肉品品质检验合格证以及猪肉检疫合格证明等。从2019年开始，学校食堂的菜由贵州润万食堂管理有限公司配送，以往自行采购时，农户不可能给学校提供完整的商品检验单，现在，配送的菜品检验检疫证

"校农结合",让贵阳市的孩子们吃上放心餐。(新华社记者杨文斌摄)

明齐全,更有效地保证了学生的餐桌安全。

学生餐,更丰富,更安全,这正是得益于"校农结合"工作的开展。2017年秋季,贵州省正式启动"校农结合"工作以来,贵阳市教育局科学规划,指导各区(市、县)将工作推向深入。2018年,息烽县赴外地对多家有实力、有资质和有经营意愿的企业进行了考察,经过洽谈及竞争性谈判,最终确定贵州润万食堂管理有限公司、贵州汶益烽餐饮管理服务有限公司两家企业,作为全县"校农结合"工作的经营主体。

通过一年来的试运行,息烽县"校农结合"工作初见成效,2019年,息烽县各级各类学校农产品省内采购占比达90%,营养餐学校农产品省内采购占比达87.5%,为全面打赢脱贫攻坚战作出积极贡献,同时,学生吃得也更健康、更营养、更安全。

二、按需生产,产业布局更合理

米粉加工间、糕点加工间、豆制品生产车间……贵州润万食堂管理有限公司的新厂房在息烽县立碑村建成,新厂房内,除了蔬菜车间、肉制品加工区,还设置有各类学生餐常用菜品的加工区。为了满足学校需求,在企业入驻过程中,息烽县积极引导企业生产方向，学校需要什么，企业就组织生产什么，以满足学生餐的需求。

除此以外，息烽县还积极鼓励企业以建基地与搭平台结合的方式，实现农产品产、供、销有机衔接。"企业进入息烽后，公司流转土地292亩，采用'订单'方式，确保蔬菜和猪肉供应。"贵州汶益烽餐饮管理服务有限公司与国家级贫困村——鹿窝镇马屯村福马种植专业合作社、青山乡大林村息烽绿优生态农场、石硐镇石硐村种植专业户、茅坡贵州峰盛堂农业发展有限公司共建蔬菜供应基地3个，与茅坡郑家林养猪场、小寨坝镇南中村白家山组贵州福群生态养殖合作社共建2个猪肉供应基地，目前，该公司30%的食材采购来自于息烽本地，省内采购占比达到97%。

同样，贵州润万食堂管理有限公司贵州分公司也在大林口建成蔬菜种植基地150亩，石硐镇高寨村合作组建立蔬菜种植基地153亩，用于种植茄子、豇豆、土豆、小瓜、白菜、莲花白等蔬菜；在青山乡大林村杨柳冲修建养殖基地，采用圈养、放养、散养、代养相结合的方式养殖生猪，预计每年养殖数量可达千余头。

如今，在教育、农业、乡镇等相关部门的通力合作下，息烽县为企业开展基地建设提供了良好服务，按照"农校对接，产销衔接"的要求，充分发动农户，特别是贫困户参与农产品种植、养殖，为建设更加合理、科学的"校农结合"食材基地打下坚实基础。

三、扶贫攻坚，农户迎来新机遇

"我们合作社以养殖生猪为主，主要为贵州汶益烽餐饮管理服务有限公司提供猪肉。"息烽县温泉镇三交村大鹊林农业合作社负责人李明兵介绍说，以前，他主要靠杀猪谋生，一个人要承担家中的所有开支，日子过得很拮据。2019年初，贵州汶益烽餐饮管理服务有限公司得知他的情况后，积极与其联系，希望他能在当地发挥示范作用，发动当地村民一起养猪。

"我们这一带村民的生活来源主要以种植农作物为主，生活比较贫苦。"听到有定点销路，李明兵立刻回村与村里人商量，最终，决定以李明兵带头，其余三户人一起成立合作社，进行生猪养殖。

"当时，我们养了700多头猪，现在还剩300多头。"李明兵说，仅2019年下半年，合作社通过给公司供货，就盈利近200万元。

看到合作社赚到了钱，村民们开始动心了，一些农户开始搭建养猪棚。刘小田说，为了帮助当地脱贫攻坚，公司对温泉镇125户贫困户、马屯村29户贫困户采用公司出资，"订单"收购，以及合作社提供养殖技术指导或代养的方式，对困难群众进行帮扶。

陈远江是三交村麻水组村民，一直在家照顾重病母亲的他没有经济来源，2019年初，公司让合作社为他送来一只免费猪苗，经过近一年的饲养，年底合作社进行回收，一只猪卖出了5860元。陈远江高兴地说，他准备再多养一头猪，多增加一些收入。

如今，公司通过基地产业带动、公司学校用工取酬、捐资助学等多种形式，直接帮扶贫困户413人，帮助贫困户年增收35万元以上。现在，村民们的热情很高，根据在合作社报名的户数来估算，2020年，仅大鹊林农业合作社就能养殖生猪1500头，产值在2019年的基础上翻番。

三、就业扶贫

——不忘初心勇担当　就业扶贫解民困

　　近年来，贵阳市人社局将助力脱贫攻坚作为重大政治任务，全市人社系统启动推进就业扶贫专项工作，坚持以"民生为本、就业优先"

"圆梦锦绣　巧手脱贫"贵州省妇女特色手工技能暨创新产品大赛在贵阳市举行。来自贵州省各地的参赛选手分别就民族刺绣。

苗族蜡染作品

为工作主线，落实各项政策措施，在精准识别、分类施策、技能培训、就业援助、政策扶持等方面精准发力，助力贫困家庭脱贫致富。

截至 2020 年 8 月 24 日，贵阳市有劳动力建档立卡贫困人口 18852 人，已就业创业 18289 人，就业率 97%。其中：省外务工 2869 人、省内县外务工 3231 人、县内务工 11912 人，创业 277 人。贵阳市易地扶贫搬迁劳动力 5568 人，已就业创业 5344 人，就业率 96%。实现有劳动力建档立卡家庭至少 1 人以上稳定就业、实现有劳动力易地搬迁家庭"一户一人"以上稳定就业。

（一）只有精准识别，才有精细服务

贵阳市将精准推进就业扶贫作为打赢脱贫攻坚战的关键环节，实施"五个精准"，即精准识别对象、精准制定计划、精准开展培训、精准实施援助、精准实施扶持。

全市各级人社部门通过与扶贫部门沟通对接，对建档立卡的贫困户逐一调查，详细掌握全市劳动年龄范围内有劳动能力和就业愿望的贫困人员个人情况、就业创业意向以及培训愿望等信息，建立了精准、翔实的就业扶贫工作台账，做到"底数清、情况明、基础实、台账全"，确保不漏一户、不落一人。

在建立健全帮扶台账的基础上，全市各级人社部门结合贫困对象的就业意愿和培训需求，精准提出帮扶计划，分类施策，一人一策，坚持"缺什么、帮什么"，开展针对性帮扶、"一对一"帮扶。对有就业意愿和就业能力的贫困对象，提供全程职业指导和职业介绍服务，向企业优先推荐就业；对有自主创业需求的贫困对象，提供创业培训、开业指导、政策咨询等一条龙创业服务；对文化水平较低、无职业技能的贫困对象，引导和鼓励参加职业技能等培训。同时，利用就业信息系统进行动态监测管理，对已就业的贫困对象，加强后期的跟踪服务，通过电话回访和短信联系等方式，了解贫困对象就业后的基本情况，促使稳定就业；对未就业的贫困对象，继续加大帮扶力度，提供技能培训、创业指导、就业援助等服务，帮助贫困对象尽快实现就业创业；对无法离乡、无业可扶、无力脱贫的贫困劳动力，开发公益性岗位进行托底安置。截至 2020 年 8 月 24 日，贵阳市公益性岗位（含乡村公益性岗位）安置贫困、易地搬迁劳动力就业 4135 人。

（二）只有转移就业，才有快速脱贫

贵阳市通过结合产业大发展，依托大数据产业、呼叫中心产业、电子商务产业等迅猛发展，吸纳贫困家庭有一定学历的子女就业；结

合工业产业园区建设，依托"5个一百工程"、中关村科技园等重大平台建设，通过服务工业园区就业创业"六进园区"工作，征集一批含金量较高、吸引力较强的就业岗位，吸纳贫困家庭成员转移就业；结合农业产业结构调整，依托农业示范园区建设，促进贫困家庭劳动力就地就近到现代高效农业示范园区就业。

全市各级人社部门强化工作载体，依托公共就业服务活动，助推农村富余劳动力向非农转移。在2020年春节前后，利用外出务工人员集中返乡的时间节点，深入园区、重点行业企业等采集适合建档立卡贫困劳动力的岗位信息，并发送到各乡镇和村居。通过就业援助月、春风行动专项就业服务等活动，服务建档立卡贫困劳动力。

在全力开展就业扶贫的工作中，全市各区（市、县）结合各自工作实际，主动作为，发挥各自优势，让就业扶贫工作亮点纷呈。

花溪区先后下发了《返乡农民工就业创业扶贫行动计划》《创新推动大扶贫战略行动精准推进就业扶贫增收工作实施方案》，并建立精准推进就业扶贫增收工作月调度机制，为精准推进就业扶贫工作提供了制度保障。

息烽县充分发挥劳务信息员引导就业作用，由村级劳动保障协管员专门负责宣传、引导、带动建档立卡贫困家庭劳动力就业创业，鼓励外出务工建档立卡贫困家庭劳动力返乡创业，为推动就业扶贫起到了积极的作用。其中，永靖镇坪上村充分利用黎安坪上片区农旅互动精准脱贫项目引导外出务工人员返乡创业就业，项目建成后，外出务工人员从2015年的400余人，减少到2016年的300余人，净减少100余人，实现就业从劳务输出向"返乡筑巢"的转变。

（三）只有强化培训，才有"造血"功能

全市各级人社部门围绕"扶贫先扶智、输血需造血"的工作思路，创新方式开展好技能培训工作，不断提升贫困劳动力的就业能力和生存本领。

大力推进农村青壮年培训，指导技工院校、民办职业培训机构和企业内部培训机构，针对有就业创业愿望的贫困地区农村青壮年开展就业技能和创业培训；结合贵阳市大力发展大数据与信息产业、现代金融、医药健康、现代物流、旅游文化、特色食品、现代商贸、高端装备制造业、都市现代农业、节能环保产业等十大引领性产业，分类实施家庭服务业培训、农村电子商务培训、农村劳动力转移培训、技能提升培训等符合贫困对象需求的个性化培训项目；通过开展"六进园区"服务，提前掌握各产业、各行业技能人才需求情况，有针对性地组织有培训需求的贫困对象开展订单、定向、定岗等培训，并做好跟踪服务。

同时，结合建档立卡贫困劳动力、易地扶贫搬迁劳动力的培训意愿，有针对性地开展技能培训，确保贫困劳动力实现应培尽培。对拟转移就业的贫困劳动力，强化实际操作技能训练和职业素质培养，使其达到上岗要求或掌握初级以上职业技能；对在家务农的贫困劳动力开展农业实用技术培训、农业生产经营技能培训，提高农民生产经营水平；对有创业意愿的贫困劳动力，开展创业意识、创业能力培训和创业实训，提升创业成功率，力争实现"培训一人、上岗一人、就业一人、脱贫一户"。2017年，全市各级人社部门开展贫困劳动力全员培训9833人；2018年，开展贫困劳动力全员培训17562人；2019年，贵阳市出台《市人民政府办公厅关于印发贵阳市农民全员培训三年行

动计划（2019—2021 年的通知）》（筑府办函〔2019〕59 号），完成农民就业技能培训 49999 人次，完成建档立卡贫困户培训 2044 人次，完成易地扶贫搬迁培训 1211 人次。2020 年 1—7 月完成建档立卡及易地扶贫搬迁培训 2952 人次。

（四）只有鼓励创业，才有带动就业

全市各级人社部门把鼓励自主创业、促进以创业带动就业摆在更加突出的位置，趁着"大众创业、万众创新"的时代浪潮，不断在扶持创业、带动就业方面出真招、抓实效。

实施精准创业培训，根据贫困对象劳动力的创业培训需求和创业意愿，结合贫困对象的创业成本、创业经验、创业风险等因素，提供创业培训，加强创业指导服务，提高贫困对象创业竞争力和成功率，促进贫困对象顺利创业，力争实现"培训一人、创业一人、带动一片、激励一方"。

鼓励自主创业，加大创业孵化基地和农民工创业园创建进度，为贫困对象自主创业开辟"绿色通道"，提供创业场地、政策咨询、开业指导、创业培训、创业指导等一系列高效、优质、便捷服务，吸引贫困对象进入孵化基地和农民工创业园内创业就业。

提供创业政策扶持，对贫困对象自主创业并符合规定条件的，优先给予创业担保贷款支持，对符合规定条件的贫困对象自主创业并带动就业的，给予一次性创业补贴和经营场所租金补贴。

（五）只有不断创新，才有更多岗位

解决部分农村劳动力因文化程度低、身有病残、需照顾家庭等客

观原因无法实现外出转移就业的实际困难，2018年6月，市人社局出台《关于推进居家就业促进脱贫工作的实施意见》，利用现有资源，因地制宜，在市场优势突出、产业基础较好、群众需求强烈的区域建立居家就业扶贫基地、居家就业扶贫车间，为农村劳动力开发就地转移就业岗位。其中，花溪区立足民族民间工艺品资源丰富的实际，在青岩镇龙井村布依刺绣坊、黔陶乡贵阳黔益度文化发展有限公司培训基地和燕楼镇旧盘村村委会建立就业"扶贫车间"，引导闲散劳动力从事苗绣、布依刺绣、十字绣、绘画、玫瑰糖加工等具有地方特色的手工业，解决贫困户就地就近就业问题。开阳县以乡镇为主体、以企业为平台、以产品加工为切入点，通过免除房屋租赁费用等相关优惠政策，积极引进开阳县流合大山手工艺品制作有限公司、开阳县穿靓服装有限公司等劳动密集型企业落户乡镇，通过"生产合作、信用合作、供销合作"的模式，实现企业和农民双赢。贵阳市通过创建扶贫车间、扶持居家创业、开展居家培训三项举措全面推进居家就业，助力农村劳动力实现就地转移就业。截至7月底，全市建立扶贫车间37个，吸纳就业1014人；建立扶贫基地6个，吸纳就业3253人。

四、教育扶贫

——多措并举真扶贫　凝心聚力扶真贫

　　教育是阻断贫困代际传递的根本之策，扶贫先扶智，补齐贫困地区义务教育发展短板，让贫困家庭子女都能接受公平而有质量的教育

　　"世界读书日"，贵阳市乌当区水田镇乡村学校少年宫举行社区儿童图书音乐节，让农村娃娃们，通过参加图书朗读、手工书签制作、头脑风暴猜谜、自由绘画等活动来领取爱心赠书、体验读书的乐趣。（新华社记者杜涓涓摄）

是夯实脱贫攻坚根基之所在。

2015 年以来，贵阳市教育局认真贯彻落实中央、省委、市委脱贫攻坚决策部署，紧紧围绕"两不愁三保障"中义务教育有保障的目标要求，凝心聚力、攻坚克难，不断推动教育经费投入、办学条件改善、教师队伍提升，确保适龄儿童少年享有公平而有质量的义务教育，以坚定不移的决心、持之以恒的韧劲、真抓实干的担当谱写人民群众满意的新答卷。

（一）目标任务突出"明"

明确义务教育有保障这一根本目标任务，着力补齐短板，夯实教育基础，优化教育资源，全力推进教育脱贫攻坚各项工作任务的完成。近五年来，全市累计投入资金 138 亿元实施"百校攻坚""全面改薄"等工程，完成新建改扩建、维修改造学校 593 所，新增学位 10.98 万个，新增教师 5907 人，培养培训教师 8.4 余万人次，引进北京、上海等先进地区 47 所优质学校合作小学。研究制定《贵阳市冲刺 90 天打赢脱贫攻坚教育保障歼灭战的实施方案》，建立市、县、区、村脱贫攻坚教育保障横到边、纵到底的工作机构，在全市上下形成齐抓共管、步调一致的工作格局，确保脱贫攻坚教育保障各项任务落实落细。在公安、学籍、卫健、残联等数据"五查四比对"的基础上，制定《贵阳市建立和完善教育文化户口簿工作方案》，在全市启动建立和完善文化户口簿工作，以区（市、县）为主体、乡镇（街道）为中心、村（居）为单元，逐一排查摸清全市学龄儿童少年人口底数，确保底数清、情况明。同时，组建 10 个调研督战组，坚持以问题为导向，直奔基层、直进学校、直插现场、直入农户，督促指导区（市、县）查清问题、找准症结、建立台账、明确责任，真抓实改、破解难题。

（二）控辍保学突出"实"

依法落实控辍保学，以市政府名义印发《贵阳市控辍保学攻坚方案》，巩固并提升全市义务教育入学率、巩固率，解决义务教育学生失学辍学问题，保障适龄儿童少年接受义务教育的权利。强化"双线"管理，落实"七长"负责制，按照"精准识别、精准帮扶、精准脱贫"的工作要求，切实精准掌握建档立卡贫困户等家庭经济困难学生的基本情况，采取领导联乡、职工包校的方式对区域内学校进行包保，确保工作落实落地。比如，开阳县高寨乡高寨村是距离县城76公里的一个少数民族村，辖区内有7个村民组，共832户2870人，村支两委将控辍目标分解量化到每一位村干部，通过"坝坝会""围炉会"等群众喜闻乐见的形式，广泛开展教育法律法规的宣传。同时，积极配合学校加强排查，摸清"动摇生""家困生""学困生"的底数，分类登记造册，因户因人精准施策，全力做实劝返复学，确保孩子不因经济困难而失学辍学，不让任何一个孩子在教育路上掉队。清镇市教育局大胆探索，创新开展普职融合改革工作，分别在4个农村初中学校设立普职衔接实验班，让学困生提前接受职业启蒙，帮助学生自我认知、重燃学习兴趣，破解了义务教育阶段学困生学不进、不愿学，劝返学生学不好、留不住，中职学校招生难等痛点难点问题。观山湖区教育局以艺术教育为媒，架起教育帮扶桥梁，自2018年在全区实施"艺术教育扶贫"行动以来，积极协调观山湖区青少年艺术教育中心，坚持每周为朱昌、金华等3个镇8所中小学300余名农村中小学生送去舞蹈、合唱、美术等艺术课程，不断激发他们内在的求知动力和探索世界的热情，树立为美好生活而努力学习的新愿景。

（三）学生资助突出"准"

学生资助是落实教育精准扶贫的重要举措，是实现教育公平的惠民政策。近五年来，全市累计发放农村学前和义务教育阶段营养改善计划补助资金 75643.21 万元，惠及学生 100.59 万人次；发放义务教育阶段家庭经济困难学生生活费补助 17889.83 万元，惠及学生 18.89 万人次；发放高中免学费及助学金 17627.65 万元，惠及学生 12.81 万人次；发放中职免学费及国家助学金 45472.38 万元，惠及学生 38.03 万人次；发放高职（高校）励志奖学金及国家助学金 19278.58 万元，惠及学生 9.7 万人次；发放精准扶贫学生资助资金 28374.53 万元，惠及农村建档立卡贫困学生 9.58 万人次。在资助工作中，努力将工作落细落小、抓紧抓实，做到精准宣传、精准发放、精准监管，确保惠民政策家喻户晓，学生资助应助尽助，切实提高群众的获得感和幸福感。比如，清镇市教育局坚持从大局出发、从点滴做起，主动作为、精准发力，为实现"不让一个学生因家庭经济困难而失学"的总体目标，在社区中心校率先采用钉钉 APP 开展学生资助管理工作，从贫困学生入户排查到困难认定、资助申请、名单公示、资金发放等环节均进行实时报送、跟踪管理，极大提高了资助工作的精准度。同时，针对建档立卡贫困学生建立"一生一档"，涵盖学生的资助、学习、生活、帮扶等方面的信息，规范了学生资助档案的管理，全方位掌握学生动态。

（四）易地搬迁突出"情"

易地搬迁是脱贫攻坚的标志性工程，但搬迁只是脱贫第一步，只有解决好群众的就业、教育、医疗等后顾之忧，增强群众对未来生活的希望和信心，确保群众搬出大山、搬出幸福、搬出希望、搬出小康，才能真正实现"搬得出、留得住、能致富"。截至2020年6月，全市投入资金47666.5万元，完成3个易地扶贫搬迁安置点的5所学校的改扩建工作，配备教师436名，解决了3092名学生的入学需求。期间，息烽县投入资金1200余万元，在易地扶贫搬迁安置点团圆小区新建幼儿园，为搬迁子女提供180个学前教育学位，有效解决了易地扶贫搬迁户子女就近入园的问题。同时，为规范幼儿园管理，有效提升保教质量，该园由息烽县实验幼儿园纳入集团化办园，统一管理，统一帮扶，确保搬迁户子女能够从小接受良好的教育。开阳县蒋家寨小学是一所易地扶贫搬迁安置点学校，建筑面积2.4万平方米，现有20个教学班，1024名学生，其中易地扶贫搬迁子女学生506名，是县城内唯一一所享受免费营养餐的义务教育学校，极大地满足了易地扶贫搬迁户子女的就学需求。在用心用情做好教育的同时，开阳县蒋家寨小学结合易地扶贫搬迁学生、家长及教育工作的实际，提炼出以"感恩"为主题的校园文化建设，培养学生从小懂得感党恩、知党恩，帮助学生树立远大理想，真正感受到教育的温暖与力量。

（五）结对帮扶突出"真"

践行省会城市责任担当，辐射带动全省教育均衡优质发展。近年来，贵阳共享优质教育资源帮扶带动贫困地区教育发展，以"校农结合"帮扶带动区域社会经济发展，以"3+9+N"帮扶体系带动区域教育迈向优质均衡，与六盘水、铜仁、安顺等地建立市与市、县与县、校与校的教育合作帮扶关系，全面开展组团式帮扶。外派"三区"支持计划、挂职交流教师100余名，为贫困地区培训校长、班主任600

人，结对帮扶全省其他市（州）学校 200 余所，辐射惠及师生 100 余万人次。投入资金 1000 余万元，在长顺县实施"大数据＋教育"智慧教育应用项目，探索出一套涵盖教师专业成长、学生学业提升、家校亲子沟通等行之有效的贵阳教育精准扶贫模式。同时，通过贵阳"大市场"带动"大扶贫"的作用，在各级各类学校全面推行"学生餐、贵州产"，对长顺、罗甸等贫困地区农产品基本实现"尽产尽销"。仅 2019 年，全市学校食堂采购全省贫困地区农产品 4.28 万吨，占采购总量的 87.38%，帮助困难群众增产增收脱贫致富。

典型案例一

长顺县——聚力教育补短板　斩断贫根奔小康

2016 年起，贵阳市教育局启动对长顺县的教育帮扶工作，通过组团式帮扶、开办长顺班、建立"大数据＋教育精准扶贫"等形式，构建起了长顺教育帮扶体系，为长顺学子照亮前行之路，让优质资源辐射长顺教育。

一、补短板：为长顺民高打造一支带不走的教师队伍

"班主任老师们，疫情期间较为特殊，孩子们的心理健康是首要关注点……" 6 月 24 日一大早，贵阳市第六中学校长魏林来不及吃一口早餐，便像往常一样，马不停蹄地前往长顺民族高级中学，为该校的高三班主任做高考相关安排准备工作。在距离 2020 年高考仅剩十几天的时间里，她不仅时刻关注着本校高三学子的身心情况，还心系长顺民族高级中学的高三学子，为长顺民高的教育发展出谋划策。

在将近 2 个小时的车程里，线上学习、处理学校事务、开

在贵州省黔南布依族苗族自治州长顺县民族高级中学，学生进行足球训练。（新华社记者骆飞摄）

会……魏林的行程也安排得满满当当，还没好好休息一分钟，对长顺民高迎接省级二类示范性普通高中现场督查指导会已然开始。学生基本情况了解、资料审核完成程度、复评工作如何准备……魏林皆一一指导，事无巨细。

实际上，自帮扶工作启动以来，奔赴长顺百余次的魏林仅是贵阳教育人帮扶长顺教育的一个缩影。自2018年以来，贵阳市教育局便抽调了贵阳市第六中学副校长周建新、夏江及贵阳市民族中学党政办副主任李旭组成驻点帮扶工作组，实地"驻扎"指导，帮助长顺民高提升教育教学管理水平和质量。

天朗气清，复课后的长顺县民族高级中学校园里朝气蓬勃。李旭一如既往地前往学校食堂、学生宿舍进行早间巡察，然后走进教室随堂听课，而这样的日常工作已坚持三年之久。三年来，贵阳教育人在这里与长顺民高教师共同探索"理论＋实践"的发展模式，开展同课异构、跟岗培训、定期教研、学术讲座等活动，努力将长顺民高与贵阳教育实现同步教学、同步教研、同步测评，最终达到同步发展。

"未与贵阳建立帮扶时，我从未想过英语课堂还能如此改变，教学思维的改变是帮扶给我最大的感触。"谈及该校得到贵阳帮扶后的改变，已经执教14年的英语老师吴万琼颇为感慨，英语教育不仅仅要培养学生听说读写的应试能力，更重要的是英语思维能力，学生只有将英语内化为能力，应试能力便不在话下。

截至2020年，长顺民高共派出330余名学科教师到贵阳参加贵阳市市级教研活动、跟岗学习等活动，选派长顺县骨干教师100余人次赴东部高校进修学习；贵阳市第六中学和贵阳市民族中学抽派骨干教师进校开展教学视导、联合教研、培训讲座等活动60余次，促进了该校教师课堂教学行为逐渐规范，校本教研能力明显改善，课程观、教学观、质量观逐步树立，教师综合素质的大力提升，为学校后发赶超"备足"了软实力。

二、促优质：让长顺学子拥有"可视化"的教育资源

学校软实力要得到提升，硬件设施也得紧跟其后才行。多个摄像头、1块电子屏、全方位隔音墙……在长顺民族高级中学教学楼一楼，一间由贵阳市投入经费打造的现代化云录播教室的布置令人眼前一亮。据了解，这是一间集录制、剪辑一体化的教室，教师可通过该教室进行微课录制，教室剪辑系统将会进行智能化剪辑，而后进行转播，从而将优质资源惠及全校学子。

在贵阳教育人的帮扶下，该校还明确了"艺体双飞明智善美"的办学特色，吸引了长顺画院在此设置高中分院，并将学校近60个社团制度规范化，极大地丰富了学生课余生活。此外，

贵阳市第六中学还毫无保留地将科技教学资源送到长顺民高，初步实现优质资源共享。该校也不负众望，仅 2019 年便有 30 余名学生荣获市级、省级及全国性科技赛事 10 余个奖项，实现了该校科技奖项的"零突破"。

"我加入剪纸社团一年了，虽然因为疫情并未开课，但是我平时也会练习。"谈及自己的课余生活，高二（20）班的向江梅告诉记者，当初加入社团时，社团多到令她应接不暇，但是她还是结合自身兴趣选择了剪纸社，希望疫情快点结束，自己也能回归剪纸社团。

长顺学子在当地享受优质教育资源的同时，还能走出长顺、走进贵阳，近距离享受优质教育资源。据介绍，贵阳市第三实验中学于 2018 年开办"长顺班"，以"实验班"的标准精心打造"长顺班"，优先配备最顶尖的师资力量，并对"长顺班"实行特殊政策，成立了"长顺班"课题组进行专项研究。90%以上的学生名次有提升、超过三分之一的学生名次提升 200 名以上……经过"长顺班"师生的共同努力，该班在学校纪律、卫生示范、文体活动等齐头并进，堪称学校的"表率班"。

"我们选来教这个班的老师不仅业务能力要强，还要有爱心。"贵阳市第三实验中学教导处主任、贵州省特级教师叶学义表示，"长顺班"任课教师，每逢周末都会带孩子们参观贵阳大数据、博物馆、图书馆，带他们开阔眼界、长知识。

三、强布局：用"组合拳"、大数据夯实教育扶贫

围绕农村学校教育资源不均等、教学水平不均衡、缺乏优质教育资源等问题，贵阳市教育局真抓实干，积极优化资源配置，明确贵阳市第六中学、贵阳市民族中学驻点全力帮扶，促进长顺教育资源公平并努力提升教育质量；在贵阳市第三实验中学设立

"长顺班"解决当下优质资源需求问题；引进资金建立信息化智慧教室，形成专属贵阳教育扶贫特色——"组团式帮扶"，着力推动城乡基础教育一体化发展，努力让每个孩子都能有公平而有质量的教育。

在贵阳市的教育"组团式帮扶"下，长顺县民族高级中学教学成绩一跃走在了黔南州的前列，成功申创了省级三类示范性普通高中，并于2019年顺利通过省级二类示范普通性高中的第一次评估，成了当地老百姓心中有口皆碑的好学校。

"近期目标，两个月内师生行为习惯、精神面貌有较大改观；中期目标，2019年高考成绩必须有大幅提升；远期目标，2021年升类成为省级二类示范性普通高中。"回顾2018年许下铮铮誓言，贵阳教育人用自身努力为长顺教育发展交出了一张满意的"答卷"，为长顺"斩断"贫困代际传递的"基因"，书写了贵阳教育人的使命担当！

努力便会有收获，短短几年的帮扶，贵阳教育人在长顺县民族高级中学苦干、实干、认真干，助力长顺县民族高级中学科技奖项实现"零突破"、教师教学思维得到了前所未有的转变、本科上线人数不断持续走高、借读贵阳市第三实验中学的长顺学子成绩在年级持续名列前茅……一件件看得见的实事、一个个巨大的改变、一条条奔走相告的好消息，让贵阳教育人倍感帮扶的自豪！

五、健康扶贫

——实施三重保障　托起一片光明

"感谢共产党！感谢政府！"这是 2016 年 11 月 30 日上午 9 时左右，在医院眼科病房里，一个名叫郭文芬老婆婆行白内障手术后，在刚刚揭开眼前纱布时，双目失明多年后再一次重新看见了光明后发自

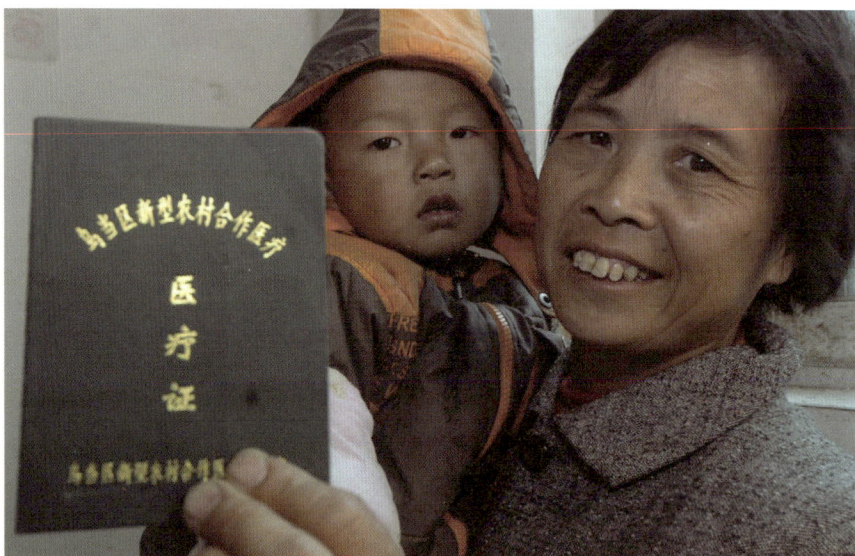

贵阳市乌当区水田镇卫生院，带着孙子前来看病的农民陈登玉展示自己的《新型农村合作医疗证》。（新华社记者杨楹摄）

内心激动的心声和感谢！这一幕已经是4年前的事情了，2016年8月，已经是84岁的息烽县永靖镇的一位老人，10岁时因病右眼失明，只剩下一只左眼承担着家庭生产生活、养育子女，儿子腿部残疾、儿媳也是残疾人、老伴也去世，孙子读高中，致使家庭贫困，政府将其列为建档立卡贫困户。

此前，老人左眼因白内障啥也看不见了，成为名副其实的双目失明老人。这次手术，因为有了医保脱贫政策，她的手术费用由新型农村合作医疗和项目资金全部承担，这就有了老人内心的呼声。

2015年党中央、国务院决定实施扶贫攻坚战略，各级党委、政府高度重视，要求对农村建档立卡贫困人口切实解决"两不愁三保障"，脱贫攻坚战略实施以来，医疗保障对建档立卡贫困人口实施基本医疗保险、大病保险、医疗救助三重保障，有效遏制了"因病致贫、因病返贫"，据统计，2017年，在贵阳市农村建档立卡贫困人口中，"因病致贫、因病返贫"占比为37%，到2020年4月农村建档立卡贫困人口占比下降到15%（来源于2020年4月26日省扶贫库贫困人口统计报表）。

2019年初，在市医疗保障部门组建后，紧紧围绕"三重保障、三应三一、宣传到位"（"基本医疗保险、大病保险、医疗救助之三重保障"，"应保尽保、应资尽资、应助尽助之三应"，"一站式、一单清、一窗办之三一"和医保政策宣传到位），在2019年2月—2020年4月间，不断完善医保脱贫待遇方案开展春季攻势、夏秋攻势、挂牌督战，发放宣传资料30余万份，全面完成建档立卡贫困人口应保尽保、应资尽资、应助尽助。一是2019年，全市建档立卡贫困人口43084人，除因死亡、参军服刑等合理性原因未参保1205人，其余41879人建档立卡贫困人口已全部参加贵阳市城乡居民基本医疗保险，资助参保41879人，实现应保尽保、应资尽资。2020年，全市建档立卡贫困人口 43166 人，截至 2020 年 4 月，除因死亡、参军服刑等合理性原因未参保 436 人，其余 42730 人建档立卡贫困人口已全部参加贵阳市城乡居民基本医疗保险，已资助参保 42730 人，实现应保尽保、应资尽资。二是严格对标对表国家、省政策标准，严格执行基本医保、大病保险、医疗救助"三重医疗保障"的待遇标准。2019 年至今，全市建档立卡贫困人口看病就医补偿共计 175599 人次，经"三重医疗保障"报销医疗费用 6548.28 万元（基本医疗报销 5255.49 万元、大病保险报销 394.85 万元、医疗救助报销 897.94 万元），切实减轻了个人就医负担，实现应报尽报。

在工作中，市医疗保障部门不断加强自身建设，进一步提高服务意识、服务能力、管理水平，持续关注建档立卡贫困人口、边缘人群医疗保障工作，着力从精准服务、精准脱贫上下功夫，认真落实"三重保障""四个不摘"；增强"四个意识"、坚定"四个自信"、做到"两个维护"，按习近平总书记指示"所有贫困人口都参加医疗保险制度，常见病、慢性病有地方看、看得起、得了大病、重病后基本生活过得去"，紧紧围绕医保扶贫，按要求做好三重医疗保障等各项工作，保质保量坚决打赢脱贫攻坚战，让医疗保障助推脱贫攻坚，让医保脱贫托起更多光明，让脱贫攻坚托起更加充满希望和美好的明天。

六、住房保障

——强保障抓长效　群众圆了安居梦

从"两最"原则到四类重点对象，从"危改""三改"到老旧住房透风漏雨整治，从组织农户"投工投劳"到"五主体四到场"制度的建立，贵阳市认真贯彻落实"以人民为中心"的发展思想，从政策引导、完善措施、提升质量等方方面面，不断完善建立农村住房保障体系。

2020 年是决战脱贫攻坚、决胜全面小康的关键之年，省委、省政府对新时代贵阳发展提出了更高的期望：增强省会担当，在脱贫工作以及各项工作中始终坚持高一格、快一步、深一层，在高质量完成自身脱贫攻坚任务的同时，为全省脱贫攻坚和经济社会高质量发展作出更大贡献。

告别不堪回首的岁月，住进宽敞明亮的新居，这是贵阳市郊区贫困群众的梦想和夙愿，也是提升城市形象的客观要求，更是聚力民生建设、增进百姓福祉的不二选择。

作为贵州经济社会发展的"火车头"和"发动机"，自 2008 年以来，贵阳市委显省会担当，累计投入危改资金近 8.1 亿元，圆了10.62 万户贫困群众的安居梦。

今天的贵阳，山村房屋巨变，百姓安居乐业！市住房城乡建设局认真贯彻习近平总书记关于扶贫工作的重要论述，全面落实省委、市委的决策部署，坚持精准扶贫基本方略，坚持问题导向、强化责任落实，扎实推进全市农村危房改造和住房保障工作。同时，贵阳市将农村危房改造与农村乃至城镇发展统筹谋划，通过农村危房改造，不仅改善了群众居住条件，更为农村产业发展打下了基础，实现了"建设一线、推动一片、带动一方"。

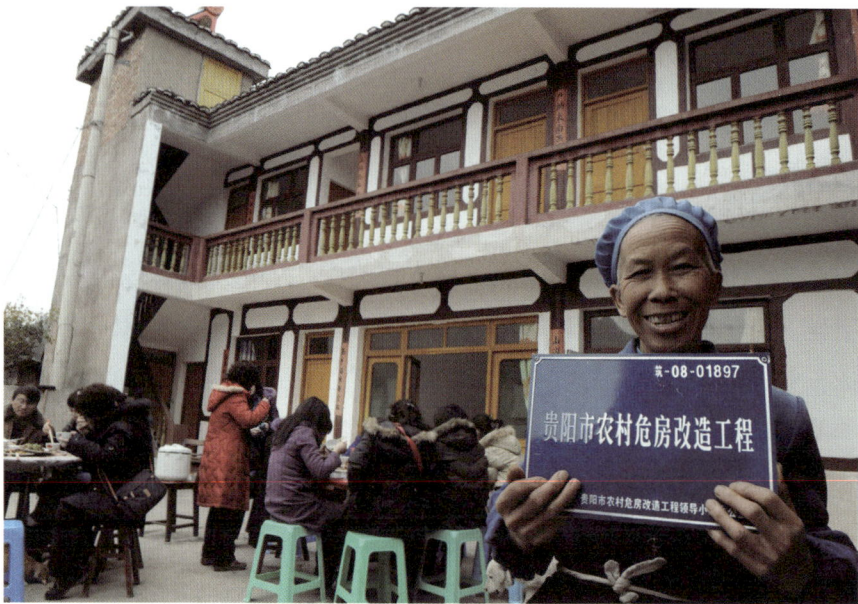

贵阳市乌当区陇脚村布依族农民罗登秀站在自家改造后的新房前。她家危房改造后发展农家乐年收入超过 3.7 万元。（新华社记者杨俊江摄）

（一）破难题　强保障

在不少人眼里，贵阳是省会城市，推进农村危房改造不算难事，毕竟资源禀赋强、经济条件好，农村人口少，工作推进要容易得多。

而实际来看，贵阳大面积的改造农村危旧住房，面对的困难也不少：资金不足、技术薄弱、组织协调难度大……

据 2008 年初的调查统计，贵阳市共有农村危房 6.7 万余户（含地质灾害需要搬迁户 2846 户），其中一级危房 3.8 万多户，二级危房 1.8 万多户，三级危房 1 万余户。

"民以居为安。"住房是每一个家庭安居乐业、生活和美的承载空间。而在农村，部分群众的老房子在岁月的涤荡中变成了危房、"病"房，风来墙晃、雨来屋湿，严重威胁着老百姓的生命财产安全。

面对紧迫难题，贵阳市委、市政府主动担当作为，成立了农村危房改造工作领导小组，市委、市政府主要领导亲自挂帅，多个市直部门的"一把手"参与其中。

2009 年 4 月，市委、市政府决定调整贵阳市农村危房改造工程领导小组成员，由市政府主要领导任组长，市政府分管领导任副组长，市相关部门（单位）为成员，区（市、县）、乡（镇）各级人民政府也相继成立了领导小组及办公室。各级领导小组及办公室的成立，为全市推进农村危房改造工作提供了强有力的组织保障。为推进农村危房改造和住房保障工作，确保各年度目标任务的圆满完成，明确市级政府承担本地农村危房改造和住房保障的主体责任，县级政府承担直接责任，要求主要领导亲自抓，分管领导具体抓，一级抓一级，层层抓落实。在工作中实行领导包村、干部包户责任制，层层落实、分解责任，做到事事有人抓、件件有人管，把农村危房改造工作作为考核政绩，提拔任用区（县）、乡（镇）各级党政领导干部的重要内容和依据。将农村危房改造和住房保障纳入地方党委、政府的重点工作，采取坚强有力的组织措施，为全市农村危房改造和住房保障工作的顺利推进提供了有力保障。

贵阳市住房和城乡建设局根据中央、省、市的相关文件精神，结合本地实际，因地制宜及时编制全市农村危房改造规划，将目标任务、完成时限、工作时序、组织领导、职责分工及工作要求等逐一明确。按照科学规划的原则制定具体的危房改造实施方案，将资金安排、工作机制、实施步骤、项目选址、结构设计、质量标准、配套政策及落实渠道等一一罗列。目前，全市累计实施农村危房改造 10 万余户，整治农村老旧住房透风漏雨 3000 余户。获得中央、省级财政农村危房改造补助资金 4.32 亿元，市、县级财政共计投入农村危房改造补助资金 3.78 亿元，带动社会投资 42 亿元。

到 2018 年 12 月，贵阳市在全省率先完成农村危旧房改造工作，为贵阳市夺取脱贫攻坚决战之年根本性胜利、全面打赢脱贫攻坚战奠定了坚实基础。

荣耀的背后是担当，是贵阳坚守省会城市定位、担当省会城市责任，认真落实中央和省委农村危房改造工作部署的生动实践。

（二）重规范　求质量

农村危房改造工程涉及千家万户，事关广大农民群众切身利益。为确保工程实现安全、质量、进度的统一，保质保量，贵阳市严格管理、严格程序、严格验收，真正把农村危房改造工程做成百姓的满意工程，政府的放心工程。

2013 年起，贵阳市第二轮农村危房已改造 3.44 万户，每年列为为民办事的"十件实事"之一。

与以往农民自建住房不同，这次农村危房改造更加注重工程的统一规划，专业的技术指导。

为此，贵阳市住房城乡建设局组织编制了《新农村农民住宅推介图集》和《农村危房改造工程推荐图集》，结合农户实际确定的改造方式，坚决贯彻执行原址就近就地改造，严格执行《贵州省农村危房改造工程建设技术导则（试行）》《贵州省农村危房改造工程验收暂行办法（试行）》，明确农村危房改造的选址、施工、竣工、验收等各个重点环节的工作管理要求、技术要点，为保障全市农村危房改造基本的质量安全提供依据。按照《关于加强农村危房改造质量安全管理工作的通知》（建村〔2017〕47号）要求，全面实行农村危房改造"五个基本"。

工程质量高不高，还与施工人员技术强不强息息相关。为提高农村危房改造一线管理人员和技术人员的管理素质、专业水平，贵阳市对市辖区（市、县）及77个乡（镇）的村镇建设管理人员及村级农民工匠进行了系统培训，提升了他们的技术水平。

值得一提的是，贵阳市在技术培训中，为有效解决培训过程中发生的农忙与课时冲突问题，组织送课下乡，把培训的课堂开办在农村一线和危改现场，使得尽可能多的村管员及农村工匠及时受到了培训。

另外在实施农村危房改造的过程中，市级各部门还按照住建部、财政部、国务院扶贫办印发的《关于加强和完善建档立卡贫困户等重点对象农村危房改造若干问题的通知》要求，明确了建档立卡贫困户退出时的住房安全标准（选址安全，地基坚实；基础牢靠，结构稳定，强度满足要求；抗震构造措施齐全，符合规定；围护结构和非结构构件与主体结构连接牢固；建筑材料质量合格）。同时，要求包括农村危房改造在内的农房建设严格执行"五主体、四到场"制度，进一步明确各方主体责任，确保质量安全。为加强技术指导服务，编制了《贵阳市农房建筑施工指导手册》和《贵阳市农房建筑施工教学光盘》，对农户建房的规划设计、建材工艺、施工质量和竣工验收等各个环节加强指导，从严把关，切实保证了工程质量。

严格执行《贵州省农村危房改造资金管理暂行办法》《贵阳市农村危房改造专项资金管理办法》，对资金筹集原则和补助标准、资金监督管理提出了具体的要求。同时根据《关于进一步完善农村危房改造补助资金管理的通知》（黔财建〔2017〕330 号）的要求，进一步对农村危房改造补助资金下达、兑付以及台账管理等提出了具体要求，并明确了县级住建部门、财政部门和农信社的职责，强化了农村危房改造和住房保障的资金管理。

在规范脱贫退出房屋安全性评定工作方面，确保建档立卡贫困户退出时住房安全有保障，避免因住房不安全无保障导致错退，对全市 2014 年以来建档立卡贫困户就地脱贫退出 14786 户的住房安全情况进行再次复核，并出具住房安全性评定结果，建立台账，精准管理。

（三）验成果　抓长效

为切实解决全市农村危房改造领域存在的腐败和作风问题，主动回应群众期待，接受群众监督，贵阳市积极开展"大接访""回头看""作风建设"等活动，深入排查历年来农村危房改造实施中存在的问题，及时整改，巩固农村危房改造工程取得的成效，确保重大民生工程经得起时间和群众的考验。采取公开接访、电话回访、走村入户等形式，对各年度危改户满意度、补助资金兑付情况等进行核查。同时按照"零遗漏、全覆盖"的原则，率先在全省完成脱贫攻坚农村危房改造和住房保障整县验收，达到"四个100%"的要求，即100%完成区域内农村危房"危改""三改"任务；100%完成区域内住房安全性评定结果全覆盖；100%完成区域内农村老旧住房透风漏雨整治任务；100%完成区域内农村住房安全有保障现场核实。

由于农村原有自建房的质量及农民自我经济实力有限对房屋缺少

养护等原因，虽然随着农村居民自建房质量的逐渐提高，农村危房呈动态下降趋势，但在今后的一段时间内仍将存在，为巩固全市脱贫攻坚农村住房安全保障成果，2018年，市住建局紧紧围绕脱贫攻坚农村住房安全保障，按照"拉网式、全覆盖、户户见、零遗漏"要求，在全市开展农村住房安全普查，共计普查农房40.2万户，对普查出的农村危房进行了分类改造，全面消除了台账内农村危房。2019年，出台《关于建立健全贵阳市农村危房和老旧住房透风漏雨排查整治长效工作机制的意见》（筑危改办通〔2019〕17号），要求今后对因自然灾害、房屋使用年限等原因造成的新增农村危房和老旧住房透风漏雨，由属地政府负责及时消除，确保每年度新增就地脱贫户危房解危和老旧房屋透风漏雨整治无遗漏。

十年来，全市累计完成农村危房改造约10.62万户，完成小康房建设1.54万户，完成农村老旧住房透风漏雨整治0.34万户，累计占全市40.2万农户的31.09％，极大地改善了农村群众的居住质量。

（四）镇村融　百业兴

立足危改看危改，贵阳的变化日新月异；跳出危改抓危改，贵阳的未来更可期。

农村危房改造工作，并不是简单地扒掉危旧房、修建新住房，而是涉及农民居住条件改善、农民生活质量提高、村容村貌提升的全方位改造，是推动农村发展质量进步的一次革命，更是农村乃至城镇跨越发展的一次机遇。

贵阳市将农村危房改造与新农村建设结合起来，紧紧围绕建设秀美、富裕、和谐新农村的要求，统一规划，整合资源，既为自然环境留白，也为城镇发展探路，取得了"建设一线、推动一片、带动一方"的效果。不断促进美丽乡村建设从一处美向一片美、一时美向持久美、环境美向发展美、形态美向制度美的转型。

春江浩荡暂徘徊，又踏层峰望眼开。

"在新起点上彰显贵阳省会担当"，这是省委、省政府的殷殷期许，也是人民群众的热切期盼，更是贵阳自身加快发展的现实需求。

2017年，贵阳市印发《农村人居环境提升行动工作方案》，提出在全面消除农村危旧房的基础上，基本实现农村道路畅通便捷、用水安全便利、住房适用美观、供电安全可靠、通信质优价廉、村寨明亮整洁，农村生产生活生态条件全面改善。

同年，遵循省委书记孙志刚在全省深度贫困地区脱贫攻坚工作推进大会上的重要指示，贵阳市对不同等级农危房，分类组织实施农村人居环境改善，同步实施"三改"，提高了农房居住功能和卫生健康条件。

2018年，根据省委十二届三次全会和市委十届四次全会精神要求，贵阳市通过"春风行动""夏秋攻势"等实施农村危房改造9376户。在重点完成4类重点对象农村危房改造任务的同时，兼顾一般困难群众，努力实现农村贫困人口住房保障工作的"高一格、深一层"格局。

这一年，贵阳还配套开展了小康房和老旧住房透风漏雨专项整治行动，全面消除农村B级老旧住房透风漏雨现象，农民安居梦的基础不断夯实。

进入全面建成小康社会之年，贵阳市住房和城乡建设局全体干部职工铆足干劲，秉持敢为人先的首创精神，在全省范围内继续展开对农村危房改造的方法探索，总结出农危改的关键并不是改造，而是农村建房质量的全面提升。精准落实脱贫攻坚农村住房保障政策，进一步加强农村危房改造的动态服务管理，提升农房养护水平，以机构改革为契机，从源头上提升新改建农房建设质量，巩固提高全市农村危房改造品质，为全面实现农村贫困人口住房安全有保障的目标，以更大的决心、更强的力度、更有效的措施，扎实推进农村危房改造工作，坚决保障困难群众住有所居，为全面建成小康社会打下坚实的基础。

七、易地扶贫搬迁

——迁出大山天地宽　共筑家园续新篇

　　易地扶贫搬迁是国家开发式扶贫的重要内容，是实施精准扶贫、精准脱贫的有力抓手，是解决"一方水土养不活一方人"的根本之策。

　　自2016年全省新时期易地扶贫搬迁工作启动以来，贵阳市把易地扶贫搬迁工作作为脱贫攻坚的"当头炮"和重中之重，牢牢把握"搬迁是手段，脱贫是目的"的根本要求，坚持"23451"工作模式，实现"实施一个项目，安置一方群众，脱贫一批家庭"，建设9个安置点（清镇市站街镇2个安置点、修文县龙场镇2个安置点、开阳县城

贵阳市乌当区百宜乡罗广村百家院村民组的布依族居民喜迁新居。

关镇 2 个安置点、乌当区东风镇 1 个安置点、花溪区清溪街道办 1 个安置点、息烽县永靖镇 1 个安置点），安置 3009 户 12090 人，2019 年 6 月全部完成搬迁入住，2019 年底建档立卡贫困群众全部脱贫。

（一）做好两项保障，凝集工作合力

做好组织保障。组织保障是做好易地扶贫搬迁工作的重要支撑。贵阳市委、市政府高度重视易地扶贫搬迁工作，主要领导对重要工作亲自研究、亲自部署，还成立了以党委、人大、政府、政协分管领导为"四组长"的易地扶贫搬迁工作领导小组，领导小组组长抓具体抓深入，全面统筹工程建设进度安排、项目落地、资金使用、人员调配等工作，推进易地扶贫搬迁工作落实落地。建立后续扶持工作议事协调会议机制、工作调度机制、督查工作机制和信息共享机制，形成了市直部门与区（市、县）上下互动、左右联动、统筹协调推进的工作格局。严格实行"旬督查、月调度、季通报"制度，出现问题及时反馈、及时解决，为做好易地扶贫搬迁工作提供了坚强的组织保障。

做好政策保障。先后制定了《市易地扶贫搬迁工程建设指挥部关于进一步做好易地扶贫搬迁工作的实施意见》《中共贵阳市委　贵阳市人民政府关于进一步加强和完善易地扶贫搬迁后续工作的实施意见》《贵阳市开展"共筑行动"推进搬迁群众融和发展实施方案》和《贵阳市易地扶贫搬迁星级安置点考评办法》等系列文件，从市级政策层面作出了长远性、制度性、科学性的安排，为全市易地扶贫搬迁后续工作提质增效提供了制度和政策保障。

（二）抓住"三个突出"，筑牢工作基础

脱贫攻坚，贵在精准。做好易地扶贫搬迁工作也要把握"精准"二字。

突出搬迁对象精准识别。依据 2014 年底全国建档立卡贫困台账，对照对象识别 11 个步骤识别搬迁对象，搬迁计划内建档立卡贫困人口 2042 人全部在全国扶贫开发信息系统中完成"受益户"录入。对照搬迁区域和个体条件，同步搬迁的 10048 人均为交通不便、非"四有人员"、群众认可的相对贫困人口，系好了搬迁工作的第一颗纽扣。

突出安置地点科学选址。坚持以产定搬、以岗定搬，统筹考虑水土资源条件、就业吸纳能力、产业发展潜力和公共服务供给能力等多方面因素，6 个区（市、县）确定的安置点全部在县城规划区域内，无电梯房、保障性住房安置等问题。

突出工程建筑质量监管。所有安置点全部按照工程建设规范，落实了法人责任制、招投标制、合同管理制、工程监理制，对工程质量、安全生产等进行全方位监管，并在搬迁入住前组织质量验收，让搬迁群众一步住上了"安全房""放心房"。

（三）坚持"四个注重"，严守政策底线

在推进易地扶贫搬迁工作中，贵阳市注重严守政策红线。

注重住房面积控制。严格按照省推荐的户型进行规划设计，共建设住房 3064 套、24.2 万平方米，人均住房面积 20 平方米，房屋建设成本每平方米不超过 1500 元，装修成本每平方米不超过 300 元，对建档立卡贫困搬迁对象未收取自筹资金，未出现群众因搬迁负债

问题。

注重资金使用管理。9个安置点按照专户存储、专账核算、物理隔离、封闭运行的要求，及时足额拨付资金，未发现有违规违法使用问题。截至2020年底，中央、省级共拨付资金61597.72万元，已拨付使用61112.77万元。

注重配套设施建设。引入社区建设理念，完善扩展安置点功能，实现"五通五化"（通路、通电、通水、通电视、通网络，硬化、绿化、美化、亮化、净化），建立便民利民"八个一"服务工程（一个安置小区综合服务中心，一个新时代文明实践中心，一个文体活动中心，一个老幼服务活动中心，一个党员活动中心，一个平价购物中心，一个警务室，一个卫生室），还配套了铺位、门面方便搬迁群众生产生活。

注重对象真搬实住。在搬迁的3009户中，可拆除旧房2558户已全部拆除并复垦复绿，200户连体房全部封存，6户作为文化保护或生产性用房使用，有效解决了"两头住"问题。

（四）强化"五个体系"，抓实后续发展

完成搬迁不是终点，还要做好后续扶持发展。对此，贵阳市认真强化"五个体系"，全力做好易地扶贫搬迁"后半篇文章"。

强化基本公共服务体系。成立便民服务中心，完善社区"一站式"服务，卫生健康、公安户籍、民政低保、人资社保等相关部门配齐相关办公设施并派驻人员开展服务，以"一站式办公，一条龙服务，一次性办结"的方式为搬迁群众提供便捷高效的综合服务。新建配套的3所幼儿园、1所小学已全部开学，搬迁群众适龄入学子女实现了就近入学。新建的卫生服务中心1所、县医院派出门诊1个、卫

生室 5 个已全部投入使用，配备有资格证的医生坐诊，并实现现场即时结算。截至 2020 年底，完成户籍转移 1383 户，占总户数 3009 户的 46%，为暂不愿意迁移户籍的群众全部办理"易地扶贫搬迁市民证"，把搬迁群众纳入当地居民管理，同安置地居民享受一样的就学、就医、社会保障等权益。

强化培训和就业服务体系。通过大力实施就业扶贫、创业带动就业、技能培训促就业、公益性岗位安置等，配套建设用工车间 11 个，"零就业"家庭动态清零。截至 2020 年底，贵阳市"十三五"搬迁对象中有劳动力的共 2797 户 5617 人，落实就业创业 2797 户 5293 人，就业率 94.2%，其中：县内务工 2961 人，占比 55.9%；县外省内务工 1277 人，占比 24.1%；省外务工 1055 人，占比 19.9%。

强化文化服务体系。为 3009 户搬迁群众制作了新旧房屋对比照片，同步开展感恩教育 177 场次、普法教育 80 场次、市民意识培训 93 场次等，凝聚了感党恩、听党话、跟党走的正能量。党员干部开展"5+N"活动（乘公交车、进银行、逛菜场、到医院、去学校），帮助搬迁群众快速融入新环境。在安置点开设党员之家、职工书屋等，丰富了群众文化生活。

强化社区治理体系。6 个区（市、县）在安置点均已成立了居委会，设立问题咨询和投诉信箱，及时解决群众问题和邻里之间纠纷。每个安置点设置 1 个社区警务室，配备了社区民警，建立了治保组织、义务巡逻队等群防群治组织，保证搬迁群众有安全的居住环境。大力推进"天网工程""雪亮工程""智慧门禁"等设施建设，保障搬迁群众生命财产安全。

强化基层党建体系。搬迁群众中共有党员 110 名，6 个区（市、县）在安置点均已成立党支部，选派优秀干部任党支部书记，及时研究解决群众生产生活困难。在安置点均建立了居民公约，增强了搬迁群众思想自觉和行动自觉。

（五）推进"共筑行动"，助力稳得住、快融入、能致富

为解决群众搬迁后生计保障、社会融入和公共服务供给等问题，贵阳市大力实施"共筑行动"，纵深推进基本公共服务体系、培训和就业服务体系、文化服务体系、社区治理体系以及基层党建体系建设。

强体系、结对子，共筑机制稳人心。建立党员结对帮扶、社会力量参与、搬迁群众主人翁意识培育等构成的"共筑机制"，市领导包县、县领导包安置点、科级领导包楼栋单元、结对党员包户，共同解决搬迁群众生产生活困难。如，息烽县党员罗昌龙因结对搬迁户杨惠生活困难，自己为搬迁户购买了电视机、冰箱、抽油烟机等家电。通过网络、报刊等媒体发出结对帮扶倡议书，共募款 976.5 万元，为搬迁群众购置部分生活用品。

抓载体、促融入，共筑和谐大家庭。为 3009 户搬迁群众制作了新旧房屋对比照片，同步开展感恩教育、普法教育、市民意识培训等，带动 521 户评为文明家庭、72 户评为勤劳致富模范户，凝聚了感党恩、听党话、跟党走的正能量。结对党员干部开展"5+N"活动（乘公交车、进银行、逛菜场、到医院、去学校），帮助搬迁群众快速融入新环境。

重培训、助就业，共筑幸福新生活。通过大力实施就业扶贫、创业带动就业、技能培训促就业、公益性岗位安置等，配套建设用工车间 11 个，"零就业"家庭动态清零，建档立卡贫困人口于 2019 年底全部脱贫。

八、饮水安全
——多措并举纾民困　百姓喝上"放心水"

"不能把饮水不安全问题带入小康社会"，为深入贯彻落实习近平总书记关于扶贫工作的重要指示精神，以及省委省政府、市委市政府

贵阳市饮水最为困难的乡镇之一——清镇市流长苗族乡的磅寨应急供水工程竣工通水。该工程总投资1700余万元，日供水量1980立方米，可有效解决该乡群众生活生产用水难题。（新华社记者刘辉摄）

的相关部署，贵阳市水务管理局向农村饮水的"痛点"亮剑，2019年底制定出台《贵阳市农村分散供水巩固提升工程实施方案》，根据方案，成立工作专班，将全市147个分散供水巩固提升工程，按照一个项目一个"推进计划"，因地制宜编制实施方案。

2020年1月，为全面摸清农村饮水安全现状，贵阳市组织各区（市、县）对农村饮水安全现状进行了排查。调查统计，全市10个区（市、县），910个行政村实现饮水安全工程全覆盖，全市共建有农村供水工程4177处，农村饮水安全工程供水总人口182.74万人，其中城市供水管网延伸工程个数63处，千吨万人以上工程22处，百吨千人以上千吨万人以下工程247处，千人以下3845处，全市集中供水率达96.95%。通过农村饮水安全大排查，贵阳市农村有较为完整的供水体系，全市农村群众"饮水不愁"的问题总体上得到解决，都能达到脱贫攻坚"饮水不愁"标准。

3月，贵州省脱贫攻坚"冲刺90天　打赢歼灭战"吹响"集结号"。贵阳市脱贫攻坚挂牌督战农村饮水安全加速发起"总攻"。挂牌督战，"督"各地和各部门责任、政策和工作的落实，"战"聚焦剩余贫困人口，整合帮扶资源强化攻坚措施，解决存在问题。

闻令即动，贵阳市各级水务系统迅速统一思想，聚焦农村饮水安全"补短板"，各有关项目区（市、县）党委、政府主要领导亲自谋划、靠前指挥，快速形成"主要领导统筹抓、分管领导亲自抓、行业主管部门具体抓、乡（镇）落实抓"的工作格局。

水务工作千头万绪，涉及沟通合作的部门包括农业、气象、生态、卫计等，提高饮水水质，需要抽丝剥茧，不断"回头看"。

一是精心组织，强化统筹，制定工作方案。贵阳市成立了由市政府分管领导任组长，市直有关部门分管负责同志为成员的市脱贫攻坚农村饮水安全挂牌督战工作专班，统筹开展督战工作。以农村饮水安全为轴，贵阳市市级督战工作专班指导各区（市、县）组建县级工作专班，制定了县级工作方案。同时，市级督战工作专班成立9个工作组，分区（市、县）包干，并选派5名督战专员下沉乌当区、清镇市、息烽县、修文县和开阳县，强化督战工作落实到位。市委副书记、市长陈晏高度重视农村饮水安全推进情况，分别于3月5日和4月12日，两次在市政府主持召开专题会议，研判脱贫攻坚农村饮水安全挂牌督战工作相关问题，统筹部署农村饮水安全挂牌督战工作。

二是摸清底数，明确问题，建立整改台账。按照省委、省政府和市委、市政府关于开展脱贫攻坚挂牌督战的工作部署，对全市开展脱贫攻坚农村饮水安全挂牌督战第一阶段大排查工作，排查出农村饮水安全涉及运行管理、水源保护、消毒设施等方面的7195个问题，同时还发现503户1815人存在饮水安全隐患短板。针对贵阳市第一阶段大排查出现的问题，市级督战工作专班以结果为导向，按问题类型类别建立整改台账，制定整改时间计划表，注重整改质量，督促指导区（市、县）通过落实管护主体、管护制度和管理责任人，维修、改造、新建饮水安全工程，进行水厂管网延伸覆盖，加装配备消毒设施，竖立水源保护标识标牌等工作措施，于2020年4月27日全部整改销号7195个饮水安全问题和1815人饮水安全短板人口。

三是强化督查督战力度，加强资金保障。市级督战工作专班每周对挂牌督战工作进行调度，截至目前，工作专班共开展督战工作268人次，入户调查501户（其中建档立卡贫困户325户）。对问题较多的区（市、县）选派5个督战人员实地下沉开展"督""战"工作，做到以"督"促"战"、避免只"督"不"战"，将发现的问题全部分条归类记录在册，针对能整改的问题，尽快整改到位；需要研判整改的问题，与市级督战组、当地党委政府一起研判，定人员、定责任、定时间逐一销号。2020年3月12日，市财政局、市水务局下达市级农村饮水安全专项补助资金 7220 万元，为脱贫攻坚农村饮水安全问题整改工作顺利推进提供资金保障，解决后顾之忧。

四是全力推进项目建设。147 个农村分散供水巩固提升工程，147 个"战天斗地"的方案，为快速、全面打通贵阳市农村供水的"最后一公里"奠定了坚实基础。实施 147 个工程项目（涉及清镇市、开阳县、息烽县、修文县），对贵阳市边、小、散的 12.12 万分散供水农村人口进行巩固提升。全市 147 个分散供水巩固提升工程以 5 月 30 日完成为时间节点，细化推进工作的各项措施，按照一个项目一个推进计划，倒排工期，加强调度，挂图作战，截至 5 月 30 日，全市分散供水巩固提升工程已全部建设完成，正在开展试运行调试工作，累计完成工程 147 处，累计完成投资 2.09 亿元，累计解决农村饮水安全 12.49 万人。工程累计安装供水管网 2911 公里，修建水池 198 座，容积 8144 立方米，安装消毒 93 套，新建提水泵站 94 座。全市农村群众"饮水不愁"的问题总体上得到有效解决。

为按时完成脱贫攻坚任务，贵阳市人民政府穷尽一切办法，排除一切困难，全面对照补漏查，确保督战全覆盖、无死角，坚决做到不掉一户不落一人，如今贵阳市农村群众"饮水不愁"的问题，总体上得到有效解决。

通过 2020 年实施的 147 处农村分散供水巩固提升工程建设，解决了贵阳市农村分散式供水工程存在的工程规模小、水源不稳定、水质不保障、供水保证率低等突出问题，2020 年全市集中供水率达到 96.95%，农村饮水安全得到进一步保障，农村群众"饮水不愁"的问题总体上得到有效解决。清镇早在 2019 年，就提前谋划，聚焦农村饮水安全等"两不愁三保障"突出问题，投资 14818.88 万元，实施莲花山自来水厂新建工程及配套管网一期工程，共建管网 1000 余公里，解决新店镇、王庄乡、卫城镇、暗流镇、流长乡工程性缺水问题，共解决 108819 人饮水安全巩固提升问题。2020 年清镇市结合分散供水巩固提升工程建设，高标准谋划、打造"一网三线"城乡供水一体化供水项目。清镇依托已建骨干水源席关水库、迎燕水库和莲花山水厂，投资 19836 万元，新建席关水厂供水工程，迎燕水厂供水工程及莲花山水厂二期管网工程，解决卫城、站街、暗流、犁倭、流长 5 个乡镇农村饮水安全问题。其中，一是实施席关水厂供水工程，覆盖犁倭镇、流长乡、站街镇 31 个村共计 24875 户 101500 人，工程总投资 8000 多万元。二是依托贵阳水务集团清镇水务公司总投资 3100 万元建设的迎燕水厂，实施迎燕至犁倭至流长供水工程，覆盖卫城、犁倭、流长共计 8 村 1 居 32000 人，工程总投资 1490 万。三是实施莲花山自来水厂第二期配套管网工程，覆盖站街镇、卫城镇、暗流镇共 27 个村 3 个居委会 69942 人，工程投资 5012.27 万元。清镇市针对市境内农村饮水问题，高标准谋划、高标准建设，打造全市"一网三线"，将全市城乡连为一网，互联互通，彻底解决了农村千百年来吃水难和吃上干净水、放心水的问题。截至 2020 年底，清镇市城乡一体化供水覆盖率已达 94% 以上。

开阳县借助 2020 年脱贫攻坚农村饮水安全挂牌督战的力量，县成立工作专班，统筹驻村单位和驻村第一书记，村支两委和受益群众全员动员，明确提出按照能出人的出人、能出资金的出资金、能出资源的出资源，形成统一工作力量，不断保障农村饮水工程设施完好、水源保障、水质达标、制度健全、管理有效。初步建设成功了高寨乡农村饮水安全整乡推进的目标，通过对高寨乡台子田水库水厂的更新改造，使其供水能力从 1200 立方米/天提升到 2880 立方米/天，改造后的水厂设计供水人口 26116 人，供水范围包含了高寨乡的杠寨村、牌坊村、高寨村、石头村、久场村、谷丰村等六个村的 41 个村民组。截至 2020 年底供水人口 12000 人，供水量 1600 立方米/天高寨乡农村饮水安全整乡推进初具规模。在项目建设中，开阳县水务部门充分利用贵阳市水务集团的技术资源、管理资源和资金资源，采取利用一个水厂，通过提升改造和扩容水厂、改扩建和延伸管网的方式，将高寨水厂扩建解决全乡 35 户以上的集中村寨饮水困难，打破了长距离、利用水库水供农村饮水的传统观念。对确实条件较差、水厂不能覆盖的村寨，采取就近协调和寻找水源，因地制宜采取工程措施建设完善设施，达到水源保障、水量保障、水质保障，做到水龙头安装到户，解决了高寨乡、宅吉乡等乡村长期存在的季节性缺水问题。

修文县通过分散供水巩固提升工程建设，整合资源补足工程投资短板。广泛招募投资商投资全县 58 处分散式工程，解决总投资 7866 万元工程资金短板，实现了洒坪镇、大石乡、六广镇三个乡镇的水厂集中式供水。其中，中央广播电视总台《朝闻天下》栏目于 2020 年 5 月 7 日以《贵州修文决战决胜脱贫攻坚绝壁建"小康水""望天水"将成历史》为标题，专题报道贵阳市农村饮水安全巩固提升成果。从开工建设到建成通水，共历时 66 天！2020 年 5 月 27 日，修文县八桶镇凉井片区分散式供水巩固提升工程成功通水，打通高低落差近 400 米绝壁建成"小康水"，彻底解决三个村 2204 户 6721 人缺水难题。刚刚竣工的凉井片区分散式供水巩固提升工程现场，一体化水处理设备运转正常，每天两级泵站、两次提水，立马改善了三个村庄水源的可靠性、易得性和质量。"通水第一天，我就想好了，尽快筹钱修一个冲水厕所，再修一个洗澡房……"用了一辈子旱厕的村民汤明才看到自来水流出的第一眼，就开始规划新生活。

息烽县通过分散供水巩固提升工程建设，在全县范围开展农村规模化水厂等工程，全县农村集中供水率已达到 99.7%。

脱贫攻坚不光是基础设施"短板"建设、完善，更重要的是建后的管理、维护。2020年初，贵阳市一张蓝图绘到底，在全市脱贫攻坚农村饮水安全挂牌督战工作方案中明确要求，"三分建、七分管、十分都要抓扎实"，实施项目的同时，贵阳市近千名"管水员"守护农村饮水安全"最后一米"，解决好管水机制落实不到位的问题。

2020年5月下旬，各区（市、县）对辖区内农村饮水安全管水员开展全覆盖培训，涉及659个村、培训村级管水员993名、饮水安全工程管理员288名。在"理论＋实操"专项培训后，经过考核的管水员们，持《贵州省农村饮水安全管水员培训证书》"上岗"。同时，包括胡国志在内，贵阳贵安共在农村饮水安全管水员岗位上解决了106名贫困人口的就业问题。

"从'游击队'转为'正规军'，不仅真正学懂领会了农村饮水安全的政策、操作技能，未来还将领到真正的上班工资。"身份的改变给胡国志带来改变，让他非常期待。在韩家坝村，如今家家户户也已与村委会在协商共议的基础上签订了"供水合同"，自愿自觉规范用水、缴费用水。

按照见人、见事、见时间、见责任、见终端、见成效的"六见"要求，贵阳市深入推进水质大改善行动，加大用水计量收费宣传，强化计量计费供水制度，规范管道及入户工程建设，确保全市农村安全目标全面实现。

📋 **典型案例一** ————————

罗甸边阳水厂建成投用，9万人告别"望天水"

黔南州罗甸县位于贵州省南部边缘，边阳镇地处罗甸县北端，自古以商贸集散闻名于省内外，素有贵州四大"旱码头"、罗甸县"北大门"之称，总面积528770平方米。全镇辖35个行政村、1个居委会，436个村民小组。作为罗甸县大力发展的副中心城镇，近年来边阳镇发展十分迅速。根据《罗甸县边阳镇总体规划（2015—2030）》，边阳镇镇区规划近期2020年人口5万人，远期2030年人口7万人。

目前，边阳工业园已建成30000平方米标准厂房，园区水、电、路、绿化等基础配套正在快速建设中，已经引进治忠竹筷、富豪电器、好花红电器、富士通天电子（车载导航仪）、纸箱厂、模具加工、志新饲料、植物油加工8个生产性项目入园，但由于经常性停水、断水，严重影响了工业园的生产。边阳镇原有水厂设计供水规模为5000立方米/天，供水量已趋于饱和，工程性缺水问题仍然是部分村镇脱贫摘帽的制约性因素，不能满足边阳镇日益增加的用水需求。随着工业园进一步招商引资，工业园的用水需求将大幅增长，同时周边农村居民用水水源主要是地下水和雨水，原水未经处理直接供给村民，饮水安全存在隐患。

2019年6月，按照省调整省委常委联系深度贫困县工作安排，省委常委、市委书记赵德明到罗甸县边阳镇、沫阳镇、龙坪镇，实地调研易地扶贫搬迁、就业扶贫、党建促脱贫、农村产业革命等工作，并明确指出：坚持问题导向，聚焦深度贫困精准施策，抓紧查缺补漏补齐短板，开展结对帮扶共筑共建，切实解决"两不愁三保障"突出问题；以脱贫攻坚为契机，深入推进农村产业革命，加快推进小城镇建设，抢抓陆海贸易新通道建设机遇，推动罗甸县经济社会实现跨越式发展。

2019年9月，贵阳市委、市政府提供罗甸县5000万元资金支持，用于边阳水厂建设。边阳水厂总投资1.03亿元，设计日

2019 年，贵阳市提供 5000 万元资金，支持边阳水厂建设，有效解决了长期制约边阳镇发展的供水瓶颈问题。

供水能力 2.5 万吨，服务人口近 9 万人，其中解决易地搬迁和农村人口 3.4 万人。水厂于 2019 年 6 月开工建设，于 2019 年 12 月竣工投入使用，在解决边阳镇镇区、者任村等地工程性缺水问题的同时，向交砚片区、翁纳团田片区、云干大关村供水工程供水，长期制约边阳镇发展的供水瓶颈问题得到彻底的解决。

一、小镇建起现代化水厂

一座现代化的智能化水厂矗立在这里，水厂正在源源不断地向全镇城镇区域、移民搬迁区域、农村区域，输送着干净、放心的自来水，这就是该县刚正式投用的罗甸县边阳水厂，是该县目前最先进的一座自来水厂。新水厂建有清水池、泵房、过滤池、蓄凝池、沉淀池、污泥贮池、污泥脱水车间、配电车间、消毒车间等现代化智能设施，消毒、配药等环节都是全自动化智能完成，

罗甸边阳水厂的现代化管理设备

平常总控室也只需要一两个人值守即可，节约了大量的人力。

目前，全镇自来水供应实现了全覆盖，工程建成后解决了边阳镇区及周边农村用水短缺问题，促进城乡供水一体化发展，有助于提高边阳镇的经济发展水平。该镇城镇区、移民区、厂场、交砚、董油、博沟、翁定、者任、团田、明星、翁纳、深井、新场、大寨、罗化、坪寨、大坪、八木等片区和村寨，均用上了干净放心的自来水。项目建成具有稳定的长期经济效益和社会效益，对改善城镇生活水平、生态环境等都有很好的效果。

二、结束了 6 小时挑一挑水的历史

边阳镇最边远的深井片区，当地自来水管户户进家。72 岁的村民任永发拧开他家院子里的水龙头，一股压力强大的自来水就涌了出来，流出来的水水质干净无异味。据任永发介绍，当地是典型的干山区，2000 年以前，当地大多无水窖、无平房，祖

祖辈辈吃水都要到 10 多公里以外的山上去挑，一般需要 6 个小时才能挑回来一挑水，当地群众的生活用水和牲畜饮水相当困难，生产用水就更无从说起。"那些年代连洗脚水都没有丢的，都要沉淀后喂牛。"

在村民任贵珍家院子里，她正在淘洗玉米棒子，打开水龙头就哗哗地流出干净的水。"水压大得很，有时候还要用减压阀。"任贵珍高兴地说。

2000 年以后，当地开始修建少量水窖和平房，当地群众就把下雨天的雨水收集蓄积在水窖里和平房顶上，靠吃"望天水"的日子持续了 20 年。

直到 2019 年底，当地群众破天荒地吃上了安全放心的自来水。"以前我们连做梦都没有想到，今天会有自来水直达家里。现在不仅人畜饮水有干净的自来水，连热水器也开始进入了农家，每天洗澡也不成问题。有的人家还利用自来水改了厨、改了厕、改了圈，连冲洗厕所都用上了自来水。"村民朱兴玉感慨地说。

三、解决了吃水贵的担忧

在距离边阳水厂 12 公里外的深井片区寨子里，贵阳市水务局挂职干部李小京和当地管水员黄小二正在检查管网安全，边阳水厂正式通水后，他们的工作重心就转入管网安全管理。

"这段时间你家用水正常不？水费高不高？""通水正常得很，水费一个月也就是十多块钱，千值万值！"李小京和黄小二每到一户人家，就了解用户用水是否正常，和用户坐下来一起算经济账，折算下来一挑水（80 斤）只需要 1 角钱。

据李小京介绍，由于自来水管网新进农村，对边远山区群众来说是一个新鲜事物，因此必须立即对管水人员和群众普及政策和安全管护知识，避免污染物在入户过程中污染了水质，让管网长期安全正常地为当地群众服务。

"为了培训群众，我们拍视频、找资料、备好课、自编教材，常常利用夜间培训到晚上十一二点钟，目的就是要让当地群众吃上安全放心的自来水。"李小京说。

九、综合保障性扶贫

——强化责任勇于担当　精准助力脱贫攻坚

　　作为开展社会兜底保障工作的攻坚力量，贵阳市社会救助局始终坚持以习近平新时代中国特色社会主义思想为指导，紧紧围绕"精准脱贫、全面小康"的奋斗目标，高一格快一步深一层推进大扶贫战略行动，充分发挥民政职能，强化落实兜底责任，创新工作机制，补齐政策短板，扎实开展兜底扶贫工作，切实提高扶贫成效，织牢民生网底，为全市实现更高水平小康目标作出民政部门应有的贡献。2013年5月，贵阳市社会救助局荣获全国居民家庭经济状况核对试点工作优秀单位，2014年、2016年分别荣获市直机关"百佳三化"党支部、2016年7月荣获全市先进基层党组织，2019年3月被国家人社部、民政部表彰为全国民政系统先进集体，2019年7月被省委表彰为全省脱贫攻坚先进党组织，被市委表彰为全市脱贫攻坚先进党组织，从2014年起连续五年荣获全省社会救助绩效考核第一名。

（一）强化责任细化分工，扎实推进社会兜底保障工作

　　按照习近平总书记作出的关于脱贫攻坚的重要讲话和指示精神，

以及党中央、国务院、国家民政部和省委省政府、市委市政府、市民政局党委作出的脱贫攻坚决策部署，自 2016 年以来相继出台了《贵阳市民政局全面开展社会救助切实推进兜底扶贫工作实施意见》《贵阳市城乡低保提标方案》《贵阳市民政局开展 2017 年脱贫攻坚春季攻势行动实施方案》《贵阳市民政局 2017 年脱贫攻坚秋季攻势行动方案》《贵阳市特困人员救助供养实施办法》《农村最低生活保障制度与扶贫开发政策有效衔接实施方案》《市民政局关于进一步做好有关社会救助工作助推脱贫攻坚的通知》《贵阳市民政局 2018 年脱贫攻坚夏秋攻势行动实施方案的通知》《贵阳市民政兜底脱贫攻坚三年行动计划（2018—2020 年）的通知》《贵阳市民政局关于认真做好民政脱贫攻坚挂牌督战工作的紧急通知》《市民政局关于在脱贫攻坚兜底保障中充分发挥临时救助作用的实施方案》《贵阳市民政局关于印发〈贵阳市坚决打赢社会救助兜底保障攻坚战督战实施方案〉的通知》《贵阳市民政局关于印发〈贵阳市民政局关于做好民政脱贫攻坚挂牌督战工作实施方案〉的通知》《市民政局　市财政局　市扶贫办关于印发贵阳市 2020 年城乡低保提标方案的通知》等一系列文件，就抓好兜底脱贫攻坚工作进行了详细安排和周密部署，从制度安排上进一步补齐短板，切实助力决战决胜脱贫攻坚。以党的政治建设为统领，建立起涵盖市、县两级社会救助兜底脱贫职责体系，明确市民政局分管领导为第一责任人、市社会救助局主要领导为具体责任人、相关科室以及内设机构负责人为直接责任人，根据职责分工，将兜底脱贫任务具体细化分解，制定时间表、路线图，明确责任领导、责任人，各司其职、各尽其责，使党建与社会救助兜底脱贫深度融合，确保及时全面完成兜底脱贫各项工作任务。

社会救助兜底保障是打赢脱贫攻坚战的底线制度安排，是脱贫攻坚的最后一道防线，2020 年以来，按照省、市"冲刺 90 天　打赢歼灭战"的工作部署，以及市委、市政府关于聚焦脱贫攻坚挂牌督战，全力以赴打赢脱贫攻坚歼灭战的相关精神，市社会救助局迅速成立了督战督查领导小组，分3个大组、10个小组以包片区、包责任的方式，围绕社会救助兜底脱贫、易地扶贫搬迁点民政公共服务功能、孤儿和事实无人抚养儿童、高龄补贴等方面对7个区（市、县）开展督战督查，其中，以脱贫攻坚任务最重的开阳县为重点，专门成立4个小组，抽调业务骨干对开阳县19个乡镇分别督战，按照"全覆盖、督死角、查问题、抓整改"的要求，采取边查边督边改的方式，市、区（市、县）、乡、村四级联动，确保督战到县、到乡、到村、到

香江社会救助基金会主席、女企业家翟美卿（右二）与贵阳市南明区一所农民工小学受助的孩子们在一起。当日，女企业家翟美卿女士来到贵阳市南明区一所农民工小学，捐赠五百册图书并资助该学校建立图书室。

组、到户、到人。在"冲刺90天 打赢歼灭战"期间市民政局、市社会救助局、涉及脱贫攻坚任务的7个区（市、县）民政局相关领导及人员共召开9次"全市脱贫攻坚挂牌督战调度会"，会议重点对督战督查中存在的突出问题进行分析研判，并对下一步工作进行安排。围绕督战督查中发现的问题切实做好整改工作，先后制定了《贵阳市民政局关于做好社会救助兜底保障有关问题整改的工作方案》《贵阳市民政局关于抓好确保按时高质量打赢脱贫攻坚战存在问题的整改方案》，细化责任分工，明确时间节点，分类统筹推进，切实做到责任不落实、问题不解决、整改不到位坚决不放过，确保在规定时间内销账销号。建立健全数据台账动态管理，市、区（市、县）、乡镇（街道办事处）、村（居）四级联动救助保障对象基本信息数据动态台账及分类台账，各区（市、县）将排查的问题台账信息与当地残联、卫健、人社等部门进行横向比对，做到信息一周一报，台账上下一致，确保救助保障及时精准。

（二）敢于担当主动出击，积极探索社会救助兜底工作

历年来市社会救助局紧扣社会救助兜底脱贫工作职责，实现全省三个"率先"。一是率先在全省实现农村低保标准与扶贫标准"两线合一"。2016年按照市委、市政府的工作要求，在严格执行省政府农村低保3336元/年标准的基础上，全力做好农村低保标准与扶贫标准"两线合一"工作，确保农村低保困难群体人均可支配收入整体越过4300元。二是率先在全省开展支出型贫困家庭救助工作。2017年为进一步完善社会救助体系，探索建立了支出型贫困家庭救助机制，制定了《市民政局关于开展支出型贫困家庭救助试点工作的通知》（筑民发〔2017〕91号），切实对罹患重特大疾病、遭遇突发灾难、教育

等刚性支出费用较大，导致生活陷入困境的家庭给予救助。三是率先在全省运用"低保及特殊困难群体智能申办监管平台"开展核对工作。2019年为确保社会救助等民生政策精准落实，市民政局自行研发了"贵阳市低保及特殊困难群体智能申办监管平台"，并在云岩区、观山湖区开展试点，2020年在试点的基础上，向全市铺开使用。通过核对业务信息化、数据共享共用协同化、核对业务智能化、大数据分析可视化、业务流程扁平化、社会救助信用体系化，使核对权限下移，自动生成核对，核对异常预警，简化工作流程，提高工作效率，将建设征信机制与贵阳市社会救助对象失信惩戒和守信激励办法紧密结合，打造和推行"诚信低保"。这三个"率先"夯实了贵阳市完成脱贫攻坚任务的基础，筑牢了贵阳市兜底保障的堤坝，助推了贵阳市民生工作进入后扶贫时代的科技化进程。

（三）精准救助分类施保，纵深强化社会救助兜底工作

针对近年来城乡低保对象因易地扶贫搬迁户籍属性发生变化，即共同生活的家庭成员人均收入低于户口迁入地或转入地城市最低生活保障标准，且符合当地最低生活保障家庭财产状况规定的家庭，可享受城市居民最低生活保障待遇；针对农村低保中的"三无"人员、因病或因残完全丧失劳动能力的特困低保家庭，根据困难程度，实施分类救助，按照保障标准增发30%—40%的特殊困难补助金；针对发生因病、因灾和因意外造成家庭出现暂时生活困难的群众，认真贯彻落实《市人民政府办公厅关于印发贵阳市城乡困难群众临时救助规定》精神，参照城市低保标准给予1—6个月的基本生活救助，切实缓解因意外突发性事故给家庭造成的临时性困难，有效防止因意外突发事故返贫；针对"十三五"期间确已搬迁的易地搬迁移民中的建档立卡

农村贫困人口和未纳入建档立卡农村贫困人口范围的农村低保对象，按照《贵州省易地扶贫搬迁贫困移民一次性临时救助金发放方案》要求发放一次性临时救助金。

为确保"兜得住"，市社会救助局强化社会救助兜底保障功能，切实提高保障标准，确保基本生活水平与全面小康进程相适应。按照省统一划定的低保标准，2020年，六城区从685元/月提高到695元/月，三县一市从650元/月提高到675元/月；农村低保标准：六城区实现城乡低保标准一体化，三县一市从4200元/年提高到4380元/年。健全城乡统筹的特困供养制度，有效保障特困对象基本生活。按当地城市低保标准的1.6倍确定全市特困人员基本生活标准，2020年全市特困人员救助供养基本生活标准为：六城区从1096元/月提高到1112元/月，三县一市从1040元/月提高到1080元/月；严格按照省民政厅的要求，切实做好安排生活不能自理特困对象入住农村敬老院工作。同时通过制定下发《贵阳市低保专项治理实施方案》、组织开展低保专项治理工作大督查，采取培训学习、听取汇报、召开座谈会、查看政策文件和治理方案、随机调阅低保对象档案资料、走访农村低保家庭等方式，对兜底脱贫暨低保专项治理工作开展专项督查，将低保专项治理工作向纵深推进，有力助推脱贫攻坚。

（四）创新探索借力助推，增添力量参与社会救助工作

市社会救助局从2014年起积极指导各区（市、县）民政局在乡镇（街道、社区服务中心）设立社会救助窗口，全面开展"救急难""一门受理、协同办理"工作，确保困难群众求助有门、受助及时。2018年积极开展低保监督信息化建设试点工作。在观山湖区、修文县、息烽县各选择3个乡镇开展低保手机APP试点，通过手机

APP 进行低保政策宣传、快捷办理和动态监管。联合市编办、市财政局、市人社局等部门制定出台了《关于积极推行政府购买服务加强基层社会救助经办服务能力的实施办法》，通过政府购买服务形式，进一步激发社会力量活力，推动政府转变职能和政务服务效能提升，大力加强基层基础民政工作，切实提高全市兜底扶贫、社会救助服务质量和效率。2018 年、2019 年分别联合社会组织开展政府购买服务试点工作，通过购买服务引入社会力量参与社会救助，由专业社工机构对社会救助经办人员进行选拔、增能、考核，负责项目实施过程中的人员统筹、培育，以及项目过程把控和成果审核，推进社会救助项目的广度及深度，为试点地区内兜底扶贫建档立卡对象、社会救助对象提供事务类及服务类工作，积极创新探索具有贵阳特色的社会救助服务模式。

探索诚信低保制度改革试点，对社会救助严重失信当事人纳入失信名单，实施联合惩戒。按照已经建立的低保诚信承诺制度，申请或享受低保待遇人员和出证机构（个人）为低保诚信承诺的主体，要签署诚信承诺书，明确守法、守信、自律等方面的自我约束和应承担的责任。为推进社会救助领域信用体系建设，加大对社会救助领域严重失信行为的惩戒力度，于 2018 年 10 月在云岩区开展诚信低保改革试点，由该区民政、检察院、法院、监察委、公安分局、各社区（镇）等部门就社会救助领域严重失信当事人开展联合惩戒，进一步打造和推行"诚信低保"，此项试点工作被国家民政部评为 2018 年度全国社会救助工作十佳创新工作之一。

保障和改善民生没有终点，只有连续不断的新起点，市社会救助局将采取针对性更强、覆盖面更大、作用更直接、效果更明显的举措，集中力量做好普惠性、基础性、兜底性民生建设，织密扎牢托底的民生"保障网"。

典型案例一

残疾人帮扶——脱贫路上携手奋进　全面小康不落一人

残疾人扶贫是一项长期而艰巨的任务，根据第二次全国残疾人抽样调查数据显示，尚未解决温饱的贫困残疾人占全国贫困人口总数的近二分之一，已经初步解决温饱的残疾人，多数仍处于不稳定状态，极易返贫。残疾人由于残疾和外界障碍的影响，受教育程度普遍偏低，在市场竞争中处于劣势，在贫困人口中贫困程度最重，扶持难度最大。帮助残疾人脱贫，缩小残疾人生活水平与社会平均水平的差距，全面同步小康，关系到国家扶贫工作的全局，是贯彻落实科学发展观，构建和谐社会，实现残疾人"平等·参与·共享"目标的重大举措。

截至 2020 年底，贵阳市持证残疾人达到 91545 人；全市建档立卡贫困人口 42959 人，其中残疾人 6397 人，根据国家《残疾人扶贫攻坚计划》，稳步推进残疾人事业发展"十三五"规划以来，贵阳市坚持以习近平新时代中国特色社会主义思想为指导，深刻学习领会习近平总书记关于扶贫工作的重要论述，全面贯彻落实上级关于决战决胜脱贫攻坚的各项决策部署，在市委、市政府的领导下、在省残联的指导下，紧紧围绕"决战脱贫攻坚、决胜全面小康"的工作主线，将残疾人脱贫攻坚工作作为一项政治任务来抓，统一思想、提高认识，以政策为抓手，提标扩面，精准发力，通过产业、项目、教育、医疗、金融、社会等帮扶措施和兜底保障，确保了全市残疾贫困人口提前完成脱贫目标任务。

贵阳市儿童福利院的小朋友和"模拟家庭"的"爸爸妈妈"一起吃饺子欢度新年。贵阳市儿童福利院有 330 余名孤残儿童，这些孩子主要为弃婴、孤儿、打拐被解救儿童和父母涉案的未成年人，残疾率达到 70%。福利院有一个温馨的名字——"儿童村"。（新华社记者陶亮摄）

一、扶贫先扶智，残疾儿童少年助学政策加码

扶贫先扶智，残疾儿童少年教育的成本较高，残疾人家庭负担较重，为鼓励残疾人提高文化水平，帮助贫困残疾人及子女解决入学困难问题，市残联积极作为，联合市财政局、教育局出台了《贵阳市残疾学生及残疾人子女就读补助办法》，把全市高中及以上残疾学生、贫困残疾人子女，学前教育贫困残疾学生及残疾人子女全部纳入补助范围并连续资助，学前、高中（中职）每人每年 2000 元，大专及以上每人每年 3000 元。

作为一项长期惠残助残政策，残疾学生及残疾人子女就读补助办法为残疾学生和残疾人家庭解决了教育支出的困难，推动了残疾儿童少年接受教育，起到了积极的作用，仅 2019 年一年就补助贵阳市残疾学生、贫困残疾人子女 1226 人，共发放补助

308 万元。

二、创业就业扶持加固，助推残疾人增收致富

就业是最大的民生，是持续脱贫的重要途径，为鼓励和扶持残疾人创业就业，贵阳市残联在摸底调研后，与贵阳市财政局、市人社局出台并实施《贵阳市残疾人创业就业扶持办法》。从残疾人创业就业示范基地（示范点）、自主创业、吸纳残疾人就业、经营场所租金、创业就业及职业技能资质、贷款贴息、吸纳残疾人就业社会保险、重度残疾人创业社会保险、辅助性就业等方面扶持残疾人创业就业，部分区县还出台了补充政策，加大对残疾人创业就业扶持力度。这项政策出台以后，为扶持贵阳市残疾人创业就业奠定了良好的基础，全市仅 2019 年就扶持创业就业示范基地（点） 15 个，自主创业 195 户，补助残疾人 400 余人次，发放补助 320 万元。

同时，积极挖掘整合农村经济实体、龙头企业，建立了一批农村残疾人扶贫基地，辐射带动残疾人就业增收。打造残疾人"转股分红"试点，增加贫困残疾人收入。市级投入资金 36 万元，分别在脱贫任务重的六个区（市、县）开展"转股分红"试点。各区（市、县）因地制宜，整合市县两级资金，帮助残疾人入股，指导残疾人从务工、分红等渠道实现收益，118 余名残疾人（其中贫困重度 46 名，贫困残疾人 15 名，重度残疾人 17 名）已入股，年人均分红不低于 600 元。

此外，根据产业发展布局、残疾人的特点和劳动力市场的需求，贵阳市残联还大力开展了残疾人技能培训，尤其是农业适用技术培训、农村全员劳动力培训，在培训计划中重点倾向于贫困残疾人，不断提高残疾人生产技能和自我发展能力，为贫困残疾人家庭如期脱贫奠定了一定的基础。

三、康复救助提标扩面，提高残疾人生存发展能力

通过医学、工程或其他手段对残疾人进行康复，能使残疾人的功能恢复到尽可能好的水平，最大限度地回归社会。贵阳市残联一直在努力，先后通过"白内障复明工程""彩票公益金残疾人康复项目""残疾人康复重点工程"等一系列康复救助项目对各类残疾人进行了住院治疗、复明手术、矫治手术、适配辅助器具、康复训练等服务，有效促进了残疾人回归社会。同时，还尝试将康复救助政策制度化、长效化。

2019 年，贵阳市相继出台了《贵阳市残疾人适配基本型辅助器具适配补贴办法》和《贵阳市残疾儿童康复救助实施办法》，将原来的项目化救助变成制度化救助，免费为全市持证残疾人配发多种基本型辅具，优先补贴低保或贫困残疾人、"一户多残"户、重度肢体残疾、残疾儿童、残疾学生等，市级共投入 100 万元用于辅具适配。对贫困残疾儿童康复进行救助，则扩大了救助范围、提高了救助标准、增加了救助内容。将救助年龄范围扩大到 15 岁；补助标准由每人每年 12000 元提高为 24000 元；并将精神残疾康复纳入救助内容，极大减轻了残疾儿童家庭负担。

救助办法出台当年，贵阳市投入资金 2000 余万元，补助贫困残疾儿童 930 余名。此外，市级财政还投入资金 100 万元用于贫困精神病人补助，实现了贫困精神病人服药和住院治疗"零负担"，有效解决了贫困精神残疾人的肇事肇祸隐患，确保社会稳定。

将贫困重度残疾人家庭无障碍改造纳入当地政府脱贫攻坚工作内容。2019 年，贵阳出台《贵阳市贫困重度残疾人家庭无障碍改造实施工作细则》，市级投入 120 万元，对 175 户贫困重度残疾人家庭无障碍进行改造，不断提高残疾人生活质量。

四、探索残疾人托养服务机制，减轻残疾人家庭负担

贵阳市就业年龄段的智力、精神和重度肢体残疾人约有 1.5 万人，他们是失能程度最重、生活最困难的群体之一，他们中大部分人虽然已经成年，但依然缺乏自我照料和独立生活的能力，需要家人长期照料，许多残疾人学校进不去、医院收不了，家庭供不起，走出家门参与社会生活更是难上加难，已经成为残疾人群体中最为困难的部分，给自身家庭带来沉重的负担，残疾人托养服务是广大残疾人工作者对这部分残疾人痛苦的真切感受，是对这部分残疾人家庭苦苦期盼、社会高度关注的负责任回应。

针对这些问题，从 2015 年起，贵阳市残联就探索开展了政府购买残疾人托养服务试点项目，为残疾人提供居家托养、日间照料和寄宿托养服务，得到了残疾人家庭的一致好评，连续实施"阳光家园计划"，积极探索托养服务的有效模式，2019 年贵阳市投入 200 万元用于残疾人居家托养补助，按照 1500 元每人每年的标准，补助 1300 余人；2020 年，贵阳市将残疾人托养工作纳入市政府十件实事办理，投入资金 400 万元，创建了 4 个"残疾人日间照料示范点"，为贵阳市出台残疾人托养补助办法探索经验、奠定基础。

五、大数据平台助力，提高精准服务能力

大数据是贵阳市的一张名片，如何利用好大数据平台，助力残疾人精准服务，是残疾人工作者面前一项重要的任务。

2019 年，贵阳市残联投入近 500 万元，建成了贵阳市残疾人大数据服务平台，2020 年全面推广使用。残疾人康复、创业就业、就业推介和培训、文体服务、法律援助等涉残服务内容可全部线上办理，并通过微信"数智贵阳"、筑民生"筑残智惠"及"智惠助残"工作 APP 等端口，实现残疾人"少跑路"，甚至

不跑路。

涉残服务的数据，融合民政、公安、卫计、工商、税务、人社等部门数据，真正让数据在云端"跑起来"，达到精准扶助目的；同时，贵阳市还实现了残疾人服务动态监测，为党委政府和相关部门制定涉残政策提供决策依据，确保残疾人在同步小康进程中不掉队。2020年，贵阳市将启动第三代残疾人证（智能化）试点工作，智能残疾人卡与服务平台进行数据对接，逐步实现残疾人大数据治理。

六、良好氛围的营造，激发贫困残疾人致富动力

残疾人脱贫攻坚，离不开宣传工作，为宣传全市残疾人脱贫致富的亮点成果和事迹突出的典型人物，宣传残疾人脱贫经验做法和典型案例，通过榜样的力量，营造自立自强、热爱生活的良好氛围，贵阳市残联多次开展各种宣传活动，制作残疾人创业就业典型宣传片，广泛宣传集中安置残疾人就业企业、残疾人个体创业、残疾人脱贫致富等事例，向社会展现助残企业的爱心善举，新时期残疾人自强不息、艰苦创业的精神风貌和社会助残组织的时代风采。

在残疾人脱贫攻坚讲述活动中，大力宣传报道脱贫攻坚战中自强不息、自力更生的残疾人及助残爱心机构的故事，展示广大残疾人乐观进取的奋斗精神，激发贫困残疾人脱贫致富的内生动力。

在"时代先锋·自强楷模"残疾人脱贫攻坚典范人物电视专场宣讲活动中，通过在贵阳电视台直播贵阳栏目滚动播出的20期节目，广泛宣传残疾人身残志坚、自强自立典型事迹，充分调动残疾人脱贫致富的积极性，增强同步小康的信心和决心，促进全市残疾人事业再上新台阶。

脱贫不易，巩固成果更难。

贵阳市贫困残疾人虽已全部脱贫，但残疾人返贫和新贫困产生的可能性仍存在，作为残疾人工作者，贵阳市残联一如既往，不忘初心、牢记使命，继续按照脱贫不脱政策的要求，进一步加大财政投入，在开展残疾人职业技能培训、多种形式扶持残疾人就业创业促进残疾人脱贫增收、扶持残疾学生和贫困残疾人子女顺利入学、残疾人康复救助、残疾人集中托养、日间照料和居家托养、贫困残疾人家庭无障碍改造、残疾人脱贫攻坚政策宣传等方面采取切实有效措施，巩固拓展脱贫攻坚成果，决胜全面小康。

典型案例二

习水女孩袁小霞实现"行走"梦

2016年4月，贵阳高新区在开展结对帮扶习水县工作过程中，发现习水县大坡镇裕民村23岁瘫痪女孩袁小霞，从7岁那年意外摔倒后，一直瘫痪在床，生活不能自理。一人有难，众人相帮，在高新区工管委、习水县委县政府，高新区扶贫办、习水县扶贫办、高新区地税局、习水县大坡镇，以及社会各界爱心人士的关心和帮助下，将袁小霞送到贵阳市第四人民医院（骨科医院）进行治疗，捐资捐物，奉献爱心，传递温暖，共同助力袁小霞实现"行走"梦想。

工管委领导高度重视。在得知袁小霞的病情后，高新区工管委领导高度重视和关注，要求区扶贫办、区地税局要重点帮扶，及时采取措施爱心救助，并提前谋划好袁小霞术后的生计问题，确保帮扶户实现稳定脱贫。在有关部门（单位）的共同帮助下，于2016年11月16日，将袁小霞送到习水县人民医院等候专家会诊；11月22日转入贵阳市第四人民医院（骨科医院）进行治疗。2016年11月30日，根据高新区工管委安排，高新区工会、共青团及时策划爱心捐助活动，并向全区各部门（单位）、园区企业、广大干部职工发出倡议，开展向瘫痪女孩袁小霞爱心捐助活动，高新区党工委副书记、管委会主任黄昌祥，区党工委副书记黄贵华出席捐助仪式，并在现场带头捐款，奉献爱心。同时，经高新区2016年第22次主任办公会审议通过，从"贵阳国家高新区结对帮扶习水县因病因学特困救助资金"中向袁小霞划拨因病救助资金5万元。2016年12月2日，在高新区工管委主要领导的协调下，邀请贵州省人民医院、贵州医科大学附属医院和贵阳市第四人民医院（骨科医院）专家对袁小霞的病情进行会诊。2017年1月13日上午，高新区党工委副书记、管委会主任黄昌祥一行到贵阳市第四人民医院（骨科医院）看望慰问袁小霞，并送上慰问品和慰问金，鼓励小霞要积极乐观，配合医生治疗，

贵阳高新区举办结对帮扶习水特困学生袁小霞捐助仪式。

贵阳高新区有关领导到医院看望袁小霞。

做一个真正坚强、微笑的女孩。

爱心人士关心关怀。在袁小霞转入贵阳市第四人民医院（骨科医院）进行治疗后，2016年12月11日，贵州电视台第5频道《帮忙》栏目对袁小霞进行专题报道。贵阳晚报、新浪网等媒体持续追踪报道爱心捐助活动和袁小霞帮扶动态，倡议社会各界爱心人士伸出援手，帮助这个爱笑的女孩。随着各媒体、各部门（单位）和爱心人士的关注和报道，袁小霞不断收到社会各界爱心人士的爱心捐款、爱心食品、微信红包等，为小霞送来慰问和鼓励，帮助她实现"自信的'走出'家门，微笑着面向阳光……"的心愿。2017年4月2日，贵州电视台第5频道《帮忙》栏目持续报道了袁小霞术后出院和转捐善款传递爱心。

社会各界爱心捐助。根据工管委安排，区工会工委、共青团工委向全区广大干部职工、园区企业及广大员工发起了向袁小霞进行爱心捐助的倡议，并于2016年11月30日上午举行了现场

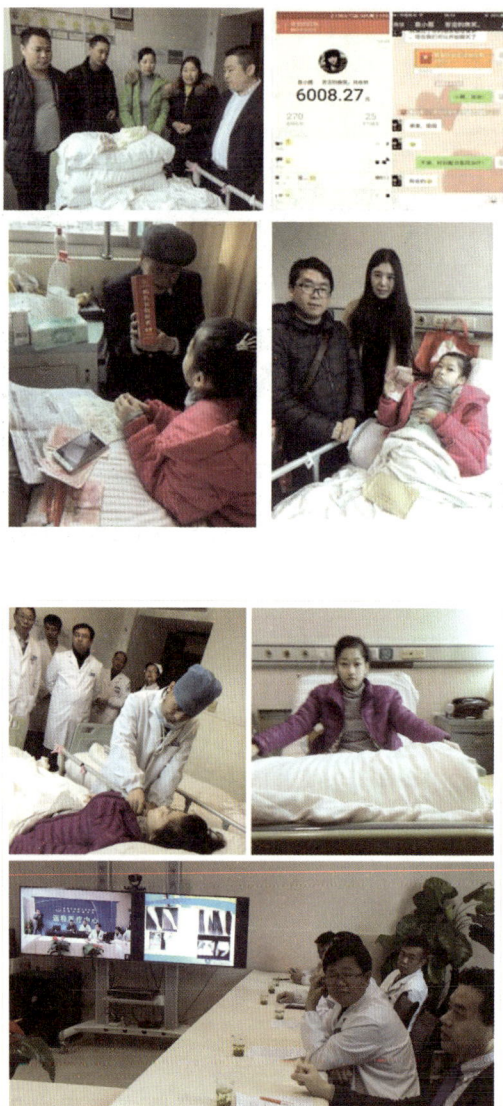

社会各界爱心人士为袁小霞捐款，并到医院探望慰问。

爱心捐助活动，活动现场共收到爱心捐款 159797 元。现场捐助活动结束后，募捐箱继续摆放在政务服务中心大厅，接收办事企业、群众及社会爱心人士捐款。截至 12 月 2 日，共收到社会爱心捐款 13566.5 元，收到爱心捐款累计达 173363.5 元。2016 年 12 月 16 日，习水县向袁小霞划拨爱心帮扶资金 150000 元。高新区从"贵阳国家高新区结对帮扶习水县因病因学特困救助资金"中向袁小霞划拨救助资金 50000 元。累计为袁小霞爱心捐助资金达 373363.5 元。

　　共圆小霞"行走"梦。2017 年 3 月 8 日上午，在贵阳市第四人民医院（骨科医院）经过 4 个多月的治疗，袁小霞截肢手术顺利完成，并恢复良好，正式出院回家。高新区扶贫办、区地税局主要负责同志、主治医院医生及护士一并送行。坐在轮椅上的小霞依然坚毅乐观、积极向上，怀着感激之情与关心和帮助过她的爱心人士道别。当天下午，在贵州电视台记者、高新区帮扶人和习水县裕民村村干部的见证下，袁小霞及其父母将爱心捐助余款10万元分别转捐给当地的4户残疾儿童家庭和因病致贫家庭，帮助其他需要帮助的人，让爱心传递下去。2017年7月4日，为帮助解决袁小霞术后生活和就业问题，结合她本人的意愿，高新区有关部门（单位）帮扶人帮助其在当地建立的贵阳高新区扶贫户袁小霞便民店正式开业，开业第一天营业额达1000多元。

目前，袁小霞家庭已实现脱贫出列，袁小霞也能独自操控轮椅"行走"，并自己经营便利店，家庭负担减轻了，家庭条件也一天天得到改善，对于那个曾经瘫痪在床十六年的小霞和有心无力的父母，她们最想说的就是"感谢"，感谢那些关心和帮助过她们的爱心人士，感谢大家帮助她实现了"行走"梦！现在，小霞最大的心愿就是"希望通过自己的努力，可以帮助更多需要帮助的人，回馈社会，奉献爱心，传递温暖"。

十、生态扶贫

——实现生态保护与脱贫攻坚双赢

"一人护林，全家脱贫"。就业、生态保护、脱贫致富，如今在贵阳，生态护林员正成为一种新职业，不仅在林业建设和管护中发挥着积极的作用，也在林业生态脱贫中正发挥着重要作用。

近年来，贵阳市林业系统深入学习贯彻落实习近平总书记关于脱贫攻坚系列重要讲话精神，认真贯彻中央"五个一批"扶贫工作战略布局，全面完成贵州省扶贫攻坚任务和目标，努力拓展和丰富"生态补偿脱贫一批"外延和内涵，协调推进精准扶贫和生态建设，落实和实施好中央和省政府"建档立卡贫困人口生态护林员"的重点工作任务，充分发挥林业助力脱贫攻坚和精准扶贫的作用和优势，将部分建档立卡贫困人口转为生态护林员，作为做好林业精准扶贫、精准脱贫工作的一项重要举措抓实抓好。

作为贵州省的省会，贵阳市强化省会意识，扛起省会担当，积极探索行业扶贫方式，借鉴中央资金及省级资金扶持除贵阳市以外全省8个市（州），66个县（市、区、特区）选聘建档立卡贫困人口生态护林员的模式和经验，于2019年7月，在全市范围内启动建档立卡贫困人口生态护林员选聘工作。历经近一年时间，建档立卡贫困人口贵阳市自 2015 年启动"千园之城"建设以来，着力构建贴近生活、服务群众的生态公园体系，全市新建森林公园、湿地公园、山体公园、城市公园、社区公园等各类公园。截至目前，全市公园数量累计达 1025 个，极大拓展了市民休闲娱乐空间。（新华社记者杨文斌摄）

生态护林员工作取得了显著成效，在生态护林员的选拔、培训、管理上做了一系列探索和实践。

（一）探索实践

贵阳市建档立卡贫困人口生态护林员选聘从 2019 年 7 月起开始实施。实施初期，以《贵州省建档立卡贫困人口生态护林员工作实施方案》为参照，以助推全省脱贫攻坚为目标，贵阳市林业局、贵阳市财政局、贵阳市扶贫办联合下发了《关于印发〈贵阳市建档立卡贫困人口生态护林员选聘工作方案（试行）〉的通知》（筑林通〔2019〕106 号），利用天然林资源保护工程结余资金、植被恢复费和财政专项资金按照市县 1∶1 分担的原则，投入资金 156.60 万元（其中：劳务补贴 140.70 万元，绩效补贴 15.90 万元）在全市建档立卡贫困人口中开展生态护林员选聘工作。

2019年9月1日，经过层层筛选，全市完成530名建档立卡贫困人口生态护林员选聘、培训和上岗，通过聘用符合条件的建档立卡贫困人员为生态护林员，增加了建档立卡贫困人口收入，惠及建档立卡贫困户530户1877人，使建档立卡贫困户2019年实现户均增收2954元，人均增收834元，有效地助力了建档立卡贫困人口精准脱贫工作。

同年，根据省委、省政府提出要在全省范围内扩大农村公益性岗位，深入推进脱贫攻坚的指示要求，贵阳市作为覆盖对象，可根据实际情况新增建档立卡贫困人口生态护林员。市公益林管理中心在市林业局的领导下，以集中连片困难地区为重点，以具有一定劳动能力的贫困人口为对象，按照"县建、乡管、村用"的组织体系，遵循精准到户、自愿公正、统一管理、特殊贫困户优先的原则，统筹对全市涉及建档立卡贫困人口的花溪区、乌当区、观山湖区、修文县、息烽县、开阳县和清镇市进行调研、征询需求，形成《贵阳市非贫困县生态护林员需求调研报告》上报省林业局。

2019年12月18日，根据《省林业局 省财政厅 省扶贫办关于开展2019年度省级新增建档立卡贫困人口生态护林员选聘工作的通知》（黔林湿函〔2019〕534号）文件精神，经省人民政府同意，贵阳市新增建档立卡贫困人口生态护林员2663人，其中乌当区130人，修文县415人，开阳县1035人，息烽县1083人。

按照生态护林员选聘相关要求及程序，经层层筛选，2020年1月1日，全市累计完成2839名建档立卡生态护林员选聘培训及上岗（含新增选聘2309人，转聘354人，续聘176人），落实管护面积176.63万亩，同步提高续聘176名生态护林员补助标准从8000元/年提升至10000元/年，保持2839名生态护林员补助标准一致，确保生态护林员人均年收入 10000 元。实现绿水青山得守护，贫困人口有收入，为林业生态脱贫发挥了重要作用。

实施建档立卡贫困人口生态护林员是助推脱贫攻坚和生态建设的重要措施，是加快帮助建档立卡贫困人口实现脱贫的重要举措，在推进生态护林员选聘工作的过程中，让老百姓切切实实看到了就业、生态保护和脱贫致富的实效。

如今在贵阳，生态护林员正在成为一种新兴向往的职业，一部分未选聘上的建档立卡户正积极申请加入生态护林员这支队伍。2020年 4 月 13 日，应省林业局工作要求，通过对贵阳市建档立卡贫困人口生态护林员新增需求统计，全市拟新增生态护林员 627 人。

选聘是方式，管理促成效。为规范生态护林员管理，指导并督促好生态护林员切实履职尽责，市林业局以服务出发，在进行岗前技能培训的基础上，为切实解决部分建档立卡贫困户不识字的现实条件，以通俗易懂的卡通图片方式，集中编制印发了《贵阳市生态护林员管理手册》（相关法律法规及技术资料）、《贵阳市生态护林员工作手册》（巡山记录）3000 份，并指导生态护林员进行学习和规范填记。

2020 年 4 月至 5 月，为切实掌握生态护林员履职及补助发放情况，在市林业局的领导下，市公益林管理中心分别对乌当区、修文县、息烽县、开阳县进行随机走访，询问生态护林员是否明晰自己的工作职责，查阅工作日记是否填写规范，查看比对"一折通"中生态护林员补助发放情况和区县上报进度表是否一致。根据走访情况梳理出问题清单及近期工作提示下发至各区县，指导区县进一步压实生态护林员工作开展成效。

截至 2020 年 6 月 29 日，全市 2839 名生态护林员 1—5 月应发放补助资金 1135.6 万元，已完成发放 1135.44 万元。

（二）经验做法

1. 健全机制，强化责任

为更好地深入推进建档立卡贫困人口生态护林员管理工作，县级人民政府对选聘工作的真实有效性负总责，成立由林业、财政、扶贫等相关部门组成的生态护林员选聘工作领导小组，根据资金及管护任务，确定年度生态护林员选聘数量，制定选聘细则，组织乡（镇）人民政府按照生态护林员选聘要求开展选聘工作。林业部门作为牵头部门，主动协调相关部门，层层落实责任，抓好组织实施；财政部门加强对资金的监督管理，安排经费；为工作顺利开展提供保障，县级扶贫部门负责提供建档立卡贫困户资料信息，确保提供的信息真实准确。乡（镇）人民政府根据区（市、县）扶贫办提供的建档立卡贫困人员名单和生态护林员选拔条件进行筛选和核实后，按照选聘数量初步确定符合生态护林员选聘条件的人员名单，上报县生态护林员选聘工作领导小组审定后，完成选聘工作。

2. 大力宣传，严格选拔

为确保选聘过程公开、公平、公正，按照"县建、乡聘、站管、村用"和"坚持精准到户、坚持突出重点、坚持自愿公正、坚持统一管理"的原则，选择年龄在18—65岁之间，已列入当地建档立卡贫困人口范围，身体健康，责任心强，能胜任野外巡护工作，贫困程度深、少数民族及家庭人口较多的以及退伍军人、公益林林权所有者优先。通过公告、申报、审核、考察、评定、公示和聘用等7个流程开展选聘，严格审核把关。

3. 组织到位，加强培训

事前做好岗前集中统一培训，为提高生态护林员巡山护林履职能力，县级林业主管部门负责组织对选聘护林员的工作和技能及安全知识等方面进行培训，事中针对已开展的工作中存在的问题进行专项培训，并由县级林业主管部门制定生态护林员管理和考核办法，乡（镇）对生态护林员进行管理，并对巡护情况进行考核。针对选拔的生态护林员文化水平不高、知识储备不足等情况，贵阳市林业系统在培训时专门设计了卡通图册，作为生态护林员在日常的巡查和管护工作中的注意事项。同时为了让护林员能更详细地了解管护范围内的森林资源和易发情况，市、县林业部门在做好上岗履职培训外，还不定时选派林业技术人员对森林资源情况、病虫害知识等进行专业培训，以帮助生态护林业在管护工作中的及时判断和应对。

4. 落实责任，强化管理

生态护林员管护对象为森林资源，重点是天然林和退耕还林的生态林，具体主要对管护区的森林资源进行巡护，对管护区内发生的乱征滥占林地、乱砍滥伐林木、乱捕滥猎野生动物等行为依法制止及时上报，对管护区内发生的森林火情及时上报，对管护区内发生的林业有害生物危害情况及时上报，对管护区内发生的破坏林业宣传牌、标志牌等管护设施的行为予以制止及时上报等。

针对生态护林员的主要工作职责，也便于他们简单、便捷地操作和及时上报，贵阳市林业局专门设计了彩色卡通版《护林员工作日记》，围绕日常巡护中易发生的八个问题，通过卡通画面简单易懂的呈现，一旦在巡护中发现此类问题，生态护林员只需在卡通日记上勾选"是"，然后及时上报就可以。此外，对生态护林员做到管护区域四至界线、管护面积、管护责任、管护质量"四明确"，实现纵向到底、横向到边的网格化管理。考核上，实行月度和年度考核，次月对上月管护绩效进行考核的模式，由乡镇林业站通过查阅生态护林员工作日志结合抽查考核的方式进行月绩效考核，最后形成绩效评价于每月 20 日前提交至县级林业主管部门作为管护工资发放依据。年度考核实行百分制，应按照评分指标及《贵阳市省级财政建档立卡生态护林员年度绩效考核评分表》开展年度考核和计分。

5. 严管资金，及时发放

贵阳市林业系统依据专款专用原则及资金管理相关办法和规定执行，加强资金管理，确保资金安全。县级林业主管部门及时对接财政落实资金，每月及时汇总和审核资金兑现清册，通过财政惠农补贴资金"一卡通"按月足额兑现生态护林员劳务补助，切实助推脱贫攻坚。在 2020 年 5 月市委决战决胜脱贫攻坚"板块联动"专项巡查中发现，息烽县存在生态护林员培训由乡镇负责，县自然资源局未将培训档案完整归档；生态护林员考核未体现公平奖惩，未按照考核分数发放管护补助，存在管好管坏都同样领取报酬现象的问题。在市公益林管理中心的督促和帮助下，经核实息烽立即着手整改并完成，并正式印发《息烽县护林员管理考核办法》，进一步加强和规范了生态护林员的管理，细化考核内容和奖惩内容，及时公平向生态护林员发放补助。

6. 健全档案，动态管理

按照《国家林业和草原局林业工作站管理总站关于进一步加强建档立卡贫困人口生态护林员管理的通知》（林站权函〔2020〕5 号）文件要求，加强生态护林员档案建设和管理工作，建立健全市、县、乡三级生态护林员档案，确保档案资料齐全，做到及时归档、整理有序。对生态护林员实行一年一聘用制度和动态管理制度，对年度考核合格并符合选聘条件的生态护林员优先予以续聘，生态护林员家庭稳定脱贫后或年度考核连续两年不合格的，不得再聘为生态护林员，由各区（县、市）重新选聘符合条件的贫困人员作为生态护林员，做好档案变更与管理。

当前，贵州脱贫攻坚已经进入决战决胜阶段，贵阳林业系统将积极发挥自身作用，将按照生态护林员管理规定，及时对接财政落实资金，每月及时汇总和审核资金兑现清册，通过财政惠农补贴资金"一卡通"按月足额兑现生态护林员劳务补助。调动生态护林员的责任心和积极性，推动贵阳森林资源的保护工作，通过生态扶贫政策帮助建档立卡贫困户脱贫。

绿水青山就是脱贫的靠山。如今在全市 2839 名生态护林员的心中，这已经成为共识。奔走在管护区的巡护线路上，护林员们正以自己的脚步实践着以生态助扶贫、以扶贫保生态的理念，让林城的绿水青山源源不断地变成金山银山。

📋 **典型案例一** ————————————

发展旅游产业　带动脱贫成果

近年来，贵阳市文化和旅游局深入贯彻落实中央、省、市关于脱贫攻坚的要求和安排部署，严格落实脱贫攻坚政策，聚焦旅游产业带动、文化扶志扶智，以乡村旅游发展、公共文化服务体系完善和延伸、对口驻村帮扶为抓手，大力助推巩固脱贫攻坚成果。

贵阳市文化和旅游局编制《贵阳市发展旅游业助推脱贫攻坚三年行动（2017—2019）暨 2017 年秋季攻势行动方案》和多个专项工作方案。近年来安排 821 万元用于全市 20 个特别困难村扶贫解困旅游基础建设资金；扎实做好长顺县代化镇等深度贫困地区帮扶结对工作，帮助代化镇编制《长顺县代化镇"十三五"旅游业发展规划》和《长顺县代化镇天生桥水库景区总体规划》；

端午假期，众多游客来到贵州省贵阳市青岩古镇景区观光旅游。（新华社记者陈海宁摄）

大力发展乡村旅游，乡村旅游村寨110个，组织实施乡村旅游质量等级评定，获评省级乡村旅游点38家、市级乡村旅游点65家，开阳南江乡龙广村获得文旅部第一批全国乡村旅游重点村名录村和省级乡村旅游度假区示范单位；推出以乌当花画小镇、清镇乡愁贵州等为代表的乡村旅游A级景区，以开阳水东乡舍等为代表的乡村旅游村寨和"三变"改革典型项目，精心打造南江大峡谷—开阳十里画廊—云山茶海、羊昌花画小镇 枫叶谷景区—诗画渡寨—甜蜜阿栗、修文阳明文化园—谷堡镇猕猴桃、金秋梨采摘基地—六屯镇少数民族村寨—六广河温泉等精品乡村旅游线路。

2019年全市乡村旅游总收入达180余亿元，近年来乡村旅游增速保持同比增长20%左右，有效带动困难群众致富增收。积极推进易地扶贫搬迁安置点公共文化服务体系建设工作，完成 7 个安置点综合性文化服务中心的建设工作。已建设完成村（社区）综合性文化服务中心 1300 个。组织开展贵阳市"脱贫攻坚"文艺巡演 12 次，120 余场；贵阳市农村广播电视"村村通""户户通"两大项目受益农户 286769 户，广播电视的入户率进一步提高达到了 98% 以上，多彩贵州"广电云"户户用工程建设并取得阶段性成果，累计完成新增用户 84414 户，完成率为 105.26%，有力地解决了农村偏远地区广播电视信息化设施薄弱问题，缩小城乡广播电视综合信息服务的差距。

一、优化顶层设计，实施旅游产业扶贫

贵阳市文化和旅游局制定实施《贵阳市乡村旅游专项发展规划》《旅游扶贫实施方案》及旅游项目建设带动、景区带动、资源开发带动、乡村旅游带动、旅游商品带动等子方案，合理定位乡村旅游主题，重点推动"七个一工程"建设：一个游客服务点（中心）、一个生态停车场、一个旅游厕所、一条特色游览步道、一套完整的标识标牌、一个特色旅游商品、一批旅游经营示范户。因地、因时制宜培育具有鲜明地域特征的乡村景观型、民族村寨型、休闲观光型、田园综合型、特色商品型、文化创意型、康养基地型等不同类型乡村旅游品牌。

二、推进产业布局，丰富产品种类

市文化和旅游局用好旅游资源大普查成果，以全市新发现未开发的旅游资源和普查登记的优良温泉资源为基础，结合新的交通格局及贫困地区旅游资源分布，因地制宜，重点将贫困地区新发现的新资源优先予以开发，充分发挥旅游景区对邻近贫困地区和交通沿线贫困村的辐射带动作用，开展景村共建扶贫工程，推进 3A 级以上景区、市级以上乡村旅游点、三星级以上酒店及大型观光农业等旅游项目建设，扩大贫困人口直接从业和间接从业人数，拓宽贫困人口增收渠道，实现旅游扶贫、富民增收目标。

同时结合旅游环线建设工作，将"果旅一体化"纳入《贵阳市旅游环线旅游产业战略发展规划》，规划打造青岩杨梅麦坪布朗李产业带、下坝樱桃产业带、永乐桃阿栗杨梅产业带、修文猕猴桃产业带等果树产业带，形成果旅一体、产业共融的多元旅游产业结构。2019年共规划建设果旅一体试点项目25个，示范点将依托特色果业，借"赏花季、采摘季、品果季"大力发展节庆活动，使当地旅游资源和民风民俗有机结合，实现经济效益和社会效益的最大化。

三、推进"三变"改革，旅游景区示范带动

市文化和旅游局深入实施旅游业"三变"改革，制定并印发了《推进全域旅游城乡"三变"改革工作方案》，着力通过推动和支持低收入困难地区群众落实"资源变资产、资金变股金、农民变股东"的"三变"模式参与旅游产业发展，带动增收脱困。推出开阳水东乡舍、乌当枫叶谷、清镇乡愁贵州等典型项目。

其中，开阳水东乡舍通过"三改一留"开发模式，运用"622"运营模式打造"民宿经济"，完成乡舍改造50套，带动周边农家乐经营户100余户，实现就业劳动力人均年增收1万元以上，农家乐经营户人均增收2万元以上。乌当枫叶谷通过对农村资产的确权赋能，以"三变"改革模式推进生态停车场项目建设，租赁、流转、入股土地900余亩，建成停车位700余个的生态停车场，每年村民分红达0.978万元，每月村集体创收1.23万元。清镇乡愁贵州以土地流转方式取得土地使用权，打造澜乡山野奢稻田酒店、民宿酒店、树屋木屋酒店等多种业态，提供就业岗位3000余个，带动50余户家庭增收致富。

四、完善基础设施，改善乡村综合环境

市文化和旅游局通过资源整合、规划衔接、项目实施等形式，加强乡村旅游厕所、标识标牌、农家乐、乡村客栈等旅游基础设施建设。加快完善乡村广电覆盖，加大农村生活垃圾、生活污水处理力度，深入推进"厕所革命"向乡村延伸，鼓励聘用当地贫困群众参与旅游新村建设和管理。

目前完成乡村旅游客栈改造300余户，建设乡村游客接待中心17个、生态停车场120个、旅游厕所300余座，铺设旅游绿道1.5万余米，更新旅游标识标牌1000余块，20户以上自然村通覆盖率将达95%。同时，整合"组组通"道路、"四改一气"及"四在农家·美丽乡村"六项行动计划等项目资金，优先支持贫困村乡村旅游基础设施建设。加快推动建设连接高速公路匝道口、火车站、码头、节点城镇的路网，打通连接乡村旅游景区"最后一公里"。

五、推进标准提升，塑造精品工程

市文化和旅游局全面加强乡村旅游发展工作的指导力度，制定实施《贵阳市美丽乡村旅游度假区设施与服务质量标准》，大力推广实施《贵州省乡村旅游村寨建设与服务标准》《贵州省乡村旅游经营户（农家乐）服务质量等级划分与评定》等标准，2017—2019年共获评省市乡村旅游点103个，兑现市级奖补资金324万元。其中乡村旅游甲级村寨5个，乙级村寨9个，五星级农家乐10个，四星级农家乐39个，精品级客栈23个，优品级客栈17个。

六、加大培训力度，提高服务水平

市文化和旅游局采取"送教上门"、实地教学等形式，先后举办乡村旅游专题讲座和开展形式多样的集中培训200余期，邀

请省内旅游行业专家教授对各区（市、县）旅游部门、重点旅游乡镇及全市20个特别困难村所在乡镇相关负责人进行旅游扶贫专题培训，增强了服务技能和管理水平。同时，结合乡村旅游特点，精准开展涉及农家乐餐饮、乡村客栈、乡村土特产品、乡村旅游娱乐项目等旅游业态的服务技能培训，培养一批旅游经营企业、导游、烹饪、乡村旅游创客、乡村旅游经营户、能工巧匠传承人和乡土文化讲解员等实用人才。充分利用大专院校教育培训资源，采取联合办学、短期培训等方式，建成一支既有标准化专业知识，又了解行业情况的旅游服务标准化实施推广队伍。

七、发动企业力量，协力帮扶带动

市文化和旅游局充分发挥旅游企业带动作用，面向全市旅游景区、宾馆饭店、旅游商品等企业征集汇总就业岗位及农特产品采购需求，帮助贫困群众掌握旅游商品生产技能，着力增加贫困地区农副土特产品、手工艺品附加值，拓展营销渠道，带动增收脱贫。2020年专门组织召开全市旅游扶贫工作推进会，将天河潭景区、贵州和悦酒店、黔艺宝、贵州青年旅行社、贵州好风光巴士有限责任公司以及贵州师范大学国际旅游文化学院、多彩贵州航空有限公司等40家企业和院校确定为"贵阳市旅游扶贫试点单位"。以旅游扶贫试点单位为代表，全市旅游行业充分发挥自身特点和优势资源，积极面向贫困地区群众开展帮扶，助推脱贫攻坚。汇集旅游企业捐助资金近200余万元，帮助贫困村完善基础设施和发展生产。同时，旅游企业着眼贫困地区长远发展，还提出设立农副土产扶贫专柜免费展销、种养殖技术和设备支持、帮助培养手工艺匠人等帮扶措施。

八、加强旅游监管，规范乡村旅游

市文化和旅游局全方位加强乡村旅游市场的监管和整治，严厉打击各种低价、宰客等违规行为，努力维护良好的乡村旅游市场秩序。同时，乡村旅游更需要文明旅游，才能推动乡村经济持续健康发展，以开展"文明在行动满意在贵州"、贵阳市全国文明城市巩固提升等活动为契机，做好游客文明出游引导，深化开展旅游企业诚信体系建设，指导督促旅游企业规范管理，诚信经营，重点把握"组团关""落地关"和"行程关"三个关键环节，将文明旅游入纸、入耳、入心，构建热情好客、包容和谐的人文环境，全面提高市民素质，持续提升游客满意度。

九、强化省会担当，开展对口帮扶

贵阳市与长顺县两地文化和旅游局签订对口帮扶合作协议，帮助编制《长顺县代化镇"十三五"旅游业发展规划》《长顺县代化镇天生桥水库景区总体规划》。专门针对长顺县农家乐经营户举办培训班，免费提供 LED 屏广告时段资源支持长顺旅游宣传，在龙洞堡国际机场、贵阳北站等播放长顺旅游宣传片，摆放长顺旅游宣传资料，制定贵阳—长顺近郊休闲一日游等线路。组织贵阳市旅游行业协会各分会前往长顺县代化镇对接落实脱贫攻坚帮扶工作。

同时，发挥贵阳作为全省旅游集散中心的大市场地位和优势，持续推进长顺县、罗甸县脱贫攻坚对口帮扶工作，采取建设旅游大项目带动就业扶贫、加大特色农产品销售力度、培训和增加就业岗位、加大景区帮扶结对力度、推广旅游资源线路等方式，进一步将扶贫对口帮扶工作落到实处，多渠道增加农民收益，不断增强帮扶地区贫困群众发展能力，以贵阳大市场带动全省大扶贫。

十、进一步完善公共文化服务体系建设和村级延伸

市文化和旅游局持续推进贵阳市国家公共文化服务体系示范

区后续建设，做好云岩、南明、花溪、观山湖、清镇市等图书馆和文化馆的改造提升工作，提升乡镇综合文化服务站、村级综合文化服务中心服务效能，公共文化服务均等化、社会化、标准化和基层服务供给能力不断加强。目前已建成 1300 个村（社区）综合性文化服务中心，占全市总任务的 84.97%，2020 年将全面完成建设任务，实现村（居）委会综合性文化服务中心全覆盖。全市各类文化设施继续实施免费开放。全市低收入困难地区、贫困村的流动文化服务实现全覆盖。

十一、以文艺创作演出为载体，提振扶贫攻坚精气神

市文化和旅游局围绕脱贫攻坚工作全新原创歌舞、相声、小品等 20 余个本土文艺节目，开展"希望的田野——脱贫攻坚春风行动·精准扶贫文艺下乡"巡演；以基层为重点，开展丰富多彩公共文化活动，全市各级文化部门围绕"我们的节日""三下乡"等主题举行各类文艺演出活动 2000 余场，其中市级"脱贫攻坚"文艺巡演 12 次，120 余场；打造的品牌活动"贵阳市群众文艺精品剧（节）目惠民巡展演活动"深入农村、社区、养老院、军营等演出 13 场次。

十二、积极推动农村文化信息基础设施建设

按照市委、市政府为民办"十件实事"部署，贵阳市农村广播电视"村村通""户户通"两大项目受益农户 286769 户，广播电视的入户率进一步提高达到了 98% 以上，多彩贵州"广电云"户户用工程建设并取得阶段性成果，累计完成新增用户 84414 户，完成率为 105.26%，有力地解决了农村偏远地区广播电视信息化设施薄弱问题，缩小城乡广播电视综合信息服务的差距。

十三、以党的建设为统领，凝聚扶贫攻坚工作合力

市文化和旅游局认真履行社会扶贫、定点扶贫职责，选派 4

名作风能力过硬的优秀干部到定点帮扶村清镇市簸涌村、骆家桥村、息烽县大石头村、潮水村任职，局班子成员结对帮扶清镇市归宗村 7 户贫困户。通过开展调研、慰问等活动，走村入户，了解群众最迫切的需要，随即召开扶贫帮扶工作专题会议，逐一研究干部驻村帮扶的 4 个村、结对帮扶的归宗村以及市政府办公厅帮扶的天生桥村，共 6 个扶贫帮扶村提请帮助村文化广场建设、村道路修缮、村公共厕所维修、村应急广播、村公共文化室建设、村旅游策划编制、驻村工作经费等事宜，统筹安排扶贫帮扶资金 64.5 余万元。在 2019 年、2020 年春节、"七一"建党节，市文化和旅游局组织开展驻村帮扶村和结对贫困户慰问活动，局班子成员扶贫捐款 3500 元，慰问贫困户、困难党员群众，发放慰问金 2.7 万元，充分体现党和政府的关心关怀，展现出文化和旅游系统的良好形象。

典型案例二

推进交通建设　护航脱贫攻坚

脱贫攻坚战启动以来，贵阳市交通委员会紧紧围绕市委、市政府脱贫攻坚工作部署，按照科学规划、统筹协调、突出重点的工作原则，精心组织强化落实，以农村"组组通"项目建设、"四好农村路"项目建设、"千村整治"及扶贫帮扶工作等重点民生工程为总抓手，紧紧抓住工作的关键环节，促进脱贫攻坚工作向纵深推进。

为确保贵阳市农村公路的畅通，近年来制定了《贵阳市农村通组公路养护实施细则》，编制完成了《贵阳市农村"组组通"

公路大决战实施方案》《贵阳市农村"组组通"公路工程竣（交）工验收指导意见》等行业标准及方案。在贵阳市农村"组组通"公路三年大决战（2017—2019）建设工作中，建设完成"组组通"硬化路6467.1公里，沟通了2980条通组公路，实现30户以上村民组通畅率100%，完成投资52亿元，并全部完成验收及移交养护。贵阳市农村"组组通"建设结合农村旅游、产业发展、群众需求，提倡就近用工，培训当地群众上岗，切实提高农村群众收入。据统计，贵阳市农村"组组通"建设沟通30户以上村民组2980个，惠及沿线人口79万人，其中贫困人口6.9万人。直接参与项目建设的农村群众约2.26万人次，带动群众增收3.03亿元，其中贫困群众约0.2万人次，带动贫困群众增收0.09亿元。同时，带动农业产业发展17.7万亩，产业产值约达30.7亿元，乡村旅游村寨突破95个，新增农用车等2.39万余辆。"组组通"硬化路的建成，加大了路网密度，优化了路网结构，为全面完成贵阳市"千村整治"道路畅通工作任务打下良好的基础。

2019年完成望谟县大观镇大塘村配套公路项目建设。该项目2019年4月15日开始进场施工准备，于2019年7月11日完成了工程施工图评审工作，2019年8月20日完成全部设计工程量，2020年4月20日由贵阳市交委组织召开工程竣（交）工验收及移交会议，该项目交由大观镇政府接管、维护。项目资金总投入1042万元。

按照市委、市政府的安排部署，承担了领导干部结对帮扶工作，从加快推进当地经济社会发展的目标出发，采取深入实地调研，指导和帮助结对乡镇及扶贫工作队驻村制定脱贫工作规划，竭力为结对村贫困户办实事、办好事、解难事，使当地广大村民实实在在的受益。2019 年结对帮扶工作完成 4 个贫困村 5 个总长 208.093 公里公路建设项目，总投资 15292.38 万元，目前所有项目已全部完工。

根据习近平总书记提出的"四好农村路"重要指示精神，结合省交通运输厅关于《贵州省推进"四好农村路"建设实施方案的通知》、市政府《关于深入推进"四好农村路"建设的实施意见》等文件精神，市交委成立了"四好农村路"建设领导小组，市公路处成立了领导小组办公室，抽调精兵强将负责"四好农村路"的实施，对"四好农村路"工作进行督促、检查、指导，强抓质量进度安全管理，确保了"四好农村路"创建的顺利开展。2018 年至 2019 年，贵阳市推进创建"四好农村路"建设 1050 公里，投入资金 4416 万元，其中：市级资金 1963 万元、省级资金 2453 万元；创建 2 个"四好农村路示范县"，分别是息烽县、开阳县。2020 年创建 3 个"四好农村路示范县"，分别为乌当区、白云区、清镇市。

按照市委、市政府《关于印发〈贵阳市巩固提升脱贫成果行动方案〉〈贵阳市千村整治行动方案〉的通知》（筑委厅发〔2019〕35 号）文件要求，制定了《贵阳市交通委员会巩固提升脱贫成果暨千村整治行动方案》，按照方案开展各项工作。2019 年"千村整治"104 个示范村基本消除"断头路""烂路"。安排各级资金 32045 万元，对示范村破损公路及周边路网进行维修和提升改造，确保了道路畅通。

十一、志智双扶

——开展"文军扶贫" 扶智又扶志

党的十八大以来，贵阳市宣传思想文化战线深入学习贯彻习近平新时代中国特色社会主义思想，勇挑脱贫重担，大力开展"文军扶贫"行动，按照《贵州省"文军扶贫"脱贫攻坚三年行动方案（2018—2020)》《贵阳市"文军扶贫"脱贫攻坚三年行动方案（2018—2020)》要求，充分发挥全市宣传思想文化战线生力军作用，多措并举聚合力，扎实推进"文军扶贫"脱贫攻坚各项工作，体现出新时代宣传思想文化战线应有的为民担当精神，取得显著成效。

（一）扶民智、聚民心 理论扶贫率先行

在"文军扶贫"行动中，贵阳市宣传思想战线认真学习贯彻习近平总书记关于扶贫工作的系列重要论述，尤其是对贵州工作的重要指示精神，以高度的政治责任感推进"文军扶贫"行动，教育引导贫困群众树立不等不靠、艰苦奋进的思想，帮助贫困地区的干部群众在思想上、心理上实现脱贫，充分发挥群众在脱贫攻坚战中的主体作用，增强群众脱贫致富的内生动力。

由贵州省旅游局、贵州省农委、贵州省扶贫办、凯里市人民政府、中共贵州省委当代贵州杂志社、当代贵州期刊传媒集团共同主办的贵州省首届"四在农家·美丽乡村"摄影展当日在贵州省贵阳市人民政府广场举行。摄影展分为"生态美""环境美""产业美""精神美"四个部分展示。

1. 强化干部教育

一直以来，贵阳市坚持把习近平总书记关于扶贫开发工作的重要论述，作为全市各党委（党组）中心组重点学习内容，读懂学深，结合实际积极践行。2018年印发《中共贵阳市委宣传部关于2018年全市党委（党组）理论学习中心组专题学习重要内容安排的通知》、2019年印发《贵阳市2019年党委（党组）理论学习中心组专题学习重点内容安排意见》，把《习近平扶贫论述摘编》《习近平总书记关于精准扶贫精准脱贫重要论述摘编》作为全市各党委（党组）中心组重点学习内容，要求全市党员领导干部坚持"学原著读原文悟原理"，按照学懂弄通做实的要求，不断提升抓脱贫攻坚的能力和本领。组织各县级党委（党组）中心组成员撰写理论调研文章，并将其汇编成《常青树——贵阳市县级党委（党组）中心组 2017—2018 年度理论调研文集》（第十七辑）进行编辑出版，作为成果展现。

2. 强化政策宣讲

以习近平新时代中国特色社会主义思想为指导，充分发挥德师、宣传干部、社里乡亲宣讲团宣讲员、讲习员等主体作用，以各级新时代农民（市民）讲习所、新时代文明实践中心、道德讲堂等为主阵地，持续开展千团百场"七进大宣讲""社科理论下基层""科学理论上讲堂""脱贫攻坚·冬季充电""牢记嘱托、感恩奋进"等各类主题宣讲，把中央、省、市有关脱贫攻坚的部署和精准扶贫政策、惠民政策传递到贵阳市的大街小巷和田间地头。2018 年底，印发《贵阳市脱贫攻坚先进典型巡回宣讲工作实施方案》，举办贵阳市脱贫攻坚先进典型巡回宣讲 22 场，听众 1500 余人次，在全市 10 个区市县内积极弘扬脱贫攻坚先进人物的典型事迹，教育和引导全市干部群众参与脱贫攻坚工作。近年来，共计开展宣讲 19026 场，听众 68.99 万余人次。

3. 强化总结推广

加强对以习近平总书记关于扶贫开发工作的重要论述指导贵阳决战脱贫攻坚等方面重点课题研究，资助《贵阳市实施大扶贫战略经验研究》《农村"三变"改革推进精准脱贫的实践与问题研究》等相关课题，开展大扶贫专题研究，总结推广大扶贫战略行动中的先进典型和经验做法。同时，建立与市农委、市委党校（市委讲师团）等部门横向联络机制，以调研报告、专题宣讲等形式，总结推广大扶贫战略行动中的经验做法。

4. 强化展示宣传

开通"学习强国"贵阳学习平台，宣传展示新时代贵阳市新的精气神。2019 年 10 月 12 日，贵阳学习平台 APP 正式上线，短短两个月内就有《贵州贵阳：抓住陆海新通道机遇打造开放新高地》《贵阳清镇小坡村：爬过"贫困之坡"拥抱"开放之海"》《贵州贵阳：坚定不移做大最强实体经济》等 30 余篇稿件被"学习强国"学习平台选用并推送至醒目位置，向全国人民展示了贵阳市高效精准扶贫、高水平开放、高质量发展等的各方面最新成就与最新精神风貌，获得了大量的关注与点赞。

（二）"领航者""定盘星" 舆论扶贫造氛围

对新闻宣传战线来说，扶贫是重要的坐标定位，也是政治责任和政治担当。在"文军扶贫"行动中，贵阳市新闻宣传战线作为贵阳精准扶贫的坚强力量，以高度的政治责任感推进"文军扶贫"行动，深入脱贫攻坚一线，坚守舆论阵地，强化舆论引导支撑，突出主题宣传、先进典型宣传、蹲点调研采访"三位一体"，用"心"打造全方位、多角度、立体化的舆论扶贫格局，增强舆论宣传的针对性和实效性，为打赢脱贫攻坚战提供强大的精神动力和舆论支持。

1. 整合宣传资源聚焦扶贫工作

将脱贫攻坚宣传报道工作与"文军扶贫"行动相结合，扎实推进舆论扶贫、公益广告精准扶贫、文化扶贫、社科扶贫、挂帮扶贫和网络扶贫，抽调精兵强将，以贵阳市 64 个国家级贫困村为重点，以兄弟市州单位为辅，把资源向产业扶贫聚焦，做足"文军扶贫"大文章。如 2017 年以来，围绕开阳县南龙乡土香村的椪柑、开阳县长官司的葡萄等，以免费广告方式，助力打开销售渠道，让农民丰收又增收。仅 2019 年，报纸免费刊登公益广告 125 条（版）；电视免费播出公益广告累计播出 4212 次总时长 351 小时；广播免费播出公益广告总时长 4050 小时。

2. 组织采访报道聚焦扶贫工作

策划、组织市属媒体参与大型主题采访活动、脱贫攻坚群英谱、贵阳市脱贫攻坚先进典型巡回宣讲活动的宣传报道工作，大力宣传贵阳市在扶贫攻坚工作中涌现出的先进集体、先进个人。组织中央、省、市网络新闻媒体和重要商业网站及时发布和转载相关新闻报道，各主流网络媒体均发布和转载了《山水林田湖盛宴　各方宾朋赏"贵韵"》《北京世园会贵阳市主题推介活动举行》《贵阳民营经济家底咋样　我们来盘一盘》《贵阳市优化营商环境　取得显著成效》《2019 年贵阳市优化营商环境专题会议举行》《"贵阳制造"收获"真金白银"》等稿件。

3. 加强氛围营造聚焦扶贫工作

在中心城区主干道、重要路段、地铁站、车站、地下通道等充分利用大型户外公益广告牌、墙体、建筑围挡、公交车车体、灯箱展板等街头阵地，发布"不忘初心、牢记使命"、"牢记嘱托、感恩奋进"、脱贫攻坚、新时代贵州精神等系列宣传画和宣传标语，打造街头正能量。在全市户外 LED 屏，楼宇视频广告，出租车、公交车、地铁 LED 屏投放国庆主题视频短片和宣传标语。

（三）新平台、新路径　网络扶贫开新路

在网络扶贫上，贵阳市网络宣传工作者解放思想，更新观念，深入把握互联网舆论传播规律，聚合网络能量，积极搭建网络扶贫阵地新平台，拓展网络扶贫新路径，应用大数据对脱贫攻坚精准管理，探

索网络公益新型模式等扶贫实践，以"互联网+"创新扶贫模式，拓宽网络扶贫领域和成效，助推扶贫攻坚。

1.专题宣传助力脱贫攻坚

党的十八大以来，在加大网络宣传力度基础上，2019年，市委网信办统一协调，本地门户网站贵阳网开设了网络扶贫专题——"贵州省网络扶贫公益广告集中刊播"，同步集纳相关稿件，以公益广告方式广泛宣传农特产品、民族民间工艺品、电商优秀产品、民族特色服饰、文旅产品等，并将该专题推送至网站首页、贵阳头条客户端显著位置，帮助当地名优产品增加曝光、提升知名度，促进产销对接，助力脱贫攻坚。贵阳广播电视台圈贵阳APP及官方网站、"知知贵阳"公众号开设《牢记嘱托　感恩奋进》《脱贫攻坚夏秋决战》《决战脱贫攻坚　决胜全面小康》《脱贫攻坚群英谱》《精准扶贫公益广告》《秋后坝区传捷报》《脱贫攻坚春季攻势》专题，分类汇聚网络扶贫的宣传内容，共发布新闻稿件300余条，累计点击量过90万。

2.发动网民助力脱贫攻坚

依托贵阳市融媒体中心媒体矩阵，以图解、H5、手绘、短视频、快闪等全媒体形态，全景式、多层次、多角度做好网络扶贫工作，推出"黔货出山的桥头堡、贵州优质农产品快到书里来、解锁贵州茶产业"等图解；MG动画"茶之源　源于贵州"、MG动画"搭上大数据快车　黔货出山顺风顺水"等；"借鸡出山——贵州榕江县林下养鸡见成效""侗族女孩杨成兰染出畅销海内外的铜布""榕江县三江乡百香果种植喜丰收、厉害了！""贵州萝卜走出国门！""贵州韭黄'生金'振兴乡村"等短视频，以网民喜闻乐见的方式吸引网民眼球，助力脱贫攻坚。

3.线上直播助力脱贫攻坚

贵阳网组织采编经营专业队伍，创新宣传形式，开展了《春风行动 Z 边独好》网络扶贫直播，通过直播、航拍等手段，深度图文报道、短视频、H5 等融媒体形式聚焦贵州一线脱贫攻坚工作，呈现贵州多个地区的脱贫攻坚样本。该队伍用两个月时间走访贵州 10 个典型乡村城镇，呈现类型丰富、成果显著的乡村脱贫攻坚案例。10 场视频直播总计吸引超 60 万人次参与；使用短视频、H5 及图文报道等融合传播形式，在贵阳网、ZAKER 贵阳等渠道平台上推送，阅读数实现 800 万 +；各类产品还在抖音、新浪微博、今日头条等渠道推广，曝光量总计 5000 万 +。

4.线下采访助力脱贫攻坚

配合中央网信委网评局及国内多家重点新闻网站媒体开展"脱贫攻坚地方行·看贵州"线下走访活动，对贵阳市修文县猕猴桃种植基地开展走访，加大对贵阳市修文县脱贫攻坚重要产品——猕猴桃的宣传推介，通过电视、微信、微博、APP、网站等平台进行了全方位、多元化宣传。中央重点新闻媒体、省级、市级媒体发布相关稿件数十篇，从脱贫经验、脱贫致富能手等多角度展现了贵阳市脱贫攻坚的良好形象，展示了贵阳脱贫攻坚的新进展、新成就、新经验。

（四）"富脑袋""富口袋" 文化扶贫实基础

"文化力量"能够促使扶贫脱贫概念更加丰富饱满，也凸显了扶贫工作的人文内涵。在这场攻坚战中，文化既可以起到振奋精神、凝聚力量的作用，又可以成为转变思路的突破口、再谋发展的"加油站"。贵阳市宣传思想文化战线以"文化＋扶贫"为抓手，结合自身特色，找准文化与经济交汇点，着力通过实现基础设施建设全覆盖，整合产业打造文化品牌项目，创作生产文艺精品，教化群众互帮互助，营造文明习俗，最大限度调动当地发展的积极性、主动性、创造性，推动形成文化自信，让文化建设助力脱贫攻坚。

1.推进国家公共文化服务示范区后续建设

全市 12 个公共图书馆、11 个文化馆、75 个乡镇综合文化站、95 个社区文化中心全部继续实施免费开放；改造提升了云岩、南明、花溪、观山湖、清镇市等图书馆和文化馆；10 个区（市、县）采购的流动图书车车辆全部到位；贵阳市少年儿童图书馆建设项目稳步推进，2020 年国庆期间开馆；在社区、购物中心、地铁站、机场以及数博大道等人群密集公共场所设置安装了 50 套社区图书共享系统；贵阳市 7 个易地扶贫搬迁安置点综合性文化服务中心的建设工作已全部完成。截至目前，贵阳市村（居）委会综合性文化服务中心建设已完成 781 个。

2.持续开展公共文化惠民活动

近年来，指导、组织市级单位开展一系列的文化惠民活动 300 余场；指导各区（市、县）开展各类文化惠民活动 3905 场，其中，到乡村演出 456 场，到广场演出 591 场，到社区演出 456 场，其他活动 2367 场，极大丰富了群众的业余文化生活。进一步推动乡镇数字影院建设工作，完成了花溪青岩、清镇站街、修文扎佐 3 个点的乡镇数字影院建设。严格落实"一村一月一场"农村公益电影放映任务。目前，已完成农村电影放映 13506 场，占任务的 118.85%，超任务 2142 场，观影人数为 754257 人次，实现全面超额完成任务、继续保持全省领先的目标。

3.创作脱贫攻坚的优秀文艺作品

中篇小说《傩面》、歌曲《对歌对到日落坡》获得贵州省优秀文艺作品奖；电影《特殊任务》、电视剧《美的诉讼》、广播剧《助力腾飞》获得贵州省文艺创作重点资助项目；京剧《绣娘阿彩》、电影《飞跃田野的梦》、电影《唱响东方》、广播连续剧《穿洞村的变迁》

获得贵阳市文艺创作重点资助项目。

4.推进项目建设带动文产扶贫

以青岩古镇文化旅游创新区、乌当区新光文化创意产业园、花果园贵阳街、贵山秀水忆乡愁、板桥艺术村文创园等贵阳市"十三五"省级重点文化产业项目建设，带动当地脱贫攻坚。充分发挥市级文化产业发展专项资金的扶持作用，对部分区县文产项目通过专项资金补助方式予以扶持，如花溪区黔行九方黔陶非遗研学馆建设项目、观山湖区贵弦霄宇古琴文化推广项目、云岩区"苗疆故事"品牌升级及文创产品落地生产项目等，均给予了资金扶持。

（五）重扶志、激活力 "输血""造血"显成效

近年来，贵阳市为解决部分贫困群众脱贫主体意识淡薄、"等靠要"思想突出、脱贫能力不足等问题，大力实施扶贫扶志行动，注重改变贫困群众脱贫意识，共同驱动脱贫攻坚"输血"与"造血"。贵阳市通过扶贫政策宣讲、讲好农民身边的脱贫故事、美德文化墙、文化演出等，将道德模范故事、村规民约、好家风、好家训等助力农民长精神的文化力量送到田间地头，积极发现、传播、塑造刘芳等时代楷模及先进典型，有效地教育引导群众昂扬向上的精神，勤劳节俭、自立自强，最大限度激发群众脱贫攻坚内生动力，不仅让农村长出更多的精气神，还能让培育和践行社会主义核心价值观在农村落地生根。

1.充分发挥先进典型的示范带动作用

围绕12个重点行业，组织各区（市、县）、市直各单位深入发掘推选本辖区本系统事迹突出、群众认可，在脱贫攻坚战场上涌现的先进典型，经过严格审核把关，并征求相关部门意见后，向市先进典

型联席会议办公室推荐，经综合评议，择优推荐到省委宣传部。据统计，贵阳市共向省推荐了 259 名候选人，其中 52 人入选贵州脱贫攻坚群英谱。

2. 充分发挥平台阵地的整合推进作用

利用全市新时代文明实践中心、新时代农民（市民）讲习所等宣传阵地，整合市、县、乡、村四级骨干宣讲力量，以院坝会、座谈会、流动宣讲等形式，深入到各个村镇新时代讲习所、易地扶贫安置点、田间地头、农户家中，开展"牢记嘱托、感恩奋进""脱贫攻坚春风行动""脱贫攻坚冬季充电""贵州省脱贫攻坚群英谱"人物事迹、英雄故事等主题讲习 5 万余场，受众达 500 万余人次。

3. 充分发挥社会组织的协同助力作用

统一规范做好易地扶贫搬迁点"牢记嘱托、感恩奋进"主题照片的拍摄、审核和悬挂工作。市委宣传部组织摄影家协会采用 2000 万以上像素照相机对易地扶贫搬迁点新貌进行了集中拍摄。通过严格审查，对审核合格的照片按要求进行统一制作、悬挂，共完成 3004 户搬迁户的照片悬挂工作。

4. 充分发挥主题活动的聚力帮扶作用

积极组织开展好贵阳市文化科技卫生"三下乡"活动。每年春节期间，组织 20 余家贵阳市直部门，到开阳南龙乡、息烽县永靖镇等乡镇开展文化科技卫生"三下乡"集中示范活动，为当地群众送去物资、开展宣传活动、奉上精彩的文艺演出、播放电影、组织农技专家走进田间地头为农民做系列农业技术指导、慰问困难党员和困难群众家庭。

第二部分
因地制宜精准扶贫

一、花溪区

——摆脱贫困固根基 齐心打好攻坚战

　　花溪区辖 9 个乡镇、8 个街道，122 个村、58 个居委会，常住人口 72.6 万人。以脱贫攻坚统揽经济社会发展全局，花溪区坚持目标

位于贵阳市花溪区云上村的新牛马市场内，不少从四面八方赶来的村民在这里买卖牛马，交易十分红火。（新华社乔启明摄）

不变、靶心不散、频道不换，筑牢脱贫攻坚根基，深入推进大扶贫战略行动。2019 年，该区剩余贫困人口 366 户 802 人实现全部清零，为高质量打好脱贫攻坚收官战奠定基础。

（一）强化政治担当　压实"三个责任"

工作中，花溪区压实党委政府主体责任。一是做到坚决对表对标。区委、区政府始终把打赢脱贫攻坚战作为重大政治任务和第一民生工程，召开区委十一届六次全会，出台《中共贵阳市花溪区委关于以高标准要求、高水平开放、高质量发展助推决战决胜脱贫攻坚的实施意见》，进一步优化脱贫攻坚战术打法；通过召开常委（扩大）会、中心组学习会、政府常务会、专题会等，及时学习贯彻落实中央、省、市脱贫攻坚决策部署，扎实开展"春季攻势""夏秋决战""五个专项治理"等工作，推动各项任务落细落实。二是做到层层传导压力。严格落实"五级书记抓脱贫攻坚"要求，与乡镇、部门签订脱贫攻坚责任书，压实脱贫攻坚主责主业，形成齐抓共管的工作格局。将脱贫攻坚工作纳入全面从严治党"三月一督查"内容，督促乡镇、部门扎实开展贫困人口动态调整、项目推进、政策落实、脱贫攻坚"回头看"等工作。三是做到严格监督执纪。抓实"五个专项治理"、"访重助"专项行动、"一折通"专项监察，区、乡、村三级 2019 年共入户走访 10852 户，发现并督促整改问题 47 个。

压实行业部门工作责任。一是强化牵头抓总。及时调整充实扶贫开发工作领导小组，区扶贫办扎实做好贫困人口的建档立卡动态管理，季度开展贫困人口自然变更；统筹、监管 2600 余万元财政专项扶贫资金使用；加强社会扶贫工作，积极组织动员社会组织和个人参与扶贫开发；扎实开展脱贫攻坚考核、评估、检查反馈问题的整改督查，对乡镇、部门脱贫攻坚工作进行督办督导。二是强化业务指导。教育、卫健、医保、住建、民政等重点行业部门严格落实中央、省、市要求，制定行业脱贫攻坚方案 20 余个，结合实际有序推进各项任务。三是强化监管检查。认真抓好饮水安全保障、控辍保学和教育资助、医疗扶贫、危房改造等政策落实，督促部门认真履行行业监管责任，抓实问题线索排查，确保"两不愁三保障"政策向贫困家庭倾斜。

压实结对帮扶责任。一是充实队伍力量。坚持尽锐出战，20 名副县级干部包保有脱贫攻坚任务的乡（镇），79 家部门结对帮扶 90 个有脱贫攻坚任务的行政村，700 余名干部结对帮扶全区 1069 户建档立卡户。按照"因人定村、因村派人"原则，向贫困村、软弱涣散村等选派 29 个驻村工作组、145 名驻村干部。二是强化驻村指导。每季度下发驻村工作要点，指导第一书记抓好村两委班子建设，建立完善制度机制，推动落实"两委"联席会议、"四议两公开"等制度。三是加强对口帮扶。组建对口帮扶工作组，选派 12 名业务骨干常驻镇宁县和长顺县代化镇、望谟县边饶镇、罗甸县沫阳镇开展结对帮扶工作。坚持"6+N"模式，投入资金 2410 万元，通过市场、就业、产业、教育、医疗等帮扶，助力"一县三镇"建档立卡贫困人口脱贫出列。

（二）聚焦短板弱项　强化"三个保障"

长期以来，花溪区着力补齐教育保障短板。一是抓实控辍保学工作。坚持依法控辍，开展"控辍月"等活动，大力宣传《义务教育法》《未成年人保护法》等法律法规。严格落实义务教育"双线""七长"责任机制，开展疑似辍学学生专项摸排，核查建档立卡贫困户子女就读信息、享受资助政策等情况，精准动态管理，严防建档立卡学生因贫辍学、失学。二是落实教育保障政策。扎实开展"学生资助宣传月""学生资助政策乡村行"等活动，加大学前幼儿园资助、"两免一补"、温暖卡发放、国家助学贷款等政策宣传落实力度。出台《花溪区学生资助管理办法》，落实教育资助资金1000余万元，资助学生2.2万余人次。完善建档立卡贫困子女在区外就读学生跟踪制度，向139名在外就读学生发放告知函。三是加快教育项目建设。以"百校攻坚""全面改薄"等建设为抓手，提升宿舍、食堂、厕所等校园环境，大力改善农村学校办学条件。投入财政资金约5亿元，建成高坡甲定小学、久安中心完小、马铃中心完小、马铃幼儿园，全力推进高坡中心完小、高坡云顶小学、高坡五寨小学、五寨幼儿园等建设，新增农村学位2565个。

补齐医疗保障短板。一是完善医疗基础设施。9个乡镇全部达到《乡镇卫生院管理办法（试行）》标准，全面完成行政村卫生室标准化建设和全区58所农村中小学校医务室标准化建设，建成1个易地扶贫搬迁安置点医疗机构。二是落实医疗救助政策。落实医疗扶贫"一站式""一单清"和住院免押金等就医政策，2019年全年享受先诊疗后付费210人次，大病救治27人，实现建档立卡贫困人口家庭医生签约、健康体检、慢病管理全覆盖，农村建档立卡贫困人口100%参合（保）。落实医疗保障扶贫基本医保、大病保险、医疗救助"三重保障"政策，投入资金300余万元，对654人次农村建档立卡贫困人口进行医疗救助。三是加强便民利民服务。组建98支健康扶贫工作队，进村入户开展宣传，发放政策解读卡片1.2万余份，印制宣传单、爱心卡、连心袋2.5万余份。组织开展"万医下基层"健康扶贫春季攻势大型义诊活动3次，惠及群众3200余人。

补齐住房保障短板。一是完成建档立卡贫困户房屋安全鉴定。核查、对比以往退出的"贫困户"及未脱贫贫困户的房屋安全情况，完成 2014 年以来 725 户脱贫贫困户和 366 户 2019 年脱贫贫困户的房屋安全鉴定工作，对无住房安全隐患问题的建档立卡贫困户住房全部挂牌标识。二是开展农村危房改造"回头看"专项行动。对农村危改房问题进行"回头看"摸排，发现存在疑似住房未保障问题 2 户，整合社会帮扶资金 12 万元，已全部完成整改。三是全力解决住房安全问题。落实补助资金 1000 余万元，完成 2018 年度 26 户危房改造任务和 337 户区内老旧危房改造任务，全面解决"四类重点对象"住房安全隐患问题。

（三）全面筑牢基础 夯实"三个支撑"

花溪区强化扶贫政策支撑。一是加强技能培训。组织实施职业教育和就业技能培训，全年开展建档立卡贫困劳动力技能培训 141 人次，培训后就业率达 96%，开展易地扶贫搬迁劳动力技能培训 120 人次。二是加强就业扶贫。开展"春风行动"和"送岗位进乡镇"专场招聘会 32 场，积极帮助贫困人口就业。为 136 名贫困劳动力落实就业扶贫援助补贴，有组织劳务输出 36 人，认定区级就业扶贫车间 2 家。三是加强兜底保障。实施城乡低保标准一体化，统一按照 8220 元 / 年的标准执行。符合条件的 804 名建档立卡贫困人口，全部纳入低保范围。对全区 792 户 1653 人实施临时或急难救助，发放救助金 220 余万元。四是加强生态扶贫。选聘 58 名贫困人口参与生态护林工作，发放管护费 15 余万元，人均增加收益 2660 元。补偿资金 580 余万元，覆盖贫困户 198 户。

强化产业带动支撑。认真对照"八要素"要求补短板强弱项，着力解决农业规模小、农产品附加值不高等问题。聚焦组织化，本着农户自愿原则，依法引导做好农村土地经营权流转，大力推广"龙头企业＋合作社＋农户"组织方式，细化利益分配方案，健全保底价收购等利益联结机制，加大农业保险推广力度，促进群众持续稳定增收；各乡（镇）对2013年以来的扶贫项目利益联结情况开展自查，对没有落实利益联结的要迅速建起来。一是聚焦规模化，持续调减低效作物，扎实推进3个500亩以上坝区建设，在9个乡（镇）各建一个500亩农业产业示范基地，扩大"茶、蔬、果、药、菌、花"六大农业主导产业种植面积；发展设施农业，选育优良品种，提高亩产效益。二是聚焦品牌化，提升久安古茶、赵司贡茶、黔陶香葱等本地品牌，帮助和引导品牌企业进一步扩大产业规模、提高科技水平、开拓更大市场，延长产业链，拓宽产业幅，"三品一标"数量达到80个以上；依托石板地利物流园，推动本地优质农产品走出去。三是聚焦产业化，引进和培育一批农产品精深加工项目和企业，做好农旅融合文章，按照4A级标准提升改造高坡扰绕、青岩龙井等乡村旅游景区，打造"青岩—黔陶—高坡"山地乡村旅游度假带，推动农业"接二连三"。

强化基础设施支撑。一是加快推进农村交通建设。完成农村"组组通"硬化路建设项目43个，建成农村公路130余公里，实现全区30户以上村民组全部通硬化路。二是加快推进农村安全饮水工程建设。增加储水、供水设施建设项目投入，完成20个饮水安全巩固提升工程项目建设，投资1150万元，巩固提升12个乡（镇、社区）19个村16887人饮水保障，农村集中供水率达100%。规范完善工程管护、运营管理、水价形成等机制，提高安全饮水管理水平。三是加快推进农村人居环境建设。安排财政专项扶贫资金200余万元，开展"三清一改两拆三化"集中整治行动，清理农村生活垃圾5.2万余吨、塘沟143口、沟渠168公里、污泥348吨、畜禽粪污151吨，为29

个村安装路灯 615 盏，为 441 户贫困户实施人居环境整治。四是加快推进农村电、讯建设。大力实施多彩贵州"广电云"户户用工程，2019 年新增安装用户 1000 户，20 户以上自然村广电光纤信号覆盖率 98%，4G 网络覆盖率 100%。

（四）抓实排查整改　扣紧"两个环节"

花溪区坚持问题导向"查"。一是对照要求查。按照"不忘初心、牢记使命"脱贫攻坚专项整治、省脱贫攻坚全面普查工作安排和市脱贫攻坚"回头看"工作要求，以建档立卡户"一达标两不愁三保障"、产业扶贫、人居环境等情况及"三落实""三精准""三保障"等具体内容为排查重点，对全区脱贫攻坚工作情况开展系统排查。二是结合实际查。印发《关于在全区深入开展脱贫攻坚"回头看"举一反三抓整改专项行动的通知》《花溪区决战决胜脱贫攻坚专项行动方案》《花溪区开展脱贫攻坚决战决胜成果"回头看"的工作方案》，从农业农村、水务、教育、医保、卫健、住建等部门抽调 100 余名业务骨干，组成排查工作组，按照"一季度一核查"原则开展拉网式排查。

建立长效机制"固"。一是坚持做到"四个不摘"。下发《花溪区脱贫攻坚 2019—2020 年结对帮扶实施方案》，帮扶干部按照每月不低于 1 次的要求开展常态化回访，动态发现致贫、返贫风险，及时整改到位。二是常态开展"回头看"。组织"一达标两不愁三保障"行业部门和乡镇开展大规模入户排查，形成疑似问题台账，及时核实整改，补短板、固成效。三是建立防贫工作机制。制定《花溪区巩固提升脱贫成果防止返贫工作方案》，针对有返贫、致贫风险的各类问题，督促行业部门及时解决。四是推动两项制度衔接。抓好农村最低生活保障制度和扶贫政策制度的有效衔接，形成定期比对筛查机制，确保生活困难群体"应保尽保、应扶尽扶"。

（五）突出因地制宜　打造"三个亮点"

花溪区抓好易地搬迁后续扶持。一是推进管理网格化。及时成立南溪苑党支部，组建工会、共青团、妇联等群团组织，完成居委会选举工作，建立党员、居委会网格，进家入户走访，实行一户一档，及时帮助解决问题，指导群众开展自治，全面完成 288 户 1060 人易地扶贫搬迁工作。二是推进活动常态化。推进感恩教育、文明创建、公共文化、民族传承"四进社区"，举行"感恩新时代　共筑新家园"暨易地扶贫搬迁"共筑行动"启动仪式，开展各类活动 40 余次，有力增强了搬迁群众归属感和认同感。三是推进服务一体化。建立一站式便民服务大厅，聚焦教育、医疗、社会保障等公共服务，解决搬迁户子女 252 人就学，建成 1 个卫生服务机构，办理易地扶贫搬迁"市民证"1060 人、医保 1060 人、养老保险 497 人、低保 332 人。开展家政服务培训 70 余人次，发布用工岗位信息 2000 余个，帮助 443 名有劳动能力的搬迁群众实现就业。

发展乡村旅游助推脱贫。一是景区开发促脱贫。依托十里河滩湿地公园、青岩古镇、天河潭等景区，带动周边低收入群体就业增收。在贫困户相对集中的高坡、黔陶区域打造青—黔—高乡村旅游示范带，为贫困户和低收入群体提供更多就业创业岗位。二是乡村旅游促脱贫。加强乡村旅游硬件基础设施建设，成功创建青岩龙井、高坡扰绕 3A 级旅游景区和甲级乡村旅游村寨，打造麦翁、久安新寨、马铃水车坝 3 个标准级乡村旅游村寨，积极推广乡村旅游合作社模式，成立餐饮、住宿等专业合作社，带动 500 余名贫困人口就业，户均增收 2000 余元。三是农旅融合促脱贫。依托青岩、黔陶、高坡、久安、马铃等丰富乡村旅游资源，大力发展观光农业、休闲农业、创意农业和田园综合体，提高农业附加值，确保产业覆盖区域的低收入困难群众入股参与发展。

打造"绿马甲"驻村品牌。大力弘扬"对党忠诚、真蹲实助、亲民爱民、迎难而上"的"绿马甲"精神。一是精准培训强能力。围绕脱贫攻坚、农村产业革命、乡村振兴等内容，组织第一书记和驻村干部开展专题培训，2019年举办区级专题培训3期，组织参加市级培训1期，培训400余人次。二是精准管理抓考核。采取"网络＋实地"双重管理模式，推行驻村动态"滚屏交流法"，加强驻村干部管理。区、乡两级联动加强驻村工作督查，精细化管理驻村干部，及时调整不适宜人员。三是精准服务解难题。深入群众开展脱贫攻坚政策宣传，解决群众的操心事、烦心事、揪心事，2019年，驻村干部共走访慰问群众8655人次，遍访群众31602户，召开群众会议421次，帮助群众解决问题507个，争取资金1499万元，协调实施项目124个。

📋 典型案例一 ────

山王庙村　　守正出新勇担当　凝心聚力谋发展

山王庙村位于贵阳市花溪区青岩镇东部，西北部毗邻黔陶乡老榜河村，东部与贵惠高速相邻，县道X014横贯规划区，一条长年清澈的老榜河穿流而过。全村总占地约1.2平方公里，总户数205户，总人口753人，其中：布依族、苗族占50%，田约699亩，土约698亩。其中，小摆脱是山王庙村的一个自然村寨，区位优势明显，生态环境优美，森林覆盖率达80%以上，是花溪区溪南十锦旅游带上的一个重要节点之一，周边旅游资源聚集，距离青岩古镇仅有 3.7 公里。

青岩镇紧紧围绕花溪区创建全域旅游创新区的契机，大力实施乡村振兴战略，依托山王庙村良好的基础设施建设和资源优势，借鉴学习浙江安吉经验，大胆探索，以全域旅游为统领，以大力促进乡村民宿资源开发和产品建设为抓手，初步形成农户广泛参与、村集体主导发展、镇属平台公司参与指导、专业团队营运"四维一体、引贤入寨"的乡村振兴发展模式。

仲夏时节，贵州省贵阳市花溪区青岩古镇景区绿意盎然，优美的风景吸引众多游客前来观光游玩。（新华社记者陶亮摄）

一、探索党建引领模式，让支部"强起来"

山王庙村紧紧围绕创新型党组织创建工作，聚焦党组织带头人、党员队伍、驻村工作队等方面的建设，提升党支部在乡村振兴中的凝聚力和创造力。

（一）建好"大堡垒"。践行党组织书记"抓党建促发展"原则，确立村支书在乡村振兴中的"领头雁"地位，实施支书主抓、支部主导、党员示范的"强基工程"，充分发挥村支书和村支部在农村集体产权制度改革、乡风文明建设、乡村项目建设等工作中的主导作用。

（二）育好"生力军"。通过吸纳优秀青年入党、组织党员、村民代表"走出去"培训、参加项目建设等措施，提升党员队伍的战斗力；实施党员承诺制，发挥党员在村寨治理、文明建设、扶贫攻坚等工作中的示范作用。

（三）用好党委政府的"支援队"。通过党委政府帮扶与支持，党委成立以包片领导、镇政府专职干部、同步小康驻村工作组为核心的"支援队"全程参与指导项目建设营运，用好用活各级政府的政策支持帮扶，确保项目运营顺利推进。

（四）做好群众的宣传发动。成立镇项目工作组、村两委成员、村全体党员三级宣传工作组，重点向村民宣传项目发展规划前景、为项目推进奠定群众基础。山王庙党支部坚持"以人为本"，建立"1+2"（即1个党小组联系、2个自然村民小组）工作模式进村入户听取村民对项目发展建议和想法，听取民生、尊重民意，充分组织宣传发动村民全面参与。

（五）建好制度促发展。山王庙村党支部根据本村实际，牵头制定"村规民约"和合作社"章程"双管齐下，明确建设成果巩固和维护、参与申请就业、共同经营、利益分配等建设和营运发展的核心问题，提高参与度和"我要发展"的意识。

在党建引领、全域统筹下，《青黔高农村特色全域旅游核心带战略策划暨概念规划》和《"溪南十锦"项目核心区修建性详细规划：山王庙——老榜河项目点》《"溪南十锦"青黔高美丽乡村精品线详细设计》《青岩镇山王庙村小摆托寨人居环境提升规划方案》先后编制完成。

同时，设施建设也稳步推进。截至 2020 年 6 月，基础设施基本完善，境内青黔高旅游公路拓宽建设约 3 公里，村寨污水处理设施 2 个，旅游慢行系统建设 1 公里，提升全村人饮质量，网络建设覆盖全村。旅游配套设施逐步完善，建有旅游公厕 3 个，停车场约 5000 平方米，旅游长廊、文化广场约 2000 平方米，夜景灯安装；保留传承文化活动阵地，建有布依族文化生态展示馆、百姓讲堂、村寨手工作坊；同时对小摆托寨实施 21 栋精品布依民居改造，村民庭院提升 40 户，成为农村人居环境建设、美丽乡村建设、农业产业示范园区建设的综合示范亮点。

二、完善利益联结机制，让农民"动起来"村寨"活起来"

山王庙村积极构建农户参与的经营主体，聚焦"股份农民"这个核心，成立了山王庙旅游服务专业合作社，搭建起"股份农民"持股平台，吸纳山王庙村全村村民成为合作社社员，参与利益分红。

成立山王庙村集体独资的村集体公司，通过整合全村自然资源、闲置资产等旅游开发资源，由村委会通过民主方式将村集体可经营资产委托村集体公司管理，并用于参与山王庙小摆托旅游运营项目中，发挥村集体经济组织对山王庙村民发展乡村旅游的带动作用。

同时，还成立以"农民专业合作社＋村集体公司＋镇级平台公司"合作的山王庙资产管理公司。政府层面平台公司的介入，一方面可以对财政性资金投入建设形成的基础设施等可以对其赋予管理职能，同时入股进资产管理公司，确保资产不流失；村集体层面，通过流转农民土地、闲置宅基地等，不仅可以进一步巩固此类资源的集体属性，更重要的是将此类闲置资源进行有效盘活，参与发展产业壮大村集体经济；对于村民，通过土地和宅基地等的流转，确保保底收入的同时，还能以现金方式入股合作社，把闲置资金变成"股金"参与到村寨的发展。

资产管理公司将自身现有资料进行充分整合，以最大限度地发挥各种价值，对整体流转的土地、闲置的农房、宅基地进行打理，为规模化、节约化、集约化、现代化种植提供了用地保障，使以前零星耕作和搭荒的土地，焕发出无限生机，让农民身边的资源变成了增收致富的资本。

据了解，资产管理公司成立后，农户流转收入，每亩田收入 1300 元、土收入 800 元，平均每亩土地收入 1050 元，户均耕种 4 亩土地，一年总收入 4200 元。入股参与合作社分红及入企务工收入累计收益约 21000 元，一年下来，每户农户通过土地增值收入、现金入股收入、劳动力投入收入保守估计可实现达到 25000 余元。

其中，山王庙小摆托土地流转、房屋流转年收入就超过 40 余万元，每年能解决 30 名村民就近入企务工，每月平均预计挣 2000 元。

利益联结机制的不断完善，也让村寨"活了起来"，小摆托便是一个典型。

在小摆托，"山王庙资产管理公司＋专业运营团队"合作的小摆托旅游运营公司按照公司章程约定建立了"利益分配倒挂机制"：山王庙资产管理公司资金入股 30%，享有小摆托旅游运营公司收益的 70% 利润分红；专业运营团队资金入股 70%，享有小摆托旅游运营公司收益的 30% 利润分红。

同时，还建立山王庙资产管理公司利益分配"保底"机制。镇政府下属公司现金出资占股 70%，作为山王庙资产管理公司控股股东，充分发挥政府主导作用，强化"三变"项目的政策引导。山王庙村集体公司以现金出资方式占股 15%，按照山王庙资产管理公司章程约定比例利润分红。同时为确保农民利益不受损失，运营公司承担合作社社员享有前三年保底分红，约定保证入社农户每年分得每股 5% 的分红红利，此后的每年分红按照项目取得的实际利润计算分配，不再享有保底分红。

通过以财政性、工资性、经营性"三大收入"为切入点，山王庙村激活资源、资金、劳动力等要素，实现入股合作社分红金、土地收资金、劳动或报酬，改变过去农户收入较单一，现在呈多元化方向发展。

三、引贤入寨，让村寨"火起来"

着眼长远发展，山王庙村积极实施"引进来"，不仅站在产业发展和盈利的角度，更要站在"乡村振兴"的高度通过引"贤"入寨，引入运营团队来"经营村寨"。通过整合优秀资源，不仅解决产业带动增收致富的问题，更解决乡村社会治理结构、乡风文明、基层社会生态等关于农村"人"的问题，从根本上实现真正意义上的乡村振兴。

为实现传统农业向现代农业转变，山王庙村一方面集聚、利用乡村旅游项目资源，量化分配经营利润，平衡农户间的发展差异。将农户的土地、房屋与村集体的资产、资源等作为旅游项目要素共同打造、开发、运营，最终实现统一经营、统一管理、统一利益分配；另一方面规范农户与企业经营，抓好业态管控、治理经营环境，形成"共建共享、风险共担"的联结机制。

同时，通过筑巢引凤，吸引社会资本投向农业产业发展，对传统农业种植结构进行调整改良，规划种植以发展乡村旅游业态的农业经济作物，探索农业原材料的手工加工产业，孵化、催生、旅游项目的开发、衍生业态，最终达到农旅一体的融合。

通过发展，如今山王庙村已从水稻、玉米传统农耕向精品水果种植、农耕文化体验、旅游服务业开发、运输和加工业发展。传统农耕时代的农民，也已成为新型农民、旅游服务行业的导游、农业合作社的股东、个体创业中的业主，实现农民身份向新型主体转变。

📋 典型案例二

久安乡——聚焦"三色产业" 走出致富新路

位于贵阳"水缸"阿哈湖水库上游的花溪区久安乡，全乡范围均属于阿哈湖水源保护区。为保护水资源环境，2011年，曾是传统产煤大乡的久安关停境内全部煤矿，依托境内54000株古茶树，在保护环境和发展经济中探索出一条新路——大力发展茶产业。将产业由地下转到地上，煤山变茶山，"黑色经济"变"绿色经济"，谱写出一曲"绿水青山"就是"金山银山"的赞歌。

在茶产业转型成功的基础上，久安乡进一步深挖资源优势，加大产业

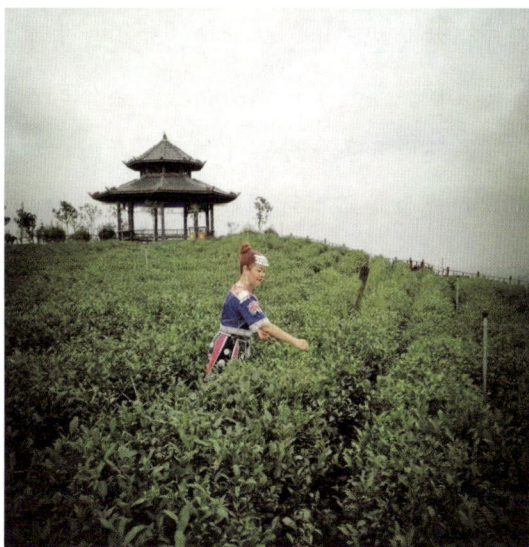

久安乡茶园

结构调整力度，推动茶文旅一体化，带动食用菌和草莓生产基地蓬勃发展，演绎"黑转绿""绿升金""金变彩"的蝶变。久安"古茶树生态农业系统"被农业部评为"中国重要农业文化遗产"；久安乡被评为"中国高原古茶树之乡""贵州省十大最美茶乡""贵州省十大茶旅目的地""贵州省十大古茶树之乡"；中央电视台《焦点访谈》以"砥砺奋进的五年：绿色发展，绿色生活，贵阳久安乡"为题，《经济信息联播》以"告别小煤窑，'黑色经济变'绿色经济'"为题，先后报道久安乡的绿色乡村振兴之路；以久安茶产业转型为原型的微电影《新香》，荣获贵阳市微电影大赛一等奖，入选国家广播电视总局"共筑中国梦"到久安乡拐耳村慰问军烈属推行展播的优秀节目。

一、主打"绿色"产业，突出产业转型成效

久安乡坚持把茶产业作为承载百姓富、生态美有机统一的绿色产业，始终围绕"都市近郊茶旅文化示范区"发展定位，探索"茶文旅一体化"发展新路，聚焦九龙山万亩茶园、古茶科普展厅、茫父艺术中心等基地，实现煤山变茶山，矿工变茶农，茶区变景区。通过引进龙头企业贵茶公司入驻久安，累计投资 9 亿余元，建设 3 条先进茶叶加工生产线，建成 2 万余亩高标准生态茶园，成为贵阳市近郊最大的茶园基地，被列入全省"5 个一百工程"。

目前，久安乡主产的"绿宝石"茶成为贵州省主打茶品牌"三绿一红"之一，并通过欧盟 463 项指标检测，远销德国、美国等国家，还获得美国星巴克公司授权认可，签订长期供货合同。久安千年红、千年绿等产品获得农业部农产品质量安全中心认证，2 万余亩茶叶基地获贵州省无公害农产品产地认定。近年来，按照"公司＋基地（合作社）＋农户"的发展模式，带动农户参与茶叶种植、采摘、加工等环节，1600 余农户每年人均增收 1000 余元；通过实施"爱为家"共享茶园计划，以茶促旅，以旅促收，10 余农户获得直接经济收入 4.8 万余元。通过兴产业促增收助脱贫，让 2/3 的农户在茶产业发展中共享红利，脱贫攻坚成效显著。

2019 年，以久安为主的"贵州花溪古茶树和茶文化系统"列入第二批中国全球重要农业文化遗产预备名单。

二、培育"白色"产业，提升产业综合实力

依托得天独厚的地理优势和林下生态优势，久安乡致力于通过产业结构调整，让土地"生金吐银"。

通过成立贵阳花溪久安打通生态农业专业合作社，按照"支部＋合作社＋农户（贫困户）"模式发展高附加值农业产业——林下食用菌（猴头菇），吸纳农户入股合作社，共享共建食用菌基地的方式，既壮大了村集体经济，又带动了贫困户致富增收。2020 年以来，久安乡经过提升改造的猴头菇基地，共有 22 个大棚、50 万个菌包，每天可采摘 6000 多斤平菇运往石板农贸市场销售。白白胖胖的猴头菇成为"网红"，带动农户人均增收 2000 元，农民的获得感、幸福感不断增强。

三、探索"红色"产业，增强产业发展质效

产业强，百姓富。为加快推动产业转型升级，久安乡在大力发展茶、菌产业的基础上，出台《久安乡科级领导干部领衔推进农村产业革命工作方案》，探索种植蔬、果等生态农业产业。

依托游鱼河边 30 余亩草莓基地，种植红颜、奶油等 10 多种草莓品种，着力打造高品质、无公害的草莓产品。通过游客采摘体验等方式，助推农业向高质量发展迈进，构建农旅结合的经济

发展新格局。如今，田间生态红草莓逐渐成为又一大促进农户经济增收的产业支柱，红草莓已入驻合力、盒马鲜生等超市。每逢农旅体验采摘高峰期，一天收入便突破万元，农户实现家门口就业，挣钱顾家两不误，有效推动脱贫攻坚。

二、乌当区
——聚焦"四个不摘" 提升巩固成果

（一）抓牢"三个全面"

在脱贫攻坚工作中，乌当区深入学习贯彻习近平总书记关于扶贫开发工作的重要论述及系列指示精神，认真贯彻落实《党中央、国务院关于打赢脱贫攻坚战三年行动的指导意见》和《中共贵州省委、贵州省人民政府关于深入实施打赢脱贫攻坚战三年行动发起总攻夺取全胜的决定》，全面推进"春风行动""夏秋攻势""四场硬仗""五个专项治理"和"一场深刻的振兴农村经济产业革命""春季攻势""夏秋决战"等工作，聚焦脱贫攻坚责任落实、政策落实和工作落实，紧盯脱贫攻坚目标任务，抓好"造血"功能培育，稳步实施脱贫攻坚项目建设，全区建档立卡贫困人口全部达到脱贫标准，精准扶贫精准脱贫取得明显成效。

1. 全面抓好责任落实

乌当区委、区政府坚持把脱贫攻坚作为经济社会发展的首要政治任务，以责任落实为抓手，层层传导压力，健全区乡村三级和行业部门抓工作落实的责任链。区委、区政府主要领导亲自研究、亲自谋划、亲自部署、亲自推动。四年来，乌当区委、区政府、区扶贫开发领导小组研究部署、推动落实脱贫攻坚工作 106 次，区扶贫办召开脱贫攻坚工作例会、调度会、协调会 278 次；党政主要领导率先垂范、靠前指挥，带队深入基层开展调研督导，推动脱贫攻坚各项工作落深落实。

围绕"一达标两不愁三保障"脱贫标准，乌当区严格按照行业部门责任抓实"1+10"行动方案，各司其职，各负其责，相互配合，反复开展"过筛子""地毯式"排查补短，确保"两不愁三保障"突出问题全面解决。

工作中，第一书记和驻村工作队积极主动融入所驻村扶贫工作，帮助贫困户落实"六个精准"，协调实施扶贫项目、监督扶贫资金使用、帮助基层组织建设和宣传各项惠农政策等，积极承担各项工作任务。

结对帮扶干部进村入户，向贫困户宣传扶贫政策，与贫困户共商脱贫计划，指导发展生产，向脱贫户宣传"四个不摘"政策，巩固提升脱贫成效。

同时，乡村两级认真抓好政策落实，开展到村到户到人精准帮扶，真正在精准施策上出实招、在精准推进上下实功、在精准落实上见实效。同时，乌当区积极担当省会城市主城区的政治责任，扎实开展对天柱县和长顺县敦操乡、望谟县麻山镇、罗甸县红水河镇"一县三乡镇"的对口帮扶工作。

自开展帮扶以来，共投入资金 2673.92 万元。支持产业、就业、民生类等项目 23 个，派出帮扶干部 24 人，开展各类培训 798 人次，助力 1.36 万人脱贫。

2.全面抓好政策落实

全面巩固饮水安全。全区实施美丽乡村"提高型"水利基础设施建设项目、农村饮水安全巩固提升工程、地下机井配套工程和小康水提升工程（人饮部分）等项目63个，总投资3437.85万余元，解决农村人口5.5万多人饮水困难。2020年12处饮水工程全部完成，项目总投资1565万元，有效解决10747名群众的用水保障，其中涉及贫困户117户339人。

全面实施产业扶贫。通过近年来农村产业结构调整的扶持、农业经营主体的带动、产业扶贫项目的实施等，除特困供养户外，农业产业、农村专业合作社覆盖建档立卡贫困户为100%。

全面推进就业扶贫。全区累计完成贫困人口劳动力培训2072人次，建设就业扶贫车间16个，吸纳带动贫困人口劳动力就业154人，开发安置就业扶贫援助岗位409个。2020年以来，深挖就业岗位4823个；线上招聘8场，累计组织249个企业提供7653个岗位在省市公共招聘网开展招聘；开展贫困劳动力及易地搬迁安置点劳动力职业技能培训154人，完成全年目标任务235人的65.53%；安置公益性岗位及扶贫援助就业岗位在岗贫困劳动力617人，其中易地扶贫搬迁劳动力20人。

全面推进易地扶贫搬迁。总投资1.46亿元，完成云锦尚城安置点建设，修建14栋楼286套住房及配套设施，共281户1072人搬迁入住，涉及建档立卡贫困户81户300人。

全面保障住房安全。全区农村危房改造累计完成293户，累计完成老旧房透风漏雨整治736户。认真开展安全认定。所有脱贫退出的建档立卡贫困户安全性评定结果全部装入农户"一户一档"资料，并录入"贵州数字乡村"APP。严格落实"五主体四到场"制度，加强乡村培训指导，确保农危房改造工程质量。

全面完成"组组通"道路提档升级。投资 1.85 亿元，完成全区农村通组公路建设 121 条、269.1 公里，覆盖 30 户以上村民组 121 个，辐射区域人口 29671 人，其中贫困人口 2066 人。

全面开展健康扶贫。实现 100% 的建档立卡贫困户参加新农合，实现应保尽保。乌当区 2016 年至 2019 年底，大病保险和医疗救助惠及贫困人口住院就诊 440 人次，为全区贫困人口住院补偿医疗费 390.86 万元。对 1362 户贫困户签订了家庭医生签约服务协议，健康扶贫资金累计投入 1527.63 万元。

全面落实教育扶贫。2016 年以来，共投资 6.05 亿元加快农村学校建设，招聘 216 名教师充实农村师资队伍；落实教育精准扶贫资助建档立卡贫困学生 1867 人次，资金 264.9 万元。2020 年以来，对已经开学返校的学前教育到高中教育阶段各类贫困学生 6242 人次，资助金额 432.68 万元。

全面实施生态扶贫。2014—2019 年累计落实建档立卡户生态公益林政策补偿 119.8426 万元，累计落实建档立卡户退耕还林政策补助 43.97942 万元，累计选聘建档立卡护林管护人员 175 人，累计发放建档立卡贫困人口护林管护补助 112.4966 万元。

全面加强金融扶贫政策宣传。建立 100 万元扶贫小额信贷风险补偿金，为贫困户扶贫小额信贷提供资金风险保障。大力宣传扶贫小额信贷工作，为广大农户发展产业做好金融扶贫支持。

全面提升综合保障。加强农村低保与精准扶贫、精准脱贫衔接，充分发挥农村低保在扶贫开发中的托底作用，符合农村低保条件的建档立卡贫困户，按规定程序全部纳入低保范围，符合扶贫条件的农村低保家庭，按规定程序纳入建档立卡范围，不在建档立卡范围内的农村低保家庭，统筹使用相关扶贫政策。对符合条件的贫困人口由地方政府代缴城乡居民养老保险费。全面落实符合条件的贫困家庭享受最低生活保障政策，2016 年以来，全区综合保障扶贫资金累计投入 4770.76 万元，涉及农村低保、城乡医疗救助、特困供养和临时救助等方面，惠及 17058 人次。

全面推进党建扶贫。2016 年以来，投入 600 万元建设 76 个农村党小组活动室；从省、市、区机关累计选派 275 名驻村干部集中帮扶 35 个村，明确村"第一书记"、驻村工作组组长 37 名；走访弱势群体 20286 人次，解决实际困难问题 1152 余个，办理实事好事 860 余件，化解矛盾纠纷 754 起。2020 年，安排 60 家单位为 58 个村办理一件实事，计划投入资金 466.36 万元，实际已投入资金 219.24 万元。

3. 全面抓好工作落实

严格按照不摘责任、不摘政策、不摘帮扶、不摘监管"四个不摘"要求，保持责任继续压实、政策继续执行、帮扶继续开展、监管继续不变的攻坚态势，巩固拓展脱贫成果。

2020 年以来，乌当区主要领导牵头开展脱贫攻坚专题调度，及时召开区委常委会和区政府常务会安排部署脱贫攻坚工作，区委、区政府主要领导率先垂范、亲自调度、带头挂牌督战，已召开 6 次专题调度会解决饮水安全、住房安全、产业扶贫、人居环境、组组通公路、党建扶贫、易地扶贫搬迁拆老房及复垦复绿等方面存在的问题，深入乡（镇）、村开展 25 次挂牌督战。分管领导每周一定期召开脱贫攻坚例会，逐一解决工作推进和落实中的问题 40 个；县级领导带队督战 132 次，深入乡（镇）、村、贫困户解决实际问题 190 个；"百日攻坚战"专班组长牵头调度工作推进 346 次，解决工作推进中的困难和问题 171 个。紧紧围绕坚决打好"两不愁三保障"关键战役，行业部门牵头指导各乡（镇）全面开展短板补齐工作，"百日攻坚战"行动短板排查累计 1316 个，完成整改 1242 个，完成率达 94%。

按照省扶贫办统一安排部署，乌当区每年及时组织贫困人口动态管理业务培训，开展贫困人口动态调整相关工作。开展 4 次贫困人口动态管理工作，对全区农业人口信息进行逐一核查。2019 年度新识别贫困人口 0 人、返贫 0 人、减贫 1645 人、自然增加 142 人、自然减少 144 人，完成所有贫困人口信息采集和数据录入，2019 年数据质量取得全省第二名的好成绩。

（二）发挥基层首创精神

乌当区在脱贫攻坚工作中，紧扣扶贫工作要求和工作实际，注重发挥基层首创精神，在实践中探索出一些好经验、好做法。

为迎接国庆、中秋佳节，贵州省贵阳市乌当区羊昌镇花画小镇用数万株菊花、紫柳、月季等花卉装扮小镇的观光园。（新华社记者杨楹摄）

1.围绕特色产业发展，助力脱贫攻坚

全区以特色农业为主线、龙头企业和合作社为带动、项目建设为支撑，全力打造省会城市保供蔬果精品示范区和特色农产品重要生产基地，推动农业与电商、农业与旅游、农业与大健康、农耕文

明与生态文明的深度融合发展，实现"农+N"接二连三，产业发展成为乌当区助力脱贫攻坚最有效的脱贫模式。目前，特色产业如水果、茶叶和中药材等19.8万亩，投产面积13.68万亩，年产值7.93亿元。通过农村产业结构调整、农业经营主体的带动、产业扶贫及利益联结项目的实施，除特困供养户外，农业产业100%覆盖建档立卡户。

2.探索"新型经营主体＋项目＋贫困户"的扶贫模式，突出合作社和农业企业利益联结，多举措有效防止返贫致贫

坚持"强龙头、创品牌、带农户"的思路，通过"党支部＋三变＋村集体合作社＋农户（贫困户）""龙头企业＋合作社＋农户（贫困户）"利益联结等模式，积极培育新型农民、家庭农场、合作经济组织、村集体经济等为主体的农业复合经营体系建设，引导新型经营主体聚集发展助力脱贫攻坚，突出合作社和农业企业利益联结发展模式，多举措有效防止返贫致贫。全区农民专业合作社247个，合作社成员总数3576户，村集体经济合作社76个，39105户，其中，贫困户成员数1362户3648人。2019年有收益又有贫困户的合作社31个，覆盖贫困户467户，年分红资金109.35万元，户均增收2341.48元；贫困户入股农业企业带动项目11个，覆盖贫困户1130户，年分红资金378.7万元，户均增收3351.7元。

3.探索"百企帮千户""5+N"社会扶贫模式，巩固提升脱贫成效

以发动辖区内114家企业为主，采取产业、商贸、就业、智力、捐赠等"5+N"模式结对帮扶58个村建档立卡户稳定脱贫。一是实施产业帮扶。发动4家企业结对帮扶4个村发展产业，实施药材种植、樱花种植、辣椒种植等产业帮扶项目4个，投入资金2000万元以上，带动农户325户。二是实施商贸帮扶。景峰药业、新天药业、贵乐食品等 8 家企业采取定点采购农产品、提供场地销售农特产品等方式实施商贸帮扶,带动 150 户农户增收。三是实施就业帮扶。捷胜科技、友联精机等 14 家企业实施就业帮扶,解决贫困户就业 31 人。四是实施智力帮扶。远程药业、五福坊食品等 2 家企业实施智力帮扶,开展实用技术培训 2 次,培训农户 80 人次。五是实施捐赠扶贫。44 家企业围绕医疗扶贫、教育扶贫、住房扶贫、饮水安全、基础设施、人居环境改善等开展力所能及的捐资、捐物、助学、助老、助残、助医等爱心捐赠活动,捐赠帮扶资金 69.3 万元,涉及贫困户 138 户。"百企帮千户""5+N"模式,凝聚了社会帮扶力量,探索了稳定脱贫的长效机制,形成全社会助力脱贫攻坚的良好氛围。

4. 探索建立"三个体系"促进"四个转变"的农村饮水安全保障长效机制

农村饮水安全问题是老百姓最关心、最直接、最现实的问题。自 2005 年以来,乌当区党委、政府高度重视,争取国家财政补助资金,帮助全区十几万农村人口喝上干净卫生的自来水。为提升改善乌当区农村饮水安全保障出现的各类问题,通过一两年探索实践,建立"三个体系"促进"四个转变"的农村饮水安全保障长效机制,试点推行城乡水务一体化管理。

5. 探索"强村带弱村、富村带穷村"的区域化扶贫模式,推进党建扶贫引领村民致富

近年来,乌当区在抓党建扶贫工作上积极探索"强村带弱村、富村带穷村"的区域化扶贫模式,通过资源聚集、资源共享和优势利用,最大限度把党组织优势转化为发展优势。通过组织建在产业上、能人聚在产业中、村民富在产业里的形式,初步形成集"吃、住、行、游、购、娱"为一体的产业链,2019 年人均纯收入达到 1.8 万余元。

6.探索龙头企业"种植在全省、加工在乌当"模式，助推产业扶贫

乌当区共培育发展壮大市级以上农业产业化龙头企业13家，涉及药业、食品、种植、流通等行业。在脱贫攻坚中，进一步强化省会城市主城区的责任担当，通过企业建基地、扶持合作社、利益联结农户等带动措施，主动承担起全省农产品产销对接重任。近年来，全区13家龙头企业在安顺、六盘水、毕节、黔南州、铜仁等地建立了头花蓼、铁皮石斛、天麻等中药材订单式种植基地4.13万亩、养殖基地5家，订单总额2.3亿元，带动农民专业合作社47个，直接带动贫困户650户1618人，以"龙头企业＋基地＋合作社＋农户"的产业脱贫发展模式基本成型，为全省脱贫攻坚产业扶贫作出了乌当贡献。

7.实行"函告模式"，确保扶贫资金高效使用

为加强财政专项扶贫资金使用管理，乌当区建立《财政专项扶贫资金预算安排及资金拨付办法》，建立"函告"制度，采取预警提醒、到期督办、超期问责措施，确保资金安全使用和效益发挥。一是预警提醒。区级扶贫项目主管部门未在规定时间28日内批复项目实施方案并提出资金分配方案会签意见的，区财政局对主管部门下达资金分配提醒函，督促部门及时分配资金。二是到期督办。对未按规定期限完工的项目，由主管部门和财政部门联合提出督办函，限期整改；对不能限时整改的，收回资金重新安排，报区扶贫领导小组批准后执行。三是超期问责。对违反《乌当区财政专项扶贫资金预算安排及资金拨付办法》相关规定的，坚决问责问效。

8.探索"三零一有"扶贫与乡村振兴有效衔接发展模式

乌当区偏坡乡为破解贫困群众脱贫致富的难题，积极探索贫困户"投入零成本、经营零风险、就业零距离、资产有收益"的"三

零一有"扶贫模式。一是投入零成本，入社分"红利"。组织全乡 35 户贫困户 85 人加入萍萍合作社，贫困户委托合作社经营和管理，与星力集团、区五彩农投公司等企业合作，发放贫困户入社"红利"共 3.5 万元。二是经营零风险，产业挣"现金"。采取"公司＋合作社＋贫困户"的订单模式发展特色产业，由区农投公司委托、合作社组织、贫困户负责种植樱花，每人增收 3535 元。三是就业零距离，务工领"薪金"。有 8 人在"原味小镇·醉美偏坡"建设项目务工，获得"薪金"4 万余元；项目开园后，优先录用贫困户为景区管理人员、保安人员、保洁人员等，确保贫困户当地就业。四是资产有收益，入股领"分红"。全乡共有 11 户贫困户以土地、闲置房屋、猪牛圈、破旧房、污水塘等入股到合作社变为"股东"，年分红"股金"约 2 万元。"三零一有"扶贫模式，让偏坡乡结了"富果"拔了"穷根"，既增加了资产收益，又解决了农村脏乱差的问题，从当初贫困发生率较高的地区发展成为全省乡村振兴示范乡。

9. 建立健全机制，强化攻坚质量

成立由区委、区政府主要领导任双组长的区级脱贫攻坚补齐短板工作领导小组及工作专班，结合"冲刺 90 天　打赢歼灭战"，按照一刻也不能停、一步也不能错、一天也不能耽误的要求，强力推动各项工作落地落实。完善机制。各牵头部门、各乡（镇）配齐配强脱贫攻坚补齐短板工作人员力量，特别是教育、住建、水务、卫健等"3+1"保障重点部门充实业务骨干打赢歼灭战。严格落实"六主"工作责任，扎实开展"百日攻坚战"。定期调度。实行定时、定点、定人调度机制，区委、区政府分管领导固定每周一次组织专班成员召开调度会，牢牢抓住三个月的"窗口期"，逐个查找、核对、解决问题，确保窗口期内全部整改到位。截至目前，已召开专班调度会 15 次，有力推进各项工作落细落实。信息倒逼。建立信息倒逼工作

机制，专班办公室每周认真梳理乌当区脱贫攻坚"冲刺90天　打赢歼灭战"和短板问题整改工作开展情况，形成工作简报或通报，既体现工作成效亮点，又客观反映工作中存在的难点重点问题，为区领导决策提供参考。

10. 整合社会力量，为脱贫攻坚注入新血液

一是乌当区水田镇逐步建立了全社会力量共同扶贫的工作机制，除动员全镇村干部积极参与脱贫攻坚工作外，积极动员社会力量参与水田镇扶贫工作，期间成立了社会爱心人士捐赠的"高德顺教育基金"，每年为水田镇高考录取的学子每人助资3000—5000元，每年投入教育基金20余万元，有的家庭贫困学生达成了在校期间长期资助的协议，资助贫困户学生6人。二是辖区企业与镇政府共同集资42万元成立了"水田镇大扶贫基金"，主要用于水田镇农业产业结构调整、贫困户量化入股村级合作社股金等，帮助贫困户实现产业脱贫，其中三江村已申请到6.6万元大扶贫基金用于发展食用菌产业，助推贫困户发展致富。三是建立了工商联企业帮扶村机制，水田镇李资村、安多村、三江村、竹林村、定扒村等均得到企业帮扶，帮扶资金主要用于发展村集体经济，村集体基础设施建设，贫困户产业帮扶、贫困户慰问等。

📋 **典型案例一** ————

云锦尚城社区党支部——做好易地扶贫搬迁点"后半篇"文章，积极创建"三感"社区

云锦尚城社区居委会党支部成立以来，始终坚持以习近平新时代中国特色社会主义思想为指导，通过创新实施"123456"

贵州省贵阳市乌当区东风镇举办"新春街市"活动。在古朴的老街上，人们打糍粑、猜灯谜、吃长桌宴，庆贺新春。（新华社记者欧东衢摄）

党建工作模式，建立了"党委＋党支部＋居委＋楼栋长、代表"的四级管理体系，围绕搬迁群众就业、就学、就医等后续保障服务，充分发挥基层党组织主心骨作用，构建"党建＋服务＋培训＋文化＋治理"的服务机制，切实推动了社区服务、社区治理、社会参与和群众自治的良性互动，引领居民参与到社区的共建共治共享，切实提升居民群众的幸福感、安全感和获得感，奋力实现扶贫对象"搬得出、稳得住、能致富"。

在东风镇党委的正确领导下，云锦尚城社区居委会党支部努力提高支部凝聚力、战斗力，充分发挥党支部的战斗堡垒作用和党团员的先锋模范作用，圆满完成上级交给的各项任务。

一、抓班子建设，以党建为引领助力社会保障

东风镇云锦尚城社区有乌当区六大乡镇（羊昌、水田、下坝、百宜、新场、新堡）搬迁居民 281 户 1072 人。其中，建档

立卡贫困户 81 户 300 人，残疾（含精神残疾）人 88 户 109 人，低保户 45 户 129 人，复退军人 10 人。

为了充分做好易地扶贫搬迁点"后半篇"文章，社区党支部充分发挥党建引领作用，构建了"党建+"的社会治理模式，全面推进各项脱贫工作有序开展。

一是"党建引领+组织建设"，充分发挥基层党组织在社会治理中的战斗堡垒作用。在党支部的领导下，成立了工会、共青团、妇联、人民调解委员会、乌当区易地扶贫发展幸福促进会等各类群团、社会组织。同步推进综治、医疗、教育、就业等便民服务中心建设，形成了以党组织为核心、自治组织为主体、群团和各类服务组织为纽带、经济组织为支撑的安置点基层组织体系。

二是"党建引领+思想建设"，充分发挥基层党组织在社会治理中的先进性作用。以"不忘初心、牢记使命"为抓手，严格落实"三会一课"等制度，认真学习贯彻并大力宣传习近平新时代中国特色社会主义思想、党的十九届四中全会精神等，健全安置点党建工作机制，构建"互联网+党建"学习机制，全力打造学习教育、经验分享、成果展示和动态信息互动学习交流新平台，进一步统一思想，不断强化为民服务的宗旨意识。

三是"党建引领+队伍建设"，充分发挥党员在社会治理中的先锋模范作用。建立健全党支部工作制度体系，制定完善了《四议两公开制度》《"创先争优"活动制度》《党支部党内情况通报制度》《扶贫帮困工作制度》等各项制度。严格落实《党员积分制》管理办法，定期开展革命传统教育、警示教育、党风廉政教育等各类学习培训，做好党员干部管理工作。

同时，设置党员先锋岗、示范岗，成立了党员突击队、党员志愿者服务队，开展党员亮身份、无职党员设岗定责、践行承诺等活动，构建了以党支部为核心、全社区共同参与的社会治理网络，不断增强社区党员干部的群众观念和群众感情，不断提升服务质量，有效促进各项工作开展。

二、抓宣传重帮扶，以服务为抓手助力脱贫攻坚

一是形式多样搞宣传，不断提升居民满意度、幸福感。充分动员支部党员、社区群众，积极开展入户走访、宣传，通过召开党员、居民座谈会，倾听居民的意见和建议，全面普及各类扶贫相关政策、知识，多次携手乌当区供销社股金服务中心、东风镇派出所等单位开展识别理财陷阱知识讲座、诈骗安全防范宣传等各项宣传活动，组建了民乐队、陀螺队、舞蹈队等，充分利用周末时间组织开展观看电影、青少年跳绳比赛、感恩教育、文明家庭评选、"希望工程·陪伴行动"星跳希望小课堂等各类活动，不断提升居民整体素质，进一步丰富了搬迁居民的精神文化生活。

二是协同合作抓服务，着力解决群众操心事、烦心事、揪心事。采取党员带头示范、居民参与的方式，组织居支两委成员、党员、志愿者完善了一户一档工作，对社区10户空巢老人坚持做到专人每天一走访，联合贵州省民政厅、创新蔚蓝社区工作服务社、市民政局、区民政局等部门，组织社区党员、志愿者等开展了"牵手云锦·共筑新家园""睦邻友好、邻里大家乐"社会融入活动、义务健康检查、免费理发等志愿服务活动。同时，按照公益性岗位人员特长组建了五支队伍（保洁队伍、巡防队伍、环卫队伍、绿化队伍、创业队伍）对小区环境进行保洁、巡防，解决小区停车混乱、环境卫生的问题。自2019年以来，利用"矛盾纠纷调解室"接待居民来访273起，调解矛盾纠纷18

起。疫情期间，从社区报名的志愿者中，挑选具有资质的专业人士开通了"心连心"情感倾诉热线，全力做好辖区居民心理疏导和情绪纾解。

三是多措并举谋发展，加快居民与城市的融合力度。积极争取社会各界的支持，为搬迁群众提供就业创业服务，在社区党支部的努力下，相关培训机构先后入驻云锦尚城，免费为居民开展就业培训。截至目前，配合区人社局引进扶贫车间解决了搬迁居民 11 人的就业问题，联合上级部门开展了各类培训 15 期惠及 200 余人，累计推荐就业 500 余次，解决了搬迁户子女共计 155 人的入学问题，全面消除了零就业家庭。

三、抓品牌构建，推进社区管理民主化

多年来，云锦尚城社区注重社区居民参与社区治理，将人民群众最关心的事作为社区治理的突破口，充分发动群众的力量，实现政府治理、社会调节、居民自治的良性互动。

开展支部共建活动。与乌当区经开区、东风镇派出所等开展支部共建活动，形成党建工作联创、思想工作联做、社会治安联防、各类活动联谊等活动方式。以形式多样的宣传，不断提高居民对各项工作的知晓率和参与度。与乌当区供销社股金服务中心一同开办投资者防范教育 一识别理财陷阱知识讲座；与东风镇派出所开展易地扶贫安置点户籍宣传、诈骗安全防范宣传、毒品危害宣传；与东风镇司法所开展法治宣传进社区活动；组织居民百余人观看影片《突破乌江》《红星照耀中国》《特警》《血战落魂桥》等；与乌当区党史研究室开展党史展；开展"文明在行动·满意在贵州"活动；携手专业社会组织利用周末时间，开展星跳小课堂、读书会、绘画、跳绳等活动；及时对社区发生的大事小事开展宣传报道，积极传播正能量，在社区设置好人榜，使

好人精神得以弘扬，居民文明素质得到有效提升，在社区形成学好人、当好人的积极氛围。设置不文明行为曝光台，对不文明行为进行曝光，希望大家引以为戒，自觉自律，相互监督，"勿以善小而不为，勿以恶小而为之"。

同时，与贵州省民政厅、创新蔚蓝社区工作服务社、市民政局、区民政局一同开展"牵手云锦·共筑新家园""睦邻友好、邻里大家乐"社会融入活动；与区团委一同开展"我的节日，带领小朋友做月饼"；开展了为居民义务开展健康检查，社会志愿者免费为居民开展理发活动；组织志愿者看望慰问空巢老人、大病患者、缅怀英烈等。疫情期间为做好疫情防控，打赢疫情防控阻击战，增强广大居民防控疫情信心，促进社会和谐稳定，从社区报名的志愿者中，挑选具有资质的专业人士开通了"心连心"情感倾诉热线，全力做好辖区居民心理疏导和情绪纾解。使"奉献、关爱、进步"的志愿精神蔚然成风，使居民们深切感受到党和政府的温暖。

搭建居民矛盾纠纷平台。组建成立"矛盾纠纷调解室"。工作人员由社区书记、主任、治保主任和有威望的居民组成，在区司法局、镇司法所的指导下开展工作，矛盾纠纷调解室坚持以人民为中心，扎实开展基层信访工作，进一步解民情、维民利、凝民心、解民忧，时时收集汇总居民的诉求和建议，及时为居民服务，化解矛盾。接待居民来访500余人次，调解矛盾纠纷23起，现已全部化解完毕。

此外，社区积极加强消防安全宣传教育。为加强社区居民防灾减灾安全意识，降低生活安全事故的发生率，提高辖区内群众的水灾和火灾防范意识应急能力及实践技能，2020年，聘请专业老师授课讲解，开展上门发放宣传资料，让广大居民了解在发生险情时如何脱身及自救。

按照公益性岗位人员特长，云锦尚城社区组建了保洁队伍、巡防队伍、清洁队伍、绿化队伍、后勤保障队伍等；专门负责办公区、楼道、停车场等的卫生打扫、卫生保洁、环境绿化、治安巡防等。

社区内及停车场车辆乱停乱放问题一直是社区的一大难题，为了规范管理，召开整治车辆乱停乱放会议，之后在社区治安巡防人员每天巡查、清理、发放告知书，社区内及停车场车辆乱停乱放现象明显减少。

在社区党支部的不断努力下，云锦尚城居委会已成为搬迁居民温馨和谐的幸福家园！

三、白云区

——乡村振兴"组合拳" 开创"三农"新局面

从农村群众"看病远"到"百院攻坚"的扎实行动，白云实现村级卫生室标准化建设全覆盖和村医配备全覆盖；从简单的农村群众"有水喝"到9.74万人口安全饮水全覆盖，白云城乡供水一体化工程全面建成；从低效作物的分散种植到面积达万余亩的结构调整和85个绿色农产品品牌培育，白云农村产业革命正在纵深推进……

一组组数据、一个个项目、一件件实事生动再现了白云区近年来的脱贫攻坚实践和使命担当。特别是近三年米，白云人始终坚持以习近平新时代中国特色社会主义思想为指导，深入贯彻党的十九大精神和习近平总书记对贵州工作重要指示批示精神，坚决贯彻落实党中央、省、市关于打赢脱贫攻坚战的决策部署，撸起袖子加油干，通过一系列"组合拳"推进相关工作，为高质量打赢脱贫攻坚战、全面建成小康社会奠定了坚实基础、提供了宝贵经验。

（一）破解结构难题，产业发展有底气

脱贫攻坚，优化调整结构、发展优质产业、打造农业品牌是核心

2016 年 7 月 16 日，贵州省贵阳至黔西高速公路全路段正式通车运营，该高速公路东起贵阳市白云区曹关，西止毕节市黔西县，全长 78 公里，设计时速 100 公里/小时，总投资 90 亿元。建成后两地间行车时间由 2 小时缩短到 50 分钟，便利了沿路群众的出行。

基础。只有产业的振兴，才能促进各类生产要素向乡村聚集，开拓农民增收新空间、新渠道。

走进白云区，金湘源公司食用菌基地、万泰公司食用菌基地、蓬莱城乡公司食用菌基地等各大食用菌基地格外引人注目。从菌菇生产、资源整合到市场拓展等产业链的形成，让白云区食用菌实现黔货出山、黔货出海指日可待。

食用菌产业是白云以脱贫攻坚、乡村振兴战略为统揽，大力推进农业产业结构调整绕不开的话题。近年来，面对"农业产业规模偏小、主导产业规模不大、农业产业化水平较低、龙头企业带动力不强"等问题，全区上下始终紧盯市场消费需求，聚焦食用菌等优势产业，着力培育壮大食用菌龙头企业，大力发展食用菌精深加工项目，不断提高食用菌产业发展活力和市场竞争力。2018 年以来，白云区为大力推进农业产业结构调整，出台奖补扶持政策，完成农业产业结构调整面积 2.23113 万亩，并累计投入资金 4143.26 万元，其中食用菌产业资金 1945.525 万元，占比近 50%。

围绕食用菌做文章，白云区还有针对性出台了《贵阳市白云区食用菌产业发展实施方案（2019—2021 年)》《贵阳市白云区食用菌产业扶持政策（试行)》，为食用菌"产、供、加、销"全产业链布局、加快食用菌产业高质量发展、助推农村产业革命提供了详细指导。目前，通过"公司＋基地、合作社＋基地、种植大户＋基地"等模式，现已建成高坡、四方坡、蒙台、小山等 21 个食用菌基地。2020 年，白云区累计完成食用菌种植 2807 万棒，占市级目标任务4000 万棒的 70.18%；实现产量 12714 吨，占市级目标任务 17000吨的 74.79%；实现产值 13925 万元，占市级目标任务 18000 万元的77.36%。同时，按照实施方案，白云还将依托已经建成以及正在建设的食用菌生产种植基地、菌棒生产供应基地、食用菌研发中心等，完成母种生产 9000 支；建立野生食用菌种质资源库，加大野生食用菌及国内外优质菌种种质资源的收集、研究、开发、保护工作，共收集菌种菌株涉及 39 个大类 200 多个品种；按照"政府主导、企业运营，整体谋划、分步实施，依法依规、要件完备，以链串珠、固根树魂"总体思路，充分挖掘食用菌生产、生活、生态、民风、民俗、乡土、文化，强化招商引资，谋划食用菌美食、主题餐厅、农家乐、采摘体验、科普教育、摄影、书画等活动，将蓬莱仙界打造成以食用菌为主题，深度融合休闲度假、旅游观光、养老养生、科普教育等产业的"蘑"力小镇，促进一二三产业融合，实现食用菌全产业链发展。

（二）强化利益联结，保障农民利益

随着优质产业的引领，龙头企业引入和国有资本的参与，白云脱贫攻坚推进中的产业发展有了底气，脱贫攻坚、产业振兴之路越走越宽，也让全区农民尝到了甜头。

据了解，白云区坚持扶贫与扶志、扶智相结合，采取"短、平、快"和"以短养长"的方式，带动农村群众发展产业，增强内生动力。近年来，全区通过产业扶贫与农村产业结构调整、农村"三变"改革、园区建设相结合，增加了农民收入、拓宽了致富渠道。累计完成 33 个行政村"三变"改革试点工作，整合村集体土地入股 8441 亩，带动 8244 余名农民致富。大力开展农村技能培训，累计培训新型职业农民 669 人。依托贵电商、贵州电商云等平台，实现电商服务行政村全覆盖。2020 年，全区实现农村居民人均可支配收入 21428 元、增长 7.7%，绝对值在全省城区方阵排位第一。

农村居民人均可支配收入快速增长的背后，是白云区对如下系列问题的不懈探索：如何让产业发展与农民致富相链接，如何从"自给自足"到市场经济，如何从"各自为战"到产业共同体。针对这些问题，采用何种组织化的方式实现农民利益的最大化，白云区已作了许多深入探索。比如，以"画梅菁"为品牌的白云区牛场乡红锦村猕猴桃种植，采用"党组织+合作社（公司）+基地+农户"的运作模式，让村民享受土地入股分红、劳务服务挣钱的好处，目前已让全村 300 余人受益。以"三香蒙台"而闻名的沙文镇蒙台村通过"党支部+合作社+基地+党员+农户"模式，由村党支部牵头成立专业合作社，采取村集体、村支两委干部、党员、村民入股的方式推进项目建设，从 2016 年人均可支配收入 8530 元到 2018 年人均可支配收入 12230 元，

增长幅度超过 40%。

这些实实在在进入农民钱袋子的收益，是白云区近年来不断改革突破、让更多人分享改革红利的结果。

提高组织化程度，培育新型农民。近年来，白云区通过把党组织建在合作社上、建在产业链上，不断提高农民组织化程度，把几平方公里内的资源整合在一起，把各自分散的资金整合在一处，把单打独斗的农户抱成一团，让农民逐步改变"户自为战""单打独斗"的农业经营模式，增强农民抵御市场风险的能力。

强化利益联结机制，保障农民利益。近年来，白云区在全区因地制宜组织实施"龙头企业＋合作社＋农户"产业化组织模式，推广"村社合一"，发挥龙头企业引领作用，携手农民合作社、家庭农场组建农业产业化联合体，成为脱贫攻坚、产业发展主体，大力培育市级以上龙头企业、省级农民专业合作社示范社，带动更多农民致富。

（三）提高乡村成色，"内外兼修"增魅力

近年来，白云区以美丽乡村建设为抓手，大力实施农村基础设施建设，进一步改善人居环境，在已解决农村饮水安全的基础上，于2019 年共投入 1.035 亿元组织实施并完成白云区城乡供水巩固提升工程，实现"农村供水城镇化，城乡供水一体化"，全面完成农村"组组通"公路三年行动建设任务，完成小康电、小康讯、小康寨等项目建设任务，实施"厕所革命"……走进如今的白云农村，通过深入体验，将会感受到美丽乡村的别样魅力。

——道路好了。白云区分四批实施的"组组通"公路 52 条 115公里已全面完成建设，实现全区范围内 30 户以上 50 个村民组 100%通硬化路。

——房屋美了。完成了牛场集镇、蓬莱寨等村寨提升打造，建成以"蓬莱仙界大景区"为核心的美丽乡村"提高型"示范带。创建都拉乡上水村上水寨、上水村上水新寨等9个美丽乡村"提高型"示范点；集中力量完成贵遵高速、同城大道、环城高速及北二环沿线14个行政村的综合提升整治，创建美丽乡村"普及型"示范带。基础设施六项行动计划统筹推进，完成贵遵高速、同城大道、环城高速沿线农房整治任务。

——厕所靓了。"小厕所"既能测量文明的程度，也关乎农村群众的获得感、幸福感。截至2020年底，通过对全区农村公厕和卫生户厕的查缺补漏，共新建改建村级公厕32座，实现一村有一座公厕目标。改造户厕1836户，全区卫生普及率达96%。

乡村不仅要看"颜值"，更要看"气质"；只有在"外在美"的同时实现"内在美"，才能真正让乡村"美得持久"。近年来，白云区在改善农村人居环境的同时，也在大力改善农村地区的"内在环境"，大力巩固脱贫攻坚成果，为乡村振兴练"内功"。

在教育扶贫保障方面，进一步落实国家、省、市教育精准扶贫政策，及时下达贫困学生资助资金，保障在白云区就读的区外户籍建档立卡贫困家庭子女应助尽助。持续实施好农村中小学和农村学前教育机构营养改善计划，累计投入教育资金5489.63万元，惠及学生119713人。

在医疗扶贫保障方面，抓好医疗保险参保工作。近几年来，新农合参保40余万人，参保率99.94%，特困供养人员、最低生活保障家庭成员等特殊群体参保率达100%。新农合基本医疗就诊342937人次，报销357151.54万元。医疗救助606人次，救助金额503.978万元。全区5个乡镇56个行政村卫生室均已达到标准化村卫生室建设要求，并且村医全覆盖。同时，全面落实家庭医生签约履约，推进全区基本公共卫生服务和基本医疗服务发展，完善家庭医生签约服务政策机制，遵循自愿签约原则，专业指导，提升服务质量。

在农村住房安全保障方面，白云区加强脱贫住房安全保障动态监测，对符合政策的新增农村危房及老旧住宅实施改造，实现应改尽改。2016 年实施 69 户，2017 年实施 1 户（含三改），2018 年区级层面危改 4 户、透风漏雨整治 22 户，2019 年区级层面危改 7 户，2020 年动态监测排查无区级层面危改。

四、观山湖区

——发挥核心区担当　助力脱贫攻坚战

根据省、市相关要求，观山湖区充分发挥省会城市核心区担当，坚决贯彻执行中央、省、市的决策部署，坚持把脱贫攻坚作为重大政治任务和第一民生工程，按照"五步工作法"，落实"四个不摘"，狠抓重点，突破难点，尽锐出战，务求精准，强力推进脱贫攻坚工作，不断巩固拓展脱贫攻坚成果，确保按时高质量打赢脱贫攻坚战。

（一）狠抓重点，紧盯"一达标两不愁三保障"

观山湖区按照国务院扶贫办及省市相关要求，积极开展扶贫对象动态管理工作，截至 2020 年 12 月底，全区建档立卡户共计 826 户 2579 人，全面做到"一达标两不愁三保障"。

一达标方面，截至 2020 年底，建档立卡户人均年纯收入达 12676 元，超过国家现行扶贫标准。

两不愁方面，实现了"吃穿不愁"，建档立卡户达到"饮水不愁"标准。

此外，三保障方面，现有农村学校 46 所，户籍建档立卡中小学参观者在贵州大数据综合试验区展示中心内的"时光隧道"参观。贵州大数据综合试验区展示中心位于贵州省贵阳市观山湖区，建筑面积达 4300 平方米。该中心是贵州、贵阳大数据产业发展的微缩景观。（新华社记者刘续摄）

生 1026 人，经排查义务教育阶段建档立卡户学生无人辍学，家庭困难学生实现应助尽助。落实建档立卡户人人参保工作，医疗保险参保率 100%，实现应保尽保，认真落实建档立卡贫困人口基本医疗、大病保险、医疗救助"三重医疗保障"政策，全区 49 个行政村现有村卫生室 47 个（其中 2 个村为乡镇卫生院所在地，未建村卫生室），已实现卫生室及合格村医全覆盖，家庭医生实现应签尽签，共签约 2282 人。完成 826 户建档立卡户住房安全入户核查和安全认定工作，住房安全得到全面保障。

（二）整合资源，落实"摘帽不摘责任"

在全面落实"摘帽不摘责任"方面，观山湖区委、区政府最大限度整合资源，为打赢脱贫攻坚战、全面建成小康社会提供坚强的体制机制保障。

压实领导责任，全面落实党委政府主体责任和党政一把手负总责的脱贫攻坚责任制，区、镇、村三级分别建立党政主要领导任"双组长"的脱贫攻坚领导小组，统筹推进脱贫攻坚工作，层层签订"责任状"，强化脱贫攻坚任务链、责任链。

压实目标责任，与区直部门、各镇签订脱贫攻坚总攻责任状，认真开展问题梳理排查，建立问题台账，完善建档立卡户档案，对排查出的问题一一解决。

压实帮扶责任，全面落实领导领责大扶贫，实现领导干部与建档立卡户一对一结对帮扶，全区 800 余名领导干部定期入户走访建档立卡户，通过入户走访，找准帮扶对象致贫原因，了解帮扶需求，商定帮扶计划及措施，突出"因户施策、一户一法"的帮扶机制。

（三）强化投入，落实"摘帽不摘政策"

1. 强化资金投入

强化财政专项扶贫资金投入，确保财政专项扶贫资金投入逐年增长。2020 年区级预算安排财政专项扶贫资金 360 万元，比上年（2019 度财政专项扶贫资金 333.78 万元）增长 7.9%。2020 年，观山湖区共收到上级财政专项扶贫资金 2134 万元（其中中央财政专项扶贫资金 1492 万元，市级财政专项扶贫资金 642 万元），比上年（2019 年收到上级财政专项扶贫资金 290.16 万元，其中中央财政专项扶贫资金 183 万元，省级财政专项扶贫资金 1.16 万元，市级财政专项扶贫资金 106 万元）增长 635.46%。

用足用好财政专项扶贫资金，加快扶贫项目实施。2020 年度投入 2494 万元（中央资金 1492 万元、市级资金 642 万元、区级资金 360 万元）实施扶贫项目建设 16 个（其中产业扶贫项目 13 个，基础设施项目 3 个）。

2.全面落实"3+1"政策

精准落实教育扶贫政策。第一，切实加强控辍保学工作，层层签订"控辍保学"目标责任书，全区所有义务教育阶段学校全部落实"七长"控辍保学责任制，签订总攻责任书，切实认真抓好"控辍保学"工作，确保 1026 名在校就读农村建档立卡户中小学生无人辍学，有力杜绝因学致贫及因贫辍学的情况。第二，精准落实扶贫教育资助，2020 年全面完成本学期义务教育困难学生生活补助金、高中教育精准扶贫专项资助金、免学费资金和国家助学金、学前困难幼儿资助、省外高职高校教育精准扶贫资助等学生资助项目，惠及困难学生 2430 人次，资助资金共计 123.12 万元。

精准落实健康扶贫政策。第一，认真落实建档立卡人员参保资助政策，按照全省统一标准，2020 年对特困供养人员给予全额资助，对建档立卡贫困人口参保给予 120 元定额资助。第二，全面完成健康扶贫"二个三"工作，区内 4 家卫生院已全面完成标准化建设。全区 49 个行政村，共有行政村卫生室 47 个（百花湖村卫生室、金华镇金龙村卫生室为乡镇卫生院所在地，按政策可以不设村卫生室）。行政村卫生室均为政府保障的村卫生，村卫生室均达到四室分开且有一名合格村医。第三，全面开展建档立卡贫困人口慢病家庭医生签约服务，完成建档立卡户家庭医生签约 782 户人数 2282 人，实现应签尽签。第四，做好建档立卡贫困人口大病专项救治，为确保患大病的建档立卡贫困人口得到及时救治，积极做好 25 种大病专项救治工作，确定新增病种定点救治医院及专家组成员名单，并针对以上病种对全区建档立卡户进行了筛查。第五，稳步构建城乡统筹紧密型"医疗联合体"建设，观山湖区 4 家卫生院与市二医建立紧密型医疗联合体，由贵阳市第二人民医院对四家卫生院人财物进行全面托管，经过运行，已建立了双向转诊、专家下沉、人员培训、联合用药及远程诊疗制度等 5 个制度。

巩固住房安全保障。观山湖区按程序委托有资质的机构完成全区 835 户建档立卡户现居住房屋安全认定和现场取证，并出具认定表，同时完成住房安全信息挂牌公示，公示内容涉及农户家庭基本信息、住房安全信息和公布举报电话，截至 2020 年 6 月，暂未发现新增 C、D 级农村危房。

巩固饮水安全保障。第一，保障用水量，该区农村已实现集中式供水工程全覆盖，各饮水工程充分结合当地水源情况，通过采取抽取地下水、引流山泉水、抽取湖泊水等方式保障供水量，每天总供水规模约为 18000 吨，按供水总人口 8.4 万人计算，人均达 214 升 / 天，同时，强化农村饮水工程的运行维护，确保饮水工程正常运行、发挥效益，充分保障农村群众的用水量。第二，保障水质达标，在 23 个集中式供水水源点分别安装净水站，在受地理、配套用电等因素限制的其他区域以户为单位安装家用净水器 9302 台，确保末端供水安全达标。在农村饮用水水源点设置水源保护标识、明确保护措施，安排专人定期对水源点周边区域进行巡查，及时对周边环境进行整治，确保水源安全。统筹建立水质常规检测机制，水务、卫健、环保等部门进行工作联动，对全区所有农村饮水工程出厂水、末梢水进行水质检测，实时掌握水质情况，并根据水质检测结果，及时进行分析研判、做好整改。第三，保障用水方便，区内农村住户饮水均是集中供水，已实现供水管网到家到户。第四，稳步推进城乡供水一体化工程建设，2020 年 8 月 12 日至 19 日完成项目 6 个施工标段的公开招标工作，2020 年 9 月签订施工合同，并开工建设观山湖城乡一体化供水改造工程。

（四）突破难点，落实"摘帽不摘帮扶"

观山湖区继续深化同步小康驻村工作，严格按照"四个不摘"要求和"大稳定、小调整"的原则，督促各帮扶单位落实帮扶责任，确保帮扶力度不减、标准不降、干劲不松。第一，强化责任，示范带动。组织全区第一书记和驻村干部结合打赢疫情防控阻击战，参与抓党建促脱贫攻坚挂牌督战工作。进一步做好第一书记和新老驻村干部思想工作，引导他们振奋精神，发扬连续作战、善作善成作风，围绕"一宣六帮"，在推动"两不愁三保障"政策落实、春耕备耕、人居环境整治、开展脱贫攻坚普查等重点工作中发挥先锋作用，做到在脱贫攻坚的最后紧要关头思想不乱、精力不散、力度不减。第二，选树典型，发挥模范带动效应。2018 年以来，按照省市要求，认真组织开展全省脱贫攻坚"三优一先"、全市扶贫攻坚"两优一先"、全区"两优一先"推荐工作，荣获"全省脱贫攻坚优秀村第一书记"1 名、"全省脱贫攻坚优秀共产党员"1 名、"全省脱贫攻坚先进党组织"4 个，荣获"全市扶贫攻坚优秀共产党员"6 名、"全市扶贫攻坚优秀党务工作者"6 名、"全市扶贫攻坚先进党组织"5 个；表彰全区优秀共产党员 50 名、优秀党务工作者 50 名、先进党组织 20 个。同时，2 名村第一书记提拔为科级领导干部；5 名优秀村第一书记参与爱心观山湖旅游文化节开幕式宣传片拍摄，1 名优秀村第一书记在开幕式上作发言。第三，强化绩效管理，加大考核力度。观山湖区出台全区综合目标绩效考评办法，将扶贫工作纳入考核指标，每年以季度考核、年终考核等形式进行 5 次考核，考核结果与单位评优等次、季度绩效考核奖、年终考核奖评定相结合，充分发挥综合目标绩效考核评价的指挥棒作用，进一步加强全区扶贫工作的力度，确保帮扶力度和成效不减。

此外，继续加大对外帮扶力度，助推全省脱贫攻坚，根据省、市相关要求，观山湖区对外帮扶剑河县、长顺县广顺镇、望谟县郊纳镇、罗甸县逢亭镇。观山湖区高度重视对外帮扶工作，充分发挥省会城市核心区担当，在充分了解情况和沟通的前提下，观山湖区结合自身优势和各对口帮扶地实际，拟定《观山湖区 2020 年对外帮扶工作方案》，从项目扶贫、教育、医疗、人才培养、基础设施建设等方面制定具体帮扶措施，积极开展对外帮扶工作，全力助推全省脱贫攻坚和同步小康。第一，提前落实对外帮扶资金，为切实打赢脱贫攻坚战，助推全省建成小康，观山湖区按照《关于研究贵阳市对口帮扶罗甸县脱贫攻坚有关问题会议纪要》（筑府专议〔2019〕136 号）要求，于 2019 年 6 月拨付 600 万元（含 2020 年的 300 万元），统一上缴至市农业农村局，由市农业农村局负责统筹安排，同年 11 月提前划拨剑河县、长顺县广顺镇、望谟县郊纳镇等 3 个帮扶地区 2020 年对外帮扶资金 1000 万元，便于对外帮扶地项目早落实、早实施、早建成。第二，加强项目跟踪，加强与对外帮扶地联系，及时掌握历年来对口帮扶资金的使用情况和 2020 年资金安排情况，确保已建项目有人抓、项目建成有成效，保障资金用在解决对口帮扶地"一达标两不愁三保障"等方面项目上。第三，及时了解对外帮扶地需求情况。主要通过网络、电话、视频会议等沟通形式，与对外帮扶地区加强联系，及时了解帮扶地 2020 年的帮扶需求，有针对性地开展帮扶。

（五）以"督"促"战"，落实"摘帽不摘监管"

长期以来，观山湖区加强调度力度，做好脱贫攻坚"督"和

"战"，以"督"促"战"，建立防止返贫致贫监测预警机制，加大致贫返贫风险防控力度，对已脱贫的贫困户和困难群众进行动态监测并及时预警，发现返贫风险及时采取帮扶措施，确保脱贫户不返贫。

强化调度，观山湖区适时组织相关区直部门和各镇召开工作调度会，传达学习习近平总书记在决战决胜脱贫攻坚座谈会上重要讲话精神和全省脱贫攻坚"冲刺90天 打赢歼灭战"动员大会等会议精神，制定全区巩固提升脱贫成果工作方案，对全区落实"四个不摘"等脱贫攻坚工作进行细化，并做好安排部署，明确各级各部门工作职责，确保工作扎实有效开展。

区级成立督导工作组，对建档立卡户"一达标两不愁三保障"情况、建档立卡动态调整挂牌督战等工作进行督导，由区扶贫办主要负责同志带队，赴各镇有扶贫开发任务的村，开展访谈指导和查阅资料工作，针对发现问题下发整改通知，限期整改，适时开展"回头看"，督促指导各镇、村开展举一反三整改工作，督促村级脱贫攻坚工作扎实开展，不断提高脱贫攻坚工作质量，同时，对国家、省、市各级扶贫办反馈的各类问题，指导镇、村两级开展举一反三自查整改，深入查找存在的弱项、漏洞和风险点，及时补齐短板。

镇、村成立攻坚作战队，在"两不愁三保障"部门以及相关职能部门的行业指导下，开展全面普查工作，重点对脱贫退出、有致贫风险的边缘户、"两不愁三保障"存在问题等情况进行全面核实，做到台账、数据、清单一致。

强化资金、项目监管力度。第一，针对省、市下达的财政专项扶贫资金，严格按照财政专项扶贫项目申报、审批"七步骤十流程"，经区扶贫开发领导小组办公室专题研究后予以实施。第二，加强项目库建设，到2020年底，按照项目库入库的流程，共计入库项目45个（其中产业扶贫项目26个；基础设施项目16个；就业扶贫项目2个；

金融扶贫项目1个)，涉及财政资金8560万元，已实施项目25个，涉及财政资金3881.36万元，严格按照中央、省、市文件要求，确保扶贫资金的拨付率、备案率、报账率、竣工率达到要求。第三，制定《观山湖区财政专项扶贫资金监督检查办法》《观山湖区财政专项扶贫资金管理办法》《观山湖区财政专项扶贫资金报账制管理实施细则》等规章制度，为扶贫资金安全运行提供制度保障。第四，严格督促检查，确保资金安全，区扶贫开发领导小组办公室与区财政局组建工作组，不定时对扶贫项目实施进度、资金管理等方面进行全面督促和检查，以"工作提示"的形式告知项目实施单位，采取有效措施推进扶贫项目建设，保质保量按时完成，及时报账。

典型案例一

电商发展中心助力脱贫攻坚

观山湖电商发展中心由观山湖区人民政府携手北京厚木集团共同打造的电子商务产业集聚示范地，由贵州厚木商贸有限公司运营。采取"政府主导，企业运作，合作共赢"的市场化运作模式，于2016年7月23日正式开业成立，已打造政府一站式服务中心、电商大数据服务中心、企业集聚孵化服务中心、益空间党员服务中心四大中心落户园区，同时也是贵州职业技术学院及各大高校的实习实训基地。

电商中心运营几年以来，先后荣获了2016年贵阳市电子商务示范基地和贵州省省级众创空间，2018年贵州省级创业创新孵化示范基地，2019年省脱贫攻坚先进党组织、贵州省双创示范基地等荣誉称号。

观山湖区人民政府携手北京厚木集团共同打造的电商发展中心。

电商中心成立至今一直充分发挥自己的资源优势、平台优势助力脱贫攻坚，参与爱心精准扶贫活动。2017 年，观山湖电商发展中心协办了"观山湖区爱心企业交流会暨公益拍卖活动"、活动中的爱心义卖产品由观山湖电商发展中心园区部分入驻企业提供。贵州厚木商贸有限公司作为电商发展中心的运营中心，积极参与此次公益拍卖活动，同时拉动园区其他企业一同加入公益拍卖活动中来，该活动现场捐赠物资及资金达 60 余万元。

同时，观山湖电商发展中心与朱昌镇赵官村结对帮扶，取得了一定的成效。电商中心发动园区企业与赵官村签订的精准扶贫合作协议，帮助赵官村销售四印产品，定制饰品配件，订单不断，同时电商发展中心入驻企业针对赵官村种植的绿色蔬菜销售问题进行了爱心帮扶、通过采购供货订单的方式、赵官村不定期给园区供应新鲜的蔬菜达成合作并签署帮扶协议。这样就有效地解决了赵官村蔬菜销售难等方面的一部分难题，合作 8 个月左右时间实现了 30 多万元的交易订单。

电商中心对剑河农产品也提供帮扶计划，在电商发展中心落户了剑河农产品·旅游文化综合服务窗口，线下体验店开业运营，线上将开通电商旗舰店，园区各大商场平台上架产品帮扶销售，进行产品规划，创造就业和创业的环境条件，目前帮助剑河县农产品实现了80余万元的交易额，免费提供价值50万元的场地作为支持。

在就业方面，园区企业在区人社局的大力支持和指导下为建档立卡户提供了20个就业岗位，每人每月收入在3000元以上，帮助了贫困户脱贫增收。园区企业的精准扶贫项目通过瓜子种植基地的技术和工人岗位，带动贵州农户2000余人的就业和脱贫。

电商中心还组织园区爱心企业赴贞丰县坡艾村进行爱心公益捐赠扶贫活动，园区爱心企业捐赠15000元的物资，现场捐赠现金24050元！合计4万余元的物资及资金，80余位爱心人士为坡艾村30户贫困家庭及10个贫困儿童献上了爱心，在寒冷的冬天里送去了温暖和希望！此次活动得到了贞丰县工商联、贞丰返乡创业协会的大力支持，并为爱心企业颁发了奖牌！

运营期间，电商发展中心联合园区企业组织的残疾人士茶艺、书画培训活动班，目前已开班二期，有60多名残疾人取得相关技能证书，同时优先安排在园区内企业实现就业。

2019年是精准扶贫精准脱贫最为关键的一年，随着脱贫攻坚战中各地积极推动产业扶贫的发展，贫困地区农业生产有效地扩大，但是一些贫困地区农产品销售成为脱贫的制约因素。所以，全国开展了消费扶贫，通过社会各界主动购买贫困地区和贫困人口的产品及服务。为响应国家号召，全面助推脱贫攻坚，同时助力观山湖区对口帮扶县脱贫攻坚工作，促进消费扶贫，区委宣传部、区委统战部、观山社区联合观山湖区电商发展中心在爱心观山湖旅游文化节之际，策划举办《爱心观山湖·黔货巡礼》

观山湖电商发展中心联合园区企业组织的残疾人茶艺培训班。

活动。

"爱心观山湖"黔货巡礼活动现场共设 40 个展位,其中,光农特产品展位就有 22 个,丰富多彩的农特产品令人目不暇接。玉屏黄桃、赵官村蜂蜜、贞丰花椒等;活动第一天开始,部分商家的产品便全部售光。3 天黔货巡礼展现场,参展商家光交易额就高达 63.8 万元,交易订单数 5.4 万单。

为了助力消费扶贫,爱心帮扶,电商中心还筛选了优质精品的 7 种农产品注入"爱心大礼包"进行销售,包括朱昌镇赵官村蜂蜜、姬松茸面条、鸡菇菌、竹荪等。爱心礼包收入均用于帮助观山湖区留守儿童、因病致贫的妇女、残疾人等群体,助推观山湖区爱心公益事业发展。通过数据统计,本次活动共卖出爱心大礼包 608 份,合计总额为 18.24 万元,爱心捐赠款金额 27360 元。

电商中心运营负责人表示举办"爱心观山湖"黔货巡礼活动旨在全面助推脱贫攻坚,同时助力观山湖区对口帮扶县脱贫攻坚工作，通过消费扶贫，助推黔货出山。电商产业是现在互联网产业中最活跃的，促进产品销售与推广最快的途径。巡礼活动现场，观山湖电商发展中心园区企业扶贫电商平台黔亿城就与部分扶贫地区签约合作订单，观山湖电商发展中心也与海尔冷链和朱昌镇赵官村签订帮扶计划，签约交易额共达 1000 万元以上。

2020 年，在春节来临之际，为全面贯彻落实党的十九大精神，深入贯彻落实省、区、市脱贫攻坚行动精神，整合观山湖区资源，带动观山湖区企业履行社会责任，及时将社会关怀和爱心送到贫困户手中，确保他们过一个温暖、祥和的节日；1 月 21 日下午，由区团委、区文明办牵头，观山湖区农村青年致富带头人协会、观山湖电商发展中心组织园区爱心企业对百花湖镇的贫困户及留守儿童发放米、油等生活物资，爱心暖冬，助力贫困。

2020 年是脱贫攻坚决胜之年，年初，因为新冠肺炎疫情的肆虐，不少企业已经开始复工复产，但是省内仍存在"好货在深山，市民难买到，农民难卖出"的问题。为了防止"因疫情导致农产品烂在地里""贫困人口、农户、产品基地等需要脱贫帮助的人民未脱贫甚至返贫"的问题出现，以及进一步加快农村电子商务发展，促进全省特色农产品订得早、销得畅、卖得出，助推脱贫攻坚。公益组织"砚丰社"团队与电商中心"好品贵州"电商平台达成战略合作"脱贫路上·一路同行"扶贫项目。

由"砚丰社"团队通过他们的专业知识，为需要帮助的贫困人口、农户、产品基地等需要脱贫帮助的人民制作相关的推广视频内容，由电商中心"好品贵州电商平台"在其中作为提供平台进行销售的媒介，用他们的力量帮助真正需要帮助的，真正做好脱贫工作，并通过这个平台提高销售量，用内容让贫困人口、农户、产品基地等需要脱贫帮助的人民获得好口碑，让好产品深入

人心，推动当地销售行业、旅游业，形成可持续发展战略计划。

"脱贫路上·一路同行"项目是电商中心2020年参与合作的扶贫项目之一，目的是希望在5G时代用视频带货的方式帮助贵州贫困地区人民产品销售，让好产品深入人心，助推黔货出山，带动贵州地区贫困户共同脱贫，为乡村振兴提供源动力，助力贵州全面脱贫攻坚的胜利。

秉承着"结合电商优势，融合助农公益"的工作理念，电商中心也一直在积极探索不同方式助力黔货出山，搭建助农发展脱贫之路，通过消费实现精准扶贫目标。为发挥电商与政府平台优势，电商中心与观山湖区统战部合作搭建了观山湖统一战线"同心助力 爱心攻坚"扶贫电商平台，探索开发了"同心助力 爱心攻坚"助力扶贫公众号，都于5月正式上线，此做法打通了对外帮扶农特产品产销渠道，并且通过线上展销、线下团购等方式，引导了消费，促进了农特产品的销售，达到助农脱贫的目标。

目前，已与长顺、剑河搭建了长期稳定的产销帮扶链，下一步将积极与罗甸、

"同心助力 爱心攻坚"扶贫电商平台。

望谟等地携手，用爱心搭建助农发展脱贫之路，用消费实现精准扶贫目标。平台上线至今，通过线上线下共帮助长顺县果农销售有机高钙苹果近1200斤，鹿窝枇杷2500斤，菜油、糟辣椒等农户产品近万元。

五、清镇市

——瞄准短板齐发力　精准施策出实招

2014 年以来，清镇市坚决贯彻落实习近平总书记关于脱贫攻坚重要指示精神，始终把脱贫攻坚作为最大的政治责任、最大的民生工程、最大的发展机遇，以脱贫攻坚统揽经济社会发展全局，以"勇担重担、一往无前"的"挑夫"精神，紧盯"一达标两不愁三保障"，以最大的决心、最实的举措、最严的标准、最有力的行动，坚决打赢脱贫攻坚硬仗，全市建档立卡贫困户 3681 户 10013 人已整体越过国定标准，贫困发生率由 2014 年的 2.25% 下降到 2020 年的 0，全市 17 个贫困村全部出列，全面消除绝对贫困。

（一）紧盯基础保障短板，全力打赢基础设施硬仗

清镇市坚决把治理交通基础薄弱、工程性缺水等问题作为脱贫攻坚、全面小康的重中之重，一项一项地补齐短板。

实现"组组通"公路，农村出行更便捷。清镇市强力推进农村公路"组组通"建设，着力打通交通"毛细血管"。2017 年以来，共投入资金 5.5 亿元，全面完成 262 个 559.395 公里农村公路"组组通"

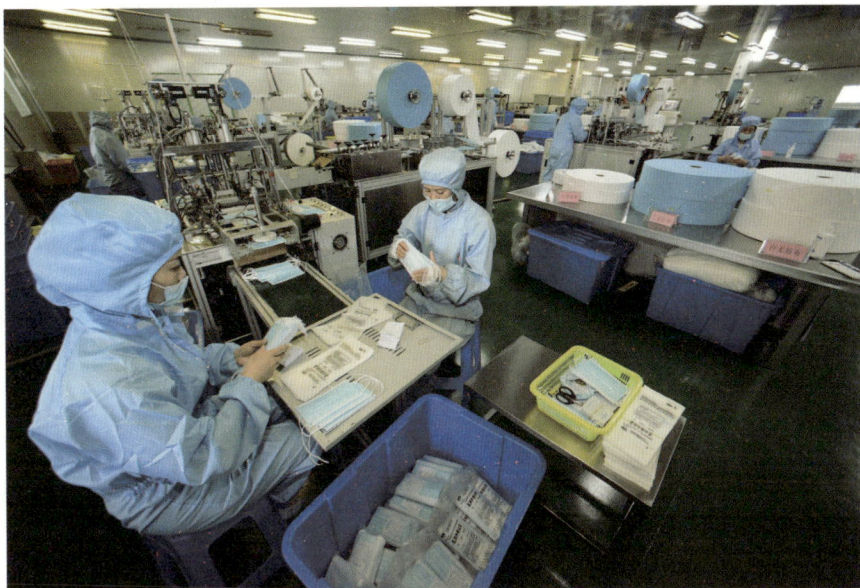

新冠肺炎疫情发生以来，医用口罩、防护服成为防控疫情的重要物资。位于贵州省清镇市医药工业园内的贵州天使医疗器材有限公司接到有关部门应对疫情防控的通知后，全厂立刻恢复生产。（新华社记者杨楹摄）

项目建设，全面连通 330 个 30 户以上的村民组，实现了 30 户以上的村民组 100%通硬化路，有效打通了农村交通出行的"最后一公里"。

构建"一网三线"，群众饮水更安全。2014 年以来，清镇市累计投入资金 2.75 亿元，大力推动实施人饮提升工程、小康水巩固提升工程和西部乡镇远距离供水工程等农村安全饮水工程，从根本上解决了农村群众饮水安全问题，辖区内农村供水人口全部达到饮水不愁标准。为提升农村安全饮水质量，针对农村饮水安全工程规模小、工程散、工程管理不规范等问题，投入 4.418 亿元资金，高标准、高要求、高质量规划布局"一网三线"城乡一体化供水网，一体打通全市通水大动脉，供水覆盖率达 94%以上，使 50 余万城乡群众受益，彻底解决农村饮水安全问题，全面提高水利基础设施对社会经济的服务能力和供给保障能力。

夯实产业配套基础，农业生产更高效。以推动实施农田灌溉设施建设为主抓手，清镇市着力改善提升农村生产效率效能，截至2019年底，累计修建农田灌溉沟渠70.82公里，安装灌溉管网251公里，实现灌溉面积2.36万亩；大力实施燕尾、席关、戈家寨、大麦西水库4座骨干水源工程建设，每年可新增供水量2440万立方米，进一步提升农业生产水利保障水平；修建农村机耕道（生产便道）439.562公里，农户生产更便捷、成本更低廉。

（二）紧盯发展短板，全力打赢产业就业扶贫硬仗

清镇市坚持把产业发展作为带领群众脱贫的根本之策、长远之举，把就业作为最大的民生工程、根基工程，为巩固提升脱贫攻坚成果提供良好发展基础。

全力推进农村产业革命，农村经济作物比重不断扩大。用好"五步工作法"，牢牢把握农村产业革命"八要素"，以500亩坝区建设为抓手，建立市领导领衔抓产业机制，狠抓经营主体培育，培育了贵州智联、"两山"农林、国品黔茶、温氏等一批龙头企业，带动发展"枫、蔬、果、畜"等主导特色的经济作物规模不断扩大，农村经济持续健康发展，让农村群众有活干。通过产业结构调整，元宝枫达4.2万亩、蔬菜年播面33.3万亩次、果17余万亩、茶2.2万亩、药2万余亩、苗木2万亩，种植业经济作物占比达70%以上；年出栏肉禽2000万羽、生猪19万头、肉牛1万头，用好用活"三变+"模式，大力推广"企业+合作社+农户"等机制，实现建档立卡贫困户全覆盖，通过农村改革增动力，利用产业带动促增收。

全力推进"三个全覆盖"，劳务就业比重不断扩大。清镇市坚持以市场主体带就业，加强"放、管、服"力度，市域内拥有一二三产

各类企业 1.3 万余户，个体工商户 4 万余户，农民专业合作社 600 余户，形成了贵阳市经济发展的中坚力量，为城乡群众提供大量就业岗位。推进扶贫对象管理全覆盖，构建县、乡、村三级联动就业信息服务网，按"一户一策、一人一策"送岗位、送政策、送信息。推进就业帮扶全覆盖，与市域内工业企业、商贸物流等企业建立联动机制，通过"春风行动"招聘、与劳务合作等线上线下活动，让就业困难劳动力找到就业岗位，开发 300 个公益岗位让就业困难人员就业。推进创业帮扶全覆盖，利用小额担保贷款、农民工返乡创业基金等支持鼓励有自主创业意愿和能力的贫困劳动力创业。2014 年以来，累计帮助脱贫户就业 3964 人，创业 143 人。通过就业创业帮扶，让可就业贫困户人均可支配收入稳定在脱贫标准以上。

（三）紧盯公共服务短板，全力打赢"三保障"硬仗

到 2020 年底，清镇市已稳定实现农村贫困人口不愁吃、不愁穿，义务教育、基本医疗、住房安全有保障。

"两免一补 + 百校攻坚"筑牢教育保障。清镇市坚决把教育扶贫作为阻断代际贫困的大计，以"百校攻坚"强基础，累计投资 8.1 亿元实施 21 个"百校攻坚"教育项目，推动农村教育基础设施更加完善。以"两免一补"为主强帮扶，全面落实教育精准扶贫资金和义务教育阶段建档立卡贫困学生寄宿补助政策，全面抓好生源地助学贷款发放、营养改善计划、留守儿童受教育关爱、"控辍保学"等工作，不让贫困农户因学返贫、因学致贫，不让因贫失学。开展早婚早育治理，确保贫困家庭辍学学生"动态清零"。以职教促脱贫，累计投入资金 247 亿元建设贵州（清镇）职教城基础设施，促进"职教一人、就业一个、致富一家"，累计吸纳全省贫困学生 21980 人就读职校，

有力助力全省教育扶贫。

"三重医疗＋百院大战"筑牢医疗保障。清镇市坚决把有效遏制因病致贫因病返贫作为最贴心的民生工程、民心工程，以"百院大战"为抓手，改造提升乡镇卫生院和村级卫生室标准化达100%，通过"医共体""医联体""远程诊疗"等软硬件投入，县、乡、村医疗服务能力得到明显提升。深入推进医疗康健扶贫，通过实施基本医保、大病保险、医疗救助、医疗扶助、慢病保障和签约管理服务、大病专项救治等措施，建档立卡贫困人口参加基本医疗保险达100%，"三重医疗保障"全覆盖，并落实"先诊疗后付费"政策，实现"一站式"即时结报，贫困患者减免报销医疗费用实际报销比例从2016年的57.3%上升至2019年的90%。

"危房改造＋扶贫搬迁"筑牢住房保障。清镇市坚持把危房改造作为保障群众健康、安居乐业的重要举措，着力开展农村危房改造、同步改厕、改厨、改圈的"四改"，全力整治透风漏雨，2014年以来累计改造危房3447户，透风漏雨整治555户，贫困群众实现了从"住有所居"到"住有所安"的转变。坚持把易地扶贫搬迁作为帮助贫困群众挪穷窝、斩穷根的关键举措，完成"十三五"期间483户1966人易地扶贫搬迁任务，贫困群众住房条件得到极大改善，按"五个体系"建设做好易地扶贫搬迁"后半篇文章"，深入实施"新市民·追梦桥"工程，继续完善易地扶贫搬迁后续扶持"五个体系"建设，深化"五心服务"，每户至少实现1人以上稳定就业，确保搬迁群众稳得住、能就业、逐步能致富。

（四）紧盯责任落地落细压实，全面统筹脱贫成效巩固提升

按照"全面落实党委和政府脱贫攻坚主体责任、党政主要领导扛

起脱贫攻坚第一责任"要求，清镇市委牵头抓总、整体谋划、统筹协调，切实扛起主体责任。

统筹"三级调度"。清镇市建立了市委常委会议和市政府常务会议统筹调度、市委脱贫攻坚领导小组（或农村工作暨乡村振兴工作领导小组）调度、市扶贫办业务调度的脱贫攻坚"三级调度"机制。2014 年以来，清镇市委、市政府主要领导、分管领导以高度的政治敏锐性推进脱贫攻坚，亲自谋划部署，通过市委常委（扩大）会议、专题会议等调度 100 余次，扶贫开发领导小组会议调度 80 余次，清镇市政府常务（扩大）会议、专题会议调度 160 余次研究部署脱贫攻坚工作，形成了"凡涉发展必强调脱贫攻坚、凡涉民生必安排脱贫攻坚、凡涉'三农'必部署脱贫攻坚"的氛围，确保各阶段各项工作及时部署、落实到位。

统筹"四主"责任。清镇市形成严格执行市级主管、县级主体、乡级主战、村级主攻的"四主"责任体系，及时解决脱贫攻坚各种问题，形成了齐抓共管的"大扶贫"工作格局。坚决压缩行政"三公"经费，持续投入民生保障及脱贫攻坚，财政每年预算 600 万元以上作为扶贫工作经费。

统筹党建扶贫。清镇市创建一批学习型、发展型星级党支部，驻村工作组、结对干部与困难户交流、帮扶，宣传政策、增进理解、化解怨气、助长志气，帮助困难户解决问题 3219 个，协调社会各界帮扶资金 45286.49 万元，引导群众正确认识和感受政策带来的变化，进一步提升群众获得感。

统筹对口帮扶。清镇市全面落实贵阳市对口帮扶机制，以实际行动贯彻落实"先富帮后富、最终实现共同富裕"的要求，围绕大市场、大就业、大产业、教育、医疗、干部互派"六大工程"，通过"联心促党建、联手抓产业、联力补短板"的"三联"帮扶机制，直接投入资金 1000 余万元，落实帮扶项目 40 余个，帮助长顺县摆所镇及纳雍县羊场乡菜子地村等 546 户贫困户实现脱贫。

统筹选人用人。清镇市坚持把脱贫攻坚作为激励干部干事创业的重要领域，作为"三重"来识别、培养、考察干部，营造了扶贫领域聚焦人才、扶贫一线选拔任用干部的鲜明导向，为推动脱贫攻坚提供了组织保障和人才保障。2014 年以来，清镇市共提拔乡（镇、社区）干部 62 人，选派 128 名优秀年轻干部到乡镇挂职或帮助工作，下派 59 名年轻干部到党建示范点担任第一书记（组长），深入推进驻村轮战帮扶。共设驻村工作组 42 个，精准选派驻村第一书记和驻村干部 210 名，积极投身脱贫攻坚战。动态储备 532 名村级后备干部，打造了一支"永不走的工作队"。

典型案例一

把"挑夫"精神刻在水利扶贫战场上

在清镇市委、市政府的坚强领导下，清镇市水务管理局党委紧紧围绕"先锋党建"总目标，积极弘扬"勇挑重担、一往无前"的"挑夫"精神，用实际行动践行水务人的初心和使命，把脱贫攻坚和水务工作有机结合，对标对表扎实推进脱贫攻坚工作，谱写水利脱贫攻坚新篇章。

一、走访帮扶办实事

清镇市水务管理局成立以党委书记、局长为组长，局党委班子成员为副组长，各科室负责人为成员的精准扶贫攻坚领导小组，明确专人负责日常工作的组织、协调和资料收集等工作。局领导班子带队，多次到村深入调研，通过走访农户了解贫困户发展生产脱贫要求，听取乡镇、村、驻村工作组大扶贫思路，提出脱贫意见。

清镇市水务管理局党委还认真收集中央、省、贵阳市和清镇市的惠农政策、扶贫开发政策法规等资料，精心制作《贵州省脱贫攻坚政策明白卡》和《贵州省脱贫攻坚政策汇编》600余份，并组织全体干部对脱贫攻坚政策知识点进行测试，要求帮扶干部认真学习领会、深学笃用。以"不忘初心、牢记使命"主题教育为契

贵阳市饮水最为困难的乡镇之一——清镇市流长苗族乡的磅寨应急供水工程竣工通水。

机，帮扶干部深入田间地头、走家串户，通过坝坝会、田坎会等方式，用群众听得懂的语言面对面宣传讲解中央、省、贵阳市、清镇市的惠农政策、扶贫开发政策和党的十九大精神，点对点解答农村水利、农村"三变"等方面知识和政策，耐心引导低收入困难户转变思想观念，增强致富信心。

按照"一访二帮三促进"工作要求，清镇市水务管理局定点对新店镇王寨村、化龙村和蜂糖寨村，流长乡王院村、大树寨村，犁倭镇石牛坝村、茅草村贫困农户开展帮扶工作。全面摸清低收入对象基本情况后，帮扶工作人员根据每户致贫原因、困难程度、增收难易情况等问题，提出帮扶措施。

派驻在流长乡王院村的同步小康驻村干部，严格落实贵州省、贵阳市和清镇市关于驻村工作中实行"七必究"工作要求，切实发挥驻村干部及帮扶单位在大扶贫战略行动中主力军作用。

爱心走访慰问和调研中，清镇市水务管理局帮助帮扶群众解决了一批难题，办了一批实事。2014年以来，通过春节走访慰问等，向帮扶的150名贫困户发放慰问金3万余元；发放"计生三结合"慰问金45000元；协调浙江明业项目管理有限公司捐赠1万元，解决新店镇王寨村和蜂糖寨村修建新的办公室工程款；积极帮助王寨村低收入群众方登贤一家争取到清镇市妇联"妇女维权解困资金"和民政局的救急难资金共计3.2万元。水利项目帮扶方面，投入45万元为蜂糖寨村新修机耕道3.4公里；投资40余万元，新建水池3口，维修水池1口，维修山塘1个；投入资金76万元为新店镇化龙村修建8条机耕道，4个蓄水池；投入资金190万元，为王寨村修建通组公路2段，机耕道路4段，总长3.7公里，修建30立方米容积人饮水池27口；投入1.5万元为犁倭镇石牛坝村更换2台抽水泵及电机，维修管道，解决了石牛坝村七个村民组290余户、1080余人饮水安全问题。

二、水利扶贫结硕果

2014年以来，清镇市水务管理局以水利项目建设为抓手助力扶贫工作，将贫困村生产生活用水纳入安全饮水规划，实现全覆盖；加快推进贫困村饮水配套建设，着力构建贫困村用水保障体系。

2014年，清镇市完成地下水（机井）利用工程省级项目6个，涉及暗流镇、红枫湖镇、王庄乡、卫城镇、麦格乡及流长乡6口机井。

2015年，清镇市实施2014—2015年冬春农田水利基本建设项目，总投资 980 万元，新建改造项目 46 处，新增、恢复、改善灌溉面积 14580 亩，解决 4643 人的饮水困难；实施清镇市新民村排洪工程，项目总投资 243 万元，治理河道 1.25 公里，保护农田 380 亩；实施中央财政统筹的农田水利建设项目，总投资 75 万元。

2016 年，清镇市实施了总投资 1511.99 万元的中央财政小型农田水利设施建设项目，解决 7510 亩农田的灌溉用水，其中新增灌溉面积 5480 亩，改善灌溉面积 2030 亩；实施总投资 1700 万元的清镇市 2015—2016 年冬春农田水利基本建设项目，解决 13640 亩耕地灌溉用水和 18373 人饮水问题；实施总投资 440.33 万元的 2016 年度清镇市美丽乡村"提高型"示范点水利设施项目，解决农村 2782 人的饮水安全和 975 亩农田灌溉；实施投资 335.34 万元的清镇市 2016 年农村饮水安全巩固提升项目，解决 3727 人的饮水安全问题；实施总投资 23.46 万元的清镇市红枫湖镇骆家桥村供水工程，解决 1100 人饮水安全问题。

2017 年，清镇市实施小康水项目 17 个，项目总投资 4640.74 万元，发展耕地灌溉面积 1.1 万亩，解决了 0.8 万人的饮水困难。

2018 年，清镇市实施农村饮水安全工程 11 个，项目总投资 10556.07 万元。

2019 年，清镇市实施完成清镇市莲花山自来水厂新建工程（新店镇、王庄乡、卫城镇、暗流镇）配套管网工程，总投资 4624.88 万元，解决新店镇、王庄乡、卫城镇、暗流镇 42 个村 96319 人的饮水安全问题；实施 2019 年农村饮水工程项目，总投资 2194 万元；实施 9 个小康水巩固提升工程，投资 920 万元，解决 12500 人的饮水安全问题；实施清镇市小水窖提升改造项目，总投资 1216 万元，解决 22800 人的饮水安全问题。

2020 年，清镇市依托已建骨干水源席关水库、迎燕水库和莲花山水厂，投资 19836 万元，新建席关水厂供水工程、迎燕水厂供水工程及莲花山水厂二期管网，解决卫城、站街、暗流、犁倭、流长 5 个乡镇农村饮水安全问题。其中，席关水厂供水工程覆盖犁倭镇、流长乡、站街镇 31 个村共计 24875 户 101500 人；总投资 3100 万元的迎燕水厂，实施迎燕至犁倭至流长供水工程，覆盖卫城、犁倭、流长共计 8 村 1 居 32000 人；莲花山自来水厂第二期配套管网工程投资 7346 万元，覆盖站街镇、卫城镇、暗流镇共 27 个村 3 个居委会 69920 人。

清镇市针对市境内农村饮水问题，高标准谋划、高标准建设，彻底解决了农村千百年来吃水难问题，让群众吃上干净水、放心水。

📋 **典型案例二** ————

流长苗族乡 ——决不让一个少数民族、一个地区掉队

流长苗族乡位于清镇市西部，总面积 158 平方公里，辖 26 个行政村 1 个居委会，总人口 5.4 万人，有苗族、布依族、彝族、仡佬族等 7 个少数民族，少数民族人口占 54%；有腰岩、油菜、马陇、王院 4 个国家级贫困村，建档立卡贫困户 680 户 1945 人。

近年来，作为贵阳市最大的少数民族乡，流长苗族乡牢记习近平总书记"决不让一个少数民族、一个地区掉队"的嘱托，在基础差、底子薄的情况下，认真履行脱贫攻坚主体责任，聚焦目标、奋起直追，排难而上、克难攻坚，全力打好打赢脱贫攻坚

贵州省清镇市流长乡腰岩村苗族同胞在村农民文化广场载歌载舞，迎接"三八"妇女节。（新华社记者杨俊江摄）

战，取得明显成效。

2019 年 11 月，全乡建档立卡贫困户 680 户 1945 人全部达到"一达标两不愁三保障"脱贫标准，全乡贫困发生率为零，实现了贫困人口清零目标。

一、坚持"一个引领"筑堡垒

流长苗族乡坚持党建引领扶贫，着力抓好基层党组织及干部队伍建设，筑牢脱贫攻坚战斗堡垒。

流长苗族乡探索开展了"五星红旗·苗乡飘扬"主题活动，利用每月主题党日，组织党员群众开展升国旗仪式，邀请乡贤能人开展国旗下讲话，潜移默化教育广大农村群众感党恩、听党话、跟党走；开展党员干部"为民代办"服务活动，有效拉近党群干群关系；通过"致敬青春""初心故事"活动，着力提振干部群众士气；开展"相约星期三·民事大调解"活动，集中力量化解历史信访积案；创新开展"不忘初心、与民同行——中巴车上听民声"活动，班子成员乘坐中巴车上下班，贴近群众听真声音、办揪心事。

同时，流长苗族乡党委、政府坚决扛起"两个责任"抓落实：扛起脱贫攻坚政治责任，将脱贫攻坚作为重大政治任务、重大历史使命、重大发展机遇，主动挑最重的担子、啃最硬的骨头，努力打最大的硬仗；扛起党委政府主体责任，明确班子成员"一岗双责"，全乡214名干部结对包保680户贫困户，做到人人头上有任务、个个肩上有担子，统筹抓好"督"和"战"，高效快速有序推进脱贫攻坚工作，确保脱贫攻坚工作逐个逐项落实落地。

二、夯实"两个保障"强统筹

为确保脱贫攻坚工作有序开展，流长苗族乡夯实"两个保障"，加强统筹协调。

强化组织领导保障。成立以党政主要领导为双组长的流长苗族乡脱贫攻坚工作领导小组，设立脱贫攻坚作战室，做到"三个保障"，即工作队伍保障、工作经费保障、工作调度保障。2017年，在油菜村成立由贵阳市委政法委、贵阳市药监局、清镇市委、清镇市委政法委及流长苗族乡党委政府主要领导为组长的扶贫解困工作指挥部，为油菜村扶贫解困工作提供坚强的组织保障。

强化工作机制保障。为确保脱贫攻坚强力推进，流长建立健全三项机制：建立调度机制，建立"周调度、月研判、季通报、年考核"工作机制，加强工作统筹；建立排查机制，建立常态化排查和动态化排查机制，推行村级排查、联系村领导排查、定点督战组排查、巡回督战组排查四重排查模式，找问题、补短板；

建立考核机制，制定《流长苗族乡脱贫攻坚考核办法（试行）》，进行分类、挂牌考核。

三、突出"三个转变"破难关

作为清镇市脱贫攻坚的主战场之一，流长苗族乡以决战决胜的气概，推动实现"三个转变"，破解重重难关。

流长乡从"不甘落后"到"奋起直追"转变。流长苗族乡是清镇市一个边远落后的乡镇，基础差、底子薄，但全乡上下不甘落后，提振精气神，不放弃、更不泄气，以后天努力弥补先天禀赋不足。在脱贫攻坚"窗口期"，在乡党政一班人的带领下，全乡干部群众团结一心、争分夺秒，抓发展、建项目，补短板、强弱项、治环境，全乡正搭上发展"快车道"乘势而上奋起直追。

战斗力从"敢打硬仗"到"能打胜仗"转变。近年来，流长苗族乡高度重视基层组织建设，充分发挥基层党组织的战斗堡垒作用和党员干部的先锋模范作用，通过开展"致敬青春"、党员干部"为民代办"服务活动等措施，进一步提振干部精气神；先后下派39名乡干部到村任职，进一步提升基层党组织凝聚力、战斗力，打赢了一场又一场脱贫攻坚歼灭战、基础设施突围战、产业革命提升战。

贫困户从"要我脱贫"到"我要脱贫"转变。扶贫工作开展以来，流长苗族乡高度重视对贫困户的感恩教育和扶贫扶志，组织开展"苗乡脱贫故事""感党恩·话脱贫·达小康""给党说句心里话"等系列活动，通过典型示范引领教育引导贫困户感恩奋进，营造勤劳致富、脱贫光荣的氛围。当前，贫困户懂得了感恩奋进，转变了"穷自在""等靠要"懒汉思想，自力更生内生动力足。

四、实现"三大突破"解难题

一个个难题迎刃而解，一项项突破接踵而至。

经济发展取得重大突破。近年来，流长苗族乡围绕第一要务，聚精会神抓发展，乡党委、政府谋划制定"1635"总体思路，总体呈现稳中有进、进中提质的良好态势。2019年，全乡固定资产投资完成3.86亿元；规模工业增加值完成2070万元，为任务的103.5%；财政总收入达910万元，同比增长30.37%，增速创近10年来新高；农村居民人均可支配收入达14355.2元，同比增长10.7%。

农业产业取得重大突破。作为典型喀斯特地形山区，流长苗族乡结合自身实际，找准发展定位，走"农业兴乡"乡村振兴之路，当好农业产业结构调整的"特长生"。近年来，大力实施产业革命，围绕落实产业"八要素"，实施4个500亩坝区建设，强力推进贵阳市1500亩蔬菜保供基地兴隆坝区建设，取得流长规模产业历史性重大突破。大力发展刺梨种植1.5万亩，元宝枫种植11760亩，韭黄种植850亩，蓝莓种植2000亩，带动7200余户群众户均增收2750元。

基础瓶颈取得重大突破。一直以来，水、路等基础设施是制约流长苗族乡招商引资、产业发展和群众满意度的一大瓶颈难题。近年来，流长苗族乡积极抢抓国家扶贫开发各项政策机遇，积极谋划及争取基础设施建设项目，着力补短板。道路交通方面，积极争取S106省道改（扩）建项目、厦蓉高速公路齐佰互通至流长集镇连接线。争取投资5343.16万元，实施79.161公里道路交通项目；饮水安全方面，争取实施磅寨提水工程提级改造、席关水厂饮水工程、迎燕水库供水工程三大水利项目，彻底解决千百年来5.4万群众饮水安全保障问题。

五、取得"四个成效"展成果

决不让一个少数民族地区群众掉队，聚焦这一目标，流长苗族乡接续奋斗，取得了"四个成效。"

党委政府得民心。过去，流长苗族乡受基础条件和历史遗留问题影响，基层基础薄弱、干群关系不紧密问题突出。针对问题，流长苗族乡党委政府采取有效措施，组织开展党员干部"为民代办"服务活动，为群众办实事、做好事、解难事，拉近干群关系；组织开展"相约星期三·民事大调解"活动，集中力量化解一批历史信访疑难积案。

龙头企业得发展。近年来，在脱贫攻坚中，流长苗族乡创新发展模式，在抓产业扶贫中，注重引进或培育一批龙头企业，通过"政府引导、企业带动、农户参与"的方式推动扶贫产业发展。一批龙头企业及农民专业合作社在上级政策的扶持下、金融机构的支持下进一步得到发展壮大，实现企业、农户双赢。

党员干部得成长。在脱贫攻坚战中，流长苗族乡党委注重将干部放在脱贫攻坚一线锤炼成长，先后下派39名乡党员干部到村任支书或挂职，提拔了12名在脱贫攻坚工作中表现优秀的中青年干部到中层岗位上来，注重在脱贫攻坚、产业革命等重点工作中选树典型，强化榜样引领。2018年至2020年，全乡有6个党支部、15名个人分别获省、贵阳市、清镇市"七一"脱贫攻坚表彰。

贫困人口得实惠。近年来，在各级党委政府的帮扶下，流长680户1945名贫困人口享受到了巨大实惠。教育保障方面，新建农村幼儿园3所，募集帮扶资金22万元资助贫困家庭学生；医疗保障方面，建档立卡贫困户医疗保险参合率100%，对家庭困难无力缴纳合医款的边缘户，由乡村两级、驻村单位、联系社会力量等帮助缴纳城乡居民医疗保险 133 人 33250 元。住房保障方面，解决住房安全防患 133 户，易地扶贫搬迁 97 户。就业保障方面，开发 64 个公益岗位，对贫困户和边缘户进行托底安置。收入稳定方面，对符合兜底保障政策的按程序及时纳入兜底保障，帮助 773 名有劳动力贫困人口实现充分就业；帮助有劳动能力且有养殖发展意愿的 350 户贫困户发展肉牛养殖 600 头，每户补助 4000 元帮助购买肉牛发展养殖。

下一步，流长苗族乡将按照"产业兴旺、生态宜居、乡风文明、治理有效、生活富裕"的总要求，精心谋划乡村振兴与脱贫攻坚的有机衔接，奋力开启"锦绣苗乡·五彩流长"现代化建设新征程。

📋 **典型案例三**

红枫湖镇——建产业强镇　夺总攻全胜

红枫湖镇位于清镇市南面，国家级开发区贵安新区东北面，辖区总面积 161.3 平方公里，耕地 49780 亩。全镇辖 12 个行政村、5 个居委会，总人口 41977 人，其中农业人口 27455 人。

为推动贫困人口脱贫增收，红枫湖镇通过落实强化组织领导、加强动态管理、坚持问题导向、创新发展模式、聚焦产业发展、注重精神扶贫等举措，不断筑牢责任体系，及时补齐短板、精准施策发力，切实巩固脱贫攻坚成效、夯实致富基础，发起脱贫决战总攻。截至 2019 年底，全镇建档立卡贫困户 163 户 440 人均已实现脱贫，边缘户有 3 户 10 人。

一、强化组织领导，筑牢责任体系

坚持高位推动，强化组织有力。层层强化军令状意识，成立由镇党政主要领导任组长，其他班子成员任副组长，各站（办、所、中心）负责人、村（居）支书、村（居）委会主任以及驻村第一书记为成员的脱贫攻坚工作领导小组，统筹抓好全镇脱贫攻坚工作，切实加强对脱贫攻坚工作的统一谋划。

建强攻坚队伍，凝聚攻坚合力。严格对照抓党建促脱贫攻坚工作指示和要求，切实用好清镇市级督战队、镇级督战队和同步小康驻村工作队"三支队伍"，有效发挥"两委一队三个人"在脱贫攻坚工作中的作用，深入查摆分析问题，及时掌握贫困户需求，积极争取项目和资金，实现精准帮扶。

加强工作调度，确保工作接力。通过党委（扩大）会、专题会等方式，定期调度全镇脱贫攻坚工作，及时作出安排部署，解决存在的困难和问题，为脱贫攻坚有力有序开展提供科学指导。2020年以来，累计通过党委（扩大）会研究部署脱贫攻坚工作10余次，通过专题会专题研究脱贫攻坚工作8次。

二、加强动态管理，巩固脱贫成效

镇村齐心上阵，做活"联动"文章。红枫湖镇对照《清镇市关于发起脱贫攻坚总攻的若干措施》要求，红枫湖镇坚持全面排查，查摆脱贫短板。要求逐村逐户、逐人逐项常态化开展脱贫攻坚常态化筛查，直面工作存在问题，重点围绕"两不愁三保障"突出问题，结合全国、省、贵阳市、清镇市等各级交叉检查反馈问题，开展脱贫攻坚领域问题大摸排，集中研判，及时分析存在的问题，研究制定措施，逐项抓好落实。

落实"四个不摘"，强化成效巩固。一是通过保持帮扶干部与贫困群众的结对关系，保持脱贫攻坚政策和支持力度连续性，巩固产业扶贫、项目扶贫、教育扶贫、医疗扶贫、金融扶贫、社会扶贫等"六大帮扶"成果；二是加强动态管理，实时掌握贫困户家庭成员、务工务农、收入、教育、医疗等情况，完善返贫预警和动态帮扶机制；三是严把贫困退出关，坚持现行标准，坚决杜绝数字脱贫、虚假脱贫，及时掌握和上报贫困人口信息，全力确保脱贫攻坚成果全面巩固。

三、坚持问题导向，补齐短板弱项

加快恢复生产秩序。全力克服新冠肺炎疫情影响，及时跟踪了解企业资金周转、工人短缺等方面存在的困难，有针对性地落实扶持政策，为企业纾困解难，推动生产经营秩序加快恢复，与辖区农业企业对接，为脱贫户提供就近就地就业机会，有效稳定贫困户收入。

全力补齐"3+1"短板。围绕"3+1"保障突出问题，结合全国、省、贵阳市、清镇市等各级交叉检查反馈问题，开展脱贫攻坚领域问题大摸排，集中研判，及时分析存在的问题，研究制定措施，逐项抓好落实。截至2019年底，全镇贫困户均达到住房安全饮水安全有保障、医保参保率达100%、家庭医生签约100%履约。为切实做好贫困学生资助工作，义务教育阶段学生全部实行"两免一补"，农村中小学、幼儿园全部享受营养午餐，上级拨付的教育扶贫资金都得以及时发放。

释放金融、就业助贫红利。金融扶贫方面，2018年至2019年，全镇贫困户"特惠贷"小额贷款涉及5户，贷款金额20.2万元，贷款用途为种养殖，财政贴息累计3798.75元。就业扶贫方面，2019年全镇累计完成贫困户劳动力全员培训165人、职业技能培训140人。

生态扶贫"保湖""富民"。通过实施生态补偿、国土绿化、生态产业和生态环保等措施，吸纳贫困人口就地务工，推动贫困人口稳定增收脱贫，实现经济效益、生态效益和脱贫成效同步提升。截至 2020 年底，红枫湖饮用水源水质稳定在 III 类，镇辖区森林覆盖率提升至 33.5%，选聘 6 名生态护林员，每人每年领取岗位补贴 9600 元；发展绿色生态农业，推动辖区农家乐、餐饮行业进行环境无害化改造，吸纳带动 20 余名贫困户就业，人均年工资收入 2 万余元；在推进城乡环卫一体化进程中，选聘 6 名贫困人员为保洁员、驾驶员，人均年工资收入 1.2 万元。

四、聚焦产业发展，助力脱贫攻坚

调整优化产业结构，传统农业提档升级。充分抢抓和利用全国农业产业强镇建设及全省现代高效农业示范园区建设成果巩固契机，发挥好红枫湖镇"枫、蔬、果、茶、花"五大基础产业优势，持续深入推动农业产业结构调整，强力推动农业产业现代化、高效化、生态化，实现传统农业的腾笼换鸟。截至目前，红枫湖镇产业结构调整完成元宝枫种植 2380 亩，蔬菜种植 25592 亩（次），水果种植 9461 亩，茶叶种植 6227 亩，苗木种植 5333 亩，稳步推进中华茶博园、江田—智联科技精品果蔬、骆家桥民乐蔬菜保供基地等一批高效农业项目，全镇产业呈现结构不断丰富、规模不断扩大、效益不断提升的良好态势，相关项目在发放土地流转金的同时，优先安排有劳动能力的贫困户务工，有效增加贫困户收入，2019 年全镇农民人均可支配收入超 19500 元，其中贫困户人均可支配收入约 10000 元。

品牌建设引领发展，延伸产品价值链。一是大力推行"国有平台＋龙头企业＋合作社＋农户"模式，支持龙头企业发挥引领示范作用，通过品牌整合、资本运作、产业延伸、技术服务等方式，开展跨区域、一二三产业间的联合与合作，全镇 12 个

"村社合一"合作社均与辖区龙头企业或清镇市大型国有企业实现结对合作，充分带动农民合作社、农户发展适度规模经营，促进农业转型升级。二是紧紧瞄准市场发展和消费需求，依托镇域农业产业优势，积极鼓励和引导辖区内农业龙头企业、农业合作社等农业经营主体大力培育发展优质农业产品，积极申报创建农业品牌，大力推动红枫农业走品牌化发展路径，"红枫山韵""白盛香菌"等品牌产品畅销省内外。三是积极谋划红枫湖农特产品VI设计，整合红枫湖农业资源，打响做强红枫湖有机绿色品牌。结合农村电子商务线上线下宣传销售，着力提升产品知名度，增强农业产品附加值，延伸产品价值链，辐射带动周边农户创收增收，加快致富。

产业融合纵深推进，区域发展新格局。紧抓实施乡村振兴"十百千"示范工程机遇，启动红枫湖中国（国家）农业公园创建工作，加快发展模式由农业一枝独秀到农文体融合发展的转变，整合景观观光、农业体验、休闲避暑、康体康养等各类旅游需求，着力开发以元宝枫景观带、精品旅游环线、"四个万亩"为核心的文旅产品，2020年完成400平方米茶叶产品展示中心建设任务，打造环红枫湖自行车赛、马拉松比赛、铁人三项等赛事品牌，申报贵州省体育旅游基地，同时打造发展一批星级客栈及民宿，推动农文体进一步发展，培育红枫湖"宜居宜业宜游"的特色生态旅游文化。

五、创新发展模式，夯实致富基础

探索"三变+"模式，打开发展通道。用"三变+"助推农业产业结构调整，激发老百姓的积极性，让老百姓从"农民"向"职业农民"的身份转变，壮大村集体经济，带动群众创收增收。一是积极鼓励和大力支持各村组建成立合作社，并采取

"村社合一＋农户"的发展模式助推农业产业结构调整，用合作社来带动农民创收增收。12个行政村全部实现"村社合一"，村级集体经济达20万—50万的有9个，50万—100万的有3个。二是因地制宜，采取多种模式相结合助推农业产业结构调整。比如，国品黔茶"中华茶博园"项目，根据项目涉及的各村的情况，灵活采取多种模式，助推产业调整，确保农户受益，在芦荻哨村，按照每亩700元保底三年递增100元或分红15%进行流转，地上附作物一次性按照清镇征收最低标准进行补偿；在右二村，农户将空置土地交由公司全额出资种植茶叶并管理2年，第三年后交由农户管理，公司按照当年茶青市场价向农户进行全部收购；在民乐和骆家桥两村，则按照每亩700元保底三年递增100元或分红15%进行土地流转，公司自行管理。

创新推动"五变"，盘活资源要素。以全省乡村振兴暨农村人居环境整治示范建设和富美乡村建设为契机，深入推进农村人居环境整治，大力推行乡村变景区、院坝变花园、农房变民宿、厨房变餐厅、农民变房东，盘活农村闲置资源，持续推动红枫湖周边环境质量不断提升、居民收入水平不断提高，实现"百姓富、生态美"的有机统一。

探索新型教学扶贫，智技双扶拔穷根。以"四季学堂"为抓手，充分发挥红枫湖得天独厚的地理区位优势，利用周边农业、生态基础特点，整合职教资源，联合中小学、中高等院校等，大力开展研学、亲子主题教育、科研试验、农业推广等新型教育教学等模式，促进档次提升和产品升级，推进传统农民向职业农民、向乡村服务员转变。通过与贵阳学院、农职院等大中专高校教授及学生的联系，帮助企业、农民化解了生产中遇到的困难。通过统筹城乡就业、开展职业技能培训、政校企协作，不断充实了乡村振兴队伍力量，2019年统筹城乡就业1611人，技能培训140人。

六、扶贫扶志扶智，激发内生动力

创建环湖党建示范，筑牢基层治理新防线。不断强化农村基层党组织领导核心地位，推进基层治理体系和治理能力现代化，充分发挥基层党组织对脱贫攻坚的引领和带动作用，努力提升广大人民群众的政治认同、思想认同和情感认同，以实施"党建＋乡村治理能力现代化"为抓手，开展感恩教育，引导农民听党话、感党恩、跟党走。按照"一村一品""一村一特"的要求，成功创建"智慧"大冲、"花画"右二、"富美"骆家桥、"山水"芦荻哨、"和美"民乐、"乐居"右七等六大党建品牌，通过串点成线、连线成带、以带促面的方式，逐步打造出一条"高品质"环湖党建示范带，助力脱贫攻坚。成立脱贫攻坚宣讲队12支，2020年开展宣讲活动30余次，入户宣传500余人次，开展感恩群众会50余次，感恩文艺表演2场，树立"勤劳致富、懒惰返贫"的思想，营造比学赶超的良好氛围。

发挥人才引领带动，培育乡村发展新动能。以服务乡村振兴为导向，从返乡大学生、致富带头人、外出务工经商人员、退役军人等群体中培养、选拔了50余名村干部，同时整合驻村队员、联系村站（办、所）力量，建设一支年富力强、充满活力的党员和后备干部人才队伍，实现党组织和村级干部队伍新鲜血液不断，乡村振兴活力不断，打造一支强有力的基层铁军，带动群众致富、农村经济发展。

切实加强诚信建设，倡导文明和谐新乡风。一是积极探索区块链技术助力诚信文化培育，将全镇所有诚信农户档案录入系统，并利用"身份链"不可更改的特性，对辖区群众的诚信痕迹进行记录，将群众的守信情况量化为诚信积分，并及时向各村反馈诚信积分，通过在村张贴"红黑榜"的方式，让群众之间形成良好监督，营造"诚信光荣、失信可耻"的诚信氛围。二是梳理汇总各职能部门能够提供的各类适用于诚信农户的优惠政策，组建诚信超市，为诚信农民提供享受贴息贷款、购房优惠等福利政策，让诚信农民切实享受到诚信"红利"，强化对诚信农民的"正向激励"，鼓励更多的群众加入诚信农民行列中来，真正让诚信内化为辖区群众的个人自觉。

六、开阳县

——扶贫花开结硕果　小康路上谱新篇

开阳县地处黔中腹地，南距省会城市贵阳 66 公里，北距历史名城遵义 118 公里，位于连接贵阳与遵义两大城市的次中心区域，最高海拔 1702 米，最低海拔 506 米，气候温和，雨量充沛，四季分明。2011 年末，全县还有 4 个贫困乡，14 个贫困村，2300 元以下的国家扶贫标准精准扶贫建档立卡贫困户 8.33 万人，贫困发生率为 22.3%。

到 2020 年已实现现行标准下农村贫困人口脱贫，完成了我们党向人民作出的庄严承诺。面对贫困现状，在省委、省政府，市委、市政府的亲切关怀下，开阳县委、县政府抢抓省委、省政府提出的举全省之力"向绝对贫困发起总攻"的历史机遇，坚持"大扶贫"理念，以"时不我待"的担当精神，创新工作思路，凝心聚力、聚焦用力、精准发力，确保如期啃下扶贫脱贫攻坚这块"硬骨头"、贫困人口如期实现全面小康。

（一）责任落实，形成有序高效的工作格局

开阳县始终把习近平总书记关于脱贫攻坚的重要讲话精神作为打

2018 年中国汽车拉力锦标赛首站在贵阳市开阳县进行第二日比赛。（新华社记者欧东衢摄）

赢脱贫攻坚战的根本遵循和行动指南，向中央看齐，向省委和市委对标。按照中央打赢脱贫攻坚战三年行动总体部署和省委"四场硬仗"、春季攻势、夏季大比武、秋季攻势、冬季充电等系列作战指令，成立专门的领导小组，迅速制定工作方案，明确攻势重点、时间表和路线图，挂图作战、挂牌督办。党的十八大以来，开阳县委主要负责同志聚焦精准脱贫、产业扶贫、易地扶贫搬迁等实地调研 563 次，组织召开专题调度会 232 次；县政府常务会专题调度 104 次，县政府主要负责同志实地调研 192 次，组织召开专题调度会 142 次。

按照"五级书记抓扶贫"的要求，坚决把脱贫攻坚具体工作责任落实落细，组建由县四班子主要负责同志任指挥长的脱贫攻坚指挥部，下设办公室和 15 个专项工作组，成立乡级前线指挥部、村级作战室，四班子主要负责同志挂帅联系 4 个"战区"，明确由 1 名副县级领导干部任乡镇前线指挥长，帮村部门主要负责同志任村作战室主任，实行"总指挥长一月一调度、常务副指挥长一周一调度"，构建了"主要领导统筹抓、分管领导牵头抓、县直部门和乡（镇）具体抓、指挥部办公室督查跟踪抓"的工作格局。同时，聚焦省委"非贫困县贫困人口清零"任务，全力实施"九大清零行动"，分别明确1名县级领导干部统筹、1个县直部门牵头落实。县委、县政府主要负责同志分别联系帮扶包保脱贫任务最重、难度最大、地处边远的高寨乡、宅吉乡。近年来，县委主要负责同志深入到村寨开展专项调研走访325次，特别是针对脱贫攻坚任务重的高寨乡、宅吉乡调研走访累计232次，针对全县贫困程度深、脱贫任务重的高寨乡牌坊村、大冲村和宅吉乡潘桐村、保星村调研走访累计96次，实地指导脱贫攻坚和产业发展工作，示范带动全县各级攻坚克难、冲锋在前、齐力推进。

按照人村相宜原则，从干部专业、工作经历、行业特点和能力本领等方面综合考虑，有针对性地因村选派、因需选派，先后选派197个驻村工作队985名驻村干部。帮扶过程中，为提升驻村帮扶效能，立足"大稳定、小调整"原则，2019年局部优化调整驻村帮扶干部120名，充实驻村帮扶干部50名，调整充实第一书记8名；尽锐选派驻村工作队54个、驻村干部270名，包含第一书记47名、组长7名、驻村队员216名，其中，县处级干部3名，科级干部95名，党员干部196名，本科及以上学历158名；较2018年增加驻村工作组5个、驻村干部25名。选派下沉干部1500名，吃住在村、工作在村，全面推进脱贫攻坚。严格驻村干部"六从严"管理，建立县乡村三级管理体系和县委组织部、选派单位、帮扶乡村齐抓共管工作格局，将帮扶情况纳入年终考核和督查问效内容，定期组织开展评议，针对工作中出现的驻村帮扶工作不扎实的问题，制定措施6项20条进行专项治理，确保驻村干部真蹲实驻、真帮实促。

通过高效的组织架构，配备严密的制度体系，把责任真正落实到每个干部身上，实现了对贫困村、贫困户的"点对点"服务、"一对一"救助、"一对一"帮扶。

（二）紧扣"四个三"，找准贫困对象

脱贫攻坚工作就像是抽丝剥茧，通过摸底调查、分析研判、层层排除，最终精准识别出应该建档立卡的贫困户。面对农户千差万别的实际，针对贫困对象受各种因素影响难以完全精准的困难，开阳县把实事求是的最高原则具体化，严格执行标准程序，集中评议、重点分析，探索出一套行之有效的"五个三"（开好专题会、业务培训会、村民代表评议会"三场会"，扣好排查、调查、督查"三环节"，把好村级公示、乡级公示、县级公告"三个关"，建好问题、整改、销号"三本账"和严格村级普查、乡级核查、县级抽查"三必查"）的工作机制，对符合条件的对象应纳尽纳，确保精准识别不漏一户一人，实现零漏评、零错退。

同时，适时开展动态调整，每季度开展一次扶贫对象动态管理调整工作，及时更新贫困户家庭基本信息，对新生或婚入的及时录入，对死亡或婚出的及时清除，确保线上线下基本信息一致。同时，对已脱贫人口开展跟踪评估，定期入户了解生产生活情况，对退出不达标、脱贫不稳定以及各种因素返贫的及时纳入返贫。

2015 年以来，开阳县对建档立卡工作开展 5 次"回头看"、开展了 2 次错评、漏评和错退专项治理，真正做到了一把钥匙开一把锁，确保扶贫对象精准。

（三）瞄准靶向，斩穷根断穷路

脱贫攻坚，越到最后关头，越是难啃的硬骨头、难攻的顽固堡垒。

开阳县始终坚持所有工作向脱贫攻坚聚焦、各种资源向脱贫攻坚聚集，精准指向贫困群众所急所需，全面补齐短板弱项，打好"四场硬仗"。

全力打好产业扶贫硬仗。坚持把产业扶贫作为稳定脱贫的根本之策，纵深推进农村产业革命，对照产业"八要素"补短板、强弱项。累计投入产业发展资金 8.71 亿元，实施产业项目 816 个，调减低效籽粒玉米 26.8 万亩，已形成经果林种植 27.23 万亩、茶叶种植 17.03 万亩，年种植蔬菜 33.95 万亩（次）、食用菌 7034 万棒，建成农业产业发展基地 126 个，构建了以茶、果、蔬为主导齐头并进的产业发展格局，年实现农业综合产值 120 亿元以上。引进市级以上龙头企业 26 个，以 500 个合作社、282 个家庭农场为平台，大力推广"龙头企业 + 合作社 + 贫困户""合作社 + 贫困户""大户 + 贫困户"组织模式，采取股份合作、返租倒包、园区分工等方式引导农户参与生产经营，覆盖农户 51260 户，其中，建档立卡贫困户 2815 户。扎实推进农产品进机关、进学校、进医院、进企业、进超市，与贵阳供销集团、贵阳北部农产品物流园等企业达成长期合作协议，抓好县农产品产销对接平台和富硒农特产品批发市场建设，实现产销衔接，帮助群众获得实实在在的收益。

全力打好基础设施硬仗。建成农村"组组通"公路 2661 公里，实现全县 20 户以上自然村寨全部通硬化公路，通畅率达 100%。围绕脱贫攻坚"饮水不愁"标准，累计建成农村饮水工程 1798 处，重点建设北部三乡镇抗旱应急水源工程和实施高寨乡 4 个村农村饮水安全巩固提升工程 14 个，农村供水保障率 100％，农村人口"饮水不愁"全覆盖。实施新一轮农村电网改造升级三年行动计划，切实保障农业和民生用电。优化提升通讯基础设施，实现所有行政村宽带和30 户以上自然村寨 4G 网络全覆盖。累计投入 1.68 亿元实施农村人居环境综合整治，以农村垃圾污水治理、厕所革命、村容村貌提升等为重点，加快补齐农村人居环境短板，在持续加大县级财政投入的同时，积极争取省市专项资金，不断完善村镇垃圾收集体系建设，实现农村生活垃圾治理覆盖率 90％以上。

全力打好易地扶贫搬迁硬仗。紧紧围绕"搬得出、稳得住、快融入、能致富"，易地扶贫搬迁 1200 户 5023 人，全部如期实现搬迁入住，全部完成旧房拆除和复垦复绿。扎实推动"五个体系"建设，小学、幼儿园、城市公交运营等公共配套及"八个一"便民利民服务工程和新增的群团工作室、农贸市场均已建成投用。明确搬出地、搬入地属地责任，组建社区工作组，强化后续扶持力度。建立搬迁劳动力就业信息台账并实施动态管理，有针对性地开展实用技术培训，全县"十三五"搬迁人口中有劳动力 2483 人全部实现就业；建设安置点标准化厂房 1.2 万平方米，帮助搬迁群众解决就近稳定就业。

全力打好教育医疗住房"三保障"硬仗。紧盯全县建档立卡贫困户义务教育阶段适龄儿童，严格"控辍保学"，全县适龄儿童零辍学。坚持"精准资助、应助尽助"，以建档立卡贫困学生教育精准资助为重点，全面落实各级各类学生资助政策，累计发放资助资金 14630.04 万元（含营养餐补助），惠及学生 28 万人次。大力推进"百校攻坚"和"全面改薄"，累计投入教育基础设施建设 75034.74 万元，实施教育条件改善项目 32 个，新增学前教育阶段学位 750 个，新增义务教育学位 3380 个。持续加大教师队伍建设，累计招聘教师 393 人，促进教育更加均衡。大力推进健康扶贫，按照"四定两加强"原则，加大对建档立卡贫困人口中大病患者实施大病专项救治，常住建档立卡贫困人口家庭医生签约医疗服务100%，村级标准化卫生室实现行政村全覆盖。县内开通住院"一站式""一单清"即时结算服务功能，三重医疗保障"一站式"报销金额1280.1万元。强化住房保障，累计实施危房改造3438户，实施老旧房整治1454户，全县建档立卡贫困户房屋安全鉴定实现全覆盖。

同时，深入推进农村低保制度与扶贫开发政策有效衔接，将符合条件的建档立卡贫困人口1884人纳入最低生活保障范围，将119人纳入特困人员救助供养范围，办理农低保转城低保292人，累计发放救助金1625.6万元，实现应保尽保。加强建档立卡贫困残疾对象关怀救助，将398人纳入重度残疾人护理补贴范围，将421人纳入困难残疾人生活补贴范围，累计补贴金额236.4万元。将建档立卡贫困户、特困供养人员、低保户、重度残疾人共计14550人次纳入城乡居民养老保险代缴范围，全面落实综合保障脱贫政策。

在帮扶过程中，开阳县没有好高骛远、贪大求全，而是既量力而行，不降低标准，不吊高胃口，又尽力而为，打通联系服务群众"最后一公里"。正因为如此，精准帮扶才取得实实在在的成效，不仅让贫困群众认账，也保证任何时候都经得起历史和人民的检验。

（四）感情融入，唱好融洽戏

"没有落后的群众，只有落后的干部"，在推进脱贫攻坚工作中，开阳县扶贫干部深入群众中与群众话家常、走亲戚，把干群关系推到了一个历史新高度。特别是针对"干部干、群众看"的问题，以及政府办了好事群众依然不买账的问题，开阳县以"自强、诚信、感恩"

主题教育活动为抓手，引导广大帮扶干部放下架子、扑下身子，带着真性情，到群众中培养真感情，在脱贫攻坚中让群众唱主角，让群众当导演，进而赢得群众的点赞和支持，以真情打动群众。

高寨乡平寨村是一个少数民族聚居村，该地少数民族人口占全村人口的 90% 以上，民风淳朴。由于该地少数民族同胞在语言上难以和帮扶干部进行沟通，在推进脱贫攻坚工作难上加难，下派的 43 名帮扶干部中，都在努力将融入群众作为帮扶工作的第一步，时常提着自己买的酒、菜到农户家中，和群众"打平伙"，与群众聊家常，使群众放下戒备心理，敞开心扉，自觉地把帮扶干部当成"亲戚"。通过"聊家常、拉亲戚"，在潜移默化中把村情、民情、贫情摸实摸透，既能收获群众真实想法，也能从中找到帮扶方向，提升群众的认可度。

"光是聊家常、拉亲戚不行，群众需要的是真帮实扶"。开阳县坚持先管干部再管群众，坚持干部带着走、群众跟着干，扎实开展革除陋习、人居环境提升等工作，用实际行动示范带动群众，让群众通过自己勤劳的双手建设自己美好家园。

一次又一次地用真情感化群众，用真诚感动群众，用真心帮助群众。开阳县干部群众鱼水般的深情，广大干部责任担当的积极力量不仅得到了体现，在 2020 年国家脱贫攻坚全面普查时得到了淋漓尽致的认可。

（五）全民动员，汇聚力量战贫困

"贫困不除、愧对历史，群众不富、寝食难安，小康不达、誓不罢休"。脱贫攻坚战一打响，县委、县政府便向全县发出脱贫的总攻号令，调整充实扶贫开发工作领导机构，成立脱贫攻坚指挥部，以前所未有的力度向贫困宣战。大会小会上，脱贫攻坚成了最重要的主题，会议室里、乡镇村落，从县处级领导开始，带头学习政策、宣讲政策、执行政策，带头进村入户访贫情、解民忧，以上率下苦干实干，传递出县委、县政府必定夺取脱贫攻坚全胜的决心。强有力的指挥调度体系、层层签订的"军令状"、史上最严的责任追究办法，更是让全县各级党政机关、企事业单位的党员干部充分认识到，脱贫攻坚是一场没有退路、没有余地的政治"大考"，必须充分发动全体党员干部、群众及社会各界积极参与到脱贫攻坚战中，汇聚起磅礴力量合力攻坚。

坚持政府主导和社会参与相结合，开展志智双扶"双十"专项行动，大力弘扬"自力更生、自主脱贫"新风尚。广泛动员和凝聚社会各行各业聚力攻坚，争取贵阳市云岩区对口帮扶资金1020万元，实施村组道路改造、茶产业发展等项目11个。发挥智力支边优势实施项目45个，引导111名政协委员、18家企业投身脱贫攻坚"百千万行动"。动员32家企业参与"百企帮百村"，累计协调帮扶资金423.27万元帮助产业发展，辐射带动贫困群众2230户，其中，建档立卡贫困户756户。实施"圆梦之旅"助学行动，累计帮扶建档立卡贫困户学生158名，资助金额共计79万元。举行系列"扶贫日"募捐活动，募集社会帮扶资金335.3万元，悉数用于建档立卡贫困户项目扶持。

同时，严格落实就业惠民政策，多措并举解决贫困群众就业问题，确保全县贫困"零就业家庭"保持动态为零。全县建档立卡贫困户中劳动力人数4547人，累计实现就业创业4400人，就业率96.77%，开展职业培训2262人次，实现有培训意愿的劳动力培训全覆盖。开发公益性岗位68个，就业扶贫援助岗位906个，用于建档立卡和易地扶贫搬迁劳动力从事巡防、保洁、护林等。积极推进生态扶贫，选聘建档立卡贫困户 1035 人参与全县生态护林工作。

全党动员、全民参与，开阳县 43 万干部群众众志成城、齐力攻坚，最终撼动贫困"大山"，摘掉贫困"帽子"。

（六）落实"四个不摘"，巩固脱贫成果

按照"力度不减、政策不变、责任不松"的原则，认真落实"四个不摘"，既抓贫困人口脱贫，又抓已摘帽乡、已出列贫困村和已脱贫贫困人口巩固提升工作，坚决防止撤摊子、甩包袱、歇歇脚。

坚持力度不减，做到摘帽不摘责任。坚持一套体系抓到底、一帮人马攻到底、一个方法打到底，继续强化党政"一把手"负总责，县党政主要负责同志带头联系攻坚难度大的高寨乡和宅吉乡，党政分管扶贫的负责同志也保持稳定，确保力度不减、节奏不变。继续推行县级领导联系乡镇、县直部门包村、"第一书记"驻村、结对干部包户的工作机制，扎实开展遍访帮扶工作，最大限度保证了脱贫攻坚工作不断线、不掉链。

坚持目标不降，做到摘帽不摘政策。围绕"一达标两不愁三保障"目标，全面贯彻党中央和省委、市委的决策部署，又下接"地气"，因地制宜、因地施策，出台《开阳县关于建立健全长效机制巩固提升脱贫成果的实施意见》，提出巩固提升产业就业、易地扶贫搬迁、人居环境整治、贫困群体兜底、党的基层组织建设等工作保障措施，逐年递增县级财政专项扶贫资金投入，持续巩固提升高寨乡等 4 个"减贫摘帽"乡、14 个出列的贫困村和建档立卡贫困人口减贫成效，确保实现稳定脱贫。

坚持靶心不散，做到摘帽不摘帮扶。继续强化驻村帮扶，加大第一书记（或组长）、驻村工作队帮扶力度，选派各单位精干驻村帮

扶，同时，合理安排各级帮扶干部与贫困户结对帮扶，保持帮扶干部与贫困群众的结对关系，扎实推动"一户一策"方案落实。开展脱贫人口"回头看"，全面排查脱贫人口"两不愁三保障"情况，发现问题及时补短板、强弱项。对脱贫后由于自然灾害、意外事故等原因造成生活困难返贫的群众，及时予以帮扶。

坚持频道不换，做到摘帽不摘监管。扎实开展"回头看"工作，加大致贫返贫风险防控力度，对已脱贫的贫困户和困难群众进行动态监测并及时预警，发现返贫风险及时采取帮扶措施，确保脱贫户不返贫。加强对全县脱贫攻坚督查指导，建立常态化暗访督查工作机制，针对政策措施落实有偏差、扶贫标准把握不精准等问题，全面启动排查督导，对政策落实不到位的干部分类建立负面清单，与考核评价挂钩。将落实"四个不摘"纳入漠视侵害群众利益问题重要内容加大专项整治。

（七）下足"绣花"功夫，实现脱贫退出

开阳县紧紧抓住"两不愁三保障"和贫困退出标准要求，对贫困户逐一排查，确保列村到户到人的帮扶措施落实到村，做到帮扶措施精准到户到人，卡内卡外能够全部构定实现"两不愁三保障"，不仅工作要做实做细，在纸质档案的制作保存上，扶贫干部高质量填写完善"3+1"明白卡，帮助资困解众记好"日常账"、算好"收入账"、重视"帮扶账"，做到纸质档案、系统数据、农户实情的"三个统一"，准确地反映帮扶动态和效果，统一制作发放"口袋书"，收集整理贫困户识别、帮扶和退出等关键环节的基础性材料，做到齐全完备、管理规范、方便查阅。开阳县对所有农户进行了至少 10 轮以上分析研判，对重点群体、重点户的分析研判有的甚至达 20 次以上，

确保实现脱贫清零。

严格退出程序，紧扣"小组提名、干部入户核实、村民代表大会评议、乡核查验收、县随机抽查、严格签字背书"六个环节，落实"村支部书记、村主任、驻村第一书记'3个人一级把关'，乡（镇）扶贫站长、乡（镇）分管负责人、乡（镇）长、乡（镇）党委书记'4个人二级把关'，2名县级帮扶干部和县扶贫办主要负责人'3个人三级把关'"的"343"三级脱贫验收责任体系。严格围绕"一达标两不愁三保障"脱贫标准，综合对照精准扶贫"四看法"评估表进行定量和定性分析，对脱贫达标、综合评分在60分以上，脱贫户认可且公示无异议，经乡村两级签字背书，在系统进行标注后方可视为脱贫，确保重点群体经得住抽、收入经得住核、住房经得住看、教育医疗保障经得住盘、台账资料经得住翻、脱贫成效经得住验，贫困人口脱贫工作经得起时间和群众的检验。

通过平时对脱贫攻坚各项工作的扎实苦干、精准落实落细，开阳县最终高质量打赢了脱贫攻坚战，并顺利通过国家脱贫攻坚全面普查工作。

典型案例一

组组通建设——完善农村交通设施　助力决胜脱贫攻坚

2017年6月23日，习近平总书记在山西太原主持召开深度贫困地区脱贫攻坚座谈会，要求交通建设项目尽量向进村入户倾斜。为充分发挥交通基础设施建设在脱贫攻坚中的支撑性作用，不断提升广大群众获得感，省政府2017年8月制定《省人民政府关于印发贵州省农村"组组通"公路三年大决战实施方案的通

贵州农村"组组通"硬化路新闻通气会发布消息：贵州省两年建成 7.87 万公里通组硬化路，实现 3.99 万个 30 户以上村民组 100%通硬化路。（新华社记者陶亮摄）

知》（黔府发〔2017〕19 号），自此开阳县全力打响农村"组组通"公路三年大决战，目前已取得全面胜利战果。

一、基本情况

自 2017 年 8 月以来，开阳县争取"组组通"建设项目 2764 公里，总投资 15.9 亿元，2017 年 10 月启动建设，2019 年 7 月完工，这是开阳县历史上利用最短的时间，完成工程量最大的一个项目。通过实施"组组通"公路建设，实现了 30 户以上村民组公路通畅率达 100%，使全县通车里程达到 4173.7 公里（其中：高速公路 3 条 95.8 公里，国道 1 条 69.2 公里，省道 4 条 227.2 公里，县公路 30 条 501.7 公里，乡公路 73 条 542 公里，村公路 681 条 1200 公里，组组通新增里程 1537.8 公里），农村公路路网密度达到每百平方公里 206 公里，乡（镇）、村、组实现通公路率 3 个 100%，筑起了一条条党和群众的连心路，初步形成"覆盖全县、通达全国、内捷外畅、无缝衔接"的现代交通运输体系，实现县域内交通基础设施建设"打通外循环、畅通内循环、疏通毛细血管微循环"目标,极大方便群众生产劳作和安全便捷出行,充分发挥交通基础设施建设在脱贫攻坚、产业发展、乡村振兴中的先行基础性作用。

二、主要工作措施

(一)强化组织领导。一是建立了以县长任组长、常务副县长和分管副县长任副组长,县直相关单位、各乡镇主要负责人为成员的县级"组组通"大决战领导小组,建立了县级领导联系乡镇、县人大分区督查协调、县督办督查局专项督查工作制度,形成县级"一周一调度"、部门"一日一调度"工作机制。二是建立了交通局班子领导包片、业务科室联系乡(镇)制度,强化对工程建设的技术指导,督促施工单位严格执行项目建设基本程序,保证工程质量。三是从县交通运输局、恒华公司抽调专业技术人员32人成立县组组通工作专班,负责组织协调,督促各方履职尽责,合力推进项目建设。四是实行乡(镇)领导班子包村,普通干部包路的责任制度,确保项目有人监管,保障建设进度。

(二)强化责任落实。各县级领导亲自带队,深入一线对包保乡(镇)组组通公路项目进行督导检查,及时化解项目建设过程中存在的问题。对于无力组织班组投入的标段,无条件让出欠进度项目的施工权,由业主单位开投集团组织施工班组进场施工。对符合出让条件而不出让的施工单位,一律纳入"黑名单",停止资金拨付,并不允许再以任何形式参与开阳境内项目建设。同时按照"一乡一策""一村一策""一路一策"的原则,加强施工组织和班组投入,确保每一条适宜浇筑路段均有施工班组作业,并统计适宜路段,在《贵州省通组公路建设工程技术导则》

指导下铺设沥青混凝土路面，与混凝土路面浇筑双管齐下，提高进度的同时缓解路面全面浇筑时料石、水泥供应压力。

（三）强化调度协调。实行定期调度与临时调度相结合的调度协调机制，形成"一群两协调"的工作模式。一是建立组组通工作微信群，实时交流、了解反映项目进展情况，反映、解决实际问题，实现信息的共享互通，及时高效解决问题。二是建立2小时协调机制，明确各乡（镇）和业主单位针对组组通公路在建设过程中存在的问题第一时间进行协调处理，无法处理的上报县工作专班，组织召开专题会议研究处理。三是严格实行县级"一周一调度"、部门"一日一调度"工作机制，乡镇业主每日下午四点前完成调度，并将调度情况报县"组组通"工作专班，及时解决工程推进过程中存在的质量、安全、进度等问题，全力加快项目建设步伐。

（四）强化宣传动员。为做好"组组通"公路建设的矛盾纠纷协调工作，切实加强舆论宣传，乡、村、组层层召开动员发动会，宣传政策，深化宣传，发动群众，让群众深刻认识到"组组通"工程项目的重要意义，号召村民主动参与建设、营造良好氛围。

（五）强化质量监督。为加强对"组组通"项目质量安全的监督，一方面乡（镇）组建了329名"两会代表一委员"、村组干部和群众代表组成的义务监督员，对辖区项目质量进度进行跟踪监督管理和帮助协调解决施工现场存在的问题；另一方面业主单位跟踪管理。委托有资质的第三方检测机构对施工中的原材料、搅拌站、施工成品等进行跟踪监测，同时取不定期巡查和重点督查等方式，对质量安全进行监督检查，并切实做到整改回复验收销号。

三、取得的经验和成效

（一）与脱贫攻坚相结合。"要致富先修路"，消除制约发展的交通瓶颈，才能更好地为农民群众脱贫致富奔小康提供便利因素和先决条件，通过"组组通"三年大决战，加大偏远村组通硬化路建设力度，为 619 个 10 户以上群众出行难的自然村寨建设 820 公里硬化路，实现了由"通不了"向"通得了"转变，有效提高村组通畅率，打通服务群众"最后一公里"，疏通农民群众致富毛细血管微循环。

（二）与"四好"农村路建设相结合。把"组组通"硬化路建设与优化城镇布局、农村经济社会发展和广大农民安全便捷出行相适应，结合"四好"农村公路"建好、管好、护好、运营好"的要求，将 212 个项目 1038 公里陈旧乡道路面重新硬化改善，打造出布局合理、标准适宜、出行便捷的农村通组公路体系，实现了"通得了"向"通得好"转变，为全县脱贫攻坚、全面同步小康、开创百姓富、生态美的幸福开阳新未来提供了强有力的交通运输保障，为农村实现美化、亮化目标翻开新篇章。

（三）与乡村振兴相结合。把"组组通"硬化路建设纳入《乡村振兴战略》，与乡村旅游和田园综合体建设有机结合起来，作为助力脱贫攻坚、助推农业产业发展、助力乡村振兴的重要工作来抓，累计实施 287 个项目 804 公里 5.5 米以上项目旅游路、产业路。为未来打造"旅游小镇、绿色小镇、风情小镇、乡愁小镇、民俗小镇"提供坚实基础；建设的道路连接大批李子、苹果桃、猕猴桃等、养虾基地，同步发展蔬菜、茶叶、食用菌、家禽等产业，为建成基本覆盖县、乡、村三级农村物流网络打下基础，实现产品走出去、产业投资引进来，为推动县农村产业发展提供交通保障。

（四）与基层组织相结合。在"组组通"项目建设过程中，将劳务输出和管理养护与基层组织进行密切联系。一是按照"工程总承包、不准转包、可劳务分包"的要求，积极组织包含贫困户在内的村民劳务分包工程建设，累计提供劳务建设产值约9800万元，为群众脱贫致富提供有效途径。二是积极协调县人社局为农村"组组通"硬化路养护管理提供80个公益性岗位，统筹乡（镇）组织包含67个建档立卡贫困户在内的群众开展组组通日常养护，在1670元/千米每年基础上每人每月增收1200—1300元，同时为其缴纳养老金，为贫困户脱贫致富增加新动力。三是根据国务院、省、市关于农村公路养护管理体制改革精神，结合实际，印发《开阳县农村公路养护管理办法（试行)》和《开阳县农村公路路长制实施方案》等文件，村将爱路护路纳入村规民约，加快了农村公路管理养护工作规范化、制度化，形成县有路政员、乡有监管员、村有护路员的农村公路管养队伍。

近年来，在全县上下的共同努力下，开阳县交通基础设施建设得到了健康快速发展，特别是"组组通"硬化路"疏通毛细血管微循环"作用，极大方便群众生产劳作和安全便捷出行，建成了覆盖县、乡、村三级农村物流网络，实现了产品走出去、产业投资引进来的基本要求，为决战脱贫攻坚、决胜同步小康打下坚实基础。虽然开阳县交通基础设施建设取得了新的突破，但与发达地区还有一定差距，面对新时代、新使命、新起点和新要求，下一步工作中，将不忘初心、牢记使命，以建设交通强国、"六网会战"为契机，突破瓶颈，攻坚克难，积极谋划，进一步加大投入，补齐农村基础设施短板，为乡村振兴、融合城乡发展提供更好的交通保障，奋力开创"百姓富、生态美"的开阳新未来。

七、息烽县

——集中资源　合力攻坚

息烽县作为全省有扶贫开发任务的 19 个非贫困县之一，2016 年实现 12 个贫困村全部摘帽出列，2019 年底实现全县所有建档立卡贫困户脱贫，2020 年初，已脱贫建档立卡人口 2635 户 7157 人，贫困发生率为零。

近年来，在中央、省、市的正确领导下，息烽县把人、财、物聚焦到决胜脱贫攻坚上来，实现全县建档立卡对象均达到安全饮水标准，全面解决建档立卡对象住房安全保障问题，完成 1519 人易地扶贫搬迁入住，对建档立卡家庭学生应助尽助，10 个乡（镇）均有合格卫生院，161 个行政村均有达标卫生室，建档立卡对象参保全覆盖，农村低保标准达到 4380 元 / 年。

（一）减轻疫情影响，防止返贫致贫

为减轻疫情对脱贫攻坚影响，息烽县全力保障贫困劳动力外出务工、实施稳岗拓岗、开发公益岗位。落实政策稳岗拓岗，对于县外来务工人员补贴交通费用，累计补贴 13 家企业 52 人 1.0879 万元，发

贵州省贵阳市息烽县西山镇鹿窝村，农技人员搬运植保无人机。（新华社记者杨文斌摄）

放稳岗就业补贴，返还 210 家企业 230.37 万元，稳定岗位 4572 个，为贫困劳动力和易地扶贫搬迁劳动力发放一次性求职创业补贴 114 人 8.6 万元，发放就业援助补贴 570 人次 51.44 万元。开发公益岗位情况，息烽县各县直部门共开发公益性岗位 1768 个，目前安置建档立卡贫困劳动力和易地扶贫搬迁劳动力 1589 人。

开展消费扶贫。贯彻落实国家、省、市关于脱贫攻坚工作的安排部署，息烽县大力开展消费促扶贫，推动县域产品线上线下同步促销，实现电子商务发展与实施脱贫攻坚工作有机结合起来，整合资源构建农村电子公共服务体系，完善产、供、销全链条服务，2020 年 1—5 月，农产品累计销售 0.51 万吨，0.92 亿元，主要品种为蔬菜、水果、禽类、猪肉、牛肉等，2020 年上半年实现网络零售额 5000 余万元。全力做好抗疫情保民生促消费工作，息烽县于 2 月 11 日成立了息烽县市民支援中心，保障市民生产生活需求。同时，提供法律、心理咨询服务，招募生产经营和代购派送企业共计 107 家（其中生产物资类 29 家，生活物资类 78 家），建立网络平台和 24 小时热线电话，为全县市民急需的米、油、盐、蛋、奶、蔬菜等生活急需必需品和饲料、种子、肥料、农药等农业生产物资等提供咨询帮助和代购服务 7327 次，涉及金额 81.052 万元。

建立健全防止返贫致贫监测和帮扶机制。印发《息烽县扶贫开发领导小组关于印发〈息烽县防止返贫致贫监测和帮扶机制的工作实施方案〉的通知》，采取农户自愿申请和全面摸排、部门预警监测、乡村走访核查、对象认定录入、动态管理的工作步骤，防止返贫。采取有效措施解决脱贫人口和边缘人口存在的返贫致贫风险，避免返贫和新的贫困发生。经过排查调度，2020 年均未发现息烽县有返贫和致贫风险的农户。

（二）做好后续扶持，补齐民生短板

1.抓教育保障

对义务教育阶段学生开展精准排查。持续做好义务教育阶段建档立卡户子女控辍保学，2020 年春季学期息烽县扶贫办数据库建档立卡贫困学生 1125 人。其中，学前教育 114 人；义务教育小学学生 440 人（含特校生 11 人），义务教育初中学生 277 人（含特校生 3 人）；高中学生 85 人，中职一二年级学生 48 人，中技学生 6 人；普通高校学生 155 人，义务教育阶段脱贫户子女无辍学现象。做好教育资金补助工作。2020 年春季学期发放在息烽县各级各类学校和幼儿园就读的建档立卡贫困学生资助资金 103.22 万元，惠及学生 1224 人。其中，学前教育 135 人，发放资金 5.4 万元；义务教育小学 556 人，资金 17.92 万元；义务教育初中 277 人，资金 15.78 万元；普通高中建档立卡 111 人发放国家助学金 11.1 万元、国家免学费 6.57 万元；普通高中教育精准扶贫学生 108 人发放资金 10.41 万元；中职建档立卡 86 人发放国家助学金 8.6 万元、国家免学费 8.6 万元；中职教育精准扶贫学生 86 人发放资金 8.17 万元；在省外就读的中职和普通高校学生 59 人，发放资金 10.71 万元。实现全县农村建档立卡贫困户子女精准资助应助尽助。

2. 抓医疗保障

实现建档立卡对象参保和资助参保全覆盖。2020 年全县农村建档立卡贫困人口参保率 100%，参保资助金额 124.03 万元。实现了三重医疗保障政策全覆盖。2020 年 1—5 月建档立卡贫困人口基本医保、大病保险、医疗救助"一站式"即时结算住院 815 人次，发生费用 344.71 万元，政策范围内费用 309.35 万元，总报销金额 287.69 万元。坚持"一站式"及出院"一单清"即时结算等便民惠民措施，实现县域内公立医疗机构"先诊疗后付费"全覆盖，目前，建档立卡人口享受"先诊疗、后付费"患者共 537 人次，减免预交住院押金 48.55 万元。满足群众看病需求。全县 3 所县级公立医院均达到二级甲等等级标准，10 个乡镇均有 1 所公办乡镇卫生院，每个行政村卫生室建设覆盖率为 100%，每个村卫生室至少有 1 名合格村医。

3. 抓住房保障

完成息烽县建档立卡户仍住危房，以及危改对象建新未拆旧房户再排查再核实工作。已对 2013 年以来实施的农村危房改造对象建新未拆旧房屋情况再次开展了排查，全县建档立卡户安全住房均保障到位。

4. 抓饮水安全保障

2020 年以来，息烽县在全县范围开展农村饮水安全巩固提升工程以及规模化水厂修建等工程，截至目前，县城以外共有农村供水工程136处（减少132处，实现大水厂延伸覆盖），其中，规模化水厂27座，供水覆盖21.47万人；集中式（20人以上）饮水工程93处，供水覆盖3.21万人；分散式供水工程16个，覆盖0.18万人。全县建档立卡贫困户2615户7147人中，涉及水厂供水的有2213户6049人、涉及集中式人饮工程供水的有362户979人、分散式工程供水的有40户119人，所有建档立卡贫困户都满足饮水安全标准，实现户户通自来水。

5. 产业扶贫促增收

以产业发展促进建档立卡贫困户增收。各项农业经济指标持续增长。2020年1—5月，实现一产增加值8.41亿元，占全年度目标任务的36.8%，同比增长2.3%；扶持发展农产品加工企业14家，培育10家，实现农产品加工总产值6.48亿元，农产品加工转化率达54.47%。全面完成2020年产业结构调整任务。2020年以来，全县共引进经营主体169家，全面完成低效农作物调减目标任务，完成果药茶为主的产业结构调整3.14万亩，占目标任务2万亩的157%。完成坝区认定工作。截至6月，已完成1个省级样板坝区（息烽县潮水坝区）、3个省级达标坝区（息烽县堰坪坝区、息烽县新场坝区、息烽县高峰龙坪坝区）省级验收认定工作；累计完成坝区产业结构调整2.67万亩，带动8559人增收致富，其中贫困户189户556人，贫困户参与分红30.4万元。养殖业发展目标稳步推进。截至目前，存栏肉鸡323.87万羽，生猪6.31万头，牛1.26万头，羊0.56万头，稻田养鱼282户836亩。2020年6月底生态家禽出栏560万羽，占目标任务1100万羽的50.9%；生猪出栏4万头，占目标任务6万头的66.7%，其中50头以上规模化养殖出栏1.78万头，规模化养殖占比为44.5%；牛出栏0.2万头；羊出栏0.16万头；生态渔业460吨，占目标任务 850 吨的 54.1%，实现贫困户 599 户 2069 人通过养殖业促进增收。

6.就业扶贫保就业

强化就业扶贫扶持，促进建档立卡劳动力充分就业。2020 年，开展线上招聘会 2 场，劳务输出建档立卡贫困劳动力 583 人，建立劳务就业岗位数据库，挖掘岗位 968 个，开发公益性岗位 1768 个，发放贫困劳动力和易地扶贫搬迁劳动力一次性求职创业补贴 114 人 8.6 万元，发放就业援助补贴 570 人次 51.44 万元，开展线上培训企业 11 家涉及职工 3223 人。目前，息烽县建档立卡贫困劳动力 1792 户 3272 人，已就业 3236 人，实现有劳动力建档立卡贫困户一户一人就业。

7.做好易地扶贫搬迁建设入住后续帮扶

息烽县 2018 年易地扶贫搬迁对象 368 户 1519 人，于 2019 年 6 月全面完成搬迁入住任务，搬迁入住率达 100%，搬迁农户旧房拆除复垦复绿率达 100%。基本公共服务体系完善。已建成综合服务中心、幼儿园、卫生室、警务室、日间照料中心和便民超市等设施，并开通了县城到团圆小区公交专线。制作发放"易地扶贫搬迁市民证"，为 143 户 564 名搬迁对象办理户籍迁移并纳入当地居民管理，为搬迁对象低保户办理农低保转城低保；小区幼儿园已于 2019 年 9 月开园，目前开设大、中、小班各 1 个，搬迁对象子女入园 65 人；小区卫生室由县人民医院派医护人员驻点开展卫生保障工作，创建搬迁对象健康档案，易地扶贫搬迁对象合医缴纳率为 100%。培训和就业体系完善。制定了息烽县易地扶贫搬迁对象就业帮扶工作方案，通过全员培训、"订单式"培训、县域公益性岗位优先安排、园区企业解决一批等多元化方式，搬迁前让部分对象就业。目前，完成易地扶贫搬迁劳动力培训 280 人次，发放易地扶贫搬迁劳动力培训生活补贴 20.838

万元，开发公益性岗位 100 余个，实现就业 349 户 658 人，确保有劳动力家庭一人以上稳定就业。文化服务体系完善。通过设置公开栏、文化墙和墙体宣传标语等，全面完成团圆小区宣传氛围营造工作，开展"我们的节日·端午"等相关系列大型活动 5 场，参加群众 1300 余人次。社区治理体系完善。小区警务室派驻 2 名民警和 1 名协警，安装 30 个视频监控探头，实现小区居住区域视频监控全覆盖，开发 6 个公益性岗位用于小区专职巡防队组建，提升小区治安防范水平。持续推进"共筑行动"，全县科级以上干部每人帮扶 1 户搬迁家庭，完成领导干部结对帮扶 368 户，结对率 100%。

（三）创新方法措施，提升脱贫成效

息烽县认真学习习近平总书记关于脱贫攻坚重要论述及中央、省、市关于脱贫攻坚各项决策部署，编制《息烽县脱贫攻坚"冲刺 90 天　打赢歼灭战"工作手册》《息烽县脱贫攻坚到户政策汇编》等学习资料，力促各级干部做脱贫攻坚"活字典""政策通"。"三个紧盯"突出工作重点，紧盯全县所有建档立卡户抓攻坚，紧盯"一达标两不愁三保障"和安全饮水，找差距、补短板、打基础，紧盯 4、5、6 三个月"窗口期"集中最强火力，最多精力查缺补漏。"三项措施"深入查补漏洞。"查"，通过统一方法和内容由乡镇党委政府自查和县级 10 个定点督战队普查联合"双查"找问题，对比问题台账逐项整改。"管"，针对发现问题建好"三本台账"统一管理调度销号。"改"，明确乡镇整改主体责任、部门整改牵头责任、扶贫部门整改督查责任、确保各项问题整改到位。"六个清单"压紧压实责任。建立县直行业主管部门脱贫攻坚挂牌督战工作责任清单、乡（镇）脱贫攻坚挂牌督战工作责任清单、村级脱贫攻坚挂牌督战工作责任清单、帮扶单位脱贫攻坚挂牌督战工作责任清单、帮扶干部脱贫攻坚挂牌督战工作责任清单、县级党政班子成员抓脱贫攻坚责任清单，确保每个单位（部门）和个人都能在脱贫攻坚这场歼灭战中找准定位、明确职责、落实责任。"五张明白牌"逐户挂牌管理。对问题整改到位、短板补齐的建档立卡户"一达标"基本情况、教育、医疗、住房、饮水政策落实情况实行"五块牌子"挂牌管理，确保以扎实过硬的基础工作提升脱贫攻坚成效。

坚持共建共享共治原则，深入推进农村"三变"改革，不断拓宽群众收入来源，为决战决胜脱贫攻坚注入"活水"。息烽县石硐镇在推进产业结构调整工作中，以农发项目、扶贫等资金"入股"经营主体，在中坝、大洪两个村探索将财政资金入股企业作为村集体产业股权，产生收益后按照"六权"模式（即村集体获得的分红收益进行再次分配，其中弱有所扶股占 5%、土地贡献股占 25%、劳有所得股占 25%、老有所养股占 10%、社会治理股占 30%、环境保护股占 5%）进行二次分配，实现村集体、当地群众和园区企业共赢。目前，"六权"模式取得初步成效，整合投入财政资金 5647 万元，带动企业发展猕猴桃种植 11014 亩，村集体拥有集体产业股权面积 924 亩。按猕猴桃 1 万元／亩纯收益计算，2020 年村集体预计可获得分红收益 244.8 万元，通过产业基地带动贫困群众人均增收近 700 元。

📋 **典型案例一**

养龙司镇——引导贫困户争做"六个农民"见闻

2018 年以来，息烽县养龙司镇党委结合县委对脱贫攻坚贫困户"户户有产业"的总要求，紧紧围绕贫困群众中部分存在的

"等靠要"、好吃懒做、不敬不孝、争贫赖贫等现象，提出"快速形成产业见效、破除无力可扶现状、形成长效增收机制、试点振兴乡村战略"的总体思路。在完善扶贫资金利益联结机制，引导贫困户争做"六个农民"方面做了创新举措，切实解决脱贫攻坚过程中的内生动力不足问题，最大限度地激发贫困群众脱贫致富的信心和决心。

目前，"六个农民"新机制取得初步成效，2018 年获得分红资金 16.14 万元，2019 年分红资金可突破 30 万元，惠及建档立卡贫困户 250 户 663 人。

工作人员对刺梨管护进行技术指导

一、创新思路，探索"六个农民"新机制

养龙司镇结合脱贫攻坚贫困户满意度不高、自身动力不足、利益联结机制不全等问题，创新思路"定"方案，制定了《养龙司镇关于完善扶贫资金利益联结机制引导贫困户争做"六个农民"的考核实施方案（试行）》，设定"做感恩农民（20%）、做

守法农民（20%）、做诚信农民（20%）、做孝顺农民（10%）、做奋发农民（15%）、做文明农民（15%）"的占比与考核细则，每户贫困群众每年分红总收入按照以上"六个农民"考核总分数进行分配。

针对不同情况的贫困户，养龙司镇进行"分类施策"减压力。依据"六个农民"考核细则，对劳动年龄内、有劳动能力、有正常思维但不愿劳动、不学技术、不思上进、不尽孝道、不懂感恩、游手好闲、打牌赌博、等靠要闹、懒贫赖贫的贫困人口，扣减相应考核分数，并纳入"扶志"教育管理库中，村支两委采取"一对一"约谈的方式有针对性地开展教育。"扶志"教育管理库每季度更新一次，实行动态管理，分类施策，适时销号。同时，"以点带面"凝聚力。在部分经济基础较好的村，探索将"六个农民"新机制由贫困群众推广到普通群众，将扶贫专项资金分红拓展到村集体资金分红，致力打造"六个农民"升级版。逐渐实现在全镇面向广大群众开展"六个农民"教育工作，从思想上引导、政策上把关、情感上交流，消除群众误解，摒弃不良习俗，培养致富底气，激发致富锐气，树立致富信心，增强内生动力，主动发展生产，实现增收致富，有效推进乡村振兴。

同时，提升成效"抓"考核，由联村部门负责人、村支两委、驻村工作队组成考核组，每季度对贫困户考核一次，将考核结果与分红资金挂钩，确保家庭困难贫困户分红最大化，使脱贫成效更加明显。建立管理约束机制，明确村支两委作为"六个农民"学习宣传、考核打分、约谈教育的"主力军"，极大提升了村级组织的管理能力，为村党支部发挥政治引领功能"保驾护航"，为实施乡村振兴战略奠定良好的政治基础。

为公开公示"保"公正，各村每年12月下旬完成第四季度考核，汇总全年考核结果。每年 1 月第一周召开专题会议审核农户申请，通过考核结果。考核结果公示不少于 7 天后，报由镇政府组织的复核小组进行复核，最后将复核结果（分红名单、考核结果）报党委审核，确定最终考核结果和分红名单。确保考核全程公开、考核结果公示、资金分红公正。

二、发展产业，为新机制实施打好"底稿"

养龙司镇大力依托产业扶持，创新多种方式，为实施"六个农民"新机制打好"底稿"。

"政企联动"是发展产业的重要方式之一。养龙司镇组建镇级平台公司与林宜居公司共商共建，整合扶贫资金 131.83 万元买断林宜居公司见效的猕猴桃产业产权，形成全镇贫困户共有产业，覆盖全镇建档立卡所有贫困户。果园产生收益后采取贫困户占 70%、村集体经济占 20%、镇平台公司占 10% 比例进行分配，建立三者之间的利益联结机制，实现多方共赢。比如，2019 年至 2020 年初果期，果园每年可产生收益约 34 万，扣除成本后再加上往年入股到其他企业的分红资金，预计至少 30 万元的年分红资金直接受益贫困户。2021 年开始，猕猴桃盛产后，年分红资金至少可达 50 万元，一般贫困户户均至少可增收 2000 元，保障了效益。

为切实壮大村集体经济，充实扶贫资金分红"底气"，大力推进产业结构调整力度，调减了镇内重点区域籽粒玉米等低效作物种植 20000 亩，利用春耕生产的有利时机，因地制宜推进产业结构调整促增收。比如高硐村以 3100 亩刺梨种植为核心，同时实施以"刺梨果、刺梨干、刺梨罐头"为主的刺梨深加工项目，实施 300 箱中蜂养殖与农业观光等项目，实现刺梨全产业链发展后，预计每年将为村集体带来收益约 60 万元，所得收益将按照一定比例对贫困户进行分配。

同时，为切实激发贫困户主动性、积极性，营造户户争当"六个农民"的社会氛围，养龙司镇通过"干部职工会、村民大会、坝坝会、入户走访"等方式提升宣传动员动力，向全镇干部职工、建档立卡贫困户深入宣传"六个农民"考核实施方案、实施"六个农民"的作用与意义等，促进贫困户自我教育、自我管理、自我提升，助推乡风文明。全镇已召开"六个农民"专题会10余场，召开村民大会17次，走访入户400余次，极大地触动了贫困户思想、激发了发展活力。

灯塔村大石板组贫困户黄惠，40多岁，丈夫去世多年，育有一子一女。多年来黄惠和两个孩子依靠政府发放的低保金生活。过去，黄惠认为政府给予补贴是理所应当的事，缺乏干事就业的激情。"六个农民"在灯塔村大力推广后，在村支两委的指导教育下，黄惠及时转变思想，积极支持产业结构调整工作，把自家的土地全部流转到巨丰公司，每年可领取土地流转费700元。黄惠还经常到县城打零工，为上大学的女儿赚取生活费和学费。在最近一次"六个农民"考核中，黄惠取得了不错的成绩，可获得分红资金约1000元。低保金＋土地流转收入＋打工收入＋"六个农民"分红收入，黄惠认为生活越来越有盼头，致富信心和致富干劲更足。

三、"六个农民"新机制带来乡村振兴新发展

过去，镇村干部入户开展帮扶工作时，时常发生部分贫困群众提出无理要求甚至无视、辱骂干部等不配合工作的情况。"做感恩农民"提出"要积极支持、带头配合政府因公共利益组织实施的项目和房屋征收工作，积极支持配合产业结构调整等工作。不做损害党和国家形象的事，不说损害党和国家形象的话，不辱

骂干部等",并实行"一票否决制",即贫困户违反其中任意一条细则,总考核分为0,不再参与当年分红。

这极大地提高了贫困群众主动配合开展帮扶工作的积极性,无视、辱骂帮扶干部的情况不再发生,推动了脱贫攻坚工作顺利开展,促进了干群关系向好发展。

"做守法农民"提出"自觉学法、守法、用法,积极参与各类普法教育活动,遵守各项法律法规和村规民约,不违规违法等",并实行"一票否决制"。通过推行"做守法农民",村支两委和村民小组的自治能力得到极大提升,封建迷信、黄赌毒、滥办酒席等不良行为得到有效遏制,村规民约等更加有力有效,贫困群众更加遵纪守法,全镇法治环境更优化。2020年以来,没有发生一起矛盾纠纷、贫困群众扰乱社会治安、违法乱纪等事件、一例群众上访事件。

"六个农民"新机制让养龙司镇基层治理更加高效,也促进人居环境得到明显改善。

过去,部分贫困户从不注重环境卫生,家中垃圾遍地,庭院杂物乱堆乱放。"做文明农民"明确提出要保持人居环境干净卫生,保护生态环境不被破坏。同时,主动参与道路(楼道)清扫、环境保护、植绿护绿等社会公益活动的,在考核总分的基础上加5分。渐渐地,村民们更加注重生态环境的绿化美化,2019年以来新增植树造林5414.03亩,为富美乡村建设"添砖加瓦",更加注重房前屋后及道路周边环境卫生维护。

茅坡村郑家林组贫困户李光奎的变化最具典型。在过去,李光奎思想不积极进取,认为自己是贫困户,政府会拿钱补贴,经常走村串户打麻将,家中卫生环境较差,村支两委多次约谈教育均没有改变。实施"六个农民"后,李光奎戒掉了麻将,经常就近打零工，还喂了两头猪，家里也打扫得干干净净，房前屋后变得明亮整洁。

江土村的胡克文、阎朝书，高硐村的蒋科勇等人也积极转变观念，撸起袖子打扫卫生、清理尘垢，奋发进取打工挣钱，发挥了良好的示范带头作用，有效改善了乡村人居环境。

"六个农民"更促进了贫困群众干事就业的激情，提高了贫困群众自力更生谋发展的内生动力。

"做奋发农民"提出"争做新型合格农民，不撂荒田地，不好吃懒做，不打牌赌钱等"，极大地提高了群众参与农村产业结构调整工作的积极性，群众"等靠要"思想得到根本转变，村风民风更向上。

随着经营主体的引进、产业的不断壮大，进入企业务工的农户不断增加。高硐村元山组村民邬忠仁就是其中之一。2018年投入25亩土地入股刺梨种植，同时应聘到贵州引利波农业发展有限公司当管理员，土地入股分红＋刺梨销售分红＋公司务工工资收入，邬忠仁2019年净收入23000余元，2019年收入预计可突破30000元，成功实现增收致富。

2019年以来，养龙司镇引进种植经营主体20家，种植大户2户，带动农户1491户，其中贫困户250户，完成产业结构调整2万余亩。

茅坡村郑家林组贫困户张正祥，在过去，不喜劳动好游玩，"六个农民"实施后，张正祥思想转变很大。目前，在村支两委的帮助下，张正祥已养牛5头，养猪6头，种植辣椒4亩，预计可实现年收入4万元。

"六个农民"促进了农业产业发展，也促进了村集体经济壮大和群众增收。其中，养龙司镇高硐村，积极引进贵州引利波农业发展有限公司，采用"公司分红占比 20%＋村集体分红占比 10%＋农户分红占比 70%"的模式开展刺梨种植，同时村集体及公司销售收益的 30%全部以奖励的方式分给种植户。目前吸纳了 358 户（含贫困户）1200 余名农户参与发展并实现增收，累计参与分红 80 余万元。

📋 典型案例二

石硐镇大洪村——抓好产业扶贫 促进乡村振兴

大洪村是 2016 年出列的国家级贫困村，位于息烽县石硐镇西部，东与中坝村相邻，南与何家洞村背山而靠，西与修文县大石乡接壤，北与修文县六桶乡毗邻，距镇政府所在地 8.5 公里，

技术人员在贵阳市息烽县石硐镇大洪村指导农民管护猕猴桃树。（新华社刘雪摄）

全村总面积5.6平方公里，有耕地3200余亩，林地面积3834亩，主导产业以猕猴桃、李子为主。

近年以来，大洪村以脱贫攻坚工作统揽全局，强力推进脱贫攻坚全领域工作，在加强和完善党的建设同时，创新"六权共享"模式，协调推进产业结构调整、基础设施建设、社会治理等工作，助力乡村振兴。

2019年，大洪村被授予贵州省乡村振兴示范村；2019年11月，大洪村获得国家农业农村部全国第九批"一村一品示范村"；2019年12月，大洪村获得贵州省少数民族特色村寨；2019年4月，大洪村党支部被贵阳市推荐为贵州省标准化规范化党支部示范点建设。

一、打好三场硬仗，促进脱贫攻坚

（一）打好产业扶贫硬仗，带动贫困群众持续增收。大洪村围绕主打产业猕猴桃和李子，以村集体合作社、中康公司为管护主体，抓好产业发展，盘活实体经济。

以产业结构调整为契机，中康农业发展有限公司在大洪村带动农户种植猕猴桃2300亩，涉及土地的贫困户19户54人；种植脆李520亩，涉及土地的贫困户10户29人。村集体管护有102亩猕猴桃和283亩李子，102亩猕猴桃将于2020年实现初挂果。102亩猕猴桃园区现已硬化了近1.5公里长的机耕道，同时安装了60亩的水费滴灌管网。

为盘活农村集体资源，大洪村积极实行"三变"改革。全村3200亩土地，入股经营主体2700亩，实现土地入股分红资金216万元，改善了群众生产生活条件。贫困户除有"51191"工程的102亩猕猴桃利润70%分红、"康农共享"244亩猕猴桃利润65%分红之外，还有入股分红资金。一般户每亩土地每年至少 200 元的入股分红，群众有务工收入（在中康公司务工收入，2019 年，公司向务工群众支付 110 余万元）。

石硐镇积极探索创新利益联结机制，将集体产业股权收益提取 20%用于村集体经济发展、村级公益事业和社会管理等支出，剩余 80%按照弱有所扶收益权、土地入股收益权、劳有所得收益权、老有所养收益权、社会治理收益权、环境保护收益权的"六权共享"模式向中坝、大洪两村群众进行二次分配，变"一次性"投入为集体股权的"持续性"增收。其中，弱有所扶收益权占 5%，用于帮扶贫困户；土地入股收益权占 25%，分配给贡献土地参与产业发展的村民；劳有所得收益权占 25%，用于鼓励本村村民在园区内务工；老有所养收益权占 10%，用于帮扶产业项目所在村 60 周岁以上的老人；社会治理收益权占 30%，用于奖励遵纪守法村民；环境保护收益权占 5%，用于奖励村民参与环境保护。综合以上 6 个分配比例，每户群众每年分红总收入即为"六权"之和。

（二）打好就业扶贫硬仗，扬起贫困群众向上之志。息烽县大洪村积极发展合作社组织带动农户就业。建立村集体经济股份合作社，覆盖农户 323 户 1024 人，有贫困户 31 户 91 人。立夏以来，在合作社的组织下，息烽县大洪村数百村民每天在猕猴桃基地管护猕猴桃，解决了大洪村 120 余名劳动力（其中贫困户15 人）的务工，务工村民年均增加收入 3000 元左右。

开展农技培训提供就业支撑。大洪村采取现场教、专家讲、理论学等多种方式高频度多层次全产业链培训农民，截至目前，通过多种措施开展产业种植培训 80 余场次，受惠农民 3000 余人次，实现全村劳动力人口产业培训全覆盖。

多措并举聚力就业扶贫。针对建档立卡贫困户中 52 名劳动力，通过生态护林员、公益性岗位、就近务工、灵活就业等方式实现了劳动力稳定就业；同时，所有建档立卡贫困户全部购买了养老保险服务。

（三）打好金融扶贫创新仗，扶贫资金精准投入。大洪村通过入户宣传和发放宣传资料对贫困户进行小额信贷政策宣传。2015年以来，大洪村贫困户涉及小额信贷5户，共发放贷款金额13.4万元，并在贷款时限内全部收回，财政贴息金额0.648万元。同时，从2015年以来，收到产业扶贫财政专项扶贫资金485.5万元，全部用于种植或入股猕猴桃项目366.4亩。

通过持续落实好"3+1"政策，抓好产业帮扶、项目帮扶、金融帮扶等，全面解决建档立卡户住房和饮水安全问题，保障义务教育学生不因贫失学辍学，巩固完善"健康扶贫医疗保障救助"政策，实现贫困人口基本养老保险100%全覆盖，最低生活保障做到应保尽保，确保群众内生动力持续提升，实现全村31户91人建档立卡户稳定脱贫。

二、借力＋创新，巩固提升脱贫成效

（一）借力"千村整治"，脱贫攻坚走上新台阶。大洪村借力"千村整治"，统筹推进农村"断头路"建设和"烂路"治理，于2019年完成了"断头路"建设2.81公里，织密和优化了全村内联外畅的道路交通路网。

持续开展亮化行动。在大洪村寨内主要出入口、村委会、活动广场等公共场所安装路灯225盏，2019年新增安装49盏。

推进"农网"升级改造。完成高压线路农网改造5.078千米，低压线路农网改造10.635千米，村寨电话、宽带网络普及率均达100%，农村"广电云"覆盖率达95%，农村邮政、快递服务网点通邮率达100%。

同时，投资 303 万元对大洪村所有农房、庭院进行风貌提质。并在排坡组建设农村污水治理设施一座，覆盖农户 54 户235 人，采用人工湿地处理工艺，设计处理能力为 10 吨 / 天，改善污水任意排放，提升村庄整洁。建成投用文化广场，让群众精神文明生活得到提升。

2019 年，大洪村依托"千村整治"示范村项目，通过推进基础设施建设，提升了村容村貌、完善了基础设施建设。

（二）创新村民自治模式，阔步迈向乡村振兴。近年来，大洪村以提升社会治理能力助推脱贫攻坚为抓手，不断加强和创新社会治理方式，在平安大洪建设等方面取得了一定的成效，为经济社会和谐稳定发展起到了保驾护航的作用。

大洪村通过"六权共享"模式，创新扶贫资金与群众的利益联结机制，引导群众积极作为，主动为乡村振兴贡献力量，也使得村规民约实施更加有力，乡风民俗更加淳朴，提升社会治理水平。

同时，探索和实践"党建＋村民自治"模式，在探索和实践新时代"枫桥经验"的背景下顺势而生大洪村"乡贤理事会"，成为"六权共享"的补充和延伸，让"六权共享"的实施有了科学载体。乡贤理事会的成立，充分发挥村民自治的作用，既达到村民自治促进社会和谐，又助推了脱贫攻坚与乡村振兴事业的有效衔接。

三、大洪村产业扶贫工作的启示

坚持扶产业就是扶根本的理念，纵深推进农村产业革命产业扶贫是最直接、最有效的办法，也是增强贫困地区"造血"功能、帮助群众就地就业的长远之计。大洪村结合实际，以产业发展为抓手、产业结构调整等政策实施为契机，积极探索创新项目发展，做好新建项目、续建项目等的统筹谋划。

同时，积极引进龙头企业，通过"三变"发展思路，实现猕猴桃产业村民全覆盖、所有村民变股东。扎实推进农村产业革命，确保各个项目有序推进，健全完善产业带贫减贫机制，持续推进扶贫产业发展壮大。

（一）坚持资金跟着产业走的导向，整合资金加大对扶贫产业配套设施的投入。统筹整合财政资金政策，是推进精准扶贫、精准脱贫的重要举措。应加大整合力度，用好现有渠道的财政资金，倒逼机制，打破部门条块分割，按照扶贫规划统筹安排项目、统一使用资金，集中投入、合力攻坚。

坚持资金跟着产业走，在产业发展方面，统筹使用涉农资金，变资金分散用为集中用、统一用，重点发展"3+2"特色农业产业等，创新资产收益脱贫巩固模式，提高资金使用效率，着力提升群众获得感和满意度。

（二）坚持巩固脱贫工作成效，超前谋划加快衔接乡村振兴。既要着眼于当前，确保脱贫攻坚战取得全面胜利，又要着眼于长远，继续做好大洪村"党建＋村民自治"模式，全面推进"六权共享"，促进乡风文明的同时，运用"五步工作法"，超前谋划，充分利用农业资源，通过多种方式开发旅游资源，策划包装农业旅游项目，促进一二三产融合，压茬推进乡村振兴，巩固提升脱贫攻坚成果。

（三）打好贫困监测持久战，保证施策及时到位。石硐镇已制定防止返贫致贫监测和帮扶机制的工作实施方案，采取全面普查、重点筛查、行业筛查、集中筛查、跟踪观测、评估研判、快速预警的工作方法从根本上防止返贫、遏制新贫。对已脱贫建档立卡对象，根据风险点等实际情况，因户因人施策，制定相应的防贫措施，坚决遏制返贫现象的发生。对非建档立卡对象，在教育、医疗、住房保障方面存在的风险，结合实际充分运用义务教育、助学贷款、医疗保险、危房改造等现有普惠政策最大化解决。对于普惠政策解决不了的，考虑给予发放特殊救助，具体救助标准由各行业主管部门根据实际情况确定。

脱贫摘帽不是终点而是起点。及时有效化解致贫返贫风险，统筹考虑脱贫攻坚和乡村振兴之间的有机衔接，使脱贫质量经得起历史的检验。

八、修文县

——众志成城战贫困　齐心协力奔小康

农村贫困人口如期脱贫是全面建成小康社会的底线任务，是全党的庄严承诺。自脱贫攻坚工作开展以来，修文县各级各部门勇于担当、敢于负责，认真履职、扎实工作，全力推进脱贫攻坚各项工作，形成了心往一处想、劲往一处使的格局和氛围。

（一）驻村工作

驻村帮扶工作是决胜决战脱贫攻坚的重要抓手，修文县采取"五抓五促"工作措施，有力推动脱贫攻坚驻村帮扶工作落地见效。

抓责任传递，促帮扶任务落地。县委常委会定期研究部署，每月进行综合调度，定期排查梳理，细化措施抓实整改，确保帮扶责任落地落实。抓技能培训，促帮扶能力提升。结合农村产业革命"八要素"，总结提炼经验做法和先进典型，供驻村干部学习参考。充分利用党校平台，开展驻村干部集中培训，2019 年，县级培训 3 次 260人次；乡（镇）级培训 52 次 575 人次。抓产业发展，促驻村帮扶实效。围绕农村产业革命，采取"支部＋企业＋农户""合作社＋基地＋农户"

等模式，带动发展产业，带动群众增收。2019 年，协调各种项目 177 个，资金 2968.5 万余元，帮助劳动力就业 627 人次。抓基层基础，促组织力提升。第一书记和党员驻村干部将组织关系转到驻点村，积极参与并指导村党支部开展"三会一课"、主题党日等活动，协助村党支部标准化规范化建设。2019 年，共组织党员学习 1.2 万人次，宣传党的方针政策 3.2 万人次。抓考核管理，促帮扶作用发挥。2019 年以来，选派"85 后"年轻干部 42 人开展驻村工作，评选表彰省、

贵阳（修文）漂流节在贵阳市修文县六屯乡桃源河开幕，贵州省内外 200 名业余漂流选手参加了长五公里的漂流竞赛。

市、县先进个人 12 人，提拔驻村干部 5 人。

（二）宣传工作

扶贫先扶志，扶贫必扶智。为更好地推进修文县脱贫攻坚工作，修文县积极开展脱贫攻坚政策宣传宣讲，大力宣传全县各行各业在开展脱贫攻坚工作中措施成效。

深化理论学习宣讲，宣传凝聚正能量。把习近平新时代中国特色社会主义思想、习近平总书记关于脱贫攻坚重要讲话精神以及对贵州工作的重要指示、批示精神和省、市、县全会精神纳入中心组专题学

习，开展县委理论学习中心组专题学习 4 次。充分运用新时代农民
（市民）讲习所、重德修文大讲堂，开展各类宣讲 1580 余场，听众
达 53000 余人次。从全县建档立卡贫困户中推选出 10 名选树脱贫致
富榜样，组建"修文县脱贫致富先进典型巡回宣讲团"，深入乡（镇）
社区开展巡回宣讲，讲述自己的奋斗史、创业史，教育全县群众坚信
幸福都是用勤劳的双手创造的，牢固树立"不等、不靠"思想，自力
更生开创新生活。

　　强化内外宣传报道，发出修文好声音。2019 年推出宣传报道
7200 余条。其中，"县委书记亲切对话搬迁户"阅读量达到 30 万次，
"他下肢残疾，只能靠一匹马行走，却靠自己努力实现人均收入超万
元"阅读量 172 万次，"贫困户收到扶贫猪仔喜笑颜开"阅读量 277
万次。《退役军人周珍品：敢叫荒山变金山》《贵州·乡村　猕猴桃熟
了　农家乐火了　采摘旅游让谷堡镇变了》等优质深度报道充分反映
县脱贫攻坚典型事例，全面传播修文脱贫攻坚好声音，为决战决胜脱
贫攻坚营造了良好的社会氛围、提供了强劲的精神动力。

（三）危房改造

　　修文县统筹推进全县农村危房改造工作，以"安全稳固、遮风避
雨"为原则，让贫困群众住上暖心、放心、安心房。

　　围绕党中央脱贫攻坚"两不愁三保障"的总体目标，重点推进对
建档立卡贫困户等 4 类重点对象的农户危房进行改造。按照"主要领
导亲自抓负总责，乡镇领导包保到村、工作到村，干部包保到组到户
到人、责任到人"的包保要求，层层传导压力，压紧压实责任。在省
住建厅、市住建局的悉心指导下，修文县将建档立卡贫困户等重点对
象农村危房改造和住房安全问题作为严肃的政治任务和民心工程，务

实担责，合力攻坚。强化统筹调度、技术指导、资金监管和政策宣传，确保摸底核查到位、制度措施到位、责任落实到位。截至目前，修文县共实施脱贫攻坚农村危房改造 1374 户。其中建档立卡贫困户 206 户、其他"4 类重点对象"191 户、一般户 977 户，兑现危房改造补助资金 1913.92 万元，"三改"补助资金 249.74 万元。全县 2238 户建档立卡贫困户，除 137 户易地扶贫搬迁户外，住房安全性评估鉴定实现全覆盖，解决了最困难群众的当务之急。

（四）就业扶贫

通过动员务工转移一批、产业革命吸纳一批、单位包保解决一批、开发岗位兜底一批，精准保障贫困户就业覆盖。截至 2019 年 12 月 31 日，全县建档立卡劳动力 1259 户 2219 人，实现就业 2174 人，就业率为 97.97%；共有易地劳动力家庭 359 户，劳动力 634 人，实现就业 631 人，就业率 99.53%；实现有劳动力的贫困户"一户一人"以上就业，"零就业家庭"动态清零。

"一户一档"精准服务就业。全面开展建档立卡贫困户和易地扶贫搬迁户劳动力核查，摸清年龄结构、文化程度、就业意愿、培训意愿、就业情况信息，录入系统动态管理，累计建立"一户一档"1618 册，其中易地搬迁户就业档案 359 册。"跟踪服务"精准推荐就业。组织开展"易地搬迁和建档立卡专场招聘会"6 场，共收集提供岗位 1500 余个，精准推荐就业。"扶贫车间"精准居家就业。引入八宝粥盖组装加工车间、茅台酒手提袋加工车间、服装制造等 4 家劳动密集型企业，建立扶贫车间，解决 129 名搬迁群众居家就业，其中解决劳动力就业 87 人。

（五）教育保障

教育保障是脱贫攻坚的重要工作保障之一，通过教育保障，能斩断贫困代际传递，确保脱贫攻坚工作的有效性、长效性。

强化建设，基础设施大幅改善。2016年以来，共投入资金37531万元，实施教育建设项目49个，新增教育建筑面积138197平方米。改造塑胶运动场10块，改造面积46780平方米。新建教师周转宿舍80套2800平方米。新增学位11250个；投入资金1.1亿余元，对全县各级各类学校的信息化设备、教学设备等进行更换或添置，办学条件得到改善。强化管理，控辍保学动态清零。实行"七长"负责制，通过政府和教育两条线抓好"控辍保学"工作。建立县、乡、村、校四级"控辍保学劝返复学台账"，切实摸准本辖区户籍6—16周岁适龄人口就读台账，建立各级疑似辍学、辍学台账，实行劝返销号制度，控辍保学全面实现动态"清零"。强化落实，贫困学生应助尽助。2016年以来，全县累计投入各级各类家庭经济困难学生资助资金4926.33万元，资助学生62238人次；2016年以来，累计投入营养膳食补助资金9650万元，惠及学生24.33万人次；大力实施生源地信用助学贷款，2016年以来，办理生源地信用助学贷款6804笔，贷款金额4516.66万元，帮助4000多名贫困学子。强化结合，助推农户增收致富。深入推进"校农结合"，通过"学校＋公司＋农户""学校＋公司＋合作社""学校＋农户"等采购模式，解决产销矛盾。2019年学校月采购贵州省农产品15万公斤以上，采购贫困地区或贫困户农产品占比达90%以上。

（六）交通建设

修文县结合自身实际，抢抓"组组通"道路建设机遇，努力补足补齐道路设施短板，打通服务群众的"联心路"，畅通产业发展的"致富路"，开启脱贫致富的"快车道"。

高标准严要求，打通服务群众"联心路"。根据全省"组组通"公路"三年大决战"部署，建立"三级书记"亲自抓的工作机制，2019年3月全面完成"组组通"道路建设及验收543条1177.475公里，总投资92158.56万元。实现了全县30户以上村民组通硬化路的目标，打通了群众出行"最后一公里"，彻底解决了24万人出行问题和大量农特产品"出山"难题。抓好县乡道路养护，畅通产业发展"致富路"。2018年申报实施6条世行道路建设项目，2017年和2018年"组组通"项目建设务工人数近8000人，其中本地群众近2400人，务工人员收入近24000万元，其中本地群众收入近7200万元，贫困户务工收入800余力元。"组组通"道路覆盖全县猕猴桃种植基地16.7万亩，果蔬、茶叶种植基地6.9万亩。抓好高速项目服务，开启脱贫致富"快车道"。全力配合做好计划2020年8月开工的"乌当至长顺""贵金古"两条高速公路项目协调服务，两条公路县域内约80公里，过境全县80%的乡镇，惠及全县31万群众，其中贫困户2000余户6000余人。

（七）供销改革

习近平总书记指出，供销合作社是促进农村经济社会发展的重要力量。近年来，修文县组建修文县供销集团作为龙头企业，精准选择猕猴桃、蔬菜产业，按照"龙头企业＋合作社＋农户"组织形式，创新合作模式，优化利益联结机制，将参与合作的农民转变为供销社合作社社员，将农村产业革命向纵深推进。

改革让老平台蝶变产业新龙头。实施3个社有企业改革，整合原有5个基层社组建中心社，"三位一体"（供销社、农民专业合作社、信用社）改革加快推进，形成供销合作社、村集体经济组织、农民专业合作社、农民（社员）按照1：1：1：7的收益分配比例，农民占股达70%。2018年，修文供销集团总资产达10.2亿元，固定资产壮大到企业重组前的20多倍，资产收益突破1000万元。实现连锁销售总额达16.3亿元，利润9485万元，社会贡献额1.28亿元，上缴国家税收200多万元，带动就业600多人。投入资金1亿余元，参与或入驻6个省级现代高效农业示范园区建设，建成以猕猴桃为主的精品果蔬示范基地20000余亩，参股建设猕猴桃加工厂1个。牵头领办农业专业合作社176家，流转土地41577亩，入社农户1000户，注册资本4.9亿元，其中供销社占股40%以上的农民专业合作社（农业公司）19家。创新让股金社壮大产业资金池。以社员股金服务为基础，加强金融合作，50家农民专业合作社获得股金支持达2000余万元。建成新型农村合作金融服务网点98个，恢复建立股金服务网点7个，覆盖全县70%的乡镇，累计吸纳社员股金3.2亿元，入股社员达4699户，社员每年股金分红收益达1100多万元。以现金入股修文农商银行4825万元，持股8.15%，成为修文农商银行最大股东。

合作让小农户连上大市场。按照"龙头企业＋合作社＋农户"组织模式，引入社会资本以占股15%的股权结构入股村级供销合作社，通过供销集团占股51%，村集体占股34%，成立所辖村"三农"供销合作发展有限公司，形成产业联合体。目前，已带动发展村集体经济达36个，村集体每年收入突破200万元；带动8000余户农户增收，户均增收 5000 元。2018 年，猕猴桃生产基地获批为全省首家绿色食品原料标准化生产基地。培育县乡两级电商运营服务中心 12 个、村级电商服务站 113 个，建成省外贵州优质农特产品直销中心 7 个。2018 年，修文供销集团实现以猕猴桃为主的农产品销售收入达 3 亿多元。

（八）人大、政协工作

人大代表把脱贫攻坚作为最大的政治任务，始终牢记"代言人"身份，做到"知大局、想长远、善监督、办实事"，在履职为民中善做"四员"，切实助力全县决战决胜脱贫攻坚工作。

深入群众，当好脱贫攻坚政策"宣传员"。通过 800 余场次"拉家常""院坝会""田坎会""宣传册"等方式，让群众和贫困户了解、关心、支持脱贫攻坚工作，发放政策明白卡 1000 余份，宣传推荐先进典型 100 余次。关注民生，当好脱贫攻坚信息"快递员"。结合"脱贫攻坚·人大代表在行动"、贫困户走访回访、修文县人大代表 500 万专项资金为群众办实事等工作，2019 年以来，收到建议 200 余件，涉及脱贫攻坚的建议占 60% 以上，通过人大代表 500 万专项资金解决脱贫攻坚问题 26 个，投入 249 万元。依法履职，当好脱贫攻坚为民"监督员"。依法履职，先后开展易地扶贫搬迁、猕猴桃产业发展、"一达标两不愁三保障"、全县贫困发生率、"下五乡"饮水安全问题等涉及脱贫攻坚工作的调研、代表视察、专题询问共 20 余次，着力解决补短板问题。助力发展，当好脱贫攻坚决胜"战斗员"。强化担当、争做表率，大力倡导文明新风，组建环境卫生清扫队、社会治安巡逻队等自愿义务队伍 10 余支。注重示范引领，全县 50 余名农村代表带头发展产业、推进产业结构调整、为民办好事实事。

修文县政协按照"党政所需、群众所盼、政协所能"的原则，充分发挥自身优势，准确把握三个"度"，全力助推全县脱贫攻坚工作取得实效。

聚焦中心工作有"准度"。重点围绕全省脱贫攻坚"百千万行动"，带领政协委员、政协干部和社会各界人士积极投身脱贫攻坚第一线。在包保联系的六桶镇，坚持"长短结合"做实产业，种植猕猴桃共计 8011 亩，晚香酥脆李 12000 余亩，黄金蜜桃 1600 亩，规范化猕猴桃产业园区 6 个、李子园区 3 个，吸纳贫困户进行充分就业。聚焦教育扶贫有"力度"。2019 年，组织政协委员、爱心人士对 69 名贫困学生开展"一对一"帮扶集中资助活动，资助资金 10.2 万元，部分政协委员全程资助贫困学子完成大学学业。协调各民主党派筹集资金 22 万余元，解决 1000 余名贫困学子实际困难。聚焦真帮实扶有"温度"。县政协班子多次进村入户实地走访，采取坝坝会、上党课等多种形式宣讲党的扶贫政策达 40 余次，鼓励克服困难，帮助厘清发展思路。

典型案例一

"村村通"公路建设——一路通，百业兴

"草长莺飞二月天，拂堤杨柳醉春烟。"在春暖花开的清晨，漫步在修文县谷堡乡折溪村梨花湖畔，湿润的空气携带着淡淡的花香沁人心脾，来自贵阳城区的市民简悦梅情不自禁地吟诵起古诗词。近年来每到这个时节，她都要来这儿住上一段时间，放下心累，尽享大自然的甜美。

简悦梅与折溪村的结缘还要从 2014 年说起。

作为贵阳一家中外合资企业的高管，简悦梅平时工作节奏快，压力大，2014 年她患上了抑郁症，来到重庆治疗。

"好大点事，还跑这样远来治病，你们贵阳修文有一个叫谷堡折溪的地方，空气清新，环境优美，住上一段时间，尽情享受大自然，安逸得很，包你不治而愈。"重庆的舅舅一家每年都要来修文谷堡折溪避暑赏花，他建议简悦梅也到折溪村来看看。

2015 年春天，简悦梅慕名来到修文谷堡折溪。放眼望去，满山遍野的梨花次第开放，田园里金黄的油菜花随风曼舞，游客在梨树下、田地里，三五成群或载歌载舞，或纵开怀谈笑。简悦梅从这些游客口中得知，他们都是从北京、上海、重庆各地"闻香而来"。

和数千客人一样流连花海、赏花悦情的简悦梅从此迷上了这个地方，折溪村民李峰家精品客栈成了她的落脚点，每年春天她都会来住上一阵。

像简悦梅一样远道而来的客人，每年为修文乡村旅游贡献30.79 亿元。

修文县乡村旅游得以发展的关键何在？时任修文县县长的佘龙一语破的："得力于'村村通'公路建设。"

"路通财运通。"佘龙介绍，三年来，修文县实现"村村通"两个 100%，完成村通 263.28 公里，投入运营客车 202 辆，修文谷堡乡、六广镇、扎佐镇、六屯镇等乡镇的农村群众借路生财，吃上了旅游饭。

六屯镇大木村通过实施"村村通"工程，更是激发了群众的内生动力，发展的路子越走越宽。

汽车行驶在贵遵公路改扩建的高速公路上。贵遵公路扎佐至南白高速公路改扩建工程起自贵阳市修文县扎佐镇，经息烽县至遵义市南白镇，路线全长 84.5 公里，是渝湛国道主干线在贵州省境内的重要组成部分。（新华社记者侯少华摄）

大木村整合红色旅游资源、人文景观、田耕文化，倾力打造四季游乡村旅游目的地。采取政府补贴一点、村民自筹一点的模式，改造了装饰统一、独具布依特色风情的十二家精品客栈，一投用就赢得了客人的热捧，入住率极高，旅游旺季还要提前预订。

随着道路等基础设施的配套完善，大木村的乡村旅游发展得越来越红火，"大木"已成为网红词，很多以前从事田间生产的村民也"洗脚上岸"当上了老板。村民感慨地说：这些以前大家想都不敢想的事，现在都变成了现实。

一、历史的记忆

谈起修路的感想，修文县六桶镇海马孔村村民任洪友最为深刻。

2010 年，他家大伯任仕坤突发黄疸肝炎，需送修文县医院救治。但那时村里没有通村路，更不要说通车了。看到大伯痛苦不堪的样子，任洪友急忙组织家人抬起大伯往镇上赶，9 公里山路足足走了两个多小时，十多个小伙几乎累虚脱。

"那时，公路真的是救命路。如果换到现在，跨出家门就能坐上客车，我家大伯也不会走得这么早。"任洪友回忆起往事，声音哽咽。

这件事震醒了全村村民：必须修路，否则悲剧还会重演。

海马孔村党支部书记王平振臂一呼，全村响应。没有工钱、没有报酬也要修，让地让房也要修。全村群众修路的态度坚决、热情高涨，每天几百人出工，开山炸石，人背马驮。

经过四年奋战，海马孔连接宝寨的沙石路终于修通。第一次有客车开进海马孔时，全村群众奔走相告，燃放烟花爆竹庆祝海马孔通客车。

路修好了，年届八十的任仕平不顾年事已高也要儿子儿媳带他到县城看看，说免得像任仕坤兄弟生一场病就蹽脚走了，划不着。

"坐班车的感觉真的好舒服，只听到'沙沙沙'的车轮碾压声，一觉瞌睡醒来，就到修文了。真想不到有生之年，还有这等福气，感谢共产党。"在县城住了两天，游览了中国阳明文化园、品尝了折溪村的农家乐后，任仕平回到村里逢人便夸现在的政策太好了，到处都是大马路。

更让任仕平想不到的是，还有更幸福的好事。2015年，全省实施农村公路大会战，海马孔到六桶的公路就是其中一条。

开工建设期间，任仕平每天都要到修路现场去转转，主动担任义务宣传员，告诉大家修路是造福大家的好事，占到哪家一点田地都不要斤斤计较，不过就是几把苞谷的事，大家都作点奉献，积极支持配合修路，早修通早享福。

海马孔村支书王平感动地说："正是有任仕平这样有威望老

人参与做宣传工作，发动群众，全村没有一户不支持的。"

目前，海马孔有三辆大客车分班跑贵阳和修文，促进了城乡互通，群众的发展意识不断增强，在外打工多年的任洪友等村民也纷纷返乡，有的承包土地发展经果林，有的跑客运、开商店，事业干得风生水起，日子也越过越滋润。

在全县群众的支持下，修文全县提前完成了"村村通"工程。

二、大富合于道

一路通，百业兴。随着农村公路的建成通车，各类农业产业园区如雨后春笋在修文县拔地而起，有力地助推了全县农村经济社会发展。

猕猴桃的发展是修文县路通财通、产业兴旺的一个缩影。

谷堡乡是猕猴桃种植大乡，猕猴桃种植达 6 万亩，2017 年实现收入 6.5 亿元，全乡农村人居可支配收入连续三年实现两位数增长。

谷堡乡平滩村村民黄林是尝到甜头的村民之一。他早年在外打工，既照管不到家又挣不到钱，还吃够了苦头。平滩通村路修通后，黄林和众多打工者一样返乡发展猕猴桃，吃上特色产业饭，每到猕猴桃采摘季节，他家果园前都车水马龙，仅销售猕猴桃一项，收入就有 150 万元。

"有些客人还要在我的农庄品尝农家菜，这一项又有四五十万元的收入，真是路通财运通！"黄林修起小别墅，开上小轿车，谈起他家的变化，黄林一脸幸福。

黄林仅是修文县 876 户猕猴桃种植大户中一员，像他每年收入超百万元的就有 2000 多户。

2019 年，修文全县种植猕猴桃 16.7 万亩，已挂果 8 万余亩，实现综合产值 18 亿元，猕猴桃产业已成为修文县广大农村群众增收致富的主打产业。到 2020 年，全县规划种植猕猴桃 20 万亩，综合产值可实现 100 亿元。

作为贵阳市的蔬菜保供基地，修文为全面提高蔬菜的生产标准，积极引导开展"三品一标"认证，共在低收入困难村申报无公害蔬菜产地认证 23700 亩、产品认证 8 个。

目前，全县无公害蔬菜基地认定已达 12.5 万亩，产品认定已达 89 个，蔬菜的标准化生产水平大幅度提高。全县还组建蔬菜种植农民专业合作社 89 个，覆盖了全县所有蔬菜生产基地，初步形成了以生产企业为带动、合作社为纽带、生产大户为支撑、家庭经营为基础的产业发展体系和社会化服务体系，把千家万户的小生产与广泛的大市场有力地结合了起来。

据了解，修文全县蔬菜基地面积从 2011 年 13 万亩、种植面积 25.48 万亩、产量 33 万吨发展到 2017 年基地面积 18.5 万亩、种植面积 42 万亩、产量 55 万吨，生产量、保供量连续四年稳居全市第一，蔬菜生产实现了以季节性大宗性向多品种周年供应、粗放栽培向精细化管理、无牌无证向无公害生态化的跨越，实现蔬菜产值 13.28 亿元，菜农户均增收 13630 元，菜农人均增收 3801 元。

得益于道路等基础设施的完善，修文县的乡村旅游业也蓬勃发展。2017 年，各类旅游景区景点接待游客 395.2 万人次，实现旅游收入 30.79 亿元。

谷堡乡折溪村的乡村旅游是修文的代表之一，每年接待重庆客人稳定在 400 人以上。

"2015 年以来，每年都有 30 多位重庆客人入住我家，还不是因为环境优美，交通方便。一位客人一个月收费1300元，他们每年为我家带来10多万元的收入，仅折溪村像我家一样吃旅游饭的就有16家。"折溪村村民刘永林盘算起收入来，喜形于色。

因为交通条件改善，原来特别封闭落后的六广镇龙窝村也吸引来投资者发展起特色种植。

贵阳市白云区沙文香菇种植户单正平看好这儿的小气候、大环境，流转了50亩土地发展香菇，还在发展中就有贵阳的客商下单订货。

"沿路走出大山，外面的世界很精彩。我们外出学习取经，引发了头脑风暴，只要围绕市场需求谋发展，条条道路都可以掘到真金白银。"六广镇龙窝村主任邱生贵谈起了新打算，他说，龙窝是一个少数民族村，有着独特的地理环境和人文资源，将围绕"云中苗寨、魅力龙窝"来打造，开发苗族刺绣、苗银工艺品、农耕文化，让更多的客人到龙窝尽享苗族文化大餐，从而增加群众收入。

六桶镇海马孔村则因势而谋，以农业产业结构调整为突破，大力发展优质枇杷、玛瑙红樱桃、半边红李子等经果林，打造海马孔农业观光园。同时，开发六广河峡谷风光，利用天然条件建设临河温泉、自驾游露营基地，吸引更多客人到海马孔体验攀岩、蹦极、乐山乐水，一个全新海马孔将脱颖而出。

大富合于道。修文将在危机中育新机，于变局中开新局，应势而动，创新而为，在贵阳市高标准要求、高水平开放、高质量发展中谱写新篇章。

典型案例二

小小猕猴桃托起特色大产业

近年来，修文县立足资源优势，牢牢把握农村产业革命"八要素"，着力把小小猕猴桃做成特色大产业。目前，全县猕猴桃种植规模达 16.7 万亩，居全省第一、全国第四，覆盖全县 10 个乡镇 108 个行政村，种植户 6117 户、企业 144 家、合作社 121 家；2019 年猕猴桃鲜果销售额达 9.0898 亿元，综合产值达 22 亿元，带动农户 9463 户，其中建档立卡贫困户 173 户。

一、坚定产业选择，坚持因地制宜选果

立足全县地形地貌和土壤气候条件，持续加强与省内外农科院校合作，研发适宜本地种植的猕猴桃品种，突出地域特色，打造"人无我有、人有我优、人优我特"的修文猕猴桃，先后获"国家地理标志证明商标""国家地理标志产品保护"等 10 余项荣誉。坚持市场规则选果。为迎合市场追求食品安全、生态的审美时尚，在品种培育端突出外形粗犷、天然野性，在种植管理端突出古法生态、绿色有机，在产品销售端突出智慧科技、品质高端，全流程彰显修文猕猴桃特色，提升修文猕猴桃形象附加值。坚持助农增收选果。根据猕猴桃适宜规模化种植的特点，大力开展产业招商，引导农民通过土地流转、公司务工等方式增加收入。全县每年在猕猴桃基地从事短期和中长期打工农民达 4.1 万人，年人均打工收入 8000 元以上，猕猴桃产业成为助农增收的重要载体。

二、提升果农素质，突出政府引导定规范

组建县猕猴桃产业发展专门指导机构，制定《修文猕猴桃标准化生产技术规范》等指导性文件，树立正确的猕猴桃产业发展导向，邀请专业院校专家作专题辅导讲座，组织行业企业家讲解市场预测分析，引导农民走生态绿色有机种植道路。同时，加强农药、肥料使用的监管，最大限度禁止膨大剂、除草剂等使用。

强调行业自治，推技术。依托龙头企业、种植大户的标准化生产管理技术，通过讲座培训、下地指导等方式提升全县果农猕猴桃种植技能技术；成立猕猴桃协会等民间组织，积极推广"土专家""田博士"的先进种植经验，确保猕猴桃产量和品质稳步提升。近年来，平均每年开展各类技术培训50期以上，培训果农4000人次以上。

贯穿文化熏陶，重诚信。立足修文"王学圣地"特色文化品牌优势，以新时代农民讲习所为载体，广泛深入开展"阳明文化进农村工

金秋时节，在贵阳市修文县谷堡乡猕猴桃基地里，男女老少都在采摘猕猴桃，一派繁忙的秋收景象。从1989年起，谷堡乡大力发展猕猴桃种植业，20多年间，猕猴桃种植区域覆盖19个村落，谷堡乡已成为贵州省远近闻名的猕猴桃之乡。（新华社记者杨楹摄）

程"，文化感化、教育引导广大农户有良知、讲良心、重诚信，在种植过程中不使用化肥和非植物源农药，采用人工除草或割草，使用经国家检验合格的有机肥，使用杀虫灯、粘蚊板灭虫进行无公害生产，以保障广大消费者舌尖上的安全。

三、强化技术服务，以示范带动提升技术保障能力

成立专家团队，建立产学研基地，抓品种资源储备及示范带动，为全县猕猴桃种植户提供坚实的技术支撑。现建成品种资源圃70亩，引进新品种100多个；建成节水灌溉、机械授粉等新技术试验的产学研基地2个共700亩；建成集修枝整形、优质高产、配方施肥等技术服务的省、市、县示范基地共142个。

以大数据应用保障产品质量可追溯。猕猴桃大数据物联网可追溯系统在果园设置VR全景，通过前端高清摄像头观察生长指征，收集空气温度、湿度、日照、二氧化碳浓度和土壤温度、湿度、酸碱度等数据，上传到后台自动采样分析后，可制定个性化施肥、用药、病虫害防治计划，实现精准管控农业投入品。目前，大数据物联网可追溯系统覆盖种植面积5.5万亩。以尖端科技设备保障进入市场果品品质。建成占地300亩的修文县猕猴桃科技园，引进荷兰AWETA（艾薇塔）智能光电无损分拣线，对分选果实大小、糖度、糖酸比、外观瑕疵、内在质量等12项内外指标进行分析，结合种植前端采集数据比对，筛选出影响猕猴桃品质的关键指标数据，找准优化指标、提升猕猴桃品质的最佳方案，有效降低次果率，确保进入市场的猕猴桃在外观、口感、质量上均为优等品。

四、资金筹措保障，积极争取资金启动产业

建好项目库，争取中央预算资金、专项资金、省级资金、省级产业发展基金支持，累计争取投入资金10.3亿元，从产业基

础设施、猕猴桃苗木、架材、科技研发等方面给予扶持，使农民前期每亩种植净投入从原来的 7000 多元减少到 3000 多元，有效解决了农民启动资金不足的问题。

利用财政杠杆撬动产业发展。县平台公司投入 3000 万元引导资金，撬动银行和社会资金 2 亿元，与县农商行成立无抵押信用贷款"团结贷"基金，帮助农户、合作社和种植企业解决融资难、融资贵难题，发挥好财政资金"四两拨千斤"的作用，解决农民发展资金短缺的问题。

推行产业保险降低灾害风险。探索种植业保险种类，与保险公司开展业务合作，针对猕猴桃种植各个阶段的自然灾害特点实施投保，确保种植户兜底收益，有效减少因恶劣天气影响给种植户带来的降产减收问题。目前，纳入猕猴桃政策性保险、猕猴桃特色农业保险投保面积共 1.66 万亩，投保总金额中政府补助部分占 60%，自筹部分占 40%。

五、优化组织方式，通过生产合作让农民变工人

大力推广"龙头企业＋合作社＋农户"模式，推行"订单式"生产合作方式，龙头企业为农民提供"农产品选育、测土配方施肥、病虫害防治、生产技术指导"一条龙式"农田保姆"服务，合作社负责土地流转服务、劳动力组织和矛盾纠纷调解，农民负责投入土地、劳动力并按标准要求生产，农民成为基地产业工人，最终按照 1∶2∶7 比例进行分红。

通过信用合作让农民变股东。搭建农村合作金融服务平台，发动农民、合作社、村集体以资金、资源等多种方式入股龙头企业，由龙头企业市场化操作进行农业领域项目投资，实现农民在农业项目领域投资稳定性收益。目前，全县采取信用合作模式培育了 42 个村集体经济企业，覆盖 11000 余户贫困户。

通过供销合作让农场变卖场。坚持强龙头、创品牌、带农户的思路，推进规模化生产、经营，建成谷堡、小箐、洒坪等7个省级示范园区和4个市级农业园区，实现90%以上的猕猴桃同质化生产，通过培育壮大"7不够"等10余个猕猴桃品牌，把自然经济状态下的小农经济产品引入大市场销售，把田间农场嫁接到全国卖场。

六、畅通产销对接，充分织密销售网络

在全国建立修文猕猴桃销售点3万余个、一线城市建立体验店5个、县乡村三级电商服务中心138个，开设电商、微商店铺300余家。全县通过淘宝、京东、苏宁、携程等第三方电商平台开展销售的电商企业及个人店铺2300余家，带动6000余人就业创业，带动800余人脱贫。2018年完成网络零售额1.66亿元，同比增长38.83%。

开展节会活动宣传。在每年9月底或10月初猕猴桃鲜果上市期间举办猕猴桃节会活动，邀请全国各个产区的猕猴桃业内人士、世界四大猕猴桃黄金产区代表、全国各地经销商代表以及各级媒体代表、网红代表参会，立体式打造猕猴桃专业盛宴。目前，已成功举办四届猕猴桃节，活动签约金额累计达16.2亿元。

科学延长产业链条。建成6240吨动态气调库，使猕猴桃的储存期从3个月提升至8个月，实现鲜果错时错季供应并保障价格稳定。建立猕猴桃饮料生产线3条，果酒生产车间1座，开发猕猴桃果汁、果酒、果浆、果干、果味水等10余类产品，实现猕猴桃多渠道销售，有效避免鲜果滞销带来的损失。

七、创新利益联结，全面推行"三合五变"模式

县供销集团投入农业生产所需资金，村委会及农户用土地等资源入股，开展生产合作、供销合作、信用合作，将农村资源变

资产、资产变资本、资金变股金、农民变社员、农民变工人，投产后分别按93%、2%和5%的方式进行分成，每1000亩猕猴桃每年可为村集体带来20万元收入，农户可获500元/亩·年的净收入，加上务工收入，农户可获2500元/亩·年的基本收入。

积极探索"反包倒租"模式。龙头企业把从村集体、农民手中流转的土地"承包"给出让者继续经营，流转费正常支付，村集体、农民按照企业提供的标准规范种植猕猴桃，企业最终以果品质量、产量来核定村集体、农民收益，并探索增量奖励、岗位分红等多种激励途径，把以往农民单纯在基地懒散打工获得固定劳动报酬变为农民靠自己勤奋努力脱贫致富，激发了农民参与的积极性和主动性。

探索开展"金融合作"模式。以供销社集团主导的社员股金服务为基础开展金融合作，农户可向供销社集团的合作银行提出上限5万元的小额贷款申请，由供销社集团提供担保质押，农户所贷资金统一归集到供销社社员股金服务部用于供销社牵头发展的猕猴桃产业，并负责还本、付息，农户每年可从供销社获得至少1000元的分红收入。

八、建强战斗堡垒，调优两委结构促履职

推行村干部专职化管理工作，减少人员数量，提高入职门槛，增强村干部战斗能力，更有效促进了猕猴桃产业发展。如洒坪镇青杠林村在调优村支两委人员后，村干部积极带动全村发展猕猴桃种植产业，全村猕猴桃种植面积从2017年的1000余亩增长到目前的3000余亩,2019年猕猴桃种植户收入均达4万元以上。

完善管理制度激活力。制定出台《修文县村干部专职化管理考核暂行办法》等制度，把人权、事权、财权从各县直部门集中下放给乡镇党委，由乡镇党委定期进行考评考核，根据工作成效

兑现绩效报酬。同时，出台村干部发展村集体经济奖励政策，将当年村级集体经济纯收入新增部分的5%至20%作为奖励资金，用于提高村干部奖励报酬，极大地激发了村干部带动全村发展猕猴桃产业、做大村集体经济的热情。

发挥先锋引领树典型。按照"党建引领强组织、组织引领壮产业"的发展思路，在每个行政村设立党员致富带头先锋岗和村干部致富带头模范岗，突出示范带头作用，形成"2带N"模式，推动猕猴桃种植规模迅速扩大。如龙场镇干坝村4名致富带头先锋党员，带头种植猕猴桃500余亩，并带动了30户农户发展猕猴桃种植1800余亩。

第三部分
企业助力社会聚力

一、工商联

——凝聚民企力量　助力脱贫攻坚

"千企帮千村"活动是工商联系统认真贯彻落实中央、省、市大扶贫战略精神，组织广大民营企业和非公有制经济人士抓住机遇、积极参与脱贫攻坚的一项重要活动载体。活动开展以来，贵阳市工商联通过"六抓六促"工作模式，得到了广大民营企业的积极响应，取得了"多赢"的良好成效，得到了全国工商联、省委统战部、省工商联以及市委、市政府领导的充分肯定。

2015年以来，贵阳市工商联充分发挥广泛联系非公经济人士的优势，在市委、市政府的坚强领导下，在省工商联和市委统战部的精心指导下，以"千企帮千村"精准扶贫行动为总览，积极创新活动载体，广泛动员引导民营企业相继开展了"5个一百"产业富民工程、"商会帮村"产业帮扶、尽锐出战"百家民企进织金"结对帮扶、"同心光彩服务团"等多项活动，在同步小康的奋进路上齐践行、共发力，以实际行动同广大贫困群众同舟共济，用爱心点燃希望，用行动播撒阳光，用奉献放飞梦想，共同谱写出民营企业家参与大扶贫战略，推动全面小康建设的新篇章。

广大民营企业在决战决胜脱贫攻坚进程中，弘扬光彩精神，践行贵阳市启动关爱农民工"绿丝带"志愿服务活动，爱心企事业单位现场向中国志愿服务基金会捐赠 100 万元，将全部用于为农民工送温暖、献爱心。（新华社记者欧东衢摄）

"四信"理念，通过产业扶贫、商贸扶贫、就业扶贫、捐赠扶贫等形式，用心、用情、用力帮扶，彰显了新时代企业家的群体责任和历史担当。

据不完全统计，全市参与"千企帮千村"精准扶贫行动民营企业共有 470 家，受帮扶村达 577 个，受帮扶人口达 9469 户 32972 人，实施帮扶项目 1151 项，投入产业帮扶资金 14.6 亿元，投入就业帮扶资金 4406 万元，投入公益帮扶资金 3735 万元。

在贵阳市"千企帮千村"精准扶贫行动中，由市工商联牵头，市委统战部、市农业农村局等部门共同参与，精心制定工作方案，以中央、省、市扶贫规划为实施依据，以建成更高水平的全面小康社会为主要目标，坚持做表率、走前列。

市工商联充分发挥工商联系统优势，积极主动参与扶贫产业开发，为坚决打赢科学治贫、精准扶贫、有效脱贫攻坚战，形成具有贵阳特色的扶贫开发工作模式作出新贡献。在广泛听取各商会和民营企业意见的基础上，结合民营企业特点提出了产业帮扶、就业帮扶、公益帮扶、商贸帮扶、智力帮扶和其他帮扶等六种帮扶模式，按照学习贯彻、广泛动员、稳步推进、总结经验、形成长效五个步骤制定推进时间表，确保工作得到有序推进。

为切实推动工作开展，贵阳市专门成立了以市委常委、市委统战部部长为组长，市工商联、市农业农村局主要负责人为副组长，各相关部门和各区（市、县）统战部、工商联为成员的工作领导小组，负责全市"千企帮千村"精准扶贫行动工作的统筹协调和指导。领导小组下设办公室在市工商联，负责具体协调、统计、总结等日常服务工作，定期召开联席会议，具体解决工作中存在的困难和问题，在全市形成了"以统战部、工商联牵头，村镇参与，部门支持，企业自愿"的工作格局。

同时，市工商联还专门制定了专职领导分片包保责任工作方案，定期走访调研"千企帮千村"精准扶贫项目实施情况，协调处理工作中的困难和问题，督促相关部门落实责任。

为广泛动员民营企业参与"千企帮千村"精准扶贫行动，市工商联在市、县、商会三个层面组织召开了"千企帮千村"精准扶贫行动动员大会，在全市各级工商联组织中就开展"千企帮千村"精准扶贫行动的目的、意义进行了传达和动员，明确了工商联组织在"千企帮千村"精准扶贫行动中的作用、工作定位和工作要求，在全市工商联系统统一思想，形成共识。

为了让更多的民营企业了解"千企帮千村"精准扶贫行动，参与脱贫攻坚，市工商联积极发挥工商联系统宣传阵地作用，加强与主流媒体密切合作，多渠道、多层次、多形式地抓好宣传发动工作。定期通过市工商联网站、微信群、QQ群等渠道宣传扶贫攻坚相关政策，联系全国工商时报、贵州日报、贵州电视台、贵阳电视台、贵阳日报等对"民企帮村"活动中的成功经验和先进典型进行宣传报道，积极营造良好氛围。

行动开展以来，市工商联与贵阳日报加强合作，刊发"千企帮千村"精准扶贫行动专题报道 50 余篇，在其他媒体刊发宣传报道 40 余篇，报送简报信息 500 余篇。

同时，市工商联还通过讲述会、制作"千企帮千村"精准扶贫视频等形式，广泛宣传先进典型，充分展示了非公经济人士爱国、敬业、诚信、守法、贡献的良好社会形象，引导更多的民营企业参与到活动中来。

按照全省"千企帮千村"精准扶贫行动的总体要求，在各项活动中，市工商联注重探索把握民营企业参与脱贫攻坚的内在要求和基本规律，努力做到"六个坚持"，即坚持注重发挥企业自身优势，因地制宜、因企制宜；坚持义利兼顾，追求双赢、多赢目标；坚持企业自愿，尊重经济规律和市场经济原则；坚持农民认可，主动参与；坚持乡村级组织积极参与；坚持宣传引导，典型示范的基本工作要求。广大民营企业也积极响应工商联号召，参与到脱贫攻坚工作中来，形成了一支"民企帮村"的生力军。

据不完全统计，2015 年以来，全市工商联系统动员参与"5 个一百"产业富民工程的民营企业达 150 余家，参与"商会帮村"项目帮扶活动的企业达 100 余家，参与尽锐出战"百家民企进织金"活动的企业达 120 余家，参与"同心光彩服务团"的民营企业达 100 余家。

在民营企业参与"千企帮千村"精准扶贫行动的生动实践中，各商会、企业积极探索创新参与帮村扶贫的路径、形式和办法，归纳起来，主要有以下几种形式。

一是实施产业扶贫增加"造血"功能。扶贫扶长远，长远看产业。产业扶贫是促进贫困地区发展、增加贫困户收入的有效途径，是扶贫开发的战略重点和主要任务。

为此，市工商联通过大力引导民营企业根据自身优势和帮扶村的资源特色，在贫困地区兴办企业，建立生产基地，带动合作社、第三产业发展，特别推广"公司＋农村经合组织""公司＋农户"等富有成效的帮扶机制，有效带动了农业产业的发展。

2015 年以来，在"千企帮千村"精准扶贫行动中，实施产业帮扶项目 152 项，投入产业帮扶资金 14.6 亿元，实施产业帮扶村寨 139 个，受益人口 11246 人。例如：贵州中康农业科技有限公司在息烽县建立猕猴桃种植基地，以石硐镇中坝村、大洪村为核心种植猕猴桃 4800 亩，吸纳 610 户 2000 余人参与发展。其中，建档立卡贫困户 51 户 191 人，低收入户 559 户 1809 人。自 2015 年石硐中康猕猴桃园被命名省级农业示范园区以来，中康公司累计支付土地流转资金 576 万元、农民工工资 1800 余万元。该公司还直接联系帮扶大洪、中坝 36 户低收入困难户，2018 年家庭人均收入 2 万元。

二是瞄准特殊困难群体需求广泛开展公益帮扶活动。在帮扶中，市工商联注重特殊困难群体的需求，开展了一系列助老、助残、助学等公益活动。

近几年来，全市各商会和企业深入 445 个村寨和学校开展帮扶活动 665 次，捐赠物资和现金总额达 3700 余万元，受帮扶贫困人口 18000 余人。例如：针对织金县特殊困难群体，市工商联同贵阳市黔西南商会在织金县结对共建爱心学校，先后在织金县特殊教育学校开展了"天使折了翼·梦想仍在飞"爱心公益活动和"关爱特殊人群·办爱心学校"两次捐赠活动，共向织金县特殊教育学校捐赠 50 余万元的教育教学用品。

三是解决就业拓展致富门路。民营企业不仅是产业发展的最活跃的代表，更是吸纳就业的主力军。每年，市工商联都要联合市人社、工会等部门开展"民营企业招聘周""金秋招聘活动"等，优先安排建档立卡贫困户就业，促进贫困家庭增收。比如在2019年的"民营企业招聘周"活动中，就有422家民营企业提供19451个岗位参加招聘。2020年7月，同市人社局共同举办了贵阳市民营企业暨高校毕业生专场网络招聘会累计参会单位53家，提供需求岗位1642个次，投递简历数863人次。7月1日至31日，在2020年贵阳市"民营企业招聘月"活动中，共举办了46场现场招聘会，1602家招聘单位提供56867个就业岗位参与招聘，签订就业意向协议1332人。

四是整合资源补齐民生短板。在组织"千企帮千村"精准扶贫行动过程中，市工商联通过实际调研和考察，针对群众最急最忧最盼的紧迫问题，集中优势资源，大力实施交通、供水、排污、亮化等相关帮扶项目，有效解决群众关注的难点、痛点、堵点。

2018年，市工商联共组织66家商会和企业筹集100万元帮扶资金，在织金县自强乡、大平乡两个乡镇10余个贫困村集中修建了200口小水窖，有效解决了200余户贫困户吃水难问题，让近1000人用上了健康卫生饮用水。2019年，市工商联针对毕节市赫章县铁匠乡共同、联合、处卓三个村59户贫困户脱贫质量提升问题，再次组织了16家商会和企业捐赠资金45.5万元，为贫困户买家具、电器，实施房屋装修，有效改善了贫困户居住环境，确保三个村贫困户按期脱贫。2020年，在"冲刺90天　打赢攻坚战"助力脱贫攻坚行动中，组织114家企业结合乌当区58个村1370户建档立卡贫困户的需求，捐赠230余万元物资解决脱贫攻坚短板问题。

五是抓台账管理，应录尽录促精准。为加强"千企帮千村"精准扶贫行动台账管理工作，确保帮扶企业应登尽登，市工商联多次组织召开区县和商会业务人员培训会议，就"千企帮千村"精准扶贫行动台账管理工作进行专门培训，参训人员达200余人次。

2018 年，为确保"千企帮千村"台账数据的准确性，市工商联专门组织各区（市、县）台账管理员前往修文县开展贵阳市工商联"千企帮千村"台账观摩交流会，邀请省工商联相关负责人亲临指导，通过以会代训的方式对全市"千企帮千村"台账管理进行了现场培训。要求各区（市、县）严格按照"四个一批"要求认真查找台账管理工作存在的问题，及时整改，做到"三查看，二走访，一评估"与"五个精准"，通过加强遍访工作力度、加速台账系统更新，对台账系统逐一核对，提高台账系统准确性，保证各项数据如实登记，不错登、不漏登。

"千企帮千村"精准扶贫行动开展以来，参与帮扶的企业深入帮扶村寨开展调查研究，结合自身实际，找准帮扶路径，通过各种帮扶方式，积极在帮扶村、组实施帮扶项目、技术、开拓市场，帮助农户增加收入，取得了明显成效。

一是提高了农户的自我发展能力。企业通过为贫困村投入资金、引进新技术，改变了传统的种植养殖模式，大大提高了农户的收入。通过实用技术培训、农村劳动力转移就业等手段，提高了贫困村人口的综合素质。这一系列帮扶行动，帮助农户转变了观念，开阔了视野，提高了自我发展能力。

例如：修文县福裕众源公司以公司为平台、合作社为纽带大力支持岩鹰山村发展村集体经济，探索建立了"三合五变"服务"三农"和大扶贫的"修文模式"。合作社成立的方式一种是公司以生产合作、产销合作、信用合作三者共同合作建立农民新型合作社，一种是农民以土地经营权流转的方式成立合作社，实现资源变资产；合作社参与园区建设，实现资产变资本；在农民自愿的前提下，农民变合作社社员；农民在园区务工，实现农民变产业工人；集体资金注入公司，实现资金变股金。"三合五变"模式，贫困户根据类别和参与方式的不同，可获得土地流转受益、产业前端受益、保护价格受益、利润返还受益、务工就业受益和股份合作受益。在公司的带动和帮助下，岩鹰村实现了贫困村出列和贫困户脱贫。

二是进一步拓展了帮扶方式。打破常规资金帮扶的传统，创新帮扶模式，将输血变为造血，进一步提升贫困户脱贫致富的能力，是帮扶工作的出发点和落脚点。

农村人口老龄化是导致部分农户贫困的根源。面对这一问题，长津农业科技有限公司采用"公司＋基地＋农户"的运作模式在红枫湖镇打造3000余亩示范基地，聘用了280多名当地中老年农户在公司工作。用当地村民的话说，"流转部分土地给公司，我们有钱；在家门口给公司打工，我们有钱；将自己土里的农产品卖给公司，我们也有钱，还能照顾好家庭，很划得来。"

三是实现了企业与农户的"双赢"。企业通过帮扶贫困村，让贫困农户在增加收入、改善环境等方面得到了实实在在的好处。企业在帮扶活动中通过开发利用当地优势资源获得利益，同时也为企业拓展发展空间、塑造企业良好形象，实现了自身发展。

例如：贵州富之源集团在修文县大力推广实施"公司＋家庭农场"助农增收养殖新模式，走"以养促种、以种定养"的种养结合的生态高效产业发展道路。通过5年的示范带动，达到年出栏生猪20万头，带动1000人增收脱贫。同时，该公司还在贞丰县创新实施了"19518"生猪产业扶贫新模式。即1个能人带9个贫困户，养殖500头猪，年收入18万元。通过3年的示范带动，发展家庭农场400个单元，达到年出栏生猪40万头，带动9000人增收脱贫。

四是民营企业光彩精神得到了充分认可。在参与全省脱贫攻坚战役中，贵阳市广大民营企业充分展现了"义利兼顾、以义为先"的新时代风貌，他们以实际行动赢得了各级领导的充分肯定和广大群众的一致好评。

2019 年 7 月 12 日，全国政协副主席、工商联主席高云龙在织金县调研时，实地参观了贵阳市工商联尽锐出战"百家民企进织金"结对帮扶成果展，详细听取了市工商联工作的情况汇报，对贵阳市组织120 家民营企业参与织金帮扶取得的成效给予充分肯定。中华工商时报、贵州日报、贵阳日报、贵州电视台、贵阳电视台等多家媒体就贵阳市"千企帮千村"精准扶贫、"百家民企进织金"等活动进行多次报道，近两年来，通过市工商联推荐参与评选的脱贫攻坚先进集体和先进个人达 30 余个。

五是工商联组织的凝聚力战斗力进一步增强。市工商联在大扶贫战略中如何发挥作用？如何提升工商联组织的凝聚力和战斗力？是市工商联一直在探索的问题。

在开展"千企帮千村"精准扶贫行动中，市工商联用共同的目标增强理解、用共同的愿景凝聚力量，在短时间内就动员众多商会和民营企业参与其中，数量创下历史各项活动之最，充分证明了工商联组织是有凝聚力和战斗力的。

六是工商联系统干部能力得到了锻炼和提升。干部能力要在实践中才能得到锻炼和提升。"千企帮千村"精准扶贫行动是市工商联近几年的一项重大工作，活动涉及点多面广，从策划到执行、从人员组织到结对村选择、从后勤保障到对外宣传，活动顺利有序推进，市工商联干部能力在这样的实战中得到了锻炼和提高。

典型案例一

五福坊公司——积极担使命　扶贫倾真心

2020 年全面建成小康社会是党的十九大向全国人民作出的

庄严承诺，作为脱贫攻坚主战场，贵州任务艰巨。贵州五福坊食品股份有限公司主动作为，勇于担当，综合运用产业扶贫、商贸扶贫、就业扶贫、智力扶贫、捐赠扶贫等多种方式，帮助贫困群众创业就业、增收致富，为全省打赢脱贫攻坚战贡献力量。

一、党建＋扶贫，有力度有温度

"感谢政府的关心，谢谢公司的资助，谢谢！"这是贵阳市乌当区下坝镇谷定村谷丰一组村民梁朝发含着眼泪说的话。

梁朝发的妻子早年因病去世，留下一个3岁的孩子。他又当爹又当妈，仅靠着四处打零工赚来的钱养育孩子，艰难维持生活。前些年，梁朝发组建了新的家庭，又生育了一个女儿。但天不怜人，女儿是先天性残疾，治疗需要大笔费用，而第二任妻子又弃家出走。梁朝发是乌当区建档立卡贫困户，仅有一间约40平方米的木房容身，年久失修，已成为危房，解决居住是梁朝发一家面临的大难题。梁朝发东拼西凑，加上村委会的支持，凑到的钱也只能勉强打理出一块宅基地，再也挤不出一分钱来修建房屋。

五福坊公司在获知情况之后，立即安排公司党支部负责资助梁朝发2万元现金用于建房。于是，便出现了先前的一幕，让"男儿有泪不轻弹"的梁朝发忍不住热泪盈眶，感谢连连。

在"千企帮千村"帮扶活动中，五福坊公司与乌当区百宜镇罗广村结为帮扶对象。根据该村实际情况，结合公司的资源优势，与罗广村签订了产业帮扶协议，连续三年每年给予该村合作社5万元资金支持，多方协调资金20万元，帮助该村发展产业，由村合作社组织村民生姜、大蒜、香葱种植，河道生态养殖等，公司利用已有渠道帮助销售或作为公司生产所需的辅料。

2017年7月，在得知因暴雨引发地质灾害，导致罗广村部分临时安置的村民需要帮助时，公司积极响应，立即购买并送去万余元村民急需的生活物资，解决了临时安置村民的燃眉之急。

2017年，罗广村贫困村民晏友学的女儿被贵州医科大学录取，但费用无力承担。知悉情况后，立即安排公司党支部进行沟通对接，资助其学杂费5400元，并承诺资助其完成大学学业。

2018年8月，公司积极响应贵阳市工商联尽锐出战"百家民企进织金"结对帮扶号召，通过产业帮扶、教育帮扶、就业帮扶、重点帮扶等方式，帮助结对帮扶村喇叭河村贫困群众脱贫。

二、积极担使命，扶贫倾真心

根据结对帮扶村罗广村的实际情况，五福坊公司组织捐助和协调资金，为罗广村产业发展募集启动资金。在2018年春节，还为该村36户低收入困难村民送去了近万余元的春节慰问物资。

2019年春节前，五福坊公司捐赠1.5万元物资帮扶望谟县麻山镇、捐赠2万元现金慰问织金县喇叭村、捐赠0.5万元现金慰问罗广村贫困户、捐赠5万元资金助力罗广村群富康公司产业发展。2019年6月，公司结合主题教育检视问题走访贫困户，建立利益联结机制，为结对的贫困户送去2.4万元家庭养殖发展基金。

公司还根据自身生产经营情况，积极开展帮扶活动。贵州黔鼎福食品有限公司每年向养殖场收购生猪20万头左右；每年定点收购贵州糯小米150余吨，其中黄平县130吨左右、修文县桃源乡20吨左右，带动当地农户500余户种植小米，户均收入4800元左右；通过代加工方式在毕节地区生产黄粑、辣椒、苦荞等系列产品100余吨，带动当地农户种植苦荞、小米、辣椒等。

2017年8月，获乌当区"千企帮千村"示范企业。2018年7月，获乌当区脱贫攻坚先进党组织。2019年1月，被贵阳市总商会授予"贵阳市'千企帮千村'精准扶贫行动先进单位"荣誉称号。2019年7月，先后荣获市、区脱贫攻坚先进党组织称号。

三、公益扶贫扶志，增强脱贫致富的内生力

公司领导多次深入村寨走访村民，增强村民的脱贫信心，鼓励村民解放思想强干劲，针对有些存在"等靠要"思想的贫困户，与他们一起研究对策，促膝交谈，因户施策，寻找致富门路。

在做好"千企帮千村"精准扶贫、支持产业发展和扶贫济困的同时，五福坊公司积极参与社会公益活动，在贵阳市第二届"筑城公益会"活动中捐助2万元助力贵阳公益。参与贵阳—黔西南州"泉涌"工程，为贫困地区农产品销售献计出力，把滞销的特色产品纳入公司销售渠道。2019年，向贵阳市和谐促进会捐赠10万元、向乌当区和谐促进会捐款5万元、向乌当区云锦尚城易地搬迁项目捐赠3万元。2020年2月8日，正逢春节，又是疫情防控期间，公司领导多次带领公司慰问组依次走访慰问了辖区内火石坡、百宜镇、羊昌镇、竹林、定扒等五个高速公路收费站疫情防控宣传卡点，为每个卡点送去1万元抗疫资金和4000元生活物资。到辖区内观溪路、新光路、新创路、高新路、龙广路5个街道办事处，分别送去2万元抗疫资金。捐赠给辖区内乌当区人民医院、区公安分局、市公安交管局乌当分局各1万元抗疫资金。

2020年，因帮扶工作调整，五福坊公司对口帮扶乌当区羊昌镇马场村。公司为马场村6户建档立卡贫困户购置了家具等生活物资，支持马场村发展小米种植并提供种子。由村里发动农户（侧重建档立卡贫困户）进行试种植，所产小米由公司以不低于市场价收购，通过发展产业开展帮扶，建立企业、帮扶村、农

户之间的利益联结，实现三方多赢。同时，为了改善村容村貌和民居环境，公司筹集资金 4 万元，帮助马场村实施戴家坝小广场治理。

回顾过去的成就，描绘未来的蓝图。五福坊始终秉承"致富思源、扶危济困、发展企业、回馈社会"的精神，与党和政府同心同德、同向同行，积极回馈社会，为决战决胜脱贫攻坚贡献力量。

二、农商银行

——精准服务"三农" 助力脱贫攻坚

近年来，贵阳农村商业银行股份有限公司始终坚持以习近平新时代中国特色社会主义思想为指引，全行上下坚持高举服务"三农"旗帜，主动发挥地方国有商业银行的作用和优势，在金融精准扶贫精准脱贫等工作上作出积极贡献。

（一）切实提高政治站位，坚定不移推进脱贫攻坚

作为市扶贫开发领导小组成员单位，贵阳农商银行深刻认识到，脱贫攻坚是决胜全面建成小康社会的重要内容，是"十三五"时期的头等大事，是中央和省市关于国有企业扛起时代担当、履行社会责任的重要要求。在党建扶贫工作中，贵阳农商银行切实提高政治站位，牢固树立"四个意识"，做到"四个服从"，自觉把思想和行动统一到中央和省、市的部署上来，紧紧围绕"三大攻坚战""三大战略行动"和乡村振兴战略，立足深耕"三农"、服务"三农"的战略定位，主动融入脱贫攻坚和农村产业革命大局，把打赢脱贫攻坚战作为最大的政治任务，形成群策群力抓扶贫的良好氛围，为深入推进金融精准

扶贫助力脱贫攻坚提供坚实保障。

（二）找准定位明确方向，切实提升金融服务质效

贵阳农商银行创新提出打造"乡村振兴特色银行"的战略目标，坚持把业务发展融入省、市脱贫攻坚、乡村振兴战略，做到同谋划、同部署，一体推进。深入研究制定《贵阳农商银行乡村振兴特色银行发展规划（2019—2023)》，提出"二六二"信贷资源分配计划，明确将每年新增贷款规模的 60% 投向农村产业和生态农业领域；提出着力打造生态牧业供应链金融平台、生态种植业信贷监测平台、全省农民信用平台和"超值购"供应链金融平台的"四个平台"建设计划，并对应四款具有竞争力信贷产品的创新开发，即"生态养殖贷""生态种植贷""农户信用贷"和"农业订单贷"，基本覆盖农业方面的种植、养殖、农业订单及农户的信用贷款。

（三）紧盯实际困难问题，扎实推进结对帮扶工作

助力脱贫攻坚，真干、实干为要。近年来，贵阳农商银行紧盯实际困难和问题，不辞点滴努力，汇聚决胜力量。

拟定工作方案，落实结对帮扶。贵阳农商银行党委班子多次带队深入帮扶村开展走访调研，与县乡政府以及驻村干部座谈，详细了解帮扶村基本情况、产业发展和实际困难，并针对困难问题和实际需求组织党委会专题研究，按年制定《贵阳农商银行驻村帮扶计划》，明确帮扶工作的时间表和路线图，切实推动落实资金、项目和责任"三捆绑"，扎实推进金融精准扶贫工作，提升帮扶成效。

选派驻村干部，发挥驻村作用。贵阳农商银行精心选派两名素质

学子参与孔学堂·阳明文化之旅。

较高、能力较强、作风过硬的业务骨干担任第一书记和驻村干部,切实发挥起"联络站"作用,并严格执行驻村干部全脱钩的管理要求,确保派驻干部真蹲实帮,充分发挥驻村干部带头作用,通过实地调查总结,了解村民所思所想所难,利用自身优势,帮助村里申报、落实项目,积极筹措资金,开展扶贫帮困,为帮扶村的发展出谋划策。

为让驻村干部安心驻村、切实助村,每年为村第一书记和驻村干部提供 1 万元工作经费,定期收集《驻村人员工作情况月反馈表》,按月将浮动工资、食宿补助及时兑现发放到村第一书记和驻村干部手上,落实驻村干部待遇问题。

开办优秀传统文化教育活动。贵阳农商银行联合修文县和孔学堂文化传播中心、孔学堂发展基金会,免费向全市中小学生推出"孔学堂·阳明文化之旅"主题活动,2017 年 10 月 12 日在阳明文化园举行启动仪式。其中，龙山村崇恩希望小学和合兴村小坝小学的 20 名学生参观了修文阳明洞和贵阳孔学堂，参加国学名篇诵读和书法现场体验活动。

捐资助力乡村基础设施建设。2017 年初，贵阳农商银行针对合兴村长期存在的缺水缺资金的实际困难，出资 183.24 万元帮助该村修建农村供水工程，该工程于 2017 年 10 月 1 日正式建成，通水范围覆盖该村紫江田等 9 个村民组，解决 531 户近 2000 名村民长期存在的饮水难问题，为村居环境的卫生改善和产业发展创造条件。2017年，捐款 43.5 万元修建的龙山村农产品交易市场投入使用，旺季每天销售农产品 60 吨左右，极大地方便了龙山村及邻村村民果蔬外销，促进了农户发展种养殖产业的积极性。2019 年捐款 1.2 万元帮助小坝村罗大寨组解决修建水池资金短缺的实际问题；2020 年 1 月 22 日向修文县小箐镇合兴村饮水安全工程捐赠 100 万元，帮助当地解决饮水工程拖欠农民工工资问题。

积极实施就业扶贫政策。为鼓励和推动农村教育，加强农村人才培养，为脱贫攻坚提供人才基础，贵阳农商银行利用在县域设立分支机构的契机，为帮扶村困难家庭大学毕业生子女提供同等条件下优先录用的特殊就业政策。2017 年、2018 年，先后录用修文县小箐乡合兴等村 7 名农村困难家庭大学毕业生为合同制员工。为让被录用人员尽快适应岗位工作，修文支行及时开展岗前培训，确保毕业生顺利通过试用期成为正式员工，不仅解决贫困大学毕业生就业问题，也帮助其家庭享受"一人就业，全家脱贫"的扶贫政策红利。

帮助解决农产品销路问题。贵阳农商银行帮助清镇市犁倭镇翁林特别困难村种养殖户积极联系对接市场，一是及时解决出栏林下鸡的销路问题，帮助养殖户销售林下鸡 1750 余只，近 8 万元销售资金快速回笼，促进当地林下鸡产业发展。二是帮助翁林村解决 3000 斤红米的销路问题，快速实现 12 万元销售款的回笼，促进农业产业的发展。

积极参与"扶贫日"活动。2018 年和 2019 年在全国"扶贫日"活动期间，按照市委、市政府"扶贫日"活动部署和有关要求，贵阳农商银行分别募集 204557 元和 235220 元，并按照要求全部及时汇入贵阳市慈善总会账户。

支持贫困地区补短板问题。2018 年 12 月，为全力支持和助推贵州"大扶贫"战略，贵阳农商银行积极响应扶贫生态移民工程捐赠倡议，无偿捐赠资金 2500 万元，切实体现金融扶贫的责任担当。2019 年支持长顺县政协脱贫攻坚"百千万行动"，向长顺县政协捐赠 10 万元，解决长顺县在"志智双扶"、贫困户短板、大数据公益平台、教育基础设施、村级办公阵地等方面的资金缺口问题。2020 年 5 月，为支持榕江县贫困群众"两不愁三保障"方面存在的短板项目，向榕江县红十字会捐款 30 万元；2020 年 6 月与市医保局联合开展帮扶工作，向息烽县九庄镇三合村捐款 29.8 万元，解决息烽县九庄镇三合村因路灯安装资金缺口难题。

助力帮扶村防控疫情工作。2020 年春节期间，新冠肺炎疫情在全国蔓延，了解到帮扶村岩鹰山村急需疫情防控物资以及防控点工作人员生活物资匮乏等困难情况后，贵阳农商银行迅速行动，第一时间为村里采购到红外测温仪、医用口罩、医用酒精、医用手套、消毒液等一批防疫用品和大米、食用油、罐头、水果等防疫值守人员生活物资（合计价值约 3.6 万元），送到岩鹰山村委，解决村里的燃眉之急。

结对帮扶村发展特色农业。杠寨村肉牛养殖项目是贵阳农商银行 2019 年底结对帮扶杠寨村后帮助谋划发展的主导产业之一，项目占地 26.3 亩，年出栏规模预计可达 2500 余头。2020 年 5 月中旬，贵阳农商银行向该项目发放首笔信用贷款 500 万元。目前，种草养牛项目已完成土地流转，所种牧草长势良好，养殖场正在进行平场，投入使用后预计可实现年销售收入 2500 万元至 3000 万元。杜仲项目是贵阳农商银行帮助该村谋划、推荐的另一农业主导产业，计划种植规模500 亩，年产值达 1500 万元左右。目前，贵州盛海生态农业发展有限公司杜仲种植项目已获得贵阳农商银行 500 万元信用贷款支持，杜仲种植项目已出苗……

📋 典型案例一

花溪农商银行——创新服务"贷"来精彩

多年来，花溪农商银行积极发挥金融资源优势，创新金融扶贫模式，为助力打赢脱贫攻坚战贡献力量。

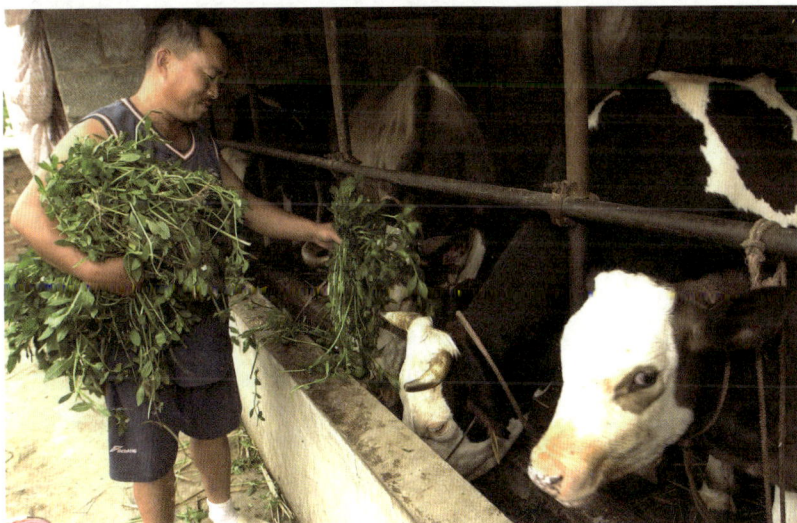

贵阳市花溪农村合作银行是中国启动农村信用社改革以来首家成立的农村合作银行。图为花溪区花溪乡洛平村农民熊明农正在喂养贷款买来的乳牛。(新华社记者杨楹摄)

一、着力破解农民贷款难，创新服务做好"三农"帮手

截至 2020 年 5 月 31 日，花溪农商银行总贷款余额 170.23 亿元，涉农贷款余额为 47.85 亿元，占比 28.11%。在涉农贷款余额中，农户贷款余额为 45.05 亿元，占总贷款余额的 26.46%；农户小额信用贷款余额为 38.7 亿元，占农户贷款的 85.9%，较年初增长 0.69 亿元，增速 1.82%；贷款农户数 27114 户，较年初增加 84 户。

在机构发展定位上，花溪农商银行紧紧围绕区域产业规划，以服务"三农"和小微企业为重点，大力支持贫困村、贫困户、低收入困难户的经济发展，将信贷资金向扶贫龙头农业企业倾斜，向具有致富带动作用和解决贫困户就业的小微企业、个体工商户倾斜，使资金流向"三农"，服务贫困地区贫困户，激发贫困地区市场活力。

该行以农村信用体系建设为抓手，创新开发"小康卡"系列信贷产品，采取"金额可高可低，期限可长可短，押品可有可无，利率可上可下"的灵活方式，依靠农户信用发放贷款，提升农户信贷资金获得的便利性。

为提升服务质效，花溪农商银行成立了"自行车金融服务队"，购置 200 辆自行车，组织 88 名客户经理实施定点包户，携带机具设备骑自行车进村入户，了解农户信贷需求。完成所有行政村"村村通"助农取款 POS 机的安装铺设，研发自助贷款终端，让农户足不出村即可办理"存取汇"等业务，改变农户业务办理成本高的现状。结合全省农信社助农脱贫流动服务站工作，开行"12+2"辆助农流动服务车，在全辖开展"流动式银行"金融服务，覆盖群众 20 余万人，实现 158 个行政村流动服务全覆盖。

目前，该行实现信用农户建档评级覆盖率 100%、"小康卡"发卡面 100%、信贷资金有效需求满足率 100%；创建信用乡镇 9 个、信用村 117 个、信用组 644 个，创建信用园区 2 个；辖区内农户贷款有效需求满足率达 100%。2020 年初，花溪农商银行作为贵州农信 11 家农村信用工程系统上线试点行社之一，率先开展农村信用工程系统，有效促进农户获贷率。

二、输入扶贫资金，帮扶产业带动区域脱贫

花溪农商银行开展"特惠贷"精准扶贫农户小额信用贷款发放工作，在引导资金回流农村、服务乡镇、支持扶贫开发中积极发挥金融主力军作用。

该行"特惠贷"精准扶贫农户小额信用贷款借款人全部为贵安新区扶贫开发领导小组办公室确定（党武镇、湖潮乡）的精准扶贫建档立卡贫困农户，党武镇、湖潮乡两个乡镇总贫困户户数 535 户，该行已为以上两个乡镇 535 户贫困户建档，建档面达 100%；评级户数 320 户，评级面为 59.8%；授信户数 320 户、授信面 100%、授信总额 1566 万元；截至目前，该行累计发放"特惠贷"精准扶贫农户小额信用贷款累计发放 207 笔，发放金额 986 万元，目前已全部结清。满足了扶贫部门贵安新区扶贫开发领导小组办公室确定的符合贷款条件的（党武镇、湖潮乡）精准扶贫建档立卡贫困农户资金需要，有效解决了贫困农户生产发展融资难的问题。

花溪农商银行积极支持绿色产业扶贫投资基金的投放工作，根据地区实际向重点企业、产业投放资金，带动区域经济向好发展，提升本地人口就业。先后向贵州花溪中意食品有限公司 5000 吨豆制品加工技改项目投放产业扶贫子基金 2550 万元，带动行业上下游约 300 户从事豆类种植生产、加工、务工、销售

等，起到了较好的社会效应和带动作用；贷款 1000 万元支持阳光雨露公司花溪高坡乡一草一木项目，此项目占地 1000 亩，发动高坡乡石门、大洪、扰绕等几个村村民种植中药白及、银杏并带动 71 人就业，为高坡乡石门、大洪、扰绕等几个村贫困户增收起到较好效果；支持花溪马铃乡珏玲种植园 100 万元从事早熟蔬菜及中药的种植、加工、销售，吸纳附近几个村寨贫困户约 40 余人到种植基地务工，人均月收入可达 3000 元以上，为当地贫困户增收起到了重要作用。

该行扎根本地，因地制宜，对黔陶乡香葱种植、久安乡茶产业发展、高坡乡旅游发展等，提供长效、稳定的资金帮扶。

三、智力扶贫助推脱贫攻坚，金融夜校传递致富新声

花溪农商银行充分关注农村金融消费者权益保护，利用农户农闲或晚上空闲时间，举办"金融夜校"金融知识培训，与村委共建小康讲堂图书室，在乡村院落、学校、村民家中，以喜闻乐见的形式、通俗易懂的语言"零距离"传播金融知识、宣传信用工程。

截至目前，花溪农商银行已累计举办"金融夜校"2992 场，受益农户 14.82 万余人次，让当地群众享受到了家门口的金融服务。

花溪农商银行按照"扶贫重在扶智"的工作方针，为花溪区贫困大学生提供每年每人 8000 元助学贷款；对务川县回龙村贫困户学子提供就学资助，累计帮助 133 人次，捐赠金额累计 36 万元；助力村小建设，对织金县白马小学爱心捐赠课桌椅 200 余套、20 台空调，建设足球场、篮球场；党武镇中心完小捐赠体育用品；贵安新区的岐山村贫困户子女开展"1+1"爱心育才工程，干部结对帮扶贫困户子女，开展公益帮扶，开展活动 7 次，走访

慰问贫困户学生 43 户，捐赠物资 1 万元，捐赠资金 7.48 万元，惠及贫困学生 59 人；持续帮助解决务川县回龙村贫困大学生学费、生活费问题；捐赠 100 万元建设花溪区青少年法治教育基地。

2019 年，花溪农商银行关心下一代工作委员会正式挂牌成立，与花溪区关工委形成了"责任共担、目标共进、成果共享"的良好局面，投入 100 万元资金，组织开展了一系列有益于青少年教育工作的活动，关心关爱特殊群体青少年、留守儿童、流动儿童；开展了诚兴学校捐赠、捐赠 30 余万元用于青岩镇中心完小传统文化展示中心建设，开展"六一"慰问等各项工作，给贫困留守的少年儿童带去关怀，送去物质帮助。近年来，花溪农商银行还结合自身实际，打造了"儿童银行"特色支行，开展了儿童财商教育服务，让"财商教育从娃娃抓起"，提升金融知识普及率。

四、积极履行社会责任，做好结对帮扶工作

自 2015 年年末结对帮扶务川县砚山镇回龙村以来，花溪农商银行高度重视，积极谋划，主动出击，成立了结对帮扶工作领导小组，制定了《花溪农商银行结对帮扶务川县砚山镇回龙村脱贫发展实施方案》。为确保扶贫成果转化，积极落实，建立实地调研，深入实地调研逾 19 次，举行座谈会 14 次，举办帮扶定向招聘会 1 次，达成就业意向 19 人，其中：带领花溪知名企业家实地帮扶考察逾 10 人次，实地回访帮扶工作情况 9 次。

为改善回龙村人居环境、基础设施，2016 年至今，花溪农商银行累计投入 30.58 万元，帮助回龙村增加远程教室设备、装修卫生室及增加医疗设备；对村委办公楼进行装修，增加办公设备，改善办公条件；帮扶回龙村对新修的泡木槽产业路一处弯道拓宽、石方开挖及堡坎垒砌；拆除破闲置废旧房屋，开展卫生整

治评比、五好家庭评比等脱贫攻坚大环境整治，对抗美援朝退伍老军人覃碧荣老住房进行改造。

该行还持续实施资助大学生的雨露计划，凡是回龙村考上大学的孩子，每人每年都给予2000至3000元的资助，累计帮助133人次，捐赠金额累计36万元。

2017年，花溪农商银行制定帮扶回龙村贫困户发展生产扶持奖励办法，投资1.18万元对14户贫困户进行种植奖励。现在村里规划建起了中药材、油菜种植基地，山坡上种上了品质优良的桃、李，还开始发展农家乐。当地的农户成立了专业合作社发展蜂蜜产业，该行针对养蜂专业合作社产品滞销问题，主动与合作社负责人商讨"建渠道、树品牌"等营销路子，让回龙村优质农特产品真正走出大山，实现了经济效益。目前，已帮助合作社销售蜂蜜201斤，实现销售收入30150元，带动贫困农户就业1人。

通过花溪农商银行，砚山镇党委、政府，回龙村村支两委的共同努力，回龙村脱贫成效显著。2015年，脱贫29户，134人；2016年，脱贫44户，209人；2017年，脱贫39户，159人。2018年底，务川县砚山镇脱贫工作顺利通过第三方评估，回龙村首次完成了"整村脱贫"的蜕变。

三、城发集团

——勇担责任履行担当　贡献国企扶贫力量

近年来，贵阳城发集团把融入脱贫攻坚作为重大政治责任，切实履行国企担当，发挥"三个作用"，当好"扶贫三员"，凸显"三

贵阳城发龙窝互通扶贫项目暨六广镇夏秋攻势扶贫项目动工。

大优势"，坚持"三个强化"，在高质量实体化发展中推行"四个三"工作举措，为高质量按时打赢脱贫攻坚战贡献力量。

（一）发挥"三个作用"，开展"三项服务"

为充分发挥党组织、工会、共青团的作用，城发集团鼓励和支持党员、团员主动担当，发动普通员工自觉践行"奉献社会"的企业使命，通过捐助、消费等方式积极融入脱贫攻坚大局，为决战决胜脱贫攻坚贡献力量。

为发挥党员干部"主心骨"作用，城发集团以党支部为单位，组建了 18 支党员志愿先锋队，积极开展"奋战 100 天，决胜 60 天，圆满完成脱贫攻坚"专项行动，发扬一个党员一面旗帜、一个支部一座堡垒的精神，以实际行动带动和影响周围员工，带头迎难而上，带头艰苦奋斗，带头勇挑重担，真抓实干，勤奋工作，解决疑难事项 30 余项。其中，3 名党员先锋队队长因在脱贫攻坚工作中表现突出，获评为贵阳市"全市扶贫攻坚优秀党务工作者"。

为充分发挥党的助手和后备军作用，城发集团组建了青年志愿突击队，充分发挥青年团员在脱贫攻坚中敢闯敢拼、敢于吃苦、乐于奉献的精神，保证关键岗位有青年坚守，关键环节有青年参与，关键时刻有青年撑着，将青春的激情转化为具体的奋斗目标，将个人的成长和脱贫攻坚项目建设发展紧密联系，坚守在扶贫项目建设一线，抢工期促进度，抓质量保安全，齐心协力，众志成城，为打赢这场脱贫攻坚战发挥了重要的作用，获得了上级团委和社会各界的认可，2016年来公司团委系统奖省级奖项 2 项、市级奖项 9 项。

普通员工也不落后。在公司组织的"精准扶贫你我同行""扶贫日"捐款等活动中，普通员工捐助爱心款 10 万余元。同时，积极响应《贵阳市大扶贫战略行动社会帮扶倡议书》，广大员工以微信扫码方式传递正能量，先后向贫困山区捐赠 15100 元，向青山苗族乡老复员军人吕世贵捐资建房资金 20000 元。此外，组织公司系统食堂、员工开展消费帮扶，购买修文县石板村、雷山县、平坝区水江村等贫困乡村及群众共约 70 万元的农特产品，助力农民群众增收。

（二）当好"扶贫三员"，做实"三项帮扶"

结合"一建双创三争"党建品牌创建，城发集团鼓励干部员工在脱贫攻坚中争当"扶贫三员"。截至目前，集团已先后助推 2 个贫困村、20 户贫困户均实现了脱贫目标。

当好方针政策的"宣讲员"，做实关怀帮扶。公司领导班子通过带队走访慰问、一对一结对、联合村党支部开展集中学习、与群众座谈等方式，向群众宣讲党的扶贫方针政策，让中央、省委和市委的重大决策部署家喻户晓、党的关怀深入人心。驻村干部和扶贫干部通过走村串户、与群众拉家常的方式，给群众宣传党的好政策，鼓励他们自立自强，坚定增收致富的决心与信心。2016 年以来，公司扶贫干部员工深入贫困村、贫困户宣讲扶贫政策 30 余次，落实慰问金、物资等约 10 万余元。尤其是新冠肺炎期间，公司各级干部积极帮助半坡村、新明村等扶贫点开展疫情防控等工作。扶贫干部通过走访排查向 169 户 863 人宣传防疫知识，在防疫物资紧缺的情况下，第一时间调配口罩 2000 只、消毒液 80 公斤等物资送到村民手中，及时为帮扶点解决了物资难题。

当好村支两委的"辅导员"，做实智力帮扶。近年来，集团开展了大量工作，对花溪区骑龙村、修文县石板村、新明村党支部等进行基层党建、换届选举等工作的业务指导，推进支部学习常态化、项目化、具体化；指导花溪区骑龙村完成村、支两委换届选举，人大、政协委员换届选举，全面推行党务、村务公开，新发展党员 2 人，成功摘掉"软弱涣散"党支部的帽子；向帮扶村赠送农技书籍，与村干部、驻村干部、村民代表座谈，探讨发展思路，共商脱贫攻坚大计，提出发展建议 10 余条；开展精准教育帮扶——励志成才计划，筹集 6.88 万元帮助花溪区黔陶乡骑龙村、修文县六桶镇石板村共 4 名学生完成学业；到六广镇德政小学开展"我和我的祖国·牢记初心使命"主题党日活动＋教育党员志愿服务活动，为 43 名小学生送去书包、文具等学习用品；下属项目公司党支部携手花孟社区杨中小学开展"社会主义核心价值观进校园"活动，并向学校捐赠办公器材和体育用品，投入资金约 10000 元；资管公司党支部全体党员干部前往清溪社区桐木岭村南溪苑小区易地扶贫搬迁安置点，对贫困家庭进行走访慰问，并为贫困生募捐了 2000 元现金。

当好脱贫增收的"服务员"，做实项目帮扶。城发集团坚持把帮助群众解决最急需、最紧迫问题作为工作重点，以实实在在的项目给予回应，切实帮助群众稳定增收。截止到目前，集团帮扶花溪区骑龙村 65 万余元，为 7 户极贫危房户新建住房 320 平方米；协助协调一事一议项目落实太阳能路灯安装、关口田公路改造项目；参与协调解决 5 万元的洗葱池子改造、村综合楼改造提升等项目。帮扶修文县新明村 61.08 万元建设集体养猪场，弥补该村集体经济的空白，有效辐射带动 24 户贫困户增收。此外，还通过发放猪仔、育肥回购的方式帮助 10 户贫困户增收；协调公司系统适宜的就业岗位，供 5 户帮扶对象选择就业；帮扶期内帮助 10 户群众购买养老保险、农村合作医疗保险，助力他们解决养老、看病基本生活保障问题；筹集 4.7 万元，为花溪区黔陶乡 23 户扶贫搬迁户购置电视机等，丰富他们的精神文化生活。

（三）凸显"三大优势"，助力"三项建设"

作为一个以能源产业、施工及建材、文化旅游养老、工程咨询为"四轮驱动"的实体化产业集团，城发集团发挥集团作战优势，在脱贫攻坚中发挥各自优势，主动担当作为。

凸显项目开发优势，助力市政基础设施建设。城发集团通过金融机构项目贷款、委托贷款、发行公司债、中期票据及政府购买服务等多种融资方式，千方百计筹集资金，保障基础设施项目建设，累计完成投资416亿元。相继完成了第九届省旅发大会、天河潭景区配套路网、人民大道南段、花溪大道、久长土地一级开发等重大项目，进一步完善了城市路网布局，提升了贵阳市旅游形象，助推经济社会发展。

凸显代建施工优势，助力脱贫攻坚项目建设。长顺县代化镇小城镇项目应得的400余万元代建收入全部无偿捐给了代化镇，代建的2017年易地扶贫搬迁安置点项目让144户搬迁户住上了安全舒适的房子。小城镇建设项目使得代化镇新老城区连成了一片，基础设施不断完善，城镇化水平明显提升；新建现代化中心卫生院一座，新增床位数98张，有效提升了代化镇的医疗硬件水平。150万元帮扶修文县龙窝村贵毕路互通扶贫项目建设，并牵头组织实施。截止到目前，城发集团利用代建施工优势，已经圆满完成长顺县代化镇小城镇、贵毕路龙窝互通等4个扶贫项目。

凸显环高服务优势，助力贵阳智慧交通建设。环城高速公路自2012年运营至今，针对节假日车辆及政策性免费车辆累计减免通行费11.98亿元。2017年，积极推动完成贵阳市东北绕城高速市政化工作，助力城市路网的进一步完善。2018年，推动了贵A籍小型客车免费通行环城高速政策的实施，实现了还利于民，有效改善了城区拥堵状况。2019年来，全面推进ETC收费系统，让驾车出行更便捷、高效。

（四）坚持"三个强化"，夯实"三大基础"

强化队伍建设、强化宣传发动、强化资金保障，集团通过"三个强化"不断夯实组织基础、思想基础和物质基础，为确保打赢脱贫攻坚战提供了强有力的后盾和动力。

为确保工作有力到位，城发集团将脱贫攻坚工作纳入党委议事日程，每年专题研究脱贫攻坚工作2次以上，认真研究制定"一户一策"脱贫攻坚工作方案，针对重大帮扶项目制定专项建设实施方案，以保障脱贫攻坚工作有序推进。

近年来，城发集团通过组建宣讲团专题宣讲，党委（扩大）会、党委中心组学习研讨，支部"三会一课"、组织生活会、主题党日活动等形式专题学习，公司网站、微信公众号、钉钉群、微信群、QQ群、广告机、内刊等载体宣传，及时、广泛把脱贫攻坚有关方针政策宣传贯彻落实到位。

此外，城发集团还设立了脱贫攻坚专用账户，制定扶贫资金使用办法，专款专用。据统计，截至目前，城发集团已直接投入各类帮扶资金900余万元，累计贡献税收4.3亿元，为持续助推地方经济发展、夯实脱贫攻坚根基贡献了力量。

典型案例一

恒创公司——筑路扶贫解民困

贵毕公路龙窝互通公路扶贫工程，为当地贫困人员提供就业岗位 100 余人次；修文县六广镇沙坡村麻窝组通组项目，为国家级贫困村解决发展"最后一公里"；对口帮扶采购，助力贫困村实现增收致富；企地联动，激活帮扶地经济活水……近年来，贵阳城发集团下属贵州筑城恒创建设工程有限公司以项目建设为依托，以党建聚力为引领，以多种形式帮扶活动为抓手，充分发挥国企担当，助力脱贫攻坚。

一、项目带动，为贫困村打通"最后一公里"

作为施工企业，恒创公司充分发挥用工优势，以项目建设为依托，积极通过项目建设带动当地贫困人员就业。

2018 年，恒创公司在为修文县六广镇龙窝村修建贵毕公路龙窝互通公路工程中，项目做到能就地采购施工材料的坚持就地采购，能使用当地人工的坚持使用当地人工，累计为当地贫困人员提供就业 100 余人次，采购当地物资 50 多万元。切实做到真心帮、认真扶，全心全意为当地谋发展，公司还主动提出项目建设零利润。项目建成后成为六广镇龙窝村走向富裕生活的康庄大道。为此，修文县六广镇人民政府还授予了恒创公司"筑路扶贫、为民解困"的荣誉称号。

修文县六广镇沙坡村是国家级贫困村，地处黔中丘陵区，山高谷深，条件恶劣。在 2019 年贵州省"春季攻势"打响后，沙坡村 11 条共计 36.5 公里的通组公路陆续竣工，但因前期通组公路项目规划分岔，且不达"连续一千米"的立项要求，麻窝组附近两段共计 344 米的通组道路未纳入修建范围。恒创公司了解情况后，主动请缨，不提任何条件，接下了帮建沙坡村麻窝组通组道路的任务。项目建成后，切实解决了沙坡村大坝、油房以及麻窝三个村民组 170 户、1400 多名群众出行需要绕行 3 公里的问题，为当地村民解决了发展路上的"最后一公里"烦恼。此外，在项目施工中，项目部员工生活物资、施工用砂、用水和车辆运输等都100%在当地采购、解决，解决了当地15余名贫困人员的临时就业问题。

二、"党建＋扶贫"，为脱贫攻坚提供坚强战斗堡垒

打赢脱贫攻坚这场硬仗关键在党，核心在人。恒创公司坚持把基层党建与脱贫攻坚深度融合，充分发挥基层党组织的战斗堡垒作用和党员的先锋模范作用，把中国共产党的政治优势和组织优势转化为决战决胜脱贫攻坚的强大力量。

恒创公司坚持把"最硬"的干部放在"最难"的地方。针对修文县六广镇沙坡村麻窝组通组项目建设，公司第一时间成立了党员先锋队、青年突击队，抽调精兵强将，成立以3名经验丰富、战斗力强的党员为牵头人的10人项目组。

沙坡村项目自2020年4月30日启动以来，项目党员先锋队和青年突击队成员主动放弃休假时间，吃住在工地，全身心投入工作。针对工期紧，施工班组不愿入场；道路狭窄，商混车无法进入；当地缺水，施工用水无法保障等难点问题，项目部想方设法，积极协调当地村委会共同解决。最后，在大家的共同努力下，仅仅用了15天时间就完成全部道路硬化及附属设施的建设工作，保质保量地交付给当地村民。

三、开展帮扶活动，打好脱贫攻坚"组合拳"

恒创公司结合自身实际情况，通过集中采购、爱心捐款、企地联动等一系列"组合拳"，助力脱贫攻坚工作。

在集中采购方面，恒创公司通过向从江县、雷山县等贫困地区采购食堂物资、招待茶等方式助力脱贫攻坚。公司从成立至今，已经累计向从江县等贫困地区采购物资20余万元。同时，公司食堂通过采购帮扶地修文县六广镇新明村猪肉的形式，助力

贫困户农产品销售，带动增收致富。

在爱心捐款方面，恒创公司充分调动公司干部员工力量，共同为脱贫攻坚和救助残疾、病弱人员贡献爱心。公司成立以来，相继开展了"爱心捐款助力深度脱贫""为贫困家庭残疾儿童捐出一份爱心　奉献一片真情"和"不忘初心　牢记使命　助力脱贫攻坚捐款"等专项捐款活动，截止到目前，已经累计捐款5万余元。2020年1月向花溪区青岩镇龙井村捐款6万元，支持龙井村集体经济发展和"龙井布依风情旅游文化节"活动。2018年，被贵阳市混凝土协会、乌当区新场镇人民政府和乌当区羊昌镇人民政府授予"扶贫济困送温暖、真情帮助促发展"荣誉称号。2019年被贵阳市混凝土协会、修文县六桶镇人民政府授予"爱心扶贫在行动　情真意切暖来鹤"荣誉称号。疫情期间，恒创公司还分别向花溪区青岩镇政府捐赠2万元，贵阳市混凝土协会捐款1万元。同时，还通过个人捐款、捐物资等，助力疫情防控。

在企地联动方面，恒创公司主动融入驻地所在村镇的脱贫攻坚工作，通过捐款支持集体经济发展和劳务用工等方式助力当地脱贫攻坚。针对公司对技能要求不高的用工情况，公司原则上使用青岩镇龙井村和大坝村及周边村民，及时为公司驻地村民提供就业机会，共同助力扶贫攻坚工作。

近年来，恒创公司不仅圆满完成了工程项目任务，还在脱贫攻坚战役中勇担重任、全力以赴，以实际行动彰显了"国企风范"和"国企精神"，发扬"不向困难退半步、只向胜利添精彩"的斗争精神，为决战决胜脱贫攻坚贡献力量。

典型案例二

代化镇——"极贫乡镇"变身"商贸小镇"

代化镇，山清水秀，民风淳朴，过去，是全省20个极贫乡镇之一。如今，干净整洁的街道，灰白相间的居民楼，来来往往的城镇新居民脸上挂满幸福的笑容。"极贫乡镇"变身"商贸小镇"，人居、教育、医疗、商贸、饮食等所有基础设施一应俱全，集镇文明程度大大改善，一个新的城镇正在逐步形成。

根据省委、省政府决胜脱贫攻坚的总体工作部署和贵阳市结对帮扶长顺县的具体工作安排，由城发集团负责长顺县代化镇扶贫项目的代建工作。接到这个项目，城发集团党委高度重视，充分认识到项目的重要性：作为贵阳市结对帮扶长顺县的重要项目，是打好全省扶贫攻坚战的重要"战役"，对确保全省极贫乡（镇）如期脱贫、与全省全国同步全面建成小康社会具有重要的标志性意义。

代化镇扶贫项目主要包括安置点2017年易地扶贫搬迁工程、（极贫小镇）小城镇项目、标准化卫生院项目三个子项目，总投资4.7亿元。其中，2017年易地扶贫搬迁工程主要包括16栋房屋建筑共144户；（极贫乡镇）小城镇项目主要包括19栋易地安置房、社区综合服务中心、幼儿园、客车站、农贸市场及相关道路等；标准化卫生院项目主要为三层卫生院楼及附属停车场。要在"山洼洼"里做这么"大手笔"的改造，可不是一件容易的事。

在项目实施过程中，贵阳城发集团始终以习近平总书记在深度贫困地区脱贫攻坚座谈会的讲话精神为指导，全面贯彻落实省委、省政府，市委、市政府关于脱贫攻坚的工作部署，切实履行国企的社会责任和担当，紧紧围绕扶贫基础设施项目建设，举全司之力，全力推进项目建设各项工作，最终啃下了这块"硬骨头"。

一、把党旗插在项目上，探索全新"项目党建"模式

代化扶贫项目于 2017 年 5 月进场开展工作，7 月正式开工建设。自项目开工建设以来，城发集团高度重视，精心组织，倒排工期。如何激活党员和青年员工的干事热情，有效推进项目建设？贵阳城发集团积极探索建立了"指挥部＋项目部＋临时党支部＋项目领导小组"的全新"项目党建"工作运行机制，即长顺县代化镇脱贫攻坚小城镇项目建设指挥部统筹项目建设全局；长顺县代化镇项目建设管理办公室具体负责督促工程建设推进；城发集团临时党支部的党员同志在项目建设过程发挥先锋模范作用，带头冲锋陷阵，影响和带动身边的职工群众大干实干，有力保障代化扶贫项目按照市委、市政府要求的工期目标快速优质完成建设；城发集团项目建设领导小组全力帮助和指导项目建设，优服务、高效率确保项目攻坚胜利，使各项工作取得了快速进展。

特别是在项目建设的关键期，贵阳城发集团组建了"城发集团代化镇脱贫攻坚项目临时党支部"，融合了建设管理单位、施工单位、设计单位、监理单位的力量。同时组建"党员先锋队"和"青年突击队"。在项目建设过程中，全体党员和青年同志争当好排头兵，争做领头羊，勇挑重担，迎难而上，坚守在项目建设一线，抢工期，促进度。真正做到了"项目建在哪里、支部就建在哪里、党旗就插在哪里"，实现了"推动落实在一线、政策

宣传在一线、掌握情况在一线、矛盾化解在一线"。该做法得到了贵阳日报、贵阳网、贵阳政务网、黔讯网、新浪网、搜狐网等媒体的报道和一致肯定。

二、做精做实做细，确保民生工程质量

贵阳城发集团不仅是项目代建者，更是工程质量的把关者，深刻认识到扶贫项目是为人民谋利益的工程，坚持以服务民生、奉献社会为出发点，以民众满意为目的，注重建设质量，建设群众满意项目，建设精品工程。

项目建设过程中，严把工程质量关，深入考察，充分考虑民众之需；项目建成后，为保证搬迁住户能在新房子里住得安心舒心顺心，城发集团组织各参建单位，邀请代化镇政府，一同开展针对搬迁住户的回访活动，就住户入住后生活上是否方便、是否发现房子存在质量缺陷、住户满意度及存在需求等方面进行逐户调查走访。在回访调查中，回访人员详细记录了住户反映情况，对问题认真分类、认真梳理，厘清责任单位，便于后续整改完善。同时，回访人员也对该小区进行详细的全面排查，对整体的室外环境、清洁卫生等查缺补漏，力争给群众提供一个舒适的居住环境，让他们住得满意、住得安心。

在项目建设过程中，为以更高的要求、更好的思路，指导代化镇脱贫攻坚项目圆满完成实地参观该镇脱贫攻坚项目，贵阳城发集团还组织各参建单位到各地取得良好成效的特色小城镇建设项目观摩交流学习，借鉴各地极贫乡镇小城镇建设工作中的成功经验，交流思路和看法，运用到代化镇脱贫攻坚项目中。同时指导代化镇今后发展，为打造特色乡镇，配套产业脱贫，加强美丽乡村建设，持续改善生态环境，快速补齐短板，努力打造宜居、宜业、宜商的扶贫生态旅游小镇，增强群众的获得感和幸福感。

三、加强组织领导，打造群众满意工程

在各级党委政府的大力支持帮助下，在地方政府的积极配合下，贵阳城发集团积极联合参建单位，举全司之力，快速推进项目建设。要求公司各级各部门要进一步提高思想认识，全面倒排工期，加强施工现场进度、质量、安全管理，充实项目人员设备，加大项目属地党委政府工作协调，加快项目手续办理，确保项目高效、平稳推进并按期完成。

2018年4月20日，在项目建设的最后冲刺期，城发集团召开"奋战100日，决胜60天，打好代化项目脱贫攻坚战"动员会议。在这场振奋人心的大会上，成立了"代化镇扶贫项目建设工作推进领导小组"。并要求在原工作专班的基础上成立施工建设、手续办理等五个工作组，进一步加强对项目建设工作的统一领导和安排部署。

按照"奋战100日，决胜60天，打好代化项目脱贫攻坚战"专项行动推进计划和目标责任分解表层层落实分解责任，领导小组定期组织项目施工、监理、设计单位主要领导召开工作推进会，对项目建设取得的成绩和存在的不足进行认真讨论总结，决心按省市领导要求，把代化项目建设成质量高、外观美的示范性工程，严把质量关，杜绝因质量问题返工现象，并切实做好项目外观形象建设。

2018年9月，代化扶贫项目全部建设完成，在各级领导的现场观摩和调研中，代化镇扶贫建设项目得到了一致好评。同时也得到了地方政府及群众的赞赏和肯定。

"以前去赶集，到处是坑坑洼洼，雨天一身泥，晴天一身灰……"集镇上赶集的村民回忆起来，脸露幸福，"现在好了，到处是干净的沥青路。"

"原以为要在山里过一辈子，没想到党的政策这么好，让我们搬出了大山，住上了好房子，过上了好日子！"从大山里搬到易地安置小区的吴建林老人忆苦思甜。看着漂亮的幼儿园、标准化卫生院、现代化商业步行街、枫香染展示中心、农贸市场、客车站、市民休闲广场，吴建林老人不敢相信生活的小镇这么美。自从代化镇小城镇建设项目完工后，该镇有了农贸市场、客车站、文化技术培训中心、山体公园、养老院、社区服务中心等基础设施；配套建成集镇道路白改黑、外环大道、停车场、居民休闲广场、垃圾中转站，安装路灯340盏，完成老街房屋立面改造370户，商铺门头改造200户，城镇面貌焕然一新。

代化镇副镇长王成辉说，小城镇建设项目增强了代化镇的"造血"功能，提升了区域发展能力，让代化镇摘掉"极贫镇"的帽子有了希望。

四、实施扶贫捐赠，充分发挥国企担当

为助力脱贫攻坚事业，履行国企社会担当，城发集团与长顺县扶贫办共同依照国家和政府的有关法律法规，遵循平等自愿、诚信守法和公众受益的基本原则，友好协商达成共识，自愿在代化镇扶贫项目代建管理收入资金中，除去代建管理成本外，全额捐赠给代化镇。同时号召项目参建单位在项目建设利润中捐赠一定比例到代化镇人民政府，助力该镇加快脱贫攻坚步伐。同时也表明了贵阳城发集团在脱贫攻坚事业上的态度和决心。"全面建成小康社会，一个不能少；共同富裕路上，一个不能掉队。"习近平总书记在十九届中共中央政治局常委同中外记者见面时的讲话振奋人心。身为贵阳城发人，当谨记"奉献社会"的使命，最沉重的担子我们挑，最紧急的关头我们上，最困难的时刻我们到，最艰苦的地方我们去。把省市党委政府的嘱托牢记于

城发集团代化扶贫项目临时党支部开展"党员先锋队"和"青年突击队"授旗仪式。

心，坚决完成脱贫攻坚任务。

五、代化镇脱贫攻坚项目临时党支部：践行国企担当，助力脱贫攻坚

长顺县代化镇是全省 20 个极贫乡镇之一，距离贵阳 150 多公里。代化镇脱贫攻坚项目，包含易地搬迁工程、小城镇建设项目和中心卫生院项目，旨在加大基础设施保障建设，增强产业支撑能力，加大环境整治力度，改善居住环境，致力于将代化镇打造成为贵州具有重要影响力的"特色商贸小镇"。根据省委、省政府决胜脱贫攻坚的总体工作部署和贵阳市结对帮扶长顺县的具体工作安排，由城发集团负责长顺县代化镇扶贫项目的代建工作。

2018 年 5 月，在贵阳城发集团"奋战 100 日，决胜 60 天，打好代化项目脱贫攻坚战"的关键时期，贵阳城发集团在长顺县代化镇扶贫项目成立临时党支部，组建"党员先锋队"和"青年突击队"，为项目建设提供坚强的组织保证，发挥党员先锋模范作用和青年生力军作用，在短短的最后三个月冲刺完成项目建设，带动代化镇基础设施建设快速推进，为代化镇人民在扶贫路上打下稳固的奠基石。

（一）冲锋在前，做好"四员党员"。"最沉重的担子我们挑，最危险的地方我们闯，最紧急的关头我们上，最困难的时刻我们到，最艰苦的地方我们去……"在临时党支部成立大会上，临时党支部书记田宏月同志带领临时党支部全体党员庄严宣誓。

代化镇脱贫攻坚项目临时党支部由贵阳城发集团下属项目管理公司及项目各参建单位共 9 名党员同志组成，隶属于贵阳城发集团党委。在上级党委的领导下，临时党支部支委成员及各党员同志团结一致，冲锋在前，以狠抓"四员党员"为主要着力点，以党员为核心，青年职工为骨干，当好"政策法规的宣传员""明礼知耻的示范员""履职尽责的监督员""走在前列的先锋员"。他们爱岗敬业、脚踏实地、埋头苦干，在项目建设任务中带头学习强素质、带头干事谋发展、带头服务比贡献，以自身斗志和先锋意识影响和带动身边的干部群众，有力保障代化扶贫项目按照市委、市政府要求的工期目标快速优质完成建设。

临时党支部书记田宏月同志，同时是贵阳城发项目管理有限公司党支部书记、执行董事；是贵阳市人民大道南段、花溪大道、花冠路等重大市政项目代建单位"掌门人"。在接到扶贫项目建设任务后，田宏月同志在做好公司城市基础设施项目建设的同时，把更多的精力放在了代化镇扶贫项目上，保持每周至少 1 次到项目现场，解决存在困难，督导项目进度。在一次与政府工作人员沟通工作中，他获悉代化镇政府因缺少资金致组织搬迁困难群众开展文体活动并进行慰问的计划搁浅，当即协调5万元进行资助。

在代化镇脱贫攻坚项目临时党支部党员先锋模范动员会上，田宏月强调：在脱贫攻坚的路上，我们党员干部就是"主心骨"，我们应该为自己能站在脱贫攻坚一线岗位而感到自豪，项目越到困难时期，越到攻坚阶段，越需要我们党员干部挺身而出，勇于担当，牢记和践行为民服务宗旨，拿出足够的耐心、细心和决心，想群众之所想，急群众之所急，真正做到一个支部一个堡垒，一个党员一面旗帜，真正做到民生工程为民谋利。因代化脱贫攻坚项目事迹突出，田宏月还获得贵阳市脱贫攻坚优秀党务工作者荣誉称号。

兼任临时党支部副书记的杨武杰同志，同时也是代化项目办主任，项目实施后，他每天常驻工地，在施工现场总是看到他忙碌的身影来回穿梭，哪里有矛盾，哪里有质量问题，他都第一时间去发现，去解决。项目办及施工、监理、设计单位在他的带领下，齐心协力，众志成城，快速推进项目建设。他说，现在不管你是施工单位，或是监理单位，我们都有了一个共同目标，就是共同推进项目建设，圆满完成脱贫攻坚任务，现在我们就是一个团队，就是一家人。在他的言传行范下，大家拧成一股绳，共同推进项目建设。

杨武杰始终任劳任怨，甘于奉献，心系项目建设，苦累从不说出口，并时刻保持充沛的精力，风风火火奔跑于建设工地。他说："扶贫工作事关小康社会的全面建成，能为扶贫工作贡献自己的绵薄之力，我深感荣幸，个人事情是小事。每天在协调施工、监理、设计等参建单位促进度、保质量，用专业知识排解技术疑难的同时，还要协助代化镇政府做好拆迁安置工作，和政府工作人员一起，认真、细致的调研摸底，了解安置住户的生活情况、困难和诉求，并最大限度减少项目实施对人民群众生活带来的影响。

代化镇脱贫攻坚项目和以往杨武杰负责的建设项目不同，这是带动群众脱贫致富，带动群众过上幸福生活，有着特殊的意义。以前在他管理的项目建设中，实在太累了，他也让自己闲一闲，充充电。而这次，杨武杰为项目付出了全部身心。因常年劳累，杨武杰患上了腰肌劳损，经常在工地上走着走着，腰部就剧烈疼痛起来，大家都劝他休息一下，但他仍然坚持工地巡查。因为他知道，群众的事，就是大事。他为自己能为脱贫攻坚做一点贡献而感到非常自豪，而这自豪感使他停不下来。一年来，他把自己交给了脱贫攻坚事业，履职尽责，鞠躬尽瘁，只为能按期完成项目建设，为群众做一件真真正正的实事。

（二）青春担当，坚守建设一线。在党员先锋队成立的同时，还有一支不怕艰苦、不畏困难、随时准备为扶贫事业冲锋陷阵的青年突击队。这支青年突击队由贵阳城发集团下属项目公司及项目各参建单位共30名青年团员组成。在突击队成立活动当天，他们表示要充分履行好生力军作用，以自己的青春活力爱岗敬业、脚踏实地、埋头苦干、攻坚克难、奋勇争先，坚守在项目建设一线，抢工期促进度，抓质量保安全，齐心协力，众志成城，共同打好这场脱贫攻坚战。

青年突击队队长潘军，是贵阳城发集团下属项目管理有限公司工程部最普通的一名一线员工。在代化脱贫攻坚项目中，他被派到代化镇项目办常驻。代化项目办距贵阳市130多公里，因为交通不便，往返一次至少需要五六个小时，这就意味着家里有了急事，年幼的孩子生病了，都没办法及时回家。在施工过程中，潘军对工程质量、技术、安全、进度、文明施工、对外协调、环保等工作丝毫不敢松懈。关键部位、关键工序重点监控，他坚守现场，督促施工，确保对安全、质量、进度等出现偏差的情况能及时指出并要求整改，使其控制在可控范围内。家人最初对潘军的工作不能理解，但看到潘军发去的视频中日新月异变化的代化镇，不由得向他竖起了大拇指。

你后悔吗？当别人问他，他说："被派驻代化镇项目办我没有丝毫的后悔，长顺县代化镇属省委、省政府确定的全省20个极贫乡之一，扶贫工作事关小康社会的全面建成，现在已经到了攻坚决胜阶段，能为扶贫工作贡献自己的绵薄之力，我深感荣幸，同时也感到肩负的责任重大。"

正是有着这么一帮由党员先锋和青年生力军组成的攻坚队伍，带头冲锋在项目建设一线，他们远离亲人，为脱贫攻坚奉献青春和热血，他们挑灯夜战，不破楼兰终不还……

（三）众志成城，行动践行初心。代化镇脱贫攻坚项目临时党支部在项目建设过程中，在贵阳城发集团党委的领导下，以"三会一课"为载体，在会议中学习理论知识，在会议中解决项目疑难，同时，临时党支部积极组织各项安全生产及技术交流活动，让各参建单位各级管理者以及广大一线建设者紧紧拧成一股绳，心往一处想，劲往一处使，共同为完成脱贫任务目标快马加鞭齐头并进。

2018年5月18日，临时党支部组织各参建单位赴望谟县郊纳镇交流学习脱贫攻坚经验。学习借鉴扶贫成功经验，努力打造宜居、宜业、宜商的扶贫生态旅游小镇，力争在乡村振兴战略中战出示范。

2018 年 6 月，借"安全生产月"之机，临时党支部至各参建单位，开展火灾应急救援预案演练、联合代化镇人民政府相关职能部门向广大人民群众开展安全宣传教育、开展了"安全生产月"安全知识抢答竞赛等系列活动，让安全生产意识深入人心，切实提升了项目一线工人和人民群众安全意识。

2018 年 6 月 15 日，临时党支部组织各参建单位、农民工学习《宪法》知识。

2018 年 7 月 2 日，在得知镇上一位孤寡老人生活困难时，临时党支部号召支部党员同志及各参建单位管理人员，为老人捐钱捐衣捐物，帮助他解决生活困难。

2018 年 7 月 24 日开始，临时党支部组织施工单位、监理单位，邀请代化镇政府，一同开展针对易地扶贫搬迁工程搬迁住户的回访活动。主要就住户入住后生活上是否方便、是否发现房子存在质量缺陷、住户满意度及存在需求等方面进行逐户调查走访，力求建设群众满意项目，履行国企社会责任。

……

在省、市及长顺县党委政府及各职能部门的指导帮助下，在代化镇党委政府的紧密配合支持下，2018 年 6 月 4 日，代化镇易地扶贫搬迁工程顺利通过验收，达到了搬迁入住条件，圆满完成省委、省政府关于易地扶贫搬迁工作要求；6 月 20 日，该工程成功移交给代化镇人民政府；同年 9 月，代化镇小城镇建设项目及中心卫生院项目全部完成建设。在各级领导的现场观摩和调研中，代化镇扶贫建设项目得到了一致好评。代化镇副镇长王成辉说，小城镇建设项目增强了代化镇的"造血"功能，提升了区域发展能力，让代化镇摘掉"极贫镇"的帽子有了希望。"以前从上面下来都是水沟，到这个地方就是死水凼，排不出去了，赶场天来赶场的老百姓走过这个地方，一不小心就会摔跤。"居住在代化镇街上 20 多年的周志权老人谈起镇区的变化，感触颇深。现在，这样的局面得到了改变，"极贫乡镇"变身"商贸小镇"，人居、教育、医疗、商贸、饮食等所有基础设施焕然一新，集镇文明程度大大改善，一个新的城镇已然形成。

四、交通集团

——精准秒回"路线图" 走好扶贫每一步

近年来，贵阳市交通投资发展集团有限公司（以下简称"市交通集团"）深入学习贯彻党的十九大精神和习近平总书记在贵州代表团重要讲话精神，始终坚持以习近平新时代中国特色社会主义思想为指引，认真践行习近平总书记关于精准扶贫、精准脱贫系列重要讲话精神。在全面打赢脱贫攻坚的征程中，市交通集团党委专题研究扶贫工作16次，统筹调度帮扶内容，积极抽调精兵强将驻村帮扶，共同向贫困发起总攻，千方百计帮助帮扶村解决饮水、道路等基础设施方面问题；积极为帮扶村和群众谋划产业发展，解决群众存在的困难和问题，帮村之所急，解民之所忧，扶贫之所困。定点帮扶的水淹村、新中村、石龙村、王院村、马陇村、红岩村、堰塘村、蜂糖寨村、平寨村、新凤村等已消除绝对贫困，脱贫摘帽，帮助贫困群众已脱贫致富、实现同步小康。

（一）对标制定帮扶计划，压紧压实帮扶责任

自2014年成立扶贫工作领导小组以来，集团公司党委每年一季度均通过党委会形式，及时听取掌握扶贫工作进展情况，根据各扶贫

点的实际情况专题研究，前后制定了《年度扶贫帮扶工作方案》《领导干部遍访帮扶贫困村贫困户实施方案》《党员直接联系群众"三访四查五看六保"工作方案》《关于开展贵阳市困难职工精准志愿服务的通知》《关于落实贵阳市"无会期"领导干部深入帮扶调研走访有关工作的通知》《大扶贫攻坚春季攻势行动方案》《发展壮大村集体经济实施方案》等近 30 个帮扶方案，并及时印发集团各部门和各子公司。在帮扶实施方案中明确集团领导、部门及各子公司结对帮扶贫困户，细化集团部门和子公司的帮扶责任，每月集团帮扶工作内容和所属各部门及子公司的帮扶事项，定期安排帮扶单位到村开展帮扶工作，充分调动集团各方资源和力量，确保一人驻村、全局帮扶，助力贫困户按时如期脱贫，高质量打赢脱贫攻坚战。

与此同时，市交通集团先后精心挑选沉得下去、稳得住心、使得出劲的中层干部到村帮扶，确保帮村扶贫见成效。在脱贫攻坚的冲刺阶段，公司及时选派具有硕士研究生学历的中层干部奔赴扶贫一线，要求帮扶干部切实发挥党员先锋模范作用，让党的旗帜和形象高高飘扬在脱贫攻坚的战场上，确保及时解决对接帮扶村实际困难，帮助贫困人口如期脱贫。在扶贫工作中，帮扶干部苦干实干加油干，求真务实，帮助村解决通组路、水、产业等方面的问题，赢得了贫困群众、帮扶村、乡镇和县市的多方好评，确保扶贫工作有成效。如驻村干部周定华同志荣获"'贵阳楷模·时代先锋'贵阳市 2017 年度人物"称号，驻村干部袁凤刚同志分别获得 2019 年市级、县级"扶贫攻坚优秀共产党员"等表彰荣誉。

（二）多点发力全力攻坚，助力脱贫解困奔小康

在助力脱贫解困奔小康的路上，公司采取了多点发力、全力攻坚

的方式。

首先是提高政治站位，转变思想助脱贫。2016年，公司领导班子到王院村给党员送《党章》、上"两学一做"专题教育党课，对两个百年"中国梦"的思想内涵进行了深刻解读，与党员群众座谈，用心识真贫、用情真扶贫、用力扶真贫。2017年，公司领导班子再到王院村，为老党员"送学上门"，送去新党章及十九大报告等学习资料。2018年，公司投入专项资金，加强马陇村党支部群众文化阵地建设。2018年至2019年，公司为清镇市犁倭镇红岩村提供专项资金，加强党支部群众文化阵地基础设施。

其次是进村入户调研，帮助解困脱贫。集团公司和各子公司领导班子定期到村走访调研，了解贫困户的实际情况和帮扶村存在的短板与问题，向贫困"死角"、贫困村宣战，打造贵阳扶贫开发升级版。全司各级各部门也相继到村走访调研慰问约60余次，送去慰问金和慰问品，同时召开帮扶调研座谈会30余次，研究解决帮扶村群众饮水、出行和产业发展等实际困难和问题。

再次是多方争取资源，改善基础设施。全司多方举措落实好脱贫攻坚作战方案，重点解决"三保障"和饮水安全方面存在的突出问题。2014年，公司帮扶清镇市流长乡水淹村篮球场的平整和饮水、道路等公共基础设施进行修整。2015年，公司帮扶白云区牛场乡新中村修建产业机耕道路。同年，为清镇市流长乡马陇村新建蓄水窖11处，共计资金56万元左右，改善村民人均用水情况。2016年，公司召开党政联席会研究，帮扶了清镇市流长乡王院村的村民进户供水管及水表的维修，解决村民的日常用水问题，并用各支部"三访四查五看六保"工作的一部分帮扶资金为磅寨小学更换了100套新课桌椅。2017年，公司帮扶王院村修建机耕道2公里，改善群众的居住环境，解决群众的出行、运输问题。2018年，公司帮扶王院村解决王院组路灯安装项目、大水井组通车路建设项目和大水井组文化广场建设项目。同时，帮扶清镇市新店镇蜂糖寨村购买垃圾收集箱，解决该村垃圾收集问题，改善村民生活环境和村容村貌，推动该村完成环境的综合治理工作。2019 年，在开阳县高寨乡平寨村的帮扶工作中，公司积极联系贵阳水务集团和开阳水务公司，取得高寨乡集中供水巩固提升工程项目设计资料，对接开工建设时间，切实帮助解决群众饮水困难；由于平寨村约 40 余户群众入户路未硬化，公司支持 100 吨水泥和 350 立方米砂石用于入户路建设；为帮扶平寨村 2 户贫困户改善人居环境，公司帮助修建圈舍和院坝护栏和房屋室内粉刷，为平寨村 8 户购买所需生活家具家电及生活物资等；帮助平寨村购买 10 公里水管等管材，解决 3 个村民组 193 户群众用水困难问题，并解决 56 户贫困群众水表；帮助平寨村 2 个村民组购买水管，组织群众埋设水管，及时解决 50 余户群众用水困难问题；帮扶平寨村购买垃圾斗，帮助其完善基础设施。2017—2019 年，公司陆续凑资帮助开阳县宅吉乡堰塘村修建产业路、便民路。

与此同时，深化产业扶贫、确保村民稳产增收是公司扶贫工作的重中之重。2016 年，公司完成白云区牛场乡石龙村白岩组村民莫朝林户的结对帮扶任务，帮助他购买猪崽进行喂养增加收入来源。同年，为发展新农村实体经济，公司投入资金帮扶堰塘村骨架牛养殖产业发展。同年，帮扶马陇村强化集体合作社（黄广肉牛养殖基地），引领村集体能人发展生猪养殖产业；2017 年，公司为王院村村民扩大养殖业，促进当地肉牛、核桃发展，促进当地产业结构调整。同年，为马陇村投入资金购买猪崽，带动贫困户发展特色；2018 年，公司为蜂糖寨村购买喂养猪、牛、羊的试验草苗，并给予扶贫资金帮扶村里开展金银草试点种植产业。同年年底，帮扶清镇市犁倭镇红岩村专项资金，发展林下种植产业；2019 年在平寨村，公司与村民商议稻田养鱼模式，向 14 户农户分发鱼苗，开展约 30 亩试点稻田养鱼；开展土鸡养殖 3000 羽，请省农科院畜牧所专家到村指导，并对 20 余户农户进行了培训，养鸡项目 3000 羽土鸡已分发 11 户农户进行养殖；将公司其他项目拆除的 2260 平方米钢架大棚（价值约 180 万元）赠送平寨村，为村发展食用菌及其他大棚种植项目提供保障；资金扶持平寨村种植 30 亩蓝莓项目；探索观光农业，与村支两委一起谋划葵花种植，开展 260 多亩土地流转等工作，帮助村联系省农科院，并邀请省农科院油料所扶贫专家到村开展葵花种植技术培训；协调贵州华农集团提供试点种植金银草；协调贵阳农产品物流园帮助平寨村与贵阳市惠民农产品集采集配管理有限产品公司签订 500 亩秋葵种植意向协议书和 1000 亩鲜食玉米意向协议书，助力农业产业结构调整和产业发展；在新凤村，推动该村围绕猕猴桃发展主导产业，建立"按劳取酬"与"按股分红"相结合的利益分配机制，推动贫困户与合作经济组织形成利益共同体，教育引导组织贫困户依靠自身劳动共享发展成

清镇市流长乡马陇村农户养殖的猪、牛等农产品见成效，成功脱贫。

果，做实贫困户与产业发展的利益联结；在马陇村，制定以"贵阳公交集团公司保障收购＋合作社＋农户的模式"帮助马陇村发展生态猪养殖项目，目前已有83户村民养殖254头生态猪，成功帮助这个"后进村"蜕变为"上进村"。

俗话说"锦上添花不如雪中送炭"，公司积极组织爱心帮扶慰问，体现各级关怀。2015年8月28日，公司党员群众积极主动自愿向贫困村捐款近万元，各党支部志愿者代表到清镇市流长乡水淹村，给留守的学龄儿童带去了集团领导及党员干部职工的关心和关怀，并送上了大家捐赠的慰问品。10月21日，领导班子成员自己购买了米、油、棉被、电热毯等生活用品，再次到水淹村，深入遍访贫困户，送上了他们的关心与关怀；2016年，公司领导班子到清镇市流长乡水淹村6户贫困户进行了入户回访，填写了回访问卷调查表，同时自己拿出1300元资金帮扶结对困难户李从发家房屋修缮。全司通过党员募捐等形式累计投入和协调帮扶资金137284.2元帮助清镇市流长乡王院村41户低保户修整改造房屋，送去猪肉、大米、食用油、牛奶、棉被、洗衣粉等生活用品；2017年，各支部通过留存党费下发帮扶经费、党员募捐等形式累计帮扶资金共8821元帮助王院村；2015年至2020年，公司在各扶贫点小学连续五年开展"爱心助学、欢度六一"活动，向品学兼优学生、孤儿等学生送去慰问品，帮助平寨小学一年级学生解决校服所需资金；2020年，协调贵州医科大学医药卫生管理学院团委与村签订共建实践教育基地协议，协调到村开展大学生暑期"三下乡"活动，组织同学们走访慰问50多名老人，向其宣传医药健康知识，送去慰问礼品和药品等；组织开展关爱留守儿童活动，为12名留守儿童表演节目，送学习用品……

（三）不忘初心，砥砺前行

扶贫当谋长远。在所取得的成绩面前，公司强化动态跟踪机制，为脱贫谋长远。2016年，公司用各支部"三访四查五看六保"工作的一部分帮扶资金对王院村6名贫困大学生和3名贫困学生给予困难补助；2019年，公司协调贵州省农科院水产所、果树所、畜牧所和油料所等专家到村考察指导4次，培训2次；请贵州省科学院植物所专家到村考察指导2次；组织村支两委及党员群众外出考察学习猕猴桃、蓝莓、菊花、黄金梨、稻田鱼、瑶山鸡等产业项目6次；带领村党员群众到水城"三变"改革中心考察学习，了解"三变"改革的情况，为村"三变"改革提供经验和王院村改变发展思路提供参考；积极联系并邀请"我有十亩田"策划人到村调研考察；到村开展贫困群

中国共产党清镇市委员会

★
感谢信

放眼夏意渐浓，放手鏖战正酣，值此脱贫攻坚决战决胜关键之年，清镇市委、市政府代表清镇市50万干部群众，向贵单位对我市脱贫攻坚工作一直以来的关心支持表示衷心的感谢！并向贵单位各位领导、干部职工表示以诚挚的祝福！

2014年以来，在省委省政府、贵阳市委市政府的坚强领导下，我市始终把打赢脱贫攻坚战作为头等大事，以愚公移山的精神，只争朝夕的劲头和坚韧不拔的意志，做好"精准"文章，下足"绣花"功夫，聚焦"一达标两不愁三保障"，全力打好打赢脱贫攻坚战。至2019年底，全市17个贫困村已经全部脱贫出列，所有贫困人口全部达到脱贫标准，贫困发生率降为"零"，人民群众的获得感、幸福感大幅提升。

成绩来之不易，奋斗福音项羊。自开展脱贫攻坚工作来，贵单位按照中央、省委和贵阳市委的部署安排，对我市针对性地开展了扶危济困、敬老助残、捐资助学、惠民增富、产业带动、就业帮扶、技能培训、基础设施建设等得民心、携得人心的工作；你们走村入户，访贫问苦，扶贫扶志，激发群众内生动力，振奋贫困群众奋斗精神，为清镇市决战脱贫攻坚、决胜同步小康做出了积极的贡献。你们的大局意识和政治站位，得到了社会各界的充分肯定。你们用实际行动和帮扶业绩赢得了全市广大贫困群众的高度认可。清镇市委、市政府感谢你们！

雄关漫道真如铁，而今迈步从头越。已经踏上征途的2020年，是脱贫攻坚决战决胜之年，也是实施乡村振兴的承上启下之年，我市将紧紧围绕"四个不摘"要求继续强弱项、补短板、确保全市3681户10013人贫困人口真脱贫，稳得住、能致富。在此，诚挚希望贵单位一如既往关心和支持清镇发展、助推我市脱贫攻坚更上新台阶，我们将携以"贫困不除、愧对历史；群众不富、寝食难安；小康不达，誓不罢休"的素朴壮志，撸起袖子加油干，迈开步子向前闯。如期完成高质量的脱贫任务，如实交出高标准的满意答卷！

清镇市委、市人民政府向交通集团发来的感谢信。

众医疗及孩子上大学资助 3 户。积极组织护送 4 名群众到镇帮助办理残疾手续；帮助 8 名儿童解决户籍问题，带领其家长和儿童到警官学院司法鉴定中心帮助开展亲子鉴定，并协调减免相关费用约 6000 元；帮助 4 名初中毕业生联系学校，并带领学生及家长到贵阳交通学校和贵阳职业技术学院实地考察，成功动员其继续就读职业学校；了解到平寨村土地整治项目拖欠农民工工资问题，公司主要领导多次到国土局、财政局等上级部门协调反馈，亲自联系，成功解决了村土地整治项目拖欠 8 年之久的农民工工资 42.3 万元。

与此同时，公司助力消费扶贫，提升产业成效。2018 年，公司积极帮助蜂糖寨村村民解决生猪产销的问题，截至 2018 年 12 月，宰杀购买生猪 30 余头，金额 10 万余元，购买鸡蛋 400 余枚、鸡 15 只、蜂蜜 10 斤、蔬菜玉米等其他农产品若干。同年，收购马陇村生态猪，增加村民收入。2019 年，帮助平寨村贫困户和农户销售蜂蜜 40 斤，销售大米 13000 余斤，约 4 万元；帮助 18 户群众销售蜂蜜、瑶山鸡和土鸡蛋等农产品约 12 万元；帮助 20 余户群众销售生猪 41 头，涉及资金 12 万元。同年年初，公司收购马陇村生态猪 172 头，共计资金 648835.00 元，农户直接收入 564102.00 元。

推动就业扶贫，确保稳岗就业也是公司谋长远之举。公司为平寨村提供 20 个装卸工工作岗位，及时向贫困户及其他群众进行宣传，帮助平寨村转移劳动力就业。

公司见实效、谋长远的脱贫攻坚行动，赢得了帮扶对象的一致首肯。2016 年 12 月 15 日，清镇市流长乡王院村村支两委专程赶到市交通集团，送来一面写有"精准扶贫解饮水难、真情捐助深得民心"的锦旗，对公司党委和驻村干部表示由衷的感谢；2020 年 6 月 15 日，清镇市流长乡水淹村支部书记交给原驻村帮扶干部周华令一封感谢信，请他代为转交市交通集团党委，感谢集团帮助他们修建乡村道路及生活用水管道，助力他们成功脱贫。在脱贫攻坚的路上，市交通集团始终坚持"为村解难、为民办事"的宗旨，及时帮助帮扶村补齐短板，减少差距，帮助贫困户实现"一达标两不愁三保障"，共计协调各类帮扶项目40余个，协调和整合各级资金约850万元，为脱贫攻坚书写交通力量，贡献交通智慧。

展望未来，聚焦当下，市交通集团将一如既往地切实肩负起国企使命与担当，进一步牢记嘱托、感恩奋进，发扬"团结奋进、拼搏创新、苦干实干、后发赶超"的新时代贵州精神，增强发展动力，在脱贫攻坚工作中自觉树立预防和化解返贫风险的意识，并针对存在返贫风险人群实施针对性措施，全方位做好返贫风险控制，使脱贫质量经得起历史检验。

五、轨道集团

——实施精准扶贫 兴产业促增收

　　沿着息烽温泉至小寨坝镇田兴村路行驶不到 10 分钟，就看见"生态田兴"的标识，过去前往田兴村，要从小寨坝下高速行驶 30 分钟左右才能进入，俗话说"要想富先修路"，如今的田兴村，已实现"组组通"12.9 公里的道路硬化，交通更方便了。

　　田兴村位于小寨坝镇东北方，距离小寨坝镇 13 公里，离县城 27 公里，森林覆盖率 41%，耕地面积 2011.3 亩，其中，水田 632.84 亩，旱地 1378.4 亩，人均耕地面积 1.12 亩，海拔 1100—1800 米，地处小寨坝镇"南极"片区，辖区 16 个村民组，共 628 户 1854 人，其中贫困户 43 户，贫困人口 131 人。全村以种植马铃薯、玉米等传统作物为主，冬天极易霜冻，村级公路较为闭塞，道路崎岖，在产业发展上很受限制，是典型的贫困村之一。

　　习近平总书记在不同场合多次强调，要鼓励和扶持农民群众立足本地资源发展特色农业、乡村旅游、庭院经济，多渠道增加农民收入，更是一针见血地指出，"产业兴旺，是解决农村一切问题的前提。"

　　市轨道集团公司认真贯彻习近平总书记关于鼓励和扶持农民群众

发展特色农业的指示精神，按照省市精准扶贫工作的有关要求，通过五年的努力，已成功闯出了一条产业带脱贫、党建促脱贫的成功路子，建设的绿壳蛋鸡林下养殖基地初步形成生产—销售链，在投资实现保本微利的同时，又避免了每年按要求捐款—完成任务—效应有限的被动局面，2019 年底已实现田兴村 43 户贫困户全部脱贫，得到了市相关领导的肯定。

（一）实施精准扶贫，发展绿色产业

因地制宜、绿色产业、深挖资源……一系列的精准脱贫措施为田兴村贫困群众生活带来了翻天覆地的变化。

白永江，小寨坝镇田兴村人，2006 年开始创业养鸡，但由于缺乏项目资金、养殖技术和销售渠道，创业艰难，2018 年市轨道集团公司成立兴旺公司投资建设绿壳蛋鸡林下放养示范基地，他积极响应，积极投身于绿壳蛋鸡养殖当中，不仅自己挣了钱，还带动 10 余户贫困户养殖绿壳蛋鸡。白永江谈到未来充满希望"现在都是累并快乐着，我相信，借助轨道公司这个平台，只要肯吃苦努力，好日子一定会来的。"

2017 年底，市轨道集团公司党委提出要想标本兼治解决田兴村贫困农户实际问题，必须因地制宜发展当地特色农业，进行产业化、市场化运作的战略思想。2018 年 3 月，集团公司结合田兴村的发展规划，由下属全资子公司贵阳地铁实业公司与小寨坝镇政府、田兴村农户三方合作组建成立了扶贫产业公司——息烽南极兴旺农业发展有限公司，将发展特色产业作为打赢脱贫攻坚战的重要抓手，选择易于带动农民参与和合作的项目——绿壳蛋鸡养殖项目，投资建设绿壳蛋鸡林下养殖示范基地，帮助村民脱贫致富。

绿壳蛋鸡养殖基地，饲养员在捡收鸡蛋。

　　由兴旺公司投资建设的田兴村绿壳蛋鸡林下放养示范基地占地46亩，养殖规模3000羽，"公司＋农户"的模式养殖10000多羽，田兴村绿壳蛋鸡已基本实现产业化生态养殖。兴旺公司充分利用市轨道集团公司管理、资金、受众资源及村寨场地、养殖技术资源优势，开展绿壳蛋禽养殖项目经营，带动田兴村农户参与养殖，对田兴村贫困户实际情况进行技术帮扶和饲料补贴，农户获得鸡蛋款120万元，鸡肉款13万元，用于改善建档立卡贫困户生产生活条件及发展壮大村集体经济入股资金分红9.42万元，并且逐年递增。

　　贫困户得到了实惠，尝到了甜头，干劲更足了，纷纷开动思路、广谋发展，大家纷纷动起来，撸起袖子加油干，开山林、清荒坡、搭大棚、种刺梨、种西瓜、种猕猴桃、种羊肚菌等，市轨道集团也帮助贫困户促销滞销的水果、时蔬，协调贵州省预拌混凝土协会及各协会成员单位，呼吁公司职工消费购买葡萄，并将销售收益的20%用于帮扶田兴村困难户参与绿壳蛋鸡养殖，并为自身不具备养殖条件的贫困户提供就业岗位，帮助贫困户家属提高收入。

（二）以党建为引领，开展消费扶贫

精准扶贫要先扶志，断掉穷根，这是党的十九大报告中提到的有关扶贫工作的重要内容。

在田兴村党建培训基地道德讲堂，田兴村村民陈林正专心地听着老师讲课，认真地记下老师讲课的重点，"以前啥也不懂，现在多听听课，心也亮了，路也宽了，钱包也鼓了"。

陈林是田兴村贫困户的"老大难"，如今除了通过养殖绿壳蛋鸡增加收入，还借助田兴村党建培训基地，售卖家里的土猪肉、土蜂蜜，额外增加了收入，陈林自信地说："孙女即将高考，现在又多一份收入，供她读大学没问题了"。

2019年初，市轨道集团党委决定在田兴村建立集团党员干部教育培训基地，为助力脱贫攻坚提供坚强组织保障。如今，政策宣讲、弘扬美德、实用技术，一堂堂精品课程源源不断地端上"餐桌"，听得懂、用得上，吸引着村民们纷纷走进田兴村轨道集团党建培训基地学习听讲。

为全面打赢脱贫攻坚战，市轨道集团公司党委充分发挥党建引领作用，积极整合各方资源，以"党建＋扶贫"的模式开展培训和拓展活动，引入客流，带动消费。

碰上赶集的日子，好多的当地村民把自家的野货、水果、蔬菜等拿来出售，好不热闹。参加完党建培训的党员干部纷纷选购新鲜的绿色蔬菜、土特产带回家，"现在能在菜场上买到绿色蔬菜、土猪肉太难了，我趁今天来培训机带些回家。"一位来参加党建培训的党员说。

现在"党建＋扶贫"吃、教、乐、住一条龙服务模式已基本形成，培训基地上下两层共 400 平方米，配有培训室、多功能室和食堂可接待 60 人培训和用餐，集团公司党委、贵阳市税务局先后组织各基层党组织、团委等党员干部，前往田兴村脱贫攻坚工作一线开展"党建＋扶贫"培训教育活动，通过重温党史、党章及爱国主义思想的学习，不仅加强对习近平新时代中国特色社会主义思想的认识领悟，坚定了党员干部的初心意识，树立坚决打赢脱贫攻坚战的决心，还带动人群现场购买当地农户生产的土鸡蛋、土蔬菜、土蜂蜜等农副产品，实现"党建＋扶贫"工作的"双丰收"。

（三）一手抓防疫，一手抓复工复产

风雪兼程，路途奔波 150 公里，冲泡 2 包方便面，散发 200 份宣传单，运送 200 个医用口罩和数瓶 84 消毒液，2 月 10 日复工复产第一天，兴旺公司工作人员一大早就到田兴村进行防疫宣传工作，因人员有限，疫情防控任务重，田兴村工作人员 24 小时奋战在田兴村一线，号召广大村民共渡难关、攻坚克难，坚决打赢疫情防控阻击战。

疫情期间，小寨坝政府设置了各个防控卡点，白远常是田兴村兴旺公司绿壳蛋鸡的养殖大户，在山上放养有近 2000 只鸡。往年的这个时候，都是他笑着数钱的时候，但 2020 年，因为疫情防控、大中型餐饮暂停营业、市场禁止活禽交易，还有可能即将到来的禽流感，这些让他手足无措慌了神："前面路封了，买不到饲料，不知道疫情什么时候结束，鸡饲料用光可怎么办呐"。兴旺公司工作人员得知这一消息后，心急如焚，立刻驱车前往小寨坝，向小寨坝政府申请协调各防控卡点通行证，方便员工进出办公和购买饲料、运输鸡蛋等，在得知田兴村根本无法购置口罩等物资后，立即向市轨道集团公司报告，集团公司高度重视，经多方协调，为兴旺公司争取了口罩、酒精、手套、测温枪等防疫物资。

疫情期间，国家发改委提出要坚持疫情防控与企业复工复产"两手抓、两手硬"的要求。兴旺公司工作人员通过电话，摸底排查田兴村养殖户春节期间的外出情况、接触人员情况及身体状况；安排养殖户分时段送鸡蛋避免聚集性接触，给上门送鸡蛋的养殖户测体温、登记身体及出行情况、宣传防护知识，给无口罩的养殖户分发口罩，每位送蛋人员离开后对公共区域进行消毒；积极统计养殖户所需饲料数量，与饲料厂积极沟通，按成本价向养殖户提供饲料，帮助养殖户代购饲料3吨，确保养殖户的养殖积极性不受疫情影响。

疫情期间田兴村村民的绿壳蛋滞销，市轨道集团公司帮助兴旺公司协调集团公司的三个食堂，按保底价格收购滞销的鸡蛋近3万枚，积极帮助养殖户渡过难关。

（四）开展驻村帮扶，推进产业扶贫

过去的田兴村位置偏远，道路泥泞弯曲，几乎没有什么产业，家家户户都很贫苦，靠着几亩田和做零工艰难度日，如今的田兴村，家家户户都修起了两三层的砖混房屋，窗明几净，在屋旁田野、山坡上养猪、养鸡、种植葡萄、西瓜、羊肚菌……村子里平整的水泥路直通到农户家，家家户户呈现出一副欣欣向荣的景象。

自2015年以来，市轨道集团成立了帮扶田兴村扶贫工作领导小组，集团领导班子深入田兴村走访慰问50余次，选派驻村干部开展帮村扶贫工作，帮助田兴村修建完善基础设施，投资成立扶贫产业公司——南极兴旺公司，深化田兴村养殖项目试点的开发经营，积极探索绿色农业产业带动脱贫的路子，现人力、物力投资已累计达300万

余元。

五年来，市轨道集团党委班子领导多次前往田兴村，与村支两委深入交流，了解田兴村经济发展及贫困户的具体情况，研究制定《息烽县小寨坝镇田兴村结对帮扶工作方案》，制定帮扶工作计划，签订《对口扶贫资助协议书》确保专款专用，争取早日脱贫致富。党委班子在遍访慰问的过程中，还向田兴村党员干部宣讲习近平新时代中国特色社会主义思想及党的十八大、十九大等中央、省市重要会议精神，进一步加强与贫困户沟通交流，采取贫困户能够接受的方式，激励贫困户脱贫的意愿，激发他们的内生脱贫动力，帮助贫困户建立脱贫致富的信心。

五年来，按照市委组织部选派干部开展同步小康驻村工作的要求，轨道集团先后选派刘灿、晏腾瑞、刘力恩同志作为驻村干部，赴田兴村开展驻村帮扶工作。驻村干部深入村民组了解村情，积极主动走访、慰问群众、困难党员及老党员，了解村民的生产生活情况和存在的困难；积极协调中石化贵阳输油管理处捐赠 3 万余元钢丝及相关物资，用于搭建葡萄架；协调贵阳银行在村委会设立金融服务站，帮助村民开展农村淘宝业务和小额贷款业务；积极走访精准扶贫对象，对上级安排下来的重点扶贫对象建档立卡；积极参与村委会换届选举工作；与小寨坝司法所工作人员到都匀监狱开展亲情帮教，有效地推动了扶贫工作的开展。

五年来，集团公司向田兴村拨付 100 余万元帮扶资金，完成了进村道路修建，搭建了 30 亩的葡萄种植基地，扶持村集体经济发展，帮助实现自我"造血"。同时，集团党委积极协调参建单位共同帮助田兴村发展，捐赠了一批办公用品、电脑、空调等硬件设施，还修缮了田兴村留守儿童幼儿园基础设施，修建蓄水池解决幼儿园用水难题，还帮助孩子们装修了洗澡间、卫生间，改善生活环境，扎实有效开展了帮扶工作。

五年来，集团积极组织公司职工和参建单位，开展"点亮微心愿·共圆读书梦"等系列捐赠活动，号召大家为田兴村的孩子们捐款捐物。青年志愿者们先后20余次来到田兴村，对村里贫困家庭子女开展助学活动，为孩子们送去书籍、学习文具、文体用品等。

2020年是脱贫攻坚决战决胜之年，是全面建成小康社会和"十三五"规划收官之年。市轨道集团将继续做好田兴村的结对帮扶工作，在脱贫攻坚、疫情防控两场战役中，用实际行动巩固脱贫攻坚的累累硕果、筑起抗击疫情的钢铁长城。展望未来，市轨道集团将按照中央、省、市有关工作安排部署，进一步加大扶贫工作力度，探索多形式产业模式，以集团公司为着力点，带动田兴村扶贫项目发展，加强党建引领，将田兴村党员干部教育基地作为集团公司培养员工的实训和党员的党性教育基地。在继续通过消费帮扶发展当地养殖项目的同时，努力贯彻落实"绿水青山就是金山银山"理念，依托当地自然生态、民俗文化、农耕文化等资源，积极探索休闲农业和乡村旅游、康养等方向，寻求新的消费点，为决胜脱贫攻坚贡献力量。

六、农投集团

——推动三产融合　振兴农村经济

近期，国家农业农村部公布了农业产业化重点国家龙头企业名单，贵阳三联乳业有限公司榜上有名。

待到山花烂漫时，她在丛中笑。三联乳业捷报频传，继获得"中国学生饮用奶生产企业"资格和"中国最具影响力品牌"荣誉之后，2019年三联乳业销售额首次突破10亿元大关，完成了历史性跨越。

这是贵阳农投集团践行初心使命，聚焦农业产业发展，强龙头、拓业态，做大一、二、三产业融合助推贵州大扶贫工作取得的成果。

（一）强龙头，发展富农新产业

"目前住的是老房子，现在经济比较宽裕，准备装修好了敞哈。"1月6日下午，开阳龙岗镇大水塘村下坝组村民杨秀贵和妻子正在指挥工人装修房子。

杨秀贵是当地青贮饲料种植大户，种了400多亩土地，都是龙岗养殖场反租给他的。"说是租，也就第一二年象征性地付过每亩200元的土地租金，这几年都是免费的。"由于气候原因，青贮饲料每年只能种一季，每亩有 200 块钱左右的利润。收了之后便种蔬菜，蔬菜是额外的收入。

杨秀贵所说的龙岗养殖场，正是三联乳业旗下的奶牛养殖基地。

挤出来的是奶，吃下的却是"草"。奶牛养殖需要大量的饲料。2020 年，龙岗养殖基地共收购了 22600 吨青贮饲料，每亩地产 3 吨，约合 7500 亩左右。按照每吨 430 元的价格，每亩地产值在 1300 元左右，带动农户 2500 户，辐射开阳、息烽、修文、乌当、瓮安等地。

养殖场对青贮饲料的巨大需求，催生了很多像杨秀贵一样的种植大户，带动周边村民务工致富。在杨秀贵的种植基地，高峰期每天劳动力需求达 50 多人，每人每天工资 100 元左右，一些村民因此而脱贫。

作为贵阳农投集团旗下的老产业，三联乳业有着悠久的历史。1953 年，在风景如画的花溪，诞生了贵州第一个奶牛场"花溪奶牛场"，花溪奶牛场就是"山花牛奶"的前身。在建场初期，由荷兰引进的良种"荷斯坦奶牛"与本地的黄牛进行杂交改良，培育出贵州第一批"黑白花奶牛"，结束了贵州没有自己奶牛品种的历史，也拉开了贵州乳业发展的序幕。

1958 年，位于贵阳北郊乌当区的养羊寨农场建成，进一步提升了贵阳牛奶的产量。到 1973 年，养羊寨更名为"乌当奶牛场"，成为当地及周边地域的地理名，并一直沿用至今。1985 年，由荷兰引进的贵州省第一批管道封闭式挤奶机进驻"花溪奶牛场"。2001 年 4 月，由"贵阳三利乳业有限公司""贵州山花乳业有限公司"和"花溪奶牛场"三家企业合并组建的"贵阳三联乳业有限公司"正式成立，"山花牛奶"应运而生，从此，贵州乳业发展历史进入了一个全新的篇章。2002 年，三联乳业斥巨资引进了瑞典利乐砖和百利包常温奶生产线，填补了贵州省无常温奶、长效奶的市场空白。2006 年，三联乳业旗下的"山花"牌商标，被贵州省工商行政管理局评为贵州省著名商标，成为贵州家喻户晓的知名乳制品品牌。

乳品产业链上游的奶源把控，是确保优质乳品产出的最基础环节。三联乳业从 2012 年开始，在开阳龙岗、红枫湖张家坪、百花湖坪山、独山陆续建设了 6 个现代化生态牧场，现已全部投入使用。六大牧场依托最优生态、最高科技、最佳管理，构筑了贵州存栏数最多、设施最先进、管理最优化的核心生态牧场圈。

随着山花牛奶越来越得到广大消费者的认可，市场对本土鲜奶的需求日益增大。为满足市场需要，"三联乳业现代生态乳品加工产业园区"于 2015 年正式投产运行，整个乳品产业园日均可加工 1000 吨原料奶，拥有 32 条乳品生产线，涵盖市场上所有的主流包装。新的乳品加工产业园的投产，标志着三联乳业在生产设备以及质量保证体系和生产工艺水平达到国内先进水平。

2018 年，在第九届中国奶业协会暨中国奶业博览会上，"山花牛奶"在 500 多个品牌中脱颖而出，荣获"中国最具影响力品牌"荣誉称号。2019 年，山花牛奶年度销售额首次突破 10 亿元大关，完成了历史性的跨越。

作为贵州本土最大的奶业企业和国家农业重点龙头企业，这样的资源当然需要锦上添花。为了充分发挥龙头企业的引领作用，贵阳农投集团加大了农业投资力度，养殖奶牛 1.2 万头，年加工鲜奶 10 万吨，把更多贫困群众吸附在产业上。

（二）拓业态，扩大富农覆盖面

贵州山清水秀、生态优良，是一个难得的生产绿色优质农产品的好地方。致力打造全国绿色优质农产品供给基地，首先要大力调整农村种植养殖结构，选准主攻方向、主攻产品。

贵阳农投集团决定，在做强"存量"的同时，还要发展好增量。于是确立了"加快推进生态养殖业发展，丰富农产品供应"的思路。

说干就干。长顺县是贵阳市结对帮扶的 12 个贫困县之一，贵阳农投决定在该县代化镇实施规模为 10 万头的生猪养殖项目。目前，已完成了 4800 头能繁母猪种猪场建设，总投资约 6980 万元，完成引种 4800 头。

发展产业一定要把农户带动起来，如果仅仅是龙头企业赚了钱，农民利益得不到保证，那就背离了发展产业的初衷。

4800 头能繁母猪种猪场建设只是 10 万头生猪养殖项目其中的一部分，更重要的，还是在其配套项目。贵阳农投探索了生猪养殖"19518"模式（即 1 个家庭农场养殖能人带动 9 户贫困户，养殖 500 头生猪〈每年 2 批〉实现增收 18 万元）、依托能繁母猪种猪场建设，该项目配套建设 100 个家庭农场。目前已全部开工建设，已完工 93 个，投入使用 93 个；整体投苗饲养 150 个批次、7.97 万头，出栏生猪 4.93 万头，存栏生猪 3 万余头；带动当地村集体、909 户农户及养殖能人增收 1113 余万元。

除了长顺，贵阳农投集团还在开阳县实施 10 万头生猪养殖项目，项目一期 2400 头种猪场主体工程已基本建设完成，配套设施设备已进场，正在进行安装，正在加紧推进配套育肥场选址等相关工作。

同时，结合贵阳市"3+9"对口帮扶工作，与望谟县、罗甸县等达成合作意向，拟在望谟县建设 5 万头规模生猪养殖基地、在罗甸县建设 10 万头规模生猪养殖基地，其中，罗甸逢亭 3 万头生猪养殖场已基本建设完成。

为了保障农民利益，明确贫困户、农户在绿色优质农产品产业链、利益链中的位置，让农民从中获取应该得到的份额。除了生态生猪养猪，贵阳农投集团还大力推进淡水鱼养殖转型、禽蛋养殖标准化项目的实施。投资 12.5 亿元，在镇宁、望谟、罗甸等 13 个县建设 25 个生态流水池淡水鱼养殖基地，一期建设 13 个，配套饲料加工厂一个，2019 年开工建设 8 个。

在推进禽蛋养殖标准化中，在望谟县大观镇实施 60 万羽蛋鸡标准化养殖场项目，项目一期 30 万羽蛋鸡养殖，2019 年底建成投入使用；在罗甸县边阳镇建设 40 万羽蛋鸡养殖场项目，项目于 2019 年 11 月开工建设。

在种植业上，贵阳农投集团在长顺等 11 个县投资 30 亿元，建设 5.3 万亩果蔬基地。目前，贵阳农投的产业已分布省内 29 个县区。通过大力推广"龙头企业＋农民专业合作社＋农户"的生产经营方式，通过龙头企业把千家万户的农民组织起来，推动绿色优质农产品生产上规模、扩产量、成批量，带动更多贫困群众脱贫致富。

（三）促融合，激活产业新动能

种养出来，还要卖出去。大力开拓市场，创新产销衔接机制，建立稳定的农产品销售渠道，确保在产销对接上、流通环节上实现重大突破，成为必须之举。

从 2016 年开始，贵阳农投集团就着手完善市场保供体系，以建立健全农业供应链为核心，重点开展"建市场、补冷链、拓业态"等项目建设，从根本上提升保供能力。投资 32 亿元建成运营贵阳农产品物流园，成为贵阳大市场带动全省大扶贫、推动"黔货出山"、稳供保价的平台。同时，又与普洛斯、驹马物流等企业合作，投放 100 余辆配送车辆，致力于提升贵阳冷链物流和同城配送能力；不断创新模式，吸引各类主体开办惠民生鲜超市 154 家，让保供体系不断完善。

此外，贵阳农投还牵头成立贵州农产品供应链协会，全力发挥示范带动作用，确定了"建基地带动贫困户脱贫，建市场带动农业产业发展，确保市场农产品稳定供给"的"两建两带一确保"的发展思路，全力做好贵州农产品流通工作，打通黔货出山通道。

贵阳农投充分利用财政资金杠杆作用，通过"投、贷、保、基、险"等金融手段，有效引导金融资本、社会资金投入到农产品流通体系，助推农村一、二、三产业融合发展。同时，积极搭建农村金融服务平台，牵头组建了规模为50亿元的贵阳农投贵银农业产业发展基金，设立了规模为1亿元的贵州惠黔股权投资中心，成立了注册资本为1.5亿元农投创投公司和贵州金农基金管理公司，形成一批扎根农村的金融服务平台。

同时，发挥省级基金受托企业职责，争取55个项目纳入贵州绿色产业发展基金项目库，获批投贷金额121亿元。此外，实施2485万元的金融支农"订单助农贷"项目，为新型农业经营主体提供融资和销售保障。

目前，贵阳农投集团实施的产业帮扶项目总投资约136亿元，撬动、黏合了社会资本约101亿元与贵阳农投合作，共同助推农业一、二、三产业融合发展。

为了带动更多农户，贵阳农投运用生猪养殖"19518"模式，围绕"公司＋合作社＋农户"，结合各地实际情况，先后探索了蔬菜种植"三权共享、六红带动"模式（农村土地所有权、承包权、经营权"三权分置"方式建立所有权固定分红、承包权保底分红、经营权阶梯分红、资金入股分红、务工劳务收益、返租倒包经营收益）、区域异地"三变"模式、长顺蔬菜水果种植"同心共建"模式等多种利益联结机制，转变农民身份，增加农民收入。

通过整合各种资源，形成强大合力，形成一、二、三产业融合发杨胜华和林丽娟夫妇是贵州省榕江县贵阳·榕江联建高标准蔬菜保供园区的农业技术员。看到农村广阔的发展前景，夫妻俩于 2016 年返回家乡，从事农业生产。（新华社记者杨文斌摄）

展，共同打一场农业产业扶贫的攻坚战，使广大农民通过发展产业脱贫致富，通过发展产业把贵州打造成全国绿色优质农产品供给基地。同时，又借助稳定的农产品销售渠道，让贵州绿色优质农产品走出大山，供应全国，风行天下。

2020 年，贵阳农投投资的产业将在全省带动农户 9 万余人，增收 6 亿元以上，带动贫困户 3.2 万余人，增收 2.8 亿元以上。

典型案例一

发展蔬菜产业，书写农村产业革命美丽篇章

25 个坝区、5.82 万亩高标准蔬菜保供基地、1 个大型农产品

物流园、150余家惠民生鲜超市……

数据凸显担当，作为印证初心。近年来，贵阳市农投集团坚持以习近平新时代中国特色社会主义思想为指导，认真贯彻落实中央农村工作会议和省委农村工作会议精神，以坝区培育为重要抓手，以市场培育为着力点，持续深入推进农村产业革命，把坝区打造成"聚宝盆"，将蔬菜产销打造成大产业，打造从产到销全产业链，既为市民菜篮子减负，又帮助贫困户钱袋子增收，助推全省大扶贫进程，在希望的田野上书写着农村产业革命的美丽篇章。

一、让每个坝区变成"聚宝盆"

虽是冬天，乌当新场蔬菜基地香葱大棚里却温暖如春。王坝村村民唐明凤和邻居在技术员的指导下，正在给香葱除草。

"土地流转给基地了，每亩800元，还可以在基地上班，工作很轻松，每天可以拿到100元。"50多岁的唐明凤满脸笑容，看起来很年轻。尽管基地还没见效益，但在基地工作的村民和贫困户，钱已经揣进了荷包。

乌当新场蔬菜基地是贵阳市农投集团打造的坝区基地之一，规划面积为1000亩，即将建设完工。"我们是有机蔬菜基地，香葱的市场没问题，最近每斤批发价3.5元，最低时也可以达到2.3元，每亩地一茬产4000斤，每年可种三至四茬，效益可观。"靳实是贵阳农投集团从全国闻名的蔬菜大县山东寿光请来的技术管理人员，月工资8000元左右，还可以拿产值提成。

这样的技术管理人员，新场基地就有2人。他们不仅是蔬菜种植的技术专家，对市场也十分在行，种什么、怎么种都会，有效避免种不出来和种出来了卖不出去。"请专业的人做专业的事，我们的目标就是把每一个坝区基地都打造成为样板田、科技田、效益田。"贵阳市农投集团产业发展部经理白璧说。

贵阳农投集团从山东、云南、宁夏等地招聘了像靳实这样的专业技能人才150余人，组建了生产经营团队，搭建了"园区经理＋大师傅＋技术员＋产业农民"的生产构架。还对园区的农民组织培训，把农民培训成种植能手，让专业的蔬菜种植管理技术留在基地，留给农户。

坝区是贵州省最宝贵的农业资源，是打赢脱贫攻坚战、实现农村全面小康的重要支撑，也是推动农村产业革命和乡村振兴的突破口。

贵阳农投集团按照"建基地带动贫困户脱贫，建市场带动农业产业发展，确保市场农产品稳定供给"的"两建两带一确保"发展思路，助推坝区农业产业结构调整，带动农民增收，保障市场农产品供给。先后在长顺县、印江自治县、平坝区、榕江县、晴隆县及贵阳市"三县一市"、乌当区、花溪区等11个区（市、县）打造了25个坝区，规划建设5.82万亩高标准蔬菜保供基地，预计总投资39.51亿元，其中贵阳市内33.38亿元，贵阳市外6.13亿元。

通过科学化规划、规模化实施、设施化发展、标准化生产、专业化运营，大幅提升坝区土地产出率和增收贡献率。为此，贵阳农投与农业农村部设施农业研究院和新疆建设兵团设计院等合作，深入分析贵州省实际和国内外设施生产的最新技术，并发造适合贵州光照较少、雨日较多的生产棚型；与中国农科院、省农科院等省内外大专院校、科研院形成战略合作关系，加大对基地建设、蔬菜品种研发、选育、农产品加工等技术支撑和保障。

同时，以规模化发展为基础，推行集中连片建设和经营，连片经营规模不低于500亩，土地流转期限30年。在品种选择上，突出单品种规模，重点发展丝瓜、西红柿、彩椒、西蓝花、豆类、香细菜等中高端品种。

为了坚持最大限度让利给农民的原则，贵阳农投集团落实"龙头企业＋合作社＋农户"组织模式，建立完善了 2.5 万亩高标准设施蔬菜保供基地利益联结机制，构建了蔬菜种植"三权共享、六红带动"利益联结模式。基地所在地可获得所有权固定分红、承包权保底分红、经营权阶梯分红、劳务分红、产业发展帮扶分红、返租倒包分红。

这 20 多个坝区基地，个个都将成为当地老百姓增收致富的"聚宝盆"。

二、惠民生鲜为"菜篮子"减负

1 月 7 日上午，云岩区黑马市场旁的惠民生鲜农投惠民超市内，顾客满门，他们各自挑选着自己喜欢的菜品。

"超市就在小区门口，菜很不错，新鲜又便宜，卖相也好。你看，这豌豆尖才 4 块 2。"家住银海嘉怡花园的刘晓每天都要来这里买菜。在她看来，超市里的菜很新鲜，除了豌豆尖，瓢儿白每斤 1.79 元，生菜每斤 2.19 元，莜麦菜每斤 1.99 元，价格比市场上也要便宜。

为了给市民菜篮子减负，贵阳市先后出台了《贵阳市惠民生鲜超市建设实施方案》《贵阳市解决"菜价贵"问题攻坚行动实施方案》和《贵阳市进一步加快公益性惠民生鲜超市体系建设实施方案》等系列文件，为惠民生鲜超市建设提供了政策支撑和发展指引。贵阳农投集团高度重视，认真谋划，将服务民生与企业发展有机融合，依托该集团资源优势，建立"种、养、加"一体化，"产、供、销"一条龙服务模式，精心打造从生产、加工到冷链配送、门店销售的农产品生态链，实现产地直供，减少中间环节，平抑生鲜产品零售价格，实质性解决贵阳市民"买菜难，买菜贵"问题，践行便民、利民、惠民的使命，最大限度让惠于民。

同时，贵阳农投进行资源整合，探索联合发展路径。农投惠民公司在加快门店建设的同时，广泛吸纳合作建设主体，按照公平共享、开放共建的原则，吸纳符合条件的社会化商超企业参与惠民生鲜超市建设。不仅如此，还建立了公益性运行机制，用合同方式规范惠民生

贵阳建设惠民生鲜超市守护市民"菜篮子"。（新华社记者陶亮摄）

鲜超市运营，把公益性原则细化实化具体化。按照"公益微利"原则，确保生鲜商品销售价格原则上低于周边大型社会化连锁超市，且低于周边农贸市场销售价格20%—30%，并要求各超市须设立不少于100平方米的"贵州绿色农产品产业扶贫销售专区"，优先采购本省农副产品，助力全省脱贫攻坚；要求各超市须设有一元蔬菜销售专区，保证每天有3种及以上蔬菜销售价格低于1元/斤。

贵阳市农投集团还组建了贵州惠民农产品集采集配管理有限公司，创新产销衔接模式，依托政府惠民体系154家惠民生鲜超市，以及贵阳农产品物流园，以规模化集采集配，全省基地优选

为抓手，形成集农产品采购、分拣、加工、配送服务为一体的贵阳市现代化集采集配综合服务平台。

2017 年 9 月 1 日，为强化市场终端服务，贵阳市农投惠民生鲜经营有限公司应运而生。该公司成立后，运用市场运作、战略经营管理，通过实施"百村对百店"扶贫工程、"黔鸡黔蛋"工程及专销区设置等措施，深入农超对接，搭建产销对接平台，在丰富"菜篮子"的过程中，用大市场带动大扶贫，有效发挥国有企业在扶贫攻坚行动中的生力军作用。

2019 年 6 月 3 日，得知息烽县西山镇有大量优质桃子滞销的信息后，他们第一时间组织惠民超市合作企业前往考察对接，一次性帮助西山镇销售桃子 2 万余斤，采购金额 8 万余元；2019 年 7 月 1 日，罗甸县凤亭乡哈密瓜大量滞销，他们一次性采购了该乡哈密瓜 14 吨，采购金额 9.8 万元，并把该县作为采购重点；2019 年 1 月至 7 月，采购本省农副产品 16477 吨，采购金额 14178 万元，直接或间接带动贫困人口 3 万余人……

三、大市场打通黔菜出山通道

1 月 6 日中午，入驻贵阳农产品物流园扶贫专区的个体户刘财富正在用泡沫箱打包韭菜。他的韭菜全部批发到贵阳的超市，每斤的价格要比其他批发市场低一两毛钱。

长期以来，贵阳市省内农产品销售占比不高、产品竞争力不强。在种植端，各生产企业质量把控参差不齐，导致进入销售市场的农产品质量与省外同类蔬菜差距较大；在流通端，贵州蔬菜产业化、规模化程度不高，导致蔬菜单位生产成本和运输成本偏高……

如何为市民菜篮子减负的同时，打通蔬菜销售的"最后一公里"，助推黔菜出山，成为贵阳市重点思索的问题。

为了加强鲜活农产品流通基础设施建设，打通蔬菜销售的"最后一公里"，助推黔菜出山，2017年4月，贵阳市启动了贵阳农产品物流园项目。作为省、市联动的"菜篮子"民生保障工程，该项目的实施一路"快马加鞭"，当年8月即破土动工，2019年3月15日即实现正式开业。

贵阳农产品物流园规划用地总面积866.45亩，建筑规模69.52万平方米，总投资32亿元，经营品类涵盖蔬菜、水果、食用菌、肉类、粮油干调、水产海鲜（规划建设中）等，是目前全省占地规模最大、投资金额最高、交易品类最齐全的综合性批发市场。园区已入驻商户达2000余家。

为进一步深入推进产销对接工作，他们为全省88个县（市、区、特区）扶贫基地设立扶贫专区，实施"免进场费、免租金、免保证金"等一系列优惠政策。扶贫专区开业以来，已有54个区县签约，长顺、惠水、望谟、印江、天柱等36个区县进场经营，逐渐形成规模效应。

"由于采取对上下游客户进行补贴、规范管理、取消各项不合理收费等政策，园区的农产品平均交易价格低于贵阳市其他市场。开业至今，该园区交易的农产品总价，较周边市场共降低至少1亿元，全部让利于民。"贵阳农产品物流发展有限公司董事长黄德泽说。

为进一步畅通扶贫专区农产品销售渠道，贵阳农投集团深入推进"农校、农企"产销对接，构建产销衔接链条，同贵州财经大学等部分高校和企事业单位签订了定点采购协议。

"为了畅通本省蔬菜产销渠道，最大限度释放贵阳农产品市场空间，努力提高省内农产品销售占比，我们着力打通省内农产品基地与一级批发市场，打通黔货出山通道，减少中间环节，稳定农产品价格,保护农民利益,助推全省农村产业革命和脱贫攻坚工作,积极开展产销对接,先后走访了威宁、长顺、罗甸等60多个县,实地调研了100来个种植养殖基地。"贵阳农投集团党委书记、董事长冉斌说。

目前,直接从园区发往上海、广东等省外市场的主要有乌洋芋、辣椒、佛手瓜等特色农产品,总量达3000多吨。通过公司对接采购资源,直接从基地发往福建漳州、山东青岛等地用于食品加工的望谟紫薯就达1000多吨。

与此同时,贵阳农投还充分利用省内一百多项地标产品资源,与生产端、供应链、销售端等农业产业链条上多方开展合作,积极拓展大湾区、东盟等消费市场,共同促进贵州农产品品牌化发展,助推贵州农村产业革命。

截至目前,贵阳农产品物流园累计交易农副产品83.48万吨,交易额达41.84亿元。本省蔬菜日交易量从开业的日均70余吨,增长至现在的日均800吨,占园区蔬菜交易总量的29.9%,主要销往全省各地(州、市)及广州、广西、湖南等地,打通了黔菜出山的通道;扶贫专区农特产品累计交易量达7000余吨,交易总额达2100余万元,主要销往全省各地、广州、湖南等地,涉及种植面积合计5万余亩,带动就业人口1.5万余人,直接与间接带动贫困人口1万余人。

典型案例二

心怀阳光　播撒希望

冲洗、沥水、装车、加冰……正是中午时分,阳光照射着清镇市犁倭镇—香葱清洗场，工人们井然有序地将一捆捆香葱清洗后装进箱式冷藏车。这辆货车，将满载老院子基地的第一批香葱，发往湖南市场，换回贫困户奔向小康的希望。

香葱清洗场位于老院子蔬菜基地内，清洗场旁边，陆续栽种下的香葱沐浴着阳光，正茁壮地成长。正在清洗香葱的当地农户王大姐很感慨，她家的五亩多地全部流转给了蔬菜基地，每亩700元，年底还可以每亩保底分红500元，每个月她到蔬菜基地上5天左右的班，可以挣到500元，家里其他劳动力则腾出手来外出务工挣钱。而过去，土地只能种玉米，一家人全在土地上折腾，除了肥料和人工，几乎没什么钱赚，日子过得紧巴巴的。

从2.5万亩到5万亩再到50万亩；从蔬菜基地到水产畜牧；从基地建设到市场销售到品牌塑造……每年投资总计超过100亿元，如此巨大的投入，贵阳农投集团始终坚持"项目延伸到哪里，组织建设就到哪里，纪检监督就到哪里"的工作原则，让所有项目始终处于阳光的照耀下，推动集团裂变式发展，带动更多贫困户撕掉"贫困"标签，远离了"项目做起来，人员倒下去"的恶疾，成为贵州脱贫攻坚战场中的一道独特风景。

一、心有阳光——把纪律规矩挺在前面

2020年3月3日，贵阳市农业农垦投资发展集团有限公司（以下简称"贵阳农投集团"）威宁自治县5万亩标准化蔬菜基地工作组正式进驻威宁。

进驻前一天，贵阳农投集团特地给工作组开了一次特殊的会议：上党课！

"当前是扶贫决胜年，威宁蔬菜基地的建设既是落实省委主要领导的指示精神，也是贵阳农投集团助力全省脱贫攻坚义不容辞的责任，在基地建设过程中，任何一个环节都要做到清清

白白、干干净净，让所有一切都在阳光下运作！"集团党委副书记、总经理王祖泽坚定地说。

"坚决贯彻落实全面从严治党主体责任，坚决贯彻落实集团部署，坚决完成任务！"面对党旗，威宁蔬菜基地工作组全体人员庄严宣誓。

在项目启动前一天，召开警示教育大会，通过上党课，看警示教育片，责任人承诺等形式，给项目参与的所有人打好"预防针"，这是贵阳农投集团落实主体责任的创新举措。

"通过这样的警示提醒，把纪律规矩挺在前面，让所有人去除私心杂念，心有阳光，才能在项目中不动小脑筋歪心思，才能将项目打造成放心工程、清白工程和阳光工程"，贵阳农投集团党委委员、纪委书记刘兵海如是说。

而为了防患于未然，杜绝在项目建设中偷工减料、以次充好等行为，贵阳农投集团还有一条"铁规定"：所有项目只找大国企合作，不找私企和个体户，而且不允许分包。

刘兵海说，这样做的好处，是作为国企，对方在建设过程中，同样要接受纪律监督，在双重监督之下，项目当然更加阳光。

同时，构建了"1+3"的监督体系：纪检监察监督加上内审监督、内部巡察监督、机动巡察监督，坚持"业务发展到哪里，纪检监督就延伸到哪里"，与合作企业、合作银行将廉政建设、廉洁从业作为协议内容，对高标准蔬菜保供基地等重大项目，成立了党风廉政建设组、机动巡察组，开展明察暗访，保障项目廉洁建设。

以威宁蔬菜基地项目为例，他们成立了以集团公司党委委员、副总经理吴太君为组长的集生产组织管理、营运销售和专家技术指导咨询服务为一体的经营管理团队，作为"攻坚作战队"。进入基地后，迅速设立了工作站，保证基地建设组织领导。

工作站成立后，他们充分发挥国有企业聚集市场社会资源平台作用，迅速深入乡村开展调研、考察，结合威宁自治县气候、土壤、水源等自然条件和区位优势及县蔬菜产业发展规划，编制了《贵阳·威宁联建5万亩标准化蔬菜基地生产方案（第一期)》，基地建设规划一期投入资金1.5亿元，在威宁自治县草海、双龙、地那等13个乡镇，完成5.75万亩标准化蔬菜基地种植，种植结球甘蓝、大白菜、萝卜等10个特色蔬菜品种，助力基地12231户、57658人农户持续稳定增收，其中2070户、9717人建档立卡贫困户脱贫。

心有阳光，便能放开手脚；没有杂念，唯有高效推进生产。按照基地建设方案，他们于3月15日集团公司与威宁自治县签订了《贵阳·威宁联建5万亩标准化蔬菜基地投资合作协议》，于3月16日迅速开展基地生产建设。截至目前，在资金方面，筹集基地生产建设资金1.5亿元。种子、种苗、生物菌肥、复合肥、农膜、生产栽培用水、农机具等一应生产物资迅速调集到位。在技术保障方面，他们邀请贵州大学等方面的蔬菜专家编制印发《贵阳·威宁联建5万亩标准化蔬菜基地生产操作规程》，开展多次骨干理论技术培训和数十次田间农民技能培训，提升基地农民蔬菜种植技能，转变农民思想观念。

在生产管理方面，充分发挥项目基层组织和乡村能人作用，组建了30余个生产小分队，保证了生产有序高效开展。在威宁自治县双龙镇建成了全省最大的结球甘蓝、萝卜基地，基地面积达11000亩，威宁自治县草海镇建成了全省最大的西蓝花基地，基地面积达5600亩，充分发挥了国有农业企业对贫困地区发展现代农业示范引领作用。

蔬菜基地的建设，目标就是奋力冲刺 90 天，打赢歼灭战。为了确保利益联结的落实，他们大力推行"公司＋合作社＋农户"经营模式，落实基层组织和基地农民利益，按 20 元／亩年对村集体进行流转土地所有权分红；与村集体签订土地经营流转协议，对流转土地农户每年进行土地承包权固定分红；与乡或村合作社签订用工协议，对基地务工人员每天 80—100 元务工分红；对村劳务组织合作社按所产生劳务费用 3% 给予劳务组织管理分红。通过基地建设，将实现年蔬菜总产量 10 万吨，总产值1 亿元，使基地 3 个村集体经济每年实现增收 102 万元，农民流转土地固定分红 660 万元，带动当地农户务工分红 2640 万元。目前已完成土地流转分红 660 万元，劳务分红 120 余万元，村集体经济增收 3.6 万元。

二、阳光普照——把组织建设到项目上

为了助推脱贫攻坚，2019 年，贵阳农投集团在全省 30 余个县布局农业产业项目 90 余个，总投资约 136 亿元；项目建成后，将带动农户 9 万余人，贫困户 3.2 万余人。

项目投资大、点多面广，如何保证项目建设质量，把项目建成廉洁示范项目？

贵阳农投集团党委确立了"项目建设到哪里，党的组织就建设到哪里"的原则，让所有项目不失控，领导监管不失位，让项目建设始终处于组织领导之下。

2019 以来，农投集团在全省设立了项目临时党支部 9 个，实现了所有项目组织建设全覆盖。

贵州独特的地理环境，注定了连片地不多的问题。仅清镇蔬菜基地，就分散为骆家桥幼儿园、骆家桥羊昌洞、卫城、石牛、

流长、老院子 6 个基地。他们成立了清镇骆家桥基地临时党支部，由农投集团旗下的扶贫公司总经理程蜀黔任支部书记，将各基地党员统领在一起，组成了基地建设的攻坚队伍，通过"三会一课"等形式，加强对党员的教育，要求所有党员在工作中高标准，严要求。虽然基地分散，但人心不散、管理不散、监督不散。

在临时党支部的领导下，各基地建设进展迅速。如今，老院子基地的第一批香葱已发往湖南，为农户赚回了真金白银，其他批次的香葱也长势良好，丰收在望；骆家桥幼儿园基地的西红柿正抽枝爬蔓，开花挂果……

正是因为有了组织的坚强领导和廉洁监督，农投集团扶贫项目在各个贫困县遍地开花。

2020 年 2 月 20 日，省委主要领导到清镇蔬菜基地调研时，对蔬菜基地的建设和农投集团在脱贫攻坚中所作的贡献给予了高度赞扬。

从 3 月以来，贵阳农投集团立足省会城市责任担当，再接再厉，聚焦蔬菜、食用菌、畜禽水产养殖等农业主导产业，高效实施"9+3"贫困县产业帮扶，助力打好脱贫攻坚最后歼灭战，为全省决战决胜脱贫攻坚做贡献。目前，首批谋划的 13 个产业项目已全面启动实施，榕江等地的蔬菜基地正加快建设，望谟蛋鸡、生态养鱼等项目即将建成，预计在 6 月底前初步产生效益。

贵阳市农投集团采取"龙头企业＋基地＋农户"的模式，在 2019 年已经建设 5 万亩高标准蔬菜保供基地的基础上，新建 45 万亩蔬菜基地（含食用菌 5 万亩）。在全省建设出栏 15 万头生猪养殖场、存栏 200 万羽蛋鸡养殖基地、15 个高标准水产基地。实现销售收入 80 亿元，利润 2.5 亿元，带动农户就业 35 万人，人均增收 10000 元以上，贵阳市蔬菜产品自给率提高到 75%，每年为长三角、粤港澳大湾区等提供蔬菜 85 万吨。

三、一路阳光——让党徽在脱贫攻坚战场上闪光

从江县贯洞镇易地扶贫搬迁集中安置点南苑小区，新建的食用菌社区工厂正开足马力生产，近 200 名易地扶贫搬迁贫困户正在技术员指导下有条不紊地采菇、分拣、分装。

路边墙上，两排大字格外醒目：党的恩情忘不了　易地搬迁政策好。搬迁贫困户刘丽萍说，这是所有搬迁群众的由衷之言。

"政府帮助我们从大山里搬出来，龙头企业帮我们发展产业，这样的新生活，过去根本不敢想象！"

"加大易地扶贫搬迁后续扶持力度，是中央决战决胜脱贫攻坚座谈会的明确要求。帮助贫困县发展农业产业，统筹考虑搬迁群众的就业问题，是我们义不容辞的责任。"贵阳农投集团党委委员、专职副书记赵晓敏说。充分利用闲置资源打造贵州首个小

从江县贯洞镇腊水村群众在林下种植点采摘木耳。（新华社记者陶亮摄）

区地下室"社区工厂",是农投集团从生产组织入手带动贫困户增收致富的创新探索之一。

从请专家、技术团队,到现场实地调研,制定工厂建设实施方案,设施采购,基础设施建设,仅用了7天时间,一座6000平方米的崭新食用菌社区工厂建成投产。

赵晓敏说,首批香菇现已达到采菇条件。20万棒香菇采摘以后将全部切丁烘干,准备出口日本,价值大概在48万元,比国内高五分之二左右。

在食用菌社区工厂之前,贵阳农投集团进驻贯洞镇,带动合作社和农户发展林下木耳种植。

"充分利用从江县森林资源优势,根据各类食用菌生产特性,大力发展林下种植模式,是农投集团帮扶当地产业发展的另一种模式。"贵阳市菌菇产业发展有限公司筹备组产业发展部负责人胡鑫磊说。

食用菌是从江县确定发展的四大产业之一。之前县里也引进过其他的企业,但都没能形成明显的示范带动效应,很多环节的难点、堵点一直无法解决。

农投集团进驻后,以打造集食用菌菌种研发生产、菌棒制作培养、出菇示范栽培和产品加工销售为一体的标准化全产业链体系为目标,致力于打通食用菌产业链研发、生产、加工、销售全链条,带动从江农业产业化、规模化水平,最终实现可持续发展。

农投集团走到哪里,就给哪里带来发展的底气和信心,这既得益于"项目建设到哪里,组织建设就到哪里"的制度,也得益于"领导包保制度"的实施,有的项目,甚至由集团党委书记亲自调度。

威宁蔬菜基地建设项目，由该集团党委委员吴太君挂帅，而从江香菇基地，则由该集团党委委员、专职副书记赵晓敏领衔，每一名集团党委成员，都有自己的包保责任板块。

同时，不管在哪一个项目，党员必须亮身份，将党徽戴起来，让党员充分发挥先锋模范作用，让党徽在脱贫攻坚战场上闪光。

为积极推进农村产业革命，突出榕江"天然温室"等优势，农投集团准备在当地实施规模化、标准化、设施化高标准蔬菜保供基地建设。得知集团工作部署，扶贫公司综合部部长、机关党支部书记孔维伟主动请缨，放弃安逸舒适"空调房"，奋战炎热难挨"大熔炉"，坚守在脱贫攻坚一线，与当地人民群众一起破解难题、啃硬骨头，向决胜脱贫攻坚发起冲刺。引导群众转变观念，把他们从单纯的土地中解放出来，以一名党员的身份，尽自己的努力帮助村民，带头帮助群众解决实际困难和问题，及时消除群众各项顾虑，成为群众的知心人，获得群众的信任，使园区建设加快了进度，帮助更多群众早日摘下了贫困的"帽子"。

榜样的力量是无穷的，党员带头干，职工劲头足，更多的职工主动向党组织递交了入党申请书。因疫情期间保供成绩突出，17名职工火线入党。

坚持抓早抓小、防微杜渐，紧盯关键环节、关键节点，该集团印发了《2019年度党风廉政建设和反腐败工作要点》，落实落细管党治党"两个责任"，分管领导履行"一岗双责"，持续强化党内监督和监督执纪问责，层层传导压力，层层约谈。仅2020年第一季度，该集团就开展履行"两个责任"提醒约谈多次，12家下属企业领导班子、中层干部共81人次，各下属企业开展对"两个责任"提醒约谈751人次。

针对一些重要项目，采取个性化约谈，实现一项目一监督。如从江项目的厂房建设，纪检工作组约谈基地负责，要求对国有资产的资金使用一定要谨慎，要量力而为、不要好大喜功，要以党委会指导精神来落实工作，此项目存在较大的廉政风险，必须要守住底线、保住自身廉洁和其他监督。

而针对羊肚菌项目，则要求建立制度，用制度管人、管事，从目前的情况来看存在较大的管理漏洞，从出棚、入棚、烘干、出市、入库、销售出库等关键环节的岗位人员一定要重点教育、重点监督。

"通过约谈，提升了领导干部尤其是'一把手'的政治责任感和使命感，把实现贵阳农投集团党委工作目标与实现脱贫攻坚作为'不忘初心，牢记使命'的具体成果，并提出'双促进'工作原则，即促进主业做大做强，促进党风廉政建设，推进企业健康快速发展"，贵阳市纪委市监委派驻第十四纪检监察组组长陈居灿说。

另一方面，面对集团在全省30个区（市、县）建立生产基地助推脱贫攻坚的实际，直面点多、面广、时间紧、任务重等困难，集团纪检人员深入一线，强化责任督查，通过常态化明察暗访拧紧干部职工作风建设"安全阀"，一方面有效激发了基层活力，一方面也让集团干部职工在项目建设中得到锻炼和成长。

2019年，贵阳农投集团获得"贵州省脱贫攻坚先进集体"称号。

典型案例三

从江县——小小菌菇托起"就业梦"，奏响脱贫致富"最强音"

4月28日，距离贵阳市300公里外的从江县贯洞镇，经历了春的温润，阳光洒满山间田野，大地迸发出勃勃生机。

在易地扶贫搬迁集中安置点南苑小区，三三两两的妇女面带笑容，匆忙往小区里新建的社区工厂走去。路边墙上，"党的恩情忘不了 易地搬迁政策好"两排大字格外醒目。

"政府帮助我们从大山里搬出来，现在又有龙头企业来发展产业，生活有了新的奔头！"贫困户刘丽萍高兴地说。

刘丽萍口中的"龙头企业"，是贵阳市农业农垦投资发展集

贵州省从江县贯洞镇宰门村农民在食用菌基地里劳作。（新华社记者杨文斌摄）

团有限公司。2020 年以来，立足省会责任担当，贵阳农投集团深入开展省委挂牌督战的"9+3"贫困县产业帮扶，全力推动贫困地区农业产业发展，确保贫困群众持续增收、稳定脱贫。立足从江县实际大力发展木耳、香菇等食用菌产业，便是"9+3"产业帮扶的内容之一。

一、七天建起崭新的"社区工厂"

"袖珍菇每四个小时就要采摘一次，大家按照技术要领采摘，动作适当加快""分拣的时候注意品相和层次"……4 月 28 日，在从江县贯洞镇南苑小区食用菌社区工厂里，20 万棒香菇、5 万棒袖珍菇都已成熟，近 200 名易地扶贫搬迁贫困户正在技术员指导下有条不紊地采菇、分拣、分装。

食用菌社区工厂是南苑小区的"新生事物"，由贵阳农投集团牵头建设。虽然时间很短，但在过去的十天里，这个利用车库地下室建起的社区工厂，已是家喻户晓的"香饽饽"。

从贯洞镇往信村易地搬迁到南苑小区的党华杰是采菇工人中的一员。"楼上居住，楼下就业，每天可以挣 100 元，离家这么近方便照顾小孩，再也不想出去打工了，以后就在这里干。"党华杰说。

"加大易地扶贫搬迁后续扶持力度，是中央决战决胜脱贫攻坚座谈会的明确要求。帮助贫困县发展农业产业，统筹考虑搬迁群众的就业问题，是我们义不容辞的责任。"贵阳农投集团党委委员、专职副书记赵晓敏说。充分利用闲置资源打造贵州首个小区地下室"社区工厂"，是农投集团从生产组织入手带动贫困户增收致富的创新探索之一。

事情要从 4 月中旬说起。"看到这边车库资源闲置时，我们便萌生了利用地下室建社区工厂的想法。随后，集团第一时间把省农科院专家、江苏技术团队、农投集团技术团队三方力量请到现场实地调研，对温度、湿度等进行了综合的分析，得到条件适宜种植食用菌的结论后，立即进入实施阶段。"赵晓敏说。

4月19日启动项目的环境改造，开会研讨制定工厂建设实施方案，食用菌摆放架厂家比选，异地采购后组织长途运输，配套建设喷淋系统、通风系统、防虫系统等所有基础设施部分……7天时间，一座6000平方米的崭新食用菌社区工厂建成，开始投入生产。

"第一批菇现已达到采菇条件。就20万棒香菇而言，采摘以后将全部切丁烘干，准备出口日本，价值大概在48万元，比国内高五分之二左右。"赵晓敏说。

二、林下"小木耳"托起增收"大产业"

4月28日中午时分，在从江县贯洞镇腊水林下种植点，腊水村建档立卡贫困户梁林福正在认真地对木耳菌棒进行洒水管理。经过技术员的手把手培训指导，他已经熟练地掌握了这项技术。

木耳基地日常管理员，这是梁林福37年来第一份正式的工作。生长于这片山林附近，由于家里老人生病、小孩教育、没有一技之长等原因，梁林福多年来一直在家以务农为生，日子过得很紧。

贵阳农投集团入驻从江县贯洞镇发展食用菌产业，是梁林福新生活的起点。"他们接管运营了这片山林，带动合作社和农户发展林下木耳种植，在这做工除了每个月将近3000元的劳务收入外，还给我们承诺了每季700元的固定分红和效益分红。"梁林福说，"山还是那片山，林子还是那座林子，守着树林下这一片片木耳菌棒，心里慢慢有了新的希望。"

"充分利用从江县森林资源优势，根据各类食用菌生产特性，大力发展林下种植模式，是农投集团帮扶当地产业发展的另一种模式。"贵阳市菌菇产业发展有限公司筹备组产业发展部负责人胡鑫磊告诉记者，以林下换种为契机，腊水林下种植点4月份共种植了木耳20万棒，种植面积达100亩。从前期土壤消毒、铺膜，到摆菌棒，不到半个月的时间，累计带动当地贫困户及农户用工数达1300人次。

公司向合作社提供菌棒并对生产进行全程技术指导，合作社指导贫困户参与生产经营，公司负责按照当期市场价全部回收产品……贵阳农投集团"公司＋合作社＋贫困户"的运营模式，让从江县富安种养殖专业合作社理事长梁思文坚定了发展木耳产业的信心。

"农投公司派出了技术员全程跟踪指导，并立足省会国企的担当，对产品的保底收益作出了每个菌棒至少1块钱利润的承诺，销路也有了保障，这给合作社和贫困户都吃下了定心丸。"梁思文说，"按正常的产量和市场价来估算，每个菌棒的产值约6元钱，这一季的20万棒产值就是120万元，小木耳也能托起致富'大产业'"。

"按照这种模式，我们计划总共带动农户（贫困户）1000户种植1000亩以上，实现户均收入1万元以上。"胡鑫磊说。

三、全产业链打通发展"致富路"

连日来，通过与贵阳农投集团的深入接触，从江县食用菌专班副班长梁思甜心里多了一份由衷的欣慰。

"食用菌是从江县确定发展的四大产业之一。之前县里也引进过其他的企业，但都没能形成明显的示范带动效应，很多环节的难点、堵点也仍未解决。"梁思甜说，贵阳农投集团的进驻，无论从前端菌种制作培养、出菇示范栽培，还是后端加工销售，都给从江县发展食用菌产业带来了更强的底气和信心。

梁思甜话语中的几个环节，道出了贵阳农投集团精准推进从江县食用菌产业发展的总体布局。

"从一开始，贵阳农投集团就是以打造集食用菌菌种研发生产、菌棒制作培养、出菇示范栽培和产品加工销售为一体的标准化全产业链体系为目标，致力于打通食用菌产业链研发、生产、加工、销售全链条，带动从江农业产业化、规模化水平，最终实现可持续发展。"赵晓敏说。

基于此，入驻从江发展后，贵阳农投集团一方面从群众增收致富的矛盾端入手，迅速通过社区工厂、林下种植、庭院种植等模式组织生产，解决当地近千群众的就业增收问题；另一方面，立足食用菌全产业链稳定发展，以筑从富民食用菌产业园项目为抓手，投资 1.67 亿元加快建设涵盖菌种研发、菌棒生产、精深加工、产品销售的现代化食用菌工厂，补齐当地发展食用菌产业的短板。

"项目占地面积 130 亩，建成后可年产菌棒 3000 万棒，解决周边易地搬迁贫困户就业 150 余人，并带动农户、贫困户建设 3000 亩食用菌种植基地，实现户均收入增长 1 万元以上。"赵晓敏说。

"贵阳农投集团把菌种研发、菌棒生产、产品精深加工、市场销售等环节全部承担，合作社和农户只需按照技术人员指导，专注于成熟菌棒的生产和采摘，减少了生产过程中的风险，推动产业发展的同时，最大限度地确保了群众的利益。"从江县人大常委会副主任、食用菌专班班长杨瑞刚说。

七、旅文集团

——用心用情用力　助力乡村振兴

在决战脱贫攻坚、决胜同步小康的关键时刻，贵阳市旅游文化产业投资集团有限公司（以下简称"市旅文集团"）党委高度重视，按照中央、省、市扶贫开发工作的决策部署、总体思路和基本要求，紧紧围绕脱贫目标，坚持求真务实，本着"为帮扶对象解决实际困难、使帮扶对象真切感受到党和政府、企业的关爱"的宗旨，深入分析扶贫开发工作，认真调查研究，切实有效开展帮扶工作。

作为省会城市脱贫攻坚的重要力量，市旅文集团深入分析扶贫工作，认真调查研究，切实有效开展帮扶工作，努力为全省夺取脱贫攻坚、全面摘帽的最终胜利作出更大贡献。

（一）归宗村：金银花香中的大变化

沿着一条乡村公路行驶进贵州省清镇市新店镇归宗村，道路两旁的村民正在忙着晾晒金银花，丰收的喜悦让他们停不下来。清镇市新店镇归宗村是市旅文集团的对口帮扶村。

过去，归宗村基础设施落后，由于受地理条件的限制和发展因素贵州省清镇市新店镇归宗村苗族青年周文迎娶"红线苗"姑娘李学会的大喜日子，村子里的年轻人们纷纷身着盛装前来帮忙，并陪着新郎前去接亲。

的影响，土地少、产业单一等条件严重制约着归宗村的发展。2016年以来，归宗村在市旅文集团的对口帮扶下，安路灯、修通组路、入股面条加工厂……归宗村已然发生了大变化，2019年人均收入11384元，已实现整村脱贫。

在归宗村上元组，走进周梦芬家，一阵金银花香袭人而来，让人心旷神怡。此时，周梦芬正在自家院里忙着晾晒金银花，脸上露出丰收的喜悦。周梦芬说，家中母亲残疾加上常年卧病，生活非常困难。在市旅文集团的帮扶下，条件得到极大改善。如今不仅种金银花，还养牛养猪，生活越来越有盼头。

周明前是归宗村麦子坝组村民，70多岁，是一位孤寡老人，因年龄大缺乏劳动力致贫，属于归宗村五保户政策兜底家庭。"前几天市旅文集团给我送来了一套被子和枕头，用着非常软，很舒服。"周明前说，市旅文集团经常来他家慰问他，关心他的生活，让他倍感温暖。周明前说目前他住房生活都有保障，每个月还可以领到五保户政策兜底 1080 元的扶贫资金，加上过年过节常有领导来慰问和关心，生活很有保障。2019 年，周明前通过精准扶贫生猪养殖喂养两头生猪卖了 7100 元，现在栏里还喂养了两头肉牛和生猪。

除了帮扶贫困户，在归宗村，市旅文集团帮扶安装 45 盏路灯和修建 160 余米通组路，解决群众出行问题，让归宗村的道路更宽敞、夜晚更明亮。"安装的这些路灯，让我们村很受益，不会像过去一样晚上出门一路摸着黑了。"在周梦芬家，她指着家门口的路灯笑着说。在归宗村上元组，一条宽敞的通组路让上元组 12 户村民的出行得到了极大改善。

据归宗村上元组村民李存友介绍，在通组路没有硬化之前，不仅路窄还陡，坑坑洼洼的，车辆过往非常危险，遇到下雨天路滑还拖泥带水，极不方便。"现在修好后方便多了，过车、出门都很方便。"李存友说，修好后他们会更加珍惜这条路，12 户村民主动实行分段管理路段。

除了帮扶贫困户、安路灯、修通组路……2016 年以来，结合归宗村的当地特色和资源优势，市旅文集团因地制宜多措并举支持归宗村产业发展。以提升村民发展意识为抓手，项目带动、结对帮扶为重点，并把产业发展项目实施的模式不断扩大和推广，确保贫困户实现持续、稳定增收，最终达到脱贫致富。

2020 年归宗村在原有金银花种植的基础上，提升和扩大了李子的种植面积，还引进了元宝枫种植，成立面条加工厂。建设面条加工厂和李子筛选车间，立足当地特色，小产业起步，摸索前进。一方面稳固脱贫成果，另一方面发展壮大村集体产业。如今，归宗村产业发展形成了"一花一果一宝枫，李子树下红彤彤"的布局（其中"一花"是指金银花目前面积有 5000 亩，"一果"是指李子有近 3000 亩，"一宝枫"是指元宝枫），让日子越过越好，发展信心越来越足。

（二）真帮实扶，打出脱贫攻坚"组合拳"

2020 年春节前，市旅文集团领导班子成员多次深入清镇市新店镇归宗村、三合村开展扶贫工作调研及慰问结对帮扶贫困户和驻村干部活动，实地了解由市旅文集团投资建设的面条加工厂等投入使用情况，并与村支两委进行深入交流，就归宗村基层设施建设、村集体经济发展、疫情防控、种植养殖、防汛防灾等情况进行梳理，共商解决措施。

集团下属天河潭公司党支部作为清镇市新店镇三合村的帮扶单位之一，根据调研和驻村干部提供三合村龙井小学的实际困难，为三合村龙井小学购买了教学设施设备、办公用品、学生校服等共计约 6 万元的物资资助活动。为确保扶贫工作有效推进，掌握好扶贫难点，在当地村支两委及村民组长带领下，驻村干部走访了 2014 年建档立卡户、低保户、五保户、留守儿童、精准扶贫户 2000 余次。多次参与三合村产业发展座谈会，开展困难村农村电商技能培训工作，为三合村农产品销售出谋划策。对三合村参加新店镇 2018 年商品猪养殖扶贫低保户进行走访及拍照片取证 100 余户次。

集团下属青岩公司党支部充分发挥景区优势，根据景区接待能力大幅提升，特别是因景区产业项目建设和旅游发展带动青岩镇及周边贫困、无业人口就业和增加收益效果明显。当前，青岩公司已形成了高效联动的工作运转机制，共吸纳农村贫困就业人员 220 余人，因增加旅游产业项目开发建设间接带动贫困人口就业超过 1500 人，规划启动农旅产业发展项目 4 个，结对帮扶了 4 个贫困村（居），以严的要求、实的作风全力做好国企帮扶助推脱贫取得实效。

　　集团下属旅文旅游公司党支部高度重视对精准帮扶贫困户及贫困村的扶贫工作，通过走访调研、慰问、农副产品销售、提供就业岗位或就业渠道等方式，带动扶贫。在旅文旅游公司管理的修文县桃源河景区，自 2012 年运营以来，每年在淡旺季期间提供长期就业和季节临时性岗位，提供"三变"种植养殖用工岗位，招聘当地长期管护人员等，同时按照公司业态布局，景区无偿给当地困难村民提供经营摊位，在公司直接上班或间接带动收入的村民每年平均收入在 1 万元以上；朵芳阁桃源河酒店结合用工需求，每年带动当地贫困群众近 160 余人就业，有效解决困难群众就业难问题，通过加强岗前技能培训，进一步增强贫困劳动力技能水平和就业能力，引导贫困户通过就业增加收入；通过桃源河终漂点温水乐园及环境景观配套设施项目建设、桃源河 4A 项目建设带动扶贫，每年解决 500 余人就业问题，极大解决周边村寨剩余劳动力就业问题，实现景区与村民融合发展。

八、大数据集团

——奋力书写扶贫协作国企答卷

自2019年1月成立以来，贵阳市大数据产业集团有限公司（以下简称"大数据集团"）党委深入学习贯彻习近平总书记关于扶贫工作重要论述和中央、省、市决策部署，把打赢脱贫攻坚战作为增强"四个意识"、坚定"四个自信"、做到"两个维护"的具体行动。遵循"上级要求、当地所需、集团所能"的原则，积极响应"百企帮百村"行动，聚焦精准，发挥优势，持续密切开展调研对接，持续加大资金投入力度。立足资源禀赋，依托产业规划，对接市场需求，助力联系村脱贫攻坚，书写扶贫协作国企答卷，在促进联系点全面打好脱贫攻坚战中展现国企作为。

花溪区久安乡打通村是集团定点联系村，地处阿哈水库上游，是重要的饮用水源保护区，全村面积约7.53平方公里，目前，共有村民732户2197人。由于地处"两湖一库"饮用水源保护区内，该村在发展畜牧养殖业、工业等相关产业上受到限制。2015年以来，村支两委因地制宜，结合该村森林覆盖率高、生态环境好等优势，以开发无污染的特色农产品产业为切入点，成立合作社发展猴头菇生产种植。在区有关部门的大力支持下，投资80余万元建起了猴头菇种植基地。

2018 中国国际大数据产业博览会在贵阳开幕。

（一）立足所需，竭尽所能

2019 年 5 月，大数据集团与打通村结对后，集团党委成立了由党委书记、董事长、总经理担任组长，其他党委班子成员为成员，党委办公室、党建人资部门为骨干的精准扶贫工作小组，立足打通村所需，分 6 批次进行专项调研。

针对该村猴头菇基地资金不足，基地生产设施设备过于简陋，技术管理力量弱等问题，集团党委通过多次实地调研，研究决定在集团初创阶段资金紧张的情况下，拿出 20 万元帮助打通村对 600 平方米猴头菇生产种植大棚进行设施设备改造升级。猴头菇基地改造项目已于 2019 年 12 月底完成，改造后基地种植效率提升了 4 倍，2020 年 1 月至 8 月，新鲜猴头菇产量 6228.76 斤，销售金额 95696 元，干猴头菇 307 斤，销售金额 11443 元，总金额 107139 元。

2020 年 6 月，集团党委班子分两次，再次来到打通村，通过现场调研和座谈的方式，了解到通过改进种植设施，打通村"一村一品"猴头菇种植基地目前生产能力有了较大的提高，但是销售渠道还有待打开。带着打通村的困惑，集团党委立即开展了进一步研究，针对打通村面临的新问题，集团积极探索利用互联网和电商手段，信息化的宣传方式，以及保鲜措施等，通过入驻定点超市、生鲜配送等模式，进一步帮助他们打开销售渠道。为打通村增收致富、实现长期发展，贡献信息和科技力量。

（二）爱心助农，齐心战"疫"

改造后的猴头菇基地里，猴头菇长势喜人，但是 2020 年 2 月以来，受到新冠肺炎疫情影响，打通村猴头菇的销路成了问题。集团党委得知这个消息后，借力"互联网＋"发动"爱心助农"活动，号召广大员工为即将滞销的猴头菇找销路。集团上下迅速行动起来，积极为帮扶对象产品进行代言，开展熟人销售，向社区群、朋友圈、亲朋好友推荐产品，拓展销售渠道，纷纷为脱贫攻坚"拼单"，通过内部宣传推广，联系职工食堂等方式，订购了 1302 斤猴头菇，解决了村民们的燃眉之急。疫情防控期间，通过集团推广销售的新鲜猴头菇占基地总销售量的 35%。打通村猴头菇基地负责人蔡长锋高兴地说，有了大数据集团强有力的支持，2020 年的猴头菇生产和销售都创了新高，这也坚定了村里继续发展猴头菇生产的信心。

（三）真情帮扶，彰显责任

2019 年 8 月 27 日，集团公司党委书记、董事长、总经理杨菲专程到集团公司定点帮扶村花溪区久安乡打通村开展帮扶工作调研。

集团董事长杨菲带着自费购买的大米、食用油等慰问品首先去看望了他结对帮扶的贫困户金福万。由于身体原因，金福万基本丧失了劳动能力，其生活来源基本由当地政府按相关政策给予解决。在金福万家，杨菲与他促膝谈心，详细询问了他的身体和生活情况，同时，向他宣讲了党的扶贫工作相关政策精神，鼓励他要坚定战胜困难的勇气和决心，党和政府一定会帮助他摆脱贫困，过上幸福生活。杨菲也叮嘱在场的乡、村干部，一定要多关心困难群众，相关扶贫政策要用好用足，在脱贫奔小康的路上一个也不要掉队，希望村里把金福万的生产生活情况经常向他反馈，以便及时提供必要帮助。

9 月 12 日，集团党委班子成员集体来到打通村，为帮扶的 5 户贫困户送去中秋祝福。每到一户，大家与困难群众亲切交谈、嘘寒问暖，详细了解他们的身体健康和收入来源等状况，叮嘱他们要保重身体，在生活中遇到困难要及时联系，并为他们脱贫出点子、找路子，鼓励他们增强脱贫信心，通过国家扶持、干部帮扶和个人努力，早日脱贫致富。同时，大家还将自费购买的月饼和 500 元慰问金送到贫困户手中，并衷心祝福他们身体健康、平安幸福。

围绕精准扶贫工作，集团党委始终按照全省决战决胜脱贫攻坚工作要求，强化组织领导、氛围营造和精准施策，持续夯实"一对一"的精准结对帮扶工作机制，加强对帮扶贫困户的关心关爱。在端午、中秋、国庆、春节等节假日期间，多次组织班子成员看望慰问贫困户，与他们促膝谈心，向他们宣讲党的扶贫工作相关政策精神，鼓励他们要坚定战胜困难的勇气和决心。

2019 年 10 月 18 日，集团全国"扶贫日"募捐活动开启，募捐活动现场，集团党委副书记宣读了《贵阳市 2019 年全国扶贫日活动方案》和集团 2019 年扶贫日捐款捐物倡议书，共同学习了《习近平总书记关于精准扶贫精准脱贫重要论述摘编》，并就"扶贫日"系列活动提出具体要求。最后，全体员工开展募捐活动，因工作没有到场的员工也积极献出了自己爱心。通过"扶贫日"这样的活动载体，在集团营造出了扶贫济困、友善互助的传统美德的良好氛围。此次募捐活动，全集团共收集善款 3 万余元。

2020 年 5 月 5 日，由集团下属子公司党支部牵头组织的"爱心助农"实地走访调研活动，就是进一步动员和凝聚全集团力量，营造人人关心扶贫、人人支持扶贫、人人参与扶贫的浓厚社会氛围，加快精准扶贫、精准脱贫步伐的一个缩影。活动通过"上下衔接＋整体联动"的方式，在线上积极对接贵阳日报传媒"助农团团"销售平台为扶贫点打通村猴头菇牵线搭桥，助力产品"走出去"，增加了打通村猴头菇特色农产品销量。在线下，大家各显神通，把在打通村的所见所闻编辑成抖音短视频等，为滞销猴头菇"直播带货"，增加订单总量。

2020 年 6 月 24 日，在花溪区高坡乡批林村益童乐园，集团下属火炬软件园支部为那里的留守儿童送去了一场特别的端午节礼物，包粽子、送图书，最让孩子们兴奋不已的是叔叔阿姨们带去的无人机表演……

在帮扶工作中，集团党委不断总结经验，逐步改进单一的捐款、捐物等工作方式，引导支部通过主题党日、讲精准扶贫党课、利用企微云文化、党建文化墙、微信群等阵地，启动"社会扶贫网"的推广、爱心助农"网络快闪"等形式，营造全员参与、全员关注的浓厚氛围。

下一步，集团党委还将积极探索精准扶贫新思路，探索脱贫新模式，充分利用大数据技术优势，助力基地与科研院所深度合作，帮助基地改善基础设施。同时，探索利用"网格＋"模式，动员社区网格员参与到消费扶贫队伍中来，打通制约消费扶贫在生产、流通、消费等环节的痛点、难点和堵点，促进该村猴头菇产业发展，激发内在活力，提升"造血"能力，有力保障成果巩固的成色和质量。

九、工商投资集团

——实干聚合力　真帮显真情

在脱贫攻坚重大战略行动中，贵阳市工商产业投资集团党委以高度的责任感、使命感融入大局，认真落实省、市关于打赢脱贫攻坚战的有关部署要求，始终把帮村责任和任务记在心上、扛在肩上、抓在手上、落实在行动上，扎实开展各项工作，以实干实绩帮助贫困群众创业就业、增收致富。

（一）加强组织领导，强化责任落实

贵阳市工商投资集团把帮村扶贫列为党委重要议事日程，成立以党委主要领导为组长、其他班子成员为副组长、下属相关企业为成员单位的帮村扶贫工作领导小组，明确了组长、副组长、成员单位、办公室及驻村干部的职责和任务，把帮村扶贫工作纳入领导干部绩效考核，督促领导班子成员认真落实"单位主要领导和班子成员每个季度不少于1次到村调研指导"工作要求，积极主动到帮扶村开展帮村扶贫工作。鼓励和支持帮扶村坚持"抓党建、带队伍、促脱贫"工作方针，帮助贫困村充分利用"三会一课"、"主题党日"活动、新时代

贵阳市开阳县"十里画廊"的毛家院村。

农民讲习所、远程教育等学习教育平台，深入学习和贯彻落实习近平新时代中国特色社会主义思想、党的十九大精神，认真贯彻落实省委省政府、市委市政府脱贫攻坚各项决策部署。加强帮扶村党建阵地建设，积极协助开展脱贫致富技能培训，认真宣传党委政府帮扶政策，做好帮扶村干部群众思想政治工作，激发村民群众干事创业的激情，为帮扶村决战决胜脱贫攻坚提供坚强政治保障。

2019 年 7 月，贵阳市工商投资集团党委因表现突出，获得贵阳市委授予的"全市扶贫攻坚先进党组织"称号。

（二）加强科学谋划，厘清帮扶思路

贵阳市工商投资集团党委严格落实市委、市政府工作要求，2019

年以来，公司主要领导及班子成员多次前往"结对帮扶"清镇市流长乡油菜村、"轮战驻村"开阳县南江乡毛家院村、"财政扶持村"修文县大石乡三合村开展帮扶调研，与乡镇主要领导、村支两委干部座谈，详细了解村基础设施建设、村集体经济发展、脱贫攻坚等情况。实地考察油菜村繁蜂基地建设、基础设施改造和毛家院村中药材种植基地、经果林种植项目以及三合村食用菌大棚基地、生猪养殖场等，和帮扶村一道，厘清了加强党建扶贫、助推产业发展、改善人居环境、提升村容村貌的重点帮扶思路。

贵阳市工商投资集团领导干部结对帮扶油菜村贫困户，2019年初，制定了《市工商投资集团领导干部结对帮扶贫困户工作方案》，帮扶领导干部每季度深入结对帮扶的贫困村、贫困户走访调研不少于一次，集团党委班子成员要主动认领贫困户，切实对油菜村结对贫困户开展"一对一"帮扶。按照"一访二帮三促进"工作要求，相继到村入户，分别对李从贵、邱多贵等6户贫困户开展结对帮扶。2019年至今，市工商投资集团领导干部共走访慰问贫困村、贫困户30余次，掌握贫困状况，分析致贫原因，开准帮扶"药方"，解决困难需求。2020年，市工商投资集团继续选派党员干部长期驻油菜村和毛家院村开展驻村帮扶工作，积极落实驻村待遇，加强对驻村干部的监督考核，确保驻村干部真蹲实驻。

以深化农村产业革命"八要素"、积极拓展产业发展为目标，帮助贫困村做大做强优势产业，打造一村一品一业。在2019年市工商投资集团投入资金90万元帮助油菜村发展中华蜜蜂养殖产业的基础上，2020年投入资金60万元继续帮扶油菜村发展壮大蜜蜂养殖产业，建设繁蜂基地，扩大蜜源种植，吸纳贫困村民就业。2019年油菜村蜜蜂养殖项目已实现分红，贫困户每家获得800—1200元分红。通过帮扶后油菜村贫困户2019年年均收入增长最高可达1.5万元。帮助修文县大石乡三合村共同探讨"三种三养"模式，即"经果＋蔬菜＋牧草""蜜蜂＋生猪＋肉牛"，2020年投入20万元资金重点帮扶三合村发展生猪养殖，带动帮扶村调整产业结构，转变发展方式，促进村民增收，壮大村集体经济。

结合毛家院村工作实际及需求，坚持推进脱贫攻坚与乡村振兴有效衔接，补齐人居环境短板，推进美丽宜居乡村建设。市工商投资集团投入资金20万元帮扶毛家院村对公共基础设施进行改造维护。重点对村委党建文化广场进行硬化，村寨主干道路、水管水道等破损及泄漏进行维护修理，对村公共区域环境卫生进行改造升级，改善人居环境。

（三）创新帮扶机制，形成帮村合力

通过制定集团党委年度帮村扶贫工作方案，明确开展帮村扶贫的指导思想、工作目标、机制和要求。在集团党委的统筹下，推行帮村扶贫任务联结机制，市工商投资集团下属12余家企业主动认领工作任务，形成"一人驻村、全员帮扶"的工作合力，工作成效显著。2020年7月1日，在贵阳市召开的脱贫攻坚"七一"表彰大会上，集团所属企业贵阳新天光电科技有限公司驻村干部王鹄同志荣获"贵阳市脱贫攻坚优秀党员"荣誉称号。在息烽县分会场，集团所属企业贵阳友谊（集团）股份有限公司驻村干部覃水高同志荣获"息烽县2020年脱贫攻坚优秀党务干部"称号。

十、富之源科技

——聚焦生猪产业 "19518" 兴乡富民

贵州富之源科技（集团）有限公司积极响应大扶贫战略号召，立足贵州，在大力实施"公司＋家庭农场"产业助农增收模式的基础上，创新提出"19518"产业扶贫与"公司＋村集体＋贫困户"的生态循环新模式，带动贫困户脱贫致富奔小康。

（一）诚信立企，产品销量大幅增长

贵州富之源科技（集团）有限公司位于贵阳修文，是贵州本土一家以原料贸易、饲料生产、生猪养殖、肉食品加工等产业为主导的大型现代化农牧企业。集团围绕生猪产业链，目前已建立贵阳、安顺、铜仁三大饲料基地，修文、长顺、贞丰、息烽、开阳五大养殖基地，形成了前连饲料生产基地，后通养殖、肉食品加工基地，以家庭农场为纽带，与村集体、贫困户建立利益联结机制的一条龙生猪养殖全产业链接新模式。集团年饲料产能60万吨，存栏母猪2万头，年可提供猪只50万头，产值达20亿元。集团肉食生鲜产品进入贵阳农投惠民、星力、华联等100余家超市。

该集团与中国农科院、四川农大等著名科研院所、高校建立战略合作关系，运用国际领先的"动物健康营养理论和技术"进行营养研发，品种改良，致力于提升生猪的养殖成效与产品品质。

贵州富之源科技（集团）有限公司源自贵阳富源饲料有限公司，最初是一家"作坊式"企业，只有几台机器、几把洋铲、租赁的木质框架瓦房，投入的资金总共只有 46 万元，没有知名度，没有品牌，在激烈的市场竞争中犹如一个牙牙学语的婴儿。公司董事长雷贤义为了更好地发展企业，改变企业现状，不断的率领相关人员外出参观考察学习。通过学习、总结，公司提出了创建"四个一流"，即创建一流环境、一流技术、一流设备、一流人才，同时提出"诚信做人，诚信育人，诚信经营"的理念。用真诚和过硬的产品质量，赢得了供应商、经销商的青睐，短短几年时间，就累积了 2000 多位经销商客户，公司"金龙""乌江""广庆""博瑞""金源"等 5 大系列 70 余个品种的浓缩配合饲料，畅销贵州省内各地及省外周边市场，实现了产品销量的大幅增长。

（二）"公司＋家庭农场"，助力脱贫攻坚

2013 年，富之源公司立足于修文猕猴桃、蔬菜种植面积较大，需要有机肥的实际，在省、市、县关心支持下，大力推广实施"公司＋家庭农场"助农增收养殖新模式，走"以养促种、以种定养、种养结合、生态循环"的生态高效产业发展道路，不仅壮大了产业实力，而且获得了经济效益、社会效益、生态效益"三丰收"。

一方面，公司在猕猴桃基地配套发展养殖场，对猪粪进行无公害化处理，猪粪变成有机肥、沼液、沼气，成为猕猴桃生长最好的有机肥料，沼液用于植株滴灌，沼气则变成清洁低廉的生活燃料，把"猪

粪"变废为宝。这种"以养促种、以种定养、种养结合、生态循环"的发展模式，不仅降低了猪粪污染环境的风险，也解决了修文种植猕猴桃、蔬菜需要大量的有机肥的难题，同时又能提升猕猴桃、蔬菜品质。

另一方面，为更好带动激发农户养殖激情，公司采取"公司＋家庭农场"模式，用"六统一"经营方式和农户合作，即：统一提供猪苗、统一提供饲料、统一防疫、统一技术服务管理、统一提供兽药、育肥猪按统一收购价10元/斤，为农户提供了一条龙的服务保障体系，降低了农户养殖风险，让农户养殖无后顾之忧。此外，公司主动让利，拿出利润的40%—60%给农户。

目前，富之源在修文已发展家庭农场135户276个单元（每个单元200头），生猪年出栏量可达12万头，为贵阳市"菜篮子"工程的建设作出了积极贡献。农户每年分红达2000余万元，累计已分红1亿余元，直接带动135户养殖户走上致富增收道路，解决了500余名剩余劳动力就业。

（三）实施"19518"，创新兴乡富民模式

2016年，集团为积极响应国家扶贫攻坚号召，在"公司＋家庭农场"的基础上，创新实施了"19518"生猪产业扶贫模式，即1个能人带动9户扶贫户，建500头育肥猪代养场，年收入18万元，其中，每户贫困户年可分红5000元，村集体（合作社）年可分红5000元，在长顺县、贞丰县、息烽县、开阳县等地带动贫困乡亲脱贫致富奔小康。

目前，在贞丰建成投产4800头种猪基地1个，家庭农场50个单元，实现农户分红1000余万元，直接带动450户增收脱贫，解决

了 100 人剩余劳动力就业；在长顺县建成投产 4800 头种猪基地 1 个，家庭农场 60 个单元，实现农户分红 1000 余万元，直接带动 540 户增收脱贫，解决了 120 人剩余劳动力就业。

贞丰县平街乡生态养殖家庭农场主刘桂兰告诉服务人员："2019 年 9 月份进的猪，现在已经出栏了，平均在 250—260 斤左右，一头猪保底应该是 2000 多元收入。"

据了解，整个平街乡的家庭农场每年可出栏两批生猪，只要管理

贵州省西南部的花江大峡谷是一片呈石漠化的贫瘠喀斯特山区，峡谷两岸贞丰和关岭等县农民大力种植耐贫瘠、耐干旱的花椒树，不仅改善了生态环境，也成为当地各族群众脱贫致富的"摇钱树"。（新华社记者杨俊江摄）

到位，每批可获 30 万元纯利润，农场自身得到了发展，还要按一定比例分红给贫困户，并聘用农户到农场务工，多渠道带动群众增收。平街乡顶岸村贫困户周永梅说："我来帮他们养猪，一个月收入 3000 元，一年下来 36000 元。"

平街乡扶贫办主任王智力说："平街乡围绕产业结构调整，把家庭农场作为脱贫攻坚春季攻势的主攻方向，实现脱贫攻坚目标，壮大村集体经济，让贫困户增加收入，让农户得到发展。"

53 岁的党员徐开秀，是贞丰县长田镇甘田村的女强人，文化程度不高的她，是村里的致富能手，她了解富之源集团"19518"养殖扶贫项目的情况后，果断选择与富之源合作，以合作社的形式发展生猪养殖，把产业扶贫基金注入合作社，让贫困户变为股东，依托贞丰县富之源农业发展有限公司，实行仔猪购买到生猪统一收购的一条龙服务模式，扛起村级合作社担子，一门心思扑在生猪养殖项目上，贫困户除获取报酬外，还留下滚动资金，实现可持续发展增收努力让全村群众脱贫增收，过上好日子。

甘田村村支书朱应标说："我们合作社有 131 户贫困户参与其中，我们每年都会给贫困户进行分红，除去分红的一部分，我们还留一部分来重新滚动，保证老百姓每年都有收益。"

（四）"公司＋村集体＋贫困户"实现双赢

在"19518"产业扶贫模式的基础上，富之源集团不断创新探索，在省、市农业农村部门的指导下，与修文县开展以政府扶持为牵引，公司发展为核心，村集体（能人）真正赢利、贫困户脱贫为目的，采取"政府职能部门＋金融机构＋保险公司＋带动企业＋村集体＋贫困户""六位一体"的"公司＋村集体＋贫困户"的运作生态循环模式，按照"五联、四统、一保、零排"的要求，通过两年时间（2020—2021 年），实现在修文新增生猪养殖 10 万头的目标。目前，"公司＋村集体＋贫困户"的项目工程已启动。该项目在修文县谷堡镇折溪村，将原有的 1200 头种猪场改扩建成 4800 头的 4 层楼种猪场，建筑面积 25000 平方米。同时，修建食堂、值班室、员工宿舍等附属配套设施；项目总投资 1.3 亿元，在修文配套建设小区式家庭农场 50 个，每个小区年出栏 2000 头，2020 年底，已建小区家庭农场 20 个，其余 30 个已开工建设，修文基地 2020 年出栏猪仔、肥猪 15 万头以上，在带动产业发展的基础上，也将带动修文县部分乡村的贫困乡亲脱贫，助力脱贫攻坚工作。

富之源集团在不断探索、不断奋进，将努力扩大修文、贞丰、长顺三大养殖基地生产。贞丰基地正在加紧小屯镇、平街、挽澜养殖小区的建设。新增年产量 10 万头生猪养殖项目主体已经基本完工投入全面生产，新增猪仔、肥猪出栏 12 万头以上，带动 500 余户贫困乡亲脱贫致富奔小康；长顺基地目前 120 个家庭农场与种场，正在开足马力，进行满负荷生产。除了带动该县全省 20 个极贫乡镇之一的代化镇脱贫攻坚以外，还带动该县鼓扬、摆所两个乡镇的部分贫困乡亲脱贫致富，该基地将带动 1080 户贫困乡亲脱贫；开阳 6 万头生猪养殖扶贫带动项目，已全面投入生产，为贵州、贵阳猪肉保供努力作为。

十一、中康农业

——勇担社会责任　助力脱贫攻坚

走进息烽县石硐镇大洪村，一条条平整干净的道路延伸至村里的各个角落。在夏日的绿茵中，青瓦白墙的新房子若隐若现。在不远处的贵州中康农业科技有限公司猕猴桃园里，村民正在园区务工，一派繁忙的景象。从昔日的国家级贫困村到现在的富美乡村，大洪村生动展示着脱贫攻坚带来的新变化。

（一）公司带动共发展

大洪村地处石硐镇西部，距镇政府 8.5 公里，交通不便、水资源缺乏、产业基础薄弱、群众文化观念落后。近年来，大洪村积极争取项目落地、改善基础设施，引进贵州中康农业科技有限公司（以下简称"中康农业"）发展猕猴桃种植，实现产业全覆盖、基础设施全提升、民生事业大改善。村民的人均年收入由 4000 元提升到 10000 余元，全村群众的精神面貌焕然一新。

农户实现增收，内生"造血"功能增强，这和公司带动密切相关。2015 年春节，在外创业的石硐镇中坝村舒红回乡探亲，看到和

技术人员在贵阳市息烽县石硐镇大洪村指导农民管护猕猴桃树。（新华社发刘雪摄）

母亲一样辛苦的大洪、中坝等周边村寨的父老乡亲仍然未能摆脱贫困线，家乡旧貌未曾改变，他内心一阵刺痛。"一人致富不算富，大家富才是真正富。"舒红在心里告诉自己，要为家乡发展做贡献。

在当地党委、政府的邀请下，同时，了解到2015年中央1号文件对农业的大力扶持，以及贵州省政府提出的"雁归兴黔"农民工返乡创业行动计划后，舒红下定决心回乡创业，带领乡亲们致富。

2015年，舒红与兄弟舒林、舒维刚经过商议，并邀请专家对市场前景和当地土质进行研究论证后，三兄弟决定联合出资3000万元成立中康农业，在石硐镇中坝村、大洪村流转土地种植有机猕猴桃，实行"产、供、销"一条龙生产销售。

舒红三兄弟返乡创业的热情正好赶上息烽县农业产业结构调整政策的快车。2016年，中康农业开始种植猕猴桃，到2017年3月，公司已经完成4800亩有机猕猴桃种植；2018年，猕猴桃项目实施完成，投资达到 8000 万元；2019 年，公司 2000 亩猕猴桃实现挂果，产品主要销往国内一线城市及东南亚国家，当年产值达到 1800 万元。

随着公司种植面积的扩大，中康农业聘用村民在园区务工，产业促就业。公司平均每天务工人数达 300 余人，每月有建档立卡贫困户 24 户 50 余人在园区务工，每年人均收入 12128 元。"有时一个月支付劳务工资高达 100 万元。"舒红介绍，冬季的施肥、修建、清园消毒工作量大，每天需要 300 多人务工，才能保障园区工作顺利完成。

目前，该公司总投入 1.1 亿元（含政府投资）用于园区基础设施建设、支付工人工资等，其中，建设 3000 吨气调库及四大中心的投入达 2100 万元，农业投入品 600 万元，工人工资 700 余万元。

（二）"二次分红"助增收

为提高村民收入、让村民共享产业发展成果，中康农业积极探索"二次分红、六权共享"分配模式。

舒红介绍，第一次分红算"总账"，壮大村集体收入，每亩地村集体获取利润 20%。第二次分红算"细账"，鼓起群众腰包，剩余 80% 收益将按照六种股份再次向群众分配，即弱有所扶收益权占 5%，用于帮扶贫困户；土地入股收益权占 25%，分配给拿出土地参与产业发展的村民；劳有所得收益权占 25%，用于鼓励本村村民在园区内务工；老有所养收益权占 10%，用于帮扶产业项目所在村 60 周岁以上的老人；社会治理收益权占 30%，用于奖励村民遵纪守法；环境保护收益权占 5%，用于奖励村民参与环境保护。

建立利益联结机制后，石硐镇猕猴桃园区的土地、劳动力等资源得到充分利用，核心区土地利用率从 50% 提升到 90% 以上，吸引 300 余名外出务工人员返乡就业创业，人居环境明显改善，实现水、电、路、讯、房、网的提质改造全覆盖，森林覆盖率极大提升，形成了健康向上的新风尚。中坝村、大洪村一举摘掉"后进村"、国家级贫困村的帽子，成为全县富美乡村示范村、样板村。2019 年，大洪村被评为全国"一村一品"示范村。

在当地政府支持下，舒红又积极探索建立"公司＋农户＋村集体＋贫困户"的发展模式，推动群众以耕地、林地等产权入股，把"死资源"变成"活资产"。同时，舒红还创新帮扶模式，启动康农共享庄园项目建设，实行以股权为纽带，整合资源、资金和劳动力要素，以村集体资料、农户承包地使用权、贫困户贷款入股组建贵州康农共享农业科技有限公司，实施 1022 亩猕猴桃标准园建设和配套基础设施建设，建立共建共治共享的运行机制、农民参与农村"三变"改革进退管理机制、农村"三变"改革风险防控机制、收益共享机制。预计到 2021 年，该项目将实现产值 1500 万元，利润 1000 万元，带动项目区 211 户土地入股农户、100 户就业农户，以及全镇 406 户贫困户、18 个村集体经济实现增收。

目前，中康农业自营基地 4800 亩，土地使用范围涉及石硐村、大洪村、中坝村 3 个村，涉及农户 334 户 1500 人，已经发放入股分红资金 384 万元。

（三）助力脱贫显初心

猕猴桃发展向好，中康农业在脱贫攻坚又作出新探索。2017 年，公司采取就业扶贫、入股分红的模式，成功帮助结对帮扶的大洪村 36 户贫困户实现脱贫。

"要跟踪帮扶效果，注重实效。"2017 年 8 月，中康农业购买大米、菜油，组织公司员工分为两个小组对在园区务工的贫困户进行走访慰问和调查。舒红说，密切了解和关心贫困户是中康农业的责任和任务。工作中，明确专人挨家挨户走访大洪村的所有贫困户，了解贫困群众是否愿意在园区务工，并留下联系方式，登记记录贫困户信息及时反馈给负责大洪片区 C、D 工区的工区长，优先考虑贫困户在园区务工。

为防止贫困群众返贫，中康农业在大洪村实施"51191 扶贫工程"，为大洪村 51 户贫困户 191 人代建代管 102 亩猕猴桃园，目前苗木成活率达 98%以上。此外，公司还实施惠及石硐镇全镇贫困户的"康农共享扶贫工程"，在红星、高峰等 5 个村种植 1022 亩猕猴桃庄园，苗木成活率达 95%以上。

"在园区务工能学到一技之长。"舒红说，公司加大技能培训力度。2018 年公司组织 5 次集中理论培训，聘请息烽县农业局、贵州大学农学院教授、公司技术员对基地务工人员进行猕猴桃种植生产技术实地培训 8 次，共计培训 1150 人次。通过培训让务工人员初步掌握猕猴桃种植、养护技术的基本要点，目前已有 80 余人成为公司的技术骨干。

为留住技术人才，2017 年，中康农业为在园区务工的贫困户提供了比其他务工人员多加 5%劳动报酬的待遇。"很多贫困户都积极在园区务工。"舒红说，邻近几个村的贫困户不出村、不出镇就可以在家门口获得可观的收入。同时，对于小规模的劳务项目，公司实行承包制，让贫困户自己组织起来多挣钱。比如张成东、陈荣杰等贫困户长期在园区承包公司几个工区的打草工作，一次打草结束，可直接收入 1 万元以上。

中康农业还积极投身公益、回馈社会。2019 年，公司帮扶了毕节市织金县三塘镇前锋村 5 户贫困户；捐赠 10000 元为息烽县鹿窝镇胡广村贫困户修建住房；捐献 4 万元为流长镇贫困户修缮住房；积极投入"千企帮千村"行动中，为 36 户贫困户捐赠款物共计 18600 元；

2020 年，向受疫情最严重的湖北捐款捐物近 20 万元。

（四）团结一心奔小康

良好的效益和优秀的团队分不开。中康农业坚持党的领导，强化党支部建设。2016 年 9 月 12 日，贵州中康农业科技有限公司支部委员会在息烽县委和石硐镇党委帮助和指导下正式成立，并于 2017 年 2 月 16 日正式完善党支部建设工作，带领公司全体党员在园区管理、技术攻关、脱贫攻坚等工作中身先士卒、冲锋陷阵。

"公司现有 12 名中层干部结对帮扶了 16 户贫困户。"舒红说，其中，公司领导一人帮扶两户，中层干部一人帮扶一户。他们还对贫困家庭的孩子进行思想教育，引导他们听党话、跟党走。在贵阳市工商联尽锐出战"百家民企进织金"结对帮扶行动中，中康农业结对帮扶了毕节市织金县三塘镇前锋村。

"种植猕猴桃让我的生活发生了大变化。"45 岁的大洪村村民任福荣说，他家中有老有小，经济负担重，曾经是建档立卡贫困户，2015 年进入园区务工以来，在公司的培养下，他从普通工人变成了副工区长，每月能拿到 4100 元工资，加上妻子在园区务工的收入，以及流转土地拿到的各项分红，一家人年收入接近 10 万元。

2017 年，中康农业先后获得"全国巾帼脱贫示范农业基地""息烽县统一战线脱贫攻坚共建共享基地"称号；2018 年，先后获得"贵州省巾帼脱贫基地""贵阳市 2017 年度脱贫攻坚先进个人"称号；2019 年，先后被贵阳市总工会授予贵阳市"千企帮千村"精准扶贫"先进单位"称号，被列入贵州省"千企帮千村"精准扶贫"观摩项目"。在息烽县第二届"大爱天下，乐善息烽"慈善公益嘉年华活动中，中康农业被授予"爱心公益伙伴"称号。

十二、引利波农业

——刺梨花开幸福来

让利70%，带动周边9个自然村600余户2000余名村民脱贫致富……位于贵阳市息烽县养龙司镇高碉村的贵州引利波农业发展有限公司，把企业发展与担起脱贫攻坚社会责任紧密结合起来，用实际行动践行新时代优秀企业家精神。

（一）结下刺梨缘

高碉村位于养龙司镇西北部，距离息烽县城30公里，面积为8.75平方公里，有村民376户1364人。偏远、贫穷、发展水平低下，曾是这里贴了多年的"标签"。

洪玉波是贵州引利波农业发展有限公司总经理，是带领村民脱贫致富的领路人，更是息烽县养龙司镇高碉村地地道道的村民。跟刺梨打了20年交道的他，和刺梨有着深深的不解之缘。

"田评香稻久，路摘刺梨频。"谈起刺梨，洪玉波引用清代贵州学者郑珍《巢经巢全集》中的话说道。他18岁中专毕业后，在仁怀市的一家刺梨公司从事刺梨收购工作，从此开始了与刺梨的缘分。

在贵州省刺梨加工厂，工人在传送带上筛选刺梨。（新华社发潘希来摄）

山旮旯里长的刺梨也能卖钱？在负责刺梨收购的工作中，洪玉波逐渐加深了对刺梨的了解，知道了刺梨不仅营养价值高，而且还具有抗癌防癌、延缓衰老等功效，加工后还能做成饮料等产业。

同样是刺梨，为何长在其他地区是"致富果"，而长在老家是"贫瘠果"？年岁渐长，洪玉波对刺梨的思考也多了起来。随着积累增多，看着其他地区发展得越来越好的农村，洪玉波心里萌发了要为家乡做贡献、改变家乡面貌的念头。

2015 年，洪玉波回家过年。无意间走访村里后发现，由于高硐村无产业，年轻人大多到浙江、广州等地务工，村里出现了许多留守老人和留守儿童，引发了赡养、抚养、教育等一系列问题。

"过完年大家一走，村里就只剩老人和小孩。"洪玉波说，一个村庄里没有了年轻劳动力，想发展更加不易。面对村里的现状，他改变家乡现状的念头更加坚定。

2016 年，息烽县委、县政府加大脱贫攻坚工作力度，陆续出台了支持农业产业结构调整的相关政策。在养龙司镇政府、高硐村支两委的大力支持下，加上自己多年从事刺梨收购行业，积累了一定的社会资源，当年年底，洪玉波回到高硐村，准备注册公司，带动群众发展刺梨种植。

（二）发展刺梨业

"高硐村要种植刺梨？简直不可能！"村民听到洪玉波要发展家乡虽然高兴，但是听说要种植刺梨，却又纷纷摇头。

乡亲们的质疑，让满腔热血的洪玉波感觉被浇了盆冷水。

洪玉波找到了高硐村支两委，详细了解其中原因。高硐村支书洪海说，由于种植传统低效农作物的观念根深蒂固，村民们的观念一时难以转变。为寻求发展，高硐村曾经尝试种植过花椒、金银花等，但因为没有技术、不会管理、找不到销路，之前发展的产业都是"无疾而终"。多次尝试却没有成效，大家也灰心了，对发展种植产业普遍不看好。

了解到症结所在后，洪玉波开始四处搜集资料，询问种植技术，邀请专家考察。不久，在村支两委的帮助下，洪玉波在村民大会上开始对乡亲们进行刺梨种植技术培训。

"刺梨富含维生素 C，比蔬菜类约高 150 倍，被人们誉为'维 C 之王'……"在村民大会上，洪玉波做足了功课，讲解刺梨的功效以改变乡亲们对刺梨的认识，分析刺梨耐旱易生存的特性，公布专家对当地土质、气候、海拔的测试结果，突出说明高硐村种植刺梨具备的优势。

"种植传统作物，卖不出去还能喂牲口，种植刺梨，卖不出去只能烂在地里。"在村民大会上，村民又提出了对销售渠道的疑虑。

"刺梨我们公司来负责收购，只要品质合格，有多少要多少。"洪玉波话语一出，会议现场就像开了锅，大家七嘴八舌，你一句我一句，对洪玉波半信半疑。

子夜时分，当洪玉波正在思考刺梨种植技术时，村里的一名长辈找到他说，挣钱不容易，洪玉波不应该把钱投资在这个交通不便的山旮旯里，并表示愿意陪他一起到乡亲们家里为白天夸下的"海口"道歉，以挽回影响。但是已经下定决心，就是要带着乡亲一起干、一起致富的洪玉波坚定地说，他已经和销售方洽谈了订单，只要种出刺梨果实，他可以保证如期全部收购。

（三）开出致富花

洪玉波斩钉截铁地保证，让乡亲们吃下了"定心丸"。但是刺梨种植、管护等技术问题又开始难住大伙。刺梨不挂果怎么办？刺梨生长期间如何保证村民收入？在村支两委的帮助下，洪玉波逐一着手解决问题。

洪海介绍说，经过洪玉波的对接联系，村里先后5次组织300余名党员群众代表到龙里、贵定等地的刺梨基地参观学习，洽谈技术指导事宜。通过举办座谈会、发放宣传资料，村民逐步了解了刺梨种植技术。为实现民主决策，村里经常征询党员干部和群众对发展好刺梨种植的意见和建议，广泛收集"金点子"。

"我家种2亩""我家种植4亩"……在解决了销路和技术指导问题后，村里的老党员杨朝碧、邬忠华率先在自家地里种植了刺梨。根据学习的经验，村里动员村民在刺梨未挂果期间采取种植白菜、辣椒等短平快作物，实现"以短养长"。

到2016年，高碉村里刺梨种植面积达400亩，涉及农户100余户；2017 年，全村刺梨种植面积增长到 600 亩。

2018 年，高硐村老党员邬忠华的地里长满了嫩绿色的刺梨果，不久后还开出了朵朵红花，闻讯而来的村民也纷纷走进了自己刺梨地查看初次挂果的刺梨。这个消息让洪玉波喜出望外。

2018 年 8 月，高硐村刺梨飘香，400 余亩刺梨喜迎丰收。村民们纷纷走进自家刺梨地里，收获金黄色的刺梨果实。

"当年公司收购刺梨超过 2 万斤。"洪玉波说，按照前期和村里的协议，高硐村采取"公司＋村集体＋农户"模式，按照 7：2：1 的比例分红。其中，农户用土地入股并负责栽种和管理，占收益的 70%；公司负责基地建设、苗种投入和市场销售，占收益的 20%；村集体负责生产组织协调，占收益的 10%。2018 年，许多农户实现了 2000 元以上的收益，刺梨种植面积也扩大到 2400 亩，全村 376 户农户参与种植。

2019 年，高硐村的"致富花"再次开放，刺梨树也成了村民的"摇钱树"。当年刺梨收成 6 万余斤，村民获得收入超过 12 万元。

（四）结出"金果果"

"我郑重向村委会申请，主动退出贫困户。"2018 年 11 月，高硐村元山组邬忠仁中午急匆匆地来到高硐村村委会门口。刚听说贫困户评定工作即将启动的他，为了不再被评为贫困户，放下锄头一路从自家刺梨地里跑了过来。

68 岁的邬忠仁说，2014 年，他妻子患上腰椎骨结核病。为给老伴儿治病，他多次辗转息烽、遵义等地寻医访药，不仅花光了 1 万多元积蓄，还向亲戚朋友借了 20 多万元。他家由此因病而贫，被村里列为建档立卡贫困户。

　　"脱贫不能只靠政府，自力更生更重要。"邬忠仁坚定地说，2016年，他把自己家的10余亩土地种上了刺梨，2017年，见刺梨长势不错，他又种了五六亩。2018年，邬忠仁家的刺梨初次挂果，摘得鲜果2000多斤，收入5000余元，加上土地分红4500余元和在刺梨基地当管护员的3600元收入，他家当年的总收入达到13000余元，这还没算上家里养的两头价值6000余元的猪。

　　像邬忠仁一样通过种植刺梨实现脱贫增收的还有邬盛达。因为儿子有精神残疾，妻子一直生病，邬盛达家是村里的建档立卡贫困户。2019年，他种植的2亩刺梨初挂果，当年收入就接近4000元，加上平时自己给公司务工的收入和养殖收入，整体收入超过15000元，实现了脱贫。

　　"2019年，村里贫困户已经全部实现脱贫。"洪海说，贵州引利波农业发展有限公司除了让利70%给村民外，遇到农忙时节还吸引了村民在刺梨园区务工。目前，公司已经发放劳务工资50余万元，涉及村民150余人。

　　按照建成标准化、规模化、科技含量高的优质刺梨种植示范生产基地规划，由贵州引利波农业发展有限公司规划建设，总建筑面积2400平方米，总投资230万余元的息烽县养龙司镇刺梨产业深加工项目二期工程也顺利推进。2020年9月，该加工厂已经开始对刺梨进行深加工，初步实现制作刺梨干、刺梨罐头、刺梨酒等。

　　"一人带动，全村脱贫。"正如时任养龙司镇党委副书记、镇长吕志强所言，贵州引利波农业发展有限公司将企业利益与村民发展相结合，带动高碉村周边的荆江、茅坡、龙塘等9个村发展刺梨产业5600余亩，带动2000余户农户增收致富。未来养龙司镇将围绕息烽县"3＋2＋N"的刺梨特色优势产业定位，将高碉村打造为息烽县"刺梨示范村"。

十三、西洋实业

——诚实守信勇担当 精准扶贫暖人心

　　贵州西洋实业有限公司，地处贵阳市息烽县温泉镇，与"世界第三大氡泉"息烽温泉相毗邻，是贵州省非公经济龙头企业。五年来，西洋实业向地方财政缴纳税金8000多万元，是中国化肥行业唯一"五冠王荣誉企业"，连续九年向社会发布社会责任报告，连续五年获评贵州省履行企业社会责任五星级企业。

（一）产业扶贫重实效

　　产业扶贫，西洋实业重在实效，并将其纳入履行企业社会责任的重要工作，倡导科学施肥新理念，引领农民走特色产业发展之路，推动产业扶贫精准落地。

　　在实施产业扶贫项目中，西洋实业从2017年起与中国化肥行业两大权威媒体《农资导报》《南方农村报》开展紧密合作，依托"中国种植达人秀"和"一带一路，振兴万乡千村"两大公益性活动，向我国南方21省市的农村提供优质高效的控释肥、缓释肥等新型化肥，促进群众增产增收，带动各地产业扶贫。两大活动历时3年，行程

得知河南洪涝灾害影响当地农业生产后，西洋集团捐赠援助物资。

11万多公里，涉及120余县（市），精准帮扶部分贫困群众生产致富。通过组织大型特色产业发展会议，西洋实业在结合当地农业种植特点和种植需求，有针对性地邀请国内知名学者及植保专家现场教学，帮助解决农业种植难点，满足农民对种植技术的渴求。每场大型特色产业发展会议的召开，都深受农民和种植基地业主的欢迎，通过种植技术扶贫带动群众发展。

全国劳动模范、湖北省天门市鸿远马铃薯合作社总经理宋红林，就是在产业扶贫中受益最大的特色产业业主。他在接受西洋实业农化服务团队的指导方案后，马铃薯单亩产量从过去的5200斤跃至8100斤。种植成本由过去一亩地用肥250斤，下降到一亩地只需用肥160斤，平均一亩地用肥比过去减少90斤，在节约了种植成本的基础上，亩产量却提升了2900斤。

"一带一路，振兴万乡千村"活动，不仅带动了农业种植产业结构发生改变，各地农民也纷纷尝到了走特色产业发展的甜头。江西省弋阳县雷竹种植大户童海春，放弃了优厚的企事业工作，选择雷竹种植产业，通过使用西洋环保生态肥料——西洋85度后，雷竹生长周期短、上市早、竹笋产量高，每亩减少使用化肥50公斤左右，使他在当地率先致富了起来。在实现致富后，他还带领乡亲们共同脱贫致富，在当地成为佳话。

在开展"一带一路，振兴万乡千村"活动中，西洋实业不仅将科学技术送进农庄，还为农民送上最先进和环保的生态肥料。3年里，贵州西洋实业向南方各地农村贫困户捐赠肥料1000余吨，价值300余万元，帮助贫困农民尽快摆脱贫困。

作为企业所在地的息烽县温泉镇，在企业的带动下，该镇的尹庵村、赶子村、天台村已经流转土地2800余亩，发展辣椒、果树种植等农业产业，带动当地群众致富增收。

"产业扶贫就是扶根本，只有增强内生动力才能长久脱贫。"西洋实业总经理贾启彬说，作为复合肥行业龙头企业，企业社会责任的体现离不开农业种植效果，为农民生产良心肥，让农民看到效益，挣到钱，过上富裕生活，这才是企业的责任和目标。

（二）创新发展重环保

保护环境，注重发展与生态并举。坚持"青山绿水就是金山银山"，这是西洋实业一直践行的发展理念。

西洋实业认真执行和落实"安全环保是1，其余都是0"的环保工作方针。积极培养和树立安全环保红线意识，加大对安全环保设施的投入，抓好落实刚性举措，将企业可持续发展与循环经济并举并重，守护青山绿水，突出责任担当。

曾几何时，大量磷复肥的生产，产生了大量的磷渣，给当地带来了严重的环境污染。为落实好贵州省政府提出的"以渣定产"这一科学战略决策，贵州西洋实业克服了前所未有的压力和挑战，主动面对，主动作为，在项目引进、资金投入等方面精准发力，用实际行动呵护青山绿水。

借用外力"引项目"，研发新型产品，将磷渣作为原材料进行二次生产，这是西洋实业消化固废磷渣，使其"变废为宝"的最重要的抓手。贵州西洋实业有限公司结合自身实际，采取了免费提供建设场地，提供建设资金支持、帮助水电联网等措施，成功引进贵州息烽鸿海建材厂等 8 家以磷渣为原料生产企业，不仅为西洋实业解决了"以渣定产"的矛盾问题，每年向地方财政缴纳了可观的税收，还向社会提供了 300 余个就业岗位。同时帮助西洋实业实现磷渣当年生产当年消化，2019 年利用率达到 127%，原来的部分存量也得到快速消减，成为贵州省内甚至中国化肥行业中磷渣再利用的佼佼者。

为实现转型，保障安全生产和保护环境，贵州西洋实业将计划投入 8000 万元，对老旧生产设备进行更新与改造，逐步淘汰耗能大、拼资源、不利于环保的生产设备，在集约化的同时保卫蓝天白云、碧水青山。

（三）疫情让利保春耕

富而思源，回报社会。无论是向汶川、玉树赈灾，还是为贵州五十年不遇的干旱、凝冻灾害爱心捐赠，西洋实业都是在第一时间伸出援助之手，向灾区捐款捐物。

2020 年的新冠肺炎疫情，给社会各行各业造成严重的打击，特别是春节过后，全国各地迎来春耕春播节气，农民出不了门，交通受阻化肥运输不到市场，种种因素给农民春耕备肥生产造成严重的影响。

在重大困难的面前，西洋实业在中国化肥行业中率先联合各地西洋经销商，向全国农资市场发出倡议，承诺疫情期间每吨化肥向农民让利 50 元，不囤货、不涨价、不断货。仅让利一项，就给企业造成减少 1000 余万元的收入。在后来的报道中，西洋实业的义举受到了新华社、人民日报、光明日报、农民日报、贵州日报、贵阳日报等主流媒体的赞誉。

在保证春耕用肥方面，贵州西洋实业有限公司克服种种困难，一边复工复产，一边全力支援县域农村尽快完成春耕播种。公司已经先后向贵阳市 2.5 万亩高标准蔬菜保供基地息烽园区涉及的石硐镇、鹿窝镇、养龙司镇、西山镇捐赠 240 余吨优质肥料，价值 100 余万元。

2020 年 4 月以来，贵州西洋实业有限公司捐赠 20 吨肥料支持息烽县青山苗族乡"冲刺 90 天 打赢歼灭战"脱贫攻坚工作。2020 年 5 月 26 日，西洋实业捐赠 2 吨肥料帮助温泉镇安龙村白光明等 12 户贫困户、兴隆村 8 户贫困户进行春耕。

（四）坚守初心显担当

西洋实业有限公司积极响应全国工商联号召，积极参与"千企帮千村"精准脱贫行动。2018 年，西洋实业与息烽县小寨坝镇田兴村结成帮扶对子，捐款 50 万元支持该村发展产业，每年捐赠田兴村 20 吨肥料，支持贫困群众发展生产，吸纳贫困群众到企业就业。2019 年，西洋实业总经理贾启彬联合北京长江商学院向息烽特殊学校进行爱心捐赠 10 万元，向第四届息烽西望山国际滑翔伞比赛赞助 13 万元，向息烽国际马拉松比赛捐赠 20 万元等，累计捐赠数百万元。

西洋实业公司还积极响应贵阳市工商联号召，参加贵阳市尽锐出战助力织金行动，帮扶织金县三塘镇上寨村，捐款 1 万元帮助 6 户贫困群众补短板，送去洗衣机、衣柜、床、橱柜等生活用品。在元旦春节期间捐资 44000 元，慰问 80 户帮扶贫困群众。

在就业方面，西洋实业进驻息烽以来，向周边群众提供了 1000 余个就业岗位，让农民有了稳定的经济收入，使部分群众就业脱贫。如今的温泉镇，贫困户过去老旧的木板房换成了小洋楼，开起了小汽车，农民富裕了，社会和谐了，党心民心更顺了。

"坚持新产品研发，紧跟农业特色产业发展步伐。"贵州西洋实业有限公司针对不同地区的土壤，不同作物，推出了系列型功能性肥料，如柑橘专用肥、葡萄专用肥等碱性作物专用肥等，在不断改善土壤健康、土壤品质的基础上，提高农作物产量，在支持特色产业兴农、绿色发展的道路上贡献了力量。

十四、合力超市

——发挥零售优势 助推黔货出山

"脱贫攻坚"战鼓声声，"同步小康"号角连营，作为全国贫困程度最深、脱贫攻坚任务最重的贵州，更是吹响了"贫困不除，愧对历史；群众不富，寝食难安；小康不达，誓不罢休"的"决胜脱贫攻坚"冲锋号角。

关键时刻，敢为人先、勇于担当的贵州合力超市集团挺身而出。为贵州产业扶贫及黔货出山走出新路子百般努力；合力超市集团系列作为，让贵州"决胜脱贫攻坚"步伐更加铿锵有力……

（一）行公益——助农又助学，传递爱心正能量

经过二十年风雨历程，2000 年创建的合力超市，逐渐从名不见经传的一家小型超市，发展成开设各种业态门店 90 余家、年销售 40 多亿元、员工 10000 余人，经营业态包括综合量贩超市、生活精品超市、惠民生鲜超市、百货、美食广场、生活广场等的大型商业投资集团，成了一家在全省乃至全国颇具影响力的区域性零售龙头企业。

合力超市开展"春晖助农计划"。

坚守初心、反哺社会的理念一直伴随着合力的发展。正是基于这些因素,"利他·利社会"理念在合力企业形成了一种特殊的"利他"文化,企业所有员工懂得要想把工作做得更好,就不能只考虑自己的立场,还应该为身边的人考虑,满怀"利他"之心判断事物。

2013 年,合力超市集团正式启动微公益项目,用"1 毛钱"的力量,构建起贵州合力超市门店公益实体网络"微公益"平台。顾客在合力超市购买一件"黔惠"商品,合力拿出 1 毛钱捐赠给偏远山区,为群众修建蓄水池、食堂、修路等。合力通过"微公益"及相关公益活动的开展,募捐善款、物资总价值上千万元,惠及近十万大山深处的留守儿童和困难群体,数千留守儿童身暖心更暖,上万孩子琅琅书声入耳更动听,数以万计的贫困群众愁容展笑颜。在各级政府、爱心企业、社会爱心组织、个人积极参与下，合力帮扶 1000 个贫困山村、1000 所困难小学、1000 个贫困学生、1000 个社会团体公益事业的"四个一千"公益目标已越来越近。

2018 年，合力超市集团启动"一带一扶贫"项目，由集团统一组织高管、中层干部一对一帮扶贵州商学院、贵州食品工程学院 52 名贫困大学生，每人每学年 2000 元，一直到该生毕业。

2019 年 5 月，合力超市集团联合公益机构"担当者行动"，成立"班班图书角"项目。2019 年 6 月至 12 月，合力超市集团先后走进织金县盘州市胜境街道黄坡口小学、织金县鸡场小学、白泥塘小学，出资 20 万元用于班级图书角建设，让偏远山区的孩子们阅读到优质的儿童图书，陪伴他们童年成长。除捐赠图书角以外，"班班图书角"还提供后续的阅读服务支持。

2020 年 4 月 17 日，合力超市集团向贵州省春晖行动发展基金会捐赠公益基金 20 万元，成立"青春扶贫·合力春晖公益计划"。该计划包括"合力春晖助农计划"和"合力春晖公益协作计划"。"合力春晖助农计划"在合力超市设立春晖合力助农专区，以贵州省脱贫攻坚"9+3"挂牌督战县为重点，销售全省农特产品，通过消费扶贫方式助力老百姓增收；"合力春晖公益协作计划"在全省孵化扶贫济困、助学助农等春晖合力公益新项目，助力脱贫攻坚和乡村振兴，推动经济社会发展。

（二）稳就业——小康路上，合力员工一个都不能掉队

"员工幸福，客户满意，社会尊重"是合力超市集团努力的方向。合力集团在原有"十大福利政策"之外又推出"员工幸福十大举措"，如：推行年度配车奖励（2014 年、2015 年合力集团已为 39 位优秀员

工配车)；增设员工休闲娱乐区；提高员工和促销员最低工资保底；为驻外人员提供专职保姆等。此外，合力集团注重对员工的精神关怀，大力倡导"工匠精神"、打造"技能明星"，让员工在工作中寻找到自己的价值，做内心充实的人。

在董事长李德祥的心中一直有一个梦想，打算一生之中培养 5 个亿万富翁，100 个千万富翁，1000 个百万富翁；员工进入这个大家庭后，力争实现三年收入翻番、五年买房、七年买车、十年成为百万富翁。

在收入上，合力员工的工资，不论哪一个岗位和工种，比贵州所有同行都要高出 20% 左右。

在福利上，每年投入上千万元用于节日福利、旅游福利、婚丧礼金、乔迁礼金、生日礼金、困难救助、子女教育等十大福利政策。

在外出参观学习考察上，由企业承担全部费用，先后选派了四五百优秀员工前往日本、美国等地参观学习考察。

在重奖员工上，2014 年为各个岗位的 26 位员工给予了奥迪、速腾、捷达等车型的配车奖励，2015 年又斥资 150 多万元为员工进行大规模的配车奖励。

这些年，合力超市的分店遍布贵州全省，每开一个分店，除技术型员工外，80% 的员工都是来自当地的贫困家庭和低收入群体，合力通过解决他们的就业，实现低收入人群脱真贫、真脱贫，加快奔小康步伐。

正如合力一位老员工所言，一名员工有了稳定的工作和工资收入，改变的不仅是自己，改变的还有他的家庭和他身边的亲朋好友，直接和间接可以改变数十人，合力有一万多名员工，受影响和改变的将会达数十万人。这样大影响面，远远不是作了一点点贡献那么简单。

（三）搭平台——助力农产品"出村进城"，累计收购达 15 亿元

一边是果蔬源头农户面对产品滞销欲哭无泪，一边是城里市民时常买菜难、买菜贵。

超市作为农产品的重要销售渠道，如何缓解这些难题？合力超市集团先后安排合力员工在贵州的清镇、平坝、惠水、开阳、安顺等地采用"公司＋农户""超市＋基地"等方式解难。通过几年的努力，虽然取得了一定的效果，但仍是杯水车薪。

难道真解不了这个"结"吗？合力超市集团再次作出新的尝试。2016 年 1 月，合力超市作为贵阳市首批公益性惠民生鲜超市的承建单位之一，承建的第一家惠民生鲜超市在南明区花果园 S 区正式开业。与一般社区超市或生鲜店不同的是，惠民生鲜超市的总面积原则上不少于 1000 平方米，生鲜经营面积不低于总面积的 60%；蔬菜零售价格加价原则上不高于本市同期批发均价的 30%，并低于周边大型综合超市的生鲜产品的价格水平。由于价低、质优、环境好，不仅让市民在良好的购物环境中买到新鲜便宜的蔬菜梦想成真，更让数以万计的市民拍手叫好。

贵州合力超市集团企业高层形成共识，既然源头和终端两头受惠，就要迅速让其开枝散叶。截至目前，合力在贵阳承建的惠民生鲜超市达 30 家，每个超市中，都设置了扶贫生鲜农特产品专区。

苦心人天不负，惠民生鲜超市的快速发展，让贵阳市 27 种主要生鲜商品价格由 2015 年前高于周边省会城市 15%至 20%，已下降到普遍低于重庆、成都、长沙、昆明等周边省会城市的水平，其中大白菜、萝卜、莲花白降幅最高达 61%。

2016 年 1 月至 2019 年 12 月四年间，合力超市累计收购销售贵州本省粮油、日配、休闲类土特产及生鲜农产品 15 亿元。

（四）重精准——为贫困户"雪中送炭"，宁愿亏钱不亏心

2016 年初，合力为使"精准扶贫"行动更有效，制定了一系列的行动方案，经过几年的实践，探索和创新了全新的"合力扶贫模式"：在帮困救急上，哪里有滞销农产品，哪里就有合力人，确保农民增收；在产业扶贫上，通过与各地农业合作社合作，实现订单种植，用规模化、产业化带动零星农户扶贫；在技术扶贫上，通过专业技术人员现场沟通、考察培训和指导，让农户和市场接轨，提升农户种植技术；在就业扶贫上，提出不愿意从事农业的，有劳动力的按照每人每年不低于 2 万元的标准，安排到合力就近门店工作；在高管帮扶上，安排一名高管帮扶一户极贫家庭，从极贫根源有针对性地进行扶贫。

为贫困户"雪中送炭"，宁愿亏钱不亏心。

2016 年 12 月，雷山县生姜滞销，农户标价每斤 0.7 元无人问津。李德祥当天立即派人到现场，按每斤 1.2 元的价格现金收购 30 余吨。并于次年与雷山县政府签订 1600 亩土豆、生姜种植协议，由合力集团包销。

2018 年 11 月 12 日，合力超市德江店深入德江县潮砥镇安坝村，对口采购贫困户滞销在家中的南瓜 5000 斤。

2019 年 4 月，合力超市到毕节市织金县自强乡桥上村收购滞销卷心菜、儿菜共计 41200 斤。

2019 年 10 月，合力超市分别到黔西南州贞丰县对门山村收购滞销冬瓜 22000 斤，到黔南州长顺县广顺镇来远村收购滞销西兰花

11000 斤，到毕节威宁县陕桥社区、草海镇收购滞销的白菜、白萝卜、卷心菜共计 413600 斤。

2020 年 2 月，新冠肺炎疫情突然来袭，合力超市积极奔赴各个乡村、种植基地，采购农户滞销的蔬菜 409.65 吨。

2020 年 3 月至 5 月，合力超市采购农户因疫情滞销的蔬菜共计 277.83 吨。

这样帮助贫困户解决滞销农产品的例子，在合力不胜枚举。进入决战决胜之年，为了巩固扶贫成果，深化农超合作，合力超市积极行动，先后与铜仁市政府、德江县、思南县、石阡县、沿河县签订战略合作协议，超市与当地合作社的合作形成机制化、合约化。

（五）做"红娘"——牵线搭桥助推黔货出山

2018 年，人民日报上刊载《山果》一文，李德祥看了十分感动。文中小女孩和她的小伙伴们为了卖山里优质核桃，单程竟然要走一天一夜。

李德祥表示，《山果》一文的叙述，就是贵州贫困山区中常见的一个缩影。究其原因，就是由于缺乏销售渠道，才导致贫穷面貌迟迟得不到改善，合力作为大企业，就应有大担当和大责任，力所能及帮助贫困山区。

2017 年至 2018 年，合力集团与中国连锁经营协会、美国 IGA 等国内外行业组织在贵阳共同主办了两场大型论坛展会，通过牵线搭桥，促成省外、国外采购商共采购贵州贫困地区农副产品约 15 亿元。

时任贵州省政协副主席、省工商联主席的李汉宇和贵州省商务厅厅长季泓充分认可了合力为助推"黔货出山"所作的积极举措，他们认为合力不仅是贵州的合力，更要做全国的合力，要尽快成为优质的"黔货"集成商，通过先行先试筛选出一批有代表性的贵州的生态食品、生态食材产品，推荐给全国的连锁经营企业，借助他们的超级"东风"，让"黔货"快速出山出海。这事一旦成功，对贵州的社会经济及全面发展将是一件功德无量的大好事。

　　敢有为、有所为的合力人，以敢为人先的担当，甘于奉献的"利他·利社会"的大爱情怀冲锋在前；以"鱼渔"同授，不拔"穷根"誓不休的决心，让荆棘遍布的脱贫攻坚之路逐渐由崎岖变坦途。

十五、电商云

——电商助农铺就脱贫致富"快车道"

自 2014 年成立以来，贵州电子商务云运营有限责任公司（以下简称"贵州电商云"）以习近平新时代中国特色社会主义思想为指导，深入贯彻落实党中央、国务院和省委、省政府关于打赢脱贫攻坚战三年行动的决策部署，立足贵州省"贫困多，产品少，品种多，产量少"的客观情况，紧紧围绕"服务下乡，黔货出山"，将互联网创新成果与电商助农工作深度融合，总结出一套"产供销服数"五位一体工作法，打造"平台＋服务＋数据"全产业链服务体系，让贵州的小农户融入全国大市场，带动贫困人口增加就业和拓宽增收渠道，实现黔货出山、助力脱贫攻坚。

（一）乘"云"而上，网通四方，让贵州的"小农户"与全国"大市场"有效对接

根据"创新产销对接机制和利益联结机制，推动贵州绿色优质农产品不断泉涌、走向全国，带动贫困群众持续增收、稳定脱贫"的工作思路，贵州电商云将电子商务销售、传统销售体系升级打造成为贵

州乡村振兴战略的新引擎，推动贵州产品通过电商黔货出山。一是打造电商助农销售平台。通过搭建那家网、到村里平台，汇聚贵州省优质企业和产品，打造贵州企业电商孵化池。现平台已入驻贵州本地商家3000余家，在售产品2万余个，涉及美食饮品、美酒琼浆、黔茶名品等21个品类，开设9个市州馆和31个县级馆，将贵州产品销往全国31个省区市及香港特别行政区，累计交易额达5亿元。二是建设运营贵州绿色农产品交易平台。通过平台具备的供需信息匹配、报价撮合等功能，为农产品线上大宗交易提供服务支持，平台累计交易额已达1.6565亿。三是开设运营天猫、京东、苏宁、拼多多等11个国内主流平台省级店铺，通过全网销售渠道的建立及运营，全国范围内大规模地推广了贵州省名特优产品，提升了"黔货"的知名度和影响力，为贵州产品与市场的有效对接提供了鲜活的案例。四是将多个贵州产品打造为网红爆款，其中兴仁薏仁米月销近4万件，册亨糯米蕉30分钟销售3万件，安龙香蕉销量一度盘踞京东水果全国热销榜榜首，长顺绿壳蛋、平坝大米、水城猕猴桃、沿河雪莲果销量纷纷破

贵州电商云开设的"京东贵州扶贫馆"。

贵州电商云赴北京进行产销对接。

万件。为贵州产品走出大山、卖出好价、实现脱贫增收提供了样板。

（二）下沉基层，服务到村，让贵州乡村成为"黔货出山"的"大后方"

自 2014 年以来，贵州电商云积极为贫困地区农产品提供电商上行服务，推动贵州特色农产品产销对接。一是积极组织党员干部下沉到脱贫攻坚一线，通过进驻县域、服务到村的工作模式，建立电子商务发展长效机制。目前，已在全省成立了地方子公司 7 个，建设 20 余个服务中心，建设村级电商站点 350 余个，市（州）县村三级联动模式初步建立。二是积极发挥党组织战斗堡垒作用，全面加强基层组织思想教育工作，充分激发群众"我要脱贫"内生动力，践行"电商扶贫，人才先行"理念，组织开展的电商培训已覆盖全省九大市（州），开展理论与实操类电商相关培训 300 余场，培训时长逾 4000 小时，培育逾十万余人次，其中培训建档立卡贫困户逾 4 万余人次，为全省培养本土电商创业者逾 7000 人，促进电商就业岗位增加近 3000 个，带动建档立卡贫困户创收增收 60 余万元，有力地助推了全省贫困地区的产业脱贫。三是上线贵州电子商务综合服务平台，通过电商云体系生态中的服务支撑链提供"一站式"电商服务，激发县域电子商务业态发展。2015 年至今，平台服务累计订单金额超 1 亿元，交易金额超过5000 万元。优选服务商 300 余家，涵盖企业服务、电商运营、市场营销、知识产权等 13 个大类，聚合 2000 多个企业、政务服务产品。线下服务中心 10 余个，服务贵州省内企业、政务客户 7000 余家。

（三）多措并举，苦干实干，推进贫困地区农产品进公共机构

贵州电商云从 2017 年起投入党员骨干专门负责开展全省农产品进食堂项目，推动本省绿色优质农产品产销对接进入机关事业单位、企业、酒店、学校食堂及社会餐饮和社区居民等消费渠道，展现责任担当，助推深度贫困县脱贫攻坚。一是搭建标准化农产品集采集配体系。规范农产品采购流程，组建专业团队对大宗订单采购实行统一调度，集中采购、集中分拣、集中配送。每日为省直机关单位和国资委所属企业以及学校、幼儿园、中小餐馆和商超在内的 500 余家客户提供配送服务，自营社区生鲜门店 12 家，本地农产品采购率达 80.57%，覆盖 80 万人。二是开展供应链资源整合。与全省重点农产品合作社 300余家开展业务联系，建立合作关系 70 家，与威宁、普定、镇宁、水城、从江、兴仁、印江、威宁、沿河、长顺等 28 个贫困县深度合作。在自建仓配物流中心及自研软件系统支持下，日均配送客户达 120 家，月均产品配送量在 450 吨以上，累计已配送贫困地区蔬菜 450 余万斤，肉禽蛋 73 万斤，粮油米面 4200 多万斤，帮助数千户贫困户、上万名贫困群众实现脱贫增收。2019 年 7 月 1 日，该项目负责人李灵秀被评为"全省脱贫攻坚优秀共产党员"。三是探索消费扶贫模式，打通"以

购代捐"渠道。针对"初级农产品、优质农产品、全品类农产品"三种不同产品，打造三种省委机关农特产品消费扶贫商业业态，分别开设"生鲜一号店"（贵州绿色农产品服务中心）、"珍品二号店"（贵州省十二产业消费扶贫服务中心）、"全品类三号店"（省委机关农特产品消费扶贫服务中心），引导干部职工自发购买贫困地区产品，建立长期稳定的产销对接关系，将市场化商业体与消费扶贫紧密结合起来，累计销售各类农产品近500万元，一改贵州产品"搭着卖、求着卖、完成任务式购买"的局面，实现消费扶贫长效机制。四是稳定市场推动订单农业，促进贫困户实现"三变"，利用国有销售渠道需求推动贵州农业向订单化、标准化、规模化发展。2019年，贵州电商云采取"政府（园区）+科研院所+合营企业+基地+合作社+农户"运作模式，完善利益联结机制，签订产品收购协议，在毕节市黔西县设立扶贫种植基地，种植人员实行滚动制度，即两年一轮换，同一贫困户入棚种植蔬菜两年，实现脱贫之后，换由新的贫困户入棚种植，已脱贫的种植户可在园区内自建大棚继续开展种植，巩固脱贫成果。目前，150亩基地，18个单品，31万斤蔬菜已形成稳定订单，签约贫困群众21人，预计每户贫困户两年可实现10万元以上的收入。

（四）加大宣传力度，提升品牌效应，凝聚脱贫攻坚强大力量

贵州电商云结合贵州省十二产业发展规划，坚持以脱贫攻坚统揽经济社会发展全局，充分发挥互联网新媒体多渠道、多平台优势，利用自身雄厚的技术优势，迅速掀起全网宣传高潮，凝聚脱贫攻坚强大力量。一是推动贵州产品宣传升级。依托CCTV、全国网络媒体以及线下传播资源，开展贵州农产品公益广告、网络直播、户外广告宣传

电商扶贫县长代言

兴仁县县长　播州区区长　册亨县副县长　沿河土家族自治县　平坝区区长　清镇市副市长　汇川区委常务　修文县人民政府
方先红　　　肖光强　　　欧阳川　　　副县长崔永龙　　唐友波　　　蒋静　　　　副区长龙通成　　县长佘龙

等推广活动，帮助贵州茶、猕猴桃、薏仁米等产品走红全国。打造消费扶贫县长代言系列活动，助力册亨、沿河、长顺、平坝多地产品网上蹿红取得热销。二是创新扶贫模式，提升品牌效应。打造"贵州省网络扶贫公益广告项目"，制作系列扶贫广告登录包含人民网、新华网、知乎、今日头条、多彩贵州网、省级新闻媒体及优质自媒体等60 余家媒体单位。刊播公益广告总曝光量达 7.3 亿次，实现产品销售达 2131 万元。三是立足特色优势产业，助力产业发展。制定十二产业品牌推广及销售计划"黔珍十二品"项目，通过品牌打造、宣传与销售相结合的方式，助力贵州茶、辣椒、蔬菜、水果、食用菌等 12个特色产业发展，助力农户增收脱贫。目前，"黔珍十二品"平台已有 2000 余个贵州省内企业入驻，产品达 2 万个，平台销售相关优质产品总金额超 2469 万元。

（五）坚持自主研发、数据驱动，以技术创新引领全省电商大数据融合应用

作为贵州省大数据产业"7+N"云工程建设首批项目建设单位，贵州电商云牢固树立新发展理念，深入贯彻省委、省政府重大决策部

署，围绕落实大数据产业发展战略定位，坚持通过大数据技术创新为贵州绿色农产品上行提供支撑。为此，贵州电商云建设了一支拥有专业化程度高、研发能力强、实力雄厚的 80 人的软件及大数据研发工程师团队，通过建设贵州电子商务大数据服务平台，贵州农商互联大数据平台，监控全省 30 万家电商店铺，出具数据分析报告 400 余份，累计采集、清洗、加工、分析 4.1 亿条，为政府相关部门及企业提供包括电子商务整体交易规模、行业结构、发展趋势、应用水平等专业、全面的电子商务大数据服务。

目前，贵州电商云拥有 60 项原始软件著作权证书，获得 CMMI—5 国际认证。2018 年，被评为贵州省大数据与实体经济深度融合优秀服务商，"贵州电商大数据分析与应用综合服务平台"和"贵州重要产品追溯体系公共管理服务平台"被评为大数据与实体经济深度融合省级标杆项目。

当前，在贵州电商云党委的正确领导下，公司两度荣获国家商务部颁发的"国家级电子商务示范企业"称号，连续两次被评为高新技术企业和双软企业，连续两年入选全国网络扶贫典型案例，荣获贵州省大数据与实体经济深度融合优秀服务商、贵州省民族团结进步模范集体、贵州文化产业十佳企业、贵州大数据企业 50 强、贵州省"专精特新"培育企业等称号，被国家商务部评选为首批线上线下融合发展数字商务企业名单（贵州唯一）。2020 年新冠肺炎疫情暴发后，贵州电商云在抗疫扶贫两场战役中积极应对，被国家发改委列入全国疫情防控重点保障企业名单（第五批），被贵阳市商务局列入贵阳市生活必需品重点保供商贸流通企业名单（第一批），并入选贵州科技中小企业、贵州省上市挂牌后备企业名单。未来，贵州电商云将继续围绕贵州省"大数据、大生态、大扶贫"三大战略，充分发挥互联网企业创新技术优势，围绕贵州省农产品产销对接、12 大特色产业发

展、农村电子商务进农村综合示范项目等重点工作，运用日趋成熟的
"平台＋服务＋数据"体系，带动贫困人口增加就业和拓宽增收渠道，
加快贫困地区脱贫攻坚进程。

一枝一叶总关情

——贵阳市脱贫攻坚实践

（下　卷）

贵阳市农业农村局　贵阳市乡村振兴局　贵阳市生态移民局／编著

人民出版社

目 录 CONTENTS

下 卷

第四部分 携手同行感恩共进

第五部分　榜样带动先进模范

贵阳市脱贫攻坚先进个人事迹（按姓氏拼音排序）

第四部分
携手同行感恩共进

一、贵阳市 🤝 长顺县

——城乡携手促发展　结对帮扶情谊深

自贵阳市帮扶长顺县以来，贵阳市委、市政府带着对贫困地区的一片深情，倾注关爱，大力扶持，积极开展帮扶工作。在高效农业园区、特色产业发展、农村基础设施、小城镇建设、农村房屋改造、农村水利工程、人才培养、农村人居环境改善、民生改善等方面给予了大力支持和帮助，为长顺县经济社会发展、人民生活水平提高、脱贫摘帽目标实现、共筑同步小康之路作出了极大贡献，脱贫攻坚帮扶成效明显。

（一）教育帮扶

1. 带出去学

一是协调安排贵阳市实验三中开设"长顺班"，目前已累计接收长顺县 100 名学生到贵阳市实验三中就读高中，让学生得到充分全面发展和提高。二是协调结对帮扶学校接受长顺县 600 余名教师跟岗学习，教师教学理念有了明显转变，教学能力得到较大提升。

9月，贵州省黔南布依族苗族自治州长顺县神泉谷景区内的粉黛乱子草进入盛开期，成片的"粉色海洋"吸引众多游客前来观赏游玩。（新华社记者陶亮摄）

2. 走进来教

一是协调安排贵阳第六中学、民族中学共 3 名副校长长期驻扎长顺县开展帮扶工作，将先进的办学理念和教学经验植入县民族高级中学，加快提升高中教学质量。二是先后 20 余次组织专家组共 300 余人次对民族高级中学进行精准指导，帮助民族高级中学 2017 年成功申创了省级三类示范性普通高中、2019 年顺利通过省级二类示范性高中第一次评估。三是贵阳市教育局协调贵阳市教科所、贵阳市第六中学、民族中学等单位（学校）组团对民族高级中学开展全方位帮扶，先后 10 余次组织专家组 200 余人次到长顺县民族高级中学开展业务培训、方法诊断、送教送研、备考指导等帮扶活动，使长顺县高中教育教学质量得到较大提升。四是协调贵阳市周进省级名校长工作室和魏林省级名校长工作室到长顺设立工作站，吸纳 100 名校（园）

长为成员，周进校长、魏林校长共 6 次到长顺县开展学校管理等业务培训，加快长顺县校（园）长专业成长。

3. 结对子帮

一是协调安排贵阳 15 所优质学校与长顺县 13 所学校结对，实施"一对一"帮扶，加快提升各级各类学校管理水平和教学质量。三年来，贵阳市相关学校分别到结对帮扶学校进行送教送研、教师培训等活动 30—50 次不等，组织教师开展帮扶活动共 2000 余人次。接受帮扶的学校共选派教师 200 余人到贵阳市结对学校跟岗学习、组织了教师 3000 人次先后到贵阳市相关学校参加教学、教研及主题教学研讨活动。二是协调安排贵阳市 42 名骨干教师通过"智慧教育"帮扶项目一对一指导长顺县老师课堂教学，四年来，贵阳市 42 名骨干教师累计指导长顺县受扶教师课堂教学 1500 余节次。2018 年，长顺县 2 名教师在全省优质课大赛中荣获一等奖。

4. 出资建校

2016 年以来，贵阳市教育局累计捐资共计 2100 万元建成 8 所学校塑胶运动场、8 所学校录播教室、3 所学校报告厅、5 所幼儿园教育教学设施设备及补充全县学校课桌椅 7500 套等，切实改善了学校办学条件。

（二）医疗帮扶

2016 年以来，贵阳市卫生健康系统采取多种形式，通过组团式帮扶，帮助基层医疗机构、县级医院不断完善医疗设施设备、提升医务人员医疗服务水平，极大地促进了医疗卫生事业发展。

1. 人员培训

协调贵阳护理职业学院为长顺县培训 50 名乡村医师，培训经费由贵阳市卫生健康局对口帮扶专项经费全额出资，共计68万元；接收乡镇卫生院派出进修学习医务人员、村卫生员60余人，接收县医疗集团中心医院派出进修学习人员24人。

2. 开展义务诊疗

2017年以来，贵阳市卫生健康系统累计协调7家医院开展义务诊疗活动共计70余次，受益群众8000余人。

3. 人员派驻

贵阳市卫生健康系统共派驻46名专家到县医疗集团中心医院进行中长期对口帮扶，其中1名挂任副院长，6名分别担任科室主任及护士长；帮扶期间，驻点帮扶人员参与长顺县医疗集团中心医院组织的义务诊疗活动20余次，受益群众约1200余人。

4. 打造特色科室

贵阳市第二人民医院（金阳医院）通过选派人员驻点帮扶以师带徒、接收人员进修学习的双向帮扶措施，协助长顺县医疗集团中心搭建起神经内、外科框架并于2020年初完成神经内科、神经外科2个重点科室的建立。

（三）就业帮扶

2016年以来，贵阳市人社局全力做好长顺县就业帮扶工作。

1. 建立贵阳·长顺劳务输出联系协调机制

在贵阳市人社局成立了贵阳市辖区内用工单位服务工作站，定期收集向长顺县发布市内企业及各类用工单位招工信息，由长顺县人社局开展岗位推荐服务工作。近三年来累计收集了近10万余个岗位，优先推荐全县贫困劳动力到贵阳市转移就业。截至目前，全县在贵阳市务工人员有8064人，其中贫困劳动力2000余人。

2. 建立贵阳市人力资源市场长顺县分市场

贵阳市人社局出资 15.8 万元建立了贵阳市人力资源市场长顺县分市场，共购置 2 台 32 尺触控查询机及 4.5 平方米全彩显示屏；10 台华硕 K31 电脑等，长顺县分市场成立后，共发布贵阳市、长顺县企业用工信息 30 余期，提供招聘岗位 10 万余个，同时在室外 LED 显示屏同步发布贵阳市人力资源市场招聘信息。

3. 联合举办招聘会

几年来，每年春节前后，利用农民工返乡过节的有利时机，双方人社部门联合举办春风行动、就业援助月、民营企业招聘周、就业扶贫农民工专场招聘会累计 12 场次，接待群众求职、政策咨询共 8500 余人次。

4. 开展技能培训

几年来，双方人社部门联合开展中式烹调师、电工、电焊工、家政护工、种养殖培训等职业培训 2000 余人。

（四）产业帮扶

贵阳市委、市政府成功帮助引进贵阳市农投集团和富之源集团进驻长顺县发展蔬菜种植和生猪养殖，并每年投入 5000 万元市级帮扶资金（已累计投入资金 15000 万元），在代化镇建立了打傍蔬菜种植基地和富之源生猪养殖基地、在广顺镇建立了贵阳市农投集团蔬菜种植基地，累计带动 8000 余名贫困群众增收致富。

（五）镇区结对帮扶

2016 年以来，贵阳市 7 个区（县）与长顺县 7 个镇（乡、街道）结对帮扶对子，并充分发挥各区（县）优势资源，帮助解决各镇（乡、街道）脱贫攻坚工作存在的短板和困难。

1. 帮扶资金支持

截至目前，贵阳市7个区（县）累计投入全县各镇（乡、街道）帮扶资金达9564.38万元，主要用于各镇（乡、街道）的高效农业园区、特色产业发展、农村基础设施、小城镇建设、农村房屋改造、农村水利工程、农村人居环境改善、民生改善等方面。受益贫困群众达30000人次以上。

2. 帮助产销对接

一是提供免费摊位档口，帮助长顺县农特产品打通贵阳市市场。为加大农特产品销售，南明区免费在新路口农贸市场为鼓扬镇提供13个摊位，畅通鼓扬镇农特产品走进贵阳市场的渠道。二是发挥贵阳市各区（县）平台优势，大力宣传长顺县农特产品。清镇市电子商务产业发展办公室利用单位自身优势，帮助开发绿壳鸡蛋、原生纯菜籽油、葡萄酒等特色产品在清镇市"黔邮乡情"销售平台开展线上线下销售。三是利用贵阳市部门、学校、超市、企业等需求，积极协调其与各镇（乡、街道）签订产销协议，拓宽消费扶贫渠道。如清镇市王武监狱、清镇市职教城等对摆所镇绿壳鸡蛋、生鲜蔬菜等实行订单收购，与营盘村先芬种植农民专业合作社达成产销协议；清镇市部分企业与摆所镇签订产销合作协议；白云山镇、代化镇等农特产品定向供应贵阳市的超市；等等。

3. 帮助转移就业

一是提供就业岗位。如2017年以来，南明区人社局多次组织相关企业单位到鼓扬镇开展线下现场招聘会，以抖音平台为宣传渠道为鼓扬专设招聘平台，加大就业岗位信息公布力度，帮助鼓扬镇提供就业岗位。2020年，有效解决110人农村剩余劳动力到南明区实现稳定就业；清镇市人社局多次组织企业到摆所镇开展贫困户就业现场招聘会，仅 2020 年，已组织贵阳货车帮科技有限公司等近 30 家企业，提供 300 余个就业岗位，帮助摆所镇劳动力就业；云岩区以"春风行动·就业扶贫月"活动为抓手，结合长寨街道网格员、包保干部深入农户家中开展就业宣传动员、举办招聘会等形式，积极推荐就业岗位，制作就业宣传海报 3000 份，推荐就业岗位 2000 余个。二是开展就业技能培训，增强劳动力就业能力，进一步促进就业。如：清镇市相关职业院校与长顺职业学校开展联合办学，动员摆所镇适宜学生进学校学习。同时采取短期、中长期培训，入户培训等方式，对有创业意愿的农户进行培训指导，大量培养农村专业技术人才；云岩区以市场需求为导向，结合群众意愿，开展实用性强、就业效果好的技能培训，截至目前，共组织花卉种植技术、刺梨套种技术、绿壳蛋鸡养殖技术等农村实用技术培训 5 期，培训 300 余人。

二、贵阳市 🤝 望谟县

——结对帮扶一对一　助力脱贫心贴心

炎炎烈日，高温酷暑。6 月 28 日，贵阳市乌当区主要领导仍然率区委统战部、区总工会、区农业农村局等部门赴望谟县麻山镇开展脱贫攻坚助力外出务工贫困家庭"补短板"捐赠活动，并到纳夜村韦国言和罗国友家中走访慰问，现场捐赠电视机、洗衣机等物资。

这天，贵阳市乌当区共向麻山镇捐赠价值 5.52 万元的电视机、全自动洗衣机、电磁炉及电饭煲。

为贯彻落实"小康路上一个都不能掉队，共同富裕路上一个都不能少"的精神，2018 年以来，贵阳市积极响应上级关于脱贫工作各项决策部署，印发《贵阳市帮扶望谟县脱贫攻坚工作方案（2018—2020 年)》。贵阳 6 个区分别结对帮扶望谟县 4 个贫困乡镇和 2 个有深度贫困村的乡镇，通过大市场、大就业、大产业等七大带动工程，到 2020 年，助推望谟县累计实现 71 个贫困村全部出列、3 万贫困人口脱贫。

贵州省望谟县郊纳镇党委第一书记岑南峰（右一）走访贫困户。

（一）大市场带动工程，引领农产品"出山"

2019 年 8 月初，望谟县石屯镇包树村红军井盐水面有限公司与贵阳星力集团签订采购合同，该盐水面将在贵阳星力集团旗下超市上架销售。红军井盐水面是当地最具特色农产品之一，面条从小麦种植到生产加工，全程人工操作、绿色环保，但苦于外销渠道不畅，经济效益一直难以充分实现。如今，经过南明区商务局的牵线搭桥，红军井盐水面顺利进入省会市场，这一利好消息让当地村民们个个笑开了颜。

帮助望谟县石屯镇包树村农产品拓展销路，只是南明区开展"大市场"带动"大扶贫"工作中的一个缩影。作为省会城市中心城区，南明区充分发挥交通便利、资源汇聚、人流密集的"大市场"优势，积极帮助望谟县农产品进入辖区农贸市场、惠民生鲜超市等进行销售。如今，在南明辖区合力、星力、农投惠民等 39 家超市中都设有扶贫专区，专门销售对口帮扶地农特产品，促进贫困户增收致富。

为确保望谟县农特产品进入市场，贵阳开设绿色通道，减免相关费用，每年为望谟县提供蔬菜和肉类 5 万吨、家禽 10 万羽的销售空间；贵阳市农产品流通企业与望谟县相关部门签订长期产销合同，通过订单式生产进行产销对接，促进其农产品在贵阳销售；加强农村电商培训，帮助望谟县实施电商培训 1000 人次。

（二）大就业带动工程，深化劳务协作拓宽就业创业渠道

5 月 15 日，贵阳市花溪区人社局、望谟县边饶镇政府联合举办"2020 年望谟县边饶镇脱贫攻坚专场招聘会"，省内外的 6 家用工单位总计提供涉及物业管理、商贸服务、电子制造等就业岗位 1000 多个。

2020 年，是全面打赢脱贫攻坚战的收官之年。为了助力望谟县高质量打赢脱贫攻坚战，贵阳市进一步加大了对外帮扶力度，并重点以就业扶贫为抓手，持续为全省脱贫攻坚输送能量。

新冠肺炎疫情让不少企业按下了"暂停键"，这让众多需要外出务工的人忧心忡忡。为了帮助企业复工复产和群众就业，2020 年 2 月初，贵阳市组建了小分队陆续奔赴望谟县开展劳务对接。"疫情就是命令、速度就是效率。"贵阳市就业中心工作人员邱富霈说，招工小分队抵达望谟后，立即开展工作，推介贵阳市重点企业及其用工需

求情况、疫情期间招工优惠政策等。

为了解决企业在复工复产过程中面临的返岗工人不足、交通物流不畅、产业链配套难等难题，赴望谟小分队还建立农民工返岗复工"点对点"服务协调机制，帮助农民工安全有序返岗，对成规模、集中性返岗的劳动者，租赁专车集中输送。

贵阳市还在望谟县郊纳镇挂牌设立人力资源市场联络站，按时将新搜集符合农村劳动力的岗位信息及时推送给联络站，为望谟县提供就业岗位不少于 3000 个；采访送教上门或集中组织人员来筑培训，提升技能水平，促进转移就业和稳定就业；牵线搭桥、内引外联，抓好人力资源市场、就业扶贫车间、劳务合作社等建设，配合当地人社部门开展技能培训 1000 人次，帮助农村劳动力实现就近就地转移就业；协调贵州林城人才派遣有限公司与望谟人力资源公司签署合作协议，向望谟人力资源公司赠予 5 万元经费，用于贫困劳动力向贵阳市的转移输出；派送 1 名业务骨干到望谟人力资源公司挂任副总经理，为其向贵阳转移贫困劳动力就业进行帮助。

（三）大产业带动工程，共建脱贫致富支柱

鸡舍内，蛋鸡生产线不停运转，自动喂料、中央集蛋、输蛋、清粪等工序一气呵成，工人们只需将鸡蛋分拣包装即可。这个最精美的生产镜头，就是望谟县大观镇大塘村的 30 万羽标准化蛋鸡养殖项目现场。

望谟县大观镇大塘村整个养殖场一期达产以后，年产鲜蛋 5600 吨，预计利润 400 多万元。正是这枚小小的鸡蛋，给当地的老百姓带来了增收致富。大塘村村民文应梅 4 月 27 日到基地做工，每天 150 元工资，因为离家近，又能照顾老人和小孩。谈到基地的建设，大塘

村村民梁应芬很是感激，"我家老公、我、我儿子都在这里做工，过去很难找到离家这么近，又可以全家人上班的活！"贵州省红枫湖畜禽水产有限公司蛋鸡场项目负责人邱冬介绍，二期项目是在3月18日开始正常施工，并在加快推进中。

大观镇60万羽标准化蛋鸡养殖场建好后，将年产鲜蛋1.8亿枚，可带动当地1800人脱贫。接下来，贵阳市农投集团还将帮助大观镇9个村建设养殖小区，打造鸡—肥—粮（果、蔬）的生态循环农业产业模式。

从2019年开始，贵阳市农投集团按照省、市"一县一业"和"一品一业、百业富贵"的战略布局，在望谟县大力发展生态渔业扶贫项目，通过"公司+村集体+贫困户"方式在乐旺镇、边饶镇建设2个生态流水养鱼示范基地。目前乐旺镇生态流水养鱼项目于4月中旬投放鱼苗、边饶镇生态流水养鱼项目正在建设。

除了生态流水养鱼和蛋鸡养殖项目，贵阳市还与望谟县达成合作意向，在望谟县建设5万头规模生猪养殖基地，帮助望谟县加快推进生态养殖业发展，丰富农产品供应，带动更多贫困群众脱贫致富。

（四）旅游扶贫带动工程，让乡村旅游越来越火

"望谟县打易镇二泥村茶叶种植面积为480亩，茶园主要出产红茶，现有50户共100余名当地村民从事茶叶相关工作。目前，当地存在茶产业规模小、茶叶生产工艺滞后、茶产品宣传推广不足等情况。"云岩区文体广电旅游局相关负责人表示，了解情况后，该局立即通过深入走访、聘请专业人士专题研讨等方式，结合实际制定出"一个中心、两个支柱、三驾马车、四轮驱动"的帮扶措施。

其中，"一个中心"即以茶园为中心，打造茶特色产业；"两个支

柱"即打造茶产业支柱和茶产业相关旅游线路，带动望谟文化旅游产业发展；"三驾马车"即聘请专家对茶叶采摘、茶叶炒制、茶叶品牌及包装进行专业指导，将茶品名称定为"云谟紫茶"；"四轮驱动"即拓宽渠道增强宣传，让"云谟紫茶"进机关、进超市、进企业、进电商平台，精准做好"产销对接"，助力产业扶贫。

贵阳市以对口帮扶望谟县为契机，积极配合望谟县申请省旅游发展基金，推进望谟县全域山地旅游扶贫项目实施，积极指导、帮助望谟县建设集旅游观光、农业种植、休闲娱乐为主的农旅观光产业园。通过推进旅游扶贫，带动经济发展。

（五）医疗帮扶带动工程，为贫困群众撑起健康"保护伞"

"现在吃住基本不愁了，最担心的就是生病。"望谟县石屯镇喜独村建档立卡贫困户韦启亮说。

这是贫困地区百姓的心声，也是贫困家庭的心头事。因病致贫、因病返贫，是脱贫攻坚中的"硬骨头"。

为拿下这块"硬骨头"，贵阳市充分发挥医疗资源优势，大力推进对外协作医疗带动帮扶工程，预防协作帮扶县百姓因病致贫、因病返贫，全力开展医疗精准扶贫，为贫困群众撑起健康"保护伞"。

贵阳市花溪区组织花溪区人民医院为望谟县边饶镇中心卫生院医务人员进行专业知识培训，并充分利用社交媒体软件，实时沟通，提供技术指导，以及在望谟县边饶镇共开展大型义诊活动。针对边饶镇卫生院缺少医疗设备的现状，赠送医用设备价值1万余元，并筹资8万余元帮助边饶镇喜座村和新坪村建设了标准化卫生室。

2020年，贵阳市提出将以望谟县为医疗帮扶重点，结合受帮扶贫困县需求，通过市属医院和各区（市、县）人民医院（中医院）实际及优势，围绕帮扶县人民医院、县中医院、县妇幼保健院和县疾病预防控制中心功能定位，每年培养1—2名学科带头人，每个学科每年培养1—2名业务骨干；利用"组团式"进修学习的模式到贵阳市医疗卫生单位进修学习，每批次学习时间不少于3个月；每季度到帮扶县乡镇卫生院至少开展1次大型免费义诊及送医送药活动。为帮扶县各医疗机构开通转院就诊绿色通道，确保疑难重症患者能够享受贵阳市医疗卫生服务，及时得到救治。

（六）教育帮扶带动工程，让贫困地区孩子享受优质教育资源

2019年3月21日，一场教育结对帮扶的对接会在望谟县中等职业学校举行。贵阳市女子职业学校校长安萍在会上直言："我们这次来主要是看看你们有哪些需求？"接过话茬，望谟县中等职业学校校长骆远瞩说："需求非常多，主要涉及专业建设、硬件设施、交流培训等方面。"

望谟县中等职业学校和贵阳市女子职业学校的结对帮扶渊源要追溯到2011年。"我们的合作很愉快，效果也很好。"望谟县中等职业学校办公室主任祝之贵见证了该校和贵阳市女子职业学校的结对帮扶历程。2011年至2017年，望谟县共有1200余名学生到贵阳上学，就业率也比较高。

"我们有成熟的教学计划和人才培养方案，之前又有过合作，通过干部培养、师资培训、教育互动等，让望谟县的老师、学生到贵阳来接受职业教育，有助于开阔他们的视野，更重要的是通过学习更好地就业，拓宽扶贫路子。"安萍说。

在望谟县中等职业学校负责学前教育的王堂碧老师就是受益者之一。2014年7月，王堂碧从贵阳市女子职业学校毕业后考入望谟县

当地一所幼儿园，现在被借调到望谟县中等职业学校。王堂碧回忆说，她现在将以前在贵阳学到的知识、方法教给学生，学生们非常喜欢。

扶贫必扶智，治贫先治愚。在教育帮扶中，贵阳市属6所学校与望谟有关学校签订结对帮扶协议，实行干部或骨干教师挂职交流，选派学生到筑交流学习；积极开展优质课、示范课、实验课、指导课的研究活动；通过互动交流、听课研讨、专题讲座等形式，促进管理、教学经验分享。

（七）干部交流带动工程，发挥人才优势，强化智力帮扶

2018年11月，贵阳市南明区挂职干部申安到望谟县石屯镇挂职党委副书记，成为该镇脱贫攻坚的一分子。工作中，了解到村民稳定就业的不多，他积极宣传就业扶贫政策，与贵阳老干妈集团、浙江省余姚市大叶园林有限公司等企业联系，对接村民劳务输出问题；得知村民房屋跑风漏雨，他主动为其申请房屋改造项目，帮助韦香、韦明等5户贫困户对老屋进行了整修。面对村民对危房改造的不理解，他一次又一次地上门去做工作，为上平寨村危改对象韦光景、韦贤学、韦光德等3户贫困户申请危房改造补助款5.25万元。为从根本上帮助当地村民脱贫，实现可持续发展，他又与同是南明派驻过来的两位伙伴，利用南明区投入的200万元帮扶资金，会同当地相关部门和扶贫干部，帮助石屯镇10个村发展了养蜂、通草、养猪、澳洲坚果种植等10个产业……

"扶贫先扶志，扶贫必扶智。"这是党中央的决策部署，也是脱贫攻坚在贵阳的生动实践。实施干部选派及培训带动帮扶工程，是贵阳市对望谟县协作帮扶"七大工程"之一。花溪区为望谟县边饶镇干部

到花溪区挂职提供岗位，并选派 3 名干部成立工作组到边饶镇开展帮扶工作。

贵阳市充分发挥人才资源优势，帮助贫困县打造造血、扶智工程，大力实施干部选派及培训带动帮扶工作，通过人才互派交流、培训学习、对口帮扶等方式，构建人才智力帮扶协作机制，不断强化智力帮扶，积极选派优秀人才到贫困地区挂职帮扶，助推对口帮扶县稳步脱贫。三年共开展干部培训 330 人。

此外，贵阳还成立帮扶工作指挥部，下设 9 个工作组（办），具体负责抓好帮扶各项工作。在资金保障方面，贵阳连续三年在年度财政预算内每年安排 5000 万元帮扶专项资金，三年共计投入帮扶资金 1.5 亿元（不含各区及社会帮扶资金及物资），主要用于望谟县产业扶持、重点民生工程、干部和人才培训交流等。

2020 年，贵阳市还直接给予望谟县 9500 万元用于 5.05 万亩芒果产业和就业扶贫车间、大观养鸡场道路及郊纳镇紫茶加工项目以及住房保障相关建设。

"从资金投入、物资捐赠到干部援助、人才培养，再到产业帮扶、深度协作，贵阳市对望谟县的帮扶模式不断升级，我们自己更要持续加力，决不能歇脚松气。"黔西南州政协副主席、望谟县委书记李建勋说。

帮扶的初心不变，协作的脚步不停，贵阳与望谟人民守望相助，团结一心，接续奋斗，向着小康目标奋进。

三、贵阳市 🤝 罗甸县
——亲力亲为帮扶　同心同向战贫

自贵阳市整县帮扶罗甸县以来，贵阳市严格落实省委关于结对帮扶的重大决策部署，紧扣"六大工程"，在教育、医疗、人才、就业、招商引资等方面给予罗甸县大力支持，助推罗甸县实现产业稳步提升、就业门路拓宽、销售市场稳定，扶贫对象基本实现不愁吃、不愁穿，义务教育、基本医疗和住房能力提升，村级集体经济稳步增长，实现"一达标两不愁三保障"，与全省同步建成小康社会，实现整县脱贫的目标。

（一）工作开展情况及取得成效

在贵阳市提出6区3平台分别结对帮扶罗甸县9个乡镇的总体架构基础上（即南明区结对帮扶龙坪镇、云岩区结对帮扶边阳镇、花溪区结对帮扶沫阳镇、乌当区结对帮扶红水河镇、白云区结对帮扶罗悃镇、观山湖区结对帮扶逢亭镇、高新区结对帮扶茂井镇、经开区结对帮扶木引镇、双龙航空港经济区结对帮扶凤亭乡），罗甸县围绕资金支持、产业市场、医疗带动、教育带动、干部选派、培训带动等帮扶

　　地处麻山腹地的贵州省罗甸县沫阳镇麻怀村，是一个被群山包围的山地村，也曾是饱受交通不便之苦的极度贫困村。从 1999 年开始，被称为当代"女愚公"的邓迎香，带领乡亲们经过十余年的艰苦努力，开凿出一条 216 米长的隧道，将与世阻隔的麻怀村与山外世界连通在一起。如今的麻怀村发展种植养殖、旅游业，产业欣欣向荣。这条连接大山之外的隧道，已成为当地通往幸福的隧道。（新华社记者陶亮摄）

工程，采取"清单化、项目化"方式，精准谋划和扎实推动结对帮扶项目。

　　1. 领导重视，帮扶亲力亲为

　　自帮扶工作开展以来，省委常委、贵阳市委书记赵德明靠前指挥，多次率队赴罗甸脱贫攻坚一线调研指导工作，并与罗甸县委、县政府及相关部门召开座谈会研究帮扶工作，充分体现了高度政治责任感和对边远贫困地区的帮扶情怀，给予了全县人民极大的关心和鼓舞。

　　2. 聚焦资源，深化产业合作

　　主动对接产业合作，积极承接产业转移，结合产业大招商，争取产业帮扶资金1亿元着力打造贵阳市的"菜篮子"工程，进一步加快了罗甸县资源优势转化为经济优势的步伐。目前已与贵阳市农投集团签署协议，落地建设实施2400头曾祖代原种场、600头父系原种场、3万头生猪养殖、40万羽蛋鸡养殖、食用菌种植等5个项目，通过市级帮扶资金固定分红、收益分红、县级扶贫资金入股分红、土地分红、劳务分红等多种方式强化利益联结，目前，已兑现固定分红600万元，土地分红670余万元，劳务分红380余万元，带动260余人增收脱贫。

3.聚焦产业，精准对接市场

一是紧扣贵阳市"菜篮子""果盘子"的市场定位，已在贵阳市设立罗甸农产品销售专区，截至目前罗甸县农产品在扶贫专区累计销售3000余吨，交易金额1300余万元。二是与贵阳市农产品流通企业建立产销合作关系，大力发展订单生产、产地直销，争取蔬菜、火龙果等名优特农产品挤进贵阳市"百品百特"工程榜单。已引进贵州云顺宏平贸易有限公司签订的共同帮扶罗甸县扶贫蔬菜产供销协议，持续采购销售罗甸县农业产品；引进贵阳农投集团采取流转土地或农户以土地入股方式，集中土地新建核心蔬菜基地4500亩，将罗甸蔬菜基地打造成贵阳蔬菜保供基地，推动特色农产品进入贵阳市场销售。

4.聚焦内生动力，加大智力帮扶

在贵阳市委大力帮助支持下，累计从有关部门选派11名优秀年轻业务骨干到罗甸县脱贫攻坚相关职能部门挂任行政副职，开展教育培训1期，培训村两委干部10人，为打赢脱贫攻坚战作出了积极贡献。

5.聚焦医疗教育，强化帮扶落实

借助贵阳市优质教育医疗资源，按照"5+2""2+3+N"模式，"组团式"开展结对帮扶。教育帮扶方面，充分借力贵阳市市（区）属学校优质教育资源，助推罗甸教育跨越式发展。按照"整体帮扶、突出重点"思路，贵阳市26所中小学对罗甸县25所中小学开展"一对一"帮扶，并在学校管理、队伍建设、科研教学、文化建设、学生工作等方面构建帮扶机制并签订了帮扶协议。帮扶工作启动以来，贵阳市各学校积极开展帮扶活动，采取支教、教研交流、中高考备考、送教下乡、跟岗学习、观摩学习、随堂听课、讲座、线上研讨、疫情防控物资及体育用品捐赠等多样化的方式，促进罗甸县学校在办学理念、学校管理、教育教学、资源共享、教师队伍建设等方面大幅提升。截至目前已开展交流活动116场次，互派教师交流647人次，培训骨干教师92名，帮助建设罗甸县重点学科资源库项目1个。医疗帮扶方面，贵阳市10家医院结对帮扶罗甸县10所医院（卫生院），并向罗甸县派驻8名专家进行帮扶；累计开展义诊巡诊17次，免费义诊1905人次，发放宣传资料2090余份，免费发放药品70余盒；累计开展专业技术培训9次，培训医生（护士）240人；累计捐赠各类医疗物资折合226.6万元，改善了罗甸县乡镇卫生院的医疗环境。

6. 结合实际，加大资金支持

罗甸县根据脱贫攻坚存在的短板和弱项，积极向贵阳市争取帮扶资金，截至目前，贵阳市市级和各区累计向罗甸县投入帮扶资金达17914.54万元，其中10000万元用于与农投集团开展产业合作，5000万元用于边阳水厂项目建设，其余资金已由贵阳市各区自行拨付到帮扶结对乡镇，用于"两不愁三保障"补短等方面。目前产业合作项目已签订协议，各项工作正有序开展；边阳水厂项目已竣工投入使用。

7. 增进共识，携手小康再上台阶

两地多措并举推进携手奔小康工作，在互访、资金、结对、捐赠、社会扶贫等方面多点开花，呈现出良好局面。贵阳市各区已到罗甸县开展调研对接235人次，各乡镇已到结对帮扶区开展对接交流

52 人次；累计投入帮扶资金达 2914.54 万元；累计开展技能培训 1754
人次；开展招聘会 19 场次，累计提供就业岗位 18508 个。

（二）协作共建经验和做法

1. 围绕总体思路，统一提高认识

为深入贯彻落实党的十九大"坚决打赢脱贫攻坚战、全面建成小
康社会"的战略要求，认真贯彻落实省、市脱贫攻坚推进会议精神，
进一步强化省会担当。发挥省会城市核心区资源优势，以大市场带动
大扶贫为重点，不断增强对口帮扶地区贫困群众发展能力，强化责任
落实，把巩固脱贫成效和防止返贫摆在更加突出的位置，健全稳定脱
贫长效机制，为全省打赢脱贫攻坚战作出贡献，全力助推全省全面实
现脱贫，实现同步小康。

2. 锁定帮扶目标，实现精准补短

针对薄弱环节，强化攻坚补短，按照市委、市政府工作部署，依
托大市场的优势，发挥省会城市资源优势，实施区镇结对帮扶，全力
结合罗甸县脱贫攻坚工作目标，确保 2019 年补短完成，顺利通过省
第三方摘帽验收；2020 年 6 月底前，全县剩余贫困人口全部达到脱贫
条件，特殊困难群体"两不愁三保障"全部解决。

3. 加强组织保障，确保高效运行

罗甸县成立了以县委书记为组长的罗甸县承接贵阳市结对帮扶
工作领导小组，印发了《罗甸县承接贵阳市结对帮扶脱贫攻坚工作方
案》，领导小组下设 7 个工作组，即综合协调工作组、市场对接工作
组、就业对接工作组、产业对接工作组、医疗对接工作组、教育对接
工作组、干部交流工作组。各工作组严格自身工作要求，强化落实具
体帮扶措施，做到分工明确、责任到人，全力推动帮扶工作稳步前进。

四、组织部 🤝 毛家院村
——党建引领强根基　因地制宜布产业

　　开阳县南江乡毛家院村村支两委在市直、县直部门的帮扶下，按照"农旅养一体化"发展思路，紧扣"一年打基础、两年见成效、三年抓巩固、四年全面提升"的工作要求和时间节点，坚持基础设施建设与产业发展协同推进，产业扶贫与民生保障互促互进。

　　市委组织部坚持以精准扶贫思想为指导，认真贯彻落实中央、省、市脱贫攻坚决策部署，扎实开展开阳县南江乡毛家院村脱贫攻坚结对帮扶工作。一是部班子高度重视，落实脱贫攻坚工作责任。部机关成立扶贫工作领导小组，部主要领导担任组长，及时研究推进脱贫攻关工作，确保扶贫各项工作任务高位推进。部班子成员和全体党员干部按照市扶贫开发领导小组明确的结对帮扶对象和工作要求，制定部机关结对帮扶工作实施方案，精准制定帮扶计划，精准落实帮扶措施，做到"一把钥匙开一把锁"。二是部主要领导率先垂范，示范带动。市委主要领导先后多次到开阳县南江乡毛家院村开展座谈调研、走访慰问，亲自带队研究完成毛家院村整体产业项目规划和扶贫解困实施方案。部务会成员、县级干部走村串寨进家入户，与村支两委负责人、低收入困难户面对面交心谈心，制定有针对性的脱贫计划

开阳县南江乡：发展绿色生态农业，庄稼人变身"上班族"。

和帮扶措施。每年"两节"前夕，市委组织部开展走访慰问活动，为困难老党员和低收入困难户送去慰问金。近年，市委组织部累计为当地引进投入资金 2020 万元。2018 年、2019 年，部机关党委被市委授予脱贫攻坚优秀党组织。三是抓党建切实助推帮村扶贫。结合"不忘初心、牢记使命"主题教育常态化制度化，机关党委和 7 个在职党员党支部定期与村党支部联合开展活动，指导村党组织坚持组织生活制度，严肃党内政治生活，帮助村集体和党员厘清发展思路，着力增强村党组织的凝聚力和战斗力。近年来，市委组织部先后选派 5 名干部到开阳县南江乡毛家院村驻村开展工作，帮助毛家院村夯实基层基础、改善村容村貌。2018 年以来，在市委组织部机关全体党员干部中共募集善款 30540 元，全部用于定向帮扶开阳县南江乡毛家院村低收入困难户。

毛家院村 26 个村民组全部实现路网覆盖和产业覆盖，群众生产生活环境切实改善，当地群众增收致富基础有效夯实。全村现有建档立卡贫困户 46 户，共 163 人，已全部稳定实现"一达标两不愁三保障"。毛家院村彻底摆脱"穷、弱、空"的落后面貌，实现"党建强、产业旺、环境美、百姓富"的全国乡村治理示范村、全市优秀基层党组织、全市村级党组织标准化规范化建设示范村、富美乡村示范点华丽转身。

（一）抓党建引领，厚植基层基础力

在市直、县直等帮扶单位的指导下，毛家院村始终坚持厚植基层基础，把基层党组织打造成脱贫攻坚的政治领导核心和一线指挥部。始终坚持以基层党建为抓手，深化基层党组织标准化规范化建设，全面提升基层党建工作质量。通过强化党建引领，毛家院村建立以村党组织为领导、自治组织为基础、群团组织为纽带、群众为主体、社会组织为补充的"一核引领、多元共治"的乡村治理体系，促进法治、德治、自治有机融合。实行村级治理书记负责制，推进党支部标准化规范化建设，打造学习型、服务型、创新型党组织，不断更新观念、创新做法，提升党的领导能力和村干部的治理能力。深入推进"法律进乡村"活动，加强村级法律服务供给，开展农村法治宣传教育，增强群众尊法学法守法用法意识，提升群众运用法治思维和法治方式解决矛盾纠纷的能力。组织开展"支部联党员、党员联群众"活动，密切村党组织、党员与群众的联系，推动村党组织在乡村治理中发挥引领作用，党员发挥带头示范作用。健全村级重要事项、重大问题由村党组织研究讨论机制，全面落实"四议两公开"。完善党务、村务、财务"三公开"制度，实现公开经常化、制度化和规范化。

（二）抓基础设施，增强脱贫保障力

村支两委以打好基础设施建设硬仗为切入点，把发展规划落实到具体项目，着力补齐基础设施短板，全面提升农村人居环境。交通方面，建成组组通硬化路 18 条，总长 34.8 公里，其中通组路 14.3 公里、产业路 6 公里，建成县域内标准最高、全长 14.5 公里、宽 6.5 米的产业大道。水利方面，建成一座 300 立方米的高位水池，新修农田灌溉沟渠 5.2 公里，维修山塘水库 3 口，全村饮水巩固提升率达 100%，基本农田灌溉面积比例达到 60% 扶贫解困标准。电力方面，户户通电，且 2019 年由电力部门实施电路改造工程，全面提升村级电网电路。通信方面，新增通信基站 3 个，实现全村网络全覆盖。村容方面，新建占地 5000 平方米的党建文化广场，高标准改造 0.8 公里新街，新建村民组广场 5 个、公厕 3 座、污水处理厂 2 个，完成迎龙寨 200 户房屋立面整治，新铺石板步行道 800 米，建设灯光球场 1 个。

（三）抓产业发展，增强发展内动力

2017 年初，毛家院村在"农旅养"结合发展思路引领下，制定"一村五园"整体规划，以建设富美乡村示范村为目标，建设"香树农产品加工产业园""下寨旅游观光园""白果树休闲农业体验园""卡木屯蔬菜种植园""下坝精品水果采摘体验园"等。通过精细调整农业结构，产业发展日益向好。一是引进硒香菌和豫贵源两家菌棒厂，其中硒香菌年产菌棒 500 万棒，代 7 户贫困户托管（每户 4000 棒、扶贫资金补助 16800 元，托管一个周期约 8 个月，贫困户享有 16800 元本金和 1680 元收益），解决贫困户 3 人就业；豫贵源计划年产菌棒

1000 万棒，前期 1 期 1 万棒菌棒刚刚投入生产。二是引进四季硕果公司，泡椒产品市场反应良好，二期扩建正在进行中，带动 3 户贫困户种植彩椒 7 亩、平均每亩收益约 4200 元（亩产 3000 斤、单价 1.4 元），解决贫困户 4 人就业。三是引进仙草农业公司，种植天门冬、黄精、百合等中草药 600 多亩，民宿项目正在规划中，带动贫困户 7 人短期务工，土地流转涉及 3 户贫困户 3700 元。四是引进水上乐园旅游公司，投资 8000 余万元，打出温泉一口，出水温度 30 余度，建成水上游乐项目 20 余个，旺季带动就业 110 余人，其中毛家院村 50 人，其中贫困户 4 人。五是引进宏宇公司实施花千谷农旅项目，2019 年 6 月底开始营业，解决贫困户 1 人就业，目前已收购 5 户贫困户的散养鸡和蔬菜，今后将采用订单模式带动贫困户种植水果、蔬菜和养鸡。六是引进绿雅农业公司，种植仿野生猕猴桃 400 亩、野菜及蒲公英 200 亩等，计划 2020 年仿野生猕猴桃种植达到 500 亩，带动农户短期务工 8 人。七是引进郑缘蔬菜种植项目，承包土地及大棚 20 个，承包租金 25000 元 / 年，种植黄瓜、茄子等反季节蔬菜，解决就业 5 人。

（四）抓队伍建设，增强脱贫联动力

目前，毛家院村村干部 6 人，贵阳市直机关、开阳县抽派 4 名科级干部和市属企业 1 名中层干部组成驻村工作队，按照"一好双强"标准，紧盯"两委一队三个人"，建强一线工作力量。一是加强干部队伍教育培训。利用集中轮训、外出考察、观摩学习等方式，围绕扶贫政策、项目建设、产业发展等方面进行针对性培训 100 多人次。组织村"两委一队"到安顺塘约村、六盘水高官村等地考察，学习脱贫攻坚先进经验。二是提升村党支部组织力。党支部严格落实"三会一

课""三会一评"等党内制度，认真开展"主题党日""两学一做"等
活动，及时传达学习中央和省、市、县有关会议精神。利用农民讲习
所、宣讲团、党建红云等平台，通过"三同一助""乡间党课""坝坝
会"等形式，引导党员干部坚持以习近平新时代中国特色社会主义思
想武装头脑、指导实践、推动工作。三是村集体经济发展壮大。通过
土地流转、产业入股分红、上级政策扶持、基础设施建设等渠道，积
极培育村集体经济实力。村集体经济收入从 2016 年的"空壳"状态，
到 2018 年以来村集体经济稳定在 150 万元以上，让村集体摆脱了"无
钱办事"的窘境，为村党支部发挥统筹作用提供了坚实的物质保证。

（五）抓社会治理，激发群众驱动力

深入贯彻以人民为中心的发展思想，瞄准脱贫攻坚中的短板，密
切关注群众多方面、多层次的需求，着力保障和改善民生，切实增
强全村群众的获得感幸福感。一是推动公共服务便民化。建成占地
480 平方米的村级综合楼，实行村级事务集中办公，着力破解"人
难找""事难办"难题，切实打通服务群众"最后一公里"。建成占
地 168 平方米的香树片区群众服务中心，解决村民议事处事无场所难
题，积极化解群众矛盾，维护群众合法权益。二是着力打好教育医疗
住房"三保障"硬仗。改造提升村属幼儿园，全村 20 户村民享受学
前教育、高中教育、高等教育和职业教育各项补贴救助政策，确保贫
困户适龄儿童、少年不因贫失学辍学。建成标准化卫生室 3 个，全村
贫困户新农合参保率为 100%，医疗救助 46 户。完成易地搬迁 14 户，
其中贫困户 1 户；危房改造 14 户，及时消除房屋安全隐患，实现危
房改造应改尽改。三是努力提升困难群众收入水平。建立以股权为核
心的利益联结机制，将村集体、企业、农民进行捆绑打包，形成利益

共同体。通过盘活闲置土地资源，整合各类涉农支农资金，有效拓宽增收致富渠道，为贫困户获得持续性收益提供坚实保证。2018年，硒香菌公司实现贫困户分红3060元/户、未脱贫贫困户分红1116元/户；四季硕果公司实现贫困户分红1333元/户、未脱贫贫困户分红500元/户。2019年，硒香菌公司实现贫困户分红1739元、四季硕果公司实现贫困户分红543元/户、菌棒种植实现贫困户分红326元/户、村级接待中心实现贫困户分红2000—2800元/户，同时帮扶慰问未脱贫贫困户800元/户。全村49户101人享受最低生活保障（其中1户1人享受城市最低生活保障）、20户22人享受特困供养，44人享受重度残疾人护理补助。全村人均可支配收入从2016年的9600元提高到16800元。

市委组织部机关选派到毛家院村驻村的第一书记张海波同志，由于帮扶工作实绩突出，2019年获得省级脱贫攻坚"优秀村第一书记"、市级脱贫攻坚"优秀共产党员"表彰。2018年、2019年连续两年年度考核优秀。

五、教育局 🤝 杠寨村、王车村

——立足村情谋发展　扬长避短奔小康

2020 年是决战决胜脱贫攻坚和全面建成小康社会的收官之年，贵阳市教育局结合教育职能，发挥教育系统优势，积极投身驻村帮扶工作，先后对口帮扶开阳县高寨乡杠寨村、开阳县禾丰乡王车村，全力投入人力、物力，扎实开展帮扶工作，让这两个边远的山村焕发了新的生机，奔上了脱贫致富的小康之路。

（一）增收创收，立足村情发展特色农业

35.76、7103、11650、1580、80……这组数字代表的是开阳县高寨乡杠寨村的一个基本情况。作为一个贵阳市最边远的少数民族乡，该村面积 35.76 平方公里，耕地面积 7103 亩（其中田 2379 亩、土 4724 亩），山林面积 11650 亩。全村 12 个村民组，共有 1580 户 6580 人，其中贫困户 80 户 297 人。

杠寨村由金山、奇申、山口、勤堡四个自然小村合并而成，地处高寨乡西北面，受地理环境的影响，该村外出务工人员较多，留守人口多为老弱病残幼，老龄化较为严重，属于省级一类贫困村。

每当农闲时，贵州省开阳县高寨乡平寨村光中苗寨的妇女都要制作极具当地苗族特色的蜡染布，成为农闲时的一道亮丽风景线。

建立养殖项目，帮产还帮销，这是市教育局开展帮扶工作首先确定的一个举措。驻村帮扶小组经过多次实地调研，发现杠寨村有着得天独厚的自然资源，特别适合生态养殖土鸡，于是迅速协助村委会成立了上芬生态农业发展有限公司，实施土鸡养殖项目，并给予18万元帮扶资金，帮助项目顺利实施，年出栏优质土鸡3000羽。

与此同时，市教育局通过"校农结合"的形式，积极协调贵阳市第一中学等学校食堂，定期采购养殖场的土鸡，既解决了销售问题，又保障了资金回笼，迅速壮大集体经济，积累集体资金达30万元。同时，争取为贫困农户免费发放仔鸡和饲料，让他们足不出户就可以找到致富的路子，由学校直接回收养成的出栏鸡，以此带动村里的贫困户脱贫。除此之外，还由村集体公司牵头，带动贫困户种植辣椒350亩，以此增加经济收入。

在帮助杠寨村实现脱贫致富后，市教育局驻村帮扶小组工作人员马不停蹄，继续赶往禾丰乡王车村进行定点帮扶，并将贵阳市第五中学年轻的驻村干部陈顺林调整到王车村进行驻点帮扶。

距离杠寨村40公里外的开阳县禾丰乡王车村，是贵阳市20个市级特别困难村之一。根据当地土壤富含微量元素硒的特征，帮扶小组将富硒品牌创建作为脱贫攻坚和产业发展的重要抓手，申请注册王车菜油、猴头菇面、王车富硒大米等 3 个商标。

在市纪委等单位的大力支持下，帮扶小组还牵头成立了贵州开阳哺民农旅开发有限责任公司，实行"村集体 + 贫困户"的帮扶模式，村民或用土地入股，或进入合作社务工，确保每年均有稳定的经济收入。近两年来，村集体公司向 78 户贫困户分红 24 万元。同时，驻村帮扶小组协调资金 2058.6 万元，建设猴头菇种植大棚 1000 余平方米、折耳根种植基地 150 亩、大蒜种植基地 75 亩、香葱种植基地 75 亩、优质水稻种植基地 2280 亩，积极帮助农户联系种苗、技术等服务。2018 年以来，贵阳市第一中学每年坚持开展"校农结合"帮扶活动，共采购该村鸡肉 5911 斤，金额 12.6 万元；蔬菜 17649 斤，金额 2.89 万元。值得一提的是，王车村是贵阳市教育局"校农结合"采购平台上唯一一个以村为单位的采购对象。

（二）扶智提质，精准实施教育扶贫计划

教育是阻断贫困代际传递的重要途径。2017 年，开阳县禾丰乡王车村村小学撤并，村级也无幼儿园，导致村里的适龄儿童少年入学情况不清晰。

了解到这一情况后，市、县教育局抽调 22 名机关工作人员和 22 名教师组建了一支共 44 人的工作队，深入王车村 22 个村民组 725 户开展入户走访，详细了解全村义务教育阶段学生数、适龄入园幼儿数、高中阶段学生人数及全村每户人均土地面积、种植养殖需求、住房情况等。

让当地村民子女能够就近就读幼儿园，适龄儿童少年就近接受义

务教育，帮助考上高中、高校的学生顺利完成学业，实现教育阻断贫困代际传递这一目标，是贵阳市教育局帮扶王车村的主要任务之一。为体现教育扶贫工作的精准度，准确实施教育扶贫计划，贵阳市教育局主要领导、分管领导第一时间深入王车村进行走访。

走访中，针对村民反映的孩子上学远、家庭开销大等问题，市、县两级教育部门急村民之所急、想村民之所想，提出在王车村开办幼儿园，让村里的幼儿不出村就可以接受学前教育的想法，立即获得村民纷纷点赞。2017 年，市、县两级教育部门共投入 60.5 万元，将原王车小学校舍改建成禾丰布依族苗族乡幼儿园王车分园，并于 2018年 9 月顺利开班。截至 2020 年 6 月，共有 29 名本村幼儿就读该园，2 名专职教师和 3 名生活老师扎根幼儿园开展工作。同时，贵阳市教育局每年安排 10 万元帮扶资金，用于帮助王车幼儿园实行入园幼儿全免费工作。

此外，在市纪委的指导下，协调贵州省早教协会、贵州家和顺心理文化发展有限公司、民盟贵州省委经济支部、贵阳实验四小、贵阳市第一中学等单位的有关负责人多次到王车村调研教育扶贫工作。企业及社会爱心人士还为王车幼儿园提供教学设备和玩具、衣服、教材、书包等折合人民币 15 万元的物资，现金 4.8 万元，另设立 10 万元的奖学金，为王车村新升入大学的学生提供学费以及生活补助费，并每年按比例增加专项奖学金总额。

在帮扶王车村的同时，市教育局帮扶小组也时刻牵挂着高寨乡杠寨村的教育发展。几年来，该局充分发挥教育扶贫功能，全力支持杠寨小学的各项软硬件设施建设，先后投入 30 多万元，用于学校的困难学生帮扶、信息化建设及校园文化打造。同时，为满足杠寨村苗族群众的文化需求，还在该村幺寨坳组修建了文化广场，协调贵阳市女子职业学校安排资金 8 万元，用于少数民族文化广场的开挖建设，贵阳市第一中学协调省体育局给予体育健身器材支持，完善了广场的体育健身功能，让当地的村民共享文化成果。

（三）改善居住环境，提升村民幸福感

"他们的到来，让我们的日子更有盼头了。"开阳县高寨乡杠寨村贫困户杨正友激动地说，以前只能羡慕别人家干净明亮，现在自己不仅住上了明亮干净的房子，手里的钱也日渐宽裕。"我和杨正友都是村里的贫困户，他们这些驻村干部经常都会到家里来慰问，我们翻修房子屋面的1万元也是贵阳市教育局帮扶的。"杠寨村的另一位贫困户陶其学说道。

在杠寨村开展定点帮扶工作以来，市教育局帮扶小组多次深入村寨进家入户走访，走访中了解到1户困难户住房困难后，积极协调资金5万元给予帮扶，修建起100多平方米的新房，改善其居住环境。针对村民陶其学、杨正友的实际困难，市教育局及时安排1万元帮助他们翻修屋面。同时，定期或不定期入户了解其生产生活情况，并送去慰问品及慰问金。

对于王车村的村民陈远良而言，家里没水、没电找不到解决办法的时候，只要找到驻村干部，他们都会想方设法帮忙解决这些琐碎的事情。"事无大小，他们从不推诿，用心地为我们办好每一件事。"该村的建档立卡贫困户发出这样由衷的感叹。

几年来，禾丰乡王车村驻村帮扶小组通过大力开展"千名干部大走访、进家入户办实事"活动，帮助村民解决生活中遇到的实际困难。同时，还组织开展劳动技能全员培训，聘请贵州博大科技学校、贵州省林业学校、开阳县农广校等农业技术方面的老师到王车村开展蔬菜种植、育苗与嫁接、果树栽培、食用菌培植等专业知识培训，切

实增强村民的劳动技能和致富能力。

扶贫路上，任重道远。市教育局的全体党员干部以及驻村工作组成员从未懈怠，因为他们深知，一人富不算富，一家脱贫也不算真正的脱贫，只有解决了一村一寨、家家户户的脱贫，建设全面小康的路才会越走越顺畅。他们是这样想的，也是这样做的。

六、水务管理局 🤝 石头村、龙广村、安坪村

——心系群众勤奉献 帮村扶贫显真情

　　贫困村存在的原因尽管千差万别，但事物发展的根本原因，不是在事物的外部而是在事物的内部，在于事物内部的矛盾性。对于开阳县高寨乡石头村、南江乡龙广村和冯三镇安坪村来说，真正的问题在于集体发展支撑少，家庭发展少支撑。

　　打响"脱贫攻坚战"以来，贵阳市水务管理局结合工作实际，充分发挥水务建设的特色优势，认真谋划，精心组织，深入各帮扶村开展农村饮水安全基础设施建设工作，收到了"单位增经验、农村得发展"的双赢效果。据不完全统计，2018年至今，由市水务局下达到开阳县高寨乡石头村、南江乡龙广村和冯三镇安坪村实施水利帮扶项目资金达130余万元，协调资金20余万元，用于结对帮扶、基础设施完善和村支两委党支部建设资金达20余万元，有力地促进了三个村摆脱贫困、走向小康。

（一）加强领导，明确责任

　　以切实抓好精准扶贫为基础，贵阳市水务管理局加强对驻村帮扶

工作的领导，市水务局专门成立了以局党委书记王波和局长毛志伟为组长的帮村扶贫领导小组，将帮村扶贫工作纳入全局的责任目标考评体系，形成了"机关牵头、领导引导、干部自愿、直属单位参与、各处室支持"的良好局面。为了保证帮村扶贫工作扎实开展，市水务局多次召开会议，认真学习和领会上级有关文件精神，印发了《贵阳市水务管理局 2019 年帮村扶贫工作计划》《贵阳市水务管理局关于开展2020 年帮村扶贫工作的通知》等规定，目标细化到处室，任务分解到个人。2020 年以来，市水务局把驻村帮扶作为新时期脱贫攻坚的深化和延伸，列入市水务局年度要办的重点工作之一，局党委主要领导明确要求全局上下要积极支持和配合相关处室共同搞好此项工作。

（二）因村制宜，把握原则

为确保帮村扶贫稳妥推进在具体工作中，市水务局区分两类情况，把握三个原则，因家庭、因村制宜，找准帮扶切入点。

对苦于发展经济没有启动资金的贫困户及子女考上大学却无经济来源供给的贫困户，市水务管理局领导多次深入进行走访调研，实地了解、掌握并分析困难群众存在的问题及致贫的原因，结合贫困户的条件，帮助他们出谋划策，提出符合实际的发展思路和项目，并给予一定的发展帮扶资金支持，用于帮助贫困户推进生产、改善生活、完成学业。2019 年，选取 5 户建档立卡贫困户，促其与局领导班子成员结对，针对 5 户贫困户，制定《贵阳市水务管理局领导结对帮扶差异化方案》，共投入 25000 元产业帮扶资金和教育帮扶资金，每位局领导班子还个人拿出 500 元用于关心慰问。2020 年，共投入 10500元继续用于延续产业帮扶和教育帮扶，每位局领导班子在春节来临之际又拿出 500 元用于关心慰问结对帮扶户，如今，5 户建档立卡贫困户均已实现脱贫，但市水务局的结对工作却依旧在路上不停歇。

对于贫困村建设过程中遇到的问题，一方面，市水务局基于水务部门的工作职能，以饮水安全、水利基础设施建设为切入点，大力实施水利帮扶项目，积极为群众发展生产、为村级集体经济发展创造良好条件。2018年，在3个村实施水利帮扶项目3个，分别是石头村许家坝和黄金组人饮巩固提升工程、龙广村渠道防渗改造工程和四坪村小寨渠道防渗改造（一期）工程，累计投资约105万元；2019年，积极协调市农业农村局帮助新建温室大棚，资金估算20.6万元；2020年，帮助南江乡龙广村建设谷顶架组饮水安全改造工程，投资共计30万元等。另一方面，积极开展爱心捐助活动。组织局系统在职干部参加每年的博爱"一日捐"活动和"扶贫日"公益募捐活动，向村支两委和学校捐赠办公用品、体育器械，向留守儿童捐赠书籍和学习用品等爱心物资，一系列的举措让全系统干部职工在脱贫攻坚行动中贡献自己的力量。

在助力脱贫攻坚中，市水务局把握三个原则，一是互动共赢的原则。坚持领导干部自愿和充分尊重结对贫困户的意愿，不搞强迫命令，在走访调研的基础上，由领导干部、村支两委和贫困户共同商讨，根据实际发展需求商定帮建的形式、帮建的内容。二是公开透明的原则。对干部职工捐助资金的使用进行有效的管理和监督，通过召开直属机关党委会研究捐助资金的使用计划，将款项拨到单位账户，由水务局规财处统一管理，采用报账制的方式使用资金，真正做到扶贫资金的使用让全局干部职工明白，让贫困户放心。三是实用实效的原则。市水务局积极发挥引导作用，每年提前收集各帮扶村需协调解决的水利基础设施建设项目，制定成表，通过建设处、党办等相关处室事先走访、会议研讨等确定次年帮扶项目，并预留帮扶资金，确保为结对村新建设的水利项目符合最急需求，符合当前实际，也符合农民意愿，从而取得实实在在的成效。

（三）多措并举，注重实效

脱贫攻坚驻村帮扶工作在实施过程中，市水务局按照实现"整村共赢"的工作原则，不断探索机关、事业单位参与贫困村建设帮扶的新途径、新方法，着力引导村支两委基层党组织建设，结合水利工作优势和国家大政方针要求进行帮扶。

对于三个帮扶点的帮扶活动内容丰富，形式灵活多样。

一是助力村支两委开展"两学一做"，强化基层组织建设。为巩固村级党组织的政治核心地位，充分发挥其战斗堡垒作用，市水务局结合"两学一做"学习教育常态化制度化工作，加强党支部结对共建，助力帮扶村推进"两学一做"学习教育常态化制度化，为石头村党支部和龙广村党支部送去了《中国共产党纪律处分条例》《中华人民共和国宪法》《中国共产党发展党员工作流程挂图》及《党支部工作挂图》等党纪国法书籍和党支部基础工作资料；为安坪村村支两委赠送了党支部工作条例、入党流程挂图，《习近平扶贫论述摘编》《习近平新时代中国特色社会主义思想三十讲》及《习近平谈治国理政》，《习近平新时代中国特色社会主义思想学习纲要》《中国共产党党员教育管理工作条例》等，进一步解决农村党员队伍在思想、组织、作风、纪律等方面存在的问题，切实抓好村党组织整顿提升，为脱贫攻坚、同步小康提供坚强的政治保障和组织保障。

二是帮助帮扶村改善硬件设施。2018 年至今，市水务局共向石头村村委赠送了价值 31680 元的办公设备，包含打印机、村村通无线广播、LED 滚动屏等；为四坪村（2018 年帮扶点为四坪村，2019 年转为安坪村）党支部购买 4 台风扇，拨发 6.4 万元专项扶贫资金，用于帮助该村脱贫攻坚，修建护栏建设、宣传栏和办公设施等设备；为南江乡龙广村村支两委发放 10000 元驻村工作经费，用于党组织工作发生的非人员经费的工作性开支及帮助解决村级公共服务运行建设、党组织活动费。

三是积极落实驻村干部的工作和生活待遇。市水务局及时加强和驻村干部的联系，了解驻村干部及其家属思想动态，帮助解决工作和生活中存在的实际困难和问题，每年由局领导亲自带队，走访慰问 3 名驻村干部及其家属，为他们送上节日慰问金、过冬物资和亲切的问候，主动加强和驻村队员家属的交流；同时严格按照市委、市政府要求，落实驻村干部待遇，每月发放相应的食宿补贴费用，每位驻村队员都由单位或县委组织部购买意外保险，每年安排健康检查……通过保障驻村队员的工作和生活问题，着力解决了脱贫攻坚第一线人员的后顾之忧，为切实把驻村帮扶工作抓好、抓实打下坚实的基础。

2020 年初，新冠肺炎疫情席卷全国。本着"疫情就是命令，党员就是先锋，防控就是责任"的理想信念，市水务管理局驻村干部积极响应省党建办关于允分发挥驻村干部在新冠肺炎疫情防控中作用的通知精神要求，挺身而出，提前返岗，更有个别干部本可在家休假，却主动请缨，放弃本就为数不多陪伴孩子的机会，返回帮扶村，主动担当作为，践行初心使命，投身到帮扶村的疫情防控阻击战中。

期间，三个驻村干部充分依托脱贫攻坚作战体系，采取网格化、区域化方式，按照"精准高效"的要求，加强对当地居民疫情防控知识的宣传，做好思想工作。晚上，当大家早已入眠的时候，他们冒着寒冷依然坚守"阵地"，在卡点对过往车辆进行登记、核实、劝返等。

在这场没有硝烟的战役中，三名驻村干部为打赢疫情阻击战、为保护帮扶村百姓的健康，勇于扛起疫情防控责任，守土有责，守土尽责，以最美的"逆行者"姿态为疫情防控作出贡献。

曾经的"穷山恶水"变成了如今的美丽村庄，曾经的吃不饱、穿不暖变成了如今的"两不愁三保障"。经核实，现如今三个村所有的建档立卡贫困户均已在当地政府、村支两委、市水务局和驻村干部的共同扶持帮助下实现脱贫，走向小康。

七、商务局 🤝 红岩村、翁林村、周家桥村、王院村

——组织有序　干部用心　帮扶见效

红岩村、翁林村、周家桥村和王院村，四任驻村书记，助力四村实现脱贫。2017年开始，贵阳市商务局根据关于做好贵阳市驻村第一书记和同步小康驻村工作的通知和市扶贫办有关文件要求，早做安排，精锐尽出，先后自2017年来，贵阳市商务局先后选派吕勇、李奇、杨高辉和韦艳为红岩村、翁林村、周家桥村和工院村的驻村第书记，圆满地完成了各项帮村扶贫工作任务。

（一）早规划、早部署，精锐尽出助力脱贫

成绩的背后，是自上而下的重视，体现的是贵阳市商务局在脱贫攻坚战役中的责任和担当。

贵阳市商务局的第一个帮扶任务是犁倭镇。2017年2月，贵阳市政府专设了"犁倭镇特别困难村扶贫解困指挥部"，由时任副市长王玉祥任指挥长，贵阳市商务局时任党委书记、局长蔡心红任常务副指挥长，下设指挥部办公室，王文华副调研员任办公室主任兼前线工

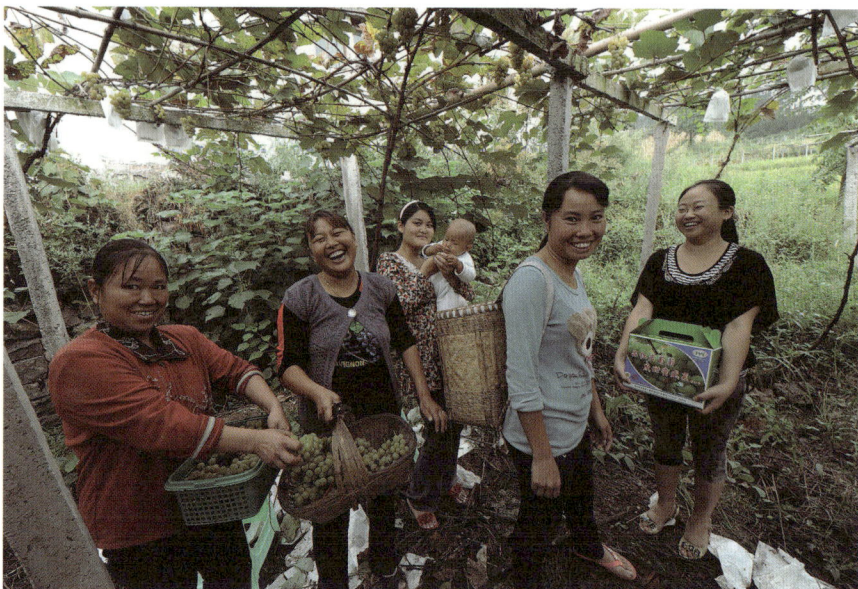

贵州省息烽县小寨坝镇红岩村互助组的成员在享受采摘葡萄后的喜悦。（新华社记者何俊昌摄）

作队队长，韩端任指挥部联络员认真制定工作计划，对标完成帮村扶贫工作。

在指挥部成立的 2 年间，指挥部开展了大量卓有成效的工作：出台了《犁倭镇翁林村 2017—2020 年扶贫发展规划和工作实施方案》。梳理了相关扶贫项目 45 个，涉及项目资金 15 亿元，基本覆盖了扶贫攻坚任务。同时，以指挥部微信群为载体，及时开展督促联络、调度运行等工作。指挥部领导多次率领扶贫工作队到犁倭镇及翁林村进行调研，通过座谈会、实地走访、入户调查等形式了解了镇、村的基本情况，与犁倭镇党委、政府制定了行之有效的扶贫攻坚作战图，分层面、分年度精准确定出贫困人口脱贫任务，走访低收入困难户及建档立卡户 70 余户次。

为了完善基础设施，市商务局积极协调项目资金，仅 2018 年，市商务局就牵头协调部门及企业帮助犁倭镇解决项目及困难 11 个，涉及资金 309 万元，支持 22 万元用于犁倭镇翁林村、周家桥村产业发展。而截至目前，两村村组交通已经基本打通。犁倭镇 2018 年农村"组组通"累计开工建设 42.5 公里，翁林村 11 个村民组实现组组通；翁林村串户路、机耕道、生产便道及"窄改宽"等建设 6.9 公里。生产生活设施提升。犁倭镇启动 280 余万的翁林村农村安全用水巩固提升工程，2020 年 12 月已完成；完成翁林村卫生室规范化提升；协调广电公司、移动公司对凉水井、钟鼓、哨关等组的通信设施优化。村容村貌有所改变。协调市移民局支持 80 盏路灯，累计路灯已覆盖晏塘、钟鼓、水落滩、杨柳树、冲头、长冲等 6 个村民组。

（二）高标准、严要求，产业带动斩断穷根

按照"五个高一格""六个确保""六个精准"和"五个一批"的要求，贵阳市商务局指导县、乡、村特别困难村逐户明确发展思路和脱困时限，培育致富带头人，通过挂图作战、挂牌督办，实现达标销号。

车德发是犁倭镇的种养殖大户，前期发展过林下鸡养殖和烟草种植产业，现以蔬菜种植产业为主，今冬已种植 120 余亩，长期为村民提供十余个就业岗位。看中其致富愿望迫切、市场意识比较敏锐、个人带动能力较强的特点，指挥部办公室在与村支两委多次研究后决定，培育他为致富带头人。此后，指挥部和村支两委通过在相关项目建设和争取资金贷款等方面给予支持的同时，带动了他发挥示范和带动作用，通过为村民提供就业岗位和共同发展产业的方式，带领村民和贫困户实现了脱贫致富。

而通过紧抓核心项目，犁倭镇产业扶贫也初具雏形。截至 2019

年 2 月，犁倭镇完成蔬菜播种 2.5 万亩次；生态家禽出栏 285.5 万羽；禽蛋产量 356.3 吨；果树种植 8324.11 亩；中药材种植 250.5 亩；发展 353 户贫困户养殖生猪 700 头；2018 年拟脱贫贫困户均已实现扶贫项目全覆盖，2019 年底全部实现脱贫。石斛种植项目完成种植 80 亩；实现劳务用工 750 人次，支付劳务费用 6 万余元，覆盖低收入困难户及建档立卡户 19 户 21 人；实现石斛花采收 80 斤，收益 55 万元，预计鲜条采收 250 斤，收益 25 万元。爱心桃园项目由贵阳众筹金融交易所筹资，向翁林村全体低收困难户及建档立卡户捐赠 120 亩桃苗，按照户均 1 亩的标准覆盖。市商务局支持的 12 万元也用于在桃园套种马铃薯，拓宽群众增收渠道，收益按比例向全村低收入困难户及建档立卡户进行分红。

此外，市商务局还率先垂范，积极对接，牵头发起了桃苗捐赠、募集机耕道建设资金、帮助解决红米销售困难等，涉及 71 万元；2018 年调整办公经费支持翁林村 14 万元，周家桥村 8 万元，用于合作社产业发展等；协调市交委、市移民局、市生态委、市体育局、市民宗委、市旅发委等职能部门支持翁林村基础设施和产业发展项目 7 个，涉及资金 278 万元；协调贵阳女职校还出资 5 万元，以略高于市场价收购低收入困难户生猪及林下鸡；协调清镇市粮油购销公司帮助收购红米 5000 斤，涉及资金 3.5 万元；号召社会爱心人士捐赠帮扶犁倭镇 10 余名困难儿童 1 万余元。

（三）顾大局、抓细节，帮扶工作见成效

3 年时间，1000 多个日夜，贵阳市商务局的几任驻村第一书记主动思考，积极对接，顾大局、抓细节，全力以赴，帮助四个村子圆满完成了脱贫任务。

其中，在红岩村完成了红岩村文化广场的建设；为村集体购买了价值 5 万元的农机生产工具；帮助解决了重建村卫生室部分经费；联系清镇国税局为红岩小学捐赠了 3 台电脑及 222 套学习用品；承诺支持 5 名留守儿童解决生活及学习上的困难到大学毕业；协调经费 5 万余元的瓷砖对村综合楼进行规范化打造；为低收入家庭解决资金 13000 元；组织民间爱心人士到村走访慰问；为低收入家庭捐款捐物。

在翁林村，发展精品桃种植 170 亩，石斛种植 450 亩，实现"四个 100%"的覆盖；启动了翁林村扶贫旅游点项目，提升了村级电商服务站，开展电商培训 158 人次；完成易地扶贫搬迁 2 户 9 人；落实枫香关组、石斛种植基地机耕道建设资金；帮助翁林村发展杨柳树组桃树基地林下马铃薯套种项目；帮助村民解决卖米难问题；联系清镇市移动公司，解决了村民通信问题；为本村 6 户残疾人家庭办理低保，4 户患病困难家庭办理医疗救助；为李树喜等 16 户低收入困难户实现增加收入 10000 余元。

在周家桥村，通过"政府＋公司＋村社一体＋农业科研部门＋基地农户"的运行模式，成立清镇市众盛辉煌种养殖农民专业合作社，实现农业产业结构调整土地 830 亩，种植茶叶 400 余亩、李子 260 余亩、日本甜柿 180 余亩，受益农户 100 余户 400 余人，其中贫困户和低收入户 43 户 140 人；为周家桥村小学修建教室和办公室，改善了学校的教学和学习环境；修建周家桥村垃圾收运体系建设项目，改善村民人居环境；提供辣椒种子和专家技术指导，将争取到的辣椒肥料和薄膜免费提供给村民，110 户种植辣椒的村民受益；申报《清镇市犁倭镇 2018 年城乡集中式饮用水源保护区内垃圾收运体系建设项目》《犁倭镇周家桥村茶叶基地供水工程》《犁倭镇周家桥村河道治理工程》等项目，提升村落人居环境；帮助张文成等 29 户 2014 年建档立卡户申报生猪养殖项目，补助款共计 44000 元已全部兑现到养殖农户手中；推动农民土地入股村集体众盛辉煌合作社，帮助他们增加了 20% 的土地分红收益。

在王院村，采取"村社合一"模式，指导成立土院祥瑞农业农民专业合作社，采取"企业 + 合作社 + 农户"的发展模式，用随处丢弃的牛粪养殖蚯蚓，生产鲜蚯蚓和有机肥，从根本上解决了全村牛粪污染问题，合作社与养殖农户可以获得收入。2019 年，全村 6 个村民组一共投入蚯蚓种苗 1740 斤，养殖规模 3 亩左右，2020 年 3 月经过采样测算，蚯蚓成活率良好，繁殖迅速。预计，到明年春季到秋季，7 个月左右蚯蚓采收期可以实现增收目标。

"不忘初心、继续前进"。据悉，贵阳市商务局还将尽一切努力，与王院村、红岩村村支两委一起，为提高两村群众生活水平，改善两村产业发展现状，引导村集体走持续发展道路，决战脱贫决胜小康，继续贡献力量。

八、国资委 🤝 沙坡村

——精准施策纾民困 扶贫帮困解民忧

　　贵阳市国资委紧紧围绕落实党中央、省市关于脱贫攻坚的要求，深入贯彻落实习近平总书记关于大抓基层，推动基层建设全面进步、全面过硬和精准扶贫、精准脱贫等重要指示精神，持续全面深入推进大扶贫战略行动，按照"目标不减、靶心不散、频道不换、力度不减、政策不变、责任不松"的原则，以高度的责任心和政治站位，决战决胜脱贫攻坚，确保 2020 年整体实现同步小康的战略顺利实现。

　　2019 年以来，市国资委结对帮扶村调整为修文县六广镇沙坡村，随即向沙坡村派驻了第一书记。沙坡村总面积 22.45 平方公里，辖 20 个村民小组，在册 1249 户 4240 人，劳动力人口 2400 余人，常年外出务工人员 1800 余人，建档立卡贫困户 24 户 50 人，2019 年年底均已全部脱贫。帮扶沙坡村以来，积极协调投入资金 100 余万元，用于兴修水池、打通道路和配建公厕，进一步完善基础设施建设；发展青脆李种植壮大村集体经济；捐赠办公设备改善办公环境；帮助贫困户解决住房改造、产业养殖、重病医治等方面的实际困难。用心帮真情扶，助力沙坡村决战决胜脱贫攻坚，同步建设小康村。

（一）落实扶贫责任，制定精准帮扶措施

2019 年以来，市国资委进一步强化脱贫攻坚责任落实，按照脱贫攻坚要求及"力度不减"原则，明确由党委书记、主任牵头负责，党委委员具体统筹安排，派遣驻村第一书记，主动配合镇、村干部做好决战决胜脱贫攻坚工作。建立帮扶联系机制，全力支持驻村帮扶工作，党委班子成员及领导干部先后 46 次到沙坡村走访调研指导，与驻村干部进行谈心谈话，督促检查帮扶工作及项目落实情况。每年年初主要领导亲自到村调研，为精准制定帮扶工作方案收集第一手资料，经过反复酝酿，召开党委（扩大）会议研究通过《年度脱贫攻坚促进乡村振兴帮扶工作方案》，并逐步抓好落实。按规定要求，研究决定干部脱产驻村进行帮扶工作，足额保障驻村干部生活补助、交通费，并给予驻村工作组 2 万元的工作经费，确保驻村帮扶工作顺利开展。积极协调市国资委监管企业及相关部门投入资金进行产业帮扶、基础设施建设、壮大村集体经济项目。开展脱贫攻坚工作宣传，及时总结驻村帮扶工作的做法及典型经验，并及时报送了驻村帮扶工作计划和总结。

（二）规范党建活动，激发村党支部活力

帮助村两委班子组织全村党员认真学习党的十九大、十九届四中全会、全国两会精神和习近平新时代中国特色社会主义思想，《习近平关于不忘初心牢记使命重要论述选编》等，学懂弄通习近平总书记扶贫开发战略思想，吃透中央、省委、市委和县委出台的相关政策文件。积极向群众（重点是建档立卡贫困户）宣传党和

国家的强农富农惠农政策，以及中央和省、市的脱贫攻坚工作文件精神和已享受扶贫政策情况，使中央、省委和市委的重大部署家喻户晓、深入人心。以创新型党组织创建为主线，以提升组织力为重点，认真指导村党支部加强自身建设，努力把村党支部建设成宣传党的主张、贯彻党的决定、领导基层治理、团结动员群众、推动改革发展的坚强战斗堡垒。严格对标对表开展标准化规范化党组织创建活动，定期按时

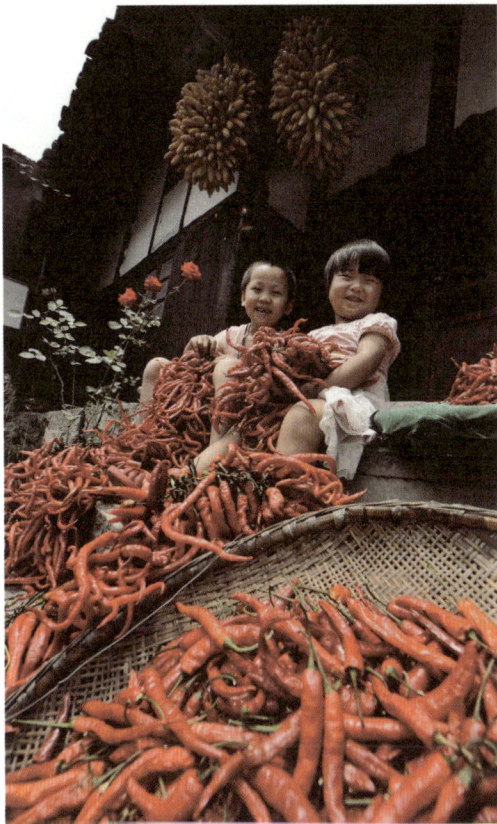

贵阳市修文县六屯乡三寨村，两个孩子在屋前玩耍。（新华社记者杨楹摄）

开展好组织生活会、"三会一课"活动、主题党日活动。帮助强化班子建设，培养村级后备干部7名，推动党员积分管理落地实施，提高党员队伍建设质量水平。督促实行党务公开、村务公开，接受群众监督。推动在委机关与沙坡村的基层党组织之间搭建党建结对关系，到村开展共建活动4次，有效促进城乡基层党组织共同提升。

（三）力求精准施策，扎实推进脱贫攻坚

倾力帮助村两委班子打赢脱贫攻坚歼灭战，确保实现"一达标两不愁三保障"和饮水安全目标任务。围绕重点产业，协调农业产业发展资金 46 万元用于发展 125 亩青脆李种植基地，丰产后预期年净利润 50 多万元，每年可为管理人员和临时劳务人员实现 8.4 万元的劳动收入；积极协助沙坡村申报扶持壮大村集体经济一次性补助资金 140 万元发展生猪养殖，并通过市国资委协调到下属市城发集团结对帮扶沙坡村实施该项目；推动落实 2019 年第二批市级财政专项扶贫资金 20 万元新建沙坡村集体蛋鸡养殖场，壮大村集体资产，完善贫困户利益联结机制；协调投入 23 万元分别用于兴修麻窝组水池、打通麻窝组和陶家庄两段通组道路、配建大坝组公厕，进一步完善基础设施建设。

（四）加大扶持力度，切实履行帮扶职责

市国资委领导干部结对帮扶沙坡村脱贫困难的 9 户贫困户，驻村干部动态掌握贫困户情况和实际需求，便于结对帮扶领导为贫困户协调资金，用于精准发展种植、养殖等产业项目或财政扶贫项目的实施，有力帮助贫困户落实好各项扶贫政策，实现脱贫致富。根据贫困户的实际情况，保证每户都有脱贫产业，先后协调投入资金 14 余万元为 9 户结对贫困户送去猪崽、牛犊、鸡苗、肥料、饲料和农业生产机具，修建圈舍发展种养殖；同时为 4 户贫困户翻修房屋，进一步改善人居环境。协调贵州燃气鸿济基金会为患白血病群众魏勇爱心捐款 1 万元用于医药费支出，投入 1 万元用于边缘户陈久双危房改造。

向沙坡村捐赠原价值 17.9 万元的电脑、办公桌椅、文件柜、打印机、传真机、长沙发等办公设备，有效改善了办公环境。

（五）强化国企担当，大力开展消费扶贫

市国资委坚持"机关引导、市场主导，企业参与、互利共赢"的原则，采取有效措施，扎实做好沙坡村农产品产销对接工作，鼓励引导委机关、下属企业消费来自沙坡村贫困群众的产品，多渠道促进农畜产品销售，促进产品变商品、收成变收入，带动贫困人口增收，巩固脱贫成果，以消费促进贫困群众增收，促进精准脱贫，以更加有力的支持做好消费扶贫工作，全力打赢脱贫攻坚这场硬仗。位于大坝组的盈宝森蛋鸡养殖场每年可为每户建档立卡贫困户分红 1000 元，2019 年 3 月 7 日，市国资委党委书记、主任黄永辉到村走访调研驻村帮扶工作时，了解到养殖场存在鸡蛋滞销困难后，现场协调修文县合力超市帮助拓展销售渠道。养鸡场每月可送往超市鸡蛋近 300 件，回款 5 万多元，极大地缓解了销售和资金压力。贫困户饲养的生猪、肉鸡不同程度存在销售困难，市国资委积极协调市旅文集团、市城投集团、市农投集团等市管国有企业分批采购肉鸡 330 只、生猪 400 余斤，直接为贫困户解决销售难题，实现经营收入 40651 元。

2020 年，市国资委以巩固脱贫成效作为首要任务，把提高贫困户自我发展能力作为工作重点，把壮大村集体经济项目作为重要抓手，把部门协作作为有力保障，结合市国资委的业务职能及资源优势，紧密结合沙坡村实际，认真履职、真驻实帮，助力沙坡村决战决胜脱贫攻坚，确保了同步小康村的顺利实现。

九、机关工委 🤝 罗广村、批林村

——党建引领聚能量　脱贫攻坚显成效

脱贫攻坚工作开展以来，贵阳市直机关工委坚持以习近平新时代中国特色社会主义思想为指导，深入学习领会习近平总书记关于扶贫工作的重要论述，认真贯彻落实《中共中央、国务院关于打赢脱贫攻坚战的决定》《中共贵州省委、贵州省人民政府关于落实大扶贫战略行动　坚决打赢脱贫攻坚战的意见》以及贵阳市委脱贫攻坚工作各项决策部署，始终坚持以党建工作为引领，充分发挥抓党建促脱贫的组织、宣传优势，全面形成决战决胜脱贫攻坚强大合力，脱贫攻坚各项工作取得显著成效。截至 2019 年底，结对帮扶的乌当区百宜镇罗广村、花溪区高坡乡批林村的贫困人口全部"清零"退出，提前实现了帮扶村贫困人口全部脱贫，为贵阳市按时高质量打赢脱贫攻坚战交出了一份靓丽的答卷！

（一）紧扣围绕中心，打好决战脱贫攻坚主动仗

脱贫攻坚工作讲的是政治、体现的是大局、考验的是党性。市直机关工委高度重视帮扶村脱贫攻坚工作，以高度的政治责任感和强烈

贵阳市直机关工委机关党支部在花溪区高坡乡批林村开展助力脱贫攻坚主题党日活动。

的历史使命感，举全委之力，行务实之策，扎实推进脱贫攻坚各项目标任务落地落实。一是提高政治站位，强化思想认识。市直机关工委领导班子始终坚持把深入学习贯彻习近平新时代中国特色社会主义思想作为首要政治任务，学懂弄通做实习近平总书记关于扶贫工作重要论述、习近平总书记在脱贫攻坚座谈会上的重要讲话精神和指示批示精神，自觉增强"四个意识"，坚定"四个自信"，做到"两个维护"，切实把理论学习成果转化为决战脱贫攻坚、决胜全面小康的实际行动，真正做到思想上对标对表、行动上紧紧跟随。二是加强组织领导，强化责任落实。成立了以市直机关工委常务副书记为组长、分管副书记为副组长、各处（室）负责同志为成员的脱贫攻坚工作领导小组，制定了《市直机关工委联系帮扶村脱贫攻坚工作方案》，将机关党建工作与驻村帮扶工作同安排、同部署、同考核、同落实，并将脱贫攻坚工作作为干部锻炼培养的重要平台，选派政治素质过硬、工作能力过硬、工作作风过硬的中层干部到帮扶村开展"同步小康、乡村振兴"驻村工作。三是加强调查研究，明确工作目标。为确保驻村帮扶工作取得实效，工委班子定期召开专题会议，认真听取脱贫攻坚工作情况汇报，拟定阶段性目标任务，研究帮扶措施办法，厘清了脱贫攻坚工作思路。工委主要负责同志多次带队深入帮扶村开展实地调研和工作督战，层层压紧压实责任，全力推进脱贫攻坚工作各项目标任务落地落实。两年多来，工委主要负责同志先后7次，班子成员30余人次到帮扶村调研并帮助解决脱贫进程中遇到的问题和困难。四是发挥机关支部作用，结对开展共建。工委把帮扶村作为机关联系基层、党员联系群众、践行初心使命的重要基地，始终坚持把党建引领脱贫攻坚的责任放在心上、扛在肩上、抓在手上。工委班子成员与所有贫困户结成"一对一"帮扶对子，机关党支部在共建上下功夫，先后开展了"深入农村、体验生活、助力秋收""关爱困难群众志愿服务""冲刺90天 打赢歼灭战""抓春耕生产，决胜脱贫攻坚化肥捐赠"等活动，机关党支部党员自发捐赠，为贫困群众送去了33包化肥，为困难老党员送去了500元/人慰问金。通过机关党员走进农户家里、走进田间地头接受教育，在脱贫攻坚的主战场上进一步强化了党员意识、锤炼了党性修养，增强了决战脱贫攻坚、决胜全面小康的政治自觉和思想自觉。

（二）强化队伍建设，让党旗在脱贫攻坚一线飘扬

打赢脱贫攻坚战，关键要有一个坚强有力的农村基层党组织，要有一支能打硬仗的党员干部队伍。市直机关工委始终坚持问题导向，不断夯实基层基础。

一是抓班子队伍。工委紧紧围绕"双化"党支部建设要求，坚持把建强村两委班子，带强村支部书记，夯实村级组织作为硬任务、硬指标抓紧抓实抓好。指导开展严肃认真的组织生活，激发党员和村干部的政治荣誉感；督促落实"三会一课"、主题党日、组织生活会等组织生活制度，提高了党组织生活的感染力、吸引力，不断增强基层党支部的战斗力。近两年来，培养入党积极分子3人，发展党员1人，培养村级后备干部5人，组织开展主题党日活动28次。二是抓内生动力激发。围绕深入贯彻落实中央和省、市委有关脱贫攻坚的决策部署，工委主要领导、分管领导结合十九大精神对实施乡村振兴战略和农村的三权分置以及"冲刺90天　打赢歼灭战"等内容为帮扶村党员进行专题宣讲；驻村队员以"决胜脱贫攻坚，基层党组织和党员的责任担当""以党建引领脱贫攻坚"为主题，为帮扶村党员上专题党课。同时，组织开展对帮扶村党员、贫困群众的素质拓展培训，赴安顺秀水平坝塘约参观学习、到大方贵州乌蒙腾菌业有限公司学习经济作物种植技术以及合作社的运营管理、开展了如何利用食品安全云平台助推黔货出山等专题培训，让贫困群众学有目标、干有榜样。在"不忘初心、牢记使命"主题教育期间，组织全村党员、村组干部、入党积极分子到猴场会议会址参观学习，重温入党誓词，重温革命历史，接受爱国主义教育，厚植党的执政根基。两年多来，组织召开村支两委工作会议36次，开展各类培训21次。三是抓党群共富。发展产业是实现脱贫的根本之策。要因地制宜，把培育产业作为推动脱贫攻坚的根本出路。帮扶工作开展以来，市直机关工委鼓励帮扶村党支部和党员以合作社的形式，大力推行"党支部＋合作社＋贫困群众"的模式，带动贫困户多渠道脱贫增收。比如，乌当区百宜镇罗广村是名副其实发展传统种养殖的农业村，通过结合村级发展情况与村民意愿，以红香米种植为基础，推动村集体经济与泉丰公司签订红米种植订单，实现贫困户参与种植管理并获得相应报酬。比如，在花溪区高坡乡批林村，依托水资源优势，采取村干部、致富能手一对一结对帮扶贫困户的方式，通过驻村干部向派驻单位协调8万元资金，示范（试验）种植香葱产业50亩。2020年初，正值香葱上市之际，受新冠肺炎疫情影响，香葱销售出现了困难。为了减少疫情带来的损失，工委驻村干部当起了"跑腿小哥"，为贫困群众购买种子、物资、农药等，解决了贫困群众的后顾之忧。同时，为帮扶村积极做产销平台的搭建，通过联系贵阳市农产品物流园、合力超市、贵阳市供销社马车队等渠道，帮助批林村香葱种植户销售香葱4.5万余斤，种植户获益近9万元。下一步还将在批林村开展3600平方米的河道水产养殖（养鱼），发展壮大村集体经济，不断提升批林村的"造血"功能。四是抓基础保障。"基础设施"作为脱贫攻坚工作的基本保障，重要性不言而喻。乌当区百宜镇罗广村与开阳县毗邻，这个村501户1450人其中建档立卡贫困户9户20人。驻村干部在遍访中了解到，白家院村民小组辖区内何冲至泡沫山段约3000米排灌沟渠因为年久失修、沟渠开裂，导致水田、旱田无法得到有效灌溉。工委了解情况后，积极协调市水务管理局农田水利建设资金55万元，解决了白家院村民组30户村民的农田灌溉问题。距离贵阳市80公里的花溪区高坡乡批林村，是一个国家级贫困村。由于受区位和地理条件的制约，基础设施滞后。工委协调市农业农村局，为批林村争取到村民一组至仓冲的1.1公里机耕道建设扶贫项目资金49.6万元，该项目将有效解决村民出行及生产运输问题。两年多来，工委共为帮扶村协调帮扶资金120余万元。

（三）帮扶更有温度，群众幸福更有质感

"在共同富裕的路上，一个都不能少，一个都不能掉队"，这是

贵阳市直机关工委帮扶乌当区百宜镇罗广村发展红香米种植。

中国共产党对亿万人民的庄严承诺。市直机关工委坚持在脱贫攻坚的战场上践行为民服务宗旨，围绕"两不愁三保障"及饮水安全方面，补短板、强弱项，按照"四个不摘"的要求，用心、用情、用力为贫困群众解难事、办实事、做好事，走好走实脱贫攻坚工作的"最后一米"。　　是在教育扶贫方面，注重扶志与扶智并举。通过协调世界500强的正威集团贵州办事处、贵州省公共营养师协会等企业，为罗广小学的18名留守儿童送去价值近3万元的御寒冬衣以及书籍、文具等学习用品，并与孩子们一起过六一，让留守儿童感受到社会大家庭的温暖。2019年4月20日，批林村遭遇50年不遇的特大冰雹灾害，致使儿童服务站屋顶瓦片受损严重，100多名留守儿童踩着积水在教室里做功课。为了让孩子们有一个良好的学习环境，协调爱心人士捐赠1.1万元进行了屋顶修缮。二是在住房保障方面，让困难群众住得安心。罗广村河坎组村民陶国平，因患耳疾与人交流困难，其住房年久失修形成危房，长期暂住其哥哥陶国祥家中，由于经济困难无力重建新房。工委在深入调研后，协调市福彩中心危房改造资金4万元，帮助其修建了新房，而今每每在村里遇到陶国平，都能看到他幸福生活的笑脸。三是在饮水安全方面，确保群众喝上稳定水。由于批林村地势低洼地方的村民有时用水量大，导致地势较高的批林村村民一组银盘脚（7户40人）、村民六组（16户78人）水压不足，时有断水现象，工委驻村干部协调经费3000元，由村民自行投工投劳，采取从较高地段的主水管道上接分管、安装排气阀的方法解决了村民断水现象。四是在村容村貌整治方面，提升帮扶村整体"颜值"。农村环境整治是关乎老百姓健康水平和生活质量的一项重要的民生工作，工委针对帮扶村没有垃圾转运车的问题，积极协调市城市综合行政执法局，为批林村协调垃圾清运车一辆，有效解决了垃圾清运问题。同

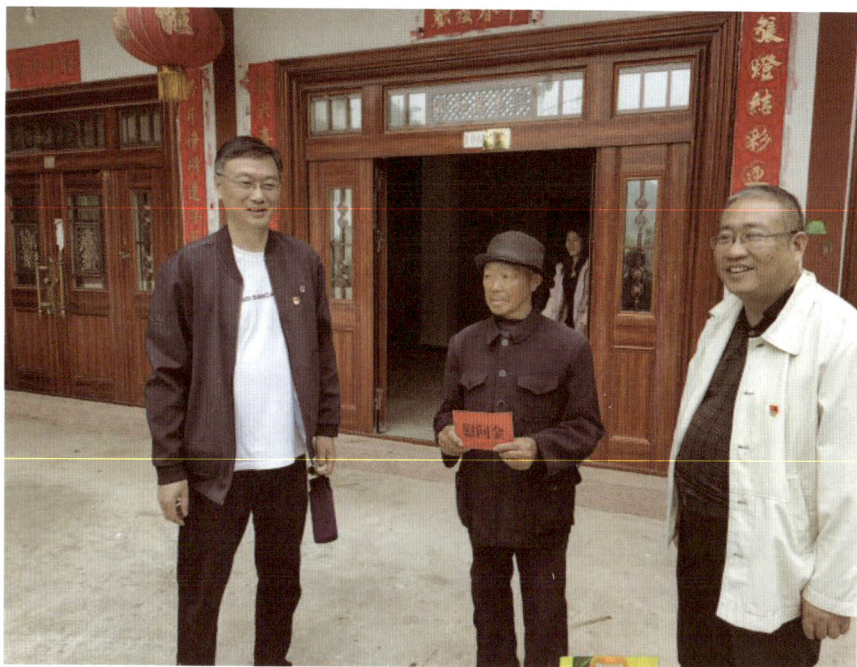

贵阳市直机关工委干部到帮扶村慰问困难群众。

时，帮助老百姓养成良好的卫生健康习惯，工委驻村干部会同村支两委经常走进农户家中，帮助家庭环境卫生较差的贫困户打扫卫生，教育引导贫困户养成讲卫生的良好习惯。制定环境卫生包干责任制，建立连户保洁制度，乱搭乱建、乱堆乱放现象得到有效治理。针对帮扶村办公设施陈旧的问题，工委协调市民政局解决了帮扶村 5 万元的办公经费，并向村委会捐赠了价值 2 万元的会议桌椅。

党建引领聚合力，脱贫路上党旗飘。几年来，在贵阳市直机关工委的持续帮扶下、在驻村工作队和村支两委的不断努力下，工委定点帮扶村已经全部撕掉了昔日贫穷落后的"标签"，老百姓的日子一天比一天过得好，一天比一天过得有盼头。在今后的工作中，市直机关工委将进一步深入贯彻落实习近平总书记关于扶贫工作的重要论述，坚决执行党中央、省委、市委的各项决策部署，在抓党建促脱贫攻坚的成功实践中，继续坚持党建引领，继续聚集主业主责，在坚持高标准要求、加快高水平开放、推动高质量发展中践行初心使命体现担当作为，为贵阳市打赢脱贫攻坚战、全面建成小康社会，开启贵阳现代化建设新征程作出工委贡献！

十、残联 🤝 冗坝村、四坪村

——真情关爱帮扶　助力同步小康

　　一箱箱蜜蜂养起来了，一个个残疾人创业就业示范点建起来了，村委会门口场地也平整了，漂亮的体育健身示范点建起来了，党员志愿者走进一户户残疾人家庭，为他们打扫卫生、整理生产工具，为他们带去鸡苗、慰问品，残疾户开心得合不拢嘴。

　　近年来，贵阳市残联先后与息烽县青山苗族乡冗坝村、流长镇四坪村结成同步小康帮扶对子，开展驻村帮扶。在帮扶工作中，党组领导高度重视，充分调动党员干部的积极性和主动性，以抓党建促精准帮扶工作，搞好调查研究，积极为帮扶村出谋划策，协调项目资金，精准扶贫帮扶。

（一）以党建带帮扶，实施党建扶贫

　　为认真贯彻中央、省市精神，贵阳市残联党组专题研究安排部署帮村扶贫工作，党组书记对帮村扶贫工作亲自过问、部署，班子成员带队走访，实地调研帮助解决困难、为村级发展出力。同时，建立党建扶贫工作相关制度，在主要领导和分管领导带头示范下，全会各部

共青团贵阳市委组织贵阳青年志愿者来到贵阳市息烽县青山苗族乡新华希望小学，为留守儿童、家庭困难儿童和少数民族儿童送去书包、电子琴、文具等。（新华社记者刘续摄）

室、各中心不间断轮流到乡、村开展帮扶工作，尽力为帮扶点解决实际问题，形成"一人驻村，全会帮扶"的工作格局。

市残联党总支着力抓好党建扶贫工作，组织党员干部开展精准扶贫行动，先后制定下发了《贵阳市残联结对帮扶低收入困难村、低收入困难户实施方案》《关于进一步开展同步小康结对帮扶实施方案》等措施，积极组织党员干部开展脱贫攻坚工作。党员同帮扶村——息烽县青山乡冗坝村低收入困难户进行结对帮扶，深入低收入困难户家中，进一步了解帮扶户存在的困难和问题，并针对各户的情况帮扶。40 余名在职党员全部参与了结对帮扶低收入困难户工作，筹资上万元，购买米、油等生活用品进行慰问，并为低收入困难户发展生产出谋划策。

2016 年 10 月，市残联组织党员干部代表、各专门协会负责人到冗坝村等地开展"关爱扶助低收入困难户 重走长征路"主题结对帮扶活动，不仅让残联系统党员干部为帮扶的残疾人困难户送去志愿服务，还让大家接受了一次革命传统教育，号召全体党员用实际行动来继承和发扬长征精神。

市残联的5个专门协会及党员志愿者还到息烽县青山苗族乡冗坝村开展助残帮扶活动，送去慰问金和慰问品，体现了残疾人互帮互助的精神；市残联党组领导班子筹集资金2.6万元帮助冗坝村低收入困难户发展养殖或种植业，为残疾人贫困户送去鸡苗、化肥、饲料等生产物资，并给每户人家送去衣物、食品等慰问物资。

2017年，市残联党总支扶持该村低收入困难户发展蜜蜂养殖，利用现有资源扶持建立"残疾人就业创业示范基地"，帮助村级集体经济的发展，并从政策上及资金上给予帮扶，增强残疾人家庭发展内动力。当年5月由贵阳市残联主办、息烽县残联协办，在"息烽县山蜂养殖场"开展残疾人中蜂养殖培训。市残联投入发展资金11.25万元，帮扶冗坝村建设残疾人创业就业示范基地一个；该基地通过省残联评审，获发展性资金12万元，有效扩大基地产业发展，更好地帮扶低收入困难户增收致富。

2018年，市残联机关党总支还组织党员干部到冗坝村开展党建共建活动，与冗坝村党员开展主题党日活动——重温入党誓词，为村里的党员上微信党课；对该村考上大学的5户低收入家庭子女分别给予1000元的经济补助；党员志愿者为低收入困难户开展志愿服务活动。

2019年9月，结合"不忘初心、牢记使命"主题教育活动，市残联党总支组织广大党员干部到四坪村开展主题党日活动，送去村级建设项目款，并进村入户走访慰问残疾户，了解残疾户的实际困难，想办法帮助解决生产物资和生活困难，在村委会和村里的党员开展学习座谈，开展了微信党课等活动。市残联领导班子带头，全会50余名党员及干部职工捐赠扶贫款5000元，向村党支部集体捐赠5000元扶贫工作款。当天，与该村党员一同徒步至中国工农红军南渡乌江纪念碑，回顾红军南渡乌江的历史，重温入党誓词，进行党性教育与革命传统教育。

一家单位的力量毕竟有限，大家积极想办法、出主意、尽可能地牵线搭桥，才能收到更好的脱贫攻坚效果，贵阳市残联动员社会力量开展帮村扶贫工作，社会各界各单位也积极响应号召，出资出力。

2016年，贵州金奥达楼宇设备有限公司捐赠5万元现金，为冗坝村实施农业项目发展村级集体经济；贵州省建工集团总承包公司捐赠价值6.5万元的农用旋耕机一台给冗坝村，作为残疾人股金入股，出租收取租金回馈冗坝村残疾人、增加残疾人收入，同时帮助村级集体经济的发展。为残疾人共奔小康献计出力。

2018年，协调爱心人士对冗坝村困难户龚元松家进行帮扶，对其两个女儿读大学期间的生活费每月分别给予500元的补助。

（二）实施项目支持，打造活动场地

贵阳市残联帮扶的冗坝村地处息烽偏远的青山乡少数民族地区，基础服务设施差，村民活动场地极度缺乏，为解决这个问题，2018年3月，市残联积极同市群工委协调，为冗坝村争取了村群众服务工作中心修建项目，项目建成后，大大方便了村民办事，也为村民活动提供了场地，得到了群众的一致好评。

2019年，在对息烽镇流长镇四坪村实际帮扶中，市残联根据实地考察该村情况及村级意见、群众需求，结合残疾人各项业务项目实施要求，确立了帮助四坪村打造残疾人体育健身示范点项目，市残联争取市级彩票公益金等项目支持、共投入项目资金 20 余万元，为该村打造了一个集残疾人体育锻炼、康复健身、老年人活动等为一体的综合性示范点。为该村开展群众性文化体育活动提供了良好的场地，并下拨 5 万元的文化体育工作经费，推动该村开展残疾人文化周、健身周活动提供了经费保障。

针对四坪村基层组织建设薄弱的问题，2019 年，市残联又为四坪村投入残疾人基层组织建设经费 1.65 万元，驻村工作人员指导村委会成立了残疾人协会，组织成立了残疾人志愿服务队伍，为四坪村支两委更好开展残疾人服务打下了良好的基础。

（三）发挥部门职能，帮扶困难群体

残联是群团组织，肩负着代表残疾人共同利益，维护残疾人合法权益，承担政府委托的任务，管理和发展残疾人事业的职责。在全市的脱贫攻坚工作中，贵阳市残联作为 18 家责任单位之一，充分发挥部门职能作用，积极配合做好帮扶村脱贫攻坚残疾人"两不愁三保障"，在让残疾人与健全人平等享有各项"普惠"政策的基础上，抓好帮助残疾人朋友平等参与"特惠政策"的制定和实施，在政策、项目、资金等方面优先优惠扶持贫困残疾人，积极推动各项涉残政策措施的落实落地，帮助残疾朋友生产生活发展。

在帮村扶贫工作中，贵阳市残联一边落实好市残联与市住建局、市农业农村局（市扶贫办、市水电移民局）、市财政局等有关部门制定的《贵阳市贫困残疾人家庭无障碍改造工作实施细则》，帮助村里符合条件的残疾人家庭完成无障碍改造，为身体不便的残疾朋友日常生活起居提供了良好设施条件，助力其克服身体残疾障碍参与劳动和生产。落实好《贵阳市残疾儿童康复救助实施办法》，市残联与市卫

健委联合出台的《关于贯彻落实省残联、省卫健委〈全面加强我省残疾人康复扶贫工作的实施意见〉的方案精神》，市残联与财政、卫健等部门出台的《贵阳市残疾人适配基本型辅助器具补贴办法》，对帮扶村有康复需求的残疾朋友提供康复支持性服务，帮助其更好的平等参与社会生活。

同时，市残联还一边落实好《贵阳市残疾人创业就业扶持办法》等政策，培训有劳动能力的残疾人参加实用技术培训，扶持残疾人个体创业，帮助其实现自食其力。组织实施好《贵阳市残疾学生及残疾人子女就读补助办法》，对符合条件的残疾学生及残疾人家庭子女补助学费，支持教育扶贫工作。协调配合民政部门落实好对残疾人"两项补贴"制度，帮助符合条件的残疾人家庭享受重度残疾人护理补贴等。在落实好项目资金的同时，日常工作中，为让群众少跑路，更便捷地实现残疾鉴定和办证一站式服务，还组织专家到村为疑似残疾患者办理残疾鉴定，贵阳市精神病康复医院为84户困难残疾人办理残疾人证。

帮村扶贫工作是一项长期性的工作，虽然很辛苦，但是看到一户户贫困残疾人通过帮扶摘掉了贫困户的"帽子"，收入增加了，房子更整洁漂亮了，孩子都能好好读书了，生活变得更好了，残疾人工作者们非常欣慰，未来还不断探索帮扶困难群体的办法和长效机制，为全市脱贫攻坚工作贡献力量。

十一、南明区 🤝 普安县、鼓扬镇、石屯镇、龙坪镇

——勇担政治责任 兑现庄严承诺

　　全面建成小康社会，一个不能少；共同富裕路上，一个不掉队。坚决打赢脱贫攻坚战，全面建成小康社会，这是我们党向人民、向历史作出的庄严承诺。

　　近年来，南明区坚决贯彻落实中央、省委、市委关于脱贫攻坚工作的决策部署，牢牢扛起脱贫攻坚的重大政治责任，主动担当、积极作为，全力统筹对外协作工作，精准助力对口帮扶地决战决胜脱贫攻坚，奋力为全省打赢脱贫攻坚战作出南明贡献。

（一）加强组织领导，全力高位推动

　　面对脱贫攻坚这场输不起的硬仗，南明区委、区政府高度重视，始终坚持上下一盘棋、一个调、一股劲，百倍用心、千倍用力，确保高质量打赢打好脱贫攻坚战。

1.党委和政府高位统筹脱贫攻坚

　　区委、区政府始终以脱贫攻坚工作统揽经济社会发展全局，把脱

贫攻坚工作列入区委常委会、区政府常务会上研究调度的重要工作，每年区委、区政府主要负责同志率工作组分别深入帮扶地对接脱贫攻坚工作。在对外协作上，统筹成立了以区委书记、区长任双组长，区委副书记任常务副组长，其他有关区领导为副组长，有关部门主要负责人为成员的对外帮扶统筹协调工作领导小组，统筹协调、系统谋划、整体推进对外帮扶工作，定期研究解决对口帮扶工作中的重大问题，为做好对口帮扶工作提供了坚强组织保障。

2. 加大脱贫攻坚资金投入

2016年以来，全区共投入帮扶资金5829.8万元，为普安县、长顺县鼓扬镇、罗甸县龙坪镇和望谟县石屯镇等帮扶地734户贫困户补齐"两不愁三保障"短板，带动帮扶地33641人贫困人口脱贫，助力帮扶地如期脱贫出列、脱贫摘帽，巩固拓展脱贫成果。

3. 精准谋划脱贫攻坚协作工作

按照"四个不摘"要求，每年年初，区委、区政府分管负责人率

贵州省罗甸县龙坪镇罗化村村民在田地里劳作。

区直部门和辖区企业代表深入到各对口帮扶地实地走访调研、召开帮扶工作座谈会等,深入了解帮扶地脱贫现状和需求,与帮扶地党委、政府共同谋划脱贫发展之路,并立足对口帮扶地需求和南明实际,研究制定一对一帮扶工作方案,明确扶贫协作靶心,分别签订教育医疗、就业和大市场带动等帮扶协议,细化协作任务,压实责任,确保帮扶措施落细落实。

(二)坚持实施"6+1 带动工程",助力帮扶地脱贫攻坚

按照省委、市委统一安排部署,自 2016 年以来,南明区先后与普安县、长顺县鼓扬镇、望谟县石屯镇、罗甸县龙坪镇等 4 个县(镇)结对。

自结对帮扶以来,南明区充分发挥省会主城区的资源优势,主动领受任务、主动下沉资源,切实打出系列帮扶"组合拳",通过大力实施大市场、大就业、大产业、教育、医疗和干部选派培训六大帮扶及社会力量带动等"6+1 带动工程",全力以赴助力帮扶地按时出列、如期脱贫和巩固拓展脱贫成果。

1. 发挥大产业带动,助推脱贫产业发展

每年向各帮扶地投入产业帮扶资金不少于 100 万元,助推各帮扶地产业脱贫项目,帮助帮扶地破解产业发展资金瓶颈。帮助帮扶地实施种养脱贫产业项目和短板弱项项目 66 个,涉及农旅一体化项目、长毛兔养殖、生态猪养殖、蜜蜂养殖、石蛙养殖和澳洲坚果种植、百香果种植、向日葵种植等特色产业。截至 2020 年 6 月,带动项目惠及贫困户 1375 户次。

2. 发挥大市场带动作用,推进产销对接

充分发挥省会城市中心城区市场空间和成熟流通渠道优势,强化

产销衔接，在农贸市场、生鲜超市、智慧微菜场上聚焦发力，设立扶贫销售专区，夯实产销对接平台基础，打通帮扶地农产品销售"最后一公里"；深入推进"校农结合"，支持鼓励学校团餐运营企业积极采购帮扶地农产品，实实在在拓宽农产品销售渠道，真正实现帮扶地产业强农村、产品富农民。

全区 39 家惠民生鲜超市设立了贵州省农产品销售专区，截至 2020 年 6 月，销售帮扶地农特产品共 6477.66 吨，销售金额达6178.49 万元；全区校园与本省 16 家农产品生产合作社和农产品销售企业签订合作协议，校园食堂采购本省农产品占总采购量的 56.94%，仅 2019 年助销农产品 751 万公斤，采购金额达 6443.5 万元，惠及农户 4184 人。特别是 2020 年新冠疫情以来，及时帮助长顺县解决因新冠疫情影响滞销的绿壳鸡蛋 5 万枚；积极搭桥贵州省蔬菜集团，帮助采购长顺鼓扬镇小瓜 22 吨；组织贵州茶城和太升茶叶市场为普安茶叶提供销售渠道，搭建销售平台。

3.发挥大就业带动，增加群众收入

每年开展对口帮扶地区"送岗位、摸需求、送政策"帮扶活动，开展劳动技能培训和就业创业指导服务，提升帮扶地农村劳动力的职业技能，拓宽就业渠道。为帮扶地培训农村劳动力 1421 人，促进农村富余劳动力和贫困劳动力转移就业和稳定就业；向对口帮扶地推送就业岗位 9 万余个，组织老干妈、吉利汽车等 300 余家企业赴帮扶地开展专场就业招聘会 10 余场，达成就业意向近 300 人。

4.发挥教育带动，推动校校对接

依托南明区丰富的优质教育资源和集团办校资源，与帮扶地学校建立"一对一"结对帮扶关系、拓展智力帮扶、打造共享课堂，开展教学教研互动，促进帮扶地教育提质发展。南明区甲秀小学等 27 所优质校（园）与帮扶地 43 所校（园）建立了"一对一"结对，选派

名校长、名班主任、名教师、骨干教师以及教研员等赴帮扶地开展送教送培257次，选派教学骨干和优秀教师219人到帮扶地学校支教，组织703名教学干部和优秀教师到帮扶地开展教学研讨活动，组织帮扶地131名学校干部、骨干教师赴上海、北京等教育先进发达地区培训学习，帮扶地405名中青年优秀教师到南明区结对学校跟岗研修。在疫情期间线上频频互动，在钉钉APP线上进行教师答疑解惑、学生心理健康辅导、教师网络教研等活动，筹集防疫物资支持结对学校开展教学防疫工作。

5. 发挥医疗带动，解决就医难题

结合帮扶地医院发展需求，重点援助帮扶地乡镇卫生院建设，选派医务人员到帮扶地援助医院坐诊，开展院际远程会诊、大型义诊及送医活动，进一步促进帮扶地卫生事业发展，让当地群众能够就近接受优质的医疗救治服务。开展扶贫义诊活动21次，接待困难群众咨询、就诊近4000人次，发放健康教育宣传资料9800份，赠送价值7000余元的医疗产品，并向对口帮扶地医院（卫生院）捐赠扶贫资金及医疗卫生设备价值150余万元；选派出1名中医骨伤科主治医师，驻点帮扶长顺县医院、长顺县鼓扬镇中心卫生院及长顺县交麻乡卫生院，帮扶地医院派出2名医务人员到南明医院进修学习。

6. 发挥干部和社会带动，推动协作互动

实施干部选派培训带动工程，建立与帮扶地干部互派交流锻炼机制，为脱贫攻坚提供人才支撑。南明区选派4名干部到帮扶地挂职，与帮扶地开展社会经济发展经验交流，其中，望谟县石屯镇3名、罗甸县1名。实施社会力量带动工程，充分调动社会力量参与脱贫攻坚，积极帮助帮扶地解决"两不愁三保障"突出问题。全区先后组织了"扶贫日"捐赠活动、百企帮千户解决"两不愁三保障"突出问题捐赠活动，共收集社会捐赠资金247.3万元，帮助帮扶地解决200余

户住房安全问题；开展了"关爱女性健康"系列社会帮扶活动，辖区企业欧鑫达医疗器械有限公司向帮扶地捐赠价值850余万元医疗器械产品。

📋 典型案例一

普安县——聚力精准扶贫 共谱发展乐章

脱贫攻坚结对帮扶，贵在措施精准，重在落实到位。南明区以更高的政治站位、政治自觉和行动自觉与普安县开展结对帮扶工作。2016年以来，在教育文化、医疗卫生、产业发展等方面精准发力，共同推进了一大批项目落地见效、开花结果，汇聚广泛力量参与到普安县脱贫攻坚和经济社会发展的各方面。

资金帮扶落实到位。投入真金白银开展资金帮扶，是南明区

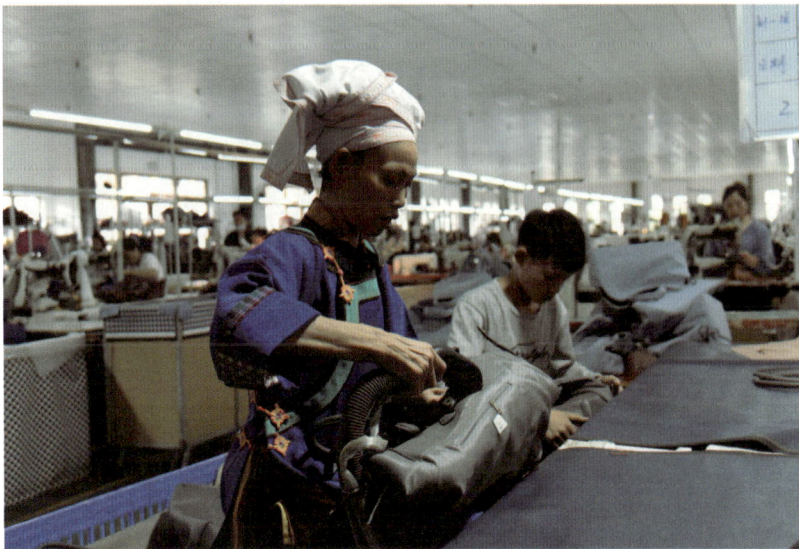

工人们在贵州省普安县某手袋生产车间工作。（新华社记者施钱贵摄）

结对帮扶的重要内容。2016 年以来累计投入 1115 万元，全部用在"刀刃"上。

2016 年到 2020 年共投入财政帮扶资金 1000 万元。其中，2016 年到 2017 年，370 万元用于普安县红星村农旅一体化休闲观光园设施建设项目。红星村休闲观光园项目的实施，弥补了休闲文化的不足，带动了周边村民发展相应农村休闲产业，带动红星村茶叶、核桃等产业的发展，为村民提供就业机会，拓宽农民增收渠道，成为当地贫困农户增收的好路子，全村 689 户 2846 人受益，带动贫困户 247 户 958 人。2018 年到 2019 年，400 万元帮扶资金用于普安县北部片区长毛兔科技扶贫产业示范园项目，辐射带动贫困农户 2851 户 11323 人增收。2020 年投入 200 万元建设小米精深加工厂，通过"国有平台公司＋村级合作组织＋种植户"的组织方式，公司与村级合作组织签订协议，村级合作社组织带动种植户按照公司要求开展小米产业发展，让全县小米规模化种植、标准化加工、专业化销售，壮大全县小米产业。

此外，南明区捐赠资金 100 万元，用于解决"两不愁三保障"突出问题短板，助推普安县"减贫摘帽"；贵阳市投入资金 15 万元，资助全县 50 名贫困大学生，解决他们的生活保障。

产业帮扶活力成倍。南明区瞄准产业帮扶，不断增添发展动能。2016 年以来，南明区大数据电商产业聚集区派出专业人员到普安县讲授电商专业知识 3 次，已培训电商人才 300 人次，推动普安县电商发展，逐渐发展壮大。2018 年，普安县农业局与贵阳南明老干妈风味食品有限公司正式签订 2000 亩 500 吨辣椒产品购售合同，签订保底收购协议，将普安县打造成老干妈公司原材料供应基地。

在大力支持发展产业的同时，不断强化市场带动作用。2016

年，和普安县联合举办了"普安红"新品推荐会，大力宣传"普安红"品牌，如今，"普安红"已在南明区太升茶城"安家"，在花果园设立"正山堂·普安红"专卖店。2018年，贵阳·南明"黔茶飘香·品茗健康"茶文化系列活动之"普安红·南明秀"推介活动在筑城广场举行，促成了南明区6家企业分别与普安县4家茶企签订合作协议，为"普安红"直接进入签约企业销售打下基础。2019年帮扶销售农特产品215.18吨，金额147.56万元。2020年上半年，帮扶销售农产品数量149.9吨，金额119.9万元。一系列举措，推动"普安红"品牌做大做强，助力茶农增收。

民生帮扶增加实惠。在就业帮扶方面，采取"送岗位、摸需求、送政策"方式，通过南明区提供岗位需求平台，提供岗位需求81000个，加强用工信息筛选，加大培训工作力度，精准摸排劳动力需求，讲清优惠政策，对普安县农村劳动力和贫困劳动力开展培训，共计培训1249人，累计组织专场招聘会3场，达成就业意向154人。

教育帮扶方面，2016年到2019年，在南明区帮助下，普安县教育局组织35名优秀干部教师赴北京、上海参加培训，开阔视野，丰富阅历。同时，积极开展教育帮扶活动，开展各类教学研讨活动100余次，先后选派200余名教师到南明区开展教学研讨活动。2020年疫情期间，通过"空中黔课"开展教学经验座谈、钉钉APP等教研帮扶活动，给全县师生带来先进教学理念。同时，捐赠了一批医疗物资保障全县学校能够按时开学。

医疗帮扶方面，2018年南明区捐赠血透机5台给普安县人民医院，价值123.6万元；2019年南明区欧鑫达企业向普安县捐赠了价值340.46万元医疗产品。同时，选派普安县医疗专家和医务人员到南明区人民医院学习，为筹建普安县医院老年康复科做准备。此外，南明区到普安举办"关爱女性健康"对口帮扶系列活动，组织开展义诊活动，发放了相关宣传资料，提升女性健康知识和自我关爱意识。2020年南明区医院到普安县人民医院召开座谈会，再次签订帮扶协议书，进一步深化医疗帮扶。

典型案例二

望谟县石屯镇——聚力脱贫攻坚　补齐短板弱项

自2018年南明区结对帮扶石屯镇以来，南明区切实履行帮扶责任，从产业、就业、教育、医疗、市场对接、选派干部、社会帮扶等方面给予石屯镇倾情倾力的帮扶。

2018年到2020年，南明区在石屯镇投入帮扶资金646.1万元。其中，2018年，帮扶资金100万元，主要用于扶持发展蜜蜂养殖和生态猪养殖产业；2019年，帮扶资金共346.1万元，主要用于发展蜂蜜加工、澳洲坚果种植、百香果种植、石蛙养殖、因户施策以奖代补等产业，住房保障和视觉贫困补短板；2020年，帮扶资金200万元，主要用于发展通草和蜂糖李产业、补齐群众"3+1"短板和在6个村建设爱心文明奖补站。

产业帮扶促增收。在石屯镇开展生态猪养殖项目，覆盖精准扶贫建档立卡贫困户10户；在羊架村开展养蜂项目，采取精准户用帮扶资金量化入股合作社的方式实施，共覆盖精准扶贫建档立卡贫困户42户；在打岩村开展甜蜜蜜养蜂专业合作社食品加工建设项目，覆盖建档立卡贫困户10户；在上平寨开展澳洲坚果种植项目，覆盖农户17户；在红星村建设百香果种植示范

贵州省黔西南布依族苗族自治州望谟县因地制宜鼓励群众种植板栗，通过"公司＋合作社＋农户"模式，扩大板栗种植规模。目前，全县板栗种植面积达 26.2 万亩，共有 18000 户农户参与，其中包括 4500 户贫困户，板栗产业已成为当地群众脱贫增收的主导产业。（新华社记者陶亮摄）

点项目，覆盖建档立卡贫困农户 40 户；在洒琴村石蛙养殖项目，覆盖精准扶贫建档立卡户 5 户；在打岩村建设向日葵种植示范基地，覆盖建档立卡贫困户 5 户。此外，南明区还通过投入帮扶资金的方式，用于奖励贫困农户发展养殖产业，为非贫困村短板农户购买床、衣柜、桌凳等基本生活用品。

短板补齐解难题。南明区投入专项帮扶资金，用于解决"两不愁三保障"补齐短板项目。通过扶贫资金的带动，发展蜂糖李和通草种植，相关项目覆盖全镇 20 村，共发放通草苗 45.23 万株，蜂糖李苗 24.205 万株，受益农户共 3674 户。6 个村爱心文明奖补站已建成并投入使用，2000 余户农户获得受益。

社会帮扶暖民心。南明区红十字会帮扶资金 131 万元，为 129 户困难农户解决了住房短板问题。南明区团区委联合辖区爱心企业捐赠石屯镇民族学校价值12万元帮扶物资共计1891件。南明区欧鑫达企业捐赠石屯镇价值170.232万元医疗产品。南明区人民医院投入帮扶资金15.1万元,帮扶石屯镇卫生院安装变压器,解决了该院多年电力不足、有关检查设备不能正常使用的难题。

就业帮扶拓门路。帮助收集筛选推送17465个岗位信息,组织了4场专场招聘活动,组织贵阳南明老干妈风味食品有限公司、贵阳市家政服务协会、贵州吉利汽车部件有限公司等大中型企业到石屯镇召开专场招聘会,推荐71人到南明区就业。采取送教上门的方式为119名农村劳动力和贫困劳动力提供家政服务培训,进一步提升群众劳动技能、增强就业本领。

产销帮扶解民忧。在选派干部的多方奔走和组织协调下,石屯镇红军井盐水面有限公司得以与星力集团签订采购合同,合力超市已与石屯镇签订了销售食用菌协议,贵州农产品商会与石屯镇签订了帮扶协议。合力超市、星力集团等惠民生鲜超市企业帮助指导石屯镇的农产品种植结构和种植规模,提高当地的农产品竞争力,力争达到"以销定产"的目的。光是2019年,惠民生鲜超市销售望谟县石屯镇农特产品248吨,销售金额128.3万元。

医教帮扶强基础。在南明区各部门领导的真情关怀下,石屯镇40位小学干部得以和教师赴上海培训,15名教师到南明区参加教学研讨活动。南明区20余名优秀校长、班主任、教师到石屯镇开展教育教学指导、会诊,开设专题讲座和听、评课、示范教学等活动。组织扶贫义诊队伍到石屯镇开展义诊活动4次,接待困难群众咨询、就诊400余人,免费常规体检160余人,赠送价值4000余元的常用药品。石屯镇卫生院2名医务人员到南明区医院进修，卫生院医务人员的服务能力和水平得到了提升。

在南明区各级领导和各部门的关心和帮扶下，石屯镇各类产业得以不断发展壮大，群众就业门路不断拓展，群众收入明显增加，"两不愁三保障"短板基本补齐，群众认可度大幅提升，教育医疗事业蓬勃发展，脱贫攻坚各项工作大踏步向前推进。在下一步工作中，将继续充分珍惜贵阳市南明区等各方帮扶资源，聚力攻坚、感恩奋进，补齐各类短板弱项，确保按时打赢。

典型案例三

长顺县鼓扬镇——真心帮用心扶　奏响脱贫协奏曲

为做好与长顺县鼓扬镇结对帮扶工作，南明区委、区政府高

贵州省黔南布依族苗族自治州长顺县核子村村民在打包收获的茭白。（新华社发朱涛摄）

度重视，严格按照省扶贫开发领导小组及贵阳市委、市政府工作安排部署，结合自身优势，积极创新帮扶形式，在就业扶贫、产业扶贫、医疗扶贫、教育扶贫等方面做到真心帮用心扶，不断推动帮扶工作引向深入，为如期摘掉贫困的帽子奠定了坚实基础。

就业扶贫出实招，稳定就业保增收。就业是最大的民生。2017 年至今，南明区通过组建帮扶工作组，赴鼓扬镇开展"送岗位、摸需求、送政策"系列活动，通过线上招聘、培训指导及实地招聘等有效形式，切实帮助解决当地群众就业问题，推动"稳就业、促增收、保脱贫"。四年来，累计岗位推送 58092 个，实现稳定就业 100 余人，同步完成鼓扬镇就业创业培训需求摸排，为下一步工作奠定了坚实基础。

产业扶贫加力度，产销对接见成效。按照贵州省委产业相关要求，不断加大产业扶贫帮扶力度，切实帮助当地解决产品销售难的问题，实现了产销精准对接。一方面在新路口青云都汇农贸市场免费提供 13 个摊位，专门销售鼓扬镇建档立卡贫困户种植的农特产品。另一方面积极帮助推动产销精准对接，累计农产品销售总金额 500 余万元，同步已完成鼓扬镇 2020 年农产品品种、产量、上市时间的摸排工作。

医疗扶贫讲实惠，群众就医有保障。积极帮助解决鼓扬镇医疗短板，不断提升当地医务人员技术水平。近年来，累计组织医务人员到鼓扬镇开展义诊活动 8 次，共诊治 1040 余人，发放健康教育宣传资料 2500 余份，根据病情免费向村民发放 4000 余元常用药品；派出 7 名医护人员，救护车 1 台，为各村 65 岁以上老年人开展为期 4 天健康体检；向鼓扬镇卫生院捐赠价值 1415.04 元的低温冰箱 1 台、捐赠价值 58205.04 元的医疗设备；举办外科专业知识讲座 2 次，选派 1 名中医骨伤科主治医师，长期驻点帮扶镇中心卫生院及交麻乡卫生院开展诊疗工作,帮助完成鼓扬镇中心卫生院中医科建设工作。

教育扶贫同发力,学子学业有保障。南明区始终把教育扶贫放在优先发展重要位置,运用网络技术等手段,在教学交流指导、物资帮扶等方面给予大力支持。2017 年以来,累计组织鼓扬学校干部、教师等赴上海培训学习 2 次,选派南明区 37 名教师赴鼓扬镇开展教育教学指导、交流活动,邀请当地 30 余名教师到南明区学校参加观摩活动 3 次,为长顺县近 100 名教师送去了两节优秀心理健康课例和一个专题讲座,有力推动了长顺县心理健康教育的发展。与长顺鼓扬小学交流线上教学方式,促进业务提升。对鼓扬镇 42 名干部教师、654 名学生进行教育培训帮扶。疫情防控期间,为三台小学赠送了 1000 个一次性医用口罩和免洗手用消毒液,保障该校顺利按时开学。

资金帮扶促脱贫,脱贫基础更夯实。4 年来,南明区投入帮扶资金 500 万元,极大程度地解决了鼓扬镇资金筹措困难这一实际问题。资金到位后,帮扶当地积极谋划项目,严格资金管理使用,切实发挥帮扶资金效益,为推动城镇建设、农业产业发展、补齐群众短板等方面发挥巨大作用。帮扶资金的到来,在有力助推鼓扬镇产业发展、带动贫困劳动力就业的同时,较大程度解决了群众出行难、交通难、行路难等实际问题,为实现高质量打赢脱贫攻坚战奠定了坚实基础。

社会扶贫来扶持,巩固脱贫添异彩。汇聚更广泛的帮扶力量,让脱贫攻坚的步伐更稳健。南明区积极动员社会各界开展社会扶贫工作,取得了明显成效。"百企帮千户"座谈会捐赠帮扶资金 16.3 万元,有效解决了补齐部分群众住房短板,实现住房安全有保障。组织欧鑫达企业为鼓扬镇卫生院捐赠价值为

170.232 万元医疗产品，有效解决了部分医疗药品紧缺及设备紧张问题。2018 年，南明区总工会、南明区妇女联合会和共青团南明区委组成帮扶慰问团深入长顺县鼓扬镇开展"六月六"慰问演出活动，进一步丰富了群众文化生活。部分企业捐赠计算机、大米、衣物等，价值 6 万余元，资助鼓扬镇大学生 9 名、慰问 3 个贫困户家庭。社会各界的鼎力相助，为促进贫困地区摆脱贫困、实现整个社会的协调发展作出积极贡献。

十二、云岩区 🤝 印江县、长寨街道、打易镇、边阳镇

——合力攻坚脚步铿锵 携手并进奔向小康

劈波斩浪、奋勇争先。作为省会城市中心区，云岩区严格落实中央、省、市关于脱贫攻坚的重大决策部署，以"不破楼兰终不还"的勇气和决心，以印江县、长顺县长寨街道办事处、望谟县打易镇和罗甸县边阳镇（简称"一县一街两镇"）等对口帮扶地为主战场，以带动帮扶地贫困人口脱贫为主目标，以整合资源为主手段，紧紧围绕"两不愁、三保障、稳增收"三大任务，不断创新工作思路，夯实工作举措，奋力推进脱贫攻坚。

（一）多方帮扶，统筹推进脱贫攻坚

脱贫攻坚是一场复杂系统的工程，打赢这场战役，需要思想大统一、资源大整合、力量大聚集，考验的是各级各部门的执行力、战斗力和创造力。云岩区以"耽误不起"的责任感和"懈怠不得"的紧迫感，建立了脱贫攻坚"战区"，层层压实责任，级级传导压力，明确时间表、绘制作战图，合力打好脱贫攻坚战。严格按照市下达的任

近年来，贵州省贵阳市云岩区积极帮扶从江县，在从江县多个乡村建立刺绣和蜡染人才培养基地，组建 500 余人的绣娘、染娘队伍，对 1700 余名农村少数民族妇女进行刺绣和蜡染培训，直接帮扶 500 户贫困家庭妇女在"家门口"实现"指尖脱贫"。（新华社记者杨文斌摄）

务，细化整改任务、压实整改责任、拓宽工作思路、调整工作机制、创新工作措施，多方联动，全面吹响脱贫攻坚战役集结号。

三级联动"组织扶"。将脱贫攻坚工作纳入区委、区政府重要议事内容，进一步调整充实由区委、区政府主要领导任双组长的云岩区大扶贫战略行动工作领导小组。编制《云岩区 2016—2020 年对口帮扶实施方案》，围绕总方案，配套制定《云岩区精准推进就业扶贫工作实施方案》《云岩区进一步推进大扶贫战略行动社会帮扶工作实施方案》《云岩区关于进一步加大对外帮扶力度助推全省脱贫攻坚工作方案（2018—2020 年)》等系列子方案。细化责任分解，夯实部门职责，凝聚脱贫攻坚合力。五年来，区委常委会议、区政府常务会议等系列会议共调度脱贫攻坚工作 257 次，党政领导及各牵头部门带队深入对口帮扶地实地对接、开展帮扶共 532 次，同时，为决战决胜脱贫攻坚最后歼灭战，成立由 5 位副县级以上领导任组长，相关部门主要负责人为成员的 5 个脱贫攻坚作战工作组，亲自挂帅督战，夯实责任、凝聚合力。

基层党建"引领扶"。推行"党建＋部门"帮扶模式，由区委统战部、区委宣传部、区直机关工委牵头，坚持在优化实施帮扶解困措施、发挥党员作用、移民安置社区治理、因户施策上下功夫，增强帮扶工作联动。下绣花功夫，做精准文章。广大党员干部带着感情干、扑下身子干，改善贫困群众的生活。

帮扶单位"暖心扶"。以"部门＋企业＋项目"的模式赴对口帮扶地区，与那里的贫困户面对面"交友结亲"，深度了解致贫致穷原因，共话脱贫事宜，积极引导广大党员干部在精准扶贫、精准脱贫上主动作为、献计出力。各帮扶单位结合自身帮扶任务开展扶贫资金募集，近年来全区筹集帮扶资金 1561 万元。此外，由区直机关工委所属党支部区产投公司组织经销商、超市等到望谟县打易镇、罗甸县边阳镇等实地考察，建立产销联系，为当地解决 100 多亩小黄豆、100 多亩紫薯等滞销农产品的销售问题，进一步促进农户增收。

社会力量"参与扶"。坚持以"政府引导、多元主体、群众参与、精准扶贫"的社会帮扶工作原则，以签订扶贫工作战略协议，组织、引导、带动广大政协委员和社会各界投身脱贫攻坚第一线，充分发挥资源优势，积极引导相关非公有制企业参与"精准扶贫"工作，通过资金帮扶、对口帮扶解决老百姓贫困的燃眉之急等多种形式，加大扶贫影响，形成"人人皆愿为、人人皆可为、人人皆能为"的社会帮扶氛围，打赢脱贫攻坚战。

勇担重任，多方帮扶。以党的领导为统领，云岩区建立起"区统筹、部门各司其职、社会积极参与"的责任机制，全区上下全力以赴抓脱贫、群策群力谋攻坚的良好局面。

（二）精准出招，瞄定产业助农增收

为天地立心，为生民立命，在脱贫攻坚这场伟大的战役里，蕴含着一次次精准的发力。"云岩·长寨现代高效农业采摘园"、印江县茶叶产业、折耳根项目、食用菌、林下养殖、精品水果等一系列产业项目在帮扶地区落地生根。云岩区始终把发展产业作为脱贫致富的重要途径，发挥自身行业优势，结合对口帮扶地区实际需要，深入帮扶地开展调研，从项目帮扶、产销对接、品牌培育三个方面"重磅出击"，在增强贫困户"造血"功能的同时，提高贫困户脱贫脱困的获得感。

在寻找发展项目上下功夫。强化资金保障，坚持以产业为支撑，牢牢把握产业革命"八要素"，采取"公司＋合作社＋农户（贫困户）"发展模式，用好用活帮扶资金，积极寻求企业、项目与贫困户三者之间的利益结合点，帮助帮扶地发展优势产业项目。5 年来，累计投入各类帮扶资金 7805 余万元，实施项目 70 个，覆盖带动贫困户 12.6 万人。

在开拓产品市场上下功夫。充分发挥大市场、大流通的优势，狠抓销售渠道建设，促进农产品产销衔接。具体工作中，推进农超对接、农批对接、农校对接、农企对接等工作，通过区龙头公司与对口帮扶地强化产销合作，在辖区 45 个生鲜超市为对口帮扶地和其他省内贫困县设置专区专柜，同时通过农校、农企、农批对接等助销贫困地区优质农副产品帮助贫困地区发展特色、优势农产品产业，夯实产业基础。共采购帮扶地农产 11993.65 吨，采购金额约 5533.32 万元。

在树立企业品牌上下功夫。启动特色品牌培育工程，借助区农投公司资源禀赋优势，开展"在云岩遇上……"系列活动，深入挖掘"陶老者""妹幺花生""辣香家园"等省内特色农产品品牌，并进行升级包装，打造为贵州地标性休闲零食。

另外，积极推进农产品经纪人培训，引导农产品经纪人向专业合作社、企业化方向发展，依托地方优势拓宽农产品销售渠道，进一步促进农产品流通。引导农产产业结构优化，推动农业生产以市场为导向，在实现集中供销的同时，促进农产品优质优价，帮助农户以更好的价格卖出更多的农产品，促进农户增收。

产业培育，厚植发展优势；市场带动，助力"黔货出山"。这是全区上下攻坚克难描绘的脱贫新画卷，这是云岩儿女同心协力"干"出的脱贫新成果。

（三）综合施策，实干书写民生答卷

窥一斑而见全豹。云岩区以帮扶地的民生需求为着力点，充分发挥省会城市多重资源优势，始终坚持统筹推进各项领域帮扶工作，实现整体推动，不断筑牢帮扶地的民生保障体系。

奋力攻克"教育帮扶"壁垒，云岩区秉承"扶贫先扶智"理念，甄选十中、十九中、十七中等20余所优质校（园）与印江县、望谟县打易镇、长顺县长寨街道办、贞丰县鲁容乡、六盘水市钟山区等地区学校签订《教育帮扶协议书》，形成"一对一"教育帮扶工作模式，从教育管理、办学理念、校园文化建设、教师业务提升、学生拓展学习等方面，全方位促进两地学校交流，助推帮扶地教育内涵发展。选派区属学校帮扶教师560人次，对口帮扶地教师到云岩跟岗学习700人次，组织开展送课送教活动、专题培训和讲座及各项帮扶活动600余次，覆盖师生20000人次，共投入帮扶物资及资金共计100余万元。

奋力攻克"就业帮扶"壁垒，云岩区精准落实就业帮扶政策，与帮扶地区建立长期稳定的劳动力资源互补合作关系，签订就业扶贫协议。按需培训提升技能，政策帮扶助力创业，岗位归总实现就业，针对不同帮扶群体，提供多样化就业援助。深挖就业岗位，围绕云岩区入驻企业用工情况，选定合适对口帮扶地剩余劳动力就业的岗位进行推荐，同时，探索就业车间，实现就近就业，持续增强对口帮扶地区贫困人口"造血"功能。据统计，提供就业岗位 129684 个，线下已为印江、望谟精准推介岗位 2500 余个。开展家禽饲养技能培训 712 人，扶贫车间培训 2370 人、实现就业 1853 人。

奋力攻克"医疗帮扶"壁垒，推动医疗下沉，实现优质医疗资源共享。推动云岩区优质医疗资源下沉，帮助帮扶地进行医务人员培训和特色专科建设，并积极开展健康扶贫义诊活动，为村民普及基本卫生知识，养成文明健康的生活习惯，让贫困群众享受到更好的医疗服务。几年来，捐赠医疗物资 60 余万元，开展 30 余次健康扶贫义诊，接诊群众 5000 余人次。

立足实际，久久为功。云岩区将继续深入贯彻落实市委、市政府脱贫攻坚的各项决策部署，扎实做好对口帮扶"一县一街两镇"的脱贫攻坚工作，脱贫不脱帮扶，帮助对口帮扶地实现脱贫摘帽和巩固提升，向着同步小康的目标高奏凯歌，砥砺前进。

典型案例一

印江县——产业帮扶，扶出一片艳阳天

习近平总书记指出："产业扶贫是最直接、最有效的办法，也是增强贫困地区造血功能、帮助群众就地就业的长远之计。要

加强产业扶贫项目规划，引导和推动更多产业项目落户贫困地区。"这一重要论述，深刻阐述了产业扶贫在打赢脱贫攻坚战中的重要作用。云岩区在对口帮扶工作中始终紧紧抓住产业扶贫这一"牛鼻子"，立足帮扶地茶叶、食用菌、绿壳鸡蛋、经果林等主导产业，从资金投入、产业选择、技术指导、销售渠道、品牌包装等方面下功夫，向着"发展一个产业、带动一方经济、富裕一方百姓"的目标不懈奋斗。

一、一抹清茶香，一本"致富经"

根据省委关于经济强区帮扶贫困县的部署，2016年云岩区帮扶印江县的第一年，区委、区政府要求"坚持以产业为支撑，采取'公司＋合作社＋农户（贫困户）'的帮扶模式，用好用活帮扶资金帮助其发展1—2个特色优势产业……将'输血式'扶贫转为'造血式'扶贫，增强脱贫攻坚的可持续性，激发贫困户致富的内生动力。"围绕这一要求，深入帮扶地调研走访，最终

清明时节，贵州省印江土家族苗族自治县茶农抢采"清明茶"。

确定投入财政帮扶资金200万元，帮助印江县缠溪镇湄坨村及罗场乡广东坪村发展茶产业，打造茶旅一体化项目，主要用于花卉种植、国茶园景区打造、配套设施建设、老茶园改造200亩、新植茶园100亩、机耕道修建等，项目覆盖贫困人口共287人，带动农户417人。2017年，安排财政帮扶资金200万元继续用于缠溪镇国茶园项目建设，茶园土地流转600亩、茶园管护600亩、茶园加工厂房扩建及国茶园相关配套设施建设。

目前，缠溪镇茶旅一体化项目每年固定用工帮助解决就业30人，月工资1500元至1800元/人，年人均务工收入12000元至21000元；每年支付人工工资50万元以上，其中贫困户工资性收入在15万元以上。村集体经济产值2017年达300余万元、2018年达450万元、2019年803万元，2017年、2018年、2019年贫困户年底分红均按照"贫困户300元+人均20元"标准进行分红，分红覆盖湄坨村、楠星村共93户贫困户，三年共分红14.65万元。5年来，在帮助印江县发展茶产业的道路上，云岩区投入财政资金485万元，帮助发展茶叶项目6个，覆盖乡4个、村11个，带动贫困户800余户4000余人。

如今，印江县茶产业蓬勃发展、万亩茶园连绵起伏，以"团龙贡茶""湄坨国茶""洋溪绿茶""合水抹茶""沙子坡白茶""梵净山红茶"为代表的茶产品群芳争艳，穿越大山走进繁华都市。

二、一朵小蘑菇，一条"致富路"

近年来，深挖贵州省好气候、好生态、好品质"三好"优势，围绕"绿水青山、黔菇飘香""青山绿水、黔菇味美"品牌内涵推进食用菌产业"裂变式"发展，云岩区在帮扶过程中，瞄准食用菌产业发展契机，实施食用菌产业项目帮扶，帮助贫困群众华丽变身"菇农"，实现致富增收。

印江县缠溪镇下铺子村食用菌种植项目是云岩区众多食用菌产业帮扶项目之一。云岩区为该项目注入种子资金100万元，项目2018年3月建成，产业规模120亩，有生产车间2800平方米，流水线2条，年产香菇菌棒250万棒，木耳菌棒200万棒。该项目为下铺子村集体经济项目，贫困户（农户）在合作社首先通过土地托管实物分红、土地入股、一次性租赁等6种土地流转模式增收；同时基地产生效益后，把所得利润按"1∶2∶7"的比例进行分红，即10%作为村集体经济滚动发展金积累，20%作为全体村民集体分红，70%作为现有贫困户分红。目前该项目可带动230人务工，惠及贫困人口276户959人。同时，还覆盖带动周边冷水溪村、客店沟村、柳塘村等8个村共计492户贫困户发展村集体经济。2020年，安排帮扶资金300万元，在印江县木黄镇盘龙村食用菌园区发展黑木耳产业项目，项目覆盖贫困户1000余人。在帮助发展食用菌产业"种"的同时更注重"销"，云岩区积极对接贵阳农产品物流园，为印江县梵净山菌业有限公司、棒棒菌业公司协调销售窗口，仅2019年累计销售食用菌3200余万元。

在云岩区帮扶的开阳县、望谟县打易镇，通过复制印江县下铺子村食用菌种植的成功经验，2019—2020年，帮助开阳县城关镇顶方村利用大棚种植羊肚菌，帮助打易镇长田村、山平村及边王村种植鸡枞菌、木耳等，累计投入帮扶资金100万元，新建大棚20个，喷灌设备20套，种植鸡枞菌3万棒、木耳10万棒，受益贫困户（含农户）109户479人。朵朵蘑菇、连片产业，撑起了菇农们的美好明天。

三、一枚绿壳蛋，一片"致富情"

绿壳蛋鸡是长顺县的四大特色产业之一，云岩区帮扶长顺县长寨街道办事处以来，紧扣当地特色产业布局，以帮助贫困户脱贫为主目标、以发展特色帮扶产业为主抓手，着力实施"绿壳蛋鸡"产业重点帮扶，从蛋鸡养殖到鸡蛋销售，云岩区搭建起"田间地头"到"城市餐桌"及"超市专柜"、线上线下双重发力的产业服务路径。

在长寨街道办的牛坡村和新民村，结合村里发展"三小工程"产业愿景，投入帮扶资金48万元（牛坡村28万元、新民村20万元），发展绿壳蛋鸡养殖产业，牛坡村采购鸡苗15555羽、新民村采购鸡苗11111羽，受益贫困户24户81人，项目采取"村委会＋合作社＋贫困户"的运作模式，由村委会协议委托合作社进行饲养管理，合作社与贫困户签订为期三年的扶持协议，分别按项目投入资金量的5%、6%、7%比例提取扶持资金，逐年平均分配给贫困户，同时优先雇佣贫困户到合作社务工。在项目推进过程中，云岩区担任"技术培训指导、销售服务指导、品牌包装指导"三重角色。技术支撑上，云岩区切实深化与贵州省农科院（贵州金农果业科技有限公司）的合作，签订技术服务协议，委派蛋禽养殖专家赴当地开展技术培训及指导，确保鸡苗生长量及产蛋量；产销衔接上，在辖区45家惠民生鲜超市设置销售专区，打通绿壳鸡蛋销售渠道；品牌包装推广上，打造名优特产礼包，通过"遇见·贵州"电商平台进行宣传推广。不断强化蛋鸡产业发展、不断扩大产品销路，减少中间流通环节，让"藏在深闺人未识"的特色产品"走出去"，把"土疙瘩"变成脱贫致富的"金元宝"。

产业是脱贫之基、富民之本、致富之源。5年来，云岩区帮扶的项目有肉牛养殖、胡蜂养殖、雨伞加工、增收驿站、蔬菜经果林种植等70余个，覆盖带动贫困户12.6万人。云岩区立足当地自然禀赋，挖掘地方特色资源，按照"宜种则种、宜养则养"的原则，为帮扶地产业发展扶出一片艳阳天。

四、浇灌希望之花 照亮脱贫之路

"治贫先治愚，扶贫先扶智"，贫困地区脱贫治本之策的教育扶贫，是顺利实现脱贫攻坚的重要保障，是贫困人口脱贫的基本要求，更是实现稳定脱贫的前提条件。云岩区在帮扶印江县的过程中，紧紧围绕《"十三五"脱贫攻坚规划》中明确提出的"到 2020 年，贫困地区基础教育能力明显增强，职业教育体系更加完善……"这一目标，大力实施教育素质提升工程、职业教育发展工程及"3 个 100"学生资助工程等举措，构建起"结对子、传帮带，谋发展、共成长"教育帮扶新格局。

（一）资源下沉、助推教育内涵式发展。根据《贵州省扶贫开发领导小组关于印发〈省级单位和贵阳市经济强区结对帮扶贫困县实施方案〉的通知》（黔扶领〔2015〕12 号）文件要求，云岩区自 2016 年起帮扶印江县，积极推进我区优质教育资源下沉，助推印江县教育内涵式发展。结对帮扶，共商学校远景发展。遴选 5 所优质中（小）学：分别为贵阳十中、贵阳十九中、贵阳十七中、贵阳市实验小学、贵阳实验二小分别与印江一中、印江二中、印江三中、印江县实验小学、印江一小结成对口帮扶学校，2019 年新增贵阳五幼、贵阳实验三幼与印江县二幼、四幼结成对口帮扶学校；结对子学校双方先后签订了结对帮扶协议，达成长期帮扶共识。教学研讨，助推教师专业成长。5 年来，云岩区率专家团队到印江县开展调研、教研活动累计共达 80 余次（含网络、视频研讨），受益师生 3000 人次，印江县学校在管理经验、课堂教学提升、教师成长方面得到长足发展。跟岗学习，更新教师教学理念。2016 年以来，印江县共安排跟岗锻炼 62 期次 664 人赴云岩区进行交流学习。通过感受校园文化、深入课堂听评课、专题交流研讨、参与学科校本研修及教学设计与实践等，开阔了教师视野，汲取了先进的教学理念。专题讲座，传授教育教学经验。云岩区通过派出学科骨干分期赴印做专题讲座、学科讲座、班主任经验讲座、学科示范课、同课异构，并进行校园文化建设、班务管理经验、课堂教学提升等方面的深入交流，专题讲座累计近 20 场次。资源共享，提高教育教学质量。依托"大数据＋网络＋教育"的帮扶模式，实现资源共享。通过网络向印江县实验小学远程直播第二届"横平竖直写汉字　方寸之间论英雄"汉子听写大赛，"胸藏文墨好论道　腹有诗书行天下"诗词大会，2019 年全国小学沪教版"优化活动设计提升课堂效率"英语教学研讨活动，印江县受益师生 935 人次。

（二）资金扶持，助推教育跨越式发展。北京师范大学中国扶贫研究院张琦教授指出："扶贫脱贫的关键是贫困人口能力的提升，不仅包括生计能力，更重要的是发展能力的提升以及适应市场经济发展等综合素质和能力的全面提升，只有这样，扶贫脱贫才具有可持续性，脱贫的质量才会高，才会减少和减低'返贫'现象。"为确保扶贫脱贫的持续性，确保脱贫质量及小康成色，除了基础教育的内涵式发展以外，推进职业教育在脱贫攻坚中的应用必不可少。云岩区在对印江县的教育帮扶过程中，本着"职教一人、就业一个、脱贫一家"的宗旨，云岩区投入帮扶资金 679 万元，帮助建设印江县职教城项目（印江自治县中等职业学校整体搬迁项目），新建综合教学楼 1 栋、实训楼 1 栋、风雨球场、运动场及室外设施，该项目已建成投入使用。目前，印江自治县中等职业学校现有学生 2025 人，教职工 88 人（含校企合作专业教师 10 人），开设有护理、音乐、舞蹈表演、美术设计与制作、茶叶生产与加工、汽车运用与维修、城市轨道交通、中餐烹饪、酒店服务与管理、美发与形象设计、软件与信息服务、电子商务等 12 个专业和普职互通试点班。通过对职教城项目的帮扶，着力实现省委、省政府对中职教育发展提出"职校办到园区去，车间搬到职校来，专业围绕产业办，学生就近找工作"的指导要求；着力改善了印江县中职教育长期以来投入不够、办学条件差、教育资源不足、校园破旧狭小的面貌；全面提升了中等职业教育教学质量、提高技能型人才培养质量和就业质量。全面增强了中职教育服务县域经济社会发展的能力。

（三）学生资助，助推教育均衡性发展。坚决阻止"贫困现象代际传递"，精准识别困难学生、精准资助困难学生，切实解决贫困户上学难的问题，确保贫困家庭的孩子上好学、读好书，这是云岩区委、区政府领导高度重视的问题，切实聚焦"三保障"中的教育保障帮扶工作，采取系列举措，努力帮助帮扶地补齐教育短板。实施"3 个 100"工程，累计投入资金 26 万元，结对资助 100 名贫困小学生、100 名贫困中学生、100 名贫困大学生入学，让困难的学生不会因经济问题而失学。加大资金投入力度，安排 321 万元用于全县教育补短资金，用于 2015—2016 年教育资助补短板，资金已全部兑现建档立卡贫困学生 1349 人。爱心人士捐资助学，爱心捐赠钱物 20 万元，受益特困生 400 余人；在 2020 年新冠肺炎疫情期间，得知印江县实验小学防疫物资缺乏，贵阳市实验小学捐赠医用口罩 5000 个。践行系列学生资助举措，为贫困家庭孩子上学搭建起爱心的桥梁。

教育家蔡元培说过："教育者，非为已往，非为现在，而专为将来。"教育帮扶意义重大，云岩区将一如既往依托优质教育资源，充分发挥辐射带动作用，开展"教育智慧帮扶"行动计划。深入开展区域教科研帮扶、校园结对帮扶、干部结对帮扶、教师结对帮扶、学生家庭结对帮扶、学生资助帮扶、社会力量帮扶等教育精准帮扶活动，强化教师队伍整体建设，提升区域办学质量，促进当地教育提质发展。

典型案例二

罗甸县边阳镇——深入开展基层社区治理工作

社区是社会治理的基本单元，社区治理关系群众切身利益、社会和谐稳定，习近平总书记强调"要深入推进社区治理创新，构建富有活力和效率的新型基层社区治理体系"。云岩区通过帮扶边阳镇兴阳家园易地搬迁安置点，帮助建立横向到边、纵向到底、服务到位的社区治理体系，形成以党建引领社区治理创新的工作格局。

兴阳家园社区，是 2019 年云岩区新增扶贫帮扶地罗甸县边阳镇的一处易地扶贫搬迁安置点，目前已入住易地扶贫搬迁群众2034 户，共 8969 人。敞亮的新房，优美的环境，便捷的交通出行，现如今都成了当地的靓丽标签。然而要让搬迁群众"安居乐业"，完备的社区服务体系必不可少，产业、就业、教育、医疗及文化建设等配套缺一不可，方可实现搬迁群众"搬得出、稳得住、快融入、能致富"的目标。针对兴阳家园搬迁点现状，云岩区以党建为引领，从产业发展、劳动力就业、教育帮扶、医疗扶持等方面进行全方位帮扶，累计投入各项扶贫资金1176.98 万元，帮助完成贫困户减贫 2161 户 8645 人。

贵州省罗甸县首批"贵州希望工程爱心午餐"活动在该县边阳镇兴隆小学启动。兴隆小学 350 名学生和 10 多名老师，可以在学校吃上爱心人士所资助的热腾腾的午餐，150 余名留宿学校的学生还可以吃到热腾腾的晚餐。

一、党建"扶困"，积极探索基层治理体系

为提升兴阳家园横向到边的治埋能力，强化社区党建、单位党建互联互动，确保基层治理的共建共治共享，积极协调辖区北京路社区、中华社区、水东社区联系罗甸县边阳镇党委，签订党建帮扶协议书，投入党建帮扶资金 135 万元，紧紧围绕"抓阵地、搭平台、建网格、强机制"的目标，帮助积极探索党建引领社区治理的工作体系。一是在安置点内设立党支部，搬迁点社区主任兼任支部书记，构建社区党组织，组织 170 名党员定期开展党员活动，充分发挥党组织战斗堡垒作用。二是建立"五级联动机制"（即镇党委联系社区支部、社区支部联系网格员、网格员联系楼栋长、楼栋长联系帮扶责任人、帮扶责任人联系农户），及时了解和解决搬迁群众困难。三是以党建工作引领群建工作，

社区分别建立工会、团委、妇联等群团组织在党建工作的引领下按照各自职责分别有序地开展各项志愿服务工作。四是在小区内建设乡愁感恩墙、光荣榜、政务服务宣传栏等设施，营造向先进学习及感党恩的良好氛围，倡导群众"不忘来时路，再踏新征程"，加快融入新家园。

二、就业"扶技"，让群众留得住能发展

就业是确保群众能够搬得出、留得住、能发展、可持续的关键。云岩区在就业帮扶中以深挖就业岗位、举办招聘会、设立扶贫车间、技能培训等方式，充分利用"互联网＋就业"，开发"微兔gogo"APP，设置"淘就业"就业信息专区功能，线上线下齐发力，针对就业人群分类施策，为贫困劳动力就业提供坚实保障。一是开设扶贫车间。为帮助搬迁群众实现家门口就近就业，云岩区择优推荐具备条件的黔灵女家政等劳动密集型企业到兴阳家园社区开设扶贫车间（分厂）。二是举办专场招聘会。2019年9月，云岩区组织贵阳市20余家企业前往当地中心广场，提供就业岗位近2000个，涵盖厨师、育婴师、家政服务员、操作工、质检、工程维修等大量专业性岗位。三是就业创业技能培训。发挥云岩区培训学校多、培训种类丰富的优势，定期为安置点提供职业技能培训，包括电工、焊工、家政服务员、美容美发、手工刺绣、蜡染等工种。目前，兴阳家园社区已就业人数超过5128人，引进组建的扶贫车间有6家，分别为兴阳环兴打火机扶贫车间300人、吉森垚鞋业扶贫车间300人、兴阳家园装饰灯扶贫车间100人、兴阳家园少数民族服饰刺绣车间100人、兴阳家园地龙网手工制作车间100人、兴阳家园汽车尾灯扶贫车间100人，基本实现"一户一就业"的目标。

三、医疗"扶弱"，推动优质医疗资源下沉

积极推动优质医疗资源下沉，有针对性地开展医疗帮扶工作。引导云岩区人民医院帮扶边阳镇中心卫生院，推进云岩区人民医院党总支与罗甸县边阳卫生院党支部共建"同目标党组织"。一是加强业务交流学习。在公共卫生服务、疾病防治、医院管理、文化建设等方面深入开展交流学习，共同提升医院服务能力及双方医务人员业务水平。二是加大临床技术帮扶。充分利用云岩区人民医院特色专科的医疗资源，为罗甸县边阳卫生院在院感控制、中医特色理疗、骨科手术、妇产科及口腔科诊疗等方面提供临床技术支持。三是开展义诊坐诊活动。每季度派遣党员志愿者医疗服务队到安置点开展大型义诊，积极进行现场诊疗、送医送药、重症转诊等工作，同时组织云岩区人民医院专家到边阳卫生院进行现场坐诊、讲座、查房等，为疑难患者开通转诊"绿色通道"，全面开放公益性治疗项目。开展健康义诊活动 2 次，接待患者及群众健康咨询 145 人次，免费中医药物治疗、口腔治疗 34 人次，免费测量血糖、血压 56 人次。

四、文化"扶智"，增强居民获得感幸福感安全感

云岩区充分发挥以文聚人、以文悦人、以文化人的功能，帮助社区营造了浓厚的社区文化氛围。一是制定月计划，每月定期组织以感党恩、跟党走为主题的文艺表演活动，丰富群众文化生活，倡导群众心中常念党恩新风尚；二是以新市民实践站为载体，定期组织群众开展市民化培训，改善一些陈规陋习，以新市民身份快速融入新家园，目前已培训完成首期培训；三是组建志愿者服务队定期在安置点为群众开展志愿服务；四是在小区内正在建设乡愁馆、感恩墙、光荣榜等宣传设施，营造向先进学习及

感党恩的良好氛围，倡导群众要不忘来时路，再踏新征程的思想观念。

家门口就业创业、看病就医、享受天伦之乐……时光如流水，沉淀下来的是被安置点群众满满的获得感、幸福感、安全感。

典型案例三

长寨街道——脱贫攻坚再加力　脱贫成果再巩固

"这几年，得益于云岩区的大力帮扶，我们长寨街道在脱贫的道路上走得坚实、走得从容，几年间12个贫困村全部脱贫出列，共脱贫4012户16892人，为此长寨街道获得了全省先进单位的殊荣……"4月15日，在所把村云岩长寨生态农产品种植基地，站在满是春色绿意的田间地头，长寨街道党工委书记刘二洲在向前来开展脱贫攻坚现场调研的云岩区调研工作组如数家珍地述说着云岩对长寨的帮扶。

据了解，自结对帮扶以来，云岩区积极帮助长寨街道发展产业，开拓了市场，惠及了民生，发展了经济。2017年，投入200万元打造云岩·长寨现代采摘高效农业示范园；投入48.6万元，采取"先建后补"的方式。2018年，投入100万元建设上洪村四季水果种植项目；投入100万元建设长江村四季水果采摘园项目。2019年，共谋划实施项目11个，投入81万元建设中华蜜蜂蜂蜜、绿壳鸡蛋养殖基地4个；投入15.42万元发展种植基地2个；投入68.5万元建设加工基地3个；投入33万元实施基础设施补短板项目1个等。

战"疫"不能停，战贫不能缓。当下，正值全国上下全力打好疫情阻击战、抓实做好复工复产的关键时期，云岩区本着战疫和战贫两手抓，脱贫攻坚再加力，脱贫成果再巩固的目的，于2020年4月15日，由区委常委、宣传部部长杜凌云带队，率区委组织部、区委宣传部、区农业农村局、区财政局、区税务局、区工商联、区综合行政执法局、区文旅局、区教育局、区住建局、贵州龙腾稷丰投资开发有限公司等部门和单位，深入到长寨街道的村组田间，以大力推进产业扶贫为题与结对帮扶的街、村共谋农业发展思路、共议增收脱贫之策。

一、田间地头"话"创收

四月正是春花烂漫万物吐芳时节，在所把村云岩长寨生态农产品种植基地，长势苗壮的糯玉米株苗在春风拂动下欢笑点头，成片的地膜在阳光映照下泛着粼粼波光，挥锄松土的村民脸上写满笑意。田地间，杜凌云饶有兴趣地听取长寨街道党工委书记刘二洲对如何把一块地当作多块地使用向有限的土地资源要效益的情况介绍。近年来，长寨街道大力调整种植结构，在有条件的种获、冗雷等村充分利用田边、土角、荒地、山坡等种植特色农作物，积极在田间地头探索立体种植模式，使种植户获益不浅。杜凌云说：最大限度地挖掘现有土地的潜力，提高土地的利用率，多渠道、多途径增产增收，不失为长寨街道发展产业扶贫的一大特色，充分展示了长寨街道脱贫攻坚的集体智慧。

云岩长寨生态农产品种植基地位于长寨街道冗雷村、所把村、付家院村，项目总投入100万元，全部为云岩区帮扶资金。项目采取"村委会＋公司＋贫困户"的运作模式，采取"空间套种、立体种植"的发展思路，种植鲜食玉米、白菜、食用菌、有机大米，直接覆盖贫困户 180 人，间接带动 286 户 1029 人增收。

二、众筹集资"助"发展

按照云岩区脱贫结对帮扶的统一安排，云岩区委宣传部从 2017 年起至 2019 年作为牵头帮扶长寨街道的责任单位之一，先后领衔区工商联、财政局、农业农村局、税务局、发改局、综合行政执法局、教育局、文广旅游局、规划局、住建局、水务管理局等多个部门，对长顺县长寨街道的磨油、杉木、牛坡、长坡等 10 余个贫困村的 526 户贫困户按照"党支部＋贫困村、党员＋贫困户、部门＋贫困村、干部＋贫困户"的帮扶模式，精准、有效地开展脱贫工作，三年来，各职能单位充分发挥部门职能优势，通过扩大"朋友圈"融资、搭平台等手段共投入资金 105 余万元，对结对帮扶的贫困户开展养殖培训、种植培训，并为结对帮扶的贫困户购买鸡苗，帮助家禽养殖提高收入。至 2019 年底实现原"摆塘乡"减贫摘帽，板沟村、新民村、雷坝村、中塘村、上洪村、生联村、磨谢村、长江村、牛坡村、长坡村、杉木村、磨油村出列。

2020 年按照全区脱贫攻坚的部署，区委宣传部又将作为牵头单位结对对长寨街道 22 个村（社区）的剩余贫困人口 329 户 612 人开展脱贫帮扶工作。为把这一工作落到实处，区委宣传部密切与长寨街道联系，初步摸清其剩余贫困人口致贫原因，核准各村解决贫困的措施办法和产业发展项目，落实了工作组成员单位与贫困户所在村的一一结对关系。并及时召开联席会共商脱贫帮扶办法，达成了抱团聚力集中资源和资金，合力开展脱贫工作的共识，共集中资金 25 万元用于开展产业扶贫。调研中，杜凌云代表云岩区向长寨街道捐赠了这笔资金。

三、集思广益"淘"项目

"彩椒种植引进荷兰瑞克斯旺公司辣椒品种鲁斯卡35—191，亩产1万斤左右，亩产值3万—5万元，育苗时间在5月份，10月可上市，适宜长顺夏秋冷凉气候栽种，市场前景好……"

"冗雷村计划新建手套加工厂一个，采取村级合作社＋村民小组合作社＋农户的形式；预计投入资金30万元……"

"永增村拟实施伞架加工项目，初步统计约35户有意愿承接……"

在随后召开的扶贫工作座谈会上，长寨街道办事处负责脱贫项目推进的负责人何青松——推出了脱贫策划项目，与会的区农业农村局、区工商联等单位的负责人分别从产业投入、运作模式、产品上市等环节给出了有益的建议。

在听取了与会人员的座谈分析后，杜凌云要求要把有限的资

云岩区向长顺县长寨街道捐赠对口帮扶资金25万元

金用在刀刃上，做实做优精准扶贫，在产业发展上坚持因地制宜原则，引导贫困村组立足自然禀赋、发挥比较优势，积极推动集中连片的农业产业集群发展，以专业化布局、区域化生产，形成特色优势产业，形成贫困户长期稳定增收渠道。并表示将在接下来的具体工作中，按照"党支部＋贫困村、党员＋贫困户"的帮扶模式，围绕大扶贫战略行动工作需要，围绕"党建引领、共谋发展、共促脱贫"的工作思路，细化与结对村党支部共同开展党建引领扶贫工作的具体举措，依托云岩区大市场的优势，发挥省会城市核心区资源优势，全力配合长寨街道冲刺 90 天，打赢脱贫攻坚歼灭战，确保 2020 年 6 月底前，长寨街道剩余贫困人口 329 户 612 人全部达到脱贫条件，全部解决特殊困难群体"两不愁三保障"。

典型案例四

打易镇——脱贫路上"一个都不能少"

2018 年初，习近平总书记在调研四川凉山脱贫攻坚工作时曾指出："全面小康路上不能忘记每一个民族、每一个家庭……脱贫攻坚路上，谁都不能拉下，谁也不能少。"帮助贫困县脱贫、帮助贫困家庭走出困境既是政治责任更是政治担当，在帮助望谟县打易镇脱贫工作中，云岩区作为中心城区始终用行动践行着脱贫路上"一个都不能少"的决心和信念。

打易镇地处望谟县北部，距县城 28 公里，全镇国土面积 230.56 平方公里，辖 14 个行政村，154 个村民组，358 个自然寨，6145 户 31184 人，镇内居住有布依、苗、汉等民族，其中

在望谟县打易镇边王村胡蜂养殖棚中，养殖户在给胡蜂喂食。

养殖的胡蜂。

布依、苗等少数民族人口占 73.1%。全镇山高坡陡、谷深，境内山地占 90%，河谷及平地仅占 10%，耕地面积为 8416.32 公顷。全镇 14 个行政村中有 7 个贫困村（其中边王、二泥、双坝 3 个贫困村为深度贫困村），共有建档立卡贫困户 2644 户 11103 人，贫困发生率 20.25%。打易镇贫困程度深、贫困发生率高、脱贫难度大。2019 年 2 月，望谟县被列为国务院挂牌督战的贫困县，打易镇边王村被列为国务院挂牌督战的极贫村。

一、把脉问诊找穷根

把脉问诊，及时开出治愈穷根的良方是帮助打易镇脱贫的当务之急。云岩区委、区政府迅速行动，党政主要领导亲自安排部署、分管领导带队深入打易镇调研帮扶工作，掌握致贫原因及脱贫需求。经实地调研走访了解打易镇致贫原因有四个方面：一是产业规模化发展难度大。因受山地地势限制，产业以零星种植为主，加之缺乏科学的产业规划，没有特色的、规模化的经济支撑产业。二是镇、村两级集体经济薄弱，村级合作社虽有发展意愿但启动资金不足，无法发展产业经济。三是农产品销售渠道狭窄，技术力量薄弱，产品缺乏市场竞争力。四是群众观念落后，科技意识和文化素质不高，自主就业（创业）的意识不强，"等、靠、要"思想严重，缺乏参与脱贫热情。针对打易镇的致贫原因，及时分析研判，拟定《云岩区对口帮扶望谟县打易镇工作方案》及《党建帮扶工作组工作方案》《产业市场帮扶工作组工作方案》《行业特色工作组工作实施方案》等系列方案，聚合资源"抱团"助力打易镇按时高质量打赢脱贫攻坚战。

二、千方百计治穷根

因地制宜兴产业。云岩区始终把产业扶贫作为脱贫攻坚的主抓手，因地制宜，分类施策，不断加强产业帮扶。拨付帮扶资金 500 万元，帮助发展黄牛养殖 100 头、冷水养鱼 450000 尾、胡蜂养殖 1200 群、经果林种植 267 亩、鸡枞菌、木耳种植 13 万棒，共计产业项目 11 个，带动贫困户 1124 户脱贫，形成老百姓脱贫增收主要路径；精准对接找市场，充分发挥云岩区大市场、大流通的优势，深化产销衔接，帮助建设销售渠道。通过定期或不定期开展生鲜企业对接会与交流会，组织生鲜企业深入贫困地区开展定点帮扶，在辖区 45 家生鲜超市设立贫困地区农产品销售专区、销售专柜、线上线下电商等模式，助销农特产品 407.96 万元。全面推广强品牌。深入挖掘打易镇特色产业"紫茶"，实施品牌包装及推广，命名为"云谟紫茶"，可带动 264 余人脱贫。在云岩区 2020 年"中国旅游日"及"第 12 届贵州茶产业博览会"上向参会企业进行全面推介，在贵阳益田假日世界购物中心开业庆典上，将"云谟紫茶"作为在开幕式上的伴手礼赠予出席此次活动的领导及嘉宾。民生帮扶补短板。聚焦"一达标两不愁三保障"和饮水安全需要，全面统筹辖区优势资源，积极帮助补齐短板。近年以依托"淘就业""云岩智慧就业"等线上平台，提供就业岗位 12000 余个；教育"一对一"结对帮扶，实现送教送课45 次，受益师生 5141 人次；捐赠医疗设备及医药物资 21 万元，健康义诊 300 人次；投入帮扶资金 25 万元，建设"爱心超市·云岩站" 4 家，通过贫困户脱贫积分置换日用品，帮助提升群众参与度及满意度。

三、药到病除拔穷根

2018 年帮扶打易镇以来，云岩区共投入各类帮扶资金2025.5 万元（含物资，另有帮扶资金 1000 万元由望谟县统筹），用于打易镇开展脱贫攻坚工作，截至目前，共带动贫困户 914 户4142 人脱贫。2019 年底，打易镇贫困人口进一步减至 1859 人，贫困发生率从 20.25% 降至 6.5%；8 个贫困村农民人均可支配收入由 2014 年的 5697 元增加到 9496 元；全镇建档立卡贫困户人均收入由 2014 年的 2248 元增加到 2019 年的 3747 元，贫困群众"两不愁"质量水平明显提高，"三保障"突出问题总体解决。

2020 年度，全镇未出列村及未脱贫人口已全部达到出列和脱贫标准，贫困地区群众出行难、用电难、上学难、看病难、通信难等长期没有解决的问题普遍解决，义务教育、基本医疗、住房安全有了保障。

十三、花溪区 🤝 镇宁县、边饶镇、代化镇

——强化担当统筹力量　细化精准帮扶措施

（一）镇宁县：强化担当统筹力量，多方助力共奔小康

镇宁县是全省新阶段 50 个扶贫开发工作重点县之一，属滇桂黔石漠化特困连片地区，共有 16 个乡镇（街道），204 个行政村。2014 年有贫困村 114 个，深度贫困村 61 个，农村户籍人口 354136 人，其中有建档立卡贫困人口 21458 户 92872 人，贫困发生率为 21.76%。

1.同奔小康用心帮

凸显政治责任。2016 年花溪区与镇宁县结成对口帮扶，成立以区委书记和区长为组长的对外帮扶工作领导小组，领导小组下设市场帮扶工作专班、产业帮扶专班、就业帮扶专班、教育帮扶专班、医疗帮扶专班、干部互派帮扶专班、民政帮扶专班、旅游帮扶专班。区委、区政府主要领导和分管领导每年都到镇宁县对接帮扶工作。

选优配强力量。为做细、做实、做好对外帮扶工作，区委选派具有长期基层工作经验且责任心强、敢于担当的同志组成工作组常驻镇宁县（选派一名副县级干部任组长、一名四级调研员任副组长、三名

中层干部和一名专职驾驶员）。本着"到位不越位、帮忙不添乱、认真不敷衍"的工作原则，工作组着重做好帮扶资金的使用、监督，项目实施、管理，确保帮扶项目顺利实施，跟踪帮扶工作推进情况等，工作组数百次深入各乡、镇、村和项目实施地，积极协调县区部门工作，主动解决工作中出现的实际问题。区财政将工作组工作经费列入财政预算，不给帮扶地增加负担。

方法措施得当。工作组按照"一围绕"，围绕当年帮扶镇宁县工作方案开展工作；"二助推"，助推项目、资金落实实施，助推区直部门帮扶工作；"三协调"，协调好工作组与镇宁县直部门和乡镇工作关系、协调好区直部门与镇宁县直部门工作关系、协调好区扶贫办和县扶贫办关系；"四目标"，以当年帮扶内容当年实施、当年帮扶资金当年到位、当年帮扶项目当年建成、当年脱贫指标当年完成为工作目标，很好地完成各年帮扶任务。

2. 克服困难努力帮

强化省会担当。花溪区作为贵阳市主城区，强化责任担当，积极统筹各方力量，着力推进对口帮扶镇宁县。在区级资金紧张的情况下，投入财政帮扶资金和动员社会力量捐资共计1030万元（其中200万元为协调省级部门项目资金），用于镇宁县沙子、六马、双龙、革利、江龙等10个乡镇实施机耕道建设、产业发展共22个帮扶项目，所有建成帮扶项目都已见成效。

统筹帮扶有力。花溪区对外结对帮扶"一县三镇"，镇宁县是帮扶重点，为此区级层面以及部门分年累计制定的文件方案数十个，各帮扶专班及科局主要领导和分管领导都多次赴镇宁县对口帮扶部门开展帮扶工作，落实镇宁县提出的帮扶需求100多个。2019年镇宁县全县脱贫，花溪区按照"四个不摘"的工作要求，继续从人员、资金和项目等多方面开展对镇宁县帮扶工作。

　　舍小家顾大家。花溪区对外帮扶镇宁县工作组成员克服上有八旬老母、中有苦读少女、下有孙辈照看、别妻离子和身体欠佳等困难，立足大局勇担脱贫攻坚重任，履行职责，对花溪区帮扶镇宁县资金项目情况进行督促，配合区级各帮扶单位落实帮扶任务，提升基础设施，建立产业项目和开展业务知识培训等多方面帮扶镇宁县。

3. 多措并举结对帮

　　帮扶措施多样。几年来，花溪区帮助解决镇宁县 1000 余吨生鲜农产品销售问题，主要有小黄姜、蜂糖李子苗、莲花白、莴笋、小瓜、黄瓜、茄子、平菇等，并在花溪区 15 个惠民生鲜超市设置花溪区对口帮扶镇宁县销售专区；组织贵景领远公司、力合农业公司、贵州省房车露营协会等 10 多家企业到镇宁县投资考察，为镇宁县提供 1 万余个就业岗位，成功帮助该县 452 名建档立卡贫困劳动力实现就业（其中有 14 名在花溪区就业）；对镇宁县 40 名村医开展中医药技术培训，并在镇宁县开展大型义诊共诊疗各类患者 300 余人，发放宣传资料 2800 余份；拨付残疾人帮扶经费 6 万元；花溪区四所初中、八所小学与镇宁县学校开展"一对一"结对帮扶，邀请镇宁县教育局及学校校长共计 40 人到花溪区清华中学、花溪第四幼儿园、花溪二小等优质学校考察、调研；在花溪区的景区、景点设立镇宁旅游特色商品销售专区，设立镇宁旅游宣传广告牌，印发镇宁县景区、景点宣传资料，对镇宁县旅游行业服务人员开展技能培训 50 人；对镇宁县新闻宣传中心就新闻采编、采编设备轻量化、融媒体等知识进行业务指导；开展 3 期"镇宁县基层党组织干部抓党建促脱贫攻坚专题培训班"，共培训 150 人；举办两期镇宁县乡村振兴战略专题培训班，共培训 105 人等帮扶措施。

　　助推产业发展。2018 年拨付资金 100 万元用于良田镇建设百香果种植项目，种植面积 200 亩，带动建档立卡贫困户 216 户，带动建

花溪区委主要负责同志在镇宁县调研结对帮扶工作开展情况。

档立卡贫困人口 1002 人；2019 年拨付资金 50 万元用于双龙山街道大寨村箐口组烂坝小组至新路角机耕道建设项目，该项目打通了箐口组与天印山风景区的道路，带动建档立卡贫困户 36 户，带动建档立卡贫困人口 147 人，2020 年仅"五一"期间村民旅游收入 20 余万元。

助推基础设施建设。花溪区组织 1030 万元资金帮扶镇宁县 10 多个乡镇 20 多个村修建过河桥、机耕道硬化、连户路和连县路共计 30 多公里，为当地农业机械出入田间开展耕、种、收、运等提供便利，节约农时，提高时效方便生活出行，推动农业增效、农民增收、农村发展。

五年来，花溪区通过各种帮扶措施，助推镇宁县 13029 人脱贫，贵州省政府于 2019 年 4 月 24 日批准该县退出贫困县序列，同年贫困人口清零，贫困发生率从 2014 年的 21.76% 下降到零，在此过程中作出了花溪贡献。

（二）望谟县边饶镇：细化帮扶措施，助力精准脱贫

2019 年 5 月至今，花溪区帮扶望谟县边饶镇工作组按照省、市、区的安排部署，在区扶贫办的指导下，立足联系帮扶实际，深入村组，克服山高、坡陡、谷深、挂壁公路等危险的困难，积极与镇党委政府认真研究脱贫攻坚工作、明确帮扶思路、制定方案措施，有序推进，有力推动了花溪区对望谟县边饶镇脱贫攻坚帮扶工作，助推边饶镇社会经济全面发展。

边饶镇位于望谟县西北角，镇政府所在地坎边村，距望谟县城 59 公里。全镇辖 12 个行政村 93 个村民组 112 个自然村寨 5240 户 24292 人，居住着布依、汉、苗等民族，少数民族人口占总人口的 96%。其中贫困村 8 个，深度贫困村 5 个。全镇总面积 260.1 平方公里，耕地 2.6 亩，其中人均占有稻田面积 0.13 亩、旱地 0.86 亩。全镇建档立卡贫困户人口 2368 户 10822 人。截至 2019 年底，全镇共计脱贫 2067 户 9833 人，未脱贫 299 户 988 人，贫困发生率 4.07%。

根据《贵州省扶贫开发领导小组关于印发〈贵阳市进一步加大对外帮扶力度助推全省脱贫攻坚工作方案〉的通知》（黔扶领通〔2018〕1 号）文件要求，结合花溪区对外帮扶实际，以创新精准帮扶望谟县边饶镇脱贫攻坚机制为楔入点，以扶贫攻坚统揽工作全局，紧紧围绕"六个精准"的要求，落实"五个坚持、五个细化"，助力望谟县边饶镇脱贫攻坚工作。

1. 坚持以组织领导为保障，细化齐抓共帮工作格局

一是区委、区政府主要领导亲自谋划、亲自部署、亲自参与帮扶工作，分管领导分工协作，部门层层分解帮扶责任。二是认真研究制定脱贫攻坚帮扶实施方案，加强工作力量。选派三名干部到望谟县边

饶镇开展帮扶各项工作，之后根据工作需要，又先后两次调整帮扶组成员，保证帮扶工作不脱节。三是紧紧围绕市场、就业、产业、教育、医疗和干部互派人才培训等"六项帮扶措施"，充分调动区直部门优势资源，按照望谟县边饶镇脱贫攻坚短板、弱项和需求，强化组织领导，细化帮扶措施，整合部门资源，形成齐抓共帮的工作格局。

2. 坚持以帮扶目标为导向，细化工作责任衔接机制

"越在紧要关头，越要集中精力撸起袖子干，脱贫攻坚一天也不能等"，区扶贫领导小组调整帮扶工作组成员，召开安排部署会后，本着"战疫"不能停、"脱贫"不能等，为把耽误的时间抢回来，在防疫尚未结束，但春已来临之际，为不误脱贫帮扶工作，区帮扶望谟县边饶镇脱贫工作组成员立即撤离疫情防控战场，于 2020 年 2 月 27 日上午马不停蹄驱车开赴望谟县边饶镇又投入到帮扶脱贫攻坚总体战中。工作组发扬接力工作不脱节的精神，继续发挥参谋协调功能，细化工作责任机制，助推边饶镇脱贫出列。一是认真学习贯彻中央、省、市、区关于脱贫攻坚的新部署新要求精神，落实好省委书记孙志刚 2 月 18 日视频调度望谟县开展脱贫攻坚和疫情防控工作的指示精神，结合花溪区帮扶工作要求，按照望谟县脱贫攻坚整体部署，帮扶工作组明确帮扶责任人工作职责，对 2020 年度脱贫帮扶工作找差距、强弱项、补短板，严格执行帮扶工作纪律，建立问题清单、责任清单，做到工作任务清楚、帮扶项目及进展情况清楚、脱贫帮扶效果清楚；建立一周一次工作例会调度制度，精准掌握帮扶工作进展情况，以更严、更细、更实的工作作风助力边饶镇打赢脱贫攻坚战。二是根据区委、区政府工作安排，在全面打好打赢脱贫攻坚战中展现新担当新作为，结合"不忘初心、牢记使命"主题教育，坚决按照省委、市委的决策部署，强化责任担当，切实发挥自身优势，真心真情真帮实扶，实地对接落实帮扶措施。对花溪区帮扶边饶镇资金项目的落实情

况进行督促，配合好区各帮扶单位做好帮扶任务的落实，建立产业项目、提升基础设施、开展业务培训等方式帮助边饶镇百姓解决实际问题，助力边饶镇贫困人口如期出列。

3.坚持以项目帮扶为中心，细化帮扶资金落到实处

2018 年花溪区帮扶资金 150 万元涉及项目 4 个，覆盖带动 347 户 1596 人实现脱贫。其中：投入 35 万元硬化边坝村拢汪养殖场产业路 1.2 公里；投入 50 万元在邑饶村实施养牛项目，采取"合作社＋贫困户"发展模式，由邑饶村保上组 7 户养殖户入股成立宝山种养殖合作社具体实施，完成圈舍建设面积 1200 余平方米，目前养牛 96 头，覆盖贫困户 25 户；投入 35 万元实施纳望村食用菌种植；投入 30 万元完成 102 户贫困户透风漏雨修缮，切实解决了贫困户住房保障。

2019 年花溪区帮扶资金 150 万元在拉稍村修建花溪帮扶连心桥。施工队伍正在组织施工，计划 3 个月时间完成施工。

2020 年花溪区帮扶资金 350 万元，涉及产业、基础设施建设、"两不愁三保障"项目。其中，播东村标准化精品香蕉种植示范园项目，投资 80 万元种植香蕉 100 亩，覆盖贫困户 326 户 1500 人，香蕉种植示范园项目采取包技术、包栽种、包保底销售回收模式进行，4 月 27 日已种植完成；播东村排涝工程项目，覆盖贫困户 458 户 2085 人，投资 119 万元，建设 160 米排洪渠，降低坝区 600 余亩香蕉和百香果标准化精品种植示范园免受洪水冲毁风险，该项目已于 5 月中旬完成施工，现等待验收；边饶镇住房安全和人畜饮水提升改造项目，投资 51 万元（其中投资 33.2 万元，解决 137 户农村贫困户老旧住房透风漏雨视觉贫困；投资 17.8 万元，覆盖贫困户 310 户 1425 人，解决边坝村蓄水池不足、输水管不够、净水器缺失等问题，修建水池 4 个，输水管 1400 米，净水设备 2 套，水表 29 套，抽水机 1 台）。其余资金用于边饶镇村庄环境整治、垃圾池建设、医疗防贫救助、教育

资助、室内防潮及微心愿等扶贫项目。

4.坚持以对口帮扶为重点，细化帮扶措施落到部门

通过进村入户调研，按照边饶镇扶贫攻坚短板、弱项和需求，积极协调区扶贫办会商区对口帮扶部门紧紧围绕市场、就业、产业、教育、医疗和干部互派人才培训等"六项帮扶工程"，配合好区扶贫办和对口帮扶单位做好帮扶任务的落实。进一步扎实做好脱贫帮扶工作，3月30日，花溪区委副书记、区长梅俊带队赴望谟县边饶镇开展对口帮扶工作，先后来到播东村标准化精品香蕉种植示范园和排洪工程项目，实地察看产业扶贫项目推进情况，详细了解香蕉种植规模、种植技术、产销渠道、市场收益、群众增收、覆盖贫困户等情况，并仔细询问了产业发展中遇到的困难和问题。之后，梅俊区长在边饶镇就脱贫攻坚工作进行调研座谈，认真研究对口帮扶工作中存在的短板和薄弱环节，强化落实整改措施，并代表花溪区向边饶镇捐赠帮扶资金100万元，真帮实扶确保按时高质量打赢脱贫攻坚战。3月14日花溪区农业农村局党委书记、局长、花溪区扶贫开发领导小组办公室主任陈晓虎、副主任李震宇一行驱车来到边饶镇，考察了花溪区帮扶播东村标准化精品香蕉种植示范园和排涝工程项目。随后在边饶镇召开了贵阳市花溪区帮扶望谟县边饶镇工作座谈会，边饶镇党委副书记、镇长陈泽敏作了该镇脱贫攻坚整体情况介绍，帮扶工作组汇报了帮扶工作开展情况，双方对花溪区帮扶的资金投入项目情况及产业、教育、医疗、就业等帮扶工作进行了深入的交流和沟通，为2020年花溪区更好地助力边饶镇脱贫帮扶工作奠定了基础。座谈会上，边饶镇和花溪区扶贫办领导对帮扶工作组主动作为、积极作为的工作给予充分肯定，并对下一步帮扶工作提出了工作要求和建议，均希望协力同心共努力，定期完成脱贫攻坚工作。4月10日，花溪区文旅局文化旅游策划专家前来边饶镇播东村开展对口帮扶，实地考

察红色旅游、布依文化及溶洞景观，挖掘当地红色旅游、民族文化资源，策划旅游开发，以此带动当地村民脱贫致富奔小康。4月14日，花溪区供销联社主任陈华信率贵阳供销马车队公司、贵州信供产公司、股金社一行前来边饶镇开展对口帮扶，在边饶镇党委政府相关领导和帮扶工作组的陪同下实地考察播东村标准化精品香蕉种植示范园和坎边大坝500亩百香果项目。之后，区供销联社在边饶镇就对口帮扶工作进行调研座谈。会上，边饶镇党委政府从产业、就业、"两不愁三保障"等方面介绍了全镇脱贫攻坚工作开展情况，对蜂糖李、香蕉、芒果、百香果、小黄牛、黑毛猪、黑山羊等种养殖产业的规模、发展规划等方面进行了详细的介绍，区供销联社、贵阳供销马车队公司、贵州信供产公司认真研究产销帮扶工作中存在的短板和薄弱环节，一一提出合理化建议。区供销联社相关负责人表示，今后区供销联社将积极发挥桥梁作用，建立以市场为导向，信息共享机制，达到合作共赢的目的，以此带动边饶镇村民共同脱贫致富奔小康。帮扶工作组表示将发挥枢纽作用，与当地党委政府一道引导、组织村民通过产销绿色通道进行农产品销售，不断提升农产品质量和销量，进一步推动当地产业良性发展。4月24日，区卫健局组织花溪区人民医院14名医疗专家到边饶镇开展义诊帮扶活动。当天，共接待群众义诊咨询50余人、发放健康教育宣传资料和惠民医院宣传资料300余份。义诊活动结束后，区人民医院专家组又到边饶镇中心卫生院开展指导工作。5月8日，帮扶工作组会同花溪区商务和投资促进局、边饶镇政府相关负责人和贵州黔上优货文化传媒有限公司负责人一行，深入望谟县边饶镇岜饶村堡上组，实地考察望谟县边饶镇宝山种养殖农民专业合作社种植的蜂糖李挂果情况，并就如何建立长效种植、销售机制进行深入交流。考察结束后，贵州黔上优货文化传媒有限公司和望谟县边饶镇宝山种养殖农民专业合作社正式签订了第一单3万公斤的堡上蜂糖李农产品购销合同，初步确定了产、销双方的权利和义务，共同打造望谟县边饶镇第一个农特品牌，至此，"堡上蜂糖李"的企业＋合作社＋农户助力农户增收、助推产业发展的利益联结机制正式运行。5月15日花溪区人力资源和社会保障局在边饶镇举办了"2020年望谟县边饶镇脱贫攻坚专场招聘会"。本次招聘会以"搭建供需平台，助力就业脱贫"为主题，旨在为贫困劳动力、受疫情影响的外出务工人员和用工企业搭建良好供需平台，促进更多就业困难群体就业，实现就业脱贫，助推脱贫攻坚。结合帮扶地农村劳动力培训需求，帮扶工作组积极与区人社局对接，5月29日组织望谟县边饶镇14人到贵阳市铁二局技工学校参加挖掘机驾驶员培训。6月2日，区商务和投资促进局召开脱贫攻坚对外帮扶"一县三镇"农产品促销专题工作会议。会上，帮扶工作组介绍了帮扶地望谟县边饶镇季节性农特产品基本情况和销售需求，并专门对边饶镇"堡上蜂糖李"进行产销推介。6月16日，帮扶工作组、望谟县边饶镇人民政府在花溪区溪云小镇创业孵化基地直播带货大厅通过贵州交通广播952平台，对望谟县边饶镇岜饶村堡上组的"堡上蜂糖李"进行了现场带货直播。通过贵州交通广播952直播平台为"堡上蜂糖李"进行宣传推广，通过新媒体打开"无线"销路，打通边饶镇农特产品销售"最后一公里"的问题。

5.坚持以服务群众为宗旨，细化"6+N"持续发力效果

一是主动争取省发展和改革委领导支持帮扶工作。3月18日，贵州省发展和改革委副主任杨波率社会发展处处长王小然、产业发展处处长方学兵到望谟县边饶镇调研脱贫攻坚工作。当天，杨波来到了花溪区2020年帮扶边饶镇播东村精品香蕉园基地和坎边村百香果基地进行实地调研，详细了解种植规模、种植技术、发展现状、产销渠道、市场收益、群众增收、覆盖贫困户等情况，并和边饶镇领导及花溪区帮扶工作组的同志就花溪区帮扶工作组协调的拟建加油站项目和产业发展等进行了深入交流。杨波对花溪区的帮扶工作给予肯定。他指出，省发展和改革委对口帮扶望谟县，花溪区对口帮扶边饶镇，在决战脱贫中是命运共同体。省发展和改革委和花溪区要帮助边饶镇党委政府聚焦脱贫攻坚的关键环节，特别是贫困发生率高的营盘村，进一步深入发现问题、解决问题，以最快、最短的时间、最有效的措施整改到位、补齐短板。

　　二是积极协调加油站建设，解决群众加油难问题。边饶镇虽然交通便利，但由于缺乏配套设施，经济发展滞后，全镇没有一个加油站，群众迫切需要一个加油站。为了更好地发挥产业扶贫、消费扶贫的优势，为贫困百姓办实事，工作组进村入户认真调研。据调查，该镇12个村79个村民组97个自然村寨5240户25706人，现有摩托车5300余辆、轿车1200余辆、工程车200余辆，这些车辆平时加油均要到40公里以外的望谟县城或边饶镇与紫云县、镇宁县交界处加油。若从高速走，往返过路费近一百元，若走县道省道，来回需四小时左右，极大地增加了生产生活成本，加大了贫困老百姓的脱贫难度。为了解决民之所求"加油难"问题，工作组及时向边饶镇党委政府提出建议，并积极争取省发展和改革委帮助，协调相关单位、石油公司落实建设加油站指标等相关手续。在工作组的积极协调下，望谟县边饶镇政府预调三块建设地作为加油站建设点，供石油公司布点考察。3月13日、3月16日、3月18日、3月19日，中石油、中石化、中海油等有关公司分别前往望谟县边饶镇，在帮扶工作组和镇党委政府有关领导的陪同下考察了加油站建设工作。除此之外，2018年贵州三峡义龙能源有限公司原拟定在边饶镇投资建设油气电综合站，到边饶镇落实选址地块后，受土地规划及建站指标等因素制约，至今未建设。3月18日，三峡公司获知其他石油公司欲到边饶镇投资建设加油站的信息后，又到边饶镇启动工作；3月26日，工作组与镇政府主要领导到各选址点就土地性质等相关事宜现场测勘，并和三峡公司就加油站建设工作进行沟通。4月1日，工作组组长田景文、边饶镇镇长陈泽敏到望谟县工科局与曾忠立局长就加油站建设事宜进行协调。目前，有关石油公司正在拟定投资方案，土地、林业、水源、环保等初步选址规划方案已报县政府。

三是协调解决"视觉贫困"问题。针对建档立卡贫困户"视觉贫困"问题，帮扶工作组充分发挥工作资源优势，协调县脱贫攻坚指挥部政策倾斜解决边饶镇尚未脱贫的301户989人需求的床、衣柜、桌子、凳子、电磁炉、电饭煲等物资。目前，已摸排统计出"视觉贫困"所需物资明细上报县脱贫攻坚指挥部。

四是帮助策划红色旅游开发。工作组在播东村与村支两委干部开展脱贫攻坚工作座谈时了解到，播东村位于边饶镇政府所在地西面，距紫望高速边饶镇收费站2公里，全村31.4平方公里，辖9个村民组8个自然村寨，共537户2556人。2014年全村建档立卡贫困人口325户1508人，属一类贫困村。经贫困人口动态调整，该村于2017年出列，现有建档立卡未脱贫人口9户35人，贫困发生率1.37%。该村属布依族村寨，布依村民善良淳朴、勤劳能干，但受自然环境因素制约，巩固脱贫攻坚成果依然不容乐观。在交流中获悉，1935年4月16日，中央红军长征中，从贵阳方向分三路从紫云县进入望谟县播东村宿营，一路是由邓华率领的红一军团第一师第二团为先遣团，于4月17日与军委纵队在播东村会师并召开军团大会，宣传共产党和红军革命宗旨，研究长征行军路线。边饶镇及播东村广大干部群众认为播东村红色旅游资源丰富值得挖掘开发，工作组将此情况及时与镇党委政府沟通，并收集帮扶需求，向区扶贫办汇报，请求协调相关部门帮助该村策划开发红色旅游，带动布依群众脱贫致富。4月

10 日，花溪区文旅局负责人率文化旅游策划专家前来边饶镇播东村开展对口帮扶，实地考察红色旅游、布依文化及溶洞景观，挖掘当地红色旅游、民族文化资源，策划旅游开发，以此带动当地村民脱贫致富奔小康。帮扶工作组在开展对口帮扶工作中了解到播东村有丰富的红色旅游资源和特色民族文化后，主动作为，积极建言献策，及时与镇党委政府沟通，收集帮扶需求，并向区扶贫办汇报，请求协调相关部门帮助该村策划开发红色旅游，带动布依群众脱贫致富。花溪区文旅局及专家一行在边饶镇政府领导、花溪工作组及播东村村干部的陪同下，到红一军团曾宿营地、会师地、溶洞景观、村寨红色壁画等地进行了参观，随后到村委会进行座谈，就如何挖掘该村红色旅游、布依特色文化、溶洞景观等进行了深入的交流。孙靖璇副局长表示，下一步旅游策划工作将会与边饶镇党委政府、播东村两委和花溪区工作组加强沟通协作，共同编制出高质量的旅游策划方案，为推动当地旅游发展，带动老百姓脱贫致富作出努力。6 月 9 日上午，帮扶工作组一行与望谟县相关领导共商红色旅游发展工作、助推脱贫攻坚。会上，帮扶工作组介绍在边饶镇开展脱贫攻坚帮扶情况，并对红军长征过境望谟史料利用，开发红色旅游提出初步设想，就如何把红色文化与民族文化、红色资源与自然资源深度融合提出了意见和建议，与会人员围绕望谟红色旅游发展，结合自身工作实际进行了发言，达成了共识。会议采纳了花溪区驻望谟县边饶镇脱贫帮扶工作组的相关建议，确定打造以边饶镇播东村红色旅游为重点，集红色文化旅游、布依民族特色文化、自然山水溶洞景观、现代农业采摘相结合的旅游开发样板地，达到"走红色之路、品布依美食、听天籁之音、观自然山水"的旅游融合发展，推动全县旅游文化产业健康有序开发。

五是实施就业带动脱贫帮扶工作。工作组通过到各村召开座谈会、进村入户走访，了解边饶镇劳动力需求，工作组积极与贵阳市、花溪区人社局联系，积极搭建就业桥梁，依托区内的大数据、大生态、大旅游等产业，大力开发就业岗位，强化岗位信息挖掘。截至2020年6月，为边饶镇提供招聘单位162家，用工岗位24237个，举办一场现场招聘会，组织14人开展挖掘机培训。

六是积极宣传，大力营造氛围。2020年以来，工作组共编写工作简报23期，上报工作典型材料1期，花溪区政府门户网站、浪漫花溪高原明珠微信公众号刊发了工作组15期工作简报。4月30日，贵阳市电视台《直播贵阳》栏目《脱贫攻坚走基层专栏》以"脱贫攻坚，花溪在行动"为题，宣传报道了花溪区对口帮扶望谟县边饶镇工作成效；花溪区融媒体中心记者进行为期一周的跟踪采访，以《开对"药方"拔"穷根"》《花溪帮扶解难题，修建连心桥打通产业路》《花溪区"志智双扶"送岗下乡》《花溪区精准帮扶产业项目播东村实现"点土成金"》《帮出信心与志气，堡上村民树宏愿》《贵州小山村走上养牛致富路》《送千余岗位到望谟》《花溪区助力边饶镇脱贫致富有"术"》等为题对花溪区三年帮扶项目的实施情况进行深入的系列报道。自4月30日以来，中央媒体人民网、新华网、新华社客户端、贵州日报旗下天眼新闻、众望新闻、贵阳电视台、浪漫花溪高原明珠滚动报道贵阳市花溪区对口帮扶望谟县边饶镇的脱贫攻坚工作，展现了边饶镇党委政府和人民群众对花溪区对口帮扶工作的肯定和赞誉，为助力边饶镇按时高质量打赢脱贫攻坚歼灭战发挥了花溪作用。

七是走贫访困找原因，出谋划策助发展。帮扶工作组持续发挥"四员"作用，真正使政策宣传员、问题排查员、帮扶联络员、攻坚战斗员在脱贫帮扶工作中落地落实。从4月7日起开始对全镇299户988人贫困人口进行抽样走访，至5月12日，工作组已走访了24个组 79 户 243 人，覆盖边饶镇 12 个村。每到一户，工作组都与他们进行了面对面促膝交谈，认真了解、记录贫困群众的家庭成员信息、身体健康状况、收入水平、大额支出、致贫原因以及住房、用水用电、劳动就业等生产生活情况，了解"两不愁三保障"需求。从走访的情况看，有的村民因身患残疾生活自理能力差、有的村民因上有老下有小加上自身智障不能独立外出务工、有的村民思想观念落后只在家务农，甚至还有好吃懒做的⋯⋯，工作组积极宣传脱贫政策，引导贫困户自觉摒弃"等、靠、要"思想，激发他们的内生动力，希望他们发扬自强不息精神，增强自主脱贫意识。为此，给当地镇、村提出涉及经济发展、社会发展、产业发展建议 6 件次外，还就外出务工、就业培训、两不愁三保障短板、透风漏雨、环境治理、视觉贫困等方面提出合理化建议 10 件次，着力提高帮扶成效。

（三）长顺县代化镇：实施"6+N"模式，确保贫困群众稳定脱贫

代化镇地处麻山腹地，位于长顺县南部，距县城 58 公里，东与惠水县王佑镇相邻，南与长顺县敦操乡接壤，西与长顺县鼓扬镇及紫云县宗地乡相连，北与长顺县摆所镇交界。境内地形地貌复杂，属典型喀斯特岩溶地形，石漠化现象极为严重，地表资源、水资源极为缺乏，70％为深山区、石山区，平均海拔在 990—1200 米之间，年平均降雨量 25mmHg，平均气温 16℃，总面积 173.73 平方公里。全镇总耕地面积 23262 亩，其中水田 9873 亩，旱地 13389 亩，农业人均耕地 0.87 亩；森林覆盖率 32％，人均林木面积 0.45 亩，年平均气温 13℃。全镇辖代化社区和朱场、打朝、斗省、睦化、麻响、纳傍、斗篷 7 个村 161 个村民组。2013 年末总人口数 5806 户，26840 人，少

数民族人口 20362 人，占总人口数的 75.8%。

为贯彻落实中央、省、市、区精准扶贫工作的安排部署，根据《花溪区关于成立对外结对帮扶工作组的通知》（花扶〔2018〕30 号）文件精神，派驻代化镇开展扶贫帮扶工作以来，坚持以习近平新时代中国特色社会主义思想和习近平总书记关于脱贫攻坚的一系列重要论述为指导，紧扣代化镇经济社会发展战略，以助力代化镇解决脱贫攻坚"两不愁三保障"突出问题为着力点，主动作为，因地制宜做好帮扶工作，在助推代化镇产业发展、民生保障、基础设施建设、农产品销售、就业带动、医疗带动、教育带动等方面发挥了桥梁、纽带作用。主要做到四个强化。一是强化对接沟通。通过会议座谈、业务交流、电话沟通、微信联系等多种形式，主动与代化镇党委、政府以及相关单位对接，加强交流，按照提供助力不设置阻力的原则，建立健全良好的对接沟通机制，心往一处想，劲往一处使，不断理顺工作组

村民在贵州省长顺县代化镇代化社区打傍蔬菜基地内工作。（新华社记者刘续摄）

与帮扶地关系，更好掌握代化镇脱贫攻坚需求，避免信息不对称，帮扶工作走弯路。二是强化调查研究。没有调查就没有发言权，为更好地做好扶贫帮扶工作，通过进村入户、走访群众、实地调研、项目考察等多种形式，多层次、多渠道深入开展脱贫攻坚调查研究，为助力代化镇脱贫攻坚工作提供新思路、找准新对策。三是强化项目推进。针对对口帮扶代化镇确定的各项帮扶项目，按照事前、事中、事后全过程跟进推进的原则，协调各方，从人力、物力、财力等方面做好项目保障，确保项目成熟一个、动工一个，并进一步细化台账管理，明确责任，压实任务，助力推进项目建设。四是强化协调督促。按照省、区、市帮扶工作安排部署，根据帮扶地脱贫攻坚的需求，结合花溪区实际，对标对表，进一步协调督促各帮扶单位，整合资金、整合资源、整合力量全力以赴开展帮扶工作，确保各项帮扶措施落实到位，各项帮扶任务顺利完成。

大力实施"6+N"（以大市场带动、大就业带动、大产业带动、基础设施带动、教育带动、医疗带动为主，以及组织带动、民政帮扶带动等其他方式为辅）帮扶带动模式，整合自 2016 年至 2019 年区级帮扶资金 862.79 万元，助推代化镇贫困群众稳定脱贫，帮扶地区可持续发展，顺利完成助推代化镇贫困群众 2018 年减贫 1000 人、2019年减贫 1000 人的目标任务，为代化镇脱贫攻坚工作取得了决定性胜利作出花溪贡献。

大力开展市场帮扶。依托辖区内合力超市、星力超市、地利生鲜、供销马车队、地利物流园等平台优势、渠道优势，督促协调区商务部门积极做好农产品产销对接的牵线搭桥，并在地利物流园、供销马车队分别建立了长顺县代化镇农产品直销专区，帮助当地农产品销售。同时对代化镇进入地利物流园直销专区销售的农产品给予进场费减半、场租费全免的费用优惠。

　　大力开展就业帮扶。一是实施转移就业。督促协调区就业局建立健全岗位信息共享机制，广泛收集辖区内企业和用人单位的用工需求，为代化镇提供用工岗位 1 万余个，解决贫困人员就业问题，促进转移就业。二是开展技能培训。组织开展政策咨询、就业指导相关讲座，加强产业发展技术指导，切实提高贫困人口自身发展能力。协调贵州大学学术交流中心到代化镇组织开展乡村振兴培训，对贫困人口种植、养殖提供技术指导。协调组织代化镇扶贫干部 13 人参加"花溪区 2018 年基层农技推广体系改革与建设示范项目暨农业产业结构调整（产业扶贫）专题培训班"、花溪区 2018 年饲料管控和饲养技术培训班；协调组织代化镇扶贫干部 15 人到贵州大学参加 2019 年乡村振兴战略专题培训班。

　　大力开展产业帮扶。助推代化镇纳傍村投入资金 220 万元，其中对口帮扶资金 120 万元，长顺县财政专项扶贫基金 100 万元，建设纳傍村构树种植示范基地项目，完成构树种植 500 亩，配套产业道路 1.074 公里。并依托贵州黔昌盛禾农业有限公司，采取"公司＋村级平台公司＋农户"的组织方式，按照"全民持股"的分配理念，通过"土地入股、劳动务工、党恩分红"三种方式建立利益联结机制，对所有纳傍村户籍农户利益联结全覆盖，扶持农户约 417 户 1738 人，其中：扶持贫困农户约 231 户 996 人，实现"户户项目覆盖、人人红股增收"，拓宽了群众增收渠道。2020 年已投入 40 万元建设斗篷冲村能繁母牛养殖项目，投入 80 万元建设代化社区养鱼项目，下半年着手规划建设 50 万元项目。

　　大力实施基础设施帮扶。针对代化镇基础设施短板，2016 年、2017 年，在实施代化镇人居环境改造工程项目、打朝村活动广场项目、打朝村格达组污水处理工程（调整为移民小区高位水池至拉马供水管网改造工程）、朱场村、打朝村太阳能路灯安装项目、代化镇打朝村三个村民组人饮工程（已调整为代化镇摆岗、小白洞饮水安全项目）、垃圾设备购置等项目的基础上，2018年出资120万元实施代化镇透风漏雨房屋整治项目，安装门窗解决代化镇8个村居394户老旧住房透风漏雨问题。2019年出资60万元解决6个村级卫生室改扩建项目（其中使用资金13.25万元完成斗篷村、打朝村2个村居卫生室改造，其余4个卫生室改造项目计划调整）。

大力开展教育帮扶。一是开展教学交流。充分发挥花溪小学、青岩贵璜中学等基地学校职能，协调组织开展花溪区与长顺县"同课异构"教学业务交流活动，通过到校观摩、网上共享教学资源等方式进行交流，涉及小学语文、数学、英语、音乐、美术、体育及科学共7个学科，教师100余人。并结合花溪区暑期骨干教师培训，邀请长顺县12名骨干教师参加培训。二是开展送教活动。根据睦化中心完小缺乏英语教师的实际，青岩中心完小外派英语教师对长顺县代化镇睦化中心完小开展英语学科走教帮扶教学活动。

大力开展医疗帮扶。一是组织医务培训。组织区中医院、区人民医院医生到代化镇开展村卫生室服务能力提升培训。二是开展义诊活动。协调组织花溪区妇幼保健院医务人员13人到代化镇卫生院开展医疗大型义诊活动，对妇女常见病、宫颈癌进行免费筛查和诊疗30余人，免费测量血压80余人，发放妇幼健康各类宣传资料1300余份，提供健康咨询100余人次。三是强化技术支持。组织花溪区妇幼保健院医务人员通过以诊疗促培训方式，与代化镇卫生院医务人员进行妇幼保健业务工作交流，并进行坐诊指导。同时，接收代化镇的医技人员到区医院进修，对代化镇需要转诊患者开放绿色通道，提供先诊疗后付费服务。

在民生帮扶、组织帮扶等其他方面。一是强化社会保障。出资140万元为代化镇贫困人口代缴合作医疗、养老保险金。二是寒冬送温暖。对留守儿童和留守老人开展慰问帮扶，帮助解决生活困难问题。出资5.5万元为代化镇194名留守儿童解决书包、文具等学习及生活用品；出资3.79万元为养老院解决抽油烟机、洗衣机、床、四件套、保暖衣等生活物资；协调社会爱心人士在斗省小学捐建一爱心书屋。三是带动贫困村发展。出资25万元分别为代化镇7个村级便民服务中心解决电脑、办公桌椅等办公设备，出资3.5万元在斗省村修建一个450平方米的篮球场，协调5万元用于采购代化镇新办公楼办公设备。四是强化党建帮扶。开展基层党建交流活动，协调组织代化镇50名镇村干部到具有特色做法和先进经验的村级党建示范点、区级党性教育基地实地观摩、考察调研。

一分耕耘一分收获，自2016年9月代化镇被省委列为全省20个极贫乡镇之一以来，在省委极贫乡镇重大政策机遇下，在贵阳市花溪区及社会各界的帮扶下，代化镇以脱贫攻坚统揽全镇经济社会发展全局，全镇上下发生了翻天覆地的变化。绝对贫困基本消除，群众生活发生了变化；产业实现从无到优，产业发展发生了变化；基础设施大幅改善，镇村面貌发生了变化；基层治理更加有效，群众思想发生了变化；干部作风明显转变，党群干群关系发生了变化。全镇贫困人口从2014年的2877户12689人减少到2019年底的174户353人，减贫2703户12336人，贫困发生率从2014年的49.8%下降到当前的1.39%，下降了48.41个百分点，6个贫困村全部出列，实现全镇"脱贫摘帽"。

十四、乌当区 🤝 天柱县、敦操乡、
麻山镇、红水河镇
——扶贫路上勇担当　共同富裕奔小康

2020 年是全面建成小康社会的目标实现之年，习近平总书记指出，要加强区域合作、优化产业布局，实现先富帮后富，乌当区实施"携手奔小康"行动，着力推动县与县精准对接，实现互利双赢、共同发展。2016 年以来，乌当区先后帮扶天柱县、长顺县敦操乡、望谟县麻山镇和罗甸县红水河镇，充分发挥资源优势，实施精准帮扶，聚焦"两不愁三保障"，解决好群众关心的基础设施、住房、教育、医疗等实际问题，立足发展产业就业，促进农户增收致富，确保"一县三乡镇" 28122 名贫困人口稳定脱贫。

（一）强化资金支持，助力基础设施完善

助力基础设施完善。2016 年以来，乌当区帮扶"一县三乡镇"实施基础设施项目累计 12 个，资金 1346.64 万元。天柱县实施项目 2 个，资金累计投入 205 万元，其中，民族特色文化建设 5 万元，凤城街道麦溪村产业路和石坪产业路建设 200 万元。敦操乡实施项目 5 个，

资金累计投入 321.64 万元。其中，斗麻村黑色生猪能繁母猪养殖基地建设 30 万元，助推 5 户 24 人脱贫；通组路和串户路建设 56.64 万元，解决 198 户 464 人出行难问题；打召小学基础设施建设 35 万元，完善敦操乡农民集中建房点基础配套设施 100 万元，助推 293 人脱贫。麻山镇实施项目 1 个，帮扶安全饮水项目建设 20 万元。红水河镇实施项目 4 个，资金累计投入 600 万元，其中，罗甸边阳水厂建设 500 万元，农村人居环境"五位一体"综合整治补短项目 30 万元，平亭村 100 亩以上坝子农业基础设施灌溉水渠建设项目 50 万元，带动贫困户 200 户 510 人脱贫，平亭村村委会建设补短项目 20 万元。

（二）强化补齐短板，助力民生保障提级

助力教育质量提升。2016 年以来，乌当区累计帮扶"一县三乡镇"教育项目 13 个，累计投入资金 126.8785 万元。天柱县实施项目 4 个，累计投入资金 60.04 万元，其中，区级 15 所学校组成的帮扶单位与天柱县受助单位积极开展交流活动，帮助培训天柱县教育管理人员 80 人，学校（幼儿园）一线教师 500 余人 40 万元；2018 年实施教育补助 3.4 万元；资助 30 名建档立卡学生 6.64 万元；乌当区实验二小和天柱县凤城二小开展了"乌当——天柱名师工作室"联合教研活动 10 万元。敦操乡实施项目 3 个，累计投入资金 11.25 万元。其中，乌当区教育局帮扶敦操乡高中及以上建档立卡 105 名贫困学生每人 500 元，共计 5.25 万元，区委统战部慰问 12 名贫困大学生，每人 2000 元慰问金和一个行李箱（500 元 / 个），累计 2.4 万元。麻山镇实施项目 4 个，累计投入资金 40.5885 万元。其中，资助麻山镇 2018 年 25 名二本以上建档立卡贫困户大学生每人 3000 元助学金，共计 7.5 万元；区教育局、区教培中心组成工作团队到麻山镇开展师生培训及交

流捐赠，区幼儿园赴望谟县麻山镇送教交流活动，双方签订了《幼儿园帮扶结对协议书》。乌当区东风镇乌当小学赴麻山镇卡法小学、交龙小学开展送课交流活动。双方共计 1500 余人参加，协助麻山镇 4 所学校改善办学条件，累计帮扶资金 1.5885 元。帮扶麻山镇大学生补助资金项目 21.5 万元；投入教育资金 10 万元，助力 100 人脱贫。红水河镇实施项目 2 个，累计投入资金 15 万元，其中 5 万元用于购买罗暮中心校学生课桌椅，10 万元罗甸红水河镇罗幕中心校食堂改建项目。同时，与罗甸县红水河镇中心学校开展帮扶座谈交流会，从干部教师交流培训、送课、顶岗锻炼等 3 个方面，签订乌当区新九学校与罗甸县红水河镇中心学校帮扶协议，开展帮扶工作。

助力医疗服务水平提升。2016 年以来，乌当区累计帮扶"一县三乡镇"医疗项目 8 个，累计投入资金 199.66 万元。天柱县实施医疗帮扶项目 5 个，帮扶资金累计 175.16 万元，其中，开展专家义诊活动，免费发放药物及宣传资料，捐赠价值 30 万元医疗设备。投入 115 万元用于购买石洞镇卫生医疗设备，区卫健局组织区内相关专家及管理人员 11 人，到天柱县开展帮扶活动。主要包括中医适宜技术开展、医院安全和质量指导、慢性病管理、孕产妇健康管理等四个部分，并走访两个村卫生室、一个卫生院累积帮扶 10 万元。2020 年疫情期间，乌当区捐赠天柱县医用外科口罩 20000 个、医用酒精 500 瓶、84 消毒液 8 吨、免洗洗手液 500 瓶、测温枪 100 把、运输物资车辆 2 辆，累计投入资金 20.16 万元。望谟县麻山镇实施医疗项目 3 个，累计投入资金 24.5 万元。其中，乌当区人民医院、区卫计局等部门在麻山镇开展义诊活动，捐赠 10 万元资金用于卫生院搬迁。区卫健局组织区内相关医院到麻山镇开展中医适宜技术培训，开检验单、心电图单、B 超单多份，处方近 50 张，发放健康教育处方及宣传资料 150 余份，免费发放药物、向麻山镇卫生院捐赠购置办公室设备、捐赠医疗器材，共计 4.5 万元。医疗救助帮扶 10 万元。

（三）强化项目实施，助力群众增收致富

助力发展农村产业。2016 年以来，乌当区帮扶"一县三乡镇"产业项目 15 个，累计投入资金 857.6 万元。天柱县帮扶项目 7 个，投入资金 590.5 万元。其中，天柱县朗江现代农业休闲观光园区荷花基地旅游设施工程 100 万元，天柱县蓝田镇大坝产业 120 万元；采购天柱县茶油和稻田鸭 52.5 万元；200 亩油茶同心林抚育共三期，目前已投入 168 万元；发展养鸡产业 100 万；150 亩百香果采摘体验园建设及棚架搭建 20 万元；坪地镇三鑫村基础设施建设及产业项目建设 30 万元。敦操乡帮扶项目 3 个，投入资金 110 万元。支持资金 30 万元帮扶敦操乡发展绿壳蛋鸡产业养殖，建立黑毛猪产业和蜂、鹅、鸭等立体生态农业等 5 个种养殖示范点，采取"大户 + 村集体 + 贫困户""合作社 + 贫困户""大户 + 合作社 + 贫困户"等模式进行利益联结，带动贫困户 96 户。支持斗麻村和打召村各 30 万元，扶持黑色生猪、能繁母猪养殖基地 3 个（斗麻 1 个，打召 2 个），利益联结贫困户 18 户（斗麻 8 户，打召 10 户）。捐赠 100 台抽水机给敦操乡相关贫困农户和种养殖大户，用于扶贫产业发展。支持资金 20 万元助力 101 人脱贫，对畜禽养殖户进行技术培训和技术指导，着力解决生产过程中存在的技术难题。麻山镇帮扶项目 4 个，投入资金 137.1 万元。其中，中药材（菊花）产业示范点建设支持资金 27.8 万元；2019 年种草养畜 20 万元；澳洲坚果种植项目示范点建设 20 万元；采取"公司 + 合作社 + 农户"模式，投入资金 69.3 万元发展芒果产业，实行产销一体、订单式销售，打造示范点，创新品牌，辐射带动贫困户脱贫增收，助力 141 人脱贫。红水河镇帮扶项目 1 个，投入资金 20 万

元帮助相亭村发展生姜种植项目，加强项目实施的跟踪，做好技术指导和服务，邀请专家现场对种植、施肥管理进行培训，增强了群众的种植技能，降低种植风险，增加群众发展产业的信心。

助力就业创业能力提升。2016年以来，乌当区帮扶"一县三乡镇"就业项目5个，累计投入资金315万元。其中天柱县帮扶项目2个，帮扶资金200万元；公益性岗位开发100万元，乌当区紧紧围绕天柱扶贫产业和市场，与学员创业实践相结合，落实培训资金100万元，组织村两委成员、村级后备干部、农村党员、小微企业主，农民专业合作社负责人、家庭农场主、种养殖大户、农业产业化企业负责人、170个贫困村的310名贫困创业致富带头人开展针对性培训。望谟县麻山镇帮扶项目3个，累计投入资金115万元，15万元用于麻山镇人力资源就业服务公司建设，麻山镇就业扶贫稳岗补贴项目建设投资40万元,60万元用于就业帮扶助力脱贫。乌当区人社局通过"春风行动"招聘会等帮扶活动组织企业先后提供5839个就业岗位，其中天柱县3050个、麻山镇2289个、敦操乡500个。

（四）强化互派干部，助力业务能力提升

乌当区按照结对帮扶有关要求，区委、区政府认真研究，结合"一县三乡镇"对挂职干部需求，选派27名干部开展对外帮扶挂职工作。其中，天柱县20名、敦操乡3名、麻山镇3名、红水河镇1名。2017年至2018年，天柱县选派65名干部到区统战部、政法委、发改局、农业局、交通局等16家部门和各乡（镇）、街道办事处开展挂职锻炼。两地互派挂职交流干部75人，帮助天柱县培训驻村第一书记62人、170个贫困村致富带头人310人、农村电子商务学员428人，通过交流培训，有效提升基层干部工作能力。开展"村帮村"互

帮活动，选新堡乡王岗村、东风镇云锦村等 7 个经济发展强村助推天柱县白市镇坪内村、竹林镇滨江村等 7 个贫困村于 2019 年脱贫出列，并在相互学习借鉴过程中，促进双方基层治理能力不断提升。

十五、白云区 🤝 水城县、白云山镇、乐旺镇、罗悃镇

——多措并举合力攻坚　发挥优势精准助力

近年来，白云区深入贯彻落实中央、省委和市委关于脱贫攻坚的决策部署，全面贯彻落实《省级单位和贵阳市经济强区结对帮扶贫困县实施方案》（黔扶领〔2015〕12号）精神，强化责任担当，将对口帮扶"一县三镇"（水城县、长顺县白云山镇、望谟县乐旺镇、罗甸县罗悃镇）和清镇市脱贫攻坚列为己任，加强"两地"联动，结合帮扶地脱贫攻坚实际，不断优化帮扶措施，因地施策、精准发力，强力推动了一批"短平快"项目，助力"一县三镇"和清镇市脱贫攻坚有序推进，助推全省按时高质量打赢脱贫攻坚战。

（一）提高站位强领导

近年来，白云区将对口帮扶"一县三镇"和清镇市纳入区重点工作，同全区脱贫攻坚"一盘棋"推进，不断强化组织领导，由区党政主要领导担任双组长，统筹部署、全面谋划，定期研判督导帮扶工作开展情况。区委、区政府主要领导、分管领导、相关部门负责人及各

出生于水城县红岩乡一个贫苦家庭的刘德付，在自己的努力和相关部门的支持下，注册成立德付木雕工艺厂，成为钟山区残疾人技能培训基地，几年来已培训出掌握木雕技艺的残疾人 60 余人。目前，德付木雕工艺厂里有固定工人 20 名，其中残疾员工 16 名。（新华社记者陶亮摄）

级爱心人士多次带队赴帮扶地考察对接并落实帮扶任务。截至目前，区领导带队到帮扶地开展帮扶工作 30 余次，各帮扶部门、企业及爱心人士积极到帮扶地安排帮扶项目、落实帮扶措施。同时，明确了 1 名副县级领导担任对外帮扶工作组组长，专职对接落实帮扶事项，并选派了 10 名优秀年轻干部驻帮扶地专职开展帮扶工作。同时，长顺县白云山镇选派 2 名优秀领导干部到白云区挂职，全程对接帮扶工作。

同时，根据帮扶地帮扶需求，分别制定了"一县三镇"和清镇市对口帮扶工作方案，明确了帮扶重点，落实了帮扶措施，压实了帮扶责任。建立了调度机制、信息报送机制、考核机制，区分管领导每月调度、牵头部门半月调度帮扶工作，建立了对口帮扶微信调度群，实时调度帮扶工作落实情况。

（二）帮扶资金有保障

数据显示，自 2015 年以来，白云区在对外帮扶中竭尽全力，为使贫困地区顺利推进项目落地、补齐民生短板，特别在资金使用上全力保障，累计落实帮扶资金共 5552.278 万元。

自 2015 年帮扶清镇市以来，白云区累计落实帮扶资金 625.4 万元，落实帮扶项目 13 个，助推 2019 年清镇市贫困人口实现清零。自 2016 年帮扶水城县以来，白云区共落实帮扶资金 1419.784 万元（财政专项资金 1300 万元，社会捐助资金 119.784 万元），共落实财政帮扶资金项目 10 个，助推水城县 2019 年实现摘帽。自 2017 年帮扶长顺县白云山镇以来，白云区累计落实帮扶资金 1504.41 万元，落实帮扶项目 16 个，助推长顺县白云山镇贫困发生率大幅下降，于 2019 年实现高质量脱贫摘帽。自 2018 年帮扶望谟县乐旺镇以来，白云区累计落实帮扶资金 1059.684 万元，落实帮扶项目 26 个，助推望谟县乐旺镇贫困发生率大幅下降，剩余贫困人口已达到脱贫退出条件。自 2019 年帮扶罗甸县罗悃镇以来，白云区累计落实帮扶资金 943 万元，落实帮扶项目 5 个，助推罗甸县罗悃镇 2019 年实现脱贫摘帽。

（三）发展产业有方向

推进产业发展，增强"造血"功能。为推进帮扶地的产业带动发展，白云区分别帮助"一县三镇"和清镇市建成产业项目及配套设施、补齐"两不愁三保障"短板项目，例如：帮助水城县建成了花戛乡食用菌产业链项目、长顺县白云山镇建设白云山镇农贸市场、望谟县乐旺镇建设大湾村光伏发电项目、罗甸县罗悃镇住房功能补齐项目、清镇市新店镇归宗村 2019 年金银花产业配套机耕道硬化建设项目等 70 个,累计带动贫困人口脱贫 48266 人。

发挥自身优势,拓宽产业销路。为帮助当地固有产业强化市场链接、帮助百姓增收,白云区采取"农超对接""校农合作""农网链接"等多种方式,在区内生鲜超市设置农特产品展示销售专柜,借助"那家网""到村里"等电商平台销售帮扶地农产品,结合帮扶地农产品生产情况,深化"校农合作",助推农产品销售。自对口帮扶以来,累计协调受帮扶地 20 余个农产品在贵州电商云到村里、黔智微生活等网店线上销售,组织线上主题活动 1 次,农产品线上销售累计 2000 余单、销售金额 50 余万元。开展"校农合作",区属学校累计采购长顺县白云山镇农产品 18 批次约 2.6 万斤。同时,积极落实"校农合作",组织区属学校采购省内农产品,2019 年采购本省农产品 6684.77 吨,占比为 85.53%。

强化联动合作,共建"保供"基地。充分发挥两地资源优势,积极开展旅游合作、招商引资联动和基地建设。一是利用 2019 年贵阳旅游产业发展大会在白云区举办的有利契机,会同水城县招商部门联合外出招商,开展"走出去""请进来"招商对接活动。分别于 6 月、7 月在重庆巴南区、成都武侯区以及湖南长沙市举办的"2019 爽爽贵阳·景秀白云"贵阳白云招商引业暨避暑度假旅游主题专项招商推介会上,与水城县联动开展 3 次产业招商接洽活动。二是结合两地旅游资源优势,开通了"云动水韵"白云——水城精品游线,累计输送游客 5500 余人次。三是通过"白云区平台公司+长顺县白云山镇平台公司+基地+农户(贫困户)"的运营管理模式,白云区蓬莱公司联合区内 3 家平台公司与白云山镇平台公司合作,投资 3000 万元在白云山镇思京村新建精品苗木示范基地 500 亩,示范带动周边村集体及贫困户发展苗木 1000 亩,采取订单方式保底销售。2020 年上半年已按照每亩 700 元 / 年标准流转土地 498.04 亩，惠及农户 110 户；已规范种植有较高经济价值苗木 350 亩，建成机耕道 3.3 公里、排水沟渠 2.9 公里、冷库 360 立方米及管理用房 1 栋。四是积极引进合力超市入驻水城县，开设的分店已于 2019 年 1 月开业。

（四）聚焦难题有措施

医疗教育保障薄弱、就业渠道狭窄等是贫困地区的固有短板，是制约当地发展的几大难题，为帮助当地老百姓解决这些难题，白云区围绕这些民生痛点精准发力。

加强就业带动。为加大就业帮扶力度，切实做到"就业一人、脱贫一户"的要求，定期将白云区企业招用工信息推送至"一县三镇"，累计推送就业岗位 46000 余个。组织企业赴"一县三镇"召开现场招聘会 5 场，提供就业岗位 2600 余个，达成意向性录用协议 100 余人。在帮扶地举办就业培训班 8 次，培训人数 416 人，组织水城县、长顺县白云山镇 125 名贫困劳动力开展职业技能培训 1 期。在白云区人社局建立了"水城县驻白云"劳务协作站。

加强教育带动。采取"　对　"结对子方式，组织区属学校与帮扶地学校开展结对子帮扶，深化交流、促进资源共享。帮扶以来，累计开展教育交流活动 10 余次，捐赠图书、电脑、校服等物资价值 20 余万元。例如：白云九小与白云山镇中心校，白云三中与罗甸茂井中学，白云十小与罗悃民族小学，白云区沙文小学、六小、七小、八小四所学校分别到乐旺镇的四所小学"结对子"，与水城县签订了《白云区教育局、水城县教育局帮扶教育发展的合作协议》。采取"大数据 +"方式开展远程送教活动，向望谟县乐旺镇开展同课异构课活动，组织教育教学帮扶专家团队到帮扶地开展交流活动。例如：共组织 30 名教育骨干三次赴水城县十九中、二十中开展中考备考"送培上门"培训。在长顺县白云山镇实施教务主任"牵手"结对帮扶活动。同时，根据帮扶地学校实际情况，分别向帮扶地捐赠设备、书籍等。例如：捐赠望谟县乐旺镇中心校 1000 册图书、5 台电脑。捐赠水城县"班班通"设施设备、教学课堂行为评测分析系统。

加强医疗带动。采取"一对一"结对子方式，组织引导白云区医院对口帮扶长顺县白云山镇卫生院、贵州医科大学附属白云医院对口帮扶水城县人民医院、贵阳白云心血管病医院对口帮扶望谟县乐旺镇卫生院、贵阳白云友爱医院对口帮扶罗甸县罗悃镇卫生院。落实帮扶措施，进行技术指导、加强帮扶重点临床科室的技术扶持、免费接收医务人员到受援医院进修培训，提高帮扶医院对常见疾病的诊治能力，减轻当地群众就医难的问题。组织区内各学科医疗专家百余名赴"一县三镇"开展现场义诊、入户就诊、专家巡诊活动，接诊内、外、五官等科患者上千余人，为当地老百姓捐赠、发放药品价值上万余元；共计走访慰问贫困户 52 户，慰问金共计 19500 元；捐赠资金 9.1 万元，赠送帮扶医院医疗设备、药品价值约 9.5 万元；选派医疗专家约 190 人次赴"一县三镇"开展健康扶贫对外帮扶义诊活动 15 场，接诊当地老百姓 2000 多人次，为当地老百姓发放药品价值约 1.99 万元。

（五）社会力量全动员

在对外帮扶过程中，白云不仅注重发挥政府力量给予帮扶，还积极引导社会爱心人士参与到决战脱贫攻坚这场战役中来，深入开展"结对子"携手脱贫攻坚行动，引导发动区属平台公司、区直有关部门分别与望谟县乐旺镇 11 个村、水城县（10 个乡镇）"结对子"，携手脱贫攻坚，他们主动参战、靠前服务，分别到"结对子"村进行实地考察，深入了解脱贫攻坚整体工作情况及补短板存在的问题，及时发挥智慧才能给予破解。

据了解，自 2015 年帮扶清镇市以来，白云区社会捐赠资金达 25.4 万元；自 2016 年帮扶水城县以来，白云区社会捐赠资金达 142.614 万元；自 2017 年帮扶长顺县白云山镇以来，白云区社会捐赠资金达 384.41 万元；自 2018 年帮扶望谟县乐旺镇以来，白云区社会捐赠资金达 173.584 万元；自 2019 年帮扶罗甸县罗悃镇以来，白云区社会捐赠资金达 43 万元，累计建设完成项目 15 个。

同时，坚持以党建为引领，以党支部携手共建为抓手，充分激发基层党组织带领群众脱贫的内生动力。白云区、望谟县"两地"组织部联动，在望谟县乐旺镇坡头村打造"支部结对·五好共建"党建促脱贫攻坚示范点，着力将坡头村打造为"五个好"（共塑"好支书"、共建"好班子、共育"好队伍"、共创"好产业"、共建"好机制"）示范村。2020 年，"两地"组织部、白云区工投公司、白云区艳山红镇程官村分别与坡头村签订了"结对共建"协议书，建立了视频调度会商机制，签订了易地扶贫"三变"项目合作协议，落实资金 100 万元（白云区 50 万元、望谟县 50 万元），完成了道路修缮工程项目 1 个，派驻干部 1 名，组织健康医疗义诊 1 次，农业专家技术培训 1 期，坡头村干部培训 1 期。

📋 典型案例一

望谟县乐旺镇坡头村——党建引领稳脱贫
结对共建作示范

为认真贯彻落实习近平总书记在决战决胜脱贫攻坚座谈会

贵州省望谟县乐旺镇扶贫工作队成员开业务培训会。（新华社记者陶亮摄）

上的讲话精神，省市脱贫攻坚"冲刺90天　打赢歼灭战"动员会议精神，按照中国扶贫志愿服务促进会、市委组织部带队赴国务院挂牌督战的望谟县乐旺镇坡头村实地调研提出的意见建议，白云区强化责任担当，坚持党建引领，以"好支书、好班子、好队伍、好产业、好机制"即"五个好"为目标，以"支部结对·五好共建"为抓手，切实把组织优势转化为决胜优势，助力坡头村彻底撕下贫困标签，按时高质量打赢脱贫攻坚战，形成"五个好"的"稳脱贫"创新案例。

既督战又参战，确保尽锐出战。坚持问题导向，结合全省组织系统抓党建促决战决胜脱贫攻坚挂牌督战工作安排，白云区委高度重视，及时成立以区委常委、组织部部长为队长，区对外帮扶相关责任单位有关同志为成员的督战组，深入望谟县乐旺镇坡头村进行实地调研考察，签订帮扶协议，专门拟定了《全力打造望谟县坡头村"支部结对·五好共建"党建促脱贫攻坚示范点的工作方案》，建立项目清单11个，主要包括基层党建、产业发展、就业创业、民生保障等方面。完善细化措施21条，逐一责任分解、完善量化、明确时限，切实压紧攻坚责任。如在产业发展方面，区工投公司将采取资源变资产、资金变股金、村民变股东的"三变"模式，按白云区工投公司、望谟县坡头村集体各50%比例，共同投资100万元作为启动资金，大力开展易地扶贫"三变"项目，确保村集体每年通过"保底＋分红"实现年化7%的收益率，不断增强望谟县坡头村集体经济"造血"功能。在资金保障方面，建立望谟县坡头村结对共建帮扶基金，通过财政预算安排、社会资金筹措等方式，明确三年内每年不少于50万元的经费，专项用于开展望谟县坡头村"结对共建"帮扶工作。

强弱项补短板，确保帮扶实效。坚持目标导向，围绕"五个好"的目标，成立了由结对双方组织部门主要领导为"支部结对·五好共建"的工作领导机构，采取支书结对互学、支部结对互促、党员结对互帮等方式，开展理论共学、工作共商、责任共履和班子共建、阵地共建、干部共培等融合交流活动，并由白云区选派工作组进驻开展定点帮扶，建立"一包一、多包一"等党员包户工作机制，大力实施产业、市场、就业带动工程，在帮助望谟县乐旺镇坡头村选优配强攻坚队伍、提升攻坚能力、建强攻坚堡垒的同时，促进形成一批好产业、好项目、好岗位和能致富的良好工作格局。如在支书互学方面，拟于6月、10月组织双方有关人员到遵义市播州区枫香镇花茂村、开阳县三合村、福建省南安市梅山镇蓉中村、山西省大同市云冈区口泉乡杨家窑村等省内外先进村举办一期现场教学培训。在干部共培方面，接收坡头村党员干部到白云区工投公司工作，每名派驻干部按每月

2000 元计发补助。

扶上马送一程，确保稳定脱贫。坚持结果导向，聚焦建立健全稳定脱贫长效机制，大力实施"短平快"产业、市场、就业带动工程，充分运用先进典型经验和模式，开发易地扶贫"三变"项目，建立"易地保供"基地，设立电商"直销平台"完善基础设施建设，不断优化攻坚打法，推动坡头村实现产业类型多样、产业质效提升、产业转型升级，以及就业门路拓宽、销售市场稳定、村级集体经济稳步增长，带动群众增收致富。同时，积极探索党建引领乡村社会治理、干部考核激励、资源长效帮扶、共建资金保障等工作机制，推动坡头村在稳定脱贫的基础上，有效破解新时代乡村治理难题，迈向乡村振兴。截至目前，在白云区工投公司党支部结对基础上，组织白云区艳山红镇程官村党支部参与和坡头村党支部结对共建，白云区委组织部机关党支部与望谟县委组织部机关支部结对共建，区工投公司党支部书记已在坡头村开展党课 1 次，参加人数 50 余人。同时，筹集资金，完成对进村主路道路弯道改造工作。此外，还组织区工投公司 28 名党员干部对坡头村剩余 28 户 134 人未脱贫人口实行"一对一"包保，现场签订"一对一结对帮扶协议"，并送去慰问金共计 8400 元。在干部保障方面，在已选派了 2 名干部驻点帮扶乐旺镇的基础上，从区内再选派了 2 名干部对乐旺镇坡头村进行驻点帮扶。

典型案例二

水城县——多管齐下，力求帮扶工作精准化

从 2016 年开始，白云区与水城县开展相关对口帮扶工作。5

水城县果布戛乡的山路上拍摄的体现教育扶贫保障的标语。（新华社记者段羡菊摄）

年来，白云区全面贯彻落实中央、省、市决策部署，聚焦解决水城县脱贫攻坚的重点和难点，深入实施"六大帮扶工程"和"结对子携手脱贫攻坚"帮扶行动，成立由副县级领导带队的帮扶工作组常驻水城开展帮扶工作，把各项部署抓紧抓实抓细，全力助推水城县打赢脱贫攻坚战。

截至 2020 年 6 月，白云区已累计落实帮扶资金 1442.6 万元（财政专项资金 1300 万元，社会捐助资金 142.6 万元），共落实帮扶项目 10 个。2018—2019 年白云区协助带动水城县脱贫10483 户 40714 人（2016—2017 年没有进行数据统计）。

在产业帮扶方面，共同打造一批农业产业项目，带动贫困户稳步增收。结合水城县产业基础和市场需求，选准帮扶主导产业和主攻方向。截至目前，白云区共投入产业帮扶资金 1300 万元，帮助建设项目 10 个（即龙场乡发堤村精品水果种植项目、陡箐镇黔之英鞋服有限公司"三变"项目、花戛乡食用菌产业链项目、营盘乡鸡戏坪村桃花鸡项目、野钟乡桃花鸡养殖小区项目、水城县猕猴桃高标准基地建设项目、果布戛乡精品水果种植示范项目、海坪小学建设项目工程、正林路至灯草组通组公路建设项目、易地扶贫搬迁贫困户后续扶持项目），帮助贫困户10103户45738人。

在市场帮扶方面，采取"农超合作""农网结合"等多种方式，助力优质农特产品出山出海。白云区充分发挥贵阳大市场作用，依托合力超市、生鲜超市等平台，搞好市场帮扶工作。截至2020年6月，采购水城县农特产品100余吨，金额达139万元。协调那家网、到村里等电商平台销售农产品30种，销售2000余单，金额达50余万元。协调合力超市上架销售刺梨饮料产品3种。旅游市场方面与水城县开展旅游项目合作，以旅游带动当地贫困户实现脱贫，开通白云——水城"云动水韵"旅游专线，已累计输送游客5500余人次，带动当地旅游收入500余万元。

在就业帮扶方面，帮助开展劳动力技能培训，切实增强贫困人员"造血"功能。白云区对水城县全面开放劳动力就业市场，建立了"水城县驻白云区"劳务协作站，定期推送就业岗位信息。通过开展劳动力技能培训，不断增强贫困人员"造血"功能，确保贫困群众稳步增收致富。截至目前，已推送就业岗位信息46000余条，组织开展职业技能培训3期，培训农村劳动力205人次。

在教育帮扶方面，组织开展"送培上门"。充分发挥白云区在教育方面的优势，与水城县签订了《白云区教育局、水城县教育局帮扶教育发展的合作协议》，捐赠"班班通"设施设备、教学课堂行为评测分析系统。组织30名教育骨干三次赴水城县十九中、二十中开展中考备考"送培上门"培训，疫情期间组织开展白云区水城县高三备考研讨视频会。

在医疗帮扶方面，尽力减轻当地群众就医难的问题。充分发挥白云区在医疗方面的优势，组织辖区贵医附属白云医院与水城县人民医院结成帮扶对子，提高帮扶医院对常见疾病的诊治能力，减轻当地群众就医难的问题。截至目前，共组织专家团队4批次赴水城县开展现场义诊活动，累计接诊病人400余人次，免费发放医疗药品价值2万余元。

在社会帮扶方面，做好发动工作，积极捐资捐物。动员白云区内工业、农业、建安等企业及社会各界爱心人士，积极参与到对外帮扶工作中，助推水城县脱贫攻坚。组织区属平台公司、区直有关部门19家与水城县30个贫困村"结对子"，动员白云区内企业及社会各界爱心人士资助贫困学生100名。截至2020年6月18日，帮扶单位、企业共捐赠帮扶资金142.6余万元。

十六、观山湖区 🤝 剑河县、广顺镇、郊纳镇、逢亭镇

——用心用情结对子　助力脱贫奔小康

自 2016 年开展结对帮扶以来，根据省、市的相关要求，观山湖区先后与剑河县、长顺县广顺镇、望谟县郊纳镇、罗甸县逢亭镇结扶贫对子。观山湖区委、区政府高度重视对外帮扶工作，充分发挥省会城市核心区担当，紧紧围绕"六大帮扶"工程，积极推动帮扶地脱贫攻坚工作，助力帮扶地打赢脱贫攻坚战，助推全省脱贫攻坚和同步小康。观山湖区四大班子主要领导多次带队到对口帮扶地开展结对帮扶工作，结合自身优势和对口帮扶地的实际，签订帮扶框架协议，从项目扶贫、教育扶贫、医疗扶贫、人才培养、基础设施建设等方面制定了具体的帮扶措施。

（一）加大专项资金投入，推进项目帮扶

自 2016 年来，观山湖区先后投入专项资金 5127.5 万元开展省内市外对口帮扶工作，共建设项目 92 个。在基础设施方面，投入专项资金 2359.9 万元建设项目 59 个，帮助解决对口帮扶地区通村通组公

路项目、路灯安装项目、饮水安全巩固提升项目、村级活动室建设项目、农村安全饮水、生产便道、机耕道、公路改造等基础设施项目，为 2772 户 11387 人安全出行、安全饮水及农产品走出大山打通了"最后一公里"；为 1.8 万余人解决饮水安全问题，实现农户饮水安全保障。在产业发展方面，投入专项资金 891.2 万元建设项目 26 个，帮助帮扶地区发展果树种植、蔬菜种植、生猪养殖、肉鸡养殖、中药材等产业，从而带动当地老百姓发展产业的积极性。在教育扶贫方面，投入专项资金 40 万元，用于剑河县革东镇大皆道村幼儿园新建和相关教学设施的采购，进一步巩固了学前教育这个基础中的基础，筑牢了孩子们"启蒙之路""起跑线"。在就业扶贫方面，投入专项帮扶资金 500 万元，用于剑河县入股贵州森环活性炭有限公司开发扶贫车间，每年带动当地贫困劳动力就业不少于 20 人，且月工资不低于 2500 元。在其他扶贫方面建设项目 5 个，投入专项帮扶资金 1336.4 万元，支持帮扶地区村集体经济发展、补齐"两不愁三保障"短板问题。

（二）加强教育就业医疗帮扶衔接，实现资源共享

教育帮扶方面，观山湖区内北师大附中、外国语实验中学、外国语实验小学、贵师实小、观一幼、世纪城小学、贵阳三中、华润小学、会展城第一中学、会展二中等多所学校分别与帮扶地学校一对一签订帮扶协议，开展远程同步录播听课评课，做到教学研讨、经验交流等活动常态化、网络化。协调省幼教专家到帮扶地学校进行现场指导，接纳帮扶地选派教师进修。就业帮扶方面，累计开展工作对接 60 余次、就业扶贫工作交流与调研 15 次，为剑河县输送扶贫岗位 3 万余个，为剑河县求职者开展招聘会 5 次，在观山湖区

建立"剑河县驻观山湖区人力资源服务工作站";组织剑河县116名建档立卡贫困户在贵阳铁路高级技工学院进行挖掘机培训;组织辖区重点企业赴剑河县职业技能培训班开展就业脱贫宣讲会。为长顺县输送各类就业岗位13168个,协助第七届人博会引才、绿色通道引进人才28人;通过第三方人力资源公司就近就地转移就业102人;协助开展职业技能培训13期613人,涉及家政服务、市民化培训、缝纫工、汽车驾驶等工种,其中精准扶贫人员342人。为望谟县输送各类就业岗位8368个,协助郊纳镇开展5个刺绣和种养殖培训班,共计培训261人。为罗甸县逢亭镇提供扶贫岗位共计5505个。医疗帮扶方面,观山湖区积极协调辖区优质医疗机构,向帮扶地提供医护人员进修培训机会,定期组织医疗专家到帮扶地开展义诊活动。组织市第二人民医院、乡镇卫生院及社区卫生服务中心到剑河县进行医疗帮扶,为贫困群众义诊860余人次,发放宣传资料1300余份,为疾病患者免费发放价值近8000余元的药品,累计提供27万元帮扶资金用于帮助剑河县贫困村村级卫生室标准化建设。组织市第二人民医院、镇卫生院、社区卫生服务中心神经内外科、骨科、儿科等10余个专业的专家团队共20余人在望谟县郊纳镇开展了义诊活动,为郊纳镇中学1800多名学生进行了"先心病"筛查,"心身疾病科"专家还对郊纳镇扶贫工作干部进行工作压力疏导及健康咨询服务。市第二人民医院派驻3名专家驻点长顺县人民医院,提升长顺县的医疗服务能力。

(三)加强大市场帮扶,推广农特产品销售

引导观山湖区企业与剑河企业开展结对帮扶,先后组织区电商中心、京东、黔亿城、鲜特佳等10余家电商企业赴剑河县考察剑河农

产品及剑河旅游服务项目，在观山湖区内设立 22 个广告位展播剑河县优质旅游资源及农产品宣传，帮助剑河县旅游及优质农产品推广；帮助剑河县与贵州永辉超市有限公司、贵州厚木商贸有限公司分别签订了《农产品产销对接框架协议》，在观山湖区电商发展中心设立剑河县农特产品和文化旅游综合服务窗口，帮助剑河县农特产品和旅游资源在京东等电商平台上宣传销售，积极解决产销难题；依托剑河"扶贫馆"的带动作用，实现线上线下销售金额累计达 90 余万元。观山湖区商务投资促进局主动加强与罗甸县当地农产品生产企业对接，帮助罗甸县拓宽特色农产品销售渠道，经区商务投资促进局与贵阳北部农产品电商物流园协调对接，在园区扶贫专区内设立罗甸县农产品销售点，并给予企业进场费、房租费全免的优惠政策。观山湖区委统战部与观山湖区电商发展中心携手搭建"同心助力、爱心攻坚"扶贫电商平台，设立帮扶地农特产品专区，多渠道帮助帮扶地农特产品销售。

（四）积极开展人才交流帮扶，助力帮扶地脱贫攻坚

结合帮扶工作，为帮扶地干部到观山湖区挂职提供岗位，加大对帮扶地脱贫攻坚人才的培训，促进干部锻炼成长，为剑河县选派的 48 名干部提供挂职学习岗位，推进干部培养锻炼工作。同时为加强与帮扶地联系，加强信息沟通，观山湖区面向全区积极选派精干力量参与对外帮扶工作。选派区统计调查中心副主任王华同志挂职望谟县郊纳镇副镇长；区市政工程管理处道桥排水维护科科长谢舟鑫同志挂职望谟县郊纳镇项目办副主任；贵阳市实验一小科学教师邓雯月同志挂职望谟县郊纳镇民族小学副校长。2019 年 8 月选派区城市园林绿化建设管理处副处长龙继兵同志挂职罗甸县扶贫开发办公室党组成员。

（五）加大宣传推介帮扶，着力提高帮扶地知名度

帮助剑河县搭建温泉城宣传平台，拍制用于广告投放的实地宣传片，制作剑河温泉城旅游宣传册，助推剑河县旅游实现"井喷"。先后组织邀请贵州电视台、贵州日报、贵州都市报、当代贵州、多彩贵州网、贵阳晚报等省、市级媒体赴剑河县温泉城开展实地考察调研，进一步提升剑河县旅游文化资源的知名度与美誉度。截至目前，刊登报刊类稿件 32 条，整版 5 个，网络推送稿件百余条，制作 5000 份精美宣传册和 3 万份宣传彩页。充分发挥观山湖区交通、地域优势，在贵阳北站、金阳客车站、公交车站等人流密集场所，辖区酒店、旅行社、商场、影院等公众场所及社区办事大厅、社区宣传栏、报刊亭等显著位置设立展架 60 余处，摆放剑河温泉城宣传资料 3000 余份，设立户外 Led 屏和高杆广告 3 处，形成了全面广泛的宣传态势，促进剑河旅游资源的发展，助推剑河县旅游扶贫取得新突破。邀请省、市高校专业教师针对乡村旅游服务礼仪，餐厅、客栈服务规范操作等方面进行了集中培训，累计开展乡村旅游从业人员培训班 2 期，培训剑河农村旅游从业人员 12 人。制定《关于旅游对口帮扶剑河县脱贫攻坚工作方案》，免费印制 2 万册剑河旅游宣传册，宣传推荐剑河旅游资源，加强两地酒店行业的沟通交流，在两地酒店共同放置旅游宣传资料；在杭州、福州、佛山等招商引资暨旅游推介会上，共同宣传剑河县旅游文化，让更多的省外游客前往剑河县旅游。

（六）积极开展社会帮扶，多方助力脱贫攻坚

向贵阳市扶贫办争取社会帮扶基金 15 万元，一次性资助剑河县

50 名建档立卡贫困学生，解决因学困难问题；观山湖区爱心企业捐赠教育资金累计 180 万元（含物资折款），帮助剑河县贫困学子圆大学梦和支持当地教育事业发展；观山湖区富民村镇银行、完美贵州分公司、贵州通源汽车公司、贵州兴达兴建材股份公司等多家企业走访慰问了剑河县 40 户农户，区总商会副会长甘利民以个人名义慰问剑河县 20 户农户，累计慰问的资金和物资折款 7 万余元。区委统战部、区工商联组织观山湖区部分民营企业代表赴罗甸县开展帮扶调研活动，并为当地困难群众募集了 2 万元慰问金。区政协协调帮扶资金 10 万元，帮助长顺县补齐脱贫攻坚短板，助力长顺县打赢脱贫攻坚战；区内爱心企业累计捐资 39.5 万元，资助长顺县贫困学子完成大学梦。

通过观山湖区与对口帮扶地的共同努力，助推当地贫困人口减贫，摘掉贫困帽子。剑河县：2016—2019 年减少贫困人口 15294 户 60204 人，并于 2019 年摘掉贫困县帽子；长顺县广顺镇：2017—2019 年减少贫困人口 2232 户 9187 人，并于 2019 年摘掉贫困乡镇帽子；望谟县郊纳镇：2018—2019 年减少贫困人口 937 户 4292 人；罗甸县逢亭镇：2019 年减少贫困人口 310 户 1000 人。2020 是全面建成小康社会目标实现之年、是全面打赢脱贫攻坚战收官之年、决胜之年，观山湖区将与帮扶地一起并肩作战、攻坚克难，带着必胜的信心打赢脱贫攻坚战，全面建成小康。

📋 典型案例一 ────────

剑河县等——用大市场带动对口帮扶地

按照区委、区政府提出快一步、深一层、高一格打赢脱贫攻

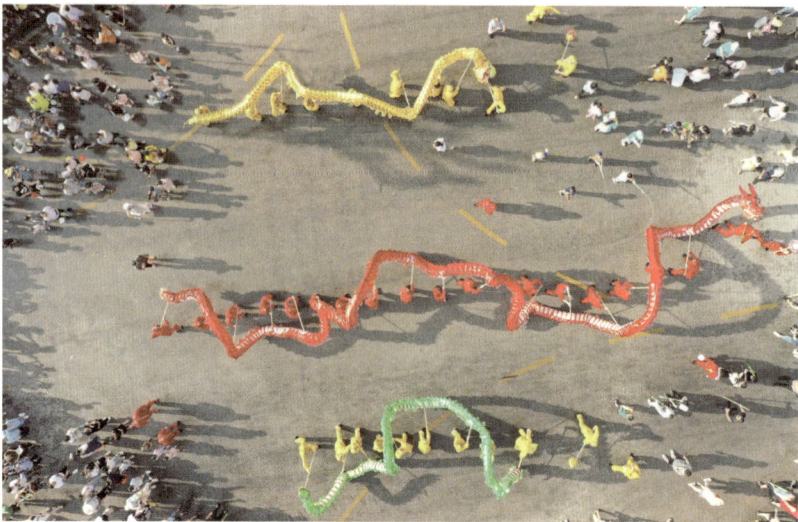

贵州省黔东南苗族侗族自治州剑河县迎来传统节日"六月六"，各族群众载歌载舞、参加水龙巡游、红歌赛、民族歌舞表演等活动，欢度节日。（新华社记者杨楹摄）

坚战相关要求，为充分发挥"大市场"带动作用，在局党组的助推下，紧紧围绕行动目标，抓好产业扶贫，重点做好大市场带动大扶贫，助力全区脱贫攻坚工作。

一、大市场情况

观山湖区现有大型生鲜综合超市 7 个、惠民生鲜超市 19 个，可覆盖碧海花园、世纪城、新世界花园、观山小区、金华园小区、会展城、美的林城、阅山湖、帝景传说、恒大中央公园、大关城市花园、恒大新世界、观府壹号、龙泉安置小区、阳关城市花园等小区，实现全区所有社区惠民生鲜超市全覆盖，覆盖人群达到 50 万人左右，充分发挥大市场的带动作用。

二、农超对接成果

通过"超市+专业合作社（龙头企业）+贫困户"，区内永辉超市、星力超市、合力超市等大型超市与剑河、息烽、开阳等农产品基地签订了采购意向协议，以销定产，扩大本省农产品销量。在 19 个惠民生鲜超市内均设立了贵州产业扶贫绿色优质农产品销售专区，重点围绕"两禽、两蛋"、蔬菜和黑毛猪等本地绿色优质农产品，配合市商务部门组织生鲜连锁超市与省重点农产品企业、农业合作社实现了产销对接，对蔬菜、鸡蛋、白条禽等进行采购，带动贫困农户增收。全区 19 家惠民生鲜超市 2020 年预计销售直采直供省内蔬菜约 5000 吨，实现销售收入 6000 余万元。

三、下大力做好对口帮扶工作

（一）开展帮扶县对口帮扶工作

一是 2018 年，由区政协、区商务局及区各大型生鲜超市、电商企业组成工作组赴剑河县开展精准扶贫工作。现场签订了《观山湖区商务局剑河县工业信息化和商务局结对帮扶框架协议》《农产品产销战略合作协议》，帮助剑河县在观山湖区开展招商引资项目推介活动，让剑河县农产品实现上平台、进超市、进社区的线上线下互动销售，全力助推剑河县决胜脱贫攻坚。二是为了帮助剑河县开展优质绿色农产品宣传工作。已在观山社区下辖的景怡苑、观山小区、金谷苑、龙潭春天等小区内设立了 22 个广告位展播剑河县优质旅游资源及农产品宣传，帮助当地旅游及优质农产品推广。据统计，赴剑河温泉旅游人数 2017 年 3500 人，2018 年突破 13000 人，同比增长超过 270%。三是 2019 年以来，通过在观山湖电商发展中心设立剑河县农特产品·文化旅游综合服务窗口帮助剑河县打开贵阳大市场，电商中心各大商场平台上架产品帮扶、销售、产品规划，解决产销难题的一项积极举措，仅春节期间，该"扶贫馆"销售剑河县优质农产品达 5 万余元，线下体验店销售额累计突破 80 余万元，其中剑河香猪、小香鸡、茶树菇等特色农产品持续热卖，一度出现供不应求的状态。依托剑河"扶贫馆"的带动作用，2020年区电商发展中心计划继续与剑河县企业联合推出500余份"黔货农产品年货大礼包"，销售剑河县优质农产品，实现销售额15万元。四是积极推进望谟县郊纳镇帮扶，为帮助望谟县郊纳镇开设农产品销售专区，2018年10月29日，望谟县郊纳镇的农特产品八宝茶在国际生态会议中心进行了推广，并将在区内电商企业黔亿城网上线。五是加强同铜仁市万山区交流，下一步将在产销衔接、农副产品推介、电商扶贫等方面进一步加深交流、优势互补、扩大合作领域。

（二）拓宽绿色农产品销售渠道成果

一是加快建设线上线下销售平台，畅通网络销售渠道。积极动员区内电商企业通过电商平台宣传、推广、销售本省优质绿色生态产品。2020年以来，云生鲜电商公司依托已建立的"农产品基地＋社区"直销模式，销售本省及赵官村蔬菜、白条禽等超过340万元，有效地解决了赵官村蔬菜滞销问题，带动贫困户30余户，户均增收3000余元。为助推帮扶县实现脱贫攻坚，积极协调市惠民公司及惠民生鲜超市企业在长顺县建立种植基地、养殖基地，并与当地具有扶贫带动的企业签订帮扶协议，帮助推广息烽流长葡萄、望谟板栗、长顺绿壳鸡蛋等农副产品进批发市场、进超市，进一步拓展销售渠道，解决"卖难"问题。二是为了能够进一步拓展销售渠道，助力当地村民脱贫增收。2019年8月，策划举办《"爱心观山湖"——黔货巡礼》活动，通过消费扶贫，助力黔货销售，海尔集团贵州公司与区电商中心就冷链物流合作达成协议，现场交易额达63.8余万元，交易订单数5.4万单，助力赵官村蜂蜜、兴义市鸡菇菌、贞丰县花椒油等产品

"黔货出山"。三是为贯彻落实汤辉书记在罗甸县逢亭镇开展结对帮扶工作相关指示精神，区商务投资促进局主动加强与罗甸当地农产品生产企业对接，帮助罗甸县拓宽特色农产品销售渠道，经区商务投资促进局与贵阳北部农产品电商物流园协调对接，在园区扶贫专区内设立罗甸县农产品销售点，并给予企业进场费、房租费全免的优惠政策。在 2019 中国·贵阳国际特色农产品交易会上，罗甸县逢亭镇罗甸桂琦农业科技发展有限公司也在场馆内设立了专柜销售百香果，每天销售量约 2000 斤，交易会期间累计销售上万斤百香果。四是 2020 年 2 月，合力超市与朱昌镇赵官村对接，帮助销售受天气及新冠肺炎疫情影响滞销的蔬菜 14.86 吨，实现销售额 5.7 万元。五是 2020 年 6 月，会同区委统战部及永辉超市，针对息烽县鹿窝镇白萝卜基地进行对接，帮助当地萝卜销售，目前当地与永辉超市初步达成合作意向，帮助当地销售萝卜。

（三）组织电商企业开展帮扶工作

一是 2018 年 6 月 8 日，区电商中心考察了赵官村养蜂基地、大棚蔬菜种植基地、窖酒酿造基地，并已与赵官村签订帮扶协议，在产品设计、文案策划、产品推广等方面为村民提供技术支持和培训，帮助村民掌握电商运营技能和技术。二是区电商中心与赵官村结对帮扶以来，帮助赵官村销售四印产品，定制饰品配件；同时电商中心入驻企业和舍餐饮品牌公司针对赵官村种植的绿色蔬菜销售问题进行了爱心帮扶、通过采购供货订单的方式、赵官村不定期给和舍公司供应新鲜的蔬菜达成合作并签署帮扶协议，有效地解决了赵官村蔬菜销售难问题。三是协调息烽县山友农业科技有限公司在电商中心开设专区销售特色农产品吊瓜子。四是 2019 年以来，区电商发展中心入驻企业已帮助销售贵州特色农产品 6000 余万元；贵电商农村电商服务站累计交易额近 8000 万元，农村物流快递下乡配送包裹 200 余万件，助农节约开支 400 余万元。线上线下平台共销售省内农产品近 400 个单品，直接销售额累计 500 万元，带动销售 2000 余万元；京东贵州扶贫馆上架 100 余个农特产品牌单品，来自全省 20 余个贫困地区，2019 年已帮助销售贵州特色农产品 200 余万元。

2019 年期间，结合市、区电子商务培训工作，把贫困户、残疾人等帮扶对象和精准扶贫对象作为培训重点，进行专业培训，帮他们掌握电商知识，掌握电脑操作技术和专业化运作手段，结合市、区电子商务培训工作，把贫困户、残疾人等帮扶对象和精准扶贫对象作为培训重点，进行专业培训，帮他们掌握电商知识，掌握电脑操作技术和专业化运作手段，让"智慧扶贫"保持旺盛的生命力。配合区农水局做好农村电商产业发展工作，加强电商企业招商引资工作，重点引入农业龙头电商企业，壮大辖区电商主体。同时，依托观山湖电商发展中心内贵电商等农村电商企业，为贫困村民、剑河县、望谟县郊纳镇、息烽县开设网店提供策划、培训、客服、代运营等专业服务，帮助销售特色农产品，解决农产品上行渠道不通畅的问题，帮助村民提高收入。截至目前，已累计培训电商人才 4000 人，通过人才培养，实现智力扶贫，让"智慧扶贫"保持旺盛的生命力。

通过近几年的不懈努力，大市场带动大扶贫工作取得了一定的成绩，今后还会继续推动大市场建设、加强电子商务人才培训、壮大电商经营主体、加大对口县帮扶力度、积极探索搭建帮扶平台、营造扶贫攻坚工作氛围等方面努力。结合帮扶工作实际，继续发挥好政府引导服务作用，依托省会城市核心区大市场带动优势，引荐优质的生鲜超市及电商企业与剑河县、万山区、罗甸县逢亭镇、望谟县郊纳镇、息烽县久庄镇、鹿窝镇等地农产品生产企业合作，通过搭建产销对接平台，为帮扶县优质农副产品进入市场提供便利，助推当地农产品企业健康发展，为帮扶地区脱贫攻坚工作作出应有的努力。

四、脱贫路上牵手同行

2016 年以来，观山湖区以高度的政治责任和兄弟般的深情厚谊，倾情帮扶剑河县，脱贫攻坚路上携手同行。截至目前，观山湖区共计投入 2180 万元，帮助用于基础设施建设、产业发展、教育扶贫、人才培养等方面，助推剑河县脱贫攻坚工作。

加大基础设施建设方面，有效提升农村公共服务功能。投入 546 万元，用于革东镇宝贡、皆翁、久仰镇党敢以及南哨镇老寨 4 个村的通村通组公路路面提升、产业道路新建硬化、公路防护设施安装、村寨停车场及公路过桥建设等基础设施建设，为 931 户 3744 人的安全出行及农产品走出大山打通了"最后一公里"。投入专项帮扶资金 398 万元，解决县 7 个乡镇 8 个贫困村的路灯建设问题，有效提升了农村公共服务功能。投入 217 万元，帮助县 7 个乡镇的 10 个村寨进行农村安全饮水提升工程建设，解决了 1808 户 6560 个贫困群众的饮水安全保障问题。投入 179 万元，覆盖 4 个乡镇 9 个行政村，分别用于产业配套设施、村级活动室、村庄整治等项目，为全县产业发展和基层党建提供了后续保障，也为后续新农村建设奠定了基础。

抓实产业帮扶，为后续发展夯实基础。2017 年，投入 300 万元主要用于剑河县贫困农户发展水稻、公益林等产业保险，为贫困农民保住了"粮袋子"和"钱袋子"。2020 年，采取"保底分红"协议模式，投入 500 万元帮扶资金入股贵州森环活性炭有限公司，每年按照入股资金的 12% 兑现投资收益，并将收益用于开发公益性岗位、支持贫困户发展生产和补齐剑河县脱贫攻坚短板。同时，利用企业搭建就业平台、创建就业岗位，每年带动至少 20 个贫困劳动力实现就业，为剑河县保"零返贫"、促"脱贫"工作提供了直接帮助。2017 年以来，剑河县已组织 4 期，共选派领导干部 32 人赴观山湖区挂职学习，对观山湖区城镇建设、教育、卫生等多领域的先进经验进行实际参与，为后续各产业发展储备人才基础。

教育扶贫既做细又做实，既授"鱼"又授"渔"。投入 40 万元，用于革东大皆道村幼儿园的新建和相关教学设施采购，进一步巩固了学前教育基础中的基础，筑牢了孩子们的"启蒙之路"和"起跑线"。投入 15 万元，资助 50 名贫困学生，解决了他们"大学梦"的后顾之忧。协调 3 名省幼教专家到剑河县幼儿园进行现场指导，帮助选派 1 名教师到北京大学贵阳附属实验学校进修 3 个月，选派 4 名教师到贵州轻工业学院进修 1 个月。

深化医疗帮扶，提升基层医疗服务水平。观山区卫计局带领贵阳市第二人民医院、辖区乡镇卫生院及社区卫生服务中心共 35 人到剑河县进行医疗帮扶指导，为群众义诊 550 余人次；接受剑河县卫生健康局挂职学习 1 人；帮助剑河县村级卫生室购买办公电脑，共计价值 7 万余元。

动用多种资源，助力农特产品及旅游宣传推广。观山湖区商务局与剑河县工信商务局签订了《农产品促销战略合作协议》，帮助剑河县分别与贵州永辉超市有限公司和贵州厚木商贸有限公司签订了《农产品产销对接框架协议》。将观山湖区电商中心一楼近 40 平方米场地作为剑河县农特产品展示专区，还帮助剑河县农特产品和旅游资源在京东、贵电商等平台上宣传销售，实现销售金额累计达 96.26 万元。同时，帮助剑河县搭建 1 个综合温泉城宣传平台，实地拍制 1 部宣传片，做好剑河温泉城 1 本宣传册，助推剑河县旅游业发展实现"井喷"。

送岗上门解决就业难题，劳务培训铺设就业帮扶路。有关部门同志分赴两地为剑河籍求职者开展招聘推荐会 5 次，提供岗位 3 万余个。达成就业意愿 1469 人，组织开展劳务输出劳动力 218 人，其中贫困劳动力 132 人；开展劳务协作培训 3 期 171 人，训后实现就业创业 104 人。

几年来，在观山湖区的大力帮扶下，剑河县脱贫攻坚取得了阶段性成效，贫困人口从 2015 年底的 5.82 万人减少到 2019 年底的 3535 人，贫困发生率从 23.9% 降至 1.48%。2019 年顺利通过省级第三方评估，在全省率先实现深度贫困县脱贫摘帽，顺利通过国务院扶贫开发领导小组办公室第三方评估机构抽查，圆满完成以上各级党委、政府交办的工作任务。

典型案例二

望谟县郊纳镇——上下合力共推脱贫攻坚

2018 年以来，望谟县郊纳镇在贵阳市观山湖区的帮扶下，坚定信心，鼓足干劲，与观山湖区共同带动扶贫对象。观山湖区在产业就业、医疗、宣传、教育、项目建设等各方面给予了大量帮助，全镇的脱贫攻坚工作得以扎实推进。2018 年，全镇脱贫 306 户 1438 人，2019 年脱贫 633 户 2837 人，贫困发生率从 2018 年底的 16.01% 下降到 1.24%。

帮扶机制不断完善。贵阳市委、市政府印发《贵阳市帮扶望谟县郊纳镇脱贫攻坚工作方案（2018—2020 年)》，明确观山湖

贵州省望谟县郊纳镇党委第一书记岑南峰（左三）入户走访。（新华社发 王朝阳摄）

区结对帮扶郊纳镇。在 2018 年 10 月 11 日的调研座谈会上，结对帮扶工作领导小组成立，明确结对帮扶具体协调人，建立联席会议机制；签订了《贵阳市第二人民医院（金阳医院）与望谟县郊纳镇卫生院结对帮扶协议》，组织医务人员 4 次到郊纳开展结对帮扶义诊，其中 2 次在镇卫生院为农户开展义诊，2 次到郊纳镇民族小学为 613 名学生开展义诊，筛查先天性心脏病。2018 年以来，多次召开视频会议，协商推进区域合作。2020 年 7 月，观山湖区选派了王华、谢舟鑫和邓雯月到郊纳挂职，帮助开展精准脱贫管理、项目建设管理、教育教学工作，3 位优秀同志的到来极大地帮助解决了专业人才匮乏的问题。

推进项目不断发展。2018 年以来，共获观山湖区 680 万元捐赠帮扶资金，其中已到位 680 万元，主要实施郊纳镇壮大村集体经济项目（门面购置）、郊纳镇民族小学及集镇饮用水安全项目应急工程2个项目。其中，郊纳镇壮大村集体经济项目启动，成立了脱贫攻坚村集体门面购置领导小组，总投资600万元，购买了门面；郊纳镇民族小学及集镇饮用水安全项目应急工程已完工，让658名师生喝上了放心水。为实现沟通协调便捷化，观山湖区扶贫办投入1万余元资金购买并安装了视频系统，搭建了两地对外帮扶工作视频调度平台，为推进郊纳镇产业发展需要，帮助解决产业发展资金55万元及脱贫攻坚工作经费1万元。

教育工作扎实开展。2019年上半年，签订了教育脱贫结对帮扶合作协议，商定观山湖区第十二幼儿园、观山湖区华润小学与郊纳镇中心幼儿园、郊纳小学作为具体对口帮扶学校。

大力宣传推广农特产品。将八步茶在贵阳国际会议中心进行推广宣传，并在黔亿城网上线。2018年，邀请郊纳镇参加了贵阳市西南国际商贸城举办的春节灯会庙市活动，免费提供展位，推广郊纳镇特色农产品及郊纳古驿小镇等宣传。

助推培训促进就业。自2018年9月以来，观山湖区就业局每周向镇里提供招聘信息，并提供观山湖区3家职业技能培训机构工种优势信息。积极联系郊纳镇组织贫困家庭子女通过企业订单式、定向式培训等模式开展培训，已开展5个刺绣和种养殖培训班，共计培训261人，其中建档立卡贫困户231人。

推进产业结构调整。2020年3月17日，在郊纳镇开展农业产业结构调整工作的关键时刻，观山湖区送给郊纳镇2万斤黄豆种子，帮助开展农业产业结构调整工作。

下一步，郊纳镇将继续加强与观山湖区的协调对接力度，强化信息共享、工作共谋、落实共进，问题及时协调解决，坚决把观山湖区帮扶的民生项目落到实处，形成上下合力，共推脱贫攻坚。严格按照项目标准实施，及时做好与上级主管部门的对接工作，加强到位资金项目建设力度，使观山湖区实施项目切实惠及贫困群众。积极与贵阳市观山湖区同谋划、同实施，全力以赴，坚决完成郊纳镇脱贫攻坚工作任务。

典型案例三

罗甸县逢亭镇——深化交流合作　共享优质资源

"我想让他联系上我，所以我要写上我的 QQ，我想表达我对他的祝福，所以我要在书里写上寄语，老师，我想多捐几本书可以吗？"

这是发生在 2019 年 9 月 17 日那天的故事，故事的地点是会展二中。他们正在举办"教育帮扶逢亭中学师生图书捐赠仪式"，而故事的主人公是会展二中全体师生。他们将各自心爱的图书从家里带来捐给逢亭中学。学生们拿着手里的书，纷纷交流着，眼神里面透露出激动，有些同学甚至在想象对方收到书时的情景。老师们也表示此次活动很有意义，许多老师也在书里写满了对逢亭中学的寄语，师生共同为逢亭中学助力。而在捐书的队伍里面，有一些特别的身影："贵州众恒助学中心志愿者团队。"在余太湖老师的带领下，他们筹集了一批图书和物资。在助学的路上，他们从未停歇。

时隔 10 天，这批捐助的图书被会展二中的老师们亲自送往逢亭中学，随着图书而来的，还有"送训、送课"活动。2019年 9 月 27 日凌晨五点，联合帮扶助学小组出发前往逢亭中学。胡娟校长带队并有八位老师跟随送课、交流，贵州省众恒助学中

贵州省黔南州罗甸县逢亭镇祥脚村的 **43** 岁村民李孟兵（右一）一家 **2015** 年完成脱贫，依托政府主导的美丽乡村和农村旅游结合项目，他家不仅改造了房屋经营"农家乐"，还将自家土地参与流转种植柚子、脐橙等水果，家庭年收入从 **6000** 多元提高至 **5** 万多元。目前，李孟兵和妻子谭池芬不用再去沿海城市打工，一双儿女也不再是留守儿童。（新华社记者刘续摄）

心余太湖老师及工作人员共同参与，贵阳电视台《百姓关注》栏目组全程跟踪采访。随着上课铃声的拉响，远道而来的老师们为同学们送来了精彩的物理课、音乐课、班会课以及作文课。聆听完别样的课堂，课间操时又迎来另一番惊喜。老师们正式将从会展二中带来的书籍捐给逢亭中学。至此，由会展二中捐赠建立的贵州众恒助学中心"蒲公英图书室"也正式在逢亭中学挂牌成立，涉及中外历史、文学、科普、名著等各类图书 2000 余册，学生欢呼，老师欣喜，这份来自远方的祝福与惊喜，温暖了每一个师生的心灵，也切实将教育教学及联合助学等帮扶工作落到实处，进一步加深了两校友谊。

2019 年 12 月 6 日，时隔三月，逢亭中学八二班的学生又收到了一份惊喜，他们迫不及待地拆开快递，激动地拿着那张属于自己的明信片，一字不落地仔细阅读着。正在激动之时，班主任老师在电脑上点开了一个视频，瞬间让整个教室的气氛沸腾了。

原来，随着明信片而来的，还有会展二中八二班全体学生录制的祝福视频。那些出现在明信片上的名字，此刻就在视频里面对自己说着祝福语。这时，班主任提议给他们"回礼"。于是，几天后，会展二中八二班的教室里也是一片欢呼之声，为收到的回信欢呼、为电脑上的视频回应欢呼、为这别样的友谊与见面形式欢呼。

受新冠肺炎疫情影响，2020年4月27日，逢亭中学全体师生共同观看了一场别样的直播。这是来自会展二中胡娟校长在线上举行的关于改善亲子关系的直播，会展二中发出诚挚的邀请后，当晚，逢亭的师生们都加入到了直播间，一起共享优质资源。在网络上，友谊也能一直延续着。

"我们可以为两校学生举办一个线上的朗读比赛呀！"这是两校老师在直播结束后不久提出的想法。灵感产生后，朗读比赛的执行方案也随之而来，逢亭中学王为益老师和会展二中彭会芳老师牵头开始举办此次活动。2020年5月13日至6月5日，两校举行了学生线上朗诵比赛。经过两校老师的努力，学生们积极地准备此次活动。不停地练习，不停地修改，最后录制成朗诵音频，由两校老师进行线上评选，各出评委7人。最终选出12个优秀朗读作品。而在颁奖环节，两校都将自己学校的公章印在了奖状上，以快递的形式寄给对方，而学生们收到的奖品也是由两校各出一份。"在比赛中共同学习、在比赛中加深友谊。"这是两校师生对于此次活动的一致评价。会展二中相关老师也表示："活动不断、惊喜不断，未来的我们还将继续用类似的形式助力逢亭中学，让这朵友谊的花绚丽地绽放在两校师生的心间。"

为促进两地教育事业的交流合作，实现优质教育资源共享，促进两地教育事业更好、更快发展，观山湖区教育局结合自身优势和罗甸县逢亭镇实际，积极围绕"学校管理完善优化、教育教学质量提高、教师专业素养提升、教学科研交流"等方面，开展交流帮扶工作，做到资源共享、辐射带动、共同发展。除图书捐赠、送训送课交流合作、明信片传递友情、线上活动开展外，观山湖区教育局还通过公开招标与贵州勤邦黔品生鲜配送有限公司签订协议，由该公司负责全区 50 多所农村中小学、幼儿园一万余名学生营养餐的原材料供给。其次，借着全面开展"校农结合"工作、助推农村产业革命和脱贫攻坚契机，联合贵州勤邦黔品生鲜配送有限公司加强与逢亭镇对接联系并明确"两条扶贫主线"——针对蔬菜类产品，与逢亭镇农民专业合作社、种养殖基地、农业大户联系，在同等品质、价格合理的前提下，树立"优先采购罗甸县农副产品"的原则，签订采购合同，待适季蔬菜上市后，定期进行采购；同时，针对辣椒类产品，与有条件的合作社、基地合作，建立长期稳定合作，实行"订单农业"，保底收购农产品。该合作形式不仅能保障观山湖区所有农村中小学、幼儿园营养餐的质量，还可以拓宽对口帮扶地区的农产品销路，带动当地农业产业发展，从而实现"双赢"。

每次帮扶活动的背后，凝聚着的是校与校之间的友谊及观山湖区对罗甸县逢亭镇的帮扶情谊。下一步，观山湖区教育局将继续加大教育帮扶力度，结合两地实际和帮扶需求，优化完善帮扶计划，不断探索新的方法、途径，不断将教育扶贫工作落到实处。

十七、高新区 🤝 习水县、纳雍县、茂井镇
——深入践行真帮实扶 携手决战脱贫攻坚

按照省、市大扶贫战略行动部署，高新区 2016 年结对帮扶习水县，在顺利助推习水县贫困县摘帽后，于 2018 年转战帮扶纳雍县，2019 年 7 月，根据贵阳市结对帮扶罗甸县工作安排，新增帮扶罗甸县茂井镇。自结对帮扶工作启动以来，高新区始终把结对帮扶工作作为全区一项重大的政治任务和政治使命，扛在肩上、落实在行动上，奋力助推帮扶地决战决胜脱贫攻坚。

（一）用心用情用力，书写帮扶成效

四年多来，在市委、市政府及市扶贫办的指导下，在帮扶地党委、政府的领导下，高新区以精准的帮扶方案、创新的工作方法、坚定不移的信心、实实在在的行动，用心用情用力真帮实扶。截至 2020 年 6 月，全区共有 24 个机关单位、168 家辖区企业，2800 余人次赴帮扶地开展实地帮扶，累计投入帮扶资金 4562.60 万元（2016 年 628.96 万元、2017 年 503.92 万元、2018 年 1001.37 万元、2019 年 1536.68 万元、2020 年 891.67 万元），其中投入区级财政资金 3824.22

习水县在调整农业产业结构中，利用赤水河谷地带得天独厚的自然条件，采取"支部＋合作社＋农户"模式，引进台湾优质红心火龙果品种以及先进的种植管理技术，目前种植面积已发展到 600 余亩，有效带动当地农民在家门口就业增收。（新华社发王长育摄）

万元、发动园区企业投入帮扶资金 738.38 万元。在习水县，结对帮扶的 500 户 2060 人中，除部分需政府兜底以外，其余全部实现脱贫摘帽；在纳雍县，2018 年带动 4373 户 20051 名贫困人口、2019 年带动 4715 户 22127 名贫困人口实现脱贫摘帽；在罗甸县茂井镇，2019 年带动 483 户 1969 名贫困人口实现脱贫摘帽。帮扶经验交流材料先后被《中国高新区》杂志采用 1 篇、省扶贫办网站采用 7 篇、省"微扶贫"公众号采用 2 篇、市政府网站采用 1 篇。

（二）提高政治站位，强化责任落实

高新区始终坚持以习近平新时代中国特色社会主义思想为根本

遵循，深入学习贯彻落实习近平总书记在贵州省代表团重要讲话、对毕节试验区工作的重要批示精神，牢记嘱托、感恩奋进，抓紧抓细抓实各项帮扶任务。一是领导带头示范。成立了工管委主要领导任组长的结对帮扶工作协调领导小组，先后以党工委会议、管委会主任办公会、专题会、推进会等研究部署结对帮扶工作60余次，工管委班子成员先后27次带队深入实地开展帮扶，区属各部门（单位）主要负责人累计赴帮扶地开展帮扶160余次。二是谋划帮扶举措。制定印发了各年度工作方案、各类通知及实施意见等，谋划开展了"中国梦·习水情，合格党员如何练就""百企帮百村""500职工爱心结对帮扶500贫困户""七大帮扶""1331""11333"帮扶行动及春季攻势"十个一行动"、夏秋决战"231"帮扶行动等，助力帮扶地决战决胜脱贫攻坚。三是落实工作保障。每年安排财政预算资金用于结对帮扶工作，明确专人专职抓结对帮扶工作，选派了9批33名干部到习水县挂职锻炼，派出了以副县级领导干部为队长的扶贫工作队常驻纳雍县开展结对帮扶工作。四是加强调度考核。制定印发了《贵阳国家高新区结对帮扶工作考核办法（试行）》《贵阳国家高新区驻纳雍县扶贫工作队管理考核办法》《贵阳国家高新区结对帮扶工作"十要十不准"》《贵阳国家高新区组织与人力资源部抓党建促结对帮扶挂牌督战工作方案》及严明脱贫攻坚结对帮扶纳雍县"十二条"纪律要求等措施，细化帮扶工作任务，定期进行调度，限时办结销号，按月开展考核，严格兑现奖惩，狠抓工作落实。五是强化思想引导。抓实机关帮扶干部培训，采取以会代训、专题培训的方式，组织开展结对帮扶工作培训18场，共培训400余人次，进一步提升帮扶工作水平；依托全球贵州博士俱乐部，组建博士讲师团，累计在纳雍县16个乡（镇）开展思想文化扶贫宣讲45场、创业辅导10场，参加人数累计达9.4万余人次。

（三）抓实产业带动，助推结构调整

严格按照农业产业革命"八要素"推进"乡村振兴"战略工作要求，紧扣帮扶地产业发展部署及脱贫攻坚需求，全力助推帮扶地产业发展和产业升级。一是助推习水县产业升级。投入 369 万元产业帮扶资金，帮助习水县建设了世纪恒通习水呼叫中心、习水县脱贫攻坚指挥展示系统、土城镇红卫村竹鼠养殖、二里镇红工村莲藕种植、隆兴镇龙溪村产业到户、二里镇蔬菜种植、隆兴镇新光村水果种植、土城镇青杠坡村集体经济苗圃、大坡镇建筑村商品牛养殖、桑木镇土河村林下生态养鸡、桑木镇土河村扩建蛋鸡养殖基地等 11 个项目。二是支持纳雍县产业结构调整。结合纳雍县产业调整实际需求，区级层面支持纳雍县建设了寨乐镇新桥村 50 个生态大棚项目、饮用水厂项目、中药材收贮及试种项目、董地乡联和村梅花鹿养殖基地、勺窝镇务井村种桑养蚕、勺窝镇联新社区乡村振兴示范点种桑养蚕及生产加工、玉龙坝镇唐家坝村生猪养殖场粪污微生物异位发酵处埋、白兴镇德科村 250 亩藤椒种植等 8 个项目。以"部门帮村"为抓手，结合帮扶村产业调整，实施"一村一产业"帮扶行动（即由区属 24 家帮扶单位至少帮助帮扶村发展 1 个产业项目），高新区 24 家帮扶单位分别在帮扶村实施了魔芋种植、藤椒种植、黑山羊养殖、桑蚕养殖、肉牛养殖、蜜蜂养殖等产业项目 25 个。截至目前，产业帮扶资金累计达1106.67 万元。

（四）拓宽产销渠道，助力"黔货出山"

充分发挥高新区大数据、电商发展优势及贵阳市场空间，帮助帮扶地搭建线上线下销售平台，推动帮扶地农特产品进入园区电商平台、贵阳市场销售，拓宽销售渠道，助推"黔货出山"。一是推动纳雍农特产品进入贵阳市场。积极协调贵阳市绿色农产品促销专班，推动纳雍县源生牧业公司与贵阳农投惠民公司、星力集团等 5 家惠民超市签订了合作协议，并在高新区无人超市设立了纳雍县农特产品专柜、在贵阳中心城区帮助纳雍县建成 2 家农特产品直营店，销售纳雍县农特产品。同时，积极组织园区企业与纳雍县电商中心合作，成立"高新·纳雍壹心众创空间"，推动纳雍县农特产品在贵阳销售；发挥高新区电商、大数据企业聚集优势，推动纳雍县农特产品进入苏宁易购、京东等 11 家电商平台进行销售；组织开展"以购代捐"活动，动员广大干部职工、园区企业、餐饮门店等以消费带动扶贫，采购纳雍农特产品。截至目前，累计采购纳雍农特产品价值 607.59 万元。二是拓宽罗甸县茂井镇农特产品销售渠道。组织辖区内贵州本道创客服务有限公司、贵州航天智慧农业有限公司、贵州弘维软件科技有限公司等企业，深入茂井镇金花茶种植基地、枇杷种植基地、桃园新村四季果园基地进行调研，帮助茂井镇农特产品拓宽线上销售渠道、做好线下产销对接工作。通过建立"微信社区"平台，策划开展"以购代捐"活动，帮助罗甸县茂井镇宣传、销售华白一号"白沙枇杷"等农特产品。

（五）开展就业帮扶，促进增收脱贫

围绕就业带动脱贫，通过向帮扶地提供就业岗位、开展就业培训、就业招聘等方式，吸纳帮扶地劳动力到园区企业就业。一是提供就业岗位。深入挖掘园区企业用工需求，并针对帮扶地贫困劳动力实际情况，按照学历要求低、专业技术低"双低"要求，对收集到的岗

位进行全面梳理后推送至帮扶地就业部门。截至目前，累计提供就业岗位 16000 余个。二是开展就业培训。针对帮扶习水县的 500 户贫困群众实际情况，围绕增强贫困人口的谋生能力和发展能力，组织开展了农村电商、农村实用技术等技能培训 5 场，1 次实地参观学习考察，累计培训 761 人次。针对纳雍县需求，邀请了餐饮、酒店、家政保洁、电商、种植养殖等方面专家赴纳雍县开展农村劳动力技能培训、农业实用技术培训，累计培训 6800 余人次。三是开展就业招聘。组织园区企业举办专场招聘会 5 场，动员园区企业动态吸纳贫困劳动力就业。截至目前，纳雍县累计有 127 人到高新区园区企业就业。

（六）汇聚帮扶力量，补齐民生短板

聚焦帮扶地"两不愁三保障"脱贫短板，在区级层面帮扶的基础上，动员引导区属各部门（单位）、园区企业积极投身到结对帮扶工作中，汇聚帮扶合力，扎实开展爱心捐赠、教育医疗、生活保障等帮扶活动。在习水县，高新区通过向习水县捐赠教育、医疗帮扶资金，资助 30 名 2017 年考入大学的学生，动员全区和社会向习水县瘫痪女孩袁小霞捐助善款，动员和引导全区广大党员干部职工、园区企业通过捐赠办公设备、实验设备、教育图书、体育用品、校服、文具、图书，捐赠扶贫牛、致富羊、脱贫鸡等；捐赠化肥、种子、农药，开展送医、送药、送医疗设备等爱心帮扶活动 18 次，扎实推动民生保障帮扶。两年来，投入民生帮扶资金 493.11 万元。在纳雍县，帮助建设了寨乐镇新桥村建设便民利民服务中心、安装 78 盏太阳能路灯、生态大棚配套产业路及桥梁项目，文昌街道第二幼儿园附属工程项目、董地乡联和村农村环境整治项目、勺窝镇糯谷珠村农村环境综合整治项目及公共卫生厕所项目。同时，以"部门帮村""百企帮百村"

为抓手，帮助帮扶村购置蓄水设备、修缮房屋、新建垃圾池、环卫垃圾桶、硬化连户路、维修通组路、断头桥等，向贫困群众捐赠油米、冬衣、冬被等物资，向结对帮扶村小学捐赠教学设备、学习用具等。与纳雍县共建"贫困学生教育鼓励基金"，激励考取二本以上院校的贫困户家庭子女通过教育脱贫，并在纳雍县14个贫困村建立互联网医疗扶贫点，提供常见病、多发病首诊及慢病等健康咨询服务。组织园区医疗企业、爱心医疗机构赴纳雍县开展健康扶贫义诊及送药、送医活动27场，义诊贫困群众2700余人次。截至目前，投入民生保障帮扶资金1089.42万元。在罗甸县茂井镇，划拨100万元帮扶资金支持茂井镇实施住房功能完善改造、农村饮水安全巩固提升、产业发展基础设施配套3个项目。围绕茂井镇部分贫困群众住房透风漏雨、门窗破损等"三保障"脱贫短板，积极动员园区企业捐资助力，累计筹集帮扶资金16万元。同时，组织辖区贵阳朗玛信息技术股份有限公司在茂井镇建立互联网医疗点2个，为当地贫困群众提供常见病、多发病首诊及慢病等健康咨询服务；组织贵阳市第二人民医院医疗队赴茂井镇敬老院开展了"关爱老年人，义诊送健康"扶贫义诊活动，义诊五保老人19名，现场捐赠阿莫西林胶囊、板蓝根颗粒、老年人专业奶粉等。结合茂井镇村卫生室设施设备配套不完善情况，划拨医疗帮扶资金9万元，帮助茂井镇6个村级卫生室购置了血压计、血糖仪、雾化机等医疗设备，办公桌椅、电脑、打印机等办公设备，提升村级医疗水平，进一步改善群众医疗条件。

十八、清镇市 🤝 摆所镇

——联心促党建　联手抓产业　联力补短板

结对帮扶是提高扶贫效果的务实之举，是贵州省打赢脱贫攻坚战的关键一招。清镇市坚决扛起"省内帮扶工作"重大政治任务，整合优势资源力量，通过联心促党建、联手抓产业、联力补短板，帮助结对帮扶的长顺县摆所镇解难题、谋发展，助力贫困群众脱贫致富。清镇市充分整合清镇市教育局、职教城管委会、城投公司、农业农村局、卫城镇永乐村等 16 家单位和村集体资源力量，通过联心促党建、建强基层战斗堡垒，联手抓产业、增强内生发展动力，联力补短板、筑牢民生基本保障，帮助结对帮扶的长顺县摆所镇解难题、谋发展，以实际行动贯彻落实"先富帮后富、最终实现共同富裕"的要求。截至目前，直接投入资金 1000 余万元，落实帮扶项目 40 余个，带动帮助贫困户 2612 人实现脱贫，有力助推了结对帮扶点脱贫攻坚进程的加快。

（一）联心促党建，建强基层战斗堡垒

以提升组织战斗力为重点，强化基层党组织的政治功能，发挥村

（居）党支部战斗堡垒作用和党员干部先锋作用，不断提升脱贫攻坚成效。一是联建组织阵地增强组织力。借鉴清镇市实施"双整治一规范"（整治阵地及周边环境、整治内外形象、规范功能布局）打造村级党组织阵地的工作经验，坚持"科学布局、一室多用、便民利民"的原则，选派党建指导员，协调资源帮助结对帮扶点按照"8+X"（"8"即：支书主任办公室、党员活动室〈远教室、讲习所〉、村民议事室、乡村振兴工作室、村史陈列室〈图书室〉、卫生计生服务室、群团工作室、警务室；"X"即：便民利民服务大厅，其余根据各村需要进行设置）功能布局标准，建强村级党组织阵地。积极打造并用好"先锋长廊"，公开展示村基本情况、村级组织架构和责任清单、村

在黔南布依族苗族自治州长顺县，几名"背篼干部"在去他们包点的村寨途中。
（新华社记者王骏勇摄）

规民约、党务村务、集中办事日、集中学习日、集中走访日等情况以及群众关心的内容，贴近群众生活和需要，吸引群众关注，密切干群联系，增强村级党组织的组织力。二是联育干部队伍增强战斗力。有计划地安排长顺县摆所镇干部搭班清镇市干部培训班出省培训，安排 2 名摆所镇党员干部到深圳大学参加清镇市 2019 年高层次人才专题培训班，采取理论学习、实地参观以及现场教学等形式，重点学习十九大精神、习近平总书记关于人才工作、知识分子工作重要指示精神、高效执行力建设等课程，不断丰富基层干部的实践理论知识、补齐基层实践短板；选派市农业、商务、金融等部门和部分产业发展好的乡镇领导、专家到摆所镇开展业务交流，介绍清镇市经验、实地建言献策，指导帮助建强基层组织干部队伍，大大提升了基层组织的战斗力和执行力。

（二）联手抓产业，增强内生发展动力

转变帮扶方式，帮助厘清产业发展思路，加快补齐影响产业发展的基础设施短板，并有针对性地解决产销对接不畅等问题，推动优质特色产业做大做强，增强产业发展"造血"功能。一是当"助手"厘清产业发展思路。清镇市委、市政府主要领导带队深入长顺县摆所镇到田间地头看产业、走村入户听建议，仔细了解结对帮扶点农业产业发展情况，分享推荐清镇市"1 中心 +9 基地"精品果蔬发展经验，共商产业发展之策。如，结合摆所镇实际，共同商议初步设计该镇"4+N"农业产业发展路径，"4"即在摆所片区、营盘片区、中坝片区突出紫王葡萄、绿壳鸡蛋、中药材、小米核桃四大产业为主的特色产业，同时发展生姜、蜂蜜、畜禽等 N 个种养产业，全力做大做强特色优势产业。二是伸"援手"加强基础设施建设。清镇市城投公

司投资 1000 万元，帮扶摆所镇开展道路改造、跌水河道治理、挡土墙工程、农贸市场地块硬化以及房屋立面整治、广场铺装等基础设施建设，帮助改善生产生活环境，加快补齐影响产业发展的基础设施短板。目前，已完成道路改造 1.7 公里、河道治理 120 米、立面改造 88 户、屋面 1.8 万方、外墙 3 万方、农贸市场及周边场地硬化 4000 平方米、完成广场提升改造铺装面积 6000 平方米，并配套实施绿化种植、照明灯具安装、花池砌筑等工程，进一步夯实了产业发展基础，改善了群众居住环境和条件。三是搭"帮手"推动产销精准对接。依托背靠贵阳大市场的优势，清镇市商务局针对长顺县农特产品销路不畅问题，搭建"产业＋农户""企业＋销售"模式，对长顺县绿壳鸡蛋、葡萄酒等进行网货开发包装设计，与清镇市中莱网等公司签订销售订单，让土货变商品，把商品变网货，不断拓宽农产品销售渠道，实现销售收入 8 万元，群众增收 3 万元。百花社区东门桥村为帮助纳雍县乌沙村拓宽特色农产品销售渠道，拿出商铺一个、农贸市场摊位一个，无偿给乌沙寨村用于推销、售卖特色农产品。卫城镇永乐村用好自身区位优势和商业优势，邀请岩上村两委、驻村工作队参加贵州（清镇）第三届生态美食文化节，为岩上村土蜂蜜、黑洋芋等特色农产品提供展示销售平台。同时，清镇市投促局围绕摆所镇农业、大健康、旅游等产业，开展携手招商 3 次，共同拜访了中国国安世纪爱晚投资有限公司、济南天卉玫瑰生物科技有限公司等 8 家企业，邀请了有意在摆所镇开展苗艾种植项目、生姜及山银花种植收购项目、有机肥加工建设项目的 3 家公司到摆所镇实地考察。

（三）联力补短板，筑牢民生基本保障

紧盯"两不愁三保障"，用活用好清镇市在就业、教育、医疗等

方面的资源优势，着力帮助帮扶点补齐民生短板。一是共享就业培训资源补齐就业短板。主动对接长顺县人社局等部门，及时了解帮扶人群的年龄结构、就业情况、岗位需求、技能培训等情况。按照"培训一个、就（创）业一人、致富一家、带动一片"的原则，针对摆所镇绿壳鸡蛋等产业，积极对接贵州农业职业学院派出技术专家，开展养殖、防疫等方面培训2次，培训养殖户150人次。精心挑选辖区内62家企业参加两地人社部门共同开展的长顺"就业扶贫"专场招聘会，发放宣传资料500余份，提供就业岗位4100个，初步达成就业意向352人。二是共享职业教育资源补齐教育短板。发挥清镇市职教资源优势，采取"1+2中职""3+2高职"模式，动员帮扶点初高中学生进入清镇市职业学校学习，实现"职教一人、就业一个、脱贫一家"。截至目前，共计招收长顺县学生5人，其中贫困学子4人。加强教育资源流动，促进优质教育资源结对子帮扶，派出清镇一中、红枫二小等学校的20余名教师开展"送课下乡"40余次，邀请长顺民族中学、摆所中学等学校的70余名教师参加教研活动、省外提升培训等，10名摆所镇青年教师到清镇一中、红枫二小等4所学校跟岗学习，教师教学技能得到不断提高。通过捐赠资金、设施设备、图书等，直接帮助改善办学条件。目前，捐赠电脑、投影设备等教学设备20余套、图书3000余册，帮扶贫困留守儿童100余人次，提供教育物资、资金帮扶共计16万余元。三是共享医疗队伍资源补齐医疗短板。统筹清镇市第一人民医院、中医院与长顺、摆所等对外医疗帮扶单位签订帮扶协议，制定帮扶人员安排表，清镇市一医选派4名专家到长顺进行实地帮扶，组织专家团队到现场开展义诊服务。截至目前，共派出专家150余人次，受益群众达600余人。针对摆所镇中心卫生院存在的薄弱环节，清镇市中医院选派影像、检验的专业医师进行指导教学。同时，利用贵州省远程医疗会诊信息平台，与长顺县及摆所镇卫生院通过"远程会诊"平台，实现门诊、住院电子病历等方面的信息互联互通互享，大大提升了帮扶点医疗服务水平。

（四）倾情倾力相助　同心同向战贫

自 2016 年清镇市结对帮扶长顺县摆所镇以来，清镇市委、市政府深入贯彻落实党中央关于脱贫攻坚的各项重大决策部署，汇聚各方力量，带着资源、带着感情、带着责任，对摆所镇给予倾情倾智倾力相助，不断增强脱贫攻坚的内生动力。经过多方共同努力，6 个贫困村全部脱贫出列，贫困人口摘掉了贫困的"帽子"。

实施项目帮扶，城镇面貌焕然一新。清镇市对摆所镇城镇建设提供 1760 万元的项目支持，由清镇市城投公司、卓越集团牵头，为摆所镇的城镇建设、企业融资、项目编制规划等工作提供支持和帮助。完成了 10000 平方米的镇区农贸市场提升改造、镇区 15600 平方米 87 户外立面改造……让摆所镇小城镇建设发生了翻天覆地的变化，城镇面貌焕然一新，打造出了一座功能齐全、风景优美、宜居宜商的新型小城镇。

加强产业助推，产业发展欣欣向荣。大力推动产业扶贫，强化摆所镇内生发展机制。2017 年 11 月起，选派农业局优秀干部到摆所镇挂职，协助抓好农业、产业扶贫等工作，在产业扶贫上加强紫王葡萄、绿壳蛋鸡、中药材等现有优势产业谋划，按照"村村有产业发展，户户有项目覆盖"发展思路，谋划每村"两基地一实体"发展布局。同时，汇聚更多帮扶力量助力产业发展。清镇市电子商务产业发展办公室帮助开发绿壳鸡蛋、原生纯菜油等特色产品在线上线下销售。2018 年，帮助引进清镇市部分企业或单位签订产销合作协议。2020 年，帮助协调解决摆所镇 9 万元蔬菜种植项目物资，免费提供价值百万元种苗，签订千万收购协议，解除产业发展后顾之忧。

开展人才输送，医疗教育稳步推进。医疗和教育都是民生发展大事。在教育扶贫方面，清镇市通过组织骨干教师、教育名师对摆所中心校和幼儿园进行教学帮扶，开展讲座和示范教学研讨、开展优质课分享交流和课程管理与实施、开展学校管理经验交流。同时，牵线搭桥帮助摆所镇4名贫困家庭学生就读清镇市职业技术学校；协调4家企业为摆所镇6名贫困学生捐助2.6万元……医疗扶贫方面，清镇市一医在2018年就组成了10人专家队，长期深入摆所镇中心卫生院帮助解决各种实际医疗问题，开展了《高血压急症》《胸痛知识》等医疗知识讲座，帮助提升了当地医疗队伍业务素质和水平。

帮助就业推介，就业渠道不断扩宽。清镇市人社局多次联系企业及公司到摆所镇开展贫困户就业招聘活动，同时向摆所镇推介贵州碧桂园顺安房地产开发有限公司、中国平安保险公司等402家企业，共1147个就业岗位，同时通过就业平台、微信、QQ等方式向摆所镇发布21800余个岗位信息。此外，清镇市提供四家劳务公司与摆所镇签订劳务合作协议，将对口帮扶村需帮扶人员名单与该四家公司共享，帮助推介就业。清镇市提供"双创"基地平台，由摆所镇组织待业青年到清镇市呼叫中心、产业孵化园等培训，合格后推介就业。

搭建合作平台，招商引资蒸蒸日上。清镇市投资促进局、商务局等部门积极帮助摆所镇开展招商引资工作，邀请摆所镇有关招商负责同志赴清镇市考察学习，提升摆所镇招商水平。通过完善摆所镇招商推介目录、招商策划及项目包装等，拓展摆所镇招商引资项目；利用清镇市市场优势，对摆所镇紫王葡萄、绿壳鸡蛋、绿色蔬菜、手工灯饰等产品进行包装和品牌转换，列入清镇市电商平台进行推广销售；依托清镇市"年货节"销售平台，帮助摆所镇销售农产品，协助摆所镇到浙江、北京等地开展农业、旅游等招商，实现招商资源共享。

无私捐赠物资，疫情防控凸显真情。结队帮扶，就是要携手并进，共渡难关。在新冠肺炎疫情带来严重影响的情况下，清镇市始终心系摆所镇，在清镇市委、市政府的统筹下，多方协调企业在疫情防控期间为摆所镇捐赠 2.3 万个口罩和 7 吨消毒液等防疫物资，切实解决了摆所镇疫情防控物资匮乏的燃眉之急，把疫情影响降到最低，为不折不扣完成全年目标任务，为坚持"两线作战"夺取双胜利奠定了坚实基础。

（五）强领导抓落实　促两地共同发展

根据《清镇市 2019 年对口支持长顺县摆所镇工作方案》（清扶领〔2019〕6 号）以及有关精准扶贫工作会精神，2019 年以来，清镇市教育局派出实验一小、红枫二小、红枫四小教育集团、新岭社区幼儿园、机关幼儿园等五所学校与长顺摆所镇相关学校结对帮扶，按照强领导抓落实的工作要求全面促进两地教育共同发展。

1. 强化工作领导，确保部署到位

（1）工作有领导小组

为切实加强对该项工作的领导，确保帮扶工作扎实有序进行，教育局党委成立了以"一把手"为组长，分管领导为副组长，其他班子成员为成员的对外扶贫工作领导小组，领导小组下设办公室在思想政治教育科，具体负责对长顺县摆所镇的教育帮扶工作。

（2）工作有专题研判

2019 年召开专题工作调度会 3 次，确立"加强教育合作　提升办学水平"的教育帮扶目标。立足于长顺摆所镇学校的具体需求，结合清镇教育资源优势，制定具体帮扶项目，拟定具体帮扶措施，全力保障帮扶工作落地落实。

（3）工作有推进计划

清镇市教育局组织帮扶学校召开专题会议，安排各学校按照帮扶对象、帮扶项目，认真制定帮扶推进计划，做到帮扶目标明确、帮扶内容具体、帮扶方式融洽、帮扶时间合理，确保清镇教育系统对长顺摆所镇学校的帮扶工作有序推进。

2. 强化工作落实，确保帮扶实效

发挥清镇教育示范引领和辐射带动的作用，以互动交流、听课研讨、专题讲座、互派教师等四个层面为平台，对长顺县摆所镇从教育理念、学校管理、教学研究、师资培训、教学资源、办学条件等方面进行指导和支持。强化工作落实，确保帮扶实效，着力提升摆所镇中小学校（幼儿园）办学整体水平。

（1）捐赠教学物资，改善摆所镇薄弱学校办学条件

一是红枫二小将电脑 2 台、打印机 2 台、价值 1.2 万余元教学物资捐赠给中坝中心学校，解决了中坝中心学校实际需求。二是清镇市实验小学给摆所镇中心校孩子们带去了 8000 余元的体育用品。三是清镇四小教育集团为营盘中心学校送去价值 6000 余元的教学用品。2017 年以来，教育局共对长顺县摆所镇提供共计 13.6 万余元的教育物资、资金帮扶。

（2）加强互动交流，提升摆所镇中小学校（幼儿园）的办学水平

一是以名师工作室为载体，开展专题讲座。由"贵阳市郎启敏名校长工作室""贵州省焦芳乡村名师工作室"的主持人郎启敏校长、焦芳老师为中坝中心学校全体教师送去了主题为《培养核心素养，创新学校德育》《多形式阅读，提升语文课堂有效率》的专题讲座。两个讲座分别从学校的德育管理、学生核心素养的培养与提升和语文阅读教学的有效性等方面进行了多角度的指导。

二是以骨干教师为龙头，开展"送课下乡"。派出清镇五名教师

开展示范课送课下乡活动5次。教师们以饱满的热情、精湛的教育水平，充分调动了学生学习的积极性，引发学生思考创新，课堂学习氛围浓厚，听课教师们一致好评。

三是以提升管理水平为目标，开展专题研讨。围绕校风学风建设、学校管理、教学研究、师资培训等分别与摆所镇中小学校（幼儿园）开展20余场专题培训及研讨活动，着力提升摆所镇中小学校（幼儿园）的管理水平。

四是以青年教师为对象，开展跟岗学习。每年预留部分市级教师培训提升名额，邀请摆所镇教师参加清镇市组织的教研活动和外派培训，两年来共计邀请50余名教师参加各种专业提升培训，全面提升教师专业素养；同时还邀请摆所镇选派的中青年骨干教师10名到清镇"名校"跟岗学习。

典型案例一

驻村干部用心用情　贫困村寨变富变美

日落月升，在清镇市暗流镇小沟村，干净整洁的村民文化广场上，不少村民走出家门来这里纳凉。一盏盏太阳能路灯与月光交相辉映，稻田里的蛙鸣声不绝于耳……乡村的夏夜，宛如一幅幽美的画卷。

小沟村的发展，与清镇市财政局的结对帮扶分不开。"结对帮扶，是脱贫攻坚的一项重要举措，结下对子，就肩负了一份责任。"近年来，按照掌握贫困状况精准、确立开发思路精准、落实帮扶措施精准、建强基层组织精准、发展集体经济精准、调处矛盾纠纷精准"六个精准"要求，紧盯"两不愁三保障"，清镇市财政局把脱贫攻坚的政治责任扛在肩上，情系帮扶村群众冷暖，对困难群众倾注深厚感情，不断帮助帮扶村完善基础设施、找准发展方向、促进村集体经济发展，增加群众收入，让一个个昔日的贫困村旧貌换新颜。

一、优选驻村干部，工作基础牢了

清镇市财政局把选优配强驻村干部作为重中之重，打牢驻村帮扶工作基础，为脱贫攻坚增添强劲动力。

优选驻村干部，明确"五带头"工作要求。清镇市财政局党委坚持好干部标准，注重工作经验和群众基础，选派政治素质好、工作作风实、综合能力强、健康具备履职条件的人员参加驻村帮扶工作，按照"全脱产"的要求，确保驻村干部集中精力投入驻村工作。局党委对驻村干部提出了"五带头"，要求驻村干部带头深入群众、带头做群众的贴心人、带头宣传政策、带头思考发展、带头推动工作。驻村干部第一时间与帮扶村村支两委对接，积极开展群众走访，了解基本村情，重点了解村民经济收入主要来源，村集体经济现状，结合实际制定个人工作计划和驻村工作计划，为工作开展奠定了基础。

建好"三个清单"，促驻村工作落实。为扎实抓好驻村工作，清镇市财政局制定驻村干部责任清单，明确了驻村干部所肩负的宣传党的方针政策、强化基层组织建设、推动村集体经济发展等八个方面的工作职责，让驻村干部清晰地知道"干什么、怎样干、如何干好"，用责任清单明晰驻村工作职责，让驻村干部的工作目标明确、任务明确、责任明确。

驻村工作问题清单则查摆出驻村干部工作汇报内容不全面、驻村干部与支持村阵地建设相关企业联系不够、驻村干部调动局机关相关资源力度不够三个方面的问题。聚焦上述问题，驻村干部通过微信、专题汇报等方式，及时向局党委分管领导和主要领导汇报驻村工作开展情况，对涉及需要局党委协调解决的问题，及时提交局党委研究决定，并牵头与支持村阵地建设的企业加强联系，落实有关政策支持；局机关党支部组织机关党员干部深入帮扶村开展"相约星期三·文明实践日"活动，宣传有关政策，帮扶困难群众。

二、一线走访民情，干群关系近了

"家里最近生活怎样，还有什么困难？""现在垃圾池也有了，大家都养成好的卫生习惯，村里的环境会更好。"……

2020年6月11日，在暗流镇蒋家院村湾子组，清镇市财政局结对帮扶遍访组的王志宏、廖泽龙、杨正林、郭得友4名同志，在驻村干部涂云华的带领下，挨家挨户走访，发放宣传资料。

深入走访，才能深入了解民情。2014年以来，清镇市财政局先后帮扶了暗流镇的韩家坝村、响水河村、小沟村、蒋家院村，局党委高度重视，分别制定了结对帮扶工作计划，把每年的集中走访和日常走访相结合，对所有帮扶对象做到基本情况清楚。

2020年的新春，面对突如其来的新冠肺炎疫情，清镇市财政局在做好新冠肺炎疫情防控资金保障的同时，把帮扶村蒋家院村的疫情防控作为重要工作来抓。1月28日上午，局机关支部党员组成"党员先锋队"，在局党委委员、副局长陈俊的带领下，冒着严寒深入蒋家院村开展疫情防控工作。"党员先锋队"深入帮扶贫困户家中，了解生产生活情况，鼓励大家在村支两委带领下，合理安排生产，克服困难，共同战胜疫情；对节日期间返乡人员进行排查登记，及时掌握其身体状况等信息，做到不漏一户一人。

当天，"党员先锋队"向群众发放宣传资料100多份，对春节期间回村的15人进行了体温检测和排查登记。"财政局的'党员先锋队'来到村里，和我们村干部一起开展工作，大冷天的，大家连中午饭都顾不上吃。"村干部刘志兵说。

在年初完成走访的基础上，清镇市财政局还专门制作了干部职工结对帮扶联系卡，将帮扶干部的照片、姓名、联系方式等印制在卡上，方便帮扶对象在生产、生活中遇到困难随时联系。

2020年5月19日20时左右，蒋家院村遭受暴风雨和特大冰雹灾害，7个村民组的农作物和部分村民住房不同程度受损，两户房屋受损严重。灾情发生后，清镇市财政局派驻的驻村干部及时到现场详细了解情况，并向局党委提交了关于蒋家院村的灾情报告。局党委研究决定后，及时拿出资金2万元，帮助受灾较重的两户村民修缮房屋。

在结对帮扶中，清镇市财政局党员干部职工进村入户，精准掌握帮扶对象的贫困状况，宣传党的方针政策，宣传各种惠农政策，及时了解村情民情，拉近了干群关系。

三、完善基础设施，乡村模样变了

基础设施欠缺是长期制约村集体经济发展的瓶颈。近几年，清镇市财政局帮扶的几个村，通过落实"一事一议"项目，基础设施不断改善和提升，村容村貌变了样。

清镇市财政局选派的驻村干部涂云华提供的资料中，有这样一组数据——

在小沟村，2016年投入12.75万元，实施一组王聪家至偏坡上通车路硬化项目；2017年投入28.12万元，实施五组关上至莫美义家通车路硬化、四组太阳能路灯安装项目、小沟村文化活动场所建设项目；2018年投入35万元，实施小沟村一组、二组太阳能路灯安装项目。

在韩家坝村，2017年投入142.16万元，实施新田坎组胡国志家至刘安富家通车路硬化、高坎子组韩坝路口至后坝路口通车路硬化、马家寨组张正兴家至马云书家通车路硬化、村高坎子组坪上至大坟坡通车路硬化四个项目；2018年投入37.8万元，实施中寨组太阳能路灯安装项目。

在响水河村，2017年投入96.63万元，实施岩上组太阳能路灯安装项目、响水河村庭院硬化项目、长冲组卫生整治项目、长冲组熊明贵家至罗厚平家通车路硬化项目；2018年投入35万元，实施长土、庆脚组太阳能路灯安装项目。

在蒋家院村，2017年投入14.38万元，实施渔寨组庭院硬化项目；2018年投入17.5万元，实施后山组太阳能路灯安装项目。

"串组路修起喽，路灯也安起喽，自来水管子安到家门口喽，这个条件，过去想都不敢想哦。"说起村里的变化，蒋家院村村民王忠贵满脸笑容。

四、发展特色产业，增收底气足了

随着农村基础设施不断完善，近年来，清镇市财政局在结对帮扶村中，积极引导村民支持村集体经济发展，通过产业结构调整，发展生产形成产业带动效应，让贫困群众增收有门路。

2020年，暗流镇以"枫、蔬、辣椒"及五百亩坝区为主，扎实推进农业产业结构调整，深入推进农村产业革命。在清镇市财政局帮扶下，蒋家院村发展元宝枫项目，在四个组实施栽种元宝枫495亩，每亩土地租金600元，租赁期25年，每两年上涨一次土地租金，可提供就业100人左右，本年租金收入约297000元，可带动贫困户36户左右。

项目的实施，让村民对未来的日子有了盼头。

"以前忙碌了一年，种一季苞谷下来挣不了几个钱，现在我们响应号召种植元宝枫，土地流转费三年一递增，第一年600元，最高可以增加到1200元，还可以套种辣椒，还有打工收入，就在家门口务工，这日子更有盼头了！"村民马勇学喜笑颜开地说。

在"不忘初心、牢记使命"主题教育期间，清镇市财政局调研组到蒋家院村开展调研，与驻村第一书记、驻村干部及村支两委座谈，问产业发展，深入到贫困户家中问民情，进一步了解掌握蒋家院村的有关情况，有针对性地提出了推进该村脱贫攻坚的各项具体举措，帮助该村引进温氏企业，已带动9户农户修建鸡舍，开始从事养鸡。

2020年是决战决胜脱贫攻坚的收官之年，清镇市财政局深入推进结对帮扶，继续加大投入力度，补齐短板再发力。

"2020年投入资金74.25万元，安排实施项目3个。其中，蒋家院村环坡组胡德华家至汪家水井通车路硬化项目投资37.2万元，受益农户53户195人；蒋家院村一组文化活动场所建设项目投资5.35万元，受益农户65户273人；蒋家院村湾子至渔寨组通车路硬化项目投资29.99万元，受益农户89户310人。"驻村干部涂云华说。

"以前路不通，李子成熟了，车子进不来，只能靠人力背，一天下来累得饭都不想吃。现在机耕道修到田间地头，路通了以后，坡上这些李子再也不怕运不出去了！"蒋家院村村民郭庆林开心地说。

十九、经开区 🤝 紫云县、木引镇
——深入推进"冲刺 90 天 打赢歼灭战"工作

2020 年上半年，经开区在市委、市政府的坚强领导下，深入贯彻落实志刚书记在全省"冲刺 90 天 打赢歼灭战"动员大会上的重要讲话精神和德明书记在贵阳市、贵安新区"冲刺 90 天 打赢歼灭战"工作推进会上的重要讲话精神，严格按照《贵阳市脱贫攻坚"冲刺 90 天 打赢歼灭战"实施方案》各项安排部署，坚决扛起脱贫攻坚政治责任，牢牢抓住 4、5、6 月三个月"窗口期"，全力助推紫云县、罗甸县木引镇向脱贫攻坚发起最后总攻，确保按时高质量打赢脱贫攻坚战。截至目前，紫云县贫困发生率下降至 0.12%，罗甸县木引镇已实现脱贫出列。

（一）聚焦目标，压紧压实攻坚责任

聚焦"冲刺 90 天 打赢歼灭战"目标任务，努力打好脱贫攻坚这场只争朝夕的背水之战。以"三个亲自"压紧压实攻坚责任。做到亲自部署。先后召开工管委会议传达学习中央、省、市脱贫攻坚重要精神，研究调度结对帮扶相关工作 11 次，对打好疫情防控和脱贫攻坚两场战役进行系统部署，确保一刻不停、一步不错、一天不误；做到亲自调研。党工委主要领导即刻率队赴紫云县、罗甸县木引镇开展帮扶调研，并与帮扶地主持召开联席会议，详细对接帮扶地短板困难及冲刺计划；亲自督战。6月初，再次率队深入帮扶地，实地督导冲刺90天帮扶项目进展情况。以"三级结对"打造全覆盖扶贫协作新模式。印发《贵阳经济技术开发区结对帮扶助推决战决胜脱贫攻坚暨"冲刺90天　打赢歼灭战"工作方案》，构建由工管委领导结对帮镇、27家部门结对帮村、党员干部结对帮户的"三级结对"全覆盖扶贫协作新模式。3月以来，经开区工管委班子率队及各部门开展的各类帮扶活动53次，累计完成资金投入827.02万元，占全年拟帮扶金额的92.8%，52项拟帮扶措施及项目全面启动实施，覆盖带动贫困户13334人；同时，积极发动社会力量践行社会责任，鼓励9家辖区企业捐赠帮扶资金近500万元，构建起"政府帮、企业帮、群体帮"的合力协同攻坚格局决胜之年冲刺格局进一步凸显。

（二）多措并举，斩断产业薄弱"穷根"

为斩断产业薄弱的"穷根"，经开区着力实施了一批立竿见影、吹糠现米、快速增收的项目，持续推进脱贫攻坚与乡村振兴的有效衔接。造血生肌，"大产业"汇聚发展动能。推动贫困村农业产业发展，深入实施"造血资源助推产业"行动，全力助推紫云县、罗甸县木引镇农业产业结构调整和贫困村集体经济发展。近三个月累计投入产业帮扶资金358.96万元，实施产业帮扶项目10个，新院村林下鸡养殖项目、白石岩乡肉牛养殖基地项目等一批产业帮扶示范项目已全面启动；推动补齐贫困村农业产业发展基础设施，累计投入帮扶资金187万元，实施林下蜂产业供电供水基础设施项目、沙坎村粮仓、冷库等特色产业短板项目5个，提升农业产业发展带动能力；产销衔接，"大市场"助力紫货出山。围绕强化产销衔接，推荐紫云县农产品调度平台企业嘉禾香公司参加沃尔玛总公司采购会，促成辖区北京华联、合力超市与紫云县签订框架式采购协议，联合北京华联、合力超市采购紫云县规模化农产品33万斤，金额约65万余元。围绕强化电商富农，通过电商销售、网红现场直播等方式，2020年4月紫云县3200亩卷心菜供销平衡，1000亩大球盖菇供不应求，1—5月辖区内电商企业采购紫云县手搓辣椒、花猪等农产品7万斤、绿壳鸡蛋1万余枚，采购金额达20万元。围绕拓宽销售渠道，开展"以购代捐"活动，针对紫云县农特产品销售市场低迷的困难，组织认购林下鸡1500余只、蜂蜜300余斤，认购金额16万余元；扶志扶智，"大就业"提升脱贫底气。强化扶志促就业帮扶，结合紫云县、罗甸县木引镇返工劳动力情况和经开园区企业复工复产用工需求，经开区组织和人力资源部与紫云县签订"2020年就业扶贫合作协议"，为就业帮扶奠定基础。举办经开区2020年对口帮扶就业扶贫专场网络招聘会，辖区万科物管、奇瑞万达、贵阳海信等32家企业提供就业岗位1600余个；强化扶智促技能培训，充分整合辖区贵航高级技工学校、贵阳筑诚人力资源服务有限公司、贵阳金竹职业培训学校、贵阳兴隆职业培训学校大正家庭职业学校等教育资源优势，为紫云贫困人员开展技能培训288人；精准施策，"补短板"助力固本强基。着力解决被帮扶地"两不愁三保障"和饮水安全突出问题和短板，巩固提升脱贫攻坚成效。聚焦住房保障，先后对紫云县8个村组织实施以"一桌两柜五凳"为代表的生活物资补短项目，累计投入帮扶资金64.1万元，向贫困户捐赠家中所缺桌椅板凳等生活设施共计3000余件；聚焦教育保障，党工委主要领导率队赴宗地小学等组织开展结对帮扶安心助学活动，向学校捐赠篮球、足球、电子琴等运动设备160份，投入帮扶资金34500元；

聚焦饮水安全，投入帮扶资金 27.96 万元，为紫云县贫困村修建饮水安全设施 5 个、捐赠运水车 2 辆，有效解决 53 户 198 贫困人口饮水困难；聚焦办公设备短缺，累计投入帮扶资金 28.58 万元，为紫云县农民工综合劳务市场、板当镇克混村、红岩村、新寨村等 6 个村委会赠送办公电脑、打印机等设备 22 台，有效提升贫困村办公效率。

（三）党建引领，"合围作战"协同攻坚

围绕"党建引领扶贫"和"扶贫助力党建"互推互助机制，实现"党建＋扶贫"双提升。强化党建引领，制定下发《经开区党政办抓党建促脱贫攻坚成效巩固提升挂牌督战工作方案》，组织"党员干部结对帮村"等行动，500 余名党员干部职工以及辖区工商银行小河支行、创新铝业、电商协会、同济堂、和顺达公司等辖区企业党支部参与到帮扶工作中，力所能及开展爱心援助；强化督查考核，制定下发《经开区结对帮扶工作考核办法》，将结对帮扶任务完成情况纳入全区目标考核任务并单列，确保各项帮扶措施落地落实；强化执纪问责，制定下发《经开区结对帮扶助推决战决胜脱贫攻坚工作专项监督行动实施方案》，纪检监察工委牵头对帮扶措施不具体、帮扶成效不明显，在帮扶工作中不作为、慢作为、乱作为的形式主义、官僚主义予以严肃问责，特别是强化对帮扶资金的问责问效，为全力决战决胜脱贫攻坚提供坚强保障。

下一步，经开区将认真贯彻落实本次脱贫攻坚工作专题会精神，持续抓好已实施产业项目落地落实，围绕帮扶地"差什么补什么"的原则，以更严更实更细的工作，进一步助推紫云县、罗甸县木引镇按时高质量打赢脱贫攻坚战，确保顺利完成助推紫云县、罗甸县剩余 13334 名贫困人口脱贫目标。

二十、高新区 🤝 纳雍县

——思想扶贫挖穷根　凝心聚力感党恩

　　根据省、市大扶贫战略行动部署，贵阳国家高新区自 2018 年起转战结对帮扶纳雍县，工作启动以来，高新区始终将帮扶纳雍县作为一项重大的政治任务扛在肩上，落实在行动上。高新区坚持将激发贫困群众的内生动力，作为帮扶纳雍县工作的重要一环，充分发挥人才高地引领作用，依托全球贵州博士俱乐部组建博士讲师团，深入纳雍县开展思想文化扶贫活动。截至目前，先后举办了"文化扶贫进基层""牢记嘱托　感恩奋进""冲刺 90 天　打赢歼灭战"等 45 场思想文化扶贫宣讲活动，参与人数达 9.4 万余人次。

（一）扶贫扶志，大山深处刨穷根

　　国务院扶贫办等 13 个部门联合发布《关于开展扶贫扶志行动的意见》，开篇明确："加强扶贫扶志、激发贫困群众内生动力，是中国特色扶贫开发的显著特征，是打赢脱贫攻坚战的重要举措。"

　　"扶贫不扶志，松手即倒。"在贵阳国家高新区结对帮扶纳雍县——全球贵州博士俱乐部思想文化扶贫讲师团的全海峰博士、胡彬彬博士和博士大讲堂副主任张绍雄在纳雍县极贫乡镇——昆寨乡调研时，该乡乡长安明发同志一语中的，道出了一线干部扶贫的深切感受。该乡党委副书记、政法委书记李健说：一线干部帮扶群众脱贫致富，他们不怕苦不怕累，就怕群众不理解、不支持，甚至找茬唱反调，伸手等靠要。甚至民间还流传着"要懒懒到底、政府来兜底，要懒特别懒、政府会照管""倒懒不懒、政府不管"的顺口溜。

经过走访调研，有的贫困户亟待思想的转变；有的贫困户政府安排就业脱贫，他们怕苦怕累还嫌工资低；有的贫困户领着低保，赌钱喝酒，还炫耀自己有"工资"领；有的家庭卫生不堪入目，坐等一线干部上门帮忙打理，放话说：我不满意他们（一线干部）也甭想逃脱干系。针对这些问题，面对一线干部的倾力帮扶，换来的是抱怨挑剔不感恩；面对大好的惠民政策，总觉得党和政府永远亏欠他们。如何让部分脱贫攻坚中的后进村民知恩、感恩、报恩，焕发生机与活力，参与到主动努力脱贫的大军中，成了脱贫路上的一道道思想工作障碍。

为此，贵阳国家高新区积极谋划结对帮扶纳雍县举措，以"观念帮扶"作为"排头兵"，助力纳雍县脱贫攻坚工作扫清思想障碍。"观念帮扶"以"干部、群众、学生"为对象，帮助更新观念，激发内生动力，加强党群干群关系凝聚，弘扬扶贫先进典型，激励扶贫中坚力量，鞭策扶贫后进动力，让等靠要思想、慵懒散行为无处遮掩，为助推纳雍县打赢脱贫攻坚战奠定坚实的思想基础。

（二）凝聚力量，一线战场话感恩

自高新区结对帮扶纳雍县以来，先后举办了 45 场思想文化扶贫宣讲报告，凝聚党群干群关系，凝聚助推纳雍县打赢脱贫攻坚战的力

贵阳高新区在纳雍县举办思想文化扶贫宣讲会，当地群众讲到动情之处感动落泪。

量和干劲。宣讲会上，有的群众自发与一线帮扶干部相拥而泣、深深感恩一线干部为村里所做的努力和付出；有的群众自发拿起话筒，用最淳朴的腔调唱起"共产党的天是明朗的天、共产党的政策人民好喜欢……"。而此时的一线干部，一个个浸泡在泪水中，群众自发的感恩力量一洗他们心头压抑的那份沉重和心酸，如释重负，不忘初心，重拾脱贫攻坚路上的信心和决心。

群众听到感动处，讲出自己在过去如何不理解帮扶干部，如何愧对帮助过自己的人，如何在今后改变自己，懂感恩知奋进。用身边的人讲述身边的事，用身边的事教育感化身边的人，真实有效，感人至深。在一次宣讲会上，一位群众泪流满面地告诉大家：我们村的帮扶干部为了脱贫攻坚的任务，有的没时间带孩子；有的没时间陪老人看病；甚至有的没有时间在老人即将离世时前去陪同一下，大家要知恩图报，不要做没有良心的人。她真情的讲述，消除了隔阂，触动人心。最后，许多群众自发地和她与一线帮扶干部紧紧握手道谢，一双双紧握着手，一次次饱含泪水的凝望，一个个真情的感恩讲述，一次次真诚的拥抱，把最真切的、鱼水一般的党群干群关系体现得淋漓尽致。

（三）泪雨纷纷，满怀深情感党恩

互动中的宣讲席上，站着许多排队发言的干部、群众和学生，他们或是泪雨倾盆，疾声呐喊出不要贫穷和颓废；或是感恩共产党把路修到家门口，雨天出门脚不沾泥，老了还有养老金；或是表示要回乡创业，陪护孩子健康成长；或是表述身处一线帮扶工作，不负党的关怀不负众望的决心；甚至是站在台下观看，也有深受感动而泪流不止的老人。他们的心声全是即兴而发，他们的泪水来自心底，他们的感恩真挚感人，他们的情感在脱贫攻坚中不忘党的恩情。

宣讲会上，有的群众面对一些不知感恩的人说，国家这么好的政策不知感恩，真不害羞；有的贫困群众向一线干部深深鞠躬致歉，表达曾经不懂感恩党、不懂感恩社会，反而给一线干部难堪的深深歉意。现场参加宣讲的广大群众纷纷反映，这样入心入脑的宣讲活动，是一场及时雨，意义深远，将会以脱贫攻坚为契机，尽早实现脱贫。

据悉，讲帅团成员中有的具有在全国巡回演讲上千场次的经验，针对脱贫攻坚扶志的主题宣讲，已主讲了数百场。高新区将紧扣习近平总书记"扶贫同扶志扶智相结合"的重要论述，与纳雍县相关部门联动，深入开展思想文化扶贫宣讲活动，持续激发当地贫困群众内生动力，不断凝聚党群干群关系，助推纳雍县按时高质量打赢脱贫攻坚战。

典型案例一

纳雍县寨乐镇新桥村——集中帮扶资源切实改善民生

根据省、市大扶贫战略行动部署，贵阳高新区自 2018 年起转战帮扶纳雍县，帮扶工作启动以来，高新区经过深入调研对接，结合纳雍县脱贫攻坚实际，谋划了"点—线—面"结合的帮扶方法。围绕脱贫攻坚与乡村振兴的有效衔接，高新区将结对帮扶纳雍县的第一"点"，选在了寨乐镇新桥村，集中各类帮扶资源，累计投入帮扶资金 610.21 万元，支持建设了农旅综合体产业项目，包含便民利民服务中心、50 个生态大棚、饮用水厂等 6 个子项目，在有力助推当地决战决胜脱贫攻坚的基础上，又进一步改善了村容村貌。

一、深入实地调研，科学谋划帮扶项目

帮扶纳雍县工作伊始，高新区坚持以帮扶的需求为导向，工管委主要领导多次赴纳雍县调研对接帮扶工作，同时派出了以副县级领导干部为队长的工作队常驻纳雍县开展帮扶工作。经过反复与寨乐镇、新桥村对接，召开群众会议，组织园区企业到实地进行勘察、规划、设计等，结合新桥村资源禀赋以及群众意愿，最终确定了便民利民服务中心、50 个生态大棚、生态大棚配套产业路及桥梁、太阳能路灯、中药材收贮及试验种植、建设饮用水厂 6 个帮扶项目，为新桥村打赢脱贫攻坚歼灭战以及乡村振兴后续发展奠定了基础。

二、抓实产业发展，助力贫困群众增收

在结对帮扶工作中，高新区始终将产业帮扶放在突出位置，紧扣新桥村实际，支持建设了 50 个生态大棚、中药材收贮及试验种植、建设饮用水厂 3 个产业帮扶项目，共计投入帮扶资金 265 万元，利益联结全村贫困群众，助力增收脱贫。一是 50 个生态大棚项目。投入帮扶资金 60 万元，2019 年完成西红柿、辣椒种植，利益联结 20 户贫困户，户均分红 1000 元；2020 年已种植西红柿、辣椒，预计实现分红 2 万元。二是中药材收贮及试验种植项目。投入帮扶资金 5 万元，项目种植面积共 4 亩，与贵州汉方药业有限公司合作，已完成血人参、党参、前胡、桔梗等 4 种中药材种植。三是饮用水厂项目。投入帮扶资金 200 万元，

在贵阳高新区的帮扶下，纳雍县寨乐镇新桥村大力发展特色种植项目。

贵阳高新区支持纳雍县寨乐镇新桥村建设的便民利民服务中心。

2019年9月9日建成并投入生产，由贵州龙井源泉水业有限公司进行运营，分别在纳雍县城、寨乐镇、沙包镇、新房乡、化作乡、毕节市、六盘水市等设置10个服务点进行销售及配送，投入运营以来累计销售饮用水18万余桶，每年村集体经济可实现收益8万元以上。

三、突出便民利民，改善生产生活条件

围绕新桥村产业发展配套以及群众生产、出行、办事等民生短板，支持建设了便民利民服务中心、生态大棚配套产业路及桥梁、太阳能路灯3个便民利民基础设施帮扶项目，共计投入帮扶资金345.21万元，有效改善当地生产生活条件。一是建设便民利民服务中心项目。投入帮扶资金100万元，建筑面积500平方米，于2019年2月27日投入使用，在改善新桥村村支两委办公阵地的同时，也方便了当地群众办事。二是生态大棚配套产业路

及桥梁项目。帮扶资金197.21万元；新建4.5米宽产业路0.2公里，新建长26米、宽7.5米桥梁1座，于2019年7月16日投入使用，在完善新桥村产业基础设施配套的同时，又为当地群众出行提供了便利。三是太阳能路灯项目。帮扶资金48万元；共计安装178盏，覆盖全村，于2018年11月23日投入使用，有效解决新桥村夜间照明问题。

二十一、双龙航空港经济区 🤝 麻江县、凤亭乡

——确保脱贫攻坚成色足、质量高

2016 年以来，双龙航空港经济区始终把帮扶工作作为落实中央和省委省政府、市委市政府重大战略决策的重要责任和政治任务，按照经济区党工委、管委会的工作安排部署，坚持党建引领，紧紧锁定"一达标两不愁三保障"目标，发动立体攻势共同战贫，成功助推麻江县、罗甸县凤亭乡脱贫摘帽、实现所有贫困村出列，帮扶工作取得阶段性成效，为全省按时高质量打赢脱贫攻坚战作出双龙贡献。

（一）凝心聚力，纵深推进脱贫攻坚

一是把帮扶工作列入支部工作重要议事日程，纳入年度工作计划，组织干部职工认真学习中央、省委相关政策文件。二是定期提请召开扶贫专题会、联席会等安排帮扶工作，论证结对帮扶项目可行性，及时掌握贫困实时动态。三是多次深入麻江县考察调研贫困乡镇基本情况，深入贫困户家庭与农户座谈，了解和掌握麻江县产业结构、基础设施、贫困基数等，深入帮扶项目点了解督促项目进度，掌握帮扶资金使用情况，切实推动帮扶工作的有效开展。

（二）多措并举，落细精准帮扶措施

一是聚力基础设施建设。在经济区党工委、管委会的带领下，牵头整合资源，从贫困群众最关心、最急需的水、电、路、通信等热难点问题入手，着力改善贫困群众生产生活条件。在了解到麻江县龙山镇共和村改江片区老年人和留守儿童夜间出行不便，迅速协调企业赠送价值 30 万元的太阳能路灯免费运输安装，方便了 60 余户近 350 人的生产生活和出行；在看到麻江县移民安置小区 1024 户建档立卡贫困户子女就读的幼儿园校园环境较差时，立即协调落实帮扶资金 100 万元对城东幼儿园围墙、硬化场地、校门等进行建设；在结对帮扶工作中先后协调解决了猫头村、翁址村等村寨的亮化、田土灌溉、出行难等问题。

二是聚力推动产业扶贫。牢牢准确把握深化农村产业革命"八要素"，完善"支部＋企业＋合作社＋农户"模式畅通产销渠道，优化利益联结机制，每年滚动带动麻江县 45 户 230 余人脱贫。积极帮助麻江县与老干妈风味食品有限公司签订《合作框架协议》，在麻江县开辟种植基地，订单式发展辣椒产业，组织动员经济区党员干部开展"献爱心购买贫困户特色农产品活动"，积极对接"拼多多""黔山良农"等销售平台，强化线上线下促销，累计帮助麻江县、罗甸县凤亭乡贫困户实现农产品销售 35 万余元。

协调落实麻江县、罗甸县帮扶资金 1744 万元，其中，894 万元资金支持麻江县猫头村、翁址村等产业发展、专项扶贫、基础设施建设等；850 万元用于罗甸县凤亭乡"两不愁三保障"专项资金和人居环境整治等产业项目建设，进一步夯实麻江县、罗甸县凤亭乡各项帮扶工作。

（三）全力出击，帮扶工作再推进再落实

一是推动教育扶贫断穷根。始终把教育扶贫作为消除贫困的治本之策，抓好控辍保学体系建设，摸清底数，完善台账，辖区中小学4132名学生全部返校就读。积极到麻江县开展教育扶贫活动，募集助学资金7.9万余元，累计帮助困难学生46名，慰问困难学生家庭20余户，发放助学慰问金3万余元；组织罗甸县凤亭乡6名教师参加华中师范大学基础教育合作办学培训和论坛活动；组织开展"共圆中国梦·守护安全行"小学生安全防护书包捐赠活动，通过贵州省红十字基金会向罗甸县凤亭中心校定向捐赠。二是推动医疗扶贫送健康。抓好农村贫困人口大病专项救治等工作，积极开展医疗扶贫，多次组

由杭州亚组委携手青少年足球成长公益基金合作举办的"亚运足球梦想"公益夏令营项目在贵州省黔东南苗族侗族自治州麻江县贤昌中心学校举行。（新华社记者陶亮摄）

织贵州华夏骨科医院医务人员等到麻江县、罗甸县凤亭乡以及经济区开展医疗扶贫活动专家义诊和专家培训，真正把健康服务送到群众家门口。

（四）就业带动，推动就业扶贫奔小康

始终把贫困群众劳动力稳定就业作为工作的重中之重，聚焦"冲刺 90 天　打赢歼灭战"，全力以赴做好劳务就业扶贫工作，2020 年开展经济区就业帮扶暨复工复产用工招聘 2 次，提供就业岗位 1440 个，联合多家单位全面收集辖区企业复工复产的用工需求，协调线上平台为经济区复工复产企业发布用工岗位 162 个，每月平均工资 5000 元以上。每年为麻江县、罗甸县凤亭乡提供 200—500 个用工岗位，自 2020 年疫情防控"作战两线"以来，为麻江县提供各类就业岗位 1169 个，岗位平均工资 5500 元。在推动落实疫情防控措施的同时，向麻江县有就业意向的就业人员提供医用一次性口罩 1000 个、一次性防护手套 500 双等防控物资，统筹做好疫情防控、复工复产、巩固脱贫攻坚成果等工作。

脱贫攻坚，助推同步建成小康社会，共促经济社会持续发展。经济区将始终如一地守初心、担使命、找差距、抓落实，按照习近平总书记"四个不摘"要求，聚焦"两不愁三保障"，坚定信心、攻坚克难、勇往直前，在市委、市政府的领导下，共同努力，持续巩固好脱贫攻坚成果，坚决打赢疫情防控阻击战，奋力完成经济社会发展各项目标任务。

第五部分
榜样带动先进模范

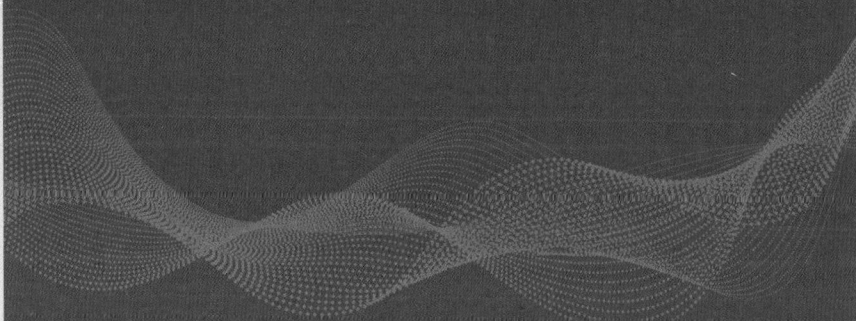

贵阳市脱贫攻坚先进个人事迹

（按姓氏拼音排序）

曹静：群众"贴心人" 脱贫"领头雁"

云岩区文体广电旅游局党组书记

近年来，为深入贯彻落实党的十九大"坚决打赢脱贫攻坚战、全面建成小康社会"的战略要求，云岩区文体广电旅游局党组书记、局长曹静团结带领全局上下积极作为、破解难题，累计帮助印江县土坪村、长顺县上洪村和杉木村等 3 个村寨共计 28 户 84 名贫困群众脱贫出列。此外，曹静还联系局派出干部挂帮的大凹村和大营路街道办事处顺海居委会的困难群众，坚决完成区委、区政府关于脱贫攻坚工作的各项决策部署。

一、担当作为，始终做扶贫"领头雁"

曹静一直将脱贫攻坚工作作为全年重点目标任务来完成，作为局主要领导，她坚持党组抓党员干部的工作思路，将脱贫攻坚任务落实落细。一是强化组织领导。曹静坚持"扶贫工作一把手负总责",成立了局脱贫攻坚领导小组,自己带头研究、谋划、部署、督导,局班子成员和全体党员干部、业务骨干全面参与。她带领大家一起研究制定了《云岩区文体广电旅游局脱贫攻坚工作实施方案》,明确了"五个一"工作措施,即开展:一次帮扶走访,一次工作汇报,一次电话慰问,一次推进情况,一次效果动态评估,保障脱贫攻坚工作强力推进。二是增强监督考核。为加强帮扶工作目标责任制落实,曹静坚持从实际出发,以问题导向,将脱贫攻坚工作纳入党员考核和年终目标考核,与年终考核等次和奖励等相挂钩。她带头督查脱贫攻坚工作10余次,对未按预定计划完成扶贫工作和敷衍了事的党员和个人谈话3次,树立扶贫攻坚的纪律底线要求。同时,实行扶贫工作每月一调度机制,组织召开脱贫攻坚专题工作调度会10余次,研究和部署扶贫工作推进中存在的问题,进一步明确具体工作任务目标及完成时限。三是对干部派驻村予以帮助。曹静带领党员干部代表先后3次前往干部挂帮村——云岩区金惠社区大凹村,在走访调研并看望慰问驻村干部的基础上,听取大凹村书记、主任等介绍村的基本情况和帮扶需求,并就大凹村文化、体育、旅游发展给予意见和建议。同时,通过局党组集体研究,协同相关部门共同筹措10万余元资金,帮助修复大凹村金燕路破损路面,改善村民出行问题等。曹静还结合局工作职责,组织图书企业等对大凹村文化图书小站和体育健身器材等基础设施建设给予帮助和指导。

二、不改本色,始终做群众"贴心人"

全面推进扶贫工作需要广泛发动社会力量积极参与。曹静组织班子成员、业务骨干与社会力量一起,深入到帮扶村景区景点进行考察,先后4次带领23家企业前往望谟县打易镇、长顺县长寨街道、开阳县顶方村等地，调研打造乡村旅游，开展文化活动，打造茶文化产业链、青少年户外运动基地等文旅项目的可行性，在扶贫攻坚工作中真正体现用心、用情、用力。一是立足大市场，带动大扶贫。2020年，在区委、区政府的领导下，曹静两次深入望谟县打易镇了解产业扶贫项目，组织辖区文化、旅游、体育协会为打易镇"爱心超市"募集资金15000元，并聘请省茶产业专家、茶楼经营企业、旅游商品企业等共商茶产业扶贫项目，明确构建"一个中心、两个支柱、三驾马车、四轮驱动"的工作措施，重点保护和开发望谟县的紫茶文化，推动打造了"云谟紫茶"品牌，并组织设计产品包装和产品介绍，利用"5·19中国旅游日"活动大力宣传和推广，实现线上线下产销对接，目前，"云谟紫茶"全年可生产加工1500斤成品茶，初定700元每斤的市场售价，可帮助当地村民实现105万元的脱贫收益。除望谟外，曹静还组织带领辖区6家旅行社赴长顺县长寨街道进行吃、住、行、游、购、娱全方位踩点，进一步创新设计精品的旅游路线，打造旅游帮扶协作新窗口，推动长顺县旅游业发展，并为长顺县彩椒种植项目募集资金10000元。二是帮助强技能，激发内动力。为认真推进云岩区精准扶贫各项工作，曹静组织带领辖区文化、旅游、体育企业深入开阳县城乡融合乡村振兴综合体项目考察，为该项目募集项目筹建资金20000元。同时，为帮助当地群众掌握一定的技艺，实现脱贫后可持续发展，曹静还组织云岩区非遗美食传承人、旅游商品企业、旅行社等5家文旅企业结合项目实际情况设计开展5期乡村人才振兴培训专业课程，覆盖了200余人次。在了解到长顺县上洪村贫困群众程小美的女儿王艳飞是贵州大学数字传媒专业学生时，曹静积极协调谦行映画动漫公司为其提供绘画技术和动画软件制作的实践培训。目前，王艳飞已在该企业就业，还参与了赴日本的动漫文化活动，发展前景广阔，其一人收入已可实现全家脱贫。三是结对建亲情，解决急需品。对口帮扶云岩区中天社区顺海居委会的困难户林英患有心脏疾病，其女儿冉林莉又患有脑瘤，母女相依为命，生活极度困难。曹静为了让老人方便联系自己，她私人为其母女俩购买了一部手机。利用各种节假日为她们送去生活物资和慰问金。此外，曹静还多方咨询了解母女俩的疾病信息，主动为林英购买心脏疾病的日常养护和急救类药物，并给她们安装电视机顶盒，让患病的女儿通过观看电视刺激大脑帮助康复。曹静积极协调为区政协对口帮扶的长顺县长坡村和望谟县打易镇分别提供了数万元的图书、办公电脑、学生用品物资和 5000 余元的体育器材和书籍物品，以保障当地群众文化体育活动需求。

三、牢记使命，始终做初心"践行者"

作为党员，曹静一直牢记脱贫攻坚工作使命，将脱贫攻坚作为最大政治任务来落实。她创新脱贫攻坚工作思路，以"扶贫＋党建"、党建融扶贫的方式，严格落实党员干部开展扶贫工作的"一岗双责"制度，做到扶贫分工明确、包保责任到人，形成全局合力推进扶贫帮扶工作。一是党员干部带头发挥先锋作用。结合局工作实际，制定《云岩区文体广电旅游局党员"学、干、帮"考评工作实施方案》，明确全局党员干部开展扶贫工作的具体任务和责任，要求做到一组党员对口帮助一户贫困群众，促使党员干部针对不同贫困户制定不同的家庭扶贫方案，坚持从实际出发，全面推进扶贫工作。二是党建引领推动扶贫落实。结合"两学一做"、主题党日等工作，推动脱贫攻坚工作与局内党建工作融合，落实党员干部联系服务群众机制，在局职责范围内帮助群众解决困难和问题，引导党员干部在脱贫攻坚中发挥先锋模范作用，保持不忘初心的本色。三是完善扶贫基础信息。曹静明确要求各科室做好帮扶建档立卡工作，为摸清底数，她带领区文广旅游局党员干部先后 6 次赴对口帮扶长顺县杉木村走访慰问和沟通交流，并针对包保贫困户基本情况，制定不同的帮扶方案。在给长顺县杉木村 10 户贫困户共计 20 人送去慰问品和慰问金的同时积极对接当地民政部门鼓励 2 户"五保户"老人住进养老院，成功帮助 1 户贫困户办理低保，为 1 户抽到县城安置房却不愿意入住的贫困户消除顾虑，并帮助其成功搬家。在她的指导和帮助下，如今杉木村实现脱贫出列。

曹兴亮："脱贫路上决不让一个乡亲掉队"

清镇市流长苗族乡党委书记

曹兴亮，自 2019 年 2 月到任以来，作为贵阳市最大少数民族乡党委书记，他始终牢记习近平总书记反复强调的"决不让一个少数民族、一个地区掉队"的嘱托，默默立下誓言"决不让流长苗族乡一个少数民族群众掉队"，以"勇挑重担、一往无前"的责任担当，"不获全胜、决不收兵"的决心劲头，带领全乡群众转穷志、拔穷根、改穷业、挪穷窝、换穷貌，逐步走出了一条少数民族地区脱贫攻坚新路子。截至目前，全乡实现了 4 个国家级贫困村、671 户贫困户 1973 人脱贫出列，脱贫攻坚成果得到巩固提升。2020 年，曹兴亮被评为贵州省脱贫攻坚优秀基层党组织书记。

一、谋在新处，把脉定向理思路

流长苗族乡地处清镇市西部 38 公里处，是一个典型的农业大乡，自然条件较差，基础设施薄弱，群众生活水平低，全乡共有 26 个自然村，5.4 万人，有建档立卡贫困户 671 户 1973 人。曹兴亮担任流长苗族乡党委书记后，把顶层设计作为首要工作，他说："只有绘好设计图，谋好作战图，才能做好施工图，让脱贫攻坚效果图变成实景图。"上任后，他带领全乡干部群众全面打响脱贫攻坚战，在面对流长苗族乡基础差、底子弱、贫困深的现状下，他没有急于发号施令，盲目铺摊子，上项目，他说，流长发展相对滞后，已伤不起、等不得，但也急不得，只有厘清思路，才能找准出路。他一头扎进村里，下田间，走地头，访农户，搞座谈，全面摸清乡情民情，找准问题现状，分析形势机遇，带领党政领导班子成员充分研讨，谋划制定流长苗族乡"1635"总体思路、"114411"党建工作思路和脱贫攻坚"冲刺 90 天　打赢歼灭战""12345"攻坚措施，为流长苗族乡高质量打赢脱贫攻坚战找准了方向。

二、抓在深处，凝心聚力促脱贫

曹兴亮常说："再好的规划思路、美好蓝图，必须要靠出色的凝聚力和执行力来保证，全乡要发展，群众要脱贫，这更需要我们基层堡垒更加稳固，精气神更加饱满，信心、决心更加坚定。"过去，流长苗族乡受基础条件和历史遗留问题影响，基层基础薄弱、干群关系不紧密问题突出。有问题不可怕，可怕的是不敢直面问题；有险阻不足惧，关键是葆有奋进的勇毅。针对问题，他带领党政一班人，创新思维，大胆探索，着力加强基层党组织建设，探索开展了"五星红旗·苗乡飘扬"主题活动，利用每月主题党日，组织党员群众开展升国旗仪式，邀请乡贤能人开展国旗下讲话，潜移默化教育广大农村群众感党恩、听党话、跟党走；开展党员干部"为民代办"服务活动，有效拉近党群干群关系；指导谋划开展"致敬青春""初心故事""苗乡脱贫故事""对党说句心里话"等系列活动，着力提振干部群众士气；扎实开展"相约星期三·民事大调解"活动，组织集中力量化解历史信访积案，重新唤回群众信任；创新开展"不忘初心、与民同行——中巴车上听民声"活动，带头带领班子成员乘坐中巴车上下班，贴近群众听真声音、办揪心事。通过创新党建举措，油菜村2019年获贵阳市标准化规范化党支部示范点，2020年被命名为贵州省少数民族特色村寨；2019年以来，全乡有4个党支部、14名个人分别获贵州省、贵阳市、清镇市"七一"脱贫攻坚表彰。2019年实现年度综合目标考核，创近十年最好成绩，从在全市长期靠后提升到第二名。

三、落在细处，勇于担当强统筹

曹兴亮说："有了稳固的战斗堡垒、冲锋陷阵的先锋队伍，如何强化统筹、推动落实、压实责任是关键。"脱贫攻坚战打响以来，他始终抓牢政治责任不放松，以前所未有的高度、力度和热度，全面加强脱贫攻坚工作统筹调度，设立26个战区5个工作专班，指导成立脱贫攻坚作战室，研究制定作战图，挂牌作战，聚焦目标任务，定人员、定职责、定时限，列出任务清单，建立工作台账，制定工作计划，倒逼工作进度。压实帮扶责任，建立班子成员牵头、主管单位统筹、职能部门主抓、包村单位协助、村组具体落实"五级联动"机制，层层压实责任，层层传导压力，确保责任到位、人员到位、调度到位、落实到位，做到"人人头上有任务、个个肩上有重担"。作为全乡脱贫攻坚总指挥、总舵手，他既是指挥员也是作战员，挂帅领战，亲自带队开展精准督导，并严格实行"日调度、周见面、月挂牌"机制，坚持每天开展工作调度，确保干部每周与贫困户见面一次，对各村攻坚情况进行每月挂牌督战，带头研究建立常态、动态和四重排查机制，指导制定流长苗族乡脱贫攻坚考核办法，高频督促，高位推进，高压考核。实行一线工作法，带头做到问题在一线发现、短板在一线补齐、矛盾在一线化解、满意度在一线提升。

四、干在实处，千方百计补短板

曹兴亮说："我们先天禀赋不足就后天努力弥补，不放弃更不泄气。"在"冲刺90天 打赢歼灭战""窗口期"中，他带头聚焦短板，务求问题清零。紧紧围绕"一达标两不愁三保障"、饮水安全、收入稳定短板问题，带领党政一班人，以"人一之，我十之；人十之，我百之"精神抢时间、赶进度，争分夺秒补短板、治弱项。教育保障方面，新建农村幼儿园3所，募集帮扶资金22万元资助贫困家庭学生。医疗保障方面，千方百计确保建档立卡贫困户参合率达100%，对家庭困难无力缴纳合医款的边缘户，组织乡村两级、驻村单位、联系社会力量等帮助缴纳133人33250元。住房保障方面，解决住房安全隐患133户，易地扶贫搬迁97户，针对轻微透风漏雨的，组织带领有关职能部门到企业协调砂子、水泥等物资帮助农户进行修缮，全力确保每户住房安全。就业保障方面，对贫困户和边缘户开发公益岗位64个进行托底安置。收入稳定方面，对符合兜底保障政策的按程序及时纳入兜底保障。帮助773名有劳动力的贫困人口实现充分就业，确保有稳定收入；帮助有劳动力且有养殖发展意愿的350户贫困户，每户补助4000元发展肉牛养殖600头。道路交通方面，曹兴亮注重打基础、利长远，谋划争取S106省道改（扩）建、厦蓉高速公路齐佰互通至流长集镇连接线项目，为流长苗族乡下一步乡村振兴建设打下坚实基础。完成投资5343万元，实施79.1公里道路交通项目。饮水安全方面，依托清镇市"一网三线"饮水工程，实施磅寨提水工程提级改造、席关水厂饮水工程、迎燕水库供水工程，彻底解决千百年来流长苗族乡5.4万群众饮水安全保障问题。

五、抓在难处，全力以赴促民富

曹兴亮坚持把产业发展作为稳固脱贫成效的核心举措。他常说："脱贫没有捷径可走，产业脱贫才是根本之策。"对流长苗族乡产业短板突出、喀斯特地形典型的边远山区，他绞尽脑汁、认真思索、费心费力，如何强乡富民，是他一直思索的重要课题。他通过深入调研，研究确定"一核一河一带两园两基地"的产业发展布局，在他的带领下，全乡上下狠抓产业革命，大力调整农业产业结构，实施3个500亩坝区，强力推进贵阳市1500亩蔬菜保供基地兴隆坝区建设，取得流长规模产业历史性重大突破。大力发展主导产业，种植刺梨15000亩，建成省级刺梨产业示范园；种植元宝枫12514亩，种植韭黄850亩，带动7200余户28800余名群众（贫困户420余户1100余人），户均增收2750元。同时，他创新思路，先试先行，大胆探索"刺梨种植+蜜蜂养殖+黄豆种植""肉牛养殖+蚯蚓养殖+蔬菜种植""1+1+1>3"复合式山地农业发展模式，将单个产业从"单方"到"复方"叠加融合发展，实现"一地生多金"，真正让一方水土养得起一方人，其经验做法被中国农民日报、当代贵州杂志、贵州日报、贵阳日报、贵阳电视台等多家电视、报刊媒体报道。

六、扶在心处，用心用情扶真贫

"脚下沾有多少泥土，心中就有多少真情。"曹兴亮始终把贫困户的大事小情记在心上，用心用情用力办好。他以身作则、率先垂范，做给大家看，带着大家干。带领全乡146名干部下沉到村、到组、到户，遍访了全乡所有贫困村贫困户，逐户登门全面了解贫困户的家庭情况和脱贫稳固、动态监测情况，帮助解决实际问题50余个。近段时间，由于气温下降，加上长期劳累，他患上重感冒，祸不单行，同时痛风发作，同事们都劝他请几天假休息调养一下，可他却带病忍痛坚持工作，虽然行动不便，还是咬牙坚持走村串户，他说："越到最后关键时期，我们越要坚持到底，这点病痛还能坚持，只有自己亲自到每一户贫困户家中实地走访，心中才有底气。"

"2020年10月13日，我走访了油菜村贫困户周元刚、姜继华、曹鲜友家，他们发展热情高涨，家里养殖了蜜蜂、肉牛，实现了脱贫致富，也懂得了感恩奋进、自立自强，心里感到很欣慰……"曹兴亮厚厚的民情日记里记录着全乡走访困难群众的信息，更承载着浓浓的爱民情怀。他在给予贫困户物质帮扶的同时，更加注重扶贫先扶志，每到一户，认真与贫困户面对面聊家常、叙乡情、讲政策、谋发展、鼓斗志、树信心。"我坚信，只要充分调动贫困群众的主动性，激发内生动力，再帮帮、拉拉他们一把，就一定能够稳固脱贫成果，打赢脱贫攻坚收官战。"

"距离最后冲刺只有66天了，我们要善始善终，善作善成，继续铆足'横扫千军如卷席'的冲劲，坚决确保高质量、打好收官战，同步接续开启乡村振兴现代化建设新征程，书写无愧于时代、无愧于人民、无愧于历史的流长答卷！"曹兴亮在流长苗族乡10月26日脱贫攻坚工作调度会上掷地有声地说。

陈海兵：积极创新帮扶模式
助力田坎村脱贫"过坎"

开阳县南龙乡田坎村第一书记

"一千个人眼中，有一千种幸福模样。在我心中，能战斗在脱贫攻坚一线，是我人生莫大的幸福，我要将青春和热血挥洒到群众最需要的地方。请组织给我一次到'前线'战斗的机会。"这是陈海兵递交的请战书中的一段话。2016年4月，经组织考核通过，陈海兵实现了从一名军转干部到宣传干部，再到农村驻村第一书记的角色转变，正式加入脱贫攻坚这场伟大战役的战斗序列。

田坎村距开阳县城10公里，占地23平方公里，辖832户3677人，有建档立卡户14户53人未脱贫出列，曾被列为贵阳市软弱涣散党组织村。如何打赢这场输不起的战役，陈海兵和村支两委及驻村工作组苦思对策，通过三个月的不断走访、座谈、论证等，田坎村"筑堡坎、过穷坎、跨沟坎、入心坎"的"一轴三驱动"发展模式正式确定。干群一心、决战脱贫，田坎村大地上演绎了一出精彩纷呈的"田坎村过坎记"。

一、聚焦组织"轴心"筑"堡"坎，增强脱贫攻坚战斗力

"基础不牢，地动山摇。"陈海兵深知，农村基层党组织是党在农村全部工作以及战斗力、凝聚力的基础，是脱贫攻坚总攻战的"轴心"。为此，田坎村必须紧紧围绕脱贫攻坚各项目标任务，聚焦组织"轴心"筑"堡"坎，不断提升脱贫攻坚战斗力。

配好主帅挂图作战。为了加强组织领导，田坎村成立了村级前线指挥部，开展入户调研、项目视察，召开工作调度会，为脱贫攻坚战谋篇布局；研究制定《田坎村脱贫攻坚三年规划（2018—2020）》《田坎村脱贫攻坚作战图》，将脱贫攻坚分为四个阶段，通过产业脱贫、基础设施建设、易地扶贫搬迁、教育医疗住房"三保障"等具体措施，逐步完成脱贫任务。

规范组织配强班子。向乡党委建议撤销田坎村党支部、建立党总支，将有能力的优秀人才选配到党组织班子中，配齐配强党组织班子。目前，村班子成员中有 35 岁以下年轻干部 2 名、农村致富带头人 2 人、大专以上学历干部 3 人。同时，围绕学习型、服务型、效能型、创新型、廉洁型"五型"党支部建设，分类制定村干部、党小组组长和党员、村民组长量化考核制度，采取量化考核评议机制，选树先进典型，激发党员干部干事热情和积极性。

亮出身份勇当先锋。开展"图说田坎脱贫攻坚——让我看见你"活动，每名党员领导干部联系一名贫困生或一户贫困户，坚持定期走访帮扶对象；党员亮明身份，主动扛起"看我的、跟我上"志愿服务红旗，开展为孤寡老人担水、买菜，抢修集体供水设施等各类惠民服务活动。2018 年以来，全村开展"一帮一"活动 470 人次，帮助群众解决困难问题 250 余件，开展惠民志愿活动 223 次。

二、突出产业驱动过"穷"坎，提升产业发展生命力

产业扶贫是稳定脱贫的根本之策，也是巩固脱贫成果防止返贫的关键措施。"突出产业驱动过'穷'坎，田坎村产业发展生命力不断加强，壮大了村集体经济，鼓起了群众荷包。"陈海兵说，田坎村因地制宜发展茶叶、食用菌、将军笋、蔬菜、黄桃、林下养鸡、光伏路灯等特色产业，采用多方借力、抱团发展、利益联结的产业发展模式，盘活农村资源，解决产品生产、加工、销售等问题。

村企共建创新运营模式。田坎村携手企业开展"千企帮千村"帮扶活动，引入企业资源注入"资金动力"。同时，把村集体经济与企业合作共建，借鉴企业的运营经验和销售渠道，走公司化运营模式，为村集体经济创收提供有效保障。截至目前，田坎村引进企业资金 300 万元，村集体经济从 2018 年的 232 万元增加到现在的 960 万元。

农超联动打通产销渠道。田坎村与市农投集团的惠民生鲜公司达成"农超直销"协议，产品直接销售到惠民超市采购端，有效解决产销脱节的问题；与合力超市、星力超市、宾隆超市等生鲜超市达成了"直产直销"协议，打通产销渠道，农特产品走上"以销定产"快车道。截至目前，田坎村通过农超对接模式销售蔬菜、茶叶、水果等农特产品 566 吨，价值约 1600 万元。

校农结合突破技术瓶颈。田坎村与贵州大学、贵州师范大学、贵州中医药大学、贵州医科大学、贵阳学院、贵州师范学院、贵阳一中等大、中学校达成校农结合直采直销协议，开展"校农结合"产学研共建，产业发展得到高校专家的指导和帮助。同时，田坎村还与贵州中医药大学后勤党总支、贵阳学院后勤党支部达成党建共联帮扶协议，高校将为田坎村村组干部开设特色课堂，助力村组干部培养。目前，6 所大、中学校到田坎村指导帮助 15 次，开展特色课堂 8 次，销售农特产品约 600 万元。

三、突出保障驱动跨"沟"坎，夯实基础设施承托力

在驻村工作中，陈海兵深入调研得知，水和路是制约田坎村发展的瓶颈。于是，推动田坎村跨"沟"坎、夯实基础设施就成了陈海兵眼前的当务之急。他积极争取"娘家人"贵阳市委宣传部的支持，同时抢抓"组组通"三年大会战的历史机遇，大力实施基础设施建设，为打好脱贫攻坚总攻战提供基础保障。

做到基础设施"无忧"。在贵阳市委宣传部的关心支持下，田坎村实施了人畜集镇饮水工程建设，全村安全饮水实现全覆盖；抓住"组组通"三年大会战的历史机遇，完成 11 条 18.2 公里公路建设，解决了 23 个村民组 832 户 3677 人的交通出行。全村"内循环"全部打通，"外循环"旅游路已启动建设，预计 2020 年建成投入使用。

做到基金保障"无虑"。为了帮助田坎村村民增加致贫返贫的"免疫力",陈海兵牵头制定了《田坎村教育医疗住房三保障基金方案》,采用"企业赞助＋村集体经济专项列支"方式筹集专项资金。专项资金作为特困家庭享受政策支持后的调剂资金,切实解决了村民因病因学因灾致贫返贫"症结",增强了村民的安全感和幸福感。目前,共筹集资金 27.5 万元,帮助群众解决医疗困难 11 人次、教育困难 8 人次、住房困难 14 人次。

专项治理"有效"。针对工作中出现的问题,陈海兵以身作则,勇于承担责任,深入剖析原因,制定针对性措施逐一整改。同时,引入激励和惩处机制,激发了村组干部干事创业的责任心和事业感。

四、突出文化驱动入"心"坎,激发自主发展意志力

"物质文明和精神文明同步小康才是真正的小康,要突出文化驱动入'心'坎,不断激发田坎村村民的自主发展意志力。"陈海兵说。工作中,他和村支两委、驻村工作组一起,注重培育群众良好的生活习惯和文明乡风,引导群众从思想上拔"穷根",帮助群众树立脱贫信心。

文化生活"聚人心"。通过创作《醉美田坎》《田坎花灯》《田坎阳戏》等文艺作品,讲述田坎故事,向群众发出"决战脱贫、全民奋起"的战斗动员令,号召群众"脱贫攻坚、携手奋进、把党恩铭记";成立田坎文化服务队,开展丰富多彩的文艺活动 19 次,营造"我参与、我奉献、我快乐"的活动氛围,增强群众的参与度和获得感。

邻里守望"筑和谐"。组建"醉美田坎除陋队""邻里守望志愿服务队",充分发挥老党员、离退休干部、退伍军人、退休教师等人员"退休不褪色"的模范作用,发动全村力量参与互帮互助、邻里守望、共同致富活动;通过巡逻走访、群众举报等形式,严肃开展除陋

习行动，为村容整洁、乡风文明、社会和谐、生活富裕群策群力。目前，除陋队和志愿服务队开展活动 1200 人次。

卫生考核"评红旗"。以改善人民群众生产生活环境为目标，创新开展"卫生村寨流动小红旗"评选活动，为建成工业新村、旅游名村、生态美村创造条件。通过"卫生村寨流动小红旗"评选活动，充分激发了党员的先锋模范作用，进一步提高了村民"爱护环境卫生、共建美丽家园"的意识。目前，共开展"卫生村寨流动小红旗"评选活动 34 次。

截至 2019 年 9 月 30 日，田坎村"两不愁三保障"问题全部解决，建档立卡贫困户人均增收 4900 元，14 户 53 人建档立卡贫困户全部脱贫"摘帽"，全村人均较上年增收 2800 元。同年，田坎村党支部被推评为"贵阳市脱贫攻坚先进党组织""贵州省脱贫攻坚先进党组织"……现在的田坎村，在各级党委、政府的坚强领导下，一条条托起群众脱贫致富希望的水泥路交错纵横，一个个撑起群众发展希冀的产业生机盎然，一幅田坎村"过坎"后的美丽乡村新画卷正在徐徐铺展。

"下一步，田坎村将以建成中小学生劳动教育实践研学基地＋康养基地为统领，奋力打造'贵阳市后花园式'休闲旅游康养基地，爬坡过坎后的'田坎'好戏还在后头。"陈海兵说。

陈生："能为老百姓做点事，我很高兴"

乌当区下坝镇扶贫干部

"我生在农村，长在农村，父母是地地道道的农民，小时候父母就教育我，要知道感恩。在读书期间因家庭经济困难，得到学校老师和社会各方面的经济帮助。我是怀着一颗感恩的心干工作的！既然要干，就要扎扎实实、安安心心地干。虽然基层条件艰苦，但也有着广阔的舞台和天地，我希望通过自己的努力，为老百姓做点事，让他们过上好日子。"这是陈生的心里话。

陈生停留过的乡村，今非昔比。在贵阳市修文县大石布依族乡的联合村，好几年没有发展过党员，陈生一去，就培养出了4名党员；村子里还打了井、修起了蓄水灌溉的山塘、有了同组硬化路，发展500多亩猕猴桃产业，现已成为当地农户脱贫致富的支柱产业。在贵阳市乌当区脱贫攻坚的主战场下坝镇，陈生带领农户实现易地扶贫搬迁，让不少村里的孩子告别步行10多公里去上学的历史，居住环境也得到极大改善。"我经常对我的儿子说，等我老了，我要带你去看看父亲曾经待过的农村，虽然城市很美好，在我们这些共产党员的努力下，农村也会变得和城市一样舒适和便捷。"

2007年，陈生毕业于贵阳学院法律系，大学本科学历，他响应国家号召参加西部志愿计划，2008年选聘高校大学生毕业到村任职，2011年村两委换届中通过"两推一选"全票当选修文县大石布依族乡联合村村党支部书记，2014年考入乌当区下坝镇人民政府，长期扎根基层一线从事扶贫工作。

从一个西部志愿者转变成村干部，从村干部转变成为镇扶贫干部。每一个转变都离不开一颗心，一颗知恩的心、奉献的心、爱岗的心、服务的心。他在扶贫岗位上任劳任怨，呕心沥血，不怕苦、不怕累、不怕脏，在基层十年如一日，与村民同甘共苦，与扶贫相伴为荣，为民办实事好事，深受广大村民好评，他的事迹先后被中央、省、市、县多家报刊、网页、新闻媒体连续报道。

多年来，他不忘初心，在扶贫攻坚中刻苦学习。陈生说："要干好扶贫工作，必须加强学习，特别是现在的扶贫项目，业务知识强、程序繁杂，不学习是干不好的。"他为了搞好扶贫工作，每次各级领导的讲话和各有关扶贫的文件，都要认真研究，从文件中找到工作切合点来开展扶贫工作，指导扶贫工作，自己都不了解政策、理解政策怎么去指导全镇的扶贫工作呢？陈生从高中就申请加入中国共产党，大学成为一名正式党员，至今12年的党龄，他不忘初心，一心为民，不怕苦不怕累忘我工作，当你翻开他的手机，打开微信朋友圈，90%的内容是关于扶贫的内容，他的手机文件不多，都是关于扶贫工作的。《人民日报》《中国扶贫》每天必看、《两学一做》每天必学。

扶贫工作是当前所有工作的重中之重，工作量大，精准到户到人，建档立卡、走访回访、帮扶措施等都要求精准，为了开展好产业扶贫，陈生五加二、白加黑走村串户、不分昼夜、不分周末到村到组到户，和村支两委、贫困户拉家常、摆发展、谈思路，收集村民发展意愿，了解村民所思所盼。通过调查走访，深入研究地理、交通、市场、气候、资源等条件，制定切实可行的产业扶贫实施方案。为了打赢脱贫攻坚战，他忘我工作，基本没有周末，没有节假日，全心全意投入到脱贫攻坚战役中。

下坝镇村寨发展差异性较大，贫困面广人口多，现有建档立卡贫困户280户740人，贫困人口占了全区总数的四分之一左右。这部分群体自身"造血"能力较弱、内生动力不足，脱贫攻坚的任务非常艰巨。"我们平时的走访式、慰问式帮扶只是短暂的，不能拔掉穷根，扶贫关键还是要有稳定的产业。"为解决困难户产业发展单一、规模小、无市场、卖不出的问题，他首先提出组建合作社、培育新型经济主体，以合作社示范带动，采取"公司＋村集体合作社＋贫困户"的方式，与困难户签订利益联结合作协议抱团取暖互利共赢。

　　陈生说，到下坝镇工作后，他还是像以前一样，不经常坐办公室，每天的工作都是入户走访、核实贫困户的情况、检查各种项目进展情况，有时候一忙起来，连午饭都忘了吃。

　　忙碌的工作让陈生对家人充满歉意，但幸运的是他有一个懂事的儿子和善解人意的妻子。"最对不起的是我儿子和老婆，儿子上学6年了，每次开家长会、六一儿童节都没有时间去参加。"而陈生总是安慰儿子，"脱贫攻坚战很快就打赢了，那时爸爸就有时间陪你了。"陈生的父亲重病在省人民医院住院治疗半个月，他都没有时间去看一眼；有一次为了下村扶贫，陈生通宵加班，第二天疲劳驾驶还差点出了车祸。但是陈生对村民的好都被村民记在了心里。陈生结婚那年，修文县大石布依族乡联合村的一位八旬老人因为心怀感激，表示一定要出席他的婚礼，但是因为年纪大，坐车容易晕车，这位老人竟然从村里步行8公里，亲自到乡里参加陈生的婚礼。原来这位老人一直把陈生当成自己的儿子看待，作为一名独居老人，很多事情经常让陈生代劳，比如到乡里帮忙交电话费、取养老保险等，陈生还帮老人修理过电话机。

　　陈生说，村里人对他都十分信赖，会把存折和密码都交给他，请他去乡里办事的时候顺便帮忙取钱，"我到了村里，就连村民养的狗都不会咬我，还会摇着尾巴过来亲近我。"陈生还收到过村民送给他的锦旗，当时他还在联合村的时候，处理了不少民事纠纷，2009年，村里一对新人因为退婚退彩礼一事闹得不可开交，就是他去协调化解的，矛盾解除后，村民怀着感激之情将锦旗送到了陈生的办公室。

　　"其实我也不是有多高的觉悟，我只是一个容易知足的人，这一辈子做过的实事、善事能被老百姓记住，回想起来就很充实，证明我这一辈子没有白活。"

　　2019年，当地开始开展易地扶贫搬迁，让部分贫困户走出大山，住进设施配套完善的新房。"在下坝镇的新桃村桂花冲村民组，近 50 年都没有建过新房，全是 20 世纪 80 年代的木瓦结构老屋，经常屋外大雨屋内小雨，床铺都要被水淹，可想而知他们的居住条件有多简陋，然而即使住的是破房子，也并不是所有的村民都想搬离自己祖辈居住的地方，为此我们做了很多工作。"陈生记得，桂花冲村民组韦正祥就是一个"钉子户"，韦正祥是个七旬丧偶的老人，和离异后独自带着一个女儿的养女住在老屋里。老人的房屋后面属于地质灾害点，完全符合易地扶贫搬迁政策，但老人却说："我祖祖辈辈都在这里生活，如果搬迁了，家里的地就不能种了，农民就靠土地吃饭，以后鸡、羊、猪、牛也不能养叫什么话？我在这里只要我能动，自己种自己养活自己，而且我喜欢在这里住，死我都愿意死在这里。不管如何，我生死都不搬，用轿子抬我也不去。"陈生不气馁，劝说一次不行跑两次，两次不行跑三次，白天遇不到人晚上去，晚上遇不到人白天去，做他的工作不行做他女儿的工作，女儿的工作做不通，就请和他关系好的村民去做。陈生每次去做工作，从自己的生活经历、党的政策、搬迁的好处等各方面给老人讲清楚讲明白，还给他算了一笔账：搬迁后全家人居住条件会得到彻底改变，改变几十年来住木瓦房的历史，好歹搬迁后房屋按照现市场价，也得值几十万元；孙女就近上学，不用像现在读书要走路十几公里；看病不出门，即使搬迁后不能种地，但土地的承包权还是你的，现在土地确权了，不是搬了后土地就不是你的，请你放心，你的土地可以通过土地流转获得租金等；搬出去后，政府确保一户一人就业，可以给你女儿提供就业岗位，一个月也是好几千元，现在在家不管种什么，也不好找那几千元吧。经过苦口婆心多次做工作，老人一家人终于被陈生感动了，老人说："好，我听你的，我相信党委政府、相信你，我搬。"在陈生和其他工作人员的共同努力下，2019 年，下坝镇共有 122 户 484 人搬出了穷山沟，解决了贫困户住房保障问题。

"回顾十年来的工作经历，最遗憾的是他儿子幼儿园毕业了，没有参加过一次家长会，没有陪儿子过过一个儿童节，没有陪老婆一起外出走走看看，父亲重病在省人民医院住院治疗半个月，没有去看他一眼，都是老婆去照顾。"陈生说。然而，让他欣慰的是，贫困户因扶贫产业的带动有了增收致富的门路，村民在自己带领下过上了好日子。

"扶贫工作虽然苦，但是每为村民做一件事，我心里是高兴的、快乐的、自豪的，因为我在做善事好事，扶贫工作是我一生最难忘的最宝贵的事业，是当代青年的历史使命，作为一名共产党员，为脱贫攻坚作出应有的贡献是我们的历史使命和责任担当。"陈生说。

邓文乾：打赢两场战役　夯实责任担当

南明区教育局党委书记、局长

邓文乾始终深入贯彻落实习近平总书记在统筹推进新冠肺炎疫情防控和经济社会发展工作部署会议上的重要讲话精神，坚持两场战役都要打赢、两个胜利都要必得，一刻不能停、一步不能错、一天不能耽误。作为党员干部特别是领导干部，为了党和人民的事业，要在职责和使命面前敢想、敢做、敢当，不断增强敢于担当的勇气，提升敢于担当的能力，彰显敢于担当的胸怀。

始终牢记习近平总书记"治贫先治愚。要把下一代的教育工作做好，特别是要注重山区贫困地区下一代的成长"的重要讲话精神，充分发挥基层党组织战斗堡垒作用，主动承担省会城市中心城区教育责任，在对普安县、长顺县鼓扬镇、望谟县石屯镇、罗甸县龙坪镇、六枝特区进行对口帮扶中，找准这些贫困地区多年来在教育方面未解决的深层次矛盾和问题，根据教育自身优势，结合帮扶地实际需求，以智力扶贫为核心抓手，切实开展精准扶贫。针对扶贫点存在教育意识落后、教育能力落后、教育水平落后三个方面问题，坚定地提出"扶在关键部，帮助提升和完善教育理念、能力和水平；扶在重点上，以成熟经验提升教育质量；扶在细节处，帮助贫困地区实现教育均衡"的帮扶思路，组织27所区属学校惠及帮扶地学生27415人，着力提升贫困地区的教育意识、教育水平、教育能力，打赢脱贫攻坚这场硬仗。

扶在关键部，帮助提升和完善教育理念、能力和水平。在对普安县、长顺县鼓扬镇、望谟县石屯镇、罗甸县龙坪镇、六枝特区进行对口帮扶时，亲自率领局班子成员、区教师学校与资源中心和优质学校校（园）长组成帮扶队到普安县、长顺县鼓扬镇、望谟县石屯镇、罗甸县龙坪镇、六枝特区等扶贫点实地调研走访，发现他们在教育上存在教育意识落后、教育能力落后、教育水平落后三个方面问题，没有形成完整体系的课堂教学，义务教育基本均衡没有通过。这种贫困县因贫困而出现的教育方式和教育质量，与我国现行的教育规范有较大的差距，提升他们的教育理念是精准扶贫中的关键。确定贵阳市第二十一中学和甲秀小学两所师资力量较强的学校，与长顺县鼓扬中学和长顺县罗湖希望小学签订教育帮扶协议，双方明确帮扶任务。甲秀小学邀请罗湖希望小学的15名教师参加本校开展的"贵州省汪伟名校长工作室暨中华传统基地校数学文化课例、说课、课件评比活动"，切身感受甲秀小学在创建全国现代教育技术实验学校、贵州省体育传统项目训练学校、贵阳市整体改革实验学校等方面的教育创新与改革的核心经验，并把这些经验带回罗湖希望小学付诸实践。贵阳市第二十一中学的 9 名行政管理人员和骨干教师来到长顺县鼓扬中学，分别和该校初一年级英语和初三年级语文开展同课异构教学交流。二十一中先进的教育理念、生动的教育方式潜移默化地渗透在鼓扬中学师生的课堂上。

2017 年以来，先后选派辖区内的十八中、南明小学、北海幼儿园贵阳分园等 24 所起点高的优质学校校（园）长、骨干教师实施对口帮扶，向普安县、长顺县鼓扬镇、望谟县石屯镇、罗甸县龙坪镇、六枝特区等贫困地区的学校，传授成熟的教学经验和成功的模式。

扶在重点上，以成熟经验提升教育质量。教育扶贫要落在实处，要科学、高效地完成脱贫攻坚目标任务，必须扶在重点上。"送出去，请进来"，是进行对口帮扶时采取的有效措施。"送出去"，是把成熟的经验和模式送到贫困地区，通过深入研究，提出了针对帮扶地区教师专业发展的培训计划，计划用三年时间培训对口帮扶教师 1000 人次，截至 2019 年 8 月已培训完成 700 多人次。2017 年组织普安、长顺的 10 余名幼儿园园长与南明区的骨干教师一同奔赴上海，进行为期 7 天的研修交流，2018 年组织普安县 18 名优秀骨干教师和南明区教师一同赴上海参加"2018 年小学学科核心素养及教学技能导师制高级研修班"培训，2019 年组织普安、石屯、鼓扬、六枝特区干部教师 100 人赴上海进行培训研修，所有培训费用纳入南明区教师培训资金盘子。此外，为鼓励普安县贫困的优秀学子，让他们接受更好的教育，还决定将免费安排普安县的优秀贫困初中毕业生到南明区甲秀高级中学进行三年的高中学习。"请进来"，是把贫困地区的教师请到南明区或是教育发达地区进行学习。南明区教育局党委书记、局长邓文乾率领局班子和区教师学习与资源中心、贵阳十八中、甲秀小学、北京北海幼儿园贵阳分园负责人组成的帮扶组来到六枝特区进行调研座谈，帮助厘清教育发展思路、方法和措施，分别和六枝特区第五中学、第六小学、第二幼儿园开展对口帮扶。局党委还组织区域内教育督学到普安开展"义务教育基本均衡"验收达标专题会、专项会诊，帮助他们找准问题、解决问题。

自开展脱贫攻坚工作以来，共组织 59 批 209 名骨干教师到普安县、长顺县鼓扬镇、望谟县石屯镇、罗甸县龙坪镇、六枝特区等贫困地区开展送教送培工作；组织 194 名贫困县教师到南明区各校园跟岗学习培训；组织帮扶县共计 226 名教师到发达地区学校参观、学习；组织南明区 20 名学科教师到普安县、33 名优秀教师到六枝特区进行 40 个课时的支教，由普安县、六枝特区学校和县、特区教育局对支教老师进行考核评价。实践证明，"送出去，请进来"的教育精准扶贫模式是有效的。

为解决普安县教育局定点帮扶村的贫困户剩余的劳动力再创业问题，带领企业与普安县开展"校农结合"工作，确定由企业收购普安县教育局定点帮扶村的贫困户种植的土豆，购入后用于南明区中小学校学生中餐的基本原材料。企业承诺对普安县品学兼优的学生进行一次性的资助特别是高中毕业考入大学且成绩优秀的贫困生；对 1 至 2 名普安县的高中学生进行学业期的长期资助，直到该生大学毕业。此外，带领结对帮扶企业对该县 20 名贫困学生实施精准扶持。

扶在细节处，帮助贫困地区实现教育均衡。扶贫工作必须务实，让脱贫成效真正获得群众认可、经得起实践和历史检验，不搞花拳绣腿，不摆花架子。这是履行脱贫攻坚工作职责的承诺。

南明区运用大数据高清录播技术，建立对口帮扶地教育共享机制，实施课件共享、专培共享，着力解决对口帮扶地在教学方法、教学思维等层面的差异性，帮助对口帮扶地实施农村学校、城郊学校软件建设。组织区教师学习与资源中心的教师到普安就课件设计、课件研修、课堂教学进行专题培训。组织普安、长顺两个贫困地区的 15 名骨干教师，在南明区举办的"第十五届全国小学信息技术与教学融合优质课大赛"中跟岗学习，重点解决贫困地区在教学方法、教学思维上存在的问题。

不只是对普安、长顺、望谟、罗甸、六枝进行教育精准扶贫，还承担了对荔波、平塘、丹寨等地教师专业发展的扶智任务。与此同时，对在南明区就读的 70.2% 的外来务工子女的贫困学生也实施精准扶持，着力推进城郊薄弱学校改造，实施完毕二戈寨小学、摆郎小学等改造和永乐一中、二中设备投入近 4000 万元等，进一步缩小城乡差距。

一系列的精准扶贫方式，让贫困地区学生在学习上接受良好的教育，让贫困地区的教师在事业上有职业感和成就感，用真诚、真心、真招切实履行承诺，携手共同发展。南明区教育局党委走出了一条体现中央精神、具有南明教育特色的扶贫扶智路子，充分体现了省会城市中心城区的教育担当。2018 年，南明区教育局党委获"全省脱贫攻坚先进党组织""全市扶贫攻坚先进党组织"荣誉称号，邓文乾获"南明区扶贫攻坚优秀党务工作者""2019 年全省脱贫攻坚先进个人"荣誉称号。

在 2020 年这场没有硝烟的疫情防控阻击战中，邓文乾始终牢记习近平总书记"疫情就是命令，防控就是责任"的重要强调，始终把师生"生命安全和身体健康放在第一位"，坚持"疫情防控和复学保障"两抓紧、两不误的工作原则，坚持"大概率思维应对小概率事件"的工作思路，突出防疫和复学工作的重要性、严峻性、紧迫性，着力"早准备，早安排，早落实"的物资保障措施，着重"十个到位"的开学准备工作，提出了"精准一个底数，夯实两重保障，抓实三项举措"的工作方法，切实让"疫情防控和复学保障"工作环环相扣，整体推进，精准实施。用实际行动充分诠释了一名共产党员的先锋模范作用，以身作则深入一线，提出了"教育要有自身作为，更要有融入区域疫情防控的责任担当"的倡议，成立8支党员志愿者先锋队，深入属地乡、办事处69个卡点协同区级一线防疫，以上率下统一思想，超前谋划部署措施，带领南明区教育局领导班子摸实际情况、筹防疫物资、抓复学保障，切实做到了底数明、物资清、措施实，各项疫情防控和复学保障工作有序稳步推进。

精准一个底数。按照全市教育系统疫情防控工作会议要求，结合全区疫情防控工作部署，实行教育局班子领导包片、校级干部包年级、班主任包班级的三级排查机制，紧扣疫情防控排查工作推进时序，明确排查工作要求、时间节点、对象人群、防范措施，严格执行疫情防控"日报告、零报告"制度，对区属247所公民办中小学、幼儿园，181所校外培训机构，12万余名师生进行全覆盖排查，重点细致摸排"湖北籍、春节期间有湖北省旅居史的师生及家长"两类人群，要求学校密切关注，及时上报社区联防联控，确保摸清底数，确保疫情防控不漏一师一生一家。紧扣疫情防控全覆盖工作要求，严格落实疫情期间教育教学管理规定，充分利用校外培训机构治理成果，成立专项明察暗访小组，重点对校外培训机构办学情况、教师流向进行全方位摸排，全区校外培训机构无一家违规开学。

夯实两重保障。一是夯实机制保障。针对疫情发展的实际情况，第一时间响应，坚决落实重大突发公共卫生事件I级响应要求，严格按照《中华人民共和国传染病防治法》果断启动疫情防控处置措施，大年初一要求全部班子成员取消休假，进入"战时"状态，成立了疫情防控工作领导小组和工作专班，统筹制定了《南明区教育局关于做好新冠肺炎疫情防控工作方案》，超前研判疫情发展趋势，统筹部署疫情防控措施，明确分工责任精确到人，实行领导班子24小时值班值守和划片包保制度，及时通过网络向各校园传达中央、省、市、区党委政府的决策部署，统一思想、统一行动、统一措施，对应要求各校园领导班子即时到岗到位，成立专班，专人专项负责，全面落实防疫各项工作要求和任务。二是夯实物资保障。按照各级党委政府疫情防控工作的部署，结合全市教育系统疫情防控工作会议"物资保障不到位坚决不开学"的工作要求，坚定提出了"困难时期不增加区委、区政府负担，协同区域防控一线物资保障"的思路，明确了"区教育局保障一部分，各类校园补充一部分，学生家长自备一部分"的协同保障机制，在南明区委、区政府的支持下，投入300多万元防疫物资保障资金，积极筹措一次性医用口罩、消杀液、红外体温测量仪等防疫物资，优先保障区级防控一线和教育系统一线防疫物资，区教育保障部分物资全部落实，逐步分批次开学前全部到位，实行专人专项台账式管理，严格执行使用管理制度，加强校园科学使用指导，确保防疫物资程序规范、管理规范、使用规范，充分发挥防疫物资最大效用，基本保障了区属校园开学防疫物资需求，为各校园安全有序开学提供了强力支撑。

抓实三项举措。一是实施复学举措。超前预判部署开学各项准备工作，坚持区教育局、学校、乡、办事处四位一体的联防联控机制，统筹制定了《南明区教育系统校园疫情防控及复学保障工作方案》《南明区教育系统校园开学疫情防控应急预案》，到位了部分防疫物资，完成了区属校园全覆盖消杀工作，针对开学实际，精细化防疫措施，抓实抓细复学各个环节，着力三个"精"。着力精确化摸排，持续重点排查掌握湖北籍、有湖北旅居史师生及家庭身体健康情况，所有师生签订疫情防控承诺书，切实履行家校共同防疫主体责任；着力精细化管理，要求开学后所有校园实施封闭式管理，严格执行"两个一律"（进校师生一律核验身份和测量体温，对发烧咳嗽师生一律实行医学隔离观察），明确使用方法、范围、对象、比例，确保学生在安全可靠的校园环境中复学，确保校园防疫工作各个环节万无一失，坚决阻断疫情进入校园的源头；着力精准化配置，区属公办校园全部配备隔离室，切实做好突发疫情处置准备，专项经费保障重点区域7所大型学校配置电子温控门，切实解决上学峰值时段大量学生同步测量体温的问题，开学前全部投入使用，确保校园防疫"不漏一师一生"。二是实施保学举措。针对延期开学的实际，提出了"双线保学"的思路，结合省、市"离校不离教、停课不停学"的要求，一方面要求学校利用"空中黔课"和其他网络形式对初三、高三学生进行线上教学，另一方面鼓励支持教师在课后通过QQ、微信、钉钉等网络工具对学生进行线下的答疑解惑、批改作业、巩固知识点，切实做到线上线下的有机融合，满足了学生日常基本教学需求，贵阳市第十八中学承担的全省初三年级"空中黔课"录播已达到200多万人次的点播率，广受师生、家长好评。同时，组织南明区教育系统心理咨询教师开通疫情防控心理支持热线，免费向师生开放，适时解决因延期开学师生在学习、工作、生活中的心理疏导问题，确保师生在疫情期间身心健康的工作学习，已解决了来自教师、家长共计30余人的心理咨询疏导。三是实施稳学举措。要求区教育局疫情防控领导小组办公室通过微信、QQ等方式向区属校园100%传达《贵阳市疾控中心给全体市民的一封信》《贵州省教育厅致全省教师、学生及家长的一封信》《贵阳市教育局关于暂时关闭培训机构的通知》等文件精神，网络同步向广大教职工、家长进行呼吸道传染病预防宣传教育工作，认真做好"四不要、三保持"。同时，树立正确的舆论导向，借助契机宣传身边防疫正能量，加强爱国主义的线上宣传教育，积极引导全体师生、家长不信谣、不传谣，自觉依法遵循党委政府防疫工作的安排部署，坚决维护社会大局稳定，坚定信心正确应对疫情，教育系统至今未因疫情发生而引发恐慌性事件。

在 2020 年 2 月 16 日的南明区教育局疫情防控领导小组会议上邓文乾提出"教育系统师生多、涉及面广，开学后的防疫和正常教学保障工作重之又重，我们不能有一点放松警惕的思想，我们不能有一点马虎疏漏的行为，我们要对党委政府负责，要对 12 余万师生和千千万万的家庭负责"的工作要求，明确下一步要把"校园防疫和复学保障"工作再落细落实，重点掌握师生身体健康状况，联防联控持续推进，严格实行校园封闭式管理，坚决做好校园环境消杀，着力实施援鄂一线医务人员子女关爱，全面抓好教育教学质量，坚决把疫情阻在校门外，让每一个学生在安全稳定的校园环境中恢复正常的学习状态。

冯良勇：用真情打动百姓　以实绩造福地方

乌当区偏坡布依族乡党委书记

作为一名党培养多年的基层干部，多年来，乌当区偏坡布依族乡党委书记冯良勇始终坚持党员本色，忠诚党的伟大事业，把脱贫攻坚当作最大的政治任务，克难奋进、苦干实干，通过抓党建促脱贫、办实事促和谐，用真情打动百姓，用发展造福百姓，用行动赢得称赞，奋力写好高质量脱贫的答卷。

一、以对党的绝对忠诚来抓脱贫攻坚

在冯良勇看来，对党忠诚不仅是一种高尚的人生态度，更是党员信奉一生的信仰追求。他常说："大浪淘沙，历览前贤，只有对党忠诚的共产党员才能经得起历史和现实的考验。"他时刻不忘入党初心，牢记宗旨使命，始终把脱贫攻坚当作最大政治任务和第一民生工程，严格落实党委主体责任，坚决落实书记第一责任制。

一是加强学习，提高站位，高位推动脱贫攻坚工作。冯良勇始终把习近平总书记关于扶贫工作的重要论述作为打赢脱贫攻坚战的根本遵循和行动指南，坚持第一时间传达学习、下大力气贯彻落实。进一步提高政治站位，政策水平、实战能力稳步提升，攻坚必胜的信心和决心更加坚定。2020年以来，采取党委中心组理论集中学习2次，干部职工会集中学习5次。

二是尽职尽责，身体力行，高位推动脱贫攻坚工作。冯良勇深知，在脱贫攻坚最吃劲、最要紧的时刻，如何做到响鼓重锤、尽锐出战？就是要把村作为精准攻击点位，就是要带头攻坚克难、鼓舞士气、解决实际问题。冯良勇定期调度推进脱贫攻坚工作，每周不少于一次调度脱贫攻坚工作，研究解决工作中存在的困难和问题，安排下一步重点工作。自2020年以来，召开专题调度会20次，研究安排部署扶贫攻坚各项工作。在带头攻坚上，他做到"五个亲自"，即对村上存在的困难问题亲自研究解决，对重点任务亲自督办落实，对贫困户亲自走访精准施策，对干部帮扶情况亲自抽查督导，对意见较大的群众亲自上门或召开院落会沟通疏导。2020年以来，他和村干部一起紧扣"两不愁三保障"目标，逐户逐人过筛子，建立问题短板台账和责任清单，把工作任务落实到每一名帮扶干部，完成情况细化每一天。召开脱贫攻坚工作例会、调度会、专题会5次。

三是在脱贫攻坚中密切联系群众，为群众解决实际困难。为了准确掌握建档立卡贫困户的现状，冯良勇经常利用工作之余，进村入户走访群众，与贫困群众唠家常、讲政策、摸症结。通过扶贫政策的宣讲，力求从贫困户的思想上消除慵懒和对贫困畏惧，凝聚起其自身发展的动力，帮助贫困群众打开心结，使其"想富"。同时，实实在在为群众解决实际困难，他在入户了解到大多数建档立卡贫困户家中的厕所仍是旱厕；厨房仍是老旧厨房，生活环境较差，影响了居住环境和生活质量时，他积极向上级部门申请资金42万元，用于贫困户改厨、改厕补短板工作。现在，崭新的厨房和厕所更是成为35户贫困户的"标配"，厕所有门、有窗、有墙、有顶，粪池、便池和冲洗设备；厨房有灶台，有洗菜、洗碗池，有排污管、进水管等设备或设施。他在入户走访时，看到部分贫困户缺少家具时，他通过多方协调和努力，现已向贫困户发放了床4张、沙发8个、衣柜12个、茶几15张、四件套15套、毛巾42张、衣架170个、盆15个，为贫困户解决了实际困难。

二、探索可复制推广的扶贫模式

"虑于民也深，则谋其始也精。"冯良勇深知，全面打赢打好脱贫攻坚这场硬仗，重在找对"路子"、开好"方子"，探索适合偏坡自身的模式。到偏坡乡开展工作以来，他聚焦脱贫攻坚，围绕产业扶贫，全身心投入、全方位推动，务实担当、勤勉尽职，开展了系列创新性、引领性工作，带领布依族群众大步迈向脱贫致富的康庄大道，赢得群众广泛点赞和大力支持。

一是强党建促脱贫。"群众富不富，关键看支部"，他始终树立党建强、发展强这一理念，充分发挥基层党建的扶贫服务功能，推动各项政策的落地落实。创造性地开展农村党员"七（齐）带头"和在农村党员中开展"挂门牌、亮身份、守初心、争先锋"活动，并探索出农村党支部"四能一创"工作模式，进一步提升基层组织力、突出政治功能，夯实决战决胜脱贫攻坚的战斗堡垒。

二是探索"三零一有"的扶贫模式。如何帮助全乡贫困户尽快脱贫？面对扶贫大任，他信心十足，在他心中，蓝图早已绘就。在他的带领下，偏坡乡积极探索贫困户投入零成本、经营零风险、就业零距离和资源资产有收益的"三零一有"扶贫新模式，组建公益性质的"带贫合作社"，实现全乡贫困户全覆盖，让贫困户有了稳定的收入来源，有了增收的稳定途径。2019年，仅凭"三零一有"这个扶贫模式，偏坡乡建档立卡贫困户即使不参加务工，收入最多的户可达5500余元，最少的也可达4000元以上。

三是致力农商文旅融合走深走实，助力脱贫攻坚向好向上。"发展才是最大的脱贫"这是他常说的话。"原味小镇·醉美偏坡"田园综合体的前期谋划和建设运营过程中，他始终冲锋在前，勇挑担当，以身作则，以不怕苦、不怕累、甘于奉献的精神，忘我工作，奋力开创工作新局面。为了制定适合偏坡的规划设计方案，他和规划人员走村串户，爬山头、下田地，踏遍了偏坡的山山水水，不分昼夜，没有周末，经常在晚上七八点吃着盒饭和规划人员探讨方案细节，尽全力使规划更加符合实际。

通过"原味小镇·醉美偏坡"项目的打造，偏坡乡的良好生态以及布依民族风俗原味得到淋漓尽致的展现，这个只有2000多人的民族乡，2019年成为省级乡村振兴示范乡。目前，一条涵盖"吃、住、行、游、购、娱"的乡村旅游的全产业链正在形成。按照共建共享的方式，打造出民宿、荷塘民宿、半山民宿等乡村旅游产品，采取"星力集团＋合作社＋贫困户＋N"的商业模式来运营，初步建立了贫困户稳定增收的机制。如，采取"星力集团＋合作社＋农户＋贫困户"的运营模式，农户以闲置房屋入股，星力集团投资每户15万元改造为民宿，一期完成民宿改造17户60间，合作社获运营利润的5%，贫困户享受运营利润的5%分红。又如，采取"星力集团＋合作社＋农户＋贫困户"的运营模式，利用富美乡村项目资金，改造猪牛圈

32 间 400 余平方米，交合作社运营，贫困户享受收益的 40% 分红。

三、脱贫攻坚路上一个也不能掉队

2016 年，冯良勇初到偏坡乡工作时，在入户走访贫困户中，看着有的孑然一身，有的无依无靠，有的智障残疾，看到他们连吃穿这些最基本的生活需求都没有保障，他的心里特别难受。想着习近平总书记"小康路上一个也不能掉队"的殷殷嘱托，他暗下决心一定要让他们的生活好起来。如今，通过他 3 年多的苦干实干，大部分的农房统一按照布依风格改造，白墙青瓦、朱漆门窗，成为点缀在绿水青山间的一道风景；一盏盏路灯伫立在村道两旁，既改善了村容村貌，又方便了群众夜间出行；产业路直通田间地头，昔日的荒山沟谷，现在是一片片水果采摘园，到处都孕育着绿色的希望。村上的合作社培育起来了，公司也来了，初步建成了原味小镇，与贫困户建立了稳定的利益联结机制。

脱贫摘帽不是终点，而是新生活、新奋斗的起点。贫困户既是脱贫攻坚的对象，更是脱贫致富的主体。当他在走访贫困户时，岑芝洪紧紧地拉着他的手，开心地说："现在偏坡啥都好，吃得好，住得好，环境好！"一张张阳光般的笑脸，见证了偏坡脱贫攻坚工作成效。每一个贫困户家庭生活变好的背后，都谱写着一曲脱贫攻坚的时代凯歌。他经常说："脱贫攻坚的目标是让贫困群众满意，扶贫路上最美的风景是贫困群众的笑脸。"

脱贫攻坚，一头连着贫困群众的安危冷暖，一头连着伟大复兴的民族梦想，脱贫攻坚之路，就是他践行初心、勇担使命的道路，在这条路上，他始终以实干践行初心，用担当承载使命，奋力写好高质量脱贫的答卷。

高庆平：访贫问苦解难题　走村串寨拔穷根

贵阳国家高新区税务局（原地税局）扶贫干部

2016 年 4 月起，高庆平在高新区结对帮扶习水县、纳雍县工作中，他主动报名参加本单位精准扶贫工作组，立下军令状，带着高新税务人满腔的激情和爱心，赴习水县大坡镇田坝村、小罗村、裕民村三个村进行驻村帮扶，协调各方力量帮助纳雍县化作乡大营村解决望天喝水的现状。

在帮扶习水县工作中，高庆平深入结对帮扶的 27 户贫困户家中，实地摸底调查，踏上了第一阶段"摸底调查，实地入户走访"之路。由于帮扶对象大部分居住在特殊的地理环境中，要么在高山上，要么在夹皮沟里，路都是帮扶对象自己走出来的林间小道，有的甚至根本就没有路；再加上居住分散，在整个入户寻访过程当中，高庆平翻山越岭，跋山涉水，走无数条崎岖的泥泞之路。路无论多么难走，多么筋疲力尽，他始终抱着一个信念，那就是必须完成任务，责任和使命大于一切，扶贫带去的不仅是全体地税人的真诚和爱心，更重要的是党和人民的关心，由此爆发出强大的推动力。他每到一个村寨，首先与村支两委干部和驻村帮扶干部取得联系，深入贫困群众家中进行走访调查，并通过座谈交流的方式，了解村情寨况，谈民情、探穷根、话发展，共商帮扶举措，为更好地开展帮扶奠定坚实的基础。

经过一个多月艰苦的摸底走访，高庆平终于把 27 户 111 人帮扶对象的基本情况精准掌握了，他分析归纳总结为交通不便、信息闭塞、坐落边远分散，老、弱、病、残，养育多胎子女，无劳动力，无任何经济来源。原因分析完后，他心里总觉得沉甸甸的，心情十分复杂和沉重，眼中饱含着情不自禁的泪水，或许是怜悯大山深处那些苦难的人们，或许是感觉自己似乎来晚了些，他们没有固定的经济来源，生活环境非常简陋，生存条件极为贫穷，居住的房屋破败不堪，有的人家住的是危房，完全不能遮风挡雨，环境十分恶劣，实在难以想象和语言表达。他们当中，多以老弱病残者居多，很多家庭生育了五六个孩子，却无力抚养。由于营养不足和基本的生活条件得不到保障，多数孩子面黄肌瘦、目光呆滞，没有一点点儿童活蹦乱跳的天性。很多贫困户的家庭成员先天患有智障痴呆；很多贫困户孩子从小就没有妈妈，因为家里实在穷得揭不开锅，外地妇女嫁到这个地方，生了孩子，忍受不了这种穷苦的生活，纷纷弃子离家，另寻他乡；很多老人跟他讲起大半生苦难的生活，总是老泪纵横，泣不成声。每当提起"扶贫"这个字眼，那一双双期盼渴望的眼睛，那一个个呆若木鸡的智障儿女，那一幅幅病痛中挣扎求助的画面，总会在他面前一次又一次油然而生，历历在目，这就是高庆平多次下意识模糊而不能忘记的总体印象和感受。

在一次实地走访中，高庆平发现了长达16年瘫痪在床，面临生命垂危的残疾女孩袁小霞，她是习水县大坡镇裕民村人，时年23岁，家中6口人，下有两个妹妹，一个弟弟，7岁那年不慎摔倒，导致下半身失去知觉、瘫痪，16年一直卧床不起，生活不能自理。高庆平带着责任和爱心与袁小霞一家"结穷亲"，为了拯救袁小霞垂危的生命，高庆平将袁小霞的苦难遭遇实况录制成四期视频短片，四处奔跑，联系多家新闻媒体、医院，在高新区微信工作群、世纪城业主微信群转发，发出呼吁，得到社会的多方关注和支持。在高新区工管委高度重视和关心关怀下，社会爱心人士纷纷捐款，在高新区扶贫办、地税局、习水县大坡镇的共同努力下，16年没有出过门的小霞"走出"大山，来到了贵阳市第四人民医院（骨科医院）进行治疗。袁小霞得到全方位的救治，做了高位截肢手术，从卧床不起，生活需要人24小时护理到能坐上轮椅车，开便利店自食其力，彻底脱离了病痛的折磨和由此带来的贫困。为了感恩社会及爱心人士，袁小霞从此改口叫高庆平"老爸"，并将治病多余的10万元人民币捐献给当地的4户残疾儿童和因病致贫人员，让爱心传递下去。从此，折翼天使袁小霞重获新生，因贫辍学的弟弟重返校园读书。

通过摸底走访分析，高庆平及时向单位领导如实进行了汇报。领导听了汇报后，非常重视，并把整个帮扶工作具体化、责任化。高庆平随即与一同帮扶的单位和驻村帮扶干部取得联系，如习水县国税局、卫生局、民政局等，相互取长补短，沟通对接，共谋村集体经济扶贫措施，利用丰富的楠竹自然资源，发展村集体经济等，以求达成共识，更好实施帮扶计划。另一方面，高庆平将采集到的图片、视频、特意编辑制作成《扶贫入户摸底纪实》视频短片，并组织全局干部职工观看，在全局开展献爱心募捐活动，目的就是要让全体地税都能了解扶贫工作，关注扶贫工作，接受教育，把爱岗敬业与帮扶工作有机地结合起来，让爱心、孝心、责任心在干部职工身上继续传承。

扶贫工作贵在精准，更要敢于担当，重在落实。在高新区地税局及有关部门的大力支持和配合下，高庆平与扶贫队员多方走访协调，经过一年多的艰苦努力，帮扶工作取得突破性的成效。按照2017年人均年收入3335元的脱贫标准，经大坡镇各村组群众民主评议，高新区地税局27户帮扶对象全部脱贫，其中5户已搬迁习水县希望城居住，彻底走出大山，甩掉贫困帽子，并努力向小康迈进。在各级政府、帮扶单位的共同努力下，如今，高新区地税局帮扶村寨的通村路、通组路、连户路、小康路处处可见，"勤劳致富光荣，懒惰贫困可耻"的观念在村寨得到张扬，爱心帮扶得到弘扬和传承。

高庆平在一次扶贫点回访、慰问、帮扶对象中，所到之处，众人无不称赞。在回访途中，他又一次将风雨中赶集的 80 岁老人送回家。在田坝村回访时，他又将一名叫袁翔的小女孩纳入自己的个人帮扶资助对象……

2018 年 3 月，高新区在助推习水县脱贫摘帽后，转战帮扶纳雍县，高庆平再次立下军令状，深入纳雍县化作乡大营村开展扶贫工作。由于那里地理环境特殊的原因，自古没有水源，六个村民组人畜饮水全靠"屋檐水""地窖水"艰苦度日，水源、水质无法得到保障，直接导致生产、经营、生活严重受限，贫穷落后。当地有这么一句顺口溜："衣服不用洗（因无水），洗脸洗脚一盆水；要想洗个澡，只有往乡镇跑"。为了解决缺水造成的贫困，高庆平带领扶贫小分队，与村支两委及驻村干部深入六个村民组进行实地入户调研，实地测量，把握饮水工程相关数据，然后及时向单位领导汇报。经过多方协调和筹集，得到爱心企业捐物、捐款共计 36.80 万元，在短短两个月时间，与村民一道投工投劳，将全村 6 个村民组 328 户村民家庭安上自来水，从此，改变了村民望天吃饭度日的艰难日子……

2018 年 5 月，高庆平被贵阳市扶贫开发领导小组授予：全市 2017 年度脱贫攻坚先进个人；2018 年 10 月，被中共习水县委、县人民政府授予：习水县脱贫攻坚减贫摘帽特殊贡献个人。

高庆平从事税务工作近 40 年，在工作上兢兢业业、任劳任怨。无论在任何工作岗位、任何工作环境，总是以身作则、严格要求自己，力求把领导交给的工作努力做好和完成。他不计较个人得失，在生活中他喜欢做点好事、做点善事，只求做一个实实在在的平凡人。

高升：创新思路推进产业扶贫

中组部赴黔博士服务团成员

高升于 2017 年 12 月作为中组部赴黔博士服务团成员，到贵阳国家经济技术开发区工作；并根据地方发展需要，主动延期两年。任职期间，始终坚持以"七大行动"和"重点村帮扶"工程为抓手，着力实施大产业、大市场、大就业和社会力量帮扶带动，创新性提出西部区域新型数字基础设施建设的规划和实施方案，两年多来，帮扶工作取得了显著成效。

一是积极开展产业扶贫。创新性规划、建设针对西部贫困地区的新型数字基础设施建设，积极响应中央"新基建"号召，策划的项目入选贵州省地方专项债新基建领域唯一项目，单体资金达 4.29 亿元。坚持物资帮扶与产业帮扶相结合，先后帮助协调投入资金 400 万元，全力支持紫云县松山街道牛场村集体经济实施种、养殖产业发展，紧盯贫困群众稳定增收的目标，找准紫云县宗地花猪获批国家农产品地理标志这一契机，围绕"打造特色品牌花猪"的农业产业发展思路，积极推动宗地花猪养殖产业加快发展。充分发挥贵阳经开区在大数据安全领域的优势，推动数安汇公司在宁夏地区设立大数据安全公司，推广"贵阳模式"，助推宁夏大数据及网络安全产业发展。

二是着力项目建设脱贫。鼓励企业结对帮扶，协调玉蝶集团资助平洋村 85 盏路灯亮化、好运来酒楼及富华超市支持红岩村花猪养殖等项目全面启动。牵头区科工公司注资 4000 万元，与 3 家市属国有企业金阳公司、工投公司、贵州物联，1 家长顺国资控股企业贵州长顺白顺云鸿城镇建设有限公司共同出资组建了贵州贵顺产业园区开发有限责任公司，全力推进贵阳长顺扶贫产业园建设。牵头数安汇公司特邀北京大红门公司相关企业负责人前往紫云县宗地镇红岩村对产业落地进行前期实地调研，达成了回购占地 200 亩的紫薇畜牧业养殖场，再由北京大红门自主扩建、长期租赁，致力发展每年产出万头的花猪的合作意向，全面推动宗地花猪的产业化发展，形成规模化、产业化的"公司＋合作社＋农户"养殖模式，打造紫云县最有影响力的品牌。牵头数安汇公司到紫云县宗地镇红岩村村民的房舍考察"庭院硬化及连户路建设情况"，支持 8.28 万元帮扶资金，用于开展庭院硬化和连户路项目建设，改善当地群众生活条件、拉动农村基础设施建设，惠及当地群众 115 户。

三是强化"产销衔接＋电商带动"扶贫。运用大数据手段，协调扶贫地区农特产品进入辖区惠民生鲜超市销售，目前已在经开区富华超市开设两个农产品直销窗口。通过"线上＋线下"农产品销售模式，成功实现紫云红心薯及宗地花猪等农特产品"黔货出山"8 万余斤。牵头数安汇公司推动农产品小众试卖。通过微信、朋友圈等方式，积极推动花猪等土特农产品打开市场，进行了花猪肉、土鸡等农产品试卖活动，共计采购了 6000 元左右土特农产品。

四是深入推动人才帮扶。邀请紫云县宗地镇有关领导到大数据安全产业示范区参观考察，了解大数据技术发展，开阔视野。同时，为解决贫困学生的就业问题，多次带领分管的单位和贵阳大数据安全产业示范区入驻企业，到贵州财经大学开展针对贫困学生的专场招聘工作，通过解决贫困学生的就业问题助推困难群众脱贫。牵头数安汇公司为了帮扶村增进对"产业帮扶"的了解，开阔视野，特邀紫云宗地镇领导来大数据安全展示中心参观。

五是开展春耕备耕走访。牵头数安汇公司赴紫云县火花镇，开展脱贫攻坚及春耕备耕走访，详细了解了脱贫攻坚工作推进情况，并与镇、村负责同志进行了深入交流。针对九岭村刺绣产品展示点，深入了解民族特色手工业生产销售等情况，提议加强与知名品牌合作，共同推动九岭村增产增收；针对纳磨村，分别对该村葡萄种植规模、产品销路等情况以及"高床蛋鸡"项目进行了深入了解；针对克田村，根据其推行的生猪代养合作模式，提出要发挥该村养殖优势，因地制宜大力发展生猪养殖产业，拓展农民群众增收致富渠道。高升针对火花镇实际，要求数安汇发挥自身优势，与帮扶点密切配合、协同一致、推动相关产业发展，助推产业脱贫；摸清剩余劳动力的底数，优先使用帮扶点贫困家庭劳动力参加经开区内基础设施项目建设，切实解决好剩余劳动力就业问题；强化教育扶贫帮助人们掌握更先进的技术、全面提升自身的能力，进而全力防范返贫风险。

苟雨楼：用心用情真帮扶　排忧解难暖民心

开阳县高寨乡平寨村第一书记

"在苟书记的帮助下，2020年我种植的羊肚菌销售利润额超过了1万元。"

"在苟书记的帮扶下，现在我家房屋不漏雨了，住得更暖心、过得更舒心了。"

"在苟书记的带领下，我们养殖的3000只鸡全部销售完了，没有受到疫情影响。"

……

炊烟袅袅，流水潺潺，走进开阳县高寨乡平寨村，映入眼帘的是一幅宁静祥和的民族乡村画卷，传入耳畔的是村民颂唱幸福生活的甜美歌声……谈及平寨村这些年来发生的巨大变化，村民莫洛亚自豪地说："因为我们村来了个苟书记。"

村民口中的苟书记就是贵阳市筑城地区人民检察院案管办副主任苟雨楼。2018年3月，苟雨楼向组织主动请缨参加贵阳市脱贫攻坚工作，被组织派驻到开阳县高寨乡平寨村担任驻村第一书记。自担任第一书记以来，苟雨楼始终怀揣着一颗热忱的心，脚踏实地、兢兢业业，主动为村民排忧解难，带领群众脱贫致富，平寨村建档立卡贫困户"两不愁三保障"全面达标，实现了脱贫攻坚任务全部"清零"。

2020年7月1日，在全省脱贫攻坚"七一"表彰大会上，苟雨楼被贵州省委授予"全省脱贫攻坚优秀村第一书记"称号；在贵阳市脱贫攻坚"七一"表彰大会上，被贵阳市委评为"贵阳市脱贫攻坚优秀党务工作者"。

一、以心换心，赢得群众信任

平寨村是布依族苗族聚居村，国土总面积24.67平方公里，共14个村民组，1295户4576人，建档立卡贫困户共115户348人，截至2018年，仍有38户116人未脱贫，属于国家级贫困村。

地理位置偏远、人口多、贫困面广、缺乏特色经济作物……面对这样的平寨村，如何获取村民信任、改善困难群众的生活条件、提振贫困户的脱贫信心，成了苟雨楼在脱贫攻坚工作中急需解决的难题。

"来到平寨村就是平寨人，要把脱贫攻坚的事情当成自己的事情来做""只有真正融入、了解群众，把群众当亲人，才能把事情做好。"这是苟雨楼在工作中始终践行的法则。

刚来到平寨村，苟雨楼就遇到一件事情，村民王应江遇到临时困难，到村委会求助，苟雨楼便帮他向高寨乡民政局写申请。由于村到乡有 10 公里左右的路程，没有公共交通，苟雨楼又驾车带其前往办理，只用了半天时间就解决了问题。在了解到贫困户王文和的羊肚菌滞销后，苟雨楼又主动为其联系销售，帮助销售 1 万多元的羊肚菌。

苟雨楼给村民办好事的声音慢慢在村里传开了："村里来了个苟书记，是真正帮我们做事情呢。"渐渐地，来村里找苟雨楼办事的人越来越多。正是通过为村民办理一件又一件的小事，苟雨楼赢得了群众信任。

二、精耕细作，用好用活政策

扶贫先识贫，扶贫先知贫。苟雨楼始终带着一颗真心投入驻村工作。刚上任不久，他就每天起早贪黑，带着驻村工作队和村支两委开始入户走访调查，很快便掌握了村里每家贫困户的具体情况，并将他们遇到的实际问题记录在册。厚厚的驻村工作日志上面，密密麻麻地记录着贫困群众的基本信息和帮扶措施，以及各种需要解决的问题。

为改善乡村人居饮水和居住环境，苟雨楼坚持用好用活政策，两年多来，四处争取项目资金，共申报落实项目资金 131.97 万余元用于养猪、养蜜蜂及人居环境改造；申报落实人居安全饮水巩固提升工程项目资金 118.45 万元；在危房改造、透风漏雨整治中，进行危房改造 79 户，透风漏雨整治 117 户。同时，协调相关单位帮扶资金 16 万余元，为贫困户修缮房屋和购买家具，提升巩固饮水等，平寨村所有建档立卡贫困户都实现了安全住房、饮水入户。

根据平寨村的地理条件和少数民族文化特色，苟雨楼在调查研究的基础上，与村支两委商讨制定了平寨村以"农旅文融合发展的"规划。在产业发展方面，他带领驻村工作队和村支两委多次外出学习考察，学习其他地方的发展经验，并多次邀请贵州省农科院的专家到平寨村进行种植、养殖技术培训，培训达 120 多人次，提高了村民脱贫致富的持久能力。

"现在我们合作社发展得很好，这都归功于苟书记。他不仅在技术、资金上对我们进行帮扶，产品上市后还为我们找销路，让我们不用为销路发愁。"平寨村村民莫洛亚说，2019 年，合作社组织村民和贫困户养了 3000 只鸡，在苟雨楼和驻村工作队的帮助下，全部销售完毕，没有受到疫情影响，"以后我们在养殖上更加有信心了。"

三、强化宣传教育，拔除思想穷根

物质脱贫管一时，精神脱贫管长远。产业发展，帮贫困群众鼓起了"钱袋子"；智志双扶，则攻克着贫困户心中的"堡垒"。

"只有干出来的小康，没有等出来的辉煌。"贫困户兰其军说，这句苟雨楼在入户、开会时给大家常说的话，自己一直牢记在心。

曾经，住房的安全问题一直困扰着兰其军，在村支两委的帮助下，他的房屋得以修缮，并养了 5 箱蜜蜂和几头猪，生活条件得到了改善。"苟书记帮我卖了蜂蜜，他还对我说，现在政策好，不要等、靠、要，要自己奋发图强，创造更好的生活。"在苟雨楼的宣传、教育下，兰其军更加深切地体会到，只有苦干实干，生活才会更加美好。

驻村以来，苟雨楼重视"智志双扶"的宣传和教育，通过带领工作队队员深入群众开院坝会、拉家常、张贴宣传广告等多种方式，宣传各项强农惠农富农政策，让群众对打赢脱贫攻坚和摆脱贫穷充满信心和战斗意志。

在两年多的驻村工作中，苟雨楼组织召开村民小组会议和村民大会 30 多次，走访群众 2000 多人次。

四、夯实战斗堡垒，建强基层党组织

要让村子发展起来，让村民过上好日子，首先得让党旗高高飘扬，让党员干部的精神振作起来。

驻村以来，苟雨楼高度重视党支部建设，帮助加强村支两委班子建设，培养村级后备干部，抓好党员发展、教育和管理；强化基层党组织政治功能、服务功能、发展功能；深入推进落实"四议两公开"，推进基层民主政治建设。同时，不断提升村干部经济发展能力、改革创新能力、依法办事能力。

两年来，苟雨楼帮助平寨村党支部提升了党员活动室，完善了党建上墙制度，严肃了"党内政治生活制度"。

两年来，苟雨楼慰问、看望了 17 名困难党员。老党员杨权和逢人就说："苟书记经常来我家坐坐，慰问我们，给我们讲党的方针政策等，使我们感受到党对老党员的关心和关爱。虽然我们老了，但还是要积极为寨子做一些事情，发挥党员的先锋模范作用。"

"有啥纠纷，找苟书记嘛，他是检察院来的，懂法。"这是村民常说的一句话。来到平寨村后，苟雨楼重视"枫桥经验"在乡村法治治理中的重要作用，带领驻村工作组紧密联系群众，引导群众知法、守法、用法，指导村支两委建立完善村规民约，健全规章制度。

2018 年，苟雨楼还被平寨民族小学聘请担任该校的法制辅导员。驻村以来，苟雨楼在平寨村进行法治宣传教育 6 次，排查、化解矛盾纠纷 8 起，开展法治进校园宣讲 2 次，提高了群众的法律素养，实现了"小纠纷不出村，大问题不出乡"。

经过两年来的日夜奋战，2019 年底，平寨村顺利实现建档立卡贫困户 38 户 116 人脱贫出列，77 户脱贫户实现稳定增收。但苟雨楼并没有就此止步，他说："脱贫不是终点，带领更多村民走上致富路，才是我最大的心愿。"

韩国营：奋斗在科技脱贫攻坚战场上的追梦人

贵阳市驻村队员、科技特派员

"我从来没有想过，我这辈子会有做微商的经历，做起了猕猴桃的宣传、推广和销售。"最近一直在助力修文县六屯镇滞销猕猴桃销售的韩国营微笑着说。

韩国营是贵阳市科技成果转移转化服务中心副研究员，五年来，他一直驻扎坚守在修文县六屯镇基层，先后担任科技副镇长、科技特派员和驻村队员，成为贵阳市新时代农民（市民）讲习所专家库首批讲习员，成为打通基层技术服务"最后一公里"的活跃者，成为用科技助推脱贫攻坚战场上的追梦人。

因其努力执着拼搏，先后入选 2017 年贵州脱贫攻坚群英谱，贵州省 2017 年度高层次创新型人才——"千"层次人才，获得 2018 年度全省脱贫攻坚优秀共产党员、2018 年度全市扶贫攻坚优秀共产党员称号，2017—2019 年度连续三年被评为省级优秀科技特派员，贵州省享受政府特殊津贴人员。

一、扶贫是埋藏在他心灵深处的梦

韩国营，1982 年出生在山东一个贫困而偏远的小山村，寒窗苦读 20 载，研究生毕业后，他毅然决定加入西部大开发的队伍中，只身一人来到了贵州贵阳。2016 年的初春，他作为贵州省"三区"人才积极投身到"贵州省万名农业专家服务'三农'行动"，到修文县经济相对落后的六屯镇当起了科技副镇长。有人形容他"从一个贫穷的小山村，到了另一个更贫穷的小山村"，他却乐呵呵地说："我们六屯镇虽然没有工业企业，但是我们镇生态旅游资源丰富，只要开阔思路，抓住机遇，大力发展乡村旅游和生态农产品种植，就能实现后发赶超。"

"从上任的那一天起，我成了镇上人们眼中能够传播知识、带来技术的农业专家。虽然一直以来希望深入基层开展扶贫的梦想得以实现，可我的心情却不平凡的沉重。因为我知道，我身上肩负着编定产业发展规划、开展产业发展决策咨询、推广农业集成技术、培养农业科技人才、承担农业发展项目，带动农民脱贫致富的重大责任。"韩国营心里暗暗地嘱咐自己，一定好好利用好基层的挂职时间，作出实际的事情来。

二、家人的支持是扶贫攻坚的坚强后盾

韩国营的妻子笑着说："他第一次去六屯挂职回来后，就跟我说，想把家里的积蓄拿出来，给我们家买车，方便我们生活。其实我知道，真正的原因是从我们家到六屯坐公交车，要倒车三次，花四五个小时时间，他想买车方便去挂职开展工作。古人说：工欲善其事，必先利其器。我高兴地答应了他。如今看到他真正为镇上作出了一些实际工作，得到大家的肯定和认可，我很是欣慰。"这些年来，韩国营的妻子和父母承担了更多的家庭事务和照管孩子，让他能更专心在基层开展服务，家人成为他最坚强的支持后盾。

三、深入调研确定猕猴桃作为工作重心

毛主席讲过：没有调查就没有发言权。韩国营入驻六屯镇以后，用了三个月的时间，深入六个行政村进行深入调研，了解和收集农业各方面的信息和概况。通过调研获知六屯镇当前主导产业和农业构成分别为：桃源河漂流旅游业、猕猴桃种植业、中药材种植业和果树、蔬菜、茶叶种植产业。鉴于猕猴桃产业已经成为修文县对外展示的一张名片，韩国营选择从猕猴桃方面入手，走访了镇上8000亩猕猴桃种植户，撰写《六屯镇猕猴桃产业发展调研报告》，从而确定挂职期间应该把猕猴桃品质提升作为一个工作重点。

通过实地走访、调查和学习，韩国营获知当前猕猴桃产业面临的两个棘手问题：溃疡病和软腐病。溃疡病被戏称为猕猴桃的癌症，可防而不可治。于是他借助单位资源优势，把贵阳市科技大讲堂和贵阳市农业专业技能提升计划引入修文县，邀请猕猴桃专家在全镇范围内开展防御溃疡病发生的方法和技术。以六屯镇已建十个冷库为基础，联合猕猴桃保鲜技术团队，申报贵阳市科技计划"修文六屯镇猕猴桃采后保鲜技术推广及应用示范"项目，开展猕猴桃保鲜技术研究和示范点建设。同时在全县范围内开展猕猴桃保鲜技术、软腐病防止等专题培训和现场教学5次，培训人次400余人。

"韩镇长得知我的猕猴桃基地着了溃疡病后，多次带领专家来到现场指导，并给我们带来了一批农药物资，积极帮助我渡过难关。"六屯镇猕猴桃种植户曹文勇对韩国营开展的帮扶工作很是认可和肯定。

四、通宵达旦推广滞销猕猴桃

"我是市委组织部统一选派到修文县六屯镇的驻村队员、科技副

镇长韩国营，在六屯镇已经驻扎五年了。五年来，我亲眼见证了修文贵长猕猴桃被冰雹打掉，被病害毁掉，始终得不到丰产，不少种植户们一直亏本经营。2020年，终于迎来了丰收的一年，六屯镇的猕猴桃基地喜产猕猴桃几十万斤，我和种植户满怀期待终于能够打个漂亮的翻身仗了，结果却因为多方面原因导致猕猴桃滞销了。目前树上还挂着10万余斤优良的修文贵长猕猴桃等待采摘。今天我怀着寝食不安的心情，作为六屯镇猕猴桃的代言人向大家推介，并且郑重担保猕猴桃品质……"10月末，韩国营撰写的一段情真意浓的推介修文猕猴桃的文字在朋友圈一经发布，很快在网络传播起来，一时间韩国营的微信圈火爆起来，购买猕猴桃者纷至沓来。

韩国营一面推介着猕猴桃，一面整理大家发送的订单信息，一下子进入了繁忙的战斗状态。为了让猕猴桃尽快发货，韩国营连续奋斗了三个通宵，终于在第四天凌晨趴在桌子上睡着了。为了让自己迅速抽身专注于猕猴桃推广和宣传，韩国营为种植户建立了微信小店，引导顾客通过店面下单。

针对顾客不断地询问猕猴桃品质，是酸是甜等高频率问题，韩国营结合亲身实践，撰写了推介词"猕猴桃摘下来以后，变熟有五个阶段：第一个阶段是硬邦邦的状态，无法剥皮，用刀子削皮以后吃，是酸的，这时吃有点自虐；第二个阶段是从硬变得刚刚有点软的时候，这时剥皮会剥下一些果肉来，味道甜里面略微有点酸，这个阶段是可以吃了，如果你有耐心请再放一天；第三个阶段是基本上都变软了，这时剥皮，只会剥下薄薄一层皮，不带果肉，此刻清香甘甜，最佳食用阶段，如果你还不吃，再放两天；第四个阶段是从全软变成瘫软状态，这时候开始熟过了，出现发酵，有一种酒的甜味，这时味道就不佳了，如果你还想再放两天；第五个阶段，对不起，烂了……"

面对韩国营朴实真切而又幽默的推介方式以及六屯镇品质过硬的

猕猴桃产品，全国各地顾客不断前来采购猕猴桃，回头客不断攀升。同时，韩国营充分求助自己人脉关系，在各个单位、团购平台、网络直播平台等开展推介，迅速在短时间内实现了线上和线下的并线销售模式，每天以万元的销售收入稳步推进。短短一星期，已经销售出去五万余斤猕猴桃。发稿前，韩国营依然在不停歇的宣传和推介着……

五、三座科技帮扶桥梁的搭建

韩国营到达六屯镇半年后，迅速熟悉基本情况，充分分析自身优劣势，为自己这几年的基层工作目标进行定位，快速搭建起了三座坚固而持久性的科技扶贫桥梁：把六屯镇与贵阳市科技系统之间架起一座科技资助桥梁；把六屯镇与贵州的高校院所之间架起一座技术服务桥梁；把六屯镇与省内外热心人士之间架起一座爱心援助桥梁。正是这一座一座桥梁的搭建和不断巩固完善，使得各方面的项目、资金、爱心物资等，不断地涌入到六屯镇范围内，为在助推六屯镇社会经济发展方面作出贡献。

2017年、2018年、2019年三年，韩国营把贵阳市科技下乡活动引入六屯镇，把物资、技术、义诊等带到六屯，先后捐赠物资达10万元以上，让六屯镇父老乡亲享受了一场又一场科技大餐。

五年来，帮助乡镇、企业、农户策划、凝练、申请市县两级科技项目资金超过150万元，分别在猕猴桃、食用菌、生猪养殖、农业产业结构调整等方面给予科技支持。充分借助贵阳市科技大讲堂、新时代农民讲习所等，在县镇开始各类技术培训30余期，累计培训达到2000人次，为提升农民技能作出贡献。韩国营作为技术员，发挥自身专业优势，注重当地产业结构调整中的技术研发，加强水苔等多种苔藓的种植和适应本地管理条件的探索，牵头帮助科技企业申请获得商标1件，实用新型专利6件。在六屯镇林场、桃源河流域等地开展苔藓植物资源的野外调查，采集标本 100 余份，拍照 500 余张。以此为素材，创作了科普作品《和苔藓精灵做朋友》，并获得贵州省第五届科普作品创作大赛二等奖，同时向全国读者展示和宣传修文丰富的苔藓植物资源和种类。目前正在探索魔芋、水苔在猕猴桃林下的种植探索试验。

韩国营根据原派出单位（贵阳市防震减灾服务中心）的职责职能优势，加强在六屯镇赶场群众密集地、大路边小学、独山村村委会等地开展防震减灾知识宣讲，发放防震减灾宣物品 500 余件。尤其是对留守儿童、危房改造进行重点关注和宣传走访，提升大家的防震减灾安全意识，累计宣讲群众达 100 余人次。帮助六屯镇中心小学，申请专项资金 5 万元，顺利完成"贵阳市防震减灾科普示范学校创建"项目，使近 500 名师生受益，增强防震减灾意识。

韩国营作为讲习员，在中小学开展一系列的自然教育活动，培训 1000 余名青少年，代表县镇参加各类技术讲习、演讲等赛事，先后获得贵阳市新时代农民（市民）讲习所讲习员展示大赛获最鲜活生动奖、贵州省新时代农民（市民）讲习所讲习员展示大赛最接地气奖等奖项。代表六屯镇独山村党支部参加全镇七一演讲比赛获得一等奖，代表六屯镇参加全县"修文要发展　我担什么责"比赛，为六屯镇争得荣誉。

韩国营充分利用自己的人脉关系，联系对接各方面的热心爱心人士，把爱心服务、爱心物资引入到六屯镇境内，发放到需要的人手中，每年冬季来临，在五保户、低保户家中都能看到韩国营为他们送去棉衣棉被的场景。

工作之余，韩国营及时对工作动态、工作经验进行总结，撰写简报、新闻稿、科普稿 30 余期，先后被贵州日报、大众科学、贵阳晚报、科特派之家、修文政府官网等媒体报道，活跃宣传了科技特派员基层扶贫工作氛围。

韩国营坚定地说："我的派出单位贵阳市科技局在这场脱贫攻坚决战中，规划布局科学，资源分配合理，指挥准确有效。我在前方不折不扣地贯彻落实，连续四年被组织部考核为优秀等级，连续三年获得省级优秀专家称号等一系列的荣誉。这就是对我们科技系统在这场决战中所作贡献的认可和肯定。在表彰大会上，赵德明书记握着我的手说：祝贺你！那一刻，赵书记坚定有力的手传递给我一个信念：牢记嘱托，感恩奋进，不忘初心，方得始终！"

现在，韩国营依然在努力奔跑着，继续争做奋斗在科技脱贫攻坚战场上的追梦人！

华玉杰：精准识别"查穷根" 当好脱贫攻坚"答卷人"

贵阳市修文县六桶镇党委书记

修文县六桶镇地处黔西、金沙、息烽、修文四县交汇处，现有建档立卡人口 418 户 1111 人，是修文县贫困人口最多、贫困面最大的乡镇。在这块"路远、缺水、产业匮乏"的土地，有一群党员干部为夺取脱贫攻坚最后总攻全面胜利在默默燃烧青春，默默作出自己的贡献。2020 年全省脱贫攻坚"七一"表彰中荣获全省脱贫攻坚优秀基层党组织书记称号。走在脱贫攻坚的路上，他就是一个"答卷人"。

一、精准识别"查穷根"，做帮扶措施怎么准的"答卷人"

华玉杰 2018 年调到六桶镇任党委书记，面对全镇建档立卡人口占全县 1/5 的重任，他坚信贫困落后不可怕，怕的是摸不准穷根。上任来，他一头扎进村里，下田间、走地头、访村寨、入农户，走遍了434 户 1144 人精准扶贫对象。与贫困户面对面聊家常、叙乡情、讲政策、谋发展、树信心，厚厚的民情日记里记录着全镇困难群众的信息，更承载着浓浓的爱民情怀。"宝寨村大兴田组申庆华户要帮助其养殖肉牛 2 头，生猪 5 头；大苗寨组张寿福户要帮助其养殖生猪 5 头，肉牛 2 头，把其妻子和儿子推荐园区就业……"；"张娥委员，凉井村骆帮洪户土地宽、有养殖圈舍，要帮助他发展黄金蜜桃和养殖生猪或肉牛，有个长效的增收渠道。"贤权书记，盐井居委会马贵方户，单身父亲，还有一个女儿读高中，现在马贵方腿摔断了，无法靠跑运输服务维持生计，要及时纳入兜底保障。像上面不断提醒联系村班子注意贫困户帮扶措施的情形是每次脱贫攻坚调度会的常态。调度会上，他总是先带头汇报自己所联系的宝寨村贫困户帮扶措施，对于其余村汇报时，时常提醒班子要注意帮扶措施有效性和精准性。在他的带领和推动下，致贫病根找得更准了，帮扶措施拟得更细了，群众致富意愿更强了，为脱贫攻坚精准施策奠定了坚实的基础。

二、战天斗地破"瓶颈"，做基础短板怎么补的"答卷人"

路远、缺水一直以来是制约六桶镇经济社会发展的瓶颈。他始终坚信山高路远不可怕，怕的是畏难退缩，怕的是没有敢教日月换新天的决心。上任以来，他紧盯"路远、缺水"瓶颈，不断改善基础设施，不断补齐脱贫攻坚短板，战天斗地剖解发展瓶颈。他抽调精兵强将组建征地和矛盾化解专班，组织建成惠民大道和组组通公路 105 公里，彻底解决群众出行难"最后一公里"问题。如今，贵金古高速路经过的关寨村、来鹤村经常见到他的身影，红线划定、证据保全、沿线群众动员大会、高速路途经沿线违法违章建筑巡查管控等是他最关心的问题。面对村干部说："你一个党委书记，不用管得这么细，交给下面就可以了"，他总是笑着说："息黔高速建成让我们融入了贵阳市'一小时'经济圈还不够，我们要全力保障好贵金古高速建设用地，让六桶镇早日融入贵阳市'半小时'经济圈，再过细都没有问题，再辛苦也是值得的"。面对群众饮水短缺，他不厌其烦地跑市政协、市水务局等部门，多方争取资金 3189 万元建成水利工程 16 个，破天荒地解决了 7145 户 27358 人饮水问题，"望天水、房顶水"成为往昔。特别是凉井片区饮水工程，他带领干部群众全力以赴配合建设方凿崖引水，将落差近 400 米六广河水提升逆流而上，彻底摆脱了凉井村、复兴村、山保村 2204 户 6721 人"守着大河没水吃，名叫凉井没口井"的尴尬困境，修文六桶凉井村脱贫攻坚的事迹在中央电视台 13 台《朝闻天下》栏目播出，极大鼓舞了像凉井村一样贫困地区群众脱贫致富的信心。通水仪式上，凉井村 70 多岁贫困户刘继能老人哽咽地说道："没想到，真的没想到能喝上自来水，感谢党、感谢政府。"面对农村人居环境差，他不厌其烦地跑市财政局、市住建局、市城乡"三变"改革办等单位，争取资金 7000 余万元对集镇棚户进行改造，整个集镇实现了雨污分流、管网入地、风貌统　，"晴天一身灰，雨天一身泥"的现象彻底改变。建成了集镇垃圾中转站和污水处理站，行政村公共卫生厕所达到全覆盖，实施危房改造 211 户，农房风貌改造 348 户，卫生改厕 1237 户，美丽乡村示范点 3 个，农村人居环境得到了明显改善。

三、因地制宜"拓门路"，做产业发展怎么育的"答卷人"

面对六桶镇产业发展匮乏，群众发展思路不宽，增收门路单一的发展现实，他始终牢记习近平总书记指出的"要因地制宜，把培育产业作为推动脱贫攻坚的根本出路"的重要指示。紧紧围绕农村产业革命"八要素"，带领党政一班人、村支两委、党员代表、村民代表，采取"走出去请进来"的方式，明确了"种养结合、长短互补、以短养长"的产业发展路子。一个村一个村开动员会，一个组一个组开坝坝会，逐村逐组推动落实，积极发展以猕猴桃、黄金蜜桃、樱桃、枇杷、花椒等高效经济作物为主的特色产业 4 万余亩，建成规范化猕猴桃种植基地 6 个、脆香李基地 3 个、蔬菜基地 6 个、生猪养殖基地13 个、蛋鸡养殖基地 3 个和肉牛养殖基地 1 个，带动 418 户贫困户年人均增收 3000 余元，使得全镇建档立卡贫困人口人均收入从 2014年的 2101.5 元增加到 2019 年的 8465 元，稳定脱贫有了保障。面对长效产业见效慢的困难，他跑市农业农村局、市扶贫办等部门，争项目、要资金，先后争取 284 万元帮助 286 户建档立卡户养殖生猪 900头，254 户建档立卡户养殖肉牛 530 头，及时弥补了长效产业见效慢的短板。

四、甘做群众"贴心人"，做党群关系怎么固的"答卷人"

他始终牢记习近平总书记指出"民生无小事，枝叶总关情"的重要指示，把解决群众操心事、揪心事、烦心事作为培养和锻炼干部的主阵地、干事创业的大舞台。面对部分软弱涣散，示范引领不好，群众满意度不高的党支部，他及时组织开展村级党支部班子综合评价，及时调整不能胜任的党支部书记 3 名，村委会主任 2 名，选派了 3 名熟悉脱贫攻坚工作镇级优秀干部到村任党支部书记。他牵头建立"镇党委联系党支部、党支部联系党小组、党小组联系党员、党员联系群众"的组织机制。成立"党群心连心，互助一家亲"工作队，开展联系服务群众工作，解决群众"三心事"1356 件。对于 2019 年脱贫攻坚顺利清零,他没有放松警惕,而是按照省委、市委冲刺90天的指示要求,紧盯"3+1"核心指标,按照"户户见、人人查"的原则,带头入户拉网式排查出民生保障问题517个。对排查出的问题,他拟订1个问题1名班子1名镇干部1名村干部"四个一"的措施,保障问题得到有效整改。面对镇级整改资金不足,他跑住建、农业、民政等单位积极争取,先后争取资金50余万元用于问题整改,为夺取脱贫攻坚最后总攻全面胜利下足了"先手棋"。

作为一名共产党员,华玉杰努力践行全心全意为人民服务的宗旨;作为一名镇党委书记,他访贫问苦、真心为民,以饱满的工作热情、务实的工作作风受到了全镇干部群众的一致认可。先后被评为贵州省脱贫攻坚优秀基层党组织书记、贵阳市脱贫攻坚优秀党务工作者,并代表基层乡镇党委书记在贵阳市脱贫攻坚表彰会上发言。面对赞誉,他总是说:"时代是出卷人,我们是答卷人,群众是阅卷人。鞋上沾了多少泥,真心帮扶了多少次,群众才信我们多少,群众才会和我们一道投入夺取脱贫攻坚最后总攻全面胜利的主战场。"

黄健:履职尽责解难题　发展产业助民富

开阳县高寨乡党委书记

自2018年3月到高寨工作以来,黄健始终坚持把脱贫攻坚作为头等大事和第一民生工程来抓,始终坚持把落实各级扶贫政策作为衡量自己担当作为的第一标准,始终坚持把率先垂范作为自己履职尽责的第一要求。在省、市、县各级党委政府的坚强领导和相关部门的大力支持下,他率先带领全乡干部群众脚踏实地强基础、心无旁骛搞产业、凝心聚力助民富。

一、找准比较优势，明确发展方向

高寨乡是开阳县三个少数民族乡之一，地理偏远，交通闭塞，社会经济发展乏力，无产业带动，是全县脱贫攻坚主战场，有全乡建档立卡贫困户574户1893人。他用1个月的时间，实地走访了每一个寨子、每一处风景，根据实地走访和调研了解情况，进一步厘清发展思路，明确了"农旅文"为一体的发展道路。期间，他深入村组走访群众200余次，嘘寒问暖，组织召开坝坝会、村民小组会等会议30余次，听民声、察民情、聚民智、解民忧，为各村产业结构调整出谋划策，解决各类困难和问题100余件，真正做到为民服务解难题，干群之间的"鱼水情"得到升华。通过走访，他进一步明确了全乡的发展思路，就是借助"水东硒州　诗画开阳"的旅游品牌及贵阳市打造旅游环线的发展契机，通过苗族特色"斗牛节""杀鱼节"、蜡染、刺绣等民俗节日及非物质文化遗产，大力发展"旅游扶贫"，带动群众稳定增收。成功举办了第一届"全国牛王争霸赛"，吸引了包括中央电视台在内的30余家海内外媒体和数以万计的游客。围绕"蓝阿秧"民族品牌做大做强，打造富硒茶叶、富硒鸡蛋、富硒蜂蜜、富硒大蒜、苗族特色刺绣、蜡染等7个系列产品，通过品牌创收带动群众增收致富。采用"合作社＋旅游公司""贫困户＋旅游公司"等模式，变"农副产品"为"旅游商品"，变合作社为旅游商品基地，畅通"进出"两条线，最大限度地提高农户收入。实施平寨村"旅游三变"项目，为150户建档立卡贫困户成功分红30万元。2018年以来，全乡旅游商品累计收入达2000万元，成功带动350户贫困户户均增收2000元。

二、选优配强乡村两级干部，凝聚发展合力

他深知，只有进一步选优配强中层干部和村级党组织，激起干部职工的干事热情和发展动力，才能打赢脱贫攻坚重大战役。2018 年以来，他调整了 8 个部门负责人，提拔任用 14 名副股级干部，为脱贫攻坚力量注入新鲜血液和强劲动力；通过"回引 + 下派"的方式，回引致富能手、下派乡级优秀干部到村任职，进一步优化村支两委干部结构。已回引和下派 13 名优秀干部到村任职，充分发挥他们在协调项目、资金，发展产业等方面优势，鼓励和支持他们先行先试、带头发展产业。仅久场村就回引了 1 名村干部和 3 名致富能手，示范种植食用菌上百万棒，葡萄 400 亩、青脆李 1500 亩、蔬菜 200 亩，带动贫困户 193 户 618 人稳定增收。依托食用菌基地，将久场村打造成为小有名气的"蘑菇村"，基地按"113"模式，即 1 户农户管护 1 个食用菌大棚年保底收入 3 万元，利用产业带动农户增收。截至目前，基地已生产菌棒 140 余万棒，产出香菇 30 万余斤，销售覆盖广州、重庆、湖南、云南等地，创造产值 130 余万元。

三、精准聚焦发力，强化政策落实

2018 年以来，他始终坚持带头干事创业，按照"五个一批""六个精准"的具体要求，紧盯贫困户"一达标两不愁三保障"的工作目标，扎实开展精准帮扶工作。为进一步提升帮扶成效，筑牢干群鱼水情，制定了《高寨乡手拉手认亲戚活动实施方案》，引导每位干部职工与 1—3 户建档立卡贫困户认亲戚，做到"同群众牵手、和群众结亲、与群众连心"。带头与脱贫难度最大的 3 户贫困户确定结对关系，主动帮助他们解决生产生活中的实际困难。研究制定《脱贫攻坚清零行动方案》《逐村逐户清零工作方案》，严格对照国家标准，分批次、

分梯队、分类别对每户建档立卡贫困户进行精准研判、精准帮扶，构建"人人参与大扶贫、人人肩上扛指标"的精准扶贫格局。2018年以来，完成实施危房改造350户，易地扶贫搬迁139户569人，跑风漏雨整治449户，实施扶贫项目177个，合计投入资金4933万元。通过各级帮扶干部接力奋战，2019年，高寨乡未脱贫184户531人实现整体脱贫。2020年贵州省脱贫攻坚"冲刺90天　打赢歼灭战"动员大会召开以来，立即按照省委省政府、市委市政府和县委县政府部署安排，牢记志刚书记"一刻不能停、一步不能错、一天不耽误"的要求，立即安排部署高寨乡"冲刺90天　打赢歼灭战"脱贫攻坚工作，带领全乡干部争分夺秒、全力冲刺，扎实开展补短板、强弱项工作。通过自查自纠补齐了"3+1"短板245个，群众满意度得到进一步提升，群众的获得感和幸福感进一步增强。

四、大力发展产业扶贫，增强内生动力

他深知，产业结构调整是脱贫攻坚的重要组成部分，是衔接乡村振兴的基础，只有牢牢把握产业发展"八要素"关键环节，按照"因地制宜、长短结合、多元培育"的发展模式积极调整农业产业结构，促进特色产业规模化，勾勒出全乡"一村一品"轮廓，着力提升农业质量效益和品牌竞争力，促进传统农业转型升级。大力培育平寨村、杠寨村2个坝区建设及"五千"工程（即1000万棒食用菌、1000亩黄花菜、1000亩食用金丝皇菊、1000亩辣椒、1000亩林下特色产业）等产业。截至5月，全乡完成产业结构调整11224亩。同时，我们在全乡大力推广"合作社＋村集体＋贫困户"模式，通过利益联结加大扶贫资金注入、合作社带动、建档立卡贫困户入股的方式，确保企业创收、村集体增收、群众保收。目前，全乡21个扶贫项目已实现574户建档立卡户全覆盖，累计实现项目分红138万元，各村集体经

济年收益稳定在 20 万元以上。

孔维伟："无愧于时代赋予我的使命"

贵阳市农业农垦投资发展集团有限公司驻村干部

"你说那个姓孔的小伙子啊？没得说，只要他开车看到我在路上，他都要下车把我换上车捎我一程。小伙子是这个（竖大拇指）"。说话的是常在基地卖早餐的奶奶，除了她，认识孔维伟的村民还有很多，与其说他是榕江园区蔬菜项目的建设者，不如说他是早餐奶奶的好青年，乡亲们的好兄弟。而在他自己眼中，他只是一个普通的脱贫攻坚奋斗者。

孔维伟，中共党员，贵阳市农投集团旗下扶贫公司机关党支部书记、综合部部长、贵阳市高标准设施蔬菜保供基地建设项目榕江园区负责人。因工作兢兢业业，成绩显著，2019 年年底当选贵阳市农业农垦投资发展集团有限公司 2019 年年度荣誉表彰——"攻坚克难之星"。

一、主动请缨，瞄准难点实施精准帮扶

距离贵阳市 200 公里的榕江县，常年气候温和，雨量充沛。2019 年 9 月以前，榕江县的田间地头还是一片略显杂乱、不成体系，只能靠留守老人充当主要劳动力的传统农业种植地区。同年 9 月，在省委、省政府、省政协关于脱贫攻坚决策坚强部署下，贵阳农投集团为助推全省"9+3"贫困县脱贫攻坚产业帮扶任务，突出榕江"天然温室"等优势，推进农业产业化、规模化、品牌化、协同化，打好脱贫攻坚最后歼灭战，确保贫困群众持续增收、稳定脱贫，推进"龙头

企业＋合作社＋农户"的模式，准备在榕江县实施规模化、标准化、设施化高标准蔬菜保供基地建设。当得知集团工作部署后，时任扶贫公司综合部部长的孔维伟再也按捺不住，也不管那听闻的"熔炉历练"自己是否能耐得住，凭着对脱贫攻坚事业的满腔热血，他向领导主动请缨。至此，他离开了安逸舒适"空调房"，开始奋战于炎热难挨"大熔炉"。2019 年 9 月，孔维伟如愿到榕江项目进行前期筹备工作，当时主要任务是协助当地政府完成土地流转任务。"有时候我们一天走了几十户愿意流转的才有两三户，有的农户甚至还会堵工。可这明明是件好事啊！"工作推进虽然困难，但孔维伟从不坐以待毙，一次次耐心地解释、一遍遍热情地宣传，面对面和村民算好对比账，积极引导村民转变固有观念，旨为把他们从单纯的土地中解放出来。他特别关心村子的大事小情，尽自己的努力帮助村民，了解村民村情，邀请他们到基地务工，同时带头帮助群众解决实际困难和问题，及时消除群众各项顾虑。有时，他甚至会带上已经愿意流转土地的村民到其他村民家一起做工"这是国家对我们的好政策，我们的收入肯定是有保障的"。终于，渐渐有越来越多的村民愿意把自己手头的土地流转出来。工作项目得以顺利实施进行。此外，他带领规划设计单位对每一个地块进行实地探勘、摸清园区底数，他不断来回奔走田间地头，用自己的步伐丈量园区，一双刚到榕江才买的运动鞋，也早就磨出了洞，也是这样，每一块土地的情况已烂熟于心。

二、疫情大考，瞄准焦点保障工期进度

榕江项目于 11 月 4 日正式动工，为了加快大棚建设，不耽误春耕生产工作，孔维伟放弃了春节回家团聚的时间，驻守工地，不误工期。当大棚钢骨架正有序拔地建成时，疫情不期而至。面对疫情封锁带来的人工短缺和物料匮乏，孔维伟说："一定不能停顿、不能放松，

园区建设任务等不起、慢不得、必须分秒必争。"他带领榕江园区项目部全体工作人员留守，工人不够，他就挨家挨户主动请工，物料不足，他就积极联系生产厂家，以"不等、不靠、不要"的信念，积极地迎面解决各种难题，可以说"见招拆招"，在做好防疫保障措施基础上保证工程正常开展。在他的号召下，返乡过年受疫情影响无法返程的闲置劳动力成为园区务工队伍的主力军，物料也在当地政府的支持和帮助下正常的入场。菜苗按时种下，农民工工资准时发放，为确保项目有力有序，每晚他都会组织召开调度会，做到当天问题当天解决，明确次日工作任务。瑟瑟寒冬，园区却忙得热火朝天，工程进度随着干事热情也在全速推进……疫情似乎并未给园区生产建设带来阻碍，相反，整个园区迸发出前所未有的生机，这样的景象让村民对脱贫致富充满了信心。

孔维伟作为榕江园区负责人一直坚守在脱贫攻坚一线，与当地人民群众一起破解难题、啃硬骨头，吃苦耐劳已无须多言，战果成绩才是真刀真枪的。现在的榕江县车坝区已完成912亩大棚建设工作，同时投入生产。与榕江县政府共同规划车江大坝露天种植区域，优选种植品种，8522亩露天区域实现满载满插的种植工作——已基本实现了设施化蔬菜基地建设，标准化、规模化蔬菜种植，劳动用工体系化、生产销售订单化的目标任务。这离不开榕江县政府的正确指导和工作部署，更离不开所有在榕江县奋斗的农投人，孔维伟就是这其中之一，在他的带动和努力下，榕江园区项目在以惊人的建成速度建成发展。

三、产业帮扶，扶贫脱贫抓弱点强技术

孔维伟明白，农投集团的脱贫攻坚使命不仅是增加当地的就业机会，土地流转让村民增加收入。更重要的是，让当地村民接受新时代

新科技新技能，为此，他邀请贵州大学专业技术团队专门赴榕江园区进行指导。通过田地实际教学，教室理论指导，村民们的种植理念得以升级更新。依托着技术咨询，园区收益颇丰，提高规划、管理科学化、规范化水平。销售方面，在榕江县政府和他的团队双方充分沟通下，不断探索线上及线下的销售渠道，完善产销链接，最终确定了以"打通供粤港澳蔬菜基地为目标，推行规模订单种植"的模式，带动合作社、贫困户、农户共同发展。看着园区项目的稳步推进发展，他的心并不平静，他还牵挂着附近极贫村和易地搬迁人口就业问题。他主动向政府要来了易地搬迁扶贫人口名单，让他们到园区来务工，"扶贫扶志"让他们到园区来学习。他把专家带到极贫村、把物料送到极困地。园区通过吸纳易地扶贫搬迁贫困户、月亮山地区贫困劳动力到车江坝区蔬菜基地务工，解决贫困户就业问题，组织务工人员36972人次，其中建档立卡贫困劳动力24225人次，易地扶贫搬迁贫困劳动力10363人次，促进户均增收1.6万元。他以自己的实打实的行动，为当地的园区蔬菜基地建设和脱贫工作作出了突出贡献，为全集团其他园区脱贫攻坚任务作了样板，是全集团员工学习干事创业的好榜样。每每深夜，全天工作结束后，他才有机会在手机上和心中惦念的妻儿视频，看看4岁的儿子是否长高，关心正怀二胎的妻子身体是否妥当。"有时候很自责，觉得不能随时陪伴照顾妻子儿子，没做好一个丈夫和父亲的责任。但也感谢她们的支持和理解，我才有更多动力继续这份我爱的事业。"也许有叹气，也许有遗憾，但这个奋斗在脱贫攻坚一线七尺男儿决不后悔接受了脱贫攻坚这个光荣而艰巨的任务。

在孔维伟和同事们的努力下，参与建设和种植的车江大坝得到了黔东南州州委、州政府的表扬，并作为学习的典范。表扬中这样说道，"近期以来，榕江县委县政府认真贯彻落实省委省政府和州委州政府关于农村产业革命的决策部署，聚焦产业革命'八要素'，扎实快速推进车江坝区产业发展取得良好成效，现对榕江县提出通报表扬。"由孔维伟作为负责人的榕江高标准蔬菜园区项目建设和产业发展卓有成效，省、市主要领导常常莅临园区观摩指导，得到了肯定的同时，也得到许多宝贵的建议指导，园区更加如火如荼地发展。园区未来社会效益和经济效益可期。

"作为一名共产党员，我必将忠诚于党，服务于民，在决战决胜脱贫攻坚奋力作为，无愧于时代赋予我的使命！"孔维伟是一名普通党员，也是一名普通员工，但是他用不普通的青春年华，在脱贫攻坚的事业上谱写出最激昂的青春之歌！是贵阳农投集团坚决打赢脱贫攻坚歼灭战的生动缩影！

李福贵：大木村"追梦"带头人

修文六屯镇大木村党支部书记

李福贵，六屯镇大木村党支部书记，在 2020 年全省脱贫攻坚"七一"表彰中荣获全省脱贫攻坚优秀基层党组织书记称号。

李福贵担任村干部的时间里，凭着一股对事业的执着、一腔对乡土的热爱、一种坚韧不拔的精神，将村发展成了今天各项工作都比较好的村，受到镇党委、政府多次表彰。作为土生土长的大木人，他已经在村里担任村干部 17 年了，把最美好的青春年华都给了这片生养他的土地。"艰苦不怕吃苦，落后不甘落伍，再穷也要发展。"这是李福贵当村干部的理念，靠着心里的这份坚守，在他的带领下一个条件恶劣、贫穷落后的偏远乡村发展成了全省闻名的旅游示范村，走出了一条在边远山区集特色农业、传统民宿文化、旅游观光农业为一体的科学发展之路。

一、一个回家的决定

李福贵走上"村官"之路，与他当年在外务工经历和执着的性格有密切关系。2003年2月，李福贵外出务工，他的工作就是在外面巡查电力线路的情况，当走到贵州毕节的大山深处与当地的老百姓交流，当地的老百姓都知道修香火岩旅游区的那一段沥青道路比一般的路要好，如果村寨里的路都是这样就好了。他突然意识到自己的追求是什么，他毅然放弃了电力公司的工作，回到家乡帮助群众发展，带领乡亲们共同脱贫致富。2003年9月，在大木村村委换届选举中，李福贵进入村委，并担任远教工作；在担任远教期间，他知道现代农业发展信息工作的重要性，从来没有摸过电脑的他开始学习电脑，在2015年全国开展"党员干部长期受教育，人民群众长期得实惠"教育活动中；他毅然决然地放下家中的农活，去贵阳参加一个月的计算机培训课程，期间上级领导到村里面视察工作，看到他老婆（20岁）一个人在烤烟上炕，问她怎么一个人在做农活，他老婆说李福贵学习去了，只有自己一个人上烤烟炕了，要不时间一过烟叶就坏了，卖不了好价钱，从那次以后十里八里乡亲们都议论他老婆干农活是一把好手；后来和李福贵谈起这件事情，他都是淡淡地回答："老婆跟了我，她知道我的性格，全力地支持我，无怨无悔，我自己也很愧疚，有些对不起她的感觉，本来就是青春年华的时代，没有带起家人去享受同龄人选择的外出务工，融入现代都市生活，而是选择穷山沟受苦。"从那时开始，李福贵大多数时间都在村办公室，白天处理村日常事务，晚上学习电脑和收集乡村致富信息。

二、一场振兴的变革

李福贵带领该村群众积极投入到扶贫开发建设当中，他针对路难行、饮水难等，组织村民实施生态建设、人畜饮水、村级道路建设，不断加大村上的基础设施建设力度，通过实施资金捆绑、整村推进、综合开发，该村水、电、路、配套到村，特色产业建设初具规模，农户居住条件明显改善，村容村貌焕然一新，社会事业全面发展。为了有针对性地做好交通扶贫开发工作，他经常走村串寨，深入村组调查研究，进行认真、细致的调研摸底，大木村每一寸土地都留下了他的足迹，通过深入调查研究，掌握了第一手资料，他对本村基本情况、经济发展现状、道路状况、群众脱贫愿望和扶贫开发规划等有了很深刻的认识。在他良好的工作作风，务实的工作态度的带动和感染下，村委其他参与扶贫开发工作的全体党员干部动真情、动真格，真扶贫、扶真贫，真抓实干、埋头苦干。进一步确立了本村扶贫开发工作思路，找出问题症节，找准致贫原因和制约农村经济发展的主要矛盾，制定出台了"大木村扶贫规划"，科学合理地确定了大木村扶贫工作的目标、规模、重点。全面改善本村的生产、生活条件，大木村脱贫致富奔小康创造良好的条件。做好带头人，为民办实事。

要致富，先修路。李福贵上任就考虑到这个问题。在资金项目极为短缺的情况下，李福贵组织党员、村组干部，带头示范，主动捐资，以实际行动带动群众，纷纷加入修路的队伍中。带领群众修出了进村的土路，为赶进度、抓质量，他成了一名"全脱产"的村干部，几乎整天都在工地上。在李福贵的带领下大木村打通了14个组的通组路，通过多方协调，同村公路改建成了073、192两条县道，为大木村发展打下了坚实基础。但李福贵觉得这些还不够，他想让每家每户都通水泥路，2016年就任村支部书记开始，他积极争取组组通项目，村里硬化了道路37.8公里，让全村土地都有道路进入，极大地解决了群众生产生活问题；2017年脱贫攻坚组组通大会战期间，李福贵常常半夜都还在做群众的思想工作，由于老婆要上晚班，常常看见他带着3岁的小儿子出现在工地和群众调解现场，村民们常常笑他，孩子这么小就让他学习农村基层工作环境，培养下一代有先见之明呀；李福贵听后也是笑一笑，脸上写满很多心酸和无奈。回想到以前，大木村的路是晴天一身土，雨天一身泥，现在有了很大的改善。

大木村以前有三大特点：土地多、光棍多、荒山多。村里大部分地方是坡耕地，在农业方面没有发展优势，2009年全村人均收入不到1800元。为在这个环境中寻求致富的门路，李福贵多次召开"三个臭皮匠胜过诸葛亮"会议，问计于群众，问计于专家，问计于市场。最后发现，村里大部分土地适合种植烤烟，适宜种猕猴桃，且产出的烤烟品质好、猕猴桃味道纯正爽口。作出种植烤烟的决定后，李福贵挨家挨户做工作，给群众算经济账，要求党员、干部带头栽种。同时又联系技术人员现场指导，栽种、管理、烘烤等，村民的积极性陡然高涨，短短几年时间就在大木村奇迹般地变出了上千亩烤烟基地，群众大幅增收。猕猴桃对于村民来说，是一个新型产业，李福贵带着村民到古堡等成功地方考察、学习，和群众算账，提高群众信心，改变小农思想，大木村发展起了1500多亩的猕猴桃种植。

三、一座蜕变的村庄

在大木村就任村干部多年，李福贵深刻地认识到大木村要发展，仅靠个人的能力远远不够，必须要有一支有号召力、有战斗力、有凝聚力的领头班子，干给群众看，带着群众干。在班子成员的管理上，李福贵以身作则，不论亲疏，为治歪风、聚民心，他坚决辞退村里不办事不作为的村干部，重新选优配强专职化村干部。严格的制度，班子成员并没有怨言，因为他坚持率先垂范、公平对待。为加强村党支部和班子建设，李福贵着眼"引领科学发展，促进农民增收"这一主题，从提高班子成员综合素质入手，多次组织党员、村组干部外出参观考察。党支部还根据实际创立了客栈、猕猴桃、柿子党小组，依托党小组指导除了3个专业协会，建立支部与协会成员"双向进入、交叉任职"制、党支部和协会联席会议制、党员和会员（农户）结对联姻制、协会一事一议制和协会信息与技术共享制"五项制度"，构建"支部带队伍抓产业，干部带党员抓示范，人才带资源抓项目，党员带群众抓发展"的党组织引领发展格局基本形成。

2018年，为抓好乡村基础设施建设，利用修文县举办首届乡村旅游发展大会，积极申报项目，争取举办乡村旅游发展大会，用20多天时间改造了大木老寨、红军广场、银杏广场、环湖步道、金叶酒店、生态会议中心、半坡名宿等项目；带着村支委一群人全部在工地上，当时县乡领导看了都感叹，大木村基层战斗力不得了，村支委全部都晒黑；通过乡村旅游发展大会的召开，在旅游界引起很大的反响。大大提高了大木村的知名度；现大木村获得中国少数民族特色乡村、中国森林乡村、贵州省重点旅游乡村等称号。

四、一段文化的传承

烤烟，猕猴桃产业让大木村民率先实现了脱贫致富。但一、二、六组的群众思维不一样，发展农业产业很困难。如何让这三个组的群众也走上共同富裕的道路，这是摆在李福贵和一群村支委班子面前的又一难题。大木村是一个布依族古村落，也是当年红军走过的地方，有着丰富的人文旅游资源。重拾传统文化既是传承又是村寨发展的新契机，他动员群众每年定期举办六月六、三月三等活动，大搞农家乐，发展第三产业，一个村的观光农业在三年之间迅速成熟起来，旅游每年收入达 730 多万元，2020 年游客接待达到 15 万人次。同时，他通过招商引资，和贵阳市旅游投资公司、修文县旅游投资公司等外面企业合作用 2000 多万元打造大木金叶旅游度假村，如今的大木村，生态猕猴桃、柿子、烤烟三大产业竞相发展，形成了"吃、住、玩、乐"的乡村旅游格局，2019 年，全村人均纯收入达 13420 元，5 年时间内翻了两番，成为远近闻名的生态旅游体验示范村。

在村任职 17 年来，李福贵对工作始终尽职尽责，对事业始终兢兢业业，对群众始终情深意长，对自己始终严格要求。梅花香自苦寒来，李福贵正是凭着踏实的足印、执着的精神、奉献的情怀，为该村发展作出了积极贡献，树立了新时期村干部的良好形象！

李季：全力为打赢脱贫攻坚战做贡献

贵州双龙航空港经济区社会事业发展局副局长

自 2016 年结对帮扶麻江县以来，李季认真贯彻落实习近平总书记关于精准扶贫重要讲话精神，紧紧围绕省委、省政府关于落实大扶贫战略行动的要求，按照市委、市政府和关于进一步加大对外帮扶力度助推全省脱贫攻坚的决策部署，扎实抓好中央和省委扶贫开发大会精神，砥砺奋进，坚定前行，以让党和政府放心、让群众满意为最高标准严格要求自己，务实实效，全面推进大扶贫战略工作进程，四年来协助落实经济区投入帮扶资金共计 1700 余万元，用于支持麻江县、罗甸县和经济区结对帮扶相关工作。

2016 年麻江县贫困村出列 3 个，脱贫人口数 6403 人，贫困发生率 12.89%；2017 年麻江县贫困村出列 8 个，脱贫人口数 8945 人，贫困发生率 8.61%；2018 年麻江县贫困村出列 25 个，脱贫人口数 14770 人，贫困发生率 1.55%；2019 年麻江县顺利通过贫困退出审查，实现了脱贫摘帽，整个帮扶工作取得了阶段性成效。

自 2019 年 6 月接到市下达经济区最新结对帮扶罗甸县凤亭村的通知后，李季根据省委十二届五次全会精神及市委、市政府扩大会议精神，按照经济区扶贫攻坚相关工作部署展开行动，积极主动对接，迅速开展调研，摸清目前经济区对口帮扶罗甸县凤亭乡情况，并主动帮助凤亭乡贫困户解决农特产品滞销问题，开展"捐赠爱心书包"活动，组织教师培训等活动，积极落实各项工作方案。2019 年初，罗甸县凤亭乡脱贫 1050 户 4671 人，4 个贫困村出列，贫困发生率降至 17.63%。2020 年年初罗甸县顺利通过省级脱贫攻坚退出评估验收，凤亭乡已实现所有贫困村出列。

一、履职尽责，以赤诚之心打扶贫攻坚战

李季作为结对帮扶麻江县的一名干部，始终牢记总书记嘱咐寄托，紧盯中央、省和市脱贫攻坚的决策部署，充分发挥经济区独特的优势，以问题为导向，咬定青山不放松，认准目标不动摇，在扶贫攻坚的岗位上履职尽责，以坚定不移的决心、不懈赤诚的真心对待扶贫工作。

他刚接到任务，就多次到麻江县、罗甸县凤亭乡对接帮扶工作，考察调研贫困乡镇、贫困村脱贫攻坚情况，商谈结对帮扶事项，并通过走访、调研、座谈会等方式，倾听群众心声、了解村情民意，全面细致地掌握麻江县的人口、文化、教育水平和经济收入状况，劳

动力外出务工收入、农业种养殖结构等。在了解当地的基础上集思广益，帮助两地厘清发展思路，在总结帮扶经验基础上，制定结对帮扶工作方案，明确工作计划和帮扶措施：一是大力开展产业项目帮扶。自 2016 年以来，落实经济区投入 100 万元用于麻江县生猪养殖项目，采取"公司＋合作社＋农户"方式，产、销、售保底价格收购，确保群众收入，每年滚动带动约 15 户 80 余人脱贫。2017 年再落实经济区投入 100 万元用于麻江县瓮址村生态养鱼项目。项目结合本村生活习惯和村民技术特点，采取"村委会＋合作社＋农户"方式，每年带动约 30 户 150 余人脱贫。为继续发挥项目带动扶贫的功能，2018 年落实经济区投入项目帮扶资金 100 万元，用于坝芒乡猫头村养鱼项目建设，项目的实施促进了猫头村产业结构的调整，有望实现村集体和贫困户受益的多元化，给猫头村贫困户稳定脱贫注入强大的动力。2019 年开展了城东幼儿园附属工程项目和后坝安置点产业园扶贫车间配套项目 2 个项目帮扶工作，并落实帮扶资金 200 万元。每个项目开展李季都积极调研考察、督促资金落实、跟踪项目进展。2020 年针对麻江县移民后坝安置区没有设计公厕和停车场，安置小区功能缺失的问题，计划落实 200 万元解决麻江县后坝移民安置点公厕和停车场建设资金。根据麻江县、罗甸县凤亭乡实际情况，2020 年帮扶 200 万元用于解决麻江县后坝移民安置点公厕和停车场建设资金，50 万元用于麻江县"冲刺 90 天　打赢歼灭战"专项扶贫补助；帮扶 100 万元用于支持罗甸县凤亭乡人居环境整治项目，50 万元用于支持罗甸县凤亭乡百香果产业基地配套设施建设，50 万元用于罗甸县凤亭乡"冲刺 90 天　打赢歼灭战"专项扶贫补助。二是积极落实 2019 年帮扶麻江县的相关协议。2019 年他在走访、联系、对接各家单位多次后，起草了结对帮扶麻江县 4 个合作帮扶框架协议，并于 2019 年 4 月组织各单位前往麻江县签署了 4 个协议，分别为：《合作框架协议》《结对帮扶框架协议书》《助推麻江县农特产品销售广告帮扶协议》《农产品销售框架协议》，让双龙与麻江形成结对帮扶、优势互补、共促扶贫的大好态势。三是协助举办非遗活动周推荐特色旅游。通过协助麻江成功举办"2016年首届多彩贵州文化艺术节非遗展示篇——麻江周末聚活动"，在多彩贵州文化创意园、龙洞堡机场展示展演、宣传推介、产品交易为麻江成功举办"乡村旅游文化节"带来轰动的宣传效应。四是帮助农村劳动力转移就业。引荐航空港经济区入驻企业结合用工需求（如老干妈企业等），帮助麻江县引导200人农村剩余劳动力到企业就业，增加农民工资性收入。为了切实帮助麻江县引导农村剩余劳动力到企业就业，增加农民工资性收入，他根据经济区入驻企业的用工特点，召集用工企业，开出用工清单，针对性提供每年200—500人的用工岗位，2018年4月13日举办双龙人才招聘会（企业用工专场）和11月9日金秋人才招聘会，向麻江县开设招聘通道。下一步还将根据新入驻企业需求及时开展对麻江县贫困劳动力输出工作。

二、发挥桥梁作用，做好帮扶惠民工程

真扶贫、扶真贫离不开帮扶民生工程。李季积极发挥桥梁作用，增强帮扶责任单位、帮扶责任人和帮扶对象的有效连接，实实在在为群众办好事、实事，真正做到以实在的作风取信于民、以帮促的实效温暖民心。

他从村民最盼、最急的事情入手，针对合作社实力薄弱、农特产品销量不佳、贫困学生家庭条件差等实际问题，协助村支两委想方设法帮助群众解决。他从村民最盼、最急的事情入手，针对改江片区没有路灯、夜间出行难、贫困学生多等实际问题，协助村支两委想方设法帮助群众解决。一是积极联系经济区企业到麻江县开展帮扶工作。

2017 年 2 月，他在麻江县改江片区调研时发现共和村没有路灯，村民夜间出行困难，他连夜赶回单位召开专题会议研究，并积极联系帮扶企业，送去价值 30 万元的太阳能路灯，并将 70 余盏太阳能路灯免费运输和安装到村，解决了改江片区三组、四组 70 余户人家夜间的出行困难问题，大大改善了村容村貌，又方便了群众的生产生活和出行，为美丽乡村建设增添了光彩，深受群众欢迎。二是把教育精准扶贫当作扶贫工作的重点。他引荐入驻企业对麻江县户籍的贫困高中生、贫困大学生实施教育精准扶贫，促进贫困学生完成学业，阻断代际贫困问题，探索建立教育扶贫基金、医疗救助基金等。为了进一步加大扶贫帮扶工作力度，2018 年 1 月他制定了帮困助学的工作方案，组织全区十部职工对麻江县贫困学生开展以"传递温暖、汇聚爱心"为主题的扶贫帮困助学活动，旨在通过活动的开展募集捐助资金，捐资助学、奉献爱心，共募集助学资金 79059.9 元，对 33 名困难学生和 13 名一对一帮扶学生开展了教育帮扶。2018 年 9 月经他积极联系对接，上海浦东新区福山外国语小学向麻江县基东小学捐赠 5 万元图书，并走访困难学生家庭 20 余户，送去慰问金 3 万余元。2019 年组织"共圆中国梦·守护安全行"小学生安全防护书包捐赠活动，目前共募集 7668.5 元安全防护书包款项用于购买安全防护书包、安全丛书、医药应急包等儿童安全防护用品，并通过贵州省红十字基金会的方式向罗甸县凤亭中心校定向捐赠。三是参与开展医疗扶贫和党建扶贫走进麻江活动。2018 年 6 月 29 日，李季参加了经济区政治部组织的医疗扶贫和党建扶贫走麻江活动，对麻江县建档立卡困难党员、留守儿童、特困家庭 60 余户开展送温暖慰问活动，通过医疗技术全免费治疗和送去 3 万余元资金慰问，走村入户进行帮困。当天在麻江县杏山街道小堡村 76 岁的老党员罗国治家中，他与罗国治促膝谈心，关切地询问老党员的身体和生活情况。他表示，老党员是党和国家的宝贵财富，为党和人民的事业作出了重要贡献，党和人民不会忘记，真诚祝愿老党员身体健康、日子红红火火。四是开展"献爱心购买贫困户农特产品"帮扶活动。李季组织发起倡议向经济区全体干部职工及企业发出倡议购买麻江县、罗甸县凤亭乡贫困户特色农产品，为贫困户拓宽增收渠道，2019年动员经济区共购买价值63265元的麻江县农特产品、29650斤价值182050元的罗甸县凤亭乡哈密瓜。2020年春节前积极动员经济区麻江县、罗甸县凤亭乡农产品企业参与在贵阳国际会议中心举办"2020中国·贵阳国际年货节"活动，共组织5家麻江县企业、2家罗甸县凤亭乡免费参展销售。

安装路灯、捐资助学、走访慰问只是他结对帮扶贫困地区系列帮扶措施的一个缩影。通过常态化的捐资助学、项目帮扶、产业发展等扶贫帮困活动，让贫困群众真正得到实惠，用实际行动把精准扶贫工作落到实处，为贫困户带来满满的希冀，获得麻江县、罗甸县凤亭乡人民群众一致点赞。

三、协调纽带，以拼干精神促麻江脱贫

项目资金是脱贫攻坚的枪支和弹药，没有枪支和弹药，不可能打赢脱贫攻坚战。李季在充分调查研究的基础上，努力做好协调工作，积极发挥协调作用，在结对帮扶发展中充当主要角色，继续协调有关部门做好这一惠民生的实事，全力帮助麻江的旅游开发、民族文化和产业发展等方面的工作，确保圆满完成脱贫攻坚工作目标。四年来协助落实经济区投入帮扶资金共计1700余万元，用于支持麻江县生态养鱼、生猪养殖、移民安置点扶贫车间、移民安置点幼儿园基础设施等项目和罗甸县凤亭乡人居环境整治、百香果产业基地配套设施建设等项目，这些项目和资金的落实，促进了脱贫攻坚任务的完成。

按照扶贫与扶智、扶技与扶资、"输血"与"造血"相结合的思路，李季走村入户，全面细致掌握经济薄弱乡（镇）、村和贫困户基本情况，主动联系帮扶单位和被帮扶对象，制定帮扶方案，确保资金到位和项目的如期实施。不断学习和总结好经验、好做法，加强宣传推广；利用双龙开放性、创新性平台，动员企业、单位和其他社会力量参与扶贫，形成社会参与扶贫的大环境。

李季在脱贫攻坚结对帮扶的道路上，履职尽责，发挥作用，用真心换来真情，用实干赢得信任。在近几年的结对帮扶麻江县工作中赢得了群众信赖，交出了亮眼的答卷：2019年麻江县正式退出贫困县序列，实现了脱贫摘帽；2020年年初罗甸县顺利通过省级脱贫攻坚退出评估验收，凤亭乡已实现所有贫困村出列。

李力：坚决打赢脱贫攻坚战的优秀战士

观山湖区百花湖镇党委书记

百花湖镇行政区域总面积109平方公里，辖16个行政村和1个居委会，现有人口24681人，是一个人多地少的移民大镇和纯农乡镇，全镇基础设施滞后、产业结构单一、经济发展粗放，群众深陷缺资金、缺技术、缺劳动力的困境。2013年底，百花湖镇有建档立卡贫困户568户1957人，是观山湖区脱贫攻坚主战场。

"百花不脱贫，我们将成为罪人；百花不振兴，我们将愧对历史"。李力是百花湖镇党委书记，他始终坚持以党建统领经济社会发展全局，把脱贫攻坚和乡村振兴扛在肩上、放在心上。他坚持做到研透扶持政策、确保心中有数；掌握致贫原因、量身制定脱贫计划，形成有力领导、汇聚拧紧各方力量；加强经济建设、消灭致贫返贫因素；统筹脱贫攻坚和乡村振兴、推进经济社会良序发展，在打赢一个个脱贫攻坚硬仗的同时全速推进乡村振兴，为百花湖镇高一格脱贫、快一步致富打下了坚实基础。

一、身先士卒，奔赴脱贫攻坚第一线

脱贫攻坚战的冲锋号一经吹响，李力就身先士卒，下田间、走地头、访农户、搞座谈，了解全镇实情，征求干部群众对脱贫攻坚的意见和建议，集思广益，总结实践出以党的建设为引领、以脱贫攻坚为统揽、以农村产业革命和"8+1"行动计划为抓手，统筹实施"农旅文一体化"战略行动的发展思路。

2014年的新年，对于李力来说过得并不开心，因为他的心里始终惦记着贫困村民是否能吃饱、穿暖。春节还未结束，李力就开始走村入寨，开展精准识别工作。他深入农户家中查看房屋、核实收入、把关评议，以"真穷真贫"为标准，力求"真正贫困户一个不漏"。并身体力行，为各村支部书记第一责任人传导正能量，士气得到极大提振，众志成城完成了贫困户精准识别，赢得全镇人民的高度认可，为全镇精准扶贫、精准脱贫奠定了坚实基础。

二、强化领导，打赢脱贫攻坚阻击战

李力作为镇党委班长，他一方面肩负起打赢脱贫攻坚战第一责任人责任，深入贯彻党的十九大精神，强化理论学习，不断提升干部职工脱贫攻坚相关理论水平；另一方面主动向上级争取率先实施村干部专职化试点，择优选配了120余名专职化村干部深入到了脱贫攻坚第一线，为脱贫攻坚和乡村振兴工作配强战斗队伍。

李力明白，基础设施落后是制约打赢脱贫攻坚阻击战的重要因素。他极力争取上级资金6000余万元，完成温水小学、百花幼儿园等校舍的改扩建及维修工程；促成华侨中学于2017年加入"教联体"交由北师大附中管理；新建占地3400平方米、全区硬件设施最好的乡镇卫生院，并引导其于2017年加入"医联体"接受"三甲医院"金阳医院的接管。同时，积极争取扶贫资金为全镇建档立卡人群缴纳合作医疗保险，切实为贫困人群织牢医疗保障安全网。

教育、医疗基础设施的不断改善，优质的教育和医疗资源不断引入，让全镇人民看到了摆脱贫困、过上小康日子的希望。

三、促进增收，决胜脱贫攻坚歼灭战

李力深知扶贫的根本在于群众增收，采取"龙头企业＋平台公司＋合作社＋农户"的模式，促进老百姓稳定增收。

他通过引进广大集团、北京立根集团、亿利集团等大型企业实施对百花湖、九龙山、百花谷等旅游资源进行深度开发，建设万亩茶林并形成集观光、康养、体验、文化、购买为一体的茶产业园，建设百花林泉水厂，开发石操村民宿旅游项目，调整农业产业结构，实施育肥猪养殖、温水猕猴桃种植、谷腊温室大棚、哪嘎食用菌种植等数十个扶贫项目，在贯彻实践习近平总书记的"两山理论"，让百花湖变得更加漂亮宜居的同时也进一步巩固了脱贫成效。

李力包保的谷腊村有建档立卡贫困人口164户644人，已全部脱贫。为了表示对李力的感谢，他们的代表杨国华带着锦旗来到了李力的办公室，握着他的手激动地说："在您的带领下，我们的日子一天比一天好过，荷包变鼓了、看病不愁医药费了，我们对未来更有盼头啦，真的很谢谢您呀。"

通过发展产业，带动农户以土地入股实现增收，也能让群众就近

务工，在获得稳定丰厚报酬的同时还能免去外出务工的奔波和方便照顾家里老人小孩，在实现小康生活的路上没有一个人掉队。

四、改善设施，助推乡村振兴奠基战

"晴天一嘴灰、雨天一腿泥，进出百花湖镇的人都会抱怨一下糟糕的交通，但这只是黎明前的黑暗，行驶在坑坑洼洼的道路上虽然心疼自己的车，心里却有着美好的期盼"。李力在跟老百姓交谈中都会这么说，他深知百花湖的发展离不开交通的改善，坑洼的道路正是修建过程中的阵痛，只是暂时的。

李力明白，要致富，先修路，他竭力向上级争取资金 1 亿余元改善交通设施，完成了上麦至盘龙公路改扩建、三屯至蚂蟥井段环湖路油路铺设、农村公路"组组通"建设、平桥危桥改建及两座便民码头建设，昔日狭窄坡陡弯急的乡村小道成为致富的康庄大道。精品旅游四环、环湖路、金湖路、杨庄匝道等"百花大动脉"已陆续开工，四通八达的交通路网正在形成。

同时，大力实施农房风貌整治工程、道路整治工程、河道两侧景观提升、农民休闲文化广场、串户路建设、公共卫生厕所、农村生活污水处理工程、庭院整治改造、人居环境整治、村庄环境整治等项目，切实改善农村人居环境，提升老百姓生活品质，为乡村振兴奠定了坚实基础。

李力是一名优秀的战士，在事关人民利益的大事面前，讲原则、讲奉献，时刻在为全镇脱贫攻坚、富美乡村建设奔波着、操劳着。全镇建档立卡户已全部脱贫，"两不愁""3+1 保障"全面达标。全镇财政总收入从 2013 年的 0.56 亿元增加到了 2019 年的 2.4 亿元，农民人均纯收入从 2013 年的 9208 元上升到了 2019 年的 18904 元。相继获得"国家级生态乡镇""国家级卫生乡镇""全国文明乡镇""省级卫生乡镇""省级文明乡镇""省级五好基层党组织""全省脱贫攻坚先进党组织"等荣誉称号。

站在百花湖镇新的起点上，李力信心满满，坚信一定能够把得天独厚的生态优势与区位优势转变为人民美好生活的现实，持续迈向建成公平共享宜居宜游富美百花新征程。

李小京：牢记初心使命　尽展水利担当

罗甸县挂职干部

李小京自 2019 年 9 月 2 日到罗甸县挂职任罗甸县水务局党组成员、副局长以来，聚焦脱贫攻坚，围绕水务部门脱贫攻坚任务，全身心投入、尽心尽力、任劳任怨，充分发挥水利人坚守与担当的特有本质。

一．积极协助推进完成贵阳市重点帮扶项目的建设

2019 年 9 月，贵阳市委、市政府支持罗甸县 5000 万元用于边阳水厂建设，该水厂为罗甸县落实"农村饮水安全"工作的重点项目，时间紧、任务重，边阳水厂总投资 1.03 亿元，设计日供水 2.5 万吨，服务人口近 9 万人（一期 2 万吨、服务 7.5 万人），解决易地搬迁和农村人口 3.4 万人。李小京到罗甸之初，正值边阳水厂主体建设阶段，与罗甸县水务局主要领导、分管领导多次到边阳水厂施工现场指导建设，主动向项目单位提供支持和帮助，全局上下克服困难全力推进工作进度，于 2019 年 12 月竣工投入使用，目前水厂已正常运行供水，在省级评估过程中发挥了重要作用。

二、积极争取贵阳市水务局工作支持和帮助

罗甸县水务局脱贫攻坚任务重，在重点推进农村饮水安全工作的同时，还要同步开展河流、水库、污水处理厂建设、管理等水利业务核心工作，部分水利业务工作因资金短缺迟迟不能启动。李小京了解到局里存在的实际困难后主动到贵阳市水务局汇报争取工作支持，邀请到贵阳市水务管理局（两湖一库管理局）主要领导到罗甸县与罗甸水务局班子座谈，经沟通协商由贵阳市水务局下属技术单位免费帮助罗甸县水务局开展一些急需的业务工作。一是在脱贫攻坚省级摘帽评估前夕，由贵阳市水务局两湖一库环境监测站帮助罗甸县完成了83个"农村饮水安全"水源地查缺补漏水质监测任务，分析出具了1577个数据报告，为省级脱贫摘帽农村饮水安全专项评估发挥了重要作用。在工作开展过程中，贵阳市监测站积极配合安排专车、专人定时接样，李小京在指导罗甸水务局同志规范采样的同时，多次利用周末时间帮助送样、补样确保工作及时完成，此项工作为罗甸县水务局节约资金约10万元。二是罗甸县边阳水库、红屯水库、中暮水库等三个水库因缺少专项经费，三个水库大坝安全鉴定年限到期后迟迟不能启动开展新一轮的安全鉴定工作，贵阳市水务局安排贵阳市水勘院免费帮助罗甸县水务局开展三个水库大坝安全鉴定工作，在工作期间贵阳市水勘院的工作人员主动收集资料、踏勘现场，开展了三个水库勘测、大坝钻探、金属鉴定等系列工作，及时向罗甸县水务局提交了鉴定报告，为下一步大坝的安全评估和除险加固工作奠定了基础。此项工作为罗甸县水务局节约资金63万元。三是按照省、州河道划界工作要求，县级河道划界工作要在2019年12月30日前完成实施方案并启动划界工作，但因罗甸县未落实专项经费，工作迟迟未能启动。李小京在得知情况后，协调贵阳市水勘院帮助罗甸县水务局免费

编制完成了罗甸县河道划界实施方案，在省州督查前通过了县级批复实施和省、州备案。此项工作为罗甸县水务局节约资金约10万元。

三、积极投入到"脱贫攻坚"结队帮扶工作中

罗甸县水务局负责逢亭镇新光村、纳闹村、上隆村的结队帮扶工作，三个村涉及177户贫困户，全局干部职工每人包保5户家庭脱贫，长期有30%的工作人员驻村开展帮扶工作，主要工作任务是按照"一达标两不愁三保障"要求核查信息和按照"十必备"要求帮助贫困户补短板。李小京初到罗甸时和水务局的同志们就一道进驻行政村，吃住在村里，在进村核查过程中了解到村里和贫困户的实际困难，在与带队领导协商确定实际需求后，决定向贵阳社会资源募集物资，在发出求助信息后，共募集到800个塑料生态水杯、200余套电饭锅、电磁炉、床上用品和380套100L塑料垃圾桶，物资全部用于结队帮扶的村寨，为当地贫困户改善生活环境和提升生活质量起到了积极作用。

四、积极参与推进"农村饮水安全"工作

按照罗甸县水务局党组分工，李小京协助分管领导抓农村饮水安全项目建设验收、移交、后期管护等工作。在实际工作过程中，李小京积极投入到"农村饮水安全"的各项工作中，在"农村饮水安全"后期管护工作上建言献策，提出一些行之有效的管理措施。同时代表局多次参加县委组织的专项督查，帮助乡镇查找问题解决问题。一是按照省水利厅农村饮水安全管水员培训工作安排，李小京作为授课老师，深入到罗甸县各乡镇开展乡镇管理员和村级管水员的政策培训，在2020年5月30日前顺利完成了培训任务。在农村饮水安全工作推进过程中，李小京参加了多个行政村的现场核查、培训和验收，帮助

拟定管护培训、记录等多项基础模板资料，并结合实际推荐落实了"'农村饮水安全'运管责任岗"挂牌上岗等管理措施。二是在 2020 年 1 月省级脱贫摘帽评估期间牵头负责木引镇农村"饮水安全"的排查和整改，前后 20 多天深入农村一线，及时发现问题、及时现场解决，在摘帽评估期间没有出现问题。在国家抽检期间负责木引镇、逢亭镇饮水安全的排查。三是按照县政府和局工作安排代拟了《罗甸县2019 年农村饮水安全维修养护及公益性岗位补贴方案》，并印发实施；代表局参加县脱贫攻坚指挥部督导工作，分组负责全县"农村饮水安全"目标检查工作；参加县防汛抗旱及地质灾害工作督查，分组负责完成了边阳镇、逢亭镇、木引镇的督查工作。参加了全县饮用水卫生安全监测监管核查工作，分组负责对全县城市供水厂、饮用水源地、二次供水等进行核查和督促整改。

李小平："眼镜书生"的扶贫路

修文县龙场街道办王官村驻村干部

2020 年 4 月，在修文县龙场街道办举行的脱贫攻坚"冲刺 90 天　打赢歼灭战"行动部署暨集中约谈会上，沙溪村村主任窦开富挨着王官村党支部书记杜国荣坐着。两人都是任职多年的村干部了，互相比较熟络，自然而然地聊了起来。

"听说你们村驻村工作组引进的赤松茸丰收了，现在还有应季的没有？我也想买点。"

"还有还有，随时欢迎你到村里来采购。"69 岁的老支书杜国荣笑着回复道。

"好的，我也正想顺道去你们村看一看'眼镜书生'，可惜他在沙溪村待的时间太短了。"窦开富说。

两人对话中提到的"眼镜书生"，就是贵阳市财政局派驻王官村的驻村干部李小平。32 岁的李小平是仡佬族，研究生学历，2007 年 12 月入党。2018 年 3 月，被市委组织部选派到修文县龙场镇沙溪村担任驻村干部。2019 年 2 月，按组织安排，调整到龙场镇王官村。时间飞逝，一转眼两年有余，这位"眼镜书生"已锻炼成为扎根基层并深受村民喜爱的村干部。

一、问民需、解民难，把百姓冷暖放在心头

时间回到 2018 年 3 月 27 日，在沙溪村村委会举行的见面会上，当听到村委会主任窦开富介绍沙溪村受地形限制，基础设施薄弱，村里无力解决长期存在的人畜饮水安全问题，以及原村干部不作为、职务侵占等问题时，初来乍到的李小平一脸严肃。

安顿好后，李小平用两周时间走遍了整个沙溪村，面对群众期待而又怀疑的眼光，李小平心里涌起一个念头，"作为驻村干部来到这里，干就要干出名堂来。"

面对因原村干部不作为、乱作为、职务侵占等造成村民对村支两委不信任，村委工作难以开展的实际，李小平与工作组其他成员经过商量，决定以解决历史遗留问题为突破口凝聚人心，扭转村里工作难以开展的被动局面。

经了解，沙溪村四组 1981 年土地下户时林地权属争议问题多年未得到解决，村民朱某私自领取本该属于组集体的公益林补贴又使矛盾激化，致使上级部门的工作安排凡是涉及四组的，几乎没法落实。

为了解决这一问题，李小平多次到县档案局查询相关文件资料，

并到镇生态中心咨询相关政策，多次走访四组村民，了解民情民意，并协调镇相关部门负责人到四组召开现场会。

在这些前期工作的基础上，李小平协调召开会议专题研究解决林权纠纷问题，在追回朱某侵占款项的同时，圆满解决了四组存在了30多年的林权争议纠纷，为村集体经济产权制度改革扫除了一大障碍。通过这件事，也使四组村民完成了从以前对村支两委不信任、对村工作不配合到后来积极支持、主动想办法提建议的转变。

人心慢慢聚齐了，但地形约束的硬条件难以改变。李小平通过走访，发现制约沙溪村发展的"肠梗阻"重点在于人畜饮水困难。经调查，沙溪村人畜用水需求量大，但受环境制约，全村饮用水资源十分匮乏。其中，四组因地势陡峭（组土地坡度大部分高于25度），被人形象地称为"中半坡"，饮水问题更是长期困扰该组村民的一块心病。该组村民平时靠坡上挖沟浸水、人工挑水，水量极不稳定，水质也不安全。遇到伏旱、农忙、冬季时，村民就只能用摩托车去远处拉水。

为解决村民饮水困难的问题，李小平一边组织村民积极寻找水源点取水化验，在伏旱季节协调水车拉水解决村民的燃眉之急，一边前往派出单位贵阳市财政局汇报，提方案、跑资金，寻求支持。对此，市财政局高度重视，第一时间拨付25万元用于打深井、修建高位水池、铺设管道等，通过全村党员干部群众的共同努力，清澈的井水终于流到村民家中，四组至此也告别了饮水难的窘境。

二、强支部、增活力，把组织建设抓在手中

2019年2月，在组织安排下，李小平转驻王官村。到任之前，李小平就听说作为"后进村"的王官村情况很"复杂"，由于当初选

举过程不畅未能选出村委班子，在群众中产生十分不好的影响，组织机构不健全使得村里的工作开展更显被动，上级部门分派工作任务时，谁都不愿意接手前往王官村。

"火车跑得快，全靠车头带。"针对王官村党员结构不合理、模范作用未发挥等情况，李小平与驻村工作组其他成员一道，逐一与村支两委成员、群众代表谈心交心，把思想谈开、把问题谈透、把对策谈好。

走访中，李小平与103岁高龄的马继珍等老党员进行深入交谈，详细了解王官村村支两委存在的问题。通过定期开展组织生活，加强全村党员干部群众之间的沟通与信任，为"后进"变"后劲"打好基础。

经过教育培训和组织活动的开展，王官村党员的服务意识提高了、奉献精神增强了、支部凝聚力显著提升了。2020年2月，面对突如其来的新冠肺炎疫情，王官村没有一个党员退缩，把投身疫情防控第一线作为践行初心使命、体现责任担当的试金石和磨刀石，让党旗在防控疫情斗争第一线高高飘扬。

"看到驻村干部、村里的党员一直坚守在疫情防控一线，我们心里感到特别踏实，也坚信一定能打赢这场没有硝烟的战争。"王官村一组贫困户张富军的这番话代表了全村人的心声。

三、理思路、谋发展，把提振产业扛在肩上

"'眼镜书生'，快进来坐。放心吧，我们不但要把'母鸡'养好，还要让它孵出漂亮的仔。"六组贫困户陈贤松放下正在仔细研读的金香蜜瓜栽培手册，对前来走访的李小平说道。陈贤松嘴里所说的"母鸡"，实际上是李小平向派出单位贵阳市财政局汇报后，市财政局下拨的支持王官村发展壮大集体经济的20万元补助资金。

　　王官村地处白修线边上，有一定规模的连片土地，但大多数年轻人外出务工。怎么改变以传统农业种植为主，无其他产业支撑的局面？哪种经济作物更适应王官村的土壤、气候等环境条件，同时具备较高经济效益？李小平对王官村虽然拥有交通便利等良好资源，但却贻误大好发展机会的状况十分揪心。

　　说干就干，李小平带领驻村工作组马不停蹄地到省农科院咨询可行项目，盛情邀请省农科院的专家到村里考察土壤属性等情况；带领村干部赴惠水县好花红镇实地考察果蔬种植成功案例，梳理出金香蜜瓜种植、赤松茸种植两个有潜质、可操作的项目。

　　为了真正让村民看到实惠，吸引村民主动回乡发展种植，李小平与驻村工作组成员一起给王官村村支两委的干部做工作，希望大家先搞出一份试验田来。最终老支书杜国荣主动拿出自家的田地，曾从事矿产生意的科技副主任陈卫东拿出相应资金，踏实肯干的贫困户陈贤松跟着省农科院专家全程学习种植栽培技术，试验田很快就热火朝天搞起来。

　　如今，金香蜜瓜和赤松茸两个项目都有了收获，金香蜜瓜成果口感香甜酥脆，赤松茸的各项指标也符合前期预期。在工作组的协调下，很快，陈贤松又流转到 26 亩地种植赤松茸。闲下来，陈贤松算了一笔账，一天平均出菇约 800 斤左右，每斤按 10 元毛利润算，一天的进账就是 8000 元左右。

　　项目找准了，技术掌握了，如何发挥村支两委的作用，带动更多的贫困户增收致富呢？李小平和工作组其他成员一起创新发展思路，决定由村里牵头成立产业合作社，陈贤松作为技术负责人，村民利用自家土地入股、务工等多种方式加入合作社，提高资源利用效益，以产业发展带动就业，让村集体经济"活水长流"，让村民可持续增收，真正实现脱贫有道、致富有路。

"巧妇难为无米之炊"，想法虽好，但近年来王官村集体经济发展不如人意，启动资金成为难题。李小平把这一情况向派出单位市财政局做了详细汇报，单位领导高度重视，相关处室迅速行动，第一时间按流程组织下拨资金，王官村发展壮大村集体经济的计划有了着落。如今，用于壮大村集体经济的20亩大棚已经建好，金香蜜瓜也在紧密旗鼓地育苗中。

众人一心，黄土成金。经过两年多的驻村历练，李小平有了这样的感悟：加强党的领导，坚持人民至上，依靠派出单位的鼎力扶持，发挥驻村工作组改革创新精神，王官村基层党组织的凝聚力和战斗力会更加强大，王官村的未来会越来越红火。

李旭：用爱做教育　用心抓帮扶

贵阳市民族中学行政党支部书记、党政办副主任

为认真贯彻落实党的十九大、贵州省委十二届三次全体会议关于大扶贫工作的有关精神，以及贵州省委省政府领导在《长顺县委县政府关于恳请进一步加大对我县教育帮扶工作力度的请示》上的批示意见，贵阳市教育局党委召开局党委专题会研究此项工作，并成立帮扶工作专班，明确由贵阳市民族中学和贵阳市第六中学牵头，贵阳市第三实验中学、贵阳市教科所参与，全面开展对长顺县民族高级中学的帮扶工作。

时任贵阳市民族中学行政党支部书记的李旭，便是此次帮扶工作组的成员之一。在接到抽调参加长顺县教育帮扶工作的通知后，2018年8月17日，李旭按照长顺县委重点帮

扶高中教育的要求，正式入驻长顺县开展为期3年的帮扶工作。

近两年来，他以学校为家，与师生为伴，从狠抓常规管理、严格校风校纪、帮扶在校贫困生、开展互派互学等多方面，书写了教育扶贫干部的精彩年华。也正是因此，李旭于2019年7月，被省委授予"全省脱贫攻坚优秀共产党员"称号。

一、狠抓常规管理，改善校园环境

2018年8月17日，李旭随同驻点工作组入驻长顺县民族高级中学，开启了他为期3年的帮扶工作，结合前期情况对长顺民族高级中学全方位摸底调研。

8月20日当天，李旭参与了学校校长办公会，以及中层以上干部大会，和工作组一道确定了近期、中期以及远期的帮扶目标，即近期1至2个月内，要让师生面貌有较大改观；2019年让在校生高考成绩有明显提升；3年内帮扶长顺民族高级中学提质升类（由省级三类示范性高中升至省级二类示范性高中）。

要实现这三个目标，首先必须先从最基本的学生行为习惯入手。为了改善当时校园内"脏、乱、差"的现状，李旭随同驻点工作组成员一同以身作则，每天清晨6点准时起床，6点30分开始对食堂、宿舍、教学楼以及办公室等处展开巡查。一边巡查，李旭还一边用手机记录下巡查的结果，例如食堂卫生情况如何、学生是否按时起床、教师是否按时到岗等，一圈走下来至少要花费2个小时。

期间，每当发现有校园垃圾，李旭都会亲自拾取，一天、两天、三天……在李旭的坚持下，他逐渐拉近了与师生们的距离。面对李旭的行为示范，不少学生看在眼中，甚至也开始主动充当起"清洁工"，见到垃圾会亲自前去清理，渐渐地随意丢弃垃圾的行为少了，校园环境得到了明显改善。随着校园环境的好转，以及教师们的有效引导，不少学生起床后开始重拾书本，漫步在校园操场各处晨读，学习氛围逐渐浓烈起来。

与此同时，李旭还会同工作组的其他成员，指导学校出台或修订了《学生违纪处罚条例补充规定》《德育教育负面清单》《学生宿舍管理负面清单》，并制作了《中学生行为规范手册》（每生一册），成立了学校"联合整治工作组"，将校领导、德育处、安全处、年级部的力量统筹整合，分块包干，全面整治课堂纪律、环境卫生、手机使用等违规违纪现象。据统计，仅 2018 年秋季学期，学校就处理违纪学生 157 人，其中留校察看 146 人次（均因违规使用手机和吸烟），记过处分 9 人，勒令退学 2 人（两次吸烟或使用手机），全面扭转了学校的学习风气。

二、走访贫困学生，开展"一对一"帮扶

帮扶期间，李旭发现在长顺县民族高级中学内，有一部分学生的家庭相当贫困，为了能尽可能帮助到这些孩子，李旭随同驻点帮扶工作组，组织长顺县民族高级中学的党员干部教师，利用寒暑假等假期时间，对这些学生开展了多次家访。李旭回忆说，在他走访的多名学生中，一位柏姓少年让他记忆最为深刻。小柏家住长顺县茅山村比牙组，自幼丧父，母亲离家出走多年未归，家徒四壁的小柏平时就与 80 岁的奶奶相依为命。明确情况后，李旭不仅自掏腰包现场对小柏一家进行了资助，同时还帮其联系到一位爱心人士对其进行长期资助。此事，很快在周边传开，就在包括学校在内的很多爱心人士，准备为小柏再次进行资助时，小柏却表示，他获得的资助已经足够他生活和读书所用，同时他已将之前多出的资助上交给了班主任，希望通

过老师将这笔钱用于更多需要帮助的贫困同学身上。在李旭等老师和社会各界爱心人士的帮扶下，小柏也不负众望，于2019年考入黑龙江师范大学，圆了他的大学梦。

据了解，自李旭等驻点帮扶工作组入驻以来，长顺县民族高级中学的教师们便陆续加入到了这项工作中，走进学生家庭，宣传学校，帮助学生。时隔近2年的时间，如今，走进贫困学生家庭，通过"一对一"或"多对一"的方式去帮助贫困学生，已成为当地教师们的一种常态。

三、组织互派互学，提升专业能力

除了学生以外，教师队伍的管理与建设对于一个学校的发展来说也很重要。为此，自驻点工作组入驻长顺县民族高级中学以来，李旭等工作组成员便陆续组织长顺县民族高级中学的285名教师，分别到贵阳市第六中学、贵阳市第三实验中学，以及贵阳市民族中学进行"教师交流、教学共研"的跟岗培训。

与日常培训不同的是，此类跟岗培训目标明确，除了学习如何准备教材、备课外，参与培训的教师，还要面向各个教育专家评委开展一次公开课，并接受众人的点评，要求对于教师存在的不足之处要及时弥补。

为了进一步增加长顺县民族高级中学教师的学习机会，提升师资队伍的软实力，李旭等工作组成员还组织贵阳市第六中学和贵阳市民族中学，派出高考九个学科教研组长来到长顺县民族高级中学，组织开展了多次教研活动。据统计，仅2018年8月至2019年6月底，长顺县民族高级中学共计开展了教学视导、联合教研、培训讲座等活动100余次。

一边是学生行为习惯和学习风气的改善，一边是教师队伍的强化，最终在 2019 年的高考，长顺县民族高级中学实现了"两个突破、两个翻番"，即一本上线人数突破 200 人，达到 207 人，比 2018 年 107 人翻了一番；二本上线人数突破千人，达到 1023 人，比 2018 年 544 人翻了一番，至此帮扶长顺县民族高级中学的中期目标如期完成。

四、确保学生疫情期间"停课不停学"

帮助长顺县民族高级中学在 3 年内升级为省级二类示范性高中，是李旭所在驻点工作组开展此次帮扶的长期目标，就在众人为此努力之时，新冠肺炎疫情来袭，升类工作不得不暂缓。在李旭等人看来，眼下的工作重点，应该是如何做好防疫工作，确保学生读书不延误。为此，李旭放弃休假，并于 2020 年 2 月 1 日当天从贵阳返回长顺，与长顺县教育局、学校领导班子一起，商议疫情期间如何开展学生停课不停学的问题。期间，李旭等驻点帮扶工作组成员，会同当地教育局，组织长顺县民族高级中学的教师摸排了学生家庭收看"空中黔课"存在的困难情况，同时带领党员教师把学习资料送到学生家中，最终在长顺县广电中心等单位的大力协助下，长顺县民族高级中学全体学生均按时参加了疫情期间线上学习，实现了停课不停学目标。在此期间，李旭还组织各学科骨干教师走进学生家庭开展辅导督查，对学生收看"空中黔课"情况进行日统计，以及每日检查学生学习练习等，在抓好线上教学的同时，李旭还积极协调相关部门，指导学校做好校园疫情防控工作。一是组织采购防疫物资；二是对校园进行全面消杀；三是按照教育、卫生防疫部门关于防疫工作的相关要求，指导抓好高三学生复课准备工作，确保后期学生们能顺利返校复课。

点滴之中见成效，在李旭所在驻点工作组的帮扶下，长顺县县域基础教育的教育教学水平逐步得以提升，特别是高中教育质量得到了明显提升，此举也得到了长顺县人民的初步认可，并为李旭等 3 名驻点帮扶同志，授予了"长顺英才"的荣誉称号。同时，李旭于 2019 年 7 月，被省委授予"全省脱贫攻坚优秀共产党员"称号。

李亦然：用心用情显初心　真帮实扶践使命

花溪区派驻望谟县边饶镇工作组组长

边饶镇位于望谟县西北角，镇政府所在地坎边村距望谟县城 59 公里。全镇辖 12 个行政村，97 个村民组，5240 户 25706 人。边饶居住着布依、汉、苗等民族，少数民族人口占总人口的 96%。其中贫困村 8 个，贫困村当中深度贫困村 5 个，全镇建档立卡贫困户人口 2371 户 10676 人。截至 2018 年底，全镇共计脱贫 1506 户 7194 人，未脱贫 865 户 3482 人，贫困发生率 13.55%。

根据省、市的统一部署，花溪区作为边饶镇的对口帮扶单位，区委、区政府按照省委"尽锐出战"的要求，经过慎重研究，选派时任区工商联主席的李亦然为组长，相关部门精兵强将为组员的花溪区派驻望谟县边饶镇工作组赴边饶镇开展帮扶工作。按《花溪区 2019 年对外帮扶望谟县边饶镇工作方案》总目标要求，花溪区需助力边饶镇脱贫出列 1500 人。

接受工作任务后，李亦然对区委、区政府把如此重担交付给一位民主党派的干部，既感到兴奋和激动，也感到肩上的压力。2019 年 4 月 23 日，区委、区政府领导带领工作组成员驱车近 4 个小时奔赴边饶镇，与望谟县委、县政府和边饶镇党委、政府进行工作对接，了解边饶镇脱贫攻坚工作的基本情况以及2018年花溪区支援边饶镇150万元实施种养殖、道路硬化和农户房屋修葺等4个帮扶项目的实施情况。

在掌握边饶镇基本情况后，工作组于5月15日正式进驻边饶镇。李亦然带领组员与边饶镇党委、政府领导班子成员深入12个行政村和边远村寨，采取进村入户走访、与村组干部座谈等形式，了解边饶镇农业生产、产业发展和村民生活情况。

在看到近年来虽然边饶镇交通基础设施和农户居住条件得到改善，但地处山区生产生活环境还比较恶劣，农户基本从事传统种植业，产量不高收入低的状况后，李亦然与镇党委、政府商议，建议通过产业结构调整来增加农民收入。他找到贵州省扶贫龙头企业——贵州力合农业科技有限公司董事长王开猛，把帮扶边饶镇发展农业产业的情况说明后，得到该公司的支持。力合公司组织专家专程到边饶镇对当地的地理环境、气候条件和土壤土质进行考察，对适宜当地发展种植业的品种提出建议。区委组织部也专门举办了边饶镇"乡村振兴战略专题培训班"培训工作（主要人员为边饶镇各村支书、主任）。工作组还组织该班一行17余人利用空余时间到贵州力合农业科技有限公司进行实地考察。通过考察，在提高各考察组成员对农业产业结构调整的认识的同时，为下一步争取力合公司进驻边饶镇进行产业带动搭建了合作的桥梁。

工作组还积极协调区相关部门开展对口帮扶工作。区人社局完成对边饶镇20人挖机技能培训工作。以贫困户创业转型培训为重点，通过开展挖机培训，多渠道、多层次、多形式地提高贫困户素质和转移就业能力，促进贫困户成功转型，促进贫困户增收和农村经济快速发展，目前参加培训的20名贫困村民已拿到《挖掘机操作证》；区卫生健康局、区人民医院支持边饶镇卫生健康事业发展，在加强卫生院提升医疗技术水平、规范化建设的同时，筹措资金 8 万余元帮助打造标准化村卫生室，并赠送 1 万元的医疗设备，现卫生室相关建设、设施设备改造完成。花溪医院先后两次组织相关医务人员赴边饶，开展医疗指导和义诊活动，免费义诊 100 余人次，开展健康筛查 50 余人次，宫颈癌筛查 60 余人次，发放各种健康资料 200 余份，发放常用药品 20 余种，对边饶镇中心卫生院的 60 名医务人员进行专业知识培训；区供销合作社根据边饶实际情况引导农民发展特色产业，促进城乡之间的流通，将农业技术进行推广。同时，针对边饶镇农产品时有"卖难"的情况，供销合作社积极畅通农产品流通渠道、利用"马车帮""平价摊位"等手段提高流通效率、增加贫困户收入。2019 年，岜便村豇豆滞销，工作组及时与区供销社对接，为该村解决了 3000余斤豇豆销路难题。

工作组在与边饶镇党委、政府协调落实 2018 年花溪区帮扶的150 万元项目资金落实的同时，认真统筹 2019 年花溪 200 万元帮扶资金的立项启动，用于被山洪水冲击垮塌的拉稍村断桥修复项目，该项目直接涉及 394 户 1884 人（贫困户 119 户 448 人）生产生活，又是边饶通向紫云和贵阳最便捷的通道。

边饶镇地处山区，村寨边远，到村寨不仅要爬坡上坎，还要蹚水过河。到边饶开展扶贫工作一个多月，李亦然发觉左脚踝开始疼痛，他认为走路多了脚疼也是正常的，没当一回事，仍然和大家一起走村寨、访农户、跑项目。脚踝越来越肿痛，工作组和镇里的同志让他去医院检查一下，他说可能是痛风，缓缓就好了。在过后的一个月，他都忍着疼痛坚持工作，到 2019 年 7 月中旬，因为疼痛难忍，走路都困难，他从边饶回来才到花溪医院骨科做了检查。检查结果出来后，医生告知他是左踝距骨坏死，须做手术治疗，治疗期间不能行走。李亦然当时想到脱贫攻坚时间紧、任务重，工作组的任务还没完成，心里十分着急。工作组的同志安慰他，让他安心休养，工作他们去做。李亦然很矛盾，扶贫工作是一项政治任务，不能因为个人的原因有半点耽搁和延误，但自己的工作任务还没有完成。经过反复考虑，他从利于工作出发，主动向区委汇报了病情，提出辞去工作组组长，区委同意了他的请求。

由于工作组前期工作扎实，为后期的帮扶工作打下良好的基础，所有帮扶项目都在有序实施。经过工作组和边饶镇党委、政府的共同努力，截至 2019 年 11 月，边饶镇已出列贫困户 786 户 3323 人，完全涵盖帮扶脱贫任务。

刘世英：情系桑梓促脱贫　抗击疫情冲在前

息烽县西山镇联合村党支部书记

刘世英是土生土长的联合村人，从小家境艰难、生活困苦，饱尝贫穷滋味。2016 年刘世英高票当选为联合村党支部书记，面对"人无三分银"的村民，她立誓要改变这种局面。三年多以来，她始终坚守初心使命，无论是脱贫攻坚战还是疫情阻击战，她始终冲锋在前，用红梅般的品格谱写出一曲曲守护与开拓的赞歌。她曾被中共贵阳市委员会评为全市扶贫攻坚优秀党务工作者，获 2020 年贵州省劳动模范推荐人选。

联合村位于息烽县西山镇西面，距镇政府 16 公里，由于村内自然条件恶劣，村民发展意识落后，基础设施建设欠账多等，严重制约了村内经济社会的发展。"三多一少"现象一度非常突出，荒山荒土林地多，老人病残光棍多（应婚未婚男性达 51 人），劳动力外出务工多，经济收入少。"2016 年之前，联合村是没有公路的，那时候，背 50 斤苞谷去赶场要走几个小时的毛路，穷得没办法，外村的姑娘都不愿嫁过来……"村集体人心涣散，村党支部长期贴着"软弱涣散党支部"的标签。联合村基础农业自然条件恶劣，贫困面大，基础设施落后，村民发展意识落后，严重制约了村的发展。

一、瞄准靶心、精准施策，突出党建引领扶贫

她情系桑梓、勇挑重担，大力夯实组织基础。刘世英深知"火车跑得快，全靠车头带"这个道理，2016 年，初任村支部书记职务，面对村级班子软弱涣散、党组织战斗力不强的问题和村民脱贫致富的殷切期望，没有留给她丝毫犹豫的时间和机会，稍做思考，她便首先在抓班子、带队伍上下功夫，组织支委班子制定了理论学习、主题党日活动、民主议事等一系列规章制度，坚持理论学习常态化、事务决策民主化、党务村务透明化，覆盖全村党员 25 名，成立 3 个不同功能型的党小组，形成了合力，树起了班子形象，赢得了群众信任，凝聚了发展共识，为全村脱贫致富奠定了坚实的组织基础。在之后几年的工作中，她始终把村党组织建设作为扶贫攻坚的首要任务和第一责任，不断加强基层组织建设，瞄准扶贫"靶心"，精准施策、精准发力，及时将帮扶任务明确到村支两委班子。成立了由驻村第一书记任组长，村党支部书记、村委会主任任副组长，驻村干部、村班子成员和村支两委委员为成员的联合村扶贫攻坚领导小组，以逐个项目落实到人，全力推进联合村的扶贫攻坚工作，为全村扶贫攻坚工作提供了坚强的组织保证，充分发挥了党组织的战斗堡垒作用和党员的先锋模范作用。

二、因地制宜、突出特色，推进"小康建设"

她因地制宜、突出特色，着力推进基础建设。结合脱贫攻坚的工作具体措施，制定了联合村系列"小康建设"计划。一是协调完成联合村全村组的电力改造，让全村用上"小康电"。二是协调通信线路、基站升级改造和建设，整村推进"小康讯"建设工程。三是协调完成水利工程，建设农用水池 30 个，使全村 327 户 1102 人用上了"小康水"，彻底结束了祖祖辈辈吃望天水的历史。四是实施完成"组组通"公路 6 条长 8.6 公里，机耕道 9.9 公里，进户路 4.150 公里，排洪沟渠 4000 米，边沟 1135 米，公路后方挡墙 216 方，让全村走上了"小康路"。五是组织专门力量，深入核查危房情况，投入 63.91 万元实施危房改造，让全村群众住上了"小康房"。

通过完成"小康电""小康讯""小康水""小康路""小康房"五大工程，打通了联合村至该县九庄镇、石硐镇、青山苗族乡的便捷通道，生产生活条件得到根本改变。村支两委的工作逐步得到群众的认可和支持。

三、抢抓机遇、借力发展，壮大集体经济

刘世英抢抓机遇、借力发展，聚力壮大集体经济。一是大力发展精品果园。由息烽云帆现代农业有限公司经营的 505 亩精品水果示范园 2018 年初开始挂果，投入扶贫资金 390.125 万元。果园带动农户 84 户 294 人，其中贫困户 4 户 7 人，2018 年发放土地流转费 194033 元，务工工资约 60 万元。2019 年葡萄预计产量 10 万斤，桃子 30 万斤；引进顺联鑫种植有限公司在联合村种植脆红李 1565.49 亩，涉及农户 262 户 1090 人，发放土地流转费 549323 元，务工工资 25 万元。二是持续推进养兔产业。刘世英充分利用乡贤能人蒋家国的技术扶持，

采取技术入股的方式将其留在联合村，带领党员、村干部带头自己筹资金于 2017 年 3 月开始养殖肉兔，至今实现销售金额 20 余万元，带动农户务工 5 户 12 人。2017 年贫困户分红资金 3000 元，村集体创收 2000 元，2018 年分红资金 14400 元。目前正在改扩建养殖场，完工后计划以"公司＋合作社＋农户"的方式带动群众发展。

产业发展起来，群众得到实惠，群众对村干部的看法也发生了变化。"以前没人关心村里领导是谁，不管谁上谁下，联合村照样穷。"村民黄连书说出了此前村民对村支两委的看法，"现在情况好得太多了，路修通了，水果运得出去，客人进来了，给我们创造了相当好的发展条件，村里号召做什么，大家都支持。"

四、抗击疫情，冲锋在前，坚持"两线作战"

2020 年春节，正值决战决胜脱贫攻坚的关键时刻，一场突如其来的新冠肺炎疫情打破了欢乐祥和的节日气氛，刘世英原本准备借春节外出人员返乡过节之机，与大家一道共同谋划决战决胜脱贫攻坚的好思路好办法，但在此时此刻，只有冲锋在前，带领党员和村组干部开展好疫情防控工作，在首先确保群众的生命安全的前提下，才能稳扎稳打地拖动脱贫攻坚的各项工作举措落地落实。于是，在党委、政府的领导下，刘世英带领党员队伍、志愿者队伍对本村外出返乡人员，重点是湖北、武汉返乡人员"地毯式"逐户走访、全面排查，认真询问基本信息并登记在册，排查出外出返乡人员 16 人，其中武汉返回 2 人。主动为居家整户隔离的湖北返乡人员及密切接触亲属代买药品、蔬菜等生活物资，在保证隔离群众生活质量的同时拉近了距离，同时通过微信随时了解他们的思想情况，鼓励他们乐观向上地度过观察期，极大地缓解了隔离者及其家属的紧张情绪。

面对疫情汹汹来势，宣传工作刻不容缓，村内没有流动宣传车，就动员家人在私家车上装上喇叭，在村内流动宣传疫情防控知识；在这个不同寻常的春节，口罩是最稀缺的"年货"，每次从镇里领的配发的口罩，首先要分发给共同奋斗在一线的同志和最需要的村民，有时候口罩缺少，就把新的分配给他人用，自己则用旧的；防控卡点缺少物资，就从家中拿来补，她总说："只要家里有的，就是村子疫情防控阵地的弹药库"；在那紧张繁忙的40来天里，刘世英和她的党员、村民战友们，发扬不怕困难、连续作战的精神，带头走访入户，带头在村值班，带头在卡点值宿，带领村班子和党员先锋服务队站在防控疫情最前沿，让党旗在防控疫情一线高高飘扬。也正是这样的精神，让全村村民深深感受到了党的温暖和力量，在后来的"两线作战"中，表现更加积极，顺利将疫情耽误的时间抢了回来，大家坚信，决战决胜脱贫攻坚，联合村不会掉队！

五、百尺竿头、行稳致远，打造美丽家园

在刘世英的带领下，4年来，联合村拆除了"软弱涣散党支部"的牌子，摘除了特别困难村的帽子，一改土地撂荒、无人耕种的景象，"组组通"、产业旺、经济迅速发展、基础设施建设有了质的提升，村容村貌有了质的飞跃，群众幸福指数极大提高。现在的联合村正在逐步褪去以往闭塞、村民贫穷、无经济收入、思想落后的面貌。在这片充满希望的土地上，刘世英用她的真心、真情努力工作，与全体村民一起共建幸福、美丽家园。

她始终坚信，艰难困苦、玉汝于成，于困难处，最见巾帼红。无论是抗击疫情还是脱贫攻坚，她始终做听从号令的模范、勇担责任的模范、恪尽职守的模范、凝心聚力的模范，用实际行动践行"一名党员就是一面旗帜"的格言。

刘旭东：两场硬仗中展现党员风采

卫城镇党委副书记、公告村驻村第一书记

"一名党员就是一面旗子，我深刻明白我的一举一动都会直接或间接，部分或全部地影响村干部与村民的干事创业激情。"刘旭东是卫城镇党委副书记、公告村驻村第一书记，自 2018 年 3 月到任以来，刘旭东为帮助这个国家级贫困村如期打赢脱贫攻坚战付出了全部力量，将党的旗帜深深插在了脱贫攻坚的一线。

一、将党员旗帜插到疫情防控一线

2018 年 3 月，刘旭东受组织选派到清镇市卫城镇公告村开展驻村帮扶工作，任驻村第一书记，挂任卫城镇党委副书记，主要分管脱贫攻坚及驻村帮扶工作。

到岗后，刘旭东牢记初心不忘使命，全心全意为贫困村谋变化、谋发展，时刻用党员的标准严格衡量、约束自己，不断加强党性修养，不断提高综合素质和潜力，用自己的爱心与辛苦工作让贫困户、边缘户和困难群众感受党的温暖，用自身的言行感召党员、干部、村民们，让"党员"这一称号在自己身上闪耀发光温暖百姓。

群众大会、小组会 30 余次，深入农户家中走访群众宣传党和国家强农富农惠农政策 150 余次；用自己购买的车载喇叭设备宣传疫情防控、春耕生产、森林防火等不计其数。在驻村的两年多里，刘旭东总是以"与人为善"关心、爱护每一位党员、干部，自己始终用心主动，不计得失，引导村民自力更生，艰苦奋斗，用自己的辛勤劳动实

现脱贫致富，围绕打好脱贫攻坚战，实施乡村振兴战略开展工作。

2020年春节前夕，刘旭东在因病住院手术后第二天就主动要求出院，回到岗位上，开展节前的检查工作。1月26日农历大年初二，疫情开始后，刘旭东又放弃了春节假期在家休养的机会，扛起了疫情防控政治责任。

组织成立疫情防控党员临时党支部，统筹发挥疫情防控的指挥和调度工作；组建疫情防控志愿服务队、公告村疫情防控爱心代购物资小分队和定点入户宣传排查小分队、3个志愿服务小分队，围绕疫情防控的方方面面开展工作；安排驻村队、村支两委人员与村民志愿者在全村关键出入口设置3个疫情防控检测卡点，实行24小时值守；每天通过电话收集村民需求，帮助他们集中采购生活物资品并配送到各家门。拖着还没有完全恢复的身体，刘旭东忙得马不停蹄。在疫情期间，刘旭东每天对全村人员进行摸底调查，做到精确到人、不留空白、不留盲点，为村民累计代购物资千余件，确保村民在生活上有保障在家待得住，同时还入户走访了1000余人次，逐步提高村民对新型冠状病毒的认识和增强自我防控意识，有效地形成群众支持群众参与共同抗疫情的态势。此外，防控期间向公告村临时党支部捐款1000元用于村防控开支，并积极响应党组织号召交出特殊党费1000元支援武汉疫情防控。

疫情过后，刘旭东还积极谋划复工复产工作帮助贫困村厘清发展思路、制定发展措施，促进村的"三变"改革，经过充分调研、讨论、考察学习，驻村工作组结合公告村村情民意对拟定了《公告村脱贫攻坚·富美乡村五年行动计划》进行修改并逐项抓落实，为公告村的发展明确了方向，还帮助"村社合一"合作社厘清经营发展思路，深入做好产销对接工作，积极协调资金由贵阳市公安局出资10万元在疫情期间建成肉兔繁殖养殖示范场一个。

二、党建引领激发脱贫攻坚新动力

为强化基层党建工作，刘旭东以创新型党组织创建为主线，创建了党建＋服务·发展的"双＋"行动，为当地的发展夯实了思想基础。

扶贫先扶志。为夯实基层党组织基础，激发当地贫困群众的内在动力，刘旭东帮助党支部做好并坚持"三会一课"制度，每月认真开展"主题党日"活动，在抓好脱贫攻坚专项治理整改工作的同时，做好困难群众的思想发动。

"产业发展慢、基础设施差等是公告村最集中和突出的矛盾。"刘旭东说，为解决问题，他们组织了 30 余次的群众会议小组会、院坝会和合作社股东会，与村支两委、群众一起商讨解决办法，还带领驻村队、村支两委成员和部分村民外出广州、佛山等地考察产业代理事宜和学习先进经验。带领村体合作社理事成员及部分村委人员到清镇、花溪等地企业参观学习转变观念提升经营能力。"考察学习使他们感受到差别，同时也增加了见识产生以合作社为抓手带领百姓脱贫致富的经营思想。"找到差距，村委会通过共同深入分析，迅速找准了富美乡村定位，拟定了产业发展规划。"经过实地调研，我们围绕乡村振兴五句话 20 个字形成《贫困村如何壮大村集体经济》调研报告。"刘旭东说，此后，村支两委及卫城镇驻村工作组围绕结合调研结果与落实贵阳市副市长、公安局局长提出的"四个紧盯、两个提升"上下功夫，聚焦问题，凝心聚力。

围绕"一达标两不愁三保障"脱贫目标，公告村按时完成了现有贫困户"清零"工作；在两率一度方面，通过协调清镇市、卫城镇扶贫、村建、社保、民政、水利等职能站所到公告村实地调研，实现了公告村脱贫攻坚一户一策及边缘户帮扶措施细化落实；在产业革命方面，结合清镇市、卫城镇元宝枫产业发展布局，公告村争取到了元宝枫种植项目的落户；在"两个5个专项治理行动"方面，公告村积极协调与相关职能部门，对公告村五年行动计划所列项目进行多次研究论证，并纳入了扶贫办项目库。

在多方合力攻坚的推动下，公告村走上了发展的快车道。如今，村合作社的自主经营开展获得了小微企业资金9.5万元，获得省壮大村集体经济资金100万元，获得了市扶贫办帮扶资金38万元。如今，当地村民种植果树已有860亩，解决了村民400余人次务工；种兔养殖基地也正向年产近万只兔子的养殖场迈进；公告村电商服务站，还获得了清镇市商务局授予的"优秀电商综合服务站"称号。公告村顺利走上了一村一品一条农旅一体化的休闲农业之路。

此外，公告村党支部在刘旭东的带领下，还为村民办理实事百余件：完成了组组通、机耕道道路建设；解决了全村人畜饮水安全提升改造工程和太阳能路灯安装；建成文体小广场；启动村级党群综合服务中心建设、串户路、干村整治百村示范等项目；对建档立卡贫困户、边缘户实施精准识别，制定帮扶计划，确保每户有帮扶责任人，为张海云户解决了无房居住问题；为李国财户解决跑风漏雨、改厕、鸡兔养殖等生产生活所遇困难；为李光弟户解决就业、医疗救助、环境整治等生活所遇困难，为朗文珍户解决生猪销售、医疗救助、黄豆收割等生产生活所遇困难；对孙汝银户就业及生活所遇困难给予救助等帮助；村民吴道样家中两个小孩误食食物中毒，刘旭东还个人资助1000元抢救两个孩子；为李光弟、朗文珍等争取到了扶贫资金；组织贫困户、边缘户参加就业培训15人，并为边缘户争取到低保金每人每月300元的政策补助缓解其生活压力；协调、宣传、帮助在村人员缴纳医保费；帮助解决6名在村的大中小学生在家无条件上网课的实际困难；协调爱心人士向公告村儿童捐赠玩具、文具等用品；解决农村客运班车线路进村，方便村民出行及学生上学读书并对在2019年下学期本村乘坐客运班车上学学生 16 名给予 5 个月交通补贴共计 0.8 万元；联系 3 名爱心人士分别资助 2 名大学生、1 名高中生上学。

一点一滴总关情。因为成绩显著，2019 年 7 月，公告村党支部被授予了卫城镇公告村党支部"全市扶贫攻坚先进党组织"称号；刘旭东则被授予了"贵阳市扶贫攻坚优秀共产党员"称号、清镇市扶贫攻坚优秀党务工作者和"卫城镇 2019 年五佳优秀领导干部"称号。

"作为镇党委副书记、公告村驻村第一书记的我，不可避免地要与经济事务发生关系，自觉树立和强化廉洁意识，筑牢防线防微杜渐，做到政治坚定、思想清醒、工作努力，对党、国家、人民无限忠诚，时刻保持思想上的纯洁和先进，杜绝不正之风的发生。"工作中，刘旭东也始终"不忘初心牢记使命"，在今后的学习、生活和工作中，不断加强学习，严于律己，"未来的工作中，我将继续与全村村民一起，继续保持高标准高要求，抓具体抓深入，身先士卒带领党员干部冲在第一线坚决打赢疫情防控和脱贫攻坚两场硬仗。切实抓好项目落地，确保序时推进，巩固'清零'成效，因地制宜谋划发展，因户施策办好实事，抓好村集体经济发展，拓宽村民增收渠道，用实绩提高群众的幸福感和获得感。"刘旭东说，全心全意为人民服务是他作为一名共产党员的追求，"奉献不言苦，追求无止境"是他的人生格言，他将一直为成为一名名副其实的优秀共产党员而不懈努力奋斗。

刘元春：老骥伏枥　壮心不已

花溪区对外结对帮扶镇宁县工作组组长

刘元春于 2018 年 9 月赴镇宁县开展花溪区对外结对帮扶工作，任花溪区对外结对帮扶镇宁县工作组组长。在工作中坚持"到位不越位、帮忙不添乱、认真不敷衍"的工作原则，紧扣《花溪区对外结对帮扶镇宁县工作方案》助力镇宁县脱贫攻坚工作。

一、加强学习，提高本领

刘元春始终把政治理论的学习摆在重要位置。深入学习了习近平新时代中国特色社会主义思想、党的十九大精神和习近平总书记重要讲话精神、《习近平谈治国理政》和《习近平新时代中国特色社会主义思想》及习近平总书记关于脱贫攻坚系列重要思想等内容，认真学习贯彻落实省委十二届六次全会、市委十届八次全会和区委十一届七次全会等会议精神，认真研读，准确把握新思想、新要求，将重要精神学懂吃透，融会贯通，并运用到脱贫攻坚实际工作中去，不断提高工作能力和实效。

二、认真履职，注重实效

刘元春带领工作组分别到镇宁县商务局、县人社局、县农业局、县住建局、县文广局、县供销社、县畜牧局、县卫计局、县残联等单位对接了解相关工作情况并对帮扶工作中存在的困难和问题进行整理后将情况反馈至花溪区有关帮扶单位，并督促落实。

刘元春按照《花溪区关于成立对外结对帮扶工作的通知》规定的职责，创新督促方式开展工作：以会议集中的方式进行督促，针对工作中发现的问题，召开专题会议，通报帮扶工作中存在的问题，并提出工作建议；以个别协调的方式进行督促，先后数十次到区属涉及单位和部门进行面对面的工作沟通并与区属相关单位和镇宁县涉及单位领导、工作人员等进行沟通，协调帮助工作；以发送提示函的方式进行督促，针对有的单位帮扶工作滞后的情况和存在问题对帮扶单位发出了《关于 2018 年帮扶镇宁县工作情况提示函》，督促相关单位严格按照帮扶方案落实帮扶措施；以现场沟通的方式进行督促，到项目建设现场与涉及的乡镇领导、施工方、附近老百姓进行沟通，推进项目进度。

按照镇宁县脱贫攻坚指挥部的要求，刘元春与工作组成员分别到镇宁县简嘎乡、革利乡、环翠社区等乡镇、社区进村入户督导"一达标两不愁三保障"情况。主要围绕提高群众满意认可度走访慰问工作、查漏补缺确保所有群众安全住房有保障、"控辍保学"措施的落实、抓好基础设施及村庄农户环境卫生治理工作、提高群众政策知晓率、加强村级向导员培训工作和核实脱贫程序资料装档情况等七个方面进行，进一步夯实镇宁县迎接脱贫出列检查的基础。

刘元春和工作组在走访过程中，了解到沙子乡歇气堡组实施的村集体经济养殖项目存在肉鸡滞销情况，积极联系花溪区新闻信息中心和镇宁县电视台做好专题宣传协助解决销售问题。

三、推进项目，落实帮扶

花溪区从市场、产业、就业、教育、医疗、干部、民政、旅游帮扶 8 个方面开展镇宁县帮扶工作。近两年花溪区帮扶镇宁县资金 500 万元用于镇宁县部分乡镇的基础设施建设。用于帮助革利乡革利村板西关至四方井机耕道、六马镇炳坝村炳坝路口至阳论小垭口机耕道、沙子乡河边村过河桥涵、沙子乡乐纪村寨机耕道、良田镇百香果种植、六马镇致富村连户路、许怀村连户路等项目的建设。目前，10 个建设项目已全部完成，共建设过河桥 1 座、机耕道 6.6 公里、连户路 5 公里、庭院硬化 6670 平方米和百香果基地 200 亩。刘元春与工作组协调省级有关部门落实 200 万元用于建设革利乡人仁坡至大岩脚（2.6 公里）、桃李树至箐口（2.4 公里）公路建设，项目的建成连接镇宁县和紫云县，有助于当地产业的发展和县与县的交流往来。

为了保证资金落到实处，刘元春与工作组数十次到施工现场督促了解工程建设进展情况，并与施工方、乡镇、村共同协调解决存在的问题。

刘元春作为一名拥有 20 多年党龄的领导干部，克服家庭困难，在即将退休之际，立足大局和本职工作，勇担脱贫攻坚重任，履行职责实，始终以"功成不必在我"的精神境界和"功成必定有我"的责任担当开展各项工作，在结对帮扶工作中作出了积极贡献。

刘中强：对外帮扶当"桥梁"
扶贫攻坚作先锋

白云区贵阳蓬莱城乡发展有限公司项目部主管

2018 年 4 月根据白云区委组织部和公司的要求安排，刘中强被选派到六盘水市水城县开展驻点帮扶工作，现担任白云区驻水城县帮扶工作组组长。在白云区委、区政府的正确领导下，在水城县各级的支持帮助下，两年来服从领导，强化责任感、使命感，紧紧围绕对口帮扶任务，全面加强对接协调，不断学习扶贫知识，夯实工作举措，积极主动沉下心开展帮扶工作，因在工作中的良好表现，受到了上级组织部门的肯定，在 2019 年 7 月获得全区扶贫攻坚优秀共产党员称号。

认真履职，助推脱贫攻坚。水城县于 2019 年 2 月公示脱贫"摘帽"，剩余贫困人口 1.2 万余人。为了更好地完成白云区对口帮扶水城县各项工作任务，助推水城县脱贫攻坚工作。充分发挥好白云区委、区政府与水城县委、县政府的"桥梁""纽带"作用，根据白云区委、区政府的工作要求、工作计划以及工作方案，结合水城县脱贫攻坚工作的实际需求，确保帮扶项目、帮扶措施落到实处。一是主动对接。积极主动与两地各责任部门对接联系，协调整合双边资源，促成双边交流互访20余次。目前白云区各项帮扶措施均已全部落实，其中包括："云动水韵"白云——水城精品旅游线路开通、贵州医科大白云分院帮扶水城县人民医院、邀约水城县共同参加招商活动、送教、送培"上门"、百名贫困户赴白云参加职业培训等。二是及时反馈。把脱贫攻坚工作中新增的困难和问题，及时上报并协助落实解决措施，例如在了解到贫困户家庭缺少必要生活物资，乡镇缺少"补短板"资金这一问题后积极向区扶贫办汇报，努力促成白云区19家单位与水城县10个乡镇（30个村）"结对子"帮扶工作的开展，并动员19家单位根据当地实际需求捐赠各类慰问物资和慰问金合计80.468万元。

深入基层，做好"小事"。水城县地域面积宽广，以高山峡谷为主，最远的花嘎乡政府距离县政府约120多公里，驱车约2.5个小时，为了充分了解县情乡情村情民情，为开展好精准帮扶打下坚实基础。克服路途遥远、盘山公路险峻等困难坚持深入走访，派驻水城县以来已走访水城县水城战区全部25个乡（镇、街道），走访贫困村100余个（含深度贫困村25个），入户走访300余户贫困户，累计行驶里程达7万余公里。一是深入走访促宣传。在走访中，积极宣传党的十九大精神，宣传党和国家各项强农惠农政策，宣传党和国家、省委省政府关于脱贫攻坚工作的重大决策部署，使中央精神和省委的重大部署家喻户晓、深入人心。引导贫困家庭坚定发展的信心和脱贫摘帽的决心，推动物质贫困、精神贫困双扶持。二是了解民情送关爱。针对走访过程中了解到的问题困难，及时向上级汇报，主动联系职能部门尽全力帮助解决，如了解到贫困高中生生活困难这一问题，和区工商联对接联系共同发起"白云区资助水城县2018级高中生"活动的倡议，活动共有27家白云区非公经济企业参加，资助品学兼优贫困学生100名，资助金额合计20万元。针对水城县扶贫制衣工厂缺少订单这一问题，积极帮助联系增加订单，目前扶贫制衣工厂已完成了蓬莱公司和担保公司400件棉衣的订单，两家公司也已将棉衣捐赠给贫困户。针对水城县农特产品销路不畅这一问题，主动与区商促局等单位、部门对接联系，寻求超市、电商平台等销售渠道帮助销售，目前"贵州电商云""那家网""蓬莱仙界电商馆"等电商平台已开设水城专区线上销售水城县农特产品；合力超市、中石化便利店、凯辉便利店等实体销售商家也已达成初步意向。为更好地帮助水城县农特产品销售，自出资金0.4万余元购买相关产品进行推广，目前区农业农村局、蓬莱公司、城投公司已发动职工购买水城县农特产品约0.6万余元。

项目跟踪，确保利益惠及贫困户。及时关注白云区捐赠帮扶资金的使用情况，跟踪了解投资项目进展情况，助推产业扶贫，确保项目利益惠及贫困户。2016—2020年白云区对口帮扶资金1300万元已全部落实到10个扶贫项目中。克服项目点分散、路途遥远等问题，坚持定期对扶贫项目进行实地走访，目前所有项目已完工，利益均联结贫困户，部分项目已开始向贫困户分红。

做好自身学习，增加服务本领。积极参加上级部门、公司党支部组织开展的各类学习活动，定期组织开展工作组自身学习活动，同时也利用"学习强国""贵阳市两学一做""白云党建红云"等网络平台加强自我学习，学习主要内容包括：党的十九大精神，"不忘初心、牢记使命"学习资料，党和国家、省委省政府的重大决策部署，中央以及省、市、县（区）各级关于脱贫攻坚工作的新政策、新精神，党和国家各项强农惠农政策，乡村振兴的相关知识，疫情防控知识、复工复产支持政策等为开展好驻点帮扶工作夯实基础。

以身作则树榜样，严守工作纪律。派驻水城县以来，处处以党员的身份要求自己，严格遵守"中央八项规定"，自觉做到"八不准"，严格执行考勤制度，严格遵守财务制度，不接受群众的吃请，不接受群众的馈赠，不在基层报销开支，严格按规使用工作组车辆。作为工作组唯一一名党员和工作组主要负责人，严格要求督促工作组成员履行工作职责、严守工作纪律，两年来工作组没有发生任何一项违反工作纪律的情况。

罗笔文：主动融入角色　决胜脱贫攻坚

南明区太慈社区服务中心扶贫干部

石屯镇位于黔西南州望谟县西北部，距望谟县城33公里，是望谟县老、少、边、穷和全省100个一类贫困乡镇之一，境内居住着布依、苗、汉等多个民族，辖22个行政村105个村民组132个自然寨，共有8227户36895人，境内国土面积24.09平方公里，现有耕地面积42794亩（其中田面积9810亩），林地面积30.4万亩。全镇共16个贫困村（其中14个深度贫困村），建档立卡贫困户共4222户17170人，2014年初总体贫困发生率为46.22%。经过五年的不懈奋斗，截至2019年底，已出列10个贫困村（其中，2016年出列石屯村；2017年出列邑油村；2018年出列打岩村、羊架村；2019年出列喜毫村、喜独村、喜年村、坡毛村、新合村、洒

琴村），共脱贫 3565 户 15647 人，现还剩 6 个贫困村（分别
为：打狼村、达耸村、边界村、冉道村、上平寨村、打尖村）
未出列，657 户 1523 人未脱贫，贫困发生率为 4.31%。

2018 年 11 月，罗笔文受中共南明区委组织部选派，到
望谟县石屯镇挂职。一来到石屯镇，他就立即调整状态，全
身心投入到新的工作中，主动适应新环境。

一、迅速转变角色，谦虚主动学习，积极参与具体工作

2018 年 12 月，因工作需要，按照镇党委、镇政府的工作安排，
罗笔文来到镇政府项目办协助分管领导工作。一来到项目办，罗笔文
就主动向分管领导及其他同事虚心求教，认真学习和了解项目办的
各项业务工作，并积极主动参与到具体工作中。在 2018 年 12 月至
2019 年 2 月短短三个月时间中，罗笔文就与望谟县财政局石屯分局
等相关单位和部门，参与了对镇政府下辖和平、红星、岜油和包树等
四个行政村部分"一事一议"项目及村村通、组组通和串户路的竣工
验收评估工作。

二、服从工作调整，主动对接联系，努力助推产业扶贫

2019 年 2 月，南明区委、区政府相关领导率南明区教育局、南
明区工信局、南明区人社局等 8 个部门和区内 9 家企业一行，到望谟
县石屯镇开展脱贫攻坚结对帮扶活动，召开脱贫攻坚交流会。会后，
镇党委立即召集镇党政班子成员，召开专门会议进行安排部署和贯彻
落实。会议决定，由罗笔文具体负责，邀请贵阳南明老干妈风味食品
有限责任公司辣椒种植基地负责人到石屯镇商谈和指导辣椒种植基地
建设相关事宜。

在接到新的工作任务后，罗笔文就迅速转变角色，立即投入到新

的工作中。经过在全镇广泛宣传和征求意见后，终于初步确定在石屯镇拉袍村建立 300 亩的辣椒种植试验基地。在选址确定后，为了助推产业扶贫，使广大贫困群众早日脱贫摘帽，结合石屯镇特殊的地理位置和气候条件，罗笔文就立即赶赴贵阳，主动与南明区扶贫办、南明区工信局等区级帮扶单位进行对接联系，积极争取支持和帮助。经过罗笔文的努力，并在南明区工信局的大力帮助下，终于邀请到贵阳南明老干妈风味食品有限责任公司辣椒种植基地相关负责人和专门技术人员，亲自到石屯镇拉袍村指导辣椒种植基地建设工作。

与此同时，罗笔文还参与了 2019 年南明区帮扶资金扶持红星村 50 亩百香果种植试验基地、打岩村 50 亩向日葵种植基地及上平寨村 60 亩澳洲坚果种植基地等产业扶贫项目的验收工作。

三、坚持初心不改，深入基层一线，助力群众脱贫摘帽

2019 年 9 月，自望谟县石屯镇启动第二批"不忘初心、牢记使命"主题教育后，罗笔文就积极响应镇党委、镇政府的号召，来到全镇十四个深度贫困村之一的上平寨村协助开展驻村帮扶工作。

上平寨村距镇政府所在地 5 公里，下辖新明、白头坡、上平寨、杜六、纳啥等 5 个村民小组，5 个自然村寨。总人口 465 户 1983 人，居住布依族、苗族和汉族等 3 个民族，少数民族人口占 99%。2014 年开展贫困对象精准识别建档立卡以来，全村共识别建档立卡贫困人口 191 户 720 人，截至目前，已实现脱贫 94 户 408 人，未脱贫建档立卡农户 97 户 312 人，贫困发生率从原来的 36.3% 降到 15.73%。

一来到上平寨村，罗笔文就与黔西南州、望谟县各级帮扶单位工作人员一起，走村串寨，进家入户，及时掌握第一手资料，为实现精准识别，做到精准扶贫提供基础数据保障。

在走访过程中，罗笔文了解到上平寨村白头坡组韦香、韦明等 5 户贫困户因缺乏资金，导致居住房屋有透风漏雨的情况后，就立即与包保帮扶的望谟县委统战部干部王安富等同志共同商量，积极为他们向石屯镇政府申请房屋透风漏雨改造项目。通过努力，在2019 年 10 月，施工队就对韦香、韦明等 5 户贫困户房屋进行了整修，为他们解决了房屋透风漏雨的大问题，使贫困群众得到了真正的实惠。

在驻村工作中，按照石屯镇党委、镇政府的安排部署，为了彻底解决上平寨村贫困群众的"两不愁"问题。罗笔文与其他单位帮扶干部一道，再次对村内贫困户家庭进行入户走访调查。通过走访，发现上平寨村白头坡组韦乜要、韦小破、韦光泽、贝文良等 60 余户贫困户家庭缺少床及被子、饭桌及板凳、衣柜等日用生活品。为了尽快解决这个问题，罗笔文"想群众之所想，急群众之所急"，不顾连续多天走访贫困户的疲劳和辛苦，通过连夜加班加点，详细统计好 60 余户贫困户所需的日用生活用品，并第一时间上报石屯镇政府进行统一采购，及时解决贫困群众的"两不愁"短板问题。

为了抓好上平寨村贫困群众的"三保障"工作，罗笔文与其他帮扶单位干部经常深入到田间地头，向广大困难群众宣传易地搬迁、危房改造、农村医保、义务教育等相关惠民政策。在动员贫困户危房改造过程中，上平寨村白头坡组贫困户韦光德父子由于对政府危房改造政策的不理解，一直不支持、不配合危房改造工作。在了解到这一情况后，罗笔文和望谟县委统战部、望谟县税务局、石屯镇危改办等帮扶单位和相关职能部门通过多次上门和入户做工作，但均未成功。面对韦光德父子的抵触情绪，罗笔文和其他帮扶单位的干部经过认真分析，并通过向韦光德父子亲朋好友及街坊邻居打听，了解到该父子不配合危房改造，主要是认为国家补贴资金过少的原因后，就通过多渠道帮助筹措资金，并积极为其申请危房改造补助款，最终使韦光德父子同意危房改造。截至目前，罗笔文已为上平寨村白头坡组危改对象韦光景、韦贤学、韦光德、韦乜要等4户贫困户累计申请危房改造补助款10余万元。韦光景、韦贤学两户贫困户危房改造已基本完成，韦光德、韦乜要两户贫困户的危房改造正在施工中。

在今后的工作中，罗笔文表示，他将进一步强化担当作为，用自己实际行动践行初心使命，继续扎根基层、扎根群众，并时刻以一名优秀共产党员的标准严格要求自己，努力为按时高质量打赢脱贫攻坚战贡献自己的微薄之力。

罗应凯：扎根基层为百姓　脱贫一线践初心

南明区派驻到望谟县石屯镇的党员干部

时光荏苒，从2018年11月，罗应凯到望谟县石屯镇已一年半了。回想当时接到这个消息时，罗应凯在欣喜之余，有些许顾虑，因为上有年迈七旬父母，下有不足2岁孩子需要照料，妻子又因工作原因长期异地分居，5口之家本是聚少离多，这一旦赴任，无疑又雪上加霜。但是，片刻思考之后，"必须去"！这一坚定信念从罗应凯脑海中奔涌而出，脱贫攻坚已经到了决战决胜的关键时刻，作为一名党员干部，能被选派到第一线参加这个光荣的任务，为脱贫摘帽尽一分力，这不仅是组织信任，更是一名党员义不容辞的责任。这就是使命！

按照镇党委安排部署，结合南明区"大市场带动大扶贫"的工作思路，罗应凯负责参与全镇扶贫产业建设及农特产品市场销售工作，主要集中对现有农产品及红军井盐水面、黑毛猪、岩洞蜂蜜等农产品扩宽销售渠道，加大产业规模，以增加产业效益，切实带动贫困户产业脱贫，同时协助参与红星村村委开展脱贫攻坚工作及其他事宜。

一、深入田间地头，扩宽市场销售渠道

石屯镇红军井盐水面是当地最具特色农特产品之一，该盐水面从小麦种植到加工，全程绿色环保，在当地具有良好销售口碑及一定销售基础。为此，罗应凯多次参与镇党委研判，以此为镇产业扶贫产业龙头建设先锋，扩展市场销售渠道，充分调动群众参与激情，激发产业扶贫建设的内生动力，以破解销售面窄、持续性不强的瓶颈。

罗应凯深知只有"沉得下、走得进"才能真切了解贫困户所需、所困、所求，为此，罗应凯不断往返田间，实地了解情况，据了解，盐水面在当地加工销售后，周边村民主动改掉以往低产能农作物的种植习惯，纷纷种植本地小麦，每一斤麦子可卖 3 元，每亩可直接收益 1200 元，周边村寨的贫困户种植积极性提高了，作物效益大大提升。同时，随着盐水面加工规模的扩大，就业岗位不断增多，大大解决了贫困户在家就能就业问题。据不完全统计，现在贫困户收益在原来基础上提升了 3000 元左右，贫困户参与盐水面就业收入人均增加 3500 元左右。

履行职责，砥砺奋进，为了让更多贫困户得到实惠，提高经济收入，在区直有关部门的支持下，罗应凯不断往返贵阳各大卖场，分别与合力生鲜超市、星力超市、中石化贵阳分公司进行反复磋商，通过近三月的努力，2019 年 8 月 7 日，石屯镇包树村红军井盐水面有限

公司与贵阳星力集团正式签订采购合同，形成订单采购模式，同时，星力集团就产品宣传、包装设计及企业规划提供支持和帮助。另外，中石化贵阳分公司线上电商运行平台与红军井盐水面有限公司已达成合作共识，以此打通石屯镇农特产品电商销售渠道。目前，包树村红军井盐水面有限公司预计明年将采购小麦 10 万斤，可直接受益 150 户贫困户，580 余人，带动就业岗位 50 个。

石屯镇坡毛村纳幕组食用菌种植合作社，距离镇政府 20 公里，2017 年投入产业项目扶贫资金 100 万元，采取分红受益方式，直接受益贫困户 52 户、200 人，现有食用菌种植大棚 13 顶，冷库 1 个，月产食用菌 3000 斤左右，目前主要销往望谟县城及周边乡镇。多次实地了解后，罗应凯发现主要存在销售面窄、规模小、产量低、价格优势不明显等问题，导致群众受益效果大打折扣。

为此，罗应凯实地采集样品，来到贵阳合力生鲜超市进行接洽。功夫不负有心人，2 月 27 日，该合作社最终与贵阳市合力生鲜超市达成采购意向，并签署供销细化协议。合力生鲜超市表示，在市场同等条件下，优先采购该合作社生产合格的农特产品，一举破解所面临的困难。同时，罗应凯还积极联系了贵州省食用菌种植企业协会，对合作社的食用菌种植、管理方面提供技术指导。50 余户贫困户不仅在分红中收益大大提升，而且还在合作社中就近务工，每人每日获取 150 元报酬，彻底实现产业脱贫。

石屯镇黑毛猪养殖合作社位于石屯镇冉道村。距离镇政府 8 公里，该合作社于 2018 年利用南明区对口帮扶资金 20 万元，在原有基础上进行扩建。现存栏 300 余头，可出栏 200 余头，均重 240 斤左右，下步计划发展 650 头，带动周边贫困户 30 户 110 余人。同样，因交通地理位置不变等客观因数，也面临"好东西缺少好买主"的问题。经反复联系和沟通，2020 年中旬，最终与南明区新路口农贸市场、贵阳市生猪采购商取得联系和支持，现在就相关价格、运输、检疫等细节问题进一步沟通中。

二、沉到红星村委，站到前沿指挥所

2019 年 5 月，罗应凯请缨镇党委，主动站到攻坚战役最前沿，修党性、履职责、帮困难、学经验，用真心、付真情，尽锐出战，打赢脱贫攻坚这场战役。

红星村为政府所在地，国土面积 10.4 平方公里，耕地面积 927 亩，有效灌溉面积 587 亩，林地面积 8234.3 亩。全村有 4 个村民组 5 个自然寨，共计人口 396 户 1814 人，现有建档立卡贫困户 83 户，275 人，贫困发生率 15.08%。

排除万难，推进产业化经济发展。红星村地势平坦，土地连片面积大，具有一定区位和地理资源优势，但红星村无村集体经济，当地农户收入主要以外出务工为主，农业经济主要为传统种植业及养殖业。农户收入低、效益稳定性差的短板尤为凸显。为此，罗应凯结合"主导产业为主、其他产业为辅""长短结合、以长补短"多业并举的发展模式，通过"示范转变观念、示范带动群众"，助推产业结构发展。

通过与村支两委商议，积极走访群众后，在多次市场调研前提下，他决定整合土地资源，利用南明区产业帮扶资金 25 万元，成立合作社，发展百香果种植业。说干就干，立即确定以抢时间、占市场、增收入为发展目标。一是将"动员、再动员、不言放弃"作为他的座右铭。和村干部一道，挨家挨户上门动员贫困户土地流转和参与合作社发展，农户从开始的不理解变为支持，最终成功流转土地 52 亩，并动员 5 户贫困户负责果园平时管理采摘工作。二是"不懂就学，努力成为小行家"成为罗应凯的攻坚誓言。农村是知识宝库，在面对全新的百香果，从开始的一脸茫然，通过查资料、跑市场经验，知识也得到积累，从果架的建设，到日常施肥管理，由最开始的门外汉到农户的小帮手，自己也得以充实。经过反复对比，结合红星村实情，最终选定品种为"台农一号"的果苗，估产每亩2000斤，每亩经济效益将达到1万元。三是将"未雨绸缪，抢占市场先机"作为他的工作目标。"产得出来，卖得出去，收入进来"这才是产业建设的最终目的。为此，在7月份，百香果刚挂果之际，罗应凯就积极联系石板物流园、合力集团果蔬市场部等卖场，将优质的百香果进行推荐，成效颇丰，目前，合力生鲜与达成销售意向，通过订单模式予以直供销售，届时预计经济收益可达20万元。同时，罗应凯协调邮政快递以解决销售物流渠道，通过线上通过电商平台，予以销售。如今，通过线上平台销售成熟百香果2000余斤，直接经济效益1.5万元。罗应凯坚信，随着产业规模的扩大，销售市场的稳定扩展，在夯实贫困户全面脱贫基础上，农户致富将在不久将来予以实现。

排困解忧，夯实攻坚战役堡垒。紧紧围绕"两不愁三保障"开展各项工作。一是着实推进住房保障、医疗保障、教育保障工作，参与指挥所日常工作，重点做好村内"两不愁三保障"中短板补齐工作，实施危房改造、透风漏雨整治、辍学劝返、医保缴纳工作，积极帮助贫困户申请危改资金，着实解民之需，夯实战斗堡垒；二是"扶贫先扶志"，进村入户、宣传动员、加油鼓劲成为驻村工作常态。只有解决思想的贫困，让贫困户动起来、跑起来，参与脱贫事业中，才能从根本上解决贫困问题，这一年中，从开始的交流障碍，民情不了解，到如今和贫困户成为交心朋友、"自家人"，都是罗应凯最为宝贵的经历，也是他不断成长的"加油机"。

多方支援，共推脱贫事业新高潮。"武器是战争胜负的关键"，

2019 年 9 月 1 日，在区委的大力支持下，积极争取了贵州省温岭商会向红星村的爱心定向捐款 10 万元，这次捐款犹如锦上添花，现主要用于红星村围绕"两不愁三保障"中的短板补齐以及指挥所办公阵地建设工作。

三、牢记党员初心，同甘共苦解民之需

"不忘初心、牢记使命"是党员干部的基本思想准则，秉着"抓机遇、敢担当、善作为、干成事"的工作态度，多点并进，在攻坚战役中再创实绩。一是参与协调南明区老干妈风味食品有限责任公司到石屯镇拉袍村指导建立 300 亩辣椒种植基地建设工作，让产业发展路越走越宽，贫困群众致富路越走越近；二是参与整合规划石屯大坝有机生态农业产业发展，并完成大坝土壤取样，与贵州同辉检测有限公司达成土壤检验、跟踪等相关合作协议，为生态有机农业的落地开花保驾护航；三是申请南明区产业帮扶资金 80 万元用于羊架村养蜂项目建设工作，此项目的完成建设，将带动贫困户 42 户 170 人直接受益；四是在 2020 年，新冠肺炎疫情期间，按照镇党委统一安排部署，积极站到疫情防控第一线，开展疫情防控工作。

一直以来，在南明区委、区政府的坚强领导和支持下，切实履行职责，充分发挥桥梁和纽带作用，继续进村入户，以产业脱贫为切入点，解民之需，不断加大宣传动员力度，调动群众与激情，助力群众脱贫摘帽。

作为一名党员，一名脱贫攻坚一线的干部，罗应凯一如既往"初心不变，奋进前行"，永远跟党走、听党话，脚踏实地，使能力再提升，觉悟再增强，多干实绩，不负党员使命。

牛毓茜：挑起生命相托千斤担
奉献脱贫攻坚主战场

贵阳市第二人民医院呼吸科副主任医师

贫困一直是长顺县难以逾越的一道鸿沟，由于地处内陆贫困山区，受交通落后、基础薄弱、资源匮乏等多重制约，长顺县经济发展一度处于经济总量小、产业层次低、财政支撑弱的状况，是国家新阶段扶贫开发重点县。2016年以来，贵阳市深入贯彻落实中央和省脱贫攻坚决策部署，坚决扛起省内结对帮扶重大政治责任，带着对贫困地区的一片深情，倾注关爱，大力扶持，在历任市委书记的亲自指挥下，实施六大帮扶工程，全力做好帮扶长顺县及代化镇各项工作，长顺县如期实现脱贫摘帽目标，经济社会快速发展，人民生活水平全面提高。贵阳市干部牛毓茜是贵阳市第二人民医院呼吸科一名副主任医师，2019年，按照全市省内结对帮扶工作安排，挂职长顺县卫健局副局长、长顺县医疗集团中心医院副院长。

一、肩负使命牢记嘱托，扎根脱贫攻坚最前线

2019年7月24日，牛毓茜带着组织的信任和嘱托、肩负职责与使命，来到国家扶贫开发工作重点县——长顺，开始挂职医疗扶贫工作。到任第4天，医院接诊了一名因高坠伤导致重型颅脑损伤、肺损伤的病例，需立即气管插管、开颅手术，可是以当地的医疗条件，没人能为伤者进行如此规格的手术，伤者必须转院。但

是，长途转院对一个颅内出血生命垂危的重度伤者来说意味着什么！万般火急之下，牛毓茜与一同到长顺县开展挂职帮扶的同事迅速组成一个医疗小组，插管、开颅、输血、再开颅、气切，经过近4个小时的努力，成功做完了长顺县医疗历史上第一台重型颅脑损伤双侧开颅手术，把伤者从死亡线上拉了回来。事后，当地医院的同事跟她说："牛院长，你们可真是'牛'，要是没有你们，伤者的命可真就没了……"，这是他们发自肺腑的真心话，但也是这句肺腑之言，但也深深地刺痛了牛毓茜：没有设备、没有人才、没有技术，这就是当时长顺医疗的"三无症状"。总书记说"没有全民健康，就没有全面小康"。县医院在脱贫攻坚工作中扮演着重要角色，担负着保障基层群众生命健康安全的职责，如果相关技术条件上不去，就很难履行自己的使命。于是，牛毓茜暗下决心：扎根在脱贫攻坚最前线，尽我所能让医疗扶贫变"授之以鱼"为"授之以渔"！

二、把脉问诊对症下药，抓住健康扶贫关键点

找准了症结所在，就得对症下药。为了让工作更加精准高效，到任一个月的时间里，牛毓茜走访了全部临床及医技科室，查阅了一年以来医院全部死亡病例和相关数据，汇总分析后提出有针对性的解决方案。依托市二医学科优势，在市二医的大力支持下，组建帮扶专家团队，帮助长顺县医院建立起神经内、外科，并得到市二医神经内科孙萍博士的支持，将她的博士工作站建在了长顺县医院，解决了部分专业学科建设不强的问题；协调市二医党委，将市二医作为长顺县医疗服务和专业技术水平提升的常态化进修基地，定期选派当地医务人员组团进修学习，与中华医学会医师协会急诊医师分会签署帮扶协议，邀请国内急诊大咖到长顺县进行义诊、授课，

一定程度上解决了长顺县医疗技术水平不足的问题；组织医院相关科室医护人员，以组建院内 120 的形式，对心肺复苏、气管插管、电除颤等重点科目进行培训，解决危重病人急救能力较弱的问题。千淘万漉虽辛苦，吹尽黄沙始到金。经过不懈努力，长顺县医疗集团中心医院医务人员技术水平得到大幅提升，神内、神外两个科室也在 1 月顺利开科，目前已收治病人 700 余位，开展颅脑手术 71 台，让长顺县脑科病人不用出县就能得到优质的治疗，大大减轻了百姓的经济负担。

三、倾情守护医者仁心，挑起生命相托千斤担

莫道长顺好不好，此处安心是吾乡。到长顺挂职开展医疗扶贫工作的三百多个日日夜夜，牛毓茜始终坚持吃住在长顺、工作在长顺。一日长顺人、一世长顺情！在这里，牛毓茜感受到了同僚、亲人们最朴实无华却充满能量的一生：他们身处贫困地区却无怨无悔奉献着自己的青春；他们在硬件设施相对滞后技术相对欠缺的环境中仍然求知若渴；他们薪酬不高却始终脚踏实地严于律己；他们在一个个平凡的岗位上坚守初心践行使命……"一语不能践，万卷徒空虚。"短短一年的时间里，从他们身上，牛毓茜收获了坚韧不拔的斗志和满满的家国情怀，在一次次的精神洗礼之后，牛毓茜终于明白，所谓医者仁心，无外乎就是百姓以生命相托，理当以仁术相报，任凭环境举步维艰，也要昂首挑起肩上千斤重担。

不经一番寒彻骨，怎得梅花扑鼻香。在大家的共同努力下，长顺县公立医院综合改革获国务院办公厅督查激励，这也是贵州省唯一一个获此殊荣的县份。

潘悦：用辛苦指数换群众幸福指数

贵阳市妇联驻村干部

2016 年 4 月，肩负着贵阳市妇联党组"积极践行习近平总书记提出的把联系和服务妇女群众作为工作生命线"的殷切嘱托，怀揣着一份深情和忐忑，潘悦作为同步小康驻村第一书记和工作组组长来到了修文县扎佐镇红星村。

新的角色带来新的使命，潘悦认真学习党和国家的各项路线和方针政策，全面贯彻落实上级攻坚行动，深入学习领会省、市、县精准扶贫精准脱贫方案政策，兢兢业业，尽职尽责，吃苦耐劳，任劳任怨，在上级部门领导的悉心指导和扎佐镇党委、镇政府领导的关心支持下，潘悦以饱满的热情全身心地投入脱贫攻坚工作中。作为一名驻村干部，唯有树群众观念，走群众路线，谋群众利益，做群众工作，才能真正做到全心全意为人民服务，才能无愧于党和人民的信任。

一、用真情换民情

只有密切联系群众，才能打开工作局面。来到红星村后，潘悦积极争取支持，做到"一人驻村、全会帮扶"。"贵阳市妇联党组给予我大力支持，充分发挥单位的职能和优势，争取各方力量，整合工作资源，全力帮助我打开工作局面。"潘悦说。

贵阳市妇联党总支部和村党支部结对帮扶，党组书记亲自带领党组成员、党总支部成员及干部职工向村党支部赠送党章，上党课，指导"两学一做"工作；亲自带队多次深入红星村走访调研、出谋划策，帮助群众解决实际困难，累计投入资金及各类物资 13 万余元。

2016 年，潘悦儿子在上小学四年级，正需要母亲的照顾和关爱，但看到单位人员少，扶贫工作任务艰巨，潘悦深知，虽为人母，但她还有许多角色要扮演，但在脱贫攻坚这场大决战里，每个人都必须克服困难，勇往直前。回到家中，潘悦跟丈夫做好思想工作，请来年事已高的老母亲帮忙照顾家里。把家里老小安顿好后，很快就投入到驻村工作中去。

作为驻村干部，到红星村工作的第一天，潘悦就和驻村工作组便在村干部的带领下，踏出了走群众路线的第一步走村入户。

"我时时谨记'到群众中去拜群众为师'，用脚步丈量民情，用耐心听取群众心声，用虚心请教群众问题，学会吃农家饭、说农家话、做农家活。"潘悦深入调研，就是为了切实厘清驻村帮扶工作思路。

"为了有针对性地做好工作，我与村干部及驻村组员一道，进村入户，对贫困户多次进行遍访，认真细致地调研摸底。"潘悦说。如果说，红星村每一寸土地都留下了潘悦的足迹，那是毫不夸张。

通过深入调查研究，潘悦掌握了第一手资料。她对红星村基础状况、经济发展现状、道路状况、群众脱贫愿望和扶贫开发规划等有了深刻认识，通过对 350 余户困难户、留守妇女儿童、五保户、老党员、退伍老兵、计生户的走访，通过 2350 余人（次）的入户，初步掌握了村情民意，获取了第一手工作资料后，潘悦带领工作组深入分析全村发展状况、查找制约发展的突出问题，制定切实可行的帮扶计划。

二、用真情谋发展

驻村工作的重中之重在于扶贫，扶贫的重点在于发展。作为驻村干部，如何帮助村民发展致富是潘悦工作的首要任务。

以创新促发展——2016年，贵阳市妇联依托大数据、大扶贫战略，在全市创新实施"女性云商"三年行动计划。作为妇联干部，潘悦抓住这一契机，将红星村作为电商发展的创新试点。扶贫在于扶智，要推进创新工作首先要创新观念。在贵阳市妇联党组大力支持下，潘悦从村里精挑细选了远教专干、致富女能手、妇女代表等骨干到市里参加全国、全市的妇女电子商务培训班学习。通过学习培训，将电子商务的理念带到村里，带动村民利用电商平台，让村里的农副产品能够卖出去，促进黔货出山，增加村民收入。

以民需促发展——在走访中，了解到有的村民想要种玉米，市妇联领导从市农科所协调到价值3000元的玉米种子，赶在春耕之前送到了村民手中，让他们种上了增收致富的种子。

以项目促发展——基础设施建设也是促进发展的重要支撑。潘悦积极配合工作组成员为村里协调进村公路、串寨路硬化和村民组用水入户等民生项目，目前，三个民生项目均已完成。

三、用真情解民困

关爱帮扶、维权解困一直是妇联工作的重点。驻村后，潘悦积极发挥自己作为妇联干部的优势，谨记"驻村工作无小事，群众事情无小事"的座右铭，为群众排忧解难。注重党员力量，筑牢战斗堡垒，填写好民情日记。记录了农户目前存在的最大困难和下一步脱贫计划等信息，确保农户的资料更齐全，也让工作组对农户有更深的了解，以便下一步研究如何给群众脱贫提供切实的依据。

一方面，通过组织多种形式的关爱帮扶活动开展帮扶。潘悦先后组织开展了"六一"慰问、"七一"慰问、"春节"慰问、"蒲公英"公益助学行动、赠送"爱心孕产包"等关爱帮扶活动，为留守儿童、留守妇女、留守老人，困难党员、残疾人、因病返贫人员、贫困高考生等困难群众送去慰问帮扶物资6.25万元。同时，潘悦还深入开展矛盾纠纷调解。认真开展群众走访工作，向学龄前儿童家长宣传办理户籍登记的重要性，自掏腰包帮助困难村民看病就医、给困苦孤儿购买衣服，协同村支两委调解村民与驻村企业、征地等矛盾纠纷，避免事态进一步的发展。协助村支两委化解矛盾纠纷60余起。此外，她还积极参与基层基础建设。为红星村争取到全省五星级妇女之家称号，获得1.5万元专项资金，加强村妇女之家建设，强化村妇女工作。协调市体育局，为村猪头片区安装价值3万元的全民健身器材，极大地丰富了村民的文体健身活动。协调贵州天地通科技有限公司向红星村村委会赠送价值1万元的空调一台，以解决该村会议室的取暖问题。积极协助村支两委完成安全生产、防洪抗涝农业生产、计划生育、社会事业、支部换届选举、村委换届选举等各项工作。

四、用真情聚民心

结合"两学一做"活动，当好"政策宣传员"，通过宣传聚民心、汇民智。潘悦积极开展政策宣传，充分运用村里的宣传栏、广播站、远程教育站点和进村入户的方式，积极向农村党员干部群众宣传党的路线方针政策，宣传党的十八大、省第十二次党代会和市第十次党代会精神，使群众真正知晓、理解文件精神，做到深入人心、家喻户晓，进一步树立发展信心，形成埋头实干全面小康的工作氛围；在文明宣传活动方面，发挥市妇联在家庭文明建设工作中的优势，以"明礼知耻·崇德向善在家庭"主题活动为统领，潘悦组织村里开展"生态文明家庭"创建、寻找"最美家庭"、推评"贤惠之星"等活动，广泛发动村民开展倡导文明新风、村庄环境整治、绿化美化环境等宣传，强化清洁意识，养成良好的卫生习惯，努力形成家家争创平等和谐、友爱互助、环境整洁、绿色生态的浓厚氛围，大力促进美丽乡村建设工作。在线上线下宣传方面，潘悦充分利用"新媒体"时代的成果，以贵阳市妇联公众号作为宣传载体，以"创新贵阳——百万家庭我先行"为主题，以微信扫一扫、发放宣传资料、有奖问答、法律咨询服务的方式开展线上线下宣传活动，取得较好宣传效果。充分发挥了农村党员政策宣传员、产业发展联络员、公共事务服务员、村务公开监督员和矛盾纠纷调解员的作用。

在驻村帮扶的两年多时间里，潘悦始终立足服务群众，在群众的需求中丈量脱贫致富的步子，寻求精准扶贫的方法，与红星村干部群众一起苦干实干，展现了共产党员敢于担当、服务群众的时代风采。通过两年多的驻村帮扶，潘悦用自己的真情真心付出，换来了红星村贫困户的信任和认可。在脱贫攻坚、乡村振兴的征程中，与村干部和驻村工作组同心同力、共同筑路。与广大村民想在一起、干在一起，坚决打赢脱贫攻坚战，带领村民走向乡村振兴路、小康幸福路。作为同步小康驻村第一书记和工作组组长，面对脱贫攻坚的艰巨任务，用实际行动证明：扶贫，巾帼不让须眉。

"省第十二次党代会已发出了'决胜脱贫攻坚，同步全面小康'的动员令，我们驻村干部要继续把群众的事情放在心上，真情付出、真心服务，办好群众关心的每一件小事，凝聚民心，汇聚正能量，通过两年多的驻村帮扶，锤炼了我作为一个新时代共产党员不忘党恩、理想高远；艰苦奋斗、自强不息；关爱弱势、回报社会；保持本色、一身正气；乐于奉献、淡泊名利的优良品质。激励着我在未来的工作怀着赤诚的初心和继续向前的坚定信念，为奋力开创百姓富生态美的多彩贵州新未来贡献力量！"潘悦说。

彭亮：对口帮扶江口　开展医疗扶贫

贵阳市第一人民医院骨科科代表

自 2019 年 10 月起，彭亮作为贵阳市第一人民医院骨科科代表，被派驻贵州省铜仁市江口县人民医院外二科进行医疗帮扶活动，整整 9 个月的帮扶给他的医疗生涯增添了一份宝贵的经历。自从帮扶以来，彭亮严格履行帮扶医师职责，在工作上，兢兢业业，服从医院各项规章制度，始终坚持全心全意为人民服务的思想，具有良好的职业道德和敬业精神。在科主任的领导及上级医师的指导下，积极开展各项医疗工作，做好本职工作的同时，指导住院医师工作，参与医学科学研究，承担住院（全科）医师规范化培训的带教任务，并带教实习医生；承担值班、门诊及会诊工作，并承担下基层医院义诊的任务。帮扶期间政治表现、业务技术、科教能力等多方面表现突出，指导骨科临床工作以及新技术、科研，均取得良好疗效，未发生医疗纠纷。

彭亮所在的外二科是由脑外科及骨科合并大科室，病人较多较杂，病情轻重不一，医护配置紧张，工作强度较高，科室医护人员工作辛苦。来到这里，他尽自己的一切力量帮助科室，参加科室二值班倒班、在下级医师配合下管理一组骨科病人，参与或演示手术，每周一天门诊坐诊，定期组织教学查房以及小讲课，参与全院疑难病例讨论，完成治疗同时尽量带来新技术以及新的思维，虽然这里受到了许多条件的限制，但通过外二科全体医护的努力科室仍是在向前发展。在这里工作与彭亮在原单位有着明显的不同，尤其是在病人的诉求上，病人渴望得到专业的治疗，但因为怕花钱得不到理想的效果，很多病人选择放弃手术，在检查上花费能省就省，为临床工作中排除疾病带来困难，经济因素成为首要考虑因素，这也让他明白必须入乡随俗，从病人的最基本的诉求出发才能更好地为病人服务，而病人对帮扶医生的到来也抱着极大的信心和希望，帮扶医生也同样必须尽心尽力的对待每一位病人。

9 个月的时间里，为提高骨科治疗效果，更好地服务患者，扩大诊疗范围，分享微创技术包括全髋关节置换小切口技术、闭合复位股骨干骨折复位技巧、椎体成型侧方定位技巧，开展新的手术包括肩胛骨骨折切开复位内固定、肩胛盂骨折切开复位内固定术、肘关节松解术以及植皮等操作技术，开展新技术包括 3D 打印技术，参与疑难病例的治疗，包括 1 例全髋关节置换术后感染的病例。特别是小切口行全髋关节置换以及股骨干闭合复位技巧的运用，因微创优势，加快患者的恢复，较少手术并发症，受到当地人民的欢迎。传统全髋关节置换手术为充分暴露髋关节常取较大的切口，而通过组织剪的盾性分离，合理运用骨科尖翘，在 12 点、3 点放置尖翘适度的分离，半髋置换的小切口同样能完成全款置换手术，术后患者恢复更快，一名双侧股骨头坏死的患者在第一次单侧全髋置换手术后第三天便下地行走，伤口疼痛轻且恢复快，原来髋部剧烈疼痛也消失，手术肢体基本恢复到正常的肢体水平，所以刚到一个月便再次入院要求进行另一侧的关节置换，证明微创手术的效果。股骨髓内钉是治疗股骨干中段骨折的金标准方式，但因股骨周围肌肉非常丰富且力量强大，导致骨折端在肌肉的牵拉下错位、旋转，闭合复位困难，传统手术下均需要切开直视下才能复位，但切开后不但增加手术创口，还对骨折周围血供进行破坏，骨折周围稳定减弱，导致骨延迟愈合或不连可能，而随着微创技术发展，在闭合复位中的技巧也有了发展，在牵引床帮助下恢复股骨长度同时保持正位股骨的轴线，此时侧位上股骨会出现成角，传统是用人手在断端部位挤压复位，成功概率极低，且对软组织损害，多数仍转向开刀治疗，而彭亮通过运用导针头前部预弯角度，使得骨折即便是移位情况下也能穿过骨折断端，保证闭合复位成功的概率，这种闭合复位技巧还有很多，提高治疗效果。3D技术是目前国内骨科较新的技术，其优点有很多，但对于刚开始运用该技术主要是在术前计划上，彭亮通过该技术运用在一例肩胛盂及肩峰骨骨折病例上，通过立体模型更直接的观察骨折的形态、位置与大小，为手术治疗的顺序、复位的重点以及钢板的选择作出很好的预判，缩短手术时间，得到外二医生们的认可，并均表示希望能运用到以后工作实践中。

医疗技术是为病人服务的基础，但是医疗安全则是医疗之本，应该坚持"以病人为中心"的服务理念，完善医疗服务的各项措施，除了对创伤骨折、脊椎病变、骨关节炎等常见病多发病的常规诊疗，对患者进行个体化诊疗，并注重提高医护人员对复杂性、疑难性、高龄高危患者的处理能力。

在帮扶期间，彭亮遇到一例全髋关节置换术后感染的患者，这也是外二科第一次遇到该类患者。这是一位高龄患者，因为全髋关节翻修术后出现伤口感染，是目前关节外科面临的重大难题，彭亮提出了以下见解供科室医务人员参考：首先，是术前讨论制度，充分的术前讨论集大家共同的智慧经验，是避免手术犯错的主要措施，术后回顾是我们发现自己问题的主要方法，做好这两点能减少错误的发生以及不断提升的重要方式。其次，严格无菌原则是外科医生的基本原则，从术前准备、术中、术后换药等都是必须严格遵守的，定期检查改进是不断前进的动力。

在党中央的关怀下，当地的"精准扶贫"政策帮助了很多贫困家庭，成绩显著，因病致贫的现象已经很少了，"精准"患者住院不仅可以得到免费治疗项目，还有相应的生活补贴。帮扶医生通过"医疗扶贫"下基层（社区）医院、义诊，做好疾病的预防知识的宣传普及。

2019 年 12 月 16 日，为全面提高在医院管理、学科建设、科研教学、人才培养等方面的水平，从而更好地满足老百姓就医需求，服务全县人民群众健康，苏州市中医医院、贵阳市第一人民医院、铜仁市人民医院结合 2019 年度对口支援的工作安排及支援，来桃运镇医院开展大型义诊、健康宣教等活动。彭亮和所在的贵阳市第一人民医院参加此次义诊活动。有这样的医疗专家团队为患者答疑解惑，来询问的病人也感到很欣慰，义诊团队很热情地为患者解答普通或者疑难的问题，患者普遍满意。

通过义诊活动在解除群众疾病隐患、加强群众卫生健康意识的同时，大力营造和宣传江口县人民医院的良好形象，得到群众的认可。新冠肺炎疫情的影响，义诊活动改为线上进行，继续为群众办实事、办好事，为科普工作做贡献。

有幸为贵州省铜仁市江口县服务 9 个月，这是一段让彭亮终生难忘的从医经历，从陌生到熟悉，结合自身擅长在医疗安全、手术技术、科研和继续教育，以及重点专科建设方面，提出了自己的见解，得到科室和院领导的支持，工作开展顺利，在这里还结识了很多朋友，收获了很多友谊。

冉正应：提升中医适宜技术
提高中医服务能力

清镇市中医医院扶贫干部

习近平总书记曾指出，没有老百姓的健康就没有全面小康。在脱贫攻坚这场没有硝烟的战争中，卫生系统也涌现出很多先进典型，清镇市中医医院共产党员冉正应就是其中之一。

冉正应自 2019 年 3 月被贵阳市委组织部选派到长顺县进行脱贫攻坚工作，主要是对长顺县中医院进行卫生帮扶。冉正应与长顺县中医院领导职工充分交流及认真调查后，了解到长顺县 25.66 万人口中，大部分为少数民族，贫困人口基数大，其中县城人口只有近 6 万人。长顺县由长顺县人民医院为龙头组建医疗集团，长顺县中医院刚在长顺县人民医院中医科基础上组建完成，故中医院中医人才缺乏、中医服务能力低下，帮扶难度较大。根据长顺县中医院实际情况并结合冉正应技术特长，制定了以"帮助掌握中医适宜技术、提高中医服务能力"为核心的科学可行的帮扶方案并组织实施。

一、组织培训

采用讲座、教学查房、病案讨论等方式对中医基础知识、中医临床思维、基本技术操作及针灸、刮痧、拔罐、小儿推拿等中医适宜技术进行系统培训并进行手把手教学，进行考核，要求人人过关。

二、争取后援

在冉正应的努力争取下，清镇市中医医院领导对帮扶工作给予大力支持，接收长顺县中医院骨干 5 人次到该院免费进修学习，并提供免费食宿。精心挑选最优秀的医务人员担当带教老师且要求手把手教学，学会为止，5 人学习期满后，均熟练掌握了 3—4 项中医适宜技术并能独立开展工作，均对学习效果表示满意。此项工作还得到《贵阳晚报》报道并给予高度评价。

三、实行"组团式"帮扶

在本人帮扶的基础上，冉正应进一步组织本院医务科、心内、呼吸、妇科、特色护理门诊等科室技术骨干到长顺县中医院进行"组团式"全方位帮扶，使长顺县中医院管理及技术水平得到全面提升。在冉正应及清镇市中医医院全体医务人员的精心帮扶及长顺县中医院全体同人的共同努力下，共有 50 多项中医适宜技术在长顺县中医院得到推广，特别是小针刀、小儿推拿、中医特色护理等特色技术沉淀到长顺县中医院，使长顺县中医院管理及技术水平得到全面提升，拟于 2020 年年底前达到二甲中医医院服务水平，创建二甲中医医院成功。

冉正应还多次到站街、流长、麦格、犁倭等 6 家医共体医院及下属村卫生室，通过讲座、教学查房、义诊等多种方式教授、推广中医适宜技术，经过培训,6 家医共体医院国医馆医务人员均熟练掌握 4—6 项中医适宜技术并熟练运用于临床,6 家医共体医院的中医诊疗收入均有明显增长。冉正应响应清镇市卫生计生委号召，积极开展中医师传承工作，为医共体医院带教中医师 6 名，其带教学生要求严格、讲解详细，通过一年多的带教,6 名学生均能独立、熟练开展中医适宜技术诊疗服务。冉正应还积极参加医院组织的义诊、体检、送医送药等活动。通过以上工作，使针灸、刮痧、拔罐、小儿推拿、穴位贴敷等技术在清镇市基层得到广泛使用，深受清镇市老百姓好评。

总之，在各级领导的关心支持及清镇市中医院各位同事的帮助下，冉正应创新帮扶模式，高效有为。为清镇市及长顺县的中医适宜技术推广工作添了一块砖，为清镇市及长顺县的老百姓身心健康出了一分力，为清镇市及长顺县的脱贫攻坚工作作出了一定贡献。

任过：立下移山志　打赢脱贫战

贵州省红枫湖畜禽水产有限公司驻村干部

2019 年 3 月，任过到贵州省红枫湖畜禽水产有限公司工作。他以高度的责任感和强烈的事业心，在扶贫工作上兢兢业业、恪尽职守、辛勤工作，出色地完成了各项任务，勤学思考、精准识别，不断提升扶贫工作能力，为扶贫工作作出了积极贡献。自脱贫攻坚工作开展以来，任过积极学习上级扶贫相关政策、参加扶贫培训，强化帮扶意识、拓宽帮扶思路、落实帮扶项目。为了准确把握贵阳市农投集团在罗甸县对口帮扶的项目能按时竣工，他的身影穿梭于罗甸县各产业帮扶项目，为贵阳市农投集团在罗甸县的帮扶产业有了着实的成效。

任过个高强壮，工作时却体贴细心。2018 年毕业于贵州医科大学，在两年的工作实践中，凭着自己的一腔热血，积极加入扶贫工作，以饱满的工作热情和兢兢业业的态度为公司的发展注入青春的活力。

一、主动请缨，不断学习，以实践来检验学习成果

他总是别人眼中的"前进者"，不停歇是他的第一标签。虽然是岗位新手，但他总是活跃在老同志的身边。学习老同志们优秀的品质和工作作风，边学边干，为扶贫工作打下坚实的基础。为深入贯彻落实党的十九大"坚决打赢脱贫攻坚战、全面建成小康社会"的战略要求，他努力学习习近平总书记关于扶贫工作的系列重要论述，主动跟随上级深入基层调查研究。为了更好地为人民服务，检验自己的学习成果，任过以市管农业产业发展平台为支撑，于2019年8月主动请缨奔赴罗甸县参与贵阳农投集团在罗甸县的产业帮扶项目。他说从群众中来，到群众中去，只有了解群众的需求，才能更好地对接项目。没有娇气也没有抱怨，在平均温度35度的天气下，经过长达1个月的跋山涉水，罗甸县12镇1乡的土地上都留下了他的足迹。除了带动罗甸县脱贫攻坚，还要兼顾非洲猪瘟对我国生猪大环境市场的影响下的产业。就是这样一个充满热血的青年，将每一件事都当成自己的使命，将每一个使命都当成前进和学习的动力。

二、敬业爱岗，兢兢业业，永不停歇

2019年10月中下旬，任过及其团队不断努力，在罗甸县农村局等单位的帮助下，成功地将原贵州红河生态农业发展有限公司的1500头自繁一体的养殖场圆满收购成功，并将该项目更名为贵阳市农投集团生猪保供基地（逢亭养殖场）。在长达2个月的项目驻点期间，家里人多次催促任过回家看望，但他就是不舍放下手中的任务，以推进项目进度为首要任务，继续与罗甸县人民政府、县有关部门、贵州红河公司、红枫公司协调、沟通、谈判。皇天不负有心人，任过及其团队的努力终于取得预期的成功。

在逢亭项目有效推进中，他本可以放个小假休息，回家看望父母。但他并没有停下来，也没有放松警惕，而是继续坚守阵地，挑战自我。继逢亭养殖场开始运营并逐渐走上正轨后，他为了加快红枫公司在罗甸县产业帮扶的建设进度，一边兼顾逢亭养殖场的改建后续工作，一边用大量的精力和时间用于罗甸县40万羽蛋鸡养殖项目的土地流转、前期手续办理、现场事宜的对接等工作。他的同事，他的项目对接人，他的受益人都说："这个年轻的小伙很靠谱，对待工作很认真。"就是这样一个别人眼中的"精神小伙"，为了推进项目进度，经常工作到深夜，回到宿舍还舍不得休息，继续整理项目推进工作相关的资料。机会总是留给有准备的人，就是这样一个兢兢业业、爱岗敬业的同志，在2019年11月，终于将罗甸县40万羽标蛋鸡养殖建设项目开工建设。虽然该项目受到新冠肺炎疫情的影响，但是截至目前，该项目的建设工期井然有序地进行。

三、响应号召、积极进取、挑战自我

为了积极响应国家政府促进生猪生产转型升级的号召，党中央、国务院高度重视生猪养殖业的发展，中央领导曾先后多次作出重要批示。而生猪产业当前的首要任务是恢复生产保供给，但生猪恢复生产最大的困难除了疫病防控难度大以外，缺乏数量充足、健康优质的种猪也是最大的困难之一。在这样的种猪产业背景下，面对原来两个项目加持的严峻挑战下，任过不惧挑战，积极进取，乐于奉献，于2020年2月20日又主动承接下了由北京首农和贵阳市农投集团在罗甸县打造的2个种猪原种场项目相关工作。

巨大的工作压力赋予了他身处基层的责任和考验，对于一个刚退去学生时代的青年来说，这样的挑战确实很困难。这无疑又在他在罗甸县产业扶贫工作中增添了浓墨的一笔。不过越是困难的挑战，他的

"狼性"性格越不允许他轻言放弃。好在黄天不负有心人，柳暗花明又一村。在贵阳市农投集团和罗甸县政府相关部门的帮助下，贵州首信种猪育种有限公司罗甸一场落地于罗甸县罗悃镇冗响村，该项目于2020年3月初正式启动规划。

经过长达2个月的努力和罗甸县罗悃镇人民政府的大力支持，该项目于2020年4月26日开始动工建设，目前正在有序地推进。为了满足高端种猪养殖的防疫条件，他们将该项目选址落于罗甸县罗悃镇的大山深处，人烟稀少。在征地期间，他与团队人员一起早出晚归，每天早上吃过早餐后，开车到达项目地，来回地穿梭于项目林地中。为了更快完成项目，节约时间，任过及其团队简化了早晚餐时间，中午餐更是一瓶矿泉水和一袋面包。这样的日子持续了半个多月。

投身于项目之后，他也曾羡慕别人的一日三餐，羡慕别人在凉爽的办公室工作及没有太阳的炙烤，也喜欢干净的脸蛋。但是他明白，他没有时间去羡慕，他每天更多的想法是如何对接项目、如何更好更快地完成项目。如何实在地帮助罗甸县在脱贫中前进一大步。他任何项目的请缨绝对不是为了享受，他深知自己的初心。只有不断地前进，才能体现他去罗甸县脱贫攻坚产业帮扶的价值，体现公司帮扶罗甸县的初心。好在辛勤的付出总是得到了回报，项目已经动工建设。

2020年6月29日，贵州首信种猪育种有限公司罗甸二场宣布正式启动，通过他在罗甸县现场的努力，实地驻点，把项目与生活相连接，在工作中追寻自我，目前已经把该项目推进至设计阶段。

四、严于律己，勤于学习，不断提高扶贫工作的能力

任过对自己各方面的要求十分严格，虽然他不是党员，但他的行事作风处处以党员的标准对照检查和规范自己的行为，他严于律己，廉洁自律，以身作则、处事公正、模范遵守公司的各项规章制度，关

心群众、对同志以诚相待，善于做细致的思想工作，注重倾听同事的意见要求和工作思想。在项目地更是热心帮助群众解决实际困难，为更好地推进项目做好坚实的基石。

他十分注重理论知识的学习和更新，利用业余时间和岗位锻炼的机会，不断加强马列主义、毛泽东思想特别是邓小平理论和"三个代表"重要思想的学习；他刻苦钻业务知识，加强对党的理论知识有更深刻的认识和理解，善于洞察新的形势，具备较好的业务素质和政策水平。积极参与工作相关培训、作风效能建设等活动。同时，他注重学习与实践相结合，通过学习，使个人的人生观、价值观得以升华，使理论转化为生产力，表现出良好的理论功底、业务水平和工作能力。

这就是任过，对国家，能够响应号召，为人民服务。对公司，爱岗敬业，兢兢业业。对自己，勤奋好学，积极进取。就是这样一个充满朝气的年轻人，用自己的行动展现了当代青年的精神面貌，塑造了行业和公司的良好形象，为广大青年树立了一个积极进取、自觉奉献的先进榜样。

邵章华：帮扶万家行在脚下

修文县扎佐街道党工委书记

邵章华，2016年11月至2020年5月，任修文县扎佐镇党委副书记、镇人民政府镇长。2020年5月至今，任贵州省修文县扎佐街道党工委书记，在2020年全省脱贫攻坚"七一"表彰中荣获全省脱贫攻坚优秀共产党员称号。

作为修文县原扎佐镇党委副书记、镇长，肩负着全镇脱贫攻坚工作的重任，他心系贫困群众，带领全镇干部职工踏遍贫困户门槛，道尽万语千言，尝尽各种滋味实实在在开展扶贫工作。用他自己的话说："脱贫攻坚工作，干部不进百家门、不知百家情、不办百家事、不解百家难，就算不上真正的扶贫干部。"他用实际行动带领干部职工凝心聚力谋发展，在基层一线的脱贫攻坚"考场"上书写群众满意的答卷，他也用脚步记录着扶贫路上的酸甜苦辣。

一、体会贫困酸楚，千方百计帮扶

清溪村王正权家 2014 年被评定为贫困户，建档立卡原因是：居住条件差、孩子幼小、妻子常年生病。2018 年，在开展"五个专项治理"工作中，时任扎佐镇党委副书记、镇长的邵章华走进王正权家了解情况时真正了解到贫困群众的酸楚，两间破旧的平房，穿着一件很久没有换洗的衣服，坐在黑黢黢的厨房板凳上，手里端着饭正香喷喷地吃着，灶上放着一碟并没什么油荤的清水白菜，邵镇长一阵酸楚，这个年代了，还有这样贫困的群众，我们的工作没有做好呀！他连连摇头目光凝重，随行的其他工作人员看见眼前的情景，感受到邵镇长对工作的不满意，阵阵酸楚由心而起。

在了解家里的情况时，60 多岁的男子汉顿时哽咽得说不出话来，孩子年幼，妻子常年生病，因病致贫是摆在面前的一道坎。卧室里发黑的被子皱成一团，破旧的衣服堆放得七零八乱，房顶还挂着雨水不停地砸向地面，内心酸楚至极的邵章华镇长下决心帮老人摆脱贫困。

2018 年扎佐镇将王正权家列入易地扶贫搬迁对象，王正权当年就带着家人、领了新房钥匙搬到了位于修文县城的易地扶贫集中安置点，怀着对新生活的向往融入了新市民的生活。谁知不到半年时间，邵章华就接到了老王打来的电话："邵镇长，城里人的生活实在不习惯，我还是想搬回清溪居住，反正在哪里我都不给政府添乱，在哪里都能脱贫。"老王第二天就举家搬回了破旧小平房。为了不因搬家而反复折腾，邵镇长决定帮助他家修建新房屋，解决"三保障"中的住房有保障问题。年老体弱的王正权哪里来的建房资金，邵镇长反复与县级包保责任人商议，双方通过多方筹措，落实6.8万元建房款并为其进一步落实了建房地块。如今，王正权回到了自己熟悉的土地，住上了110平方米的新房，心里乐滋滋的。再去看望王正权时已今非昔比，他穿上了整洁的衣服，厨房里有油有米，冰箱里有菜有肉，还热情地招呼大家："邵书记，赶紧来坐，今天不要走，全部人在我家吃中午饭！"这一声招呼是对邵章华和全体扶贫干部最暖心的回报。

二、改善生活条件，甜味由心而生

大兴村九组建档立卡贫困户王达萍患有癫痫病，80多岁的婆婆，80多岁的母亲以及患有精神障碍的小叔子同他们一家三口挤在60平方米的破旧平房里，家里的主要生活来源仅靠王达萍丈夫在近处打零工，家庭条件差、生活拮据，两位耄耋老人时常因为家庭琐事发生口角，严重时还会离家出走夜宿茅棚。邵镇长得知这一情况后，第一时间组织大兴村驻村工作组入户走访，协调资金为其修建了80平方米的新房，建起了卫生厕所。新家具进屋时，两位奶奶看了又看、摸了又摸，高兴得像个孩子。"老人家，新厨房用上了吧？""用上了，用上了，这辈子从来没用过这么亮堂的灶台！"

走入王达萍的新房，其婆婆特意带邵章华参观了她家的厨房，以前是柴火土灶，现在贴上了瓷砖，用上了电磁炉，干净明亮。"在新房做饭，既卫生又健康，感觉身体越来越好，心情也越来越舒适，再也不跟亲家闹情绪了！这日子越过越甜。"人居环境变好了，家庭也越发和谐了，如何保障王达萍户的稳定收入成为又一个摆在邵章华面前的难题。结合其家庭成员文化程度低、年龄大、就业难的实际情况，邵章华四处寻找公益性岗位来解决返贫的风险隐患。通过多方协调，将王达萍丈夫聘为卫生保洁员，小叔子聘为生态护林员，圆了王达萍一家的就业梦，同时为帮助提升脱贫质量，积极帮助王达萍一家改扩建圈舍，协调资金购买 4 头小牛，现在 4 头小牛已经变成了 4 头壮牛，王达萍全家的脸上也露出了满意的笑容，王达萍一家年收入从最初的不足 1 万元增加到现在的 7 万多元，说起扶贫干部的工作，王达萍的丈夫竖起大拇指连连称赞，党的政策就像照进他们内心的一缕阳光，带给他们的是甜蜜和温暖。邵章华感慨地说："他们甜了我们才会甜。"

三、帮扶攻坚克难，心中辣味变甜味

2018 年冬天的一个夜晚，清溪村泗溪片区坝坝会现场，群众争执不下，说什么也不愿意把土地让出来。由于组组通建设项目没有土地补偿费、青苗补偿费等，要求镇村自行协调土地，这已经是邵章华第 5 次到村里组织讨论用地问题了。"现在的项目都有征拨款，为什么修我们的组组通公路却得不到补偿？""没有青苗补助，我是不会同意把我家土地拿出来的！""我们祖祖辈辈都从这条路走出来了，修不修都无所谓！"面对群众的不理解，邵镇长心里打翻了五味瓶，心疼不已。摆在基层工作的难题就是要做通群众的工作，将群众的辣味变成甜味。

群众要致富，道路要先行！过去，由于道路不通畅、信息闭塞，村民出不去、客商进不来，交通成为阻碍该片区群众脱贫致富的"拦路虎"。现在，项目来了，却协调不出土地修路。邵章华找上了年近七旬的李启才、吴有华两位老党员帮助镇村做群众思想工作。有了寨佬出面，僵持的局面终于迎来破冰。有群众来提出不要

青苗补偿，修路可以，但质量必须要过关。针对群众提出的要求，邵章华与李启才、吴有华等老党员商量，由他们牵头成立工程质量义务监督小组，每天在施工现场巡查监督工程质量。经过 40 天的奋战，环绕扎佐泗溪片区的这条道路终于完工，这条 7.3 公里的组组通道路，解决了该片区 560 户、2100 余人的出行难题。群众终于告别了晴天一身灰、雨天一身泥的日子，孩子们上放学都可以在家门口坐上学的公交车了。村里还采用"三变"模式，流转了 150 亩土地种起了经果林，明年就将迎来大丰收。群众工作虽然艰辛，但只要动之以情、晓之以理，争取到了理解和支持，再多的困难都会迎刃而解。看着村民喜笑颜开的面容，邵章华心中的辣味开始变甜了。

四、工作苦干实干，成效虽苦犹荣

在邵章华镇长的牵头组织下，围绕脱贫攻坚工作，近年来，扎佐镇积极开展农业产业结构调整，累计调减低效玉米种植 3 万亩换种经济作物，围绕产业选择、培训农民、技术服务、资金筹措、组织方式、产销对接、利益联结、基层党建"八要素"，深入推进"党支部＋公司＋农户"模式，发展产业调整合作社，结合资源禀赋、自然条件、产业基础和市场需求等，因地制宜选准了金黄奈李、猕猴桃、蜂糖李等优势产业。通过围绕坝区抓带动，组建了 4 个产业发展党小组，编制了清溪、香巴湖、猪头山、泗溪等坝区发展规划，带动全镇 10 个村（居）发展黄金奈李、中药材、香榧、蔬菜等经济作物 1.8 万亩，覆盖和结对群众 1260 人，人均增收 8000 元以上。

虽然致富了，但要稳得住才算真功夫。邵章华镇长积极整合扎佐区位优势、商贸优势，搭建就业"戏台子"，让脱贫群众摇身变成

"上班族"。依托 10 个村级劳务公司及辖区 347 家企业，解决了 236 名贫困人口的就业问题，覆盖 142 户建档立卡贫困户，户均年增收 1.2 万元，实现贫困群众就地就近就业，解决了返贫的风险。

四处奔忙扶贫路，初心不改追梦人。每每想到贫困群众一张张挂满笑容的脸、一声声质朴的感激、一声声亲切的招呼……邵章华说："在这样的工作中，他真真切切感受到自己被需要，还有更多的事等着自己去做。此时，不禁又生出了前行的动力。有幸投身到脱贫攻坚这一项功在当代、利在千秋的伟大工程中，虽苦犹甜。"

田宏月：用心用情搞帮扶　满腔热血促脱贫

贵阳城发项目管理有限公司党支部书记

田宏月，一个有十多年党龄的共产党员，贵阳城发项目管理有限公司党支部书记、执行董事，40 多岁的他拥有工程应用技术研究员、一级建造师、注册安全工程帅等在工程技术领域都称得上分量的职称和执业资格，是贵阳市人民大道南段、花溪大道、花冠路等重大市政项目代建单位"掌门人"，他还是贵阳市对外帮扶的长顺县代化镇扶贫项目临时党支部书记。他带头抓实抓牢党建工作，开展创新型基层党组织创建工作，获得了广泛认可和一致好评。市国资系统下属企业 20 余批次前来观摩学习基层党建工作，公司党支部被评为市级支部标准化规范化示范点，现正积极申报省级示范点，连续五年被贵阳城发集团党委评为"先进基层党组织"，为脱贫攻坚事业奠定了牢固的组织基础，夯实了战斗堡垒。作为一名光荣的国企扶贫干部，坚决执行国家扶贫政策、积极履行国企社会责任、努力为扶贫事业贡献力量是他最自豪的事业。因代化脱贫攻坚项目事迹突出，田宏月还获得贵阳市脱贫攻坚优秀党务工作者荣誉称号。

一、党建引领，他争当先锋

2017年5月，根据省委、省政府决胜脱贫攻坚的总体工作部署和贵阳市结对帮扶长顺县的具体工作安排，由城发集团项目管理公司承担代化镇扶贫项目的代建工作。代化镇扶贫项目位于黔南州麻山瑶山腹地，路途遥远，交通不便。

按通常做法，代建单位只需要在代建项目成立项目部，抽派精干力量现场开展工作即可。可田宏月在接到代建任务后极其重视，积极向城发集团党委汇报工作思路，主动请命赴代化镇扶贫项目指挥工作。要知道，这个时候他还承担着花冠路等重大项目的代建管理工作。

田宏月未等城发集团党委正式下达任命，便立即投入到项目管理团队筹建等工作中，他把公司专业能力最强、项目建设管理经验最丰富的工程师从其他项目抽调出来，仅用3天时间就完成了人员到岗和办公场地布置，组建了驻地项目办，开始了脱贫攻坚征程。

为充分发挥基层党组织在项目建设推进过程中的战斗堡垒作用和党员的先锋模范作用，做到项目建到哪里，党旗就插在哪里，城发集团还成立了代化镇脱贫攻坚项目临时党支部，田宏月兼任临时党支部书记。在临时党支部成立大会上，田宏月带领临时党支部全体党员庄严宣誓："最沉重的担子我们挑，最危险的地方我们闯，最紧急的关头我们上，最困难的时刻我们到，最艰苦的地方我们去……"

二、脱贫攻坚，他率先垂范

代化镇扶贫项目，包含易地搬迁工程、小城镇建设项目和中心卫生院项目。从项目开工的第一天起，田宏月就下决心要弘扬"诚实守信、团结拼搏"的城发精神，把项目打造成精品工程、优质工程，树立贵阳市对外帮扶良好形象。

田宏月说到做到，他在做好公司城市基础设施项目建设的同时，把更多的精力放在了代化镇扶贫项目上，保持每周至少 1 次到项目建设现场协调施工、监理、设计等参建单位促进度、保质量，用专业知识排解技术疑难，协助代化镇政府开展拆迁安置等工作。

每次到项目上，他都要跑遍每一处施工现场，和工人们吃住在一起，了解工程进度，解决施工难题。很多时候，他是白天在工地上指挥，晚上和工友们交流。在拆迁安置期间，他每次到项目上都要忙到深夜，和政府工作人员挨家挨户地做工作，了解安置住户的生活情况、困难和诉求，研究最优方案，最大限度减少施工对人民群众生活带来的影响。

在一次与政府工作人员沟通工作中，他获悉代化镇政府因缺少资金致组织搬迁困难群众开展文体活动并进行慰问的计划搁浅，当即协调 5 万元进行资助。

他经常跟大家说，我们从贵阳来到黔南建设扶贫项目，目的是在为人民群众做好事，而不是给他们带来麻烦，要充分考虑民众的需求，真正做到民生工程为民谋利，真正为群众做一些看得见摸得着的实事。

说起这份承诺，还不得不提田宏月牵头负责的两个扶贫事迹：一是城发集团驻村帮扶花溪区黔陶乡骑龙村危房改造项目。骑龙村有 7 户贫困群众住房危旧，急需改造，谁出钱？谁来建？作为城发集团旗下承担项目代建业务的公司主要负责人，田宏月主动请缨，四处筹资，及时凑到了65万元捐款，为7户骑龙村贫困危房户新建住房320平方米，用实际行动诠释了国企及国企扶贫干部的社会担当。二是帮扶息烽县青山苗族乡老复员退伍军人吕世贵老人。80多岁的吕世贵老人，系青山乡唯一健在的老复员军人，也是农村低保对象和精准扶贫对象，唯一的儿子身患残疾，仍居住在年久失修的危房里。田宏月再次主动请缨帮助解决吕世贵同志建房资金2万元。拿着帮扶资金，吕世贵老人激动地说："感谢党和政府的关心，感谢贵阳市城市发展投资集团股份有限公司的爱心帮扶。"

三、管理项目，他追求卓越

"要么不做，要做就要力争最好。"田宏月经常用这句话来要求自己，勉励他人。

为把代化镇扶贫项目管理好，他切实履行项目临时党支部书记的职责，充分发挥党的政治优势、组织优势和密切联系群众优势，牵头在项目上成立了党员先锋队和青年突击队，并兼任队长，带领党员先锋队和青年突击队队员在项目管理中带头"冲锋陷阵"，重要工作亲自部署、重要环节亲自协调、重大问题亲自研究解决，成功攻克了一个个急、难、险、重的问题。

他对派驻员工非常关心，无微不至。项目建设期间，有两名派驻员工的孩子都才1岁多，离家远，不能照顾家庭，田宏月经常和他们谈心谈话，了解他们的困难，并一一为他们解决。甚至改善办公条件、增添文体设施、解决生活补助等日常事务，他都一一过问落实。

在他的带动、引领、感召下，代化扶贫项目现场管理人员和广大建设者激情高涨、斗志昂扬，一心扎在项目建设现场，冲锋陷阵在项目建设一线，掀起了大干实干、创先争优的热潮，比安全、比质量、比进度，项目推动迅速，圆满完成了代建任务。

项目建成后，他还放心不下搬迁群众，多次组织各方到搬迁入住的住户家里开展满意度调查，主动上门解决群众实际需求。谁家有什么小问题，他都要求一一整改，直到住户满意为止。他总反复强调，我们是给贫困群众修房子，他们住得舒心脱贫就更有信心。

四、社会责任，他勇于担当

在田宏月与战友们的共同努力和倾情付出下，极贫乡镇代化华丽变身，基础设施得到完善，城镇面貌焕然一新，经济发展后劲增强，已吸引枫香染刺绣园和农村电商服务站等相继入驻，正在走向小康的路上。花溪区骑龙村 7 户贫困危房户住上了安全舒适的住房，过上了幸福的生活。

"以前从上面下来都是水沟，到这个地方就是死水凼，排不出去了，赶场天来赶场的老百姓走过这个地方，一不小心就会摔跤。"居住在代化镇街上 20 多年的周志权老人谈起镇区的变化，感触颇深。现在，这样的局面得到了改变，"极贫乡镇"变身"商贸小镇"，人居、教育、医疗、商贸、饮食等所有基础设施焕然一新，集镇文明程度人人改善，一个新的城镇正在逐步形成。

但田宏月的脚步并未停止，为了进一步巩固代化脱贫攻坚成效，他决定放弃个人经营业绩，积极响应上级号召，按程序把公司应得的 400 余万元代建收入全部捐给代化镇，支持代化镇经济社会发展。同时，他还积极组织公司员工参与"扶贫日"捐款，奉献爱心；还积极落实上级关于职工食堂定点采购贫困地区农产品的号召，组织公司食堂进行采购，支持贫困地区发展农业产业；还积极请求在城发集团即将开展的扶贫工作中分摊扶贫任务。

现在的田宏月，虽然皮肤更加黝黑，但笑容更加灿烂、眼神更加坚毅、声音更加洪亮。在他看来，扶贫项目建设的意义，不在于自己业绩履历上又添上了一笔，而在于扶贫项目的建设给人民群众贫困生活带来的改变，让他们过上幸福的日子，这才是他真正发自心底的成就感。

在公司党支部正在开展的"党员身份亮出来，服务承诺晒出来"党建主题活动中，田宏月写下这样的服务承诺，"您的满意就是我的终极目标"，他还将以党员身份大显身手，让咱们拭目以待……

田景文：奉献余热守初心　全心全意只为民

花溪区贵筑街道办事处驻村干部

田景文，贵筑街道办事处正科级干部，花溪区驻望谟县边饶镇对外帮扶工作组组长。自 1993 年 7 月工作以来，先后担任贵州省羊艾监狱管教干部、花溪区法院助理审判员、审判员、孟关法庭副庭长、花溪区维稳办专职副主任、花溪区石板镇镇长、花溪区委政法委副书记（2010 年 2 月至 2011 年 2 月抽调到省综治办重点整治办和校园整治办帮助工作）、贵筑街道办事处党工委书记、贵筑社区党委书记。

田景文在工作中，坚持处处率先垂范，事事身先士卒，圆满完成上级交办的各项工作任务，取得了一定的成绩。他在任期间，孟关法庭首创"夜间法庭""假日法庭"，并先后荣获贵州省高院、贵阳市中院先进法庭称号；石板镇连续两年获贵阳市依法行政先进单位；贵筑社区从贵阳市挂牌上访重点单位变为"问题不出村居、矛盾不出社区、项目顺利实施、人民群众满意"的和谐社区。

正是由于他长年超负荷工作，积劳成疾，高血压复发，身体免疫力下降，不幸身患右上肺周围型腺癌，于 2013 年 11 月离岗治疗。在组织上的关心下，他积极调整心态，经过有效治疗于 2016 年身体得以康复，随后立即申请重返工作岗位贡献力量。当时，组织上安排他在花溪区湿地公园管理处帮助工作。2020 年 1 月，组织安排他返回贵筑街道办事处任二级主任科员，在新冠肺炎疫情发生以来，他主要负责天鹅村的疫情防控、办事处企业复工复产督查工作。

2020 年 2 月 23 日，经组织安排他被区扶贫领导小组紧急抽调到区帮扶望谟县边饶镇脱贫工作组并担任组长，在决战决胜之年对边饶镇开展对口帮扶工作。

作为一名癌症康复患者，家人担忧他投入到艰难险重的工作中身体会吃不消。但是，作为一名共产党员，他为能够投身到扶贫大业的伟大洪流中信心满怀。到望谟县边饶镇后，他和帮扶工作组的同人们一起克服了山高、坡陡、谷深、挂壁公路等危险和困难，立足帮扶工作实际，深入村、组了解贫困群众的第一手资料，积极研究帮扶思路、制定工作措施，有力推动了花溪区对望谟县边饶镇脱贫攻坚帮扶工作。2020 年 3 月 23 日，花溪区委副书记薛昌柱对花溪区驻望谟县边饶镇脱贫帮扶工作组工作作批示："边饶工作组真帮实扶，工作开展有声有色"。

2020 年以来，工作组共编写工作简报 22 期，上报工作典型材料 1 期，花溪区政府门户网站、浪漫花溪高原明珠微信公众号刊发了工作组 15 期工作简报。4 月 30 日，贵阳市电视台《直播贵阳》栏目《脱贫攻坚走基层专栏》以《脱贫攻坚，花溪在行动》为题，宣传报道了花溪区对口帮扶望谟县边饶镇工作成效；花溪区融媒体中心记者进行为期一周的跟踪采访，以《开对"药方"拔"穷根"》《花溪帮扶解难题，修建连心桥打通产业路》《花溪区"志智双扶"送岗下乡》《花溪区精准帮扶产业项目播东村实现"点土成金"》《帮出信息与志气，堡上村民树宏愿》《贵州小山村走上养牛致富路》《送千余岗位到望谟》《花溪区助力边饶镇脱贫致富有"术"》等为题对花溪区三年帮扶项目的实施情况进行深入的系列报道。自 4 月 30 日以来，中央媒体人民网、新华网、新华社客户端、贵州省日报旗下天眼新闻、众望新闻、贵阳电视台、浪漫花溪高原明珠滚动报道贵阳市花溪区对口帮扶望谟县边饶镇的脱贫攻坚工作，展现了边饶镇党委政府和人民群众对花溪区对口帮扶工作的肯定和赞誉，为助力边饶镇按时高质量打赢脱贫攻坚歼灭战发挥了花溪作用。

"春已至，疫病斩除已有期，田间地头抢农时；重返岗，奉献余热守初心，全心全意只为民；记使命，抗疫扶贫两不误，奔赴扶贫第一线"。这是田景文于 2 月 25 日写在日记里的一段肺腑之言。他为身体康复后能继续为党为人民工作而感到幸福和满足，同时也是一个有着 28 年党龄的老共产党员对自己的勉励和鞭策。

为了珍惜这来之不易的脱贫帮扶机会，他认真学习了中央、省、市、区关于脱贫攻坚工作的新部署、新要求，对组员工作职责进行明确，严格帮扶工作纪律，做到工作任务清楚、帮扶项目及进展情况清楚、脱贫帮扶效果清楚；建立了一周一次工作例会调度制度，精准掌握帮扶工作进展情况。疫情期间，他利用半个月时间进村入户了解各村脱贫工作开展情况，同时到花溪区帮扶的项目点实地调研，对需整改的项目及时提出建议督促整改，监督帮扶资金的使用合法合规，项目实施落到实处。

面对脱贫攻坚决胜之年的巨大挑战，他下定决心要向党和人民交出满意的答卷，充分发挥"政策宣传员、问题排查员、帮扶联络员、攻坚战斗员"的作用，真帮实扶助力边饶镇按时高质量打赢脱贫攻坚歼灭战。

对工作满怀激情。通过进村入户调研，按照边饶镇扶贫攻坚找差距、补短板、强弱项，加快实现传统农业向现代化农业迈进的需求，他积极协调区扶贫办会商区对口帮扶部门着力做好市场、就业、产业、教育、医疗和干部互派人才培训等六项帮扶工程。他还主动争取省发展和改革委的支持，协调区对口帮扶部门，发挥了联络枢纽作用。期间，花溪区文旅局负责人率文化旅游策划专家前来边饶镇播东村开展对口帮扶工作、花溪区供销联社负责人率贵阳供销马车队公司一行前来边饶镇开展对口帮扶工作、花溪区人民医院开展对口帮扶义诊活动、花溪区商务局开展产销对接工作。花溪区主要领导带队赴望谟县边饶镇开展对口帮扶工作，并代表花溪区向边饶镇捐赠帮扶资金100万元。

对民抱济困之责。两个多月来，他认真走访了299户988名贫困群众，每到一户都与贫困群众真诚交心，了解他们的需求，引导他们依托产业项目转变观念、自力更生。与此同时，将有关政策及时传达到贫困群众的心坎上。用"绣花"功夫找问题、改问题，提出涉及"两不愁三保障"完善建议15件次，提出产业扶贫建议10件次。他还主动邀请策划公司、贵州黔上优货就搭建蜂糖李及其他特色农产品产销平台、建立长效销售机制等进行深入交流，确定产、销双方利益联结机制带动当地种养殖业健康发展，聚焦产业扶贫项目，真帮实扶助力边饶镇按时高质量打赢脱贫攻坚歼灭战。

帮扶工作中，他注重帮扶效果，发挥了五个真帮实扶作用：一是发挥监督作用。对花溪区2018—2019年帮扶边饶镇300万资金项目的落实情况进行督促，使帮扶资金的使用、监督、项目实施落到实处。二是发挥助推作用。对花溪区2020年的350万资金帮扶播东村标准化精品香蕉种植示范园和排涝工程项目、透风漏雨项目、环境整治项目及时跟进实施进度，促使产业项目、民生项目顺利实施。三是发挥枢纽作用。积极协助区对口帮扶部门切实对产业、市场、就业、教育、医疗、旅游、干部交流、社会参与等"6+N"帮扶工程的具体实施，整合资源优势，以点带面，巩固提升脱贫成效，强力推进脱贫攻坚与乡村振兴的有机衔接。四是发挥协调作用。解决"加油难"问题，主动协助望谟县有关部门和边饶镇党委政府尽快使加油站建设落地，减轻当地老百姓的生产、生活运营成本。协调召开望谟县红色旅游开发座谈会，会议确定打造以边饶镇播东村红色旅游为重点，集红色旅游文化、布依民族特色文化、自然山水溶洞景观、现代农业采摘相结合的旅游开发样板地，达到走红色道路、品布依美食、听天籁之音、观自然山水的旅游融合发展，推动全县旅游文化产业健康有序开发。五是发挥"四员"作用。真正成为政策宣传员、问题排查员、帮扶联络员、攻坚战斗员。

田景文说："我要积极践行'脱贫攻坚无小事'的要求，哪怕是一条惠民政策的宣传、一项产业收入的测算、一个扶贫措施的确定，都严格做到细微细致、精准精细、求实务实。不负党的信任，不负群众的期盼，和同志们一起奋力攻坚、决战决胜！"

瓦浩：投身脱贫攻坚事业 做好交通基础设施服务工作

贵阳市公路处副处长

瓦浩，贵阳市村公路建设领导办公室副主任和贵阳市公路处副处长。脱贫攻坚工作开展以来，坚决服从上级指示，协助主要领导，负责全市农村公路建设管理及交通扶贫工作。认真克服各种困难，用饱满的热情，倾心投身脱贫攻坚各项事业，为脱贫攻坚工作作出了微薄贡献，让群众受益，使自己得到历练，深得广大干部群众的拥护和信任，使帮扶广大百姓驶入脱贫致富奔小康快车道。

瓦浩主持完成贵阳市"四在农家·美丽乡村"小康路的规划和行动方案的制定，确保贵阳市 2015 年小康目标 100% 建制村通畅的完成。同时，为贵阳市农村公路规划建设提供依据，组织完成全市农村公路基础数据库建设。配合"5 个一百工程""扶贫摘帽工程"做好交通基础设施服务工作。

为早日打通服务群众"最后一公里"，作为主要负责人编纂完成了《贵阳市农村"组组通"公路大决战实施方案》《贵阳市农村"组组通"公路工程竣（交）工验收指导意见》等行业标准及方案。在贵阳市农村"组组通"公路三年大决战（2017—2019）建设工作中，牵头组织建设完成"组组通"硬化路 6467.1 公里，沟通了 2980 条通组公路，实现 30 户以上村民组通畅率 100%，完成投资 52 亿元，并全部完成验收及移交养护。经统计，全市农村"组组通"建设惠及 30 户以上村民组 2980 个，沿线人口 79 万人，其中贫困人口 6.9 万人。直接参与项目建设的农村群众约 2.26 万人次，带动群众增收 3.03 亿元，其中贫困群众约 0.2 万人次，带动贫困群众增收 0.09 亿元。同时，组组通的公路建设融合了农村旅游、产业发展和群众需求，带动农业产业发展 17.7 万亩，产业产值约达 30.7 亿元，乡村旅游村寨突破 95 个，新增农用车等 2.39 万余辆，切实提高全市农村群众收入，脱贫成效显著。

切实加强全市农村村组公路的建养管理，充分发挥交通在脱贫攻坚中的支撑性作用，瓦浩牵头制定了《贵阳市农村"组组通"公路建设"以奖代补"实施方案》，在 2018—2020 年计划安排 2 亿元市级奖补资金，有力地助力贵阳市"组组通"公路建设。在公路养护工作中，支持各地利用公益性岗位、贫困人口进行道路日常养护工作，增加其收入。

按照市委、市政府及市交委的安排部署，完成了望谟县大观镇大塘村配套公路项目建设的技术指导工作。该项目总里程为 3.38 公里，总投资约 1254.4 万元，项目业主为贵阳市交通投资发展集团有限公司。

瓦浩作为多年从事农村公路建设管理工作，熟悉贵阳市农村公路建设的现状的基层一线干部，能够发挥自身优势，脚踏实地，有效指导全市农村公路的建设，为贵阳市农村公路建设作出了突出贡献，每年都较好地完成了目标任务。多次荣获市政府和交通系统先进个人奖励：2016 年荣获"市直机关优秀共产党员""贵州省总工会 2013—2017 年美丽乡村建设工作先进个人""贵州省交通运输厅 2015—2017 年度全省交通运输行业先进个人"；2018 年荣获贵州省总工会"贵州省五一劳动奖章""农村公路建设三年会战优秀个人表彰"；2019 年荣获贵州省交通运输厅、贵州省人力资源社会保障厅"全省农村组组通硬化路三年大决战先进个人"。

在努力工作的同时，瓦浩注重知识和技术创新，作为项目（技术）负责人完成科研课题 2 个，其中：主持"山区上承式钢筋混凝土拱桥施工关键技术研究"获省公路学会科学技术二等奖。

瓦浩党性强，政治思想成熟，认真学习党的十九大和十九届二中、三中、四中全会精神及习近平总书记对贵州重要指示批示精神，不断提高思想认识，努力提升道德修养，积极践行社会主义核心价值观，带头学习和遵守党纪国法、遵守社会行为准则，遵守公共秩序；把做人与做事、立言与立行统一起来；为人谦虚谨慎，善于团结同志，搞好协调。工作能力强，凡是组织安排的工作，都能从大局出发，不讨价还价，不阳奉阴违，不推诿塞责，展现了良好的工作作风和精神风貌，在群众中享有良好威信，享有较高信誉，无不良记录；勤奋好学，善于创新，具有良好的专业素质和综合能力，具有较强的职业技能和业务水平，在脱贫攻坚工作方面发挥了重要作用，取得突出成绩，是一名优秀的党员干部。

汪继发：情系贫困乡　爱洒脱贫路

乌当区农业农村局农产品检测站站长

汪继发，乌当区农业农村局农产品检测站站长，按照组织选派，于2019年7月选派到望谟县麻山镇挂职，挂任镇农业服务中心副主任，挂职时间半年，按照镇党委的安排，工作主要是督促、检查村级脱贫攻坚指挥部工作开展情况、下达督战令、拟发工作提示单、协助镇产业办抓好产业扶贫工作以及完成镇党委、政府临时交办的工作。

一、加强学习，不断提高业务知识和驾驭工作局面能力

初到麻山，对县情、镇情、村情不了解，对扶贫政策掌握不透、对当地民俗风情了解不多，于是汪继发决定用2—3周时间对全镇情况做全方位的了解，加强学习，迅速融入麻山大家庭中去。一是利用与驻村干部一起下村机会，对全镇13个村进行实地走访，对麻山镇基本情况、村情、脱贫攻坚工作及村级指挥部人员配置、资源、产业等进行全方位的了解，主动融入当地群众生产生活，重点对当地民俗风情，脱贫攻坚短板、产业发展瓶颈等方面进行客观分析，为下一步的脱贫攻坚工作打下基础。二是参加麻山镇"不忘初心、牢记使命"

主题教育学习，按照"守初心，担使命，找差距，抓落实"的总要求和理论学习有收获、思想政治受洗礼、干事创业敢担当、为民服务解难题、清正廉洁做表率的目标开展好主题教育，使自己的宗旨意识得到进一步提升。三是通过参加镇每周工作例会、每周脱贫攻坚指挥部工作研判调度会，有效地提高自己抓工作能力和水平。

二、服从指挥，扎实开展镇党委下达的各项工作任务

在工作中始终坚持"艰苦创业、艰苦奋斗、坚韧不拔、坚持不懈"的麻山精神。一是督查督导工作。半年来，做到督和导相结合，与指挥部成员对全镇 13 个村开展 9 次扶贫攻坚专项大督查，下发督查通报 9 期，工作提示单 9 期，拟写工作信息简报 12 期。二是建档立卡贫困户信息核查工作。对村级指挥部报送的扶贫攻坚表格、信息进行核查，对系统数据按照要求随时进行变更，有时甚至驻扎村级指挥所进行数据更改。三是利用"四逐四准"遍访机遇，开展进村入户，体察民情，了解民意，查找脱贫短板和薄弱环节。对省、州交叉检查的问题台账，每天和指挥部成员进行逐一研判整改，精准施策，按照时间节点全部完成整改销号。四是模拟检查评估工作。镇脱贫攻坚指挥部考虑到挂职干部口音和当地群众有所不同的优势，把模拟第三方评估考核任务交给挂职干部，要求每村要走访不低于 80 户农户，对驻村干部、第一书记、村支两委、网格员等人员要进行全程录音录像访谈，按照分组方法共走访贫困户 500 余户，取得很好的效果。五是控辍保学工作。由于 9 月份镇属部分村级学习要进行拆并，为防止义务教育阶段学生辍学，按照镇党委、政府安排部署，对拆并学校的村要进行 6—16 岁义务教育阶段学生摸底统计，每家每户要进行摸排，对辍学生要进行劝返，通过与驻村队员、教师队伍一道挨家挨户宣传，摸排，成功劝说 32 名学生返校就读。六是易地扶贫搬迁后续

工作。易地扶贫搬迁户房屋拆除和复垦复绿工作涉及范围较大、贫困户较多,积极向镇党委请战,与包村领导、驻村队员一起研判一起作战,按照先易后难原则逐步推进,致使此项工作得以顺利推进。七是积极参与动员有劳动力的建档立卡贫困户外出务工等工作。八是参与镇工作组对全镇安全饮水进行调查。九是与帮扶干部一起走访从麻山镇搬迁到望谟、兴义等地新市民,了解他们的生活、就业情况,子女入学情况等。十是积极参与麻山镇"扶贫日"捐款活动,积极表达自己的爱心。

三、发挥优势,跟踪服务帮扶资金落实产业发展项目

乌当区 2019 年帮扶望谟县麻山镇资金为 100 万元,主要用于就业扶贫、产业发展、就学补助、医疗救助等方面,作为农业部门的帮扶干部,汪继发主要关注产业项目发展方面工作,乌当区扶持资金主要用于麻山镇中药材(菊花)产业示范点建设、麻山镇澳洲坚果种植示范点建设、卡法养殖(养牛)专业合作社建设项目。三个项目进展顺利,共投入乌当区帮扶资金 51.2 万元,其中:中药材(菊花)项目 70.8 亩,投入乌当区帮扶资金 11.2 万元,共收获 1825.5 斤干菊花;投入乌当区帮扶资金 20 万元用于 200 亩澳洲坚果种植;投入乌当区帮扶资金 20 万元用于卡法小黄牛养殖基地修建圈舍补助、购买商品牛补助。三个项目中,2 个种植项目汪继发对农户进行 4 期 60 余人次的种植技术培训,主要围绕药用菊花种植管理、澳洲坚果定植技术等方面进行现场讲解;中药材(菊花)种植还参与该项目的县级验收;卡法小黄牛养殖项目参与镇产业办对合作社涉及养殖户摸底调查、可行性报告、项目实施方案的拟写等。三个项目的实施,一定程度上壮大了村级集体经济的收入,带动了 59 户贫困户参与实施(中药材种植带动 14 户贫困户、澳洲坚果种植带动 22 户贫困户、养牛

项目带动 23 户贫困户），贫困户增收效果明显，起到了一定的扶贫效应。

四、争取资金，做好企业与帮扶地区桥梁纽带

一是积极协调争取乌当区农业农村局专项资金 10 万元，主要用于带领镇、村两级干部外出学习考察培训，拓宽镇、村两级干部抓集体经济、抓农村"三变"工作的思路和视野。二是积极联系贵州龙膳香坊食品有限公司到麻山镇考察，建立扶贫车间事宜。贵州龙膳香坊食品有限公司派出公司高管前往麻山镇实地考察，商议建立扶贫车间事宜，该公司对当地养殖黑毛猪土猪、土鸡以及土鸡蛋等乡土特产有较浓厚的兴趣，双方有望进一步合作。三是协调、配合乌当区教育局（少年宫）对搬迁到义龙新区新市民子女捐赠物资（书包）工作等。

半年的挂职生涯结束了，"麻山精神"始终鼓舞、激励着汪继发，全镇干部职工积极乐观、对待工作和生活的态度让他深受感动，他们"五加二""白加黑"，"人一之，我十之；人十之，我百之"的精神状态让他内心受到极大的洗礼，使他受益匪浅。

王华：在"实"字上下功夫
用心用情服务群众
观山湖区统计局调查中心主任

根据组织安排，王华挂任郊纳镇党委委员、副镇长，接到这一使命，王华于 2019 年 7 月 29 日傍晚到达郊纳镇人民政府报到，住在镇政府公租房、吃在镇政府食堂。到岗后，根据镇党委政府的统筹安排，具体分工为协助郊纳镇吴荣华

主席做好观山湖区对口帮扶相关工作的对接协调；协助李波副镇长分管全镇的统计工作；协助郊纳镇鸭龙村脱贫攻坚指挥部指挥长统筹做好鸭龙村脱贫攻坚全面工作。

一、了解村情民意

到岗工作后的两周，王华紧紧跟随镇党委书记、镇长到镇管辖的各村走访调研，深入了解各村级指挥部的运行情况、各村脱贫攻坚工作开展情况、各村组民情民意等。全镇辖 10 个村 1 个社区，96 个村民小组，4466 户 21291 人，2014 年全镇建档立卡贫困人口 2000 户9450 人，现已脱贫 1910 户 9221 人（其中 2014 年脱贫 159 户 841 人，2015 年脱贫 325 户 1653 人，2016 年脱贫 292 户 1492 人，2017 年脱贫 197 户 933 人，2018 年脱贫 306 户 1456 人，2019 年脱贫 631 户2836 人），剩余贫困人口 90 户 239 人，贫困发生率从 2018 年底的16.01% 下降到 1.24%（按 2014 年农业人口数 19213 人计算）。目前，全镇所有贫困村全部出列，贫困发生率最高的高寨村 1.92%，最低的鸭龙村 0%。

二、统筹做好村级指挥部工作

根据镇脱贫攻坚指挥部的要求，镇党委政府各班子成员要包保一个村并吃住在村，全面统筹做好村级指挥部的各项工作。在大致了解全镇的基本情况后，根据安排，王华被派到鸭龙村协助鸭龙村指挥长统筹做好脱贫攻坚全面工作。2019 年 8 月 19 日，王华到鸭龙村报到，并按要求吃住在村，与村脱贫攻坚指挥部成员一起开展全村的脱贫攻坚工作。

鸭龙村距镇政府 8 公里，辖 10 个村民小组 10 个自然村寨，全村国土面积 12.5 平方公里，其中，耕地面积 2080 亩，林地面积 4209.5

亩。全村户籍人口 506 户 2504 人，2014 年初建档立卡贫困户 205 户 880 人，贫困发生率为 35.14%。几年来共脱贫 203 户 908 人，2019 年已实现建档立卡贫困人口全部脱贫，贫困发生率为 0%。具体情况 为：2014 年脱贫 18 户 76 人，贫困发生率下降到 32.11%；2015 年脱贫 49 户 238 人，贫困发生率下降到 22.6%；2016 年脱贫 108 户 503 人，贫困发生率下降到 2.52%；2017 年脱贫 2 户 9 人，贫困发生率下降到 2.16%；2018 年脱贫 2 户 7 人，贫困发生率下降到 1.88%；2019 年脱贫 23 户 63 人（12 户 24 人兜底脱贫），经过动态管理调整（2 户 2 人死亡，1 户 1 人转敬老院集中供养），贫困发生率下降到 0%。

在村级指挥部工作期间，主要完成以下工作：实现 23 户 63 人贫困人口脱贫清零；完成 23 户透风漏雨房屋的整治；解决两个村民小组饮水安全问题；劝返 2 名辍学学生，保证王华村零辍学率；动员易地扶贫搬迁户 85 户进行旧房拆除和复垦复绿；组织对鸭龙村鸭龙组 16 栋老旧危房进行拆除，消除安全隐患和视觉贫困；组织对全村"五统一"资料方面的问题排查，共排查出问题 8 类 58 个问题，已完成整改；多次组织召开 10 个村民小组会议，开展 2020 年低保提标评定工作、宣传农业产业结构调整政策并免费发放观山湖区捐赠黄豆种子 1500 余斤、共商村庄环境整治问题、宣传党的惠民政策、宣传合医养老保险政策并动员主动缴费。

三、扎实做好网格员工作

根据望脱攻指通〔2020〕14 号文件，王华作为鸭龙村大坪组的网格员，要做好以下工作：一是对网格内农户做到道路熟悉、信息精准、措施到位，确保所有农户实现"一达标两不愁三保障"；二是每周常驻村（社区）不低于 5 天，与网格内结对帮扶责任人落实好包保、帮扶责任；三是按照"一达标两不愁三保障"标准，对网格内所有农户进行走访，查清无"两不愁三保障"短板的"放心户"、争要扶贫政策的"缠访户"和"两不愁三保障"存在问题的"短板户"，收集好相关印证资料，打好问题歼灭战；四是抓好包保网格农户脱贫攻坚政策宣传和感恩教育，整治村庄环境卫生，倡导移风易俗新风尚，确保非贫困户做到"六个说得清"，配合结对帮扶责任人做到贫困户"十三个说得清"；五是负责核准网格内农户的家庭信息，完善非贫困户一户一书，配合网格内结对帮扶责任人，完善连心袋、一户一档、公示牌等资料；六是完成村（社区）脱贫攻坚指挥部交办的其他工作。

经多次实地走访核实，大坪组户籍人口 26 户 104 人，其中建档立卡贫困户 10 户 44 人；有劳动力户数 20 户 47 人，已就业 38 人，其中建档立卡贫困户 8 户 18 人，已就业 13 人；2019 年领取农村低保户数 9 户 31 人；义务教育阶段在校生 8 户 14 人，其中建档立卡贫困户 3 户 5 人；2014 年至今，实施危房改造 17 户，其中建档立卡 5 户，2019 年透风漏雨整治 2 户 9 人；易地扶贫搬迁 3 户 20 人。

四. 认真做好包保责任工作

根据镇脱贫攻坚指挥部的安排，挂职干部要同镇在编干部职工一样，包保贫困户，做好包保责任人的各项工作。王华在鸭龙村打朋组有 5 户包保户，分别是蒙玉兴、杨光华、罗珍贺、罗珍轰、罗珍奎 5 户，贫困户属性均为脱贫户，包保工作从 2019 年 9 月 22 日起。根据包保工作的要求，包保责任人主要做好包保户的脱贫与巩固提升工作，具体来说，要做好包保户的收入账精准测算并取得农户的认可，做到明白卡、信息牌、系统数据、农户口中说、实地查看情况的"五统一"；要做好连心袋资料的收集整理、保证资料的规范统一；要解决好"一达标两不愁三保障"问题；要每月入户走访开展工作一次，并做好走访记录等工作。

脱贫攻坚工作是一项光荣而又艰巨的工作，需要广大党员干部，特别是基层干部一件事情一件事情的做，一个问题一个问题的解决，王华坚持在"实"字上下功夫，做好做细做实脱贫攻坚工作，在平凡岗位上用心用情为老百姓做好服务。

王佳兴：抓好项目建设　助推林业发展

天柱县林业局党组成员、副局长

根据乌当区委组织部的安排，王佳兴于 2018 年 7 月至 12 月到黔东南州天柱县林业局挂职锻炼，任天柱县林业局党组成员、副局长，分工明确主抓森林城市和森林康养方面工作，协助其他班子成员抓国土绿化、林业产业发展工作，具体分管城镇园林绿化办，协助分管营林站、林业产业办。

珍惜机遇，锻炼提高。一是认真对待。根据中央及省委、省政府有关做好脱贫攻坚工作的部署要求，落实乌当区对口帮扶天柱县做好脱贫攻坚的具体体现，既是一项政治任务，又是一次难得的锻炼机会，王佳兴时刻要求自己务必要高度认识，认真对待。二是珍惜机遇。对口挂职，机遇难得，为此，王佳兴时时提醒自己，务必要珍惜机遇，抓住机遇，用好机遇，认真学习，勤奋履职，不辜负组织的期望。三是转变角色。根据挂职单位的工作分工，因业务对口，分管工作熟悉，较快地适应了工作角色转变、工作环境转变、生活环境转变，快速投入工作。工作中始终摆正自己的位置，努力克服工作、生活中的困难和问题，安心、静心、专心学习和工作，认真遵守挂职单位各项纪律，合理处理挂职单位与派出单位工作关系，把主要心思和精力放在学习锻炼上，以实际行动赢得了挂职单位的认可。

认真学习、深入了解。王佳兴到挂职单位后，为尽快投入工作。一是抓好学习。通过学习文件、查阅有关资料，参加县委、县政府有关会议、局党组会、局长办公会、干部职工会等了解天柱林业生态建设工作及其他工作，为顺利开展工作奠定基础。二是主动对接。主动同班子成员、干部职工交流工作，特别是在森林资源管护、营造林、森林经营、森林康养、林业产业等方面，把乌当、天柱的工作进行分析、对比，借鉴相互可取之处，助推工作。三是深入了解。主动陪同班子成员、科室长、驻村干部深入乡镇村组了解油茶、杉木造林和林下黄精、钩藤种植等林业产业，为协助推进林业项目实施奠定基础。

主动协助，履行职责。根据分工，王佳兴主动协助处理日常工作。一是主动对接抓规划编制。围绕省级森林城市创建、森林经营、产业发展等规划编制工作，结合自己业务方面的优势，及时向局党组建言献策，主动牵头到省林业厅、省林勘院、州林业局汇报对接工作，积极争取上级支持，目前，创建省级森林城市规划编制预案已获得省林业厅认可，委托设计单位编制将车坡省级森林公园规划前期准备工作已完成，牵头完成了县级森林经营规划编制，并组织县级审查形成送审文本报州林业局，指导完成了天柱县 2018 年度县级森林植被恢复费实施方案编制、40000 亩森林抚育项目作业设计，多次参加栖凤油茶生态园总体规划编制前调研、编制中会商、总体规划县级审查。二是主动协助抓项目建设。协助指导督促造林主体完成 5 万亩中央资金油茶抚育改造、2 万亩中央财政森林抚育、2000 亩长防工程造林抚育、1000 亩农业综合开发项目油茶种植，完成 2017 年度中央资金 60 万元专项支持油茶科研示范项目建设并通过了省林业厅前期督查。同时，完成了 2018 年度的油茶科研示范项目申报和 2017 年度的县级验收准备，完成了县林业局支持东风村 3000 平方米草坪建设，协助州林业局科技推广站完成了在天柱、锦屏、岑巩实施的油茶品比项目测产。三是协助抓好造林迎检。协助完成林业厅县域经济林业工作核查迎检、省林业厅"绿色贵州三年行动计划"营造林整改综合核查迎检。四是主动协助处理其他工作。协助完成了全县 2018 年度冬季森林防火工作会议召开、协助处理森林资源保护"六个严禁"违法占用林地查处、协助处理县林业局支持石洞镇开展油茶产业助力脱贫攻坚工作，协助黔东南州林投公司与天柱县林投公司合作开展年产1000 万株油茶苗育苗工程的选地、种子收购等前期工作。

对接联络，相互学习。按照乌当区组织部与天柱县组织部互派干部挂职学习的协议，近年来，乌当区生态文明建设局、天柱县林业局互派干部进行挂职，为加强互派干部两地党组织之间的交流，促进天柱县与乌当区的对接。一是互相考察学习。主动联络，牵头联系天柱县林业局、乌当区生态文明建设局两个单位互相考察学习，2018 年10 月 23—24 日，天柱县林业局一行 10 人考察了乌当区林下铁皮石斛种植、美丽乡村绿化、环城绿化、花卉苗木产业，2018 年 12 月 6—7 日，乌当区生态文明建设局一行 12 人考察了天柱县长团油茶产业、油茶育苗基地。两个单位考察后都进行了座谈交流，双方就如何利用优势森林资源做好林业大文章，各有优势，乌当区"绿水青山就是金山银山"全国两山理论实践经验值得天柱学习，天柱的油茶特色产业发展、油茶特色品牌的打造经验做法值得乌当借鉴。二是外出参观学习。按照乌当区政府的安排，邀请了天柱县林业局一名班子成员随同乌当区考察组到福建漳州考察花卉苗木产业、林下金花茶种植，考察后，结合天柱适宜种植金花茶的有利条件，局党组已落实 0.5 万元资金，拟在今冬明春引种 500 株金花茶。三是落实帮扶物资。通过对接联络，乌当区生态文明局投入资金 2.5 万元购买 5 台平板支持天柱林业局林业工作所用。

带好队伍，作好表率。此次乌当区共派出 5 位同志到天柱县挂职学习，王佳兴作为组长，能认真履行职责，带好队伍，互相帮助，共同提高。一是严格要求。严格按照乌当区委组织部的要求，王佳兴和其他同志能够自觉地遵守挂职纪律、挂职单位的各项规章制度，规范自己言行，做到自重、自省、自警、自励、自律，用自己实际行动维护好本人、挂职单位、派出单位和乌当区的形象。二是保持联络。建立挂职微信群，随时交流工作、学习、生活中的体会与感受，遇到问题，集思广益共同解决。三是主动汇报。不定期向乌当区委组织部、天柱县委组织部领导汇报工作，主动争取领导帮助协调解决工作、生活中遇到的困难，挂职期间的各项工作得到了组织的有力保障，同时，及时做好上传下达，确保挂职期间各项工作顺利开展。

王强：树立"一切为病人"理念
全心全意为患者服务

清镇市一医普外科副主任

王强，副主任医师，清镇市一医普外科副主任。从事临床工作 20 余年，"一切以病人为中心"成为他坚持的信念，他始终怀着一颗对临床工作无比热爱的心真诚地对待每一天。每天他都以饱满的激情、感人的微笑投入到工作中去。在生活中，想他人之所想，急他人之所急，团结同志，乐于助人，注重提高个人修养，在搞好本职工作的同时，积极参加各种集体活动，认真完成组织交给的各项工作任务，多年的付出得到了患者和家属的一致好评，工作中也多次获得不同的荣誉，2019 年被评为清镇市扶贫攻坚先进共产党员称号。

按照省委、省政府的统一部署，贵阳结对帮扶长顺县，全市对口支持长顺县各乡镇，聚焦全力打赢脱贫攻坚战，实现全面小康，王强被派驻长顺为期 3 个月的医疗健康扶贫帮扶。

2019 年 3 月至 6 月服从贵阳市委组织部和医院领导的安排到黔南布依族苗族自治州长顺县医疗集团中心医院帮扶，3 月 5 日到长顺县医疗集团中心医院报到后，被安排到外一科工作，周一至周五上行政班，每天参加交班晨会，查房，每周安排一至两天门诊（每周一、周三、周四由两位帮扶医师坐诊），参加院内疑难病例会诊，给科室医生讲课，主刀或指导完成一些三、四级手术，期间主刀完成了长顺县首例腹腔镜下胆总管切开取石并胆总管一期缝合术和长顺县首例肝癌切除术，术后病人均恢复良好，帮扶期间，共接诊门诊病人近 500 人次，查房住院病人 200 余人次，教学查房 13 次，主持或参与疑难病例讨论 8 次，讲课一次，遵守医院的规章、秩序，和科室同事相处融洽，工作认真、踏实，对待病人态度和蔼，耐心解释病情，得到了长顺县医疗集团中心医院领导、同事和病人的好评。

帮扶期间王强树立了一颗"一切为病人"的服务理念思想。强化以人为本的职业责任感、职业道德感、"一切为了病人，一切方便病人，一切服务于病人"的职业道德理念，逐步完善医技人员对病人检查中，以关心、耐心、细心和责任心以人为本思想理念，从自己做起，在扶贫攻坚战斗中贡献一分微薄之力。

王晓东：乡里来了个"怪"书记

开阳县南江乡党委书记

2019 年 3 月以来，在硒洲南大门的崎岖山道上，在贫困群众的堂屋炉火旁，在脱贫攻坚指挥部作战室里，又多了个忙碌的身影，开阳县委给南江乡派来了一名乡党委书记王晓东。一晃一年多过去了，对于这个调任南江乡的王书记，群众干部只要一提起他话题就多了，纷纷说这个王书记有点"怪"。

一、追梦受命，不坐机关坐田坎

一年多来，干部职工和老百姓都知道这个新来的王书记对乡政府这个机关办公室"不太感冒"，每次到乡政府办事，都是来去匆匆，乡政府每个干部的办公室反反复复去了多遍，就是很少在自己办公室里老实待着，群众问他坐在办公室里吹空调不好吗，他挂在嘴边常说的就是一句"没空啊"，说的好像跟真的一样，其实他这话明显有点"假"，因为老乡们经常看到他走在乡间的小路上，朝迎霜露送晚霞，翻山越岭走村串户有的是时间，和村组老乡们坐在田坎上、屋檐下、大树下谈家常"扯壳子摆龙门阵"有的是时间，与村民一起砍苞谷杆、打火烧坡有的是时间，说没时间谁信。

但时间一长了大家就有点明白了，原来南江乡是布依族和苗族聚居地，地广户多分布散，山高弯急道路险，128 个村民小组 2.2 万人分布在 120 平方公里的山里，一年多来，他硬是把各个村组跑了个遍，与 247 户贫困户、各村组干部、党员、学校老师、重点农户逐个进行了深入交流，写下了厚厚的几本民情日记，与村组干部和驻村干部一道，完成了对贫困户的精准识别、完善了扶贫工作台账，制定了扶贫工作规划。现在大家算是信了，"牛皮不是吹的"，"王书记坐田坎，也能坐出道道来。"

二、编梦谋局，不搞开会搞招商

初到南江乡时，他对干部职工说起上任第一天最深刻的感触是南江峡谷的亮丽风景和水上乐园的激情嬉戏没有吸引他的眼球，而是其旁一望无垠的荒草和残破房让他感到有股莫名的痛惜，扶贫是摆在他面前的当务之急和重中之重。

一句"坐不住"，是初来乍到时，王书记给全乡干部职工和群众最大的印象，他常常对干部群众说得最多的一句话就是"手中无粮，心里发慌"。

毛家院村和新隆村是南江乡列入开阳县五个重点帮扶贫困村，两个村共涉及93户345人的贫困户无疑成为他心里的一块心病，通过深入贫困户和非贫困户家中，他了解到虽然大部分家庭吃穿不愁、住房有保障，但也算不上富裕，特别是新隆村，交通闭塞，自然条件恶劣，产业基础薄弱，加之土壤不适合土豆等农作物生长，过去靠山吃山的产业，现在已不复存在，在家的农户无处着力，收入微薄，改变现状唯有引进企业带动和激发发展自身产业。

在与班子和各村支两委交换了意见，最后决定按照"宜农则农、宜旅则旅、农旅结合"的发展规划，因地制宜提出"山顶果园、山腰庄园、山脚菜园"的农业产业立体发展布局，并最终实现"农旅养一体化"的总体发展思路。同时积极优化营商环境，大力引进贵州仙草农业有限责任公司、贵州绿太阳农业有限责任公司、贵州硒梅果品有限责任公司、贵州豫贵缘食用菌厂、贵州四季硕果农业开发有限责任公司和扶贫车间制衣厂等入驻南江乡各村，实现了贫困户产业利益联结全覆盖，王书记用"绣花功"啃下了"硬骨头"。

三、逐梦转风，不讲情面讲原则

在乡里，乡亲们都说王书记有一身的"乡土气"，让人倍感亲切，虽然是乡党委书记，却经常俯身聆听躬身说话，低调随和谦虚，很关心乡村干部。但在有些事情上，他却又是出了名的不讲情面。

有一次，在走访查看新隆村贫困户周恒刚户时，因周恒刚妻子患有精神疾病，家中凌乱不堪，垃圾堆积如山，恶臭熏天，地上锅碗瓢盆满是灰尘，小孩大冬天里就一件单薄衣服裹身，整个家风雨飘零，平日里随和的王书记突然大发雷霆，直说包保干部不作为，平日里报喜不报忧，干工作全靠"躲""遮""藏""瞒"，不敢揭丑亮短，立行立改。当天他一口气挨家挨户逐一深入查看，赶回乡里已经是下午六点，组织召开全乡干部职工大会，要求限时整改，凡是不作为、慢作为不管涉及谁，不留情面。很快扶贫政策倾泻而来，低保政策、健康扶贫政策、教育扶贫政策全面覆盖。王书记与帮扶人更是隔三岔五过来看望，帮助周恒刚户走出贫困，他对大家说我经常来看看他们，不至于热一阵子，你们又不管他们了。

四、筑梦夯基，不管家事管小事

在家人眼里的他是早出晚归，顾不上家事和"指望不上"的人，不管家事，"小事"上王书记却是很上心。

在豫贵缘食用菌厂落地毛家院村上，由于企业资金运转出现困难，企业对落地毛家院村信心不足，心里打退堂鼓，村委人人叹气认命时，王书记在知道后说"这样不行，好不容易能让老百姓搭上企业带动致富这根草，不能因为这个小问题给整没有了"，他亲自找到金融部门，软磨硬泡硬是给企业整来了贷款，最终让企业落地在了毛家院村，这些在一些干部眼里的"小事"，他办得特别认真。

王书记管的"小事"远不只这些，还体现在帮助毛家院贫困户李华、覃文友两户上，2019年的一句"王书记我们生活不下去了"，从此王书记与他们两户结下不解之缘，李华和覃文友两户情况大致一致，都是因为家中孩子多，家中妻子患有精神疾病，年老无劳动力致贫。"一睁开眼睛每天就有五六张嘴巴等着吃饭，家中一贫如洗，实在没有办法了。"在帮扶过程中，先后申请了养牛和养鸡，实现了危房改造，新家入住，并对两户进行产业利益分红覆盖。不管多忙，在接到李华、覃义友给他打电话说起家中一件件小事时，王书记都耐心仔细地听着，一笔一画记在笔记本里，乐此不疲。

在贫困户名单调整、慰问品发放、协调种植耕地、解决生产道路、灌溉管道、生产用房选址等"小事"上，无一不事事躬亲，有的干部群众不理解，说王书记什么都要抓、什么都要管，精力怎么顾得过来，交给下面的人办，结果不都一个样，他却总是说："我亲自去抓，事情能更被重视一点，解决的也就更快一点。"

随着管的一桩桩"小事"的积累，一年多来，南江乡经济和社会发展各项指标都实现了"时间过半、任务过半"目标，南江乡先后被评为省级脱贫攻坚先进党组织、全市扶贫攻坚先进党组织；龙广村获得全国乡村旅游重点村、苗寨村获得全国双拥创建示范点、毛家院村获得全国社会治理示范村、南江乡"水东乡舍"模式成功入选"国家森林康养基地"。

星光不负赶路人，岁月不负有心人。在脱贫攻坚的战场上，王晓东始终恪守"直面问题、破除难题，用数据说话、靠作风吃饭、凭实绩交卷"的理念。用沉甸甸的成绩交上了一份让群众满意的答卷，在贵州省2020年脱贫攻坚"七一"表彰大会上，他被授予"全省脱贫攻坚优秀基层党组织书记"荣誉称号。

凡是过去，皆为序章。念兹在兹、唯此为大。清龙河水始终奔流不息，群众忧乐却是时时萦绕心头，在脱贫攻坚的漫漫征途中，王书记依旧奔波在南江乡这片充满生机的土地上……

王效宇：扎根一线久久为功
贴近群众主动作为

燕楼镇党委书记

金秋九月，又是燕楼镇贫困户增收的好日子。"去年我家刚领了 1000 元孔雀项目分红，2020 年又领了 700 多元的白及分红，现在路宽了，企业引进来了，产业做大了，燕楼发展了，我们的日子也越过越好了！"建档立卡户罗作英拿着存折激动地说道。

9 月中旬，燕楼镇槐舟村 9.89 万余元的白及基地分红款打到了 137 户建档立卡户的存折上，户均分红 722 元，实现国标贫困户享受项目分红全覆盖，贫困户的腰包鼓了，王效宇的心也踏实了。

自 2013 年全面部署脱贫工作以来，王效宇作为燕楼镇党委书记，始终高度重视脱贫攻坚、牢记脱贫工作主体责任，做到基层党建和脱贫攻坚两手抓两手硬，双提升双促进。截至 2019 年 11 月，燕楼镇建档立卡贫困户全部达到现行脱贫标准，实现脱贫"清零"，顺利实现"摘帽"目标。

一、强队伍齐发力，构筑富民桥头堡

作为乡镇党委书记，王效宇深知"给钱给物不如建个好支部"，党员干部才是脱贫工作的"主心骨"。他始终把队伍建设放在首位，认真落实"乡（镇）党委在脱贫攻坚中加强村级组织建设任务清单"，适时跟进"两委一队三个人"在脱贫攻坚工作中发挥作用情况。在强化村级队伍抓脱贫攻坚方面，有效借助软弱涣散村党组织整顿转化、村支书主任"一肩挑"、下派优秀年轻干部到村任职、培养村级后备干部等工作，整合驻村工作组、三支一扶、西部志愿者、农村退役军人、大学生、农村致富带头人等资源力量，对标对表决战决胜脱贫攻坚精准齐发力。"群雁高飞头雁领"，对履职不力的村干部，在充分听取党员群众意见和镇党委专题研判后，敢于不讲情面，严格按程序调整出村级班子，确保村两委班子"头雁"领好队伍；"激励＋关怀"，让村干部辛苦不"心苦"，在落实"脱贫攻坚一线干部安全防范工作"任务时，他在镇财力困难的情况下，调剂资金落实镇村干部体检，改善镇干部办公和生活环境，落实干部公休假制度，在有限的条件下做实干部关怀。在王效宇的带领下，燕楼镇在9年的区级年度考核中获得了8次全区综合目标考核一等奖。2018年、2019年，燕楼镇思惹村、坝楼村党支部陆续荣获省、市两级"脱贫攻坚先进基层党组织"；2020年，1名村干部荣获"全市脱贫攻坚优秀党务工作者"、3名同志获得区级脱贫攻坚相关表彰，实现了脱贫攻坚党建引领"堡垒作用凸显、党员表率突出、组织凝聚力突增"的目标。

二、强产业抓就业，创造脱贫源动力

在培育产业促脱贫方面，在王效宇带领下，燕楼镇认真落实党建引领助推乡村振兴，因地施策打造特色产业促进农户增收，实现"造血"脱贫。探索推行党委"领航"、党支部"领建"、企业"领销"、农户"领工"模式，在燕楼镇辖区内种植白及中药材 3000 亩、西梅300 余亩、商品辣椒 500 亩、本地辣椒 1500 亩、蜂糖李 1900 亩；目前，燕楼镇种植的 3000 亩中药材白及基地是省内最大的中药材白及基地。2018 年以来，截至 2020 年 9 月，村民到基地务工收入累计已达到 2127.13 万元。涉及土地农户每年还得到 800 元至 1000 元 / 亩的土地流转费收入。通过槐舟村白及基地产业发展机耕道建设扶贫与贵阳花溪金秋丰韵农业投资开发有限公司达成合作分红协议，与全镇贫困户建立利益联结机制，从 2020 年开始连续五年公司每年向镇政府支付 5% 到 7% 的分红款用于贫困户分红。2020 年公司已兑现首期分红款 9.89 万余元，全镇 137 户贫困户每户得到了分红款 722 元。积极打造产业带富党建示范点，2019 年在坝楼村发展贫困户入股特种养殖项目，坝楼村及邻近村部分国标贫困户和低保困难户 55 户村民每户得到分红 1000 元，坝楼村合作社得到分红 5000 元。同时，燕楼镇鼓励贫困户大力发展养殖业，通过积极申报扶贫资金项目，在养鸡养猪等产业方面给予贫困户大力支持，促进其增收，已投入扶持资金 66.64 万元。"在家创业就业好，方便照顾老和小"。在王效宇的带领下，燕楼产业园区成为花溪区工业园区的核心区，是 29 个"贵州省特色工业园区"之一。目前已入驻企业 21 家，其中规模以上企业9 家，仅 2019 年就招商入驻企业 10 家，投资近 35 亿元。企业来了，就业机会就多了，从燕楼产业园区企业刚开始入驻至今，尤其是新冠肺炎疫情防控期间，王效宇多次找到企业负责人，为燕楼辖区群众在园区企业务工"说情打招呼"，越来越多年轻劳动力被吸引回来，真正实现了"家门口就业"。截至目前，燕楼镇输送贫困劳动力 232 人，在燕楼园区务工人数为 186 人，其中贫困劳动力 6 人。此外，他要求充分用足就业扶贫政策，截至目前，燕楼镇已将 25 名建档立卡人员纳入公益性岗位，实施就业援助 21 人。

三、强基础补短板，提升群众幸福感

对待脱贫攻坚工作，王效宇始终秉承"麻痹大意不能有，差距短板必须补"的观点。围绕"一达标两不愁三保障"，无论是建档立卡户还是边缘户、一般户，全镇都紧盯"人均收入是否稳定、家庭成员有无大病、居住房屋是否危旧、学龄人员是否辍学、饮水保障是否到位、基础设施有无短板"等问题，在非常之时、应非常之势，在精准施策上出实招，逐一优化攻坚作战方案，确保措施细、打法准。王效宇多次组织召开扶贫专题调度会，研究解决群众最关心的危房改造、饮水安全、人居环境改造等问题。安得广厦千万间，农村旧貌换新颜。老旧木房是农村最大的安全隐患之一，2018 年至今，在王效宇的带领下，燕楼镇共协调 188 万元对 64 户建档立卡户、边缘户老旧危房进行改造，并组织鉴定机构对有人居住的老旧住房进行房屋安全鉴定。2020 年以来，全镇已进行老旧住房房屋安全鉴定 75 户，根据鉴定结果由王效宇牵头逐户商讨解决措施，确保建档立卡户和边缘户住房达标。同时，针对符合易地扶贫搬迁条件的村民，王效宇多次带头走访，与村民推心置腹、促膝长谈。在他的带领下，2019 年，燕楼镇顺利完成了 15 户 51 人易地扶贫搬迁，在花溪区实现"三个率先"，即率先搬迁、率先开展老房拆除、率先完成复耕复绿，为全区易地扶贫搬迁工作开了一个好头，也为搬迁群众解决了因地理位置不便造成的就医、上学、务工难等问题。小小一滴水，窥见大民生。受村寨地理条件、群众居住分散、取水点单一、饮水管网设施设备老化、管护不到位等因素影响，在枯水时期燕楼镇个别村寨仍存在村民饮用水供水不正常现象。为让清水入户，保障村民正常用水，王效宇主动与区相关部门联系，争取资金，实施供水工程、水毁恢复等项目，邀请上级业务部门到实地查看并现场商讨解决办法。在他的主动协调下，燕楼镇目前已落实的供水工程项目资金达 800 余万元。项目的实施切实保障了村民的正常用水。此外，在干旱时节，面对春耕生产、群众生活用水所面对的缺水形势，他提出要采取多项举措抗旱保民生，引导群众科学用水、和谐用水、节约用水，并积极主动与区水务部门联系，采取车辆送水的方式确保了旱情期间群众生活用水，送水车一趟趟来回于村寨温暖了村民的心田。"要想富，先修路"。曾经，燕楼镇交通不便，尤其是偏远村组只能步行，不利于生活物资运输和农产品出售。为此，王效宇积极申请基础设施建设项目和资金实施道路硬化。近年来，共协调 680 万元资金建设 17420 米机耕道，协调 88 万元资金对部分贫困户进户路及院坝进行硬化。群众利益无小事，一枝一叶总关情。王效宇老说，"扶贫项目是镇、村干部借国家政策春风为人民群众谋福利的好机会，干部要勇于担当，不能怕担子重而浪费国家的好政策"。在他的带领下，燕楼镇积极申请扶贫项目和资金为老百姓办实事、办好事。2020 年，燕楼镇申报并获批 9 个扶贫项目，涉及项目资金 540 余万元，建设内容涉及人居环境改造、卫生厕所建设、机耕道修建及商品猪养殖等。此外，2020 年上半年，王效宇还积极协调多方资金共计 1450 万元，以全国文明城市创建工作为契机，加强对集镇、部分村寨及建档立卡户人居环境进行整治，辖区村寨基础设施得到了优化，人居环境得到了改善。小路通了，厕所改了，农村美了，百姓富了，燕楼镇"富村山居图"也越来越美丽了。

"我要找书记"，这是燕楼镇党委书记办公室门口的常态，无论大事小情，村民都愿意找书记，因为他们觉得王书记始终能耐心地体民心、解民忧。"村民信任你，认可你，才愿意来找你，这是好事"。王效宇曾经在镇党委会议上说过。王效宇自 2011 年通过公推直选担任燕楼乡党委书记以来，始终坚持情为民所系，权为民所用，利为民所谋，扎根基层、不忘初心，2020 年 7 月，被授予"全省脱贫攻坚优秀基层党组织书记"和"全市脱贫攻坚优秀党务工作者"荣誉称号。

王周：立定九霄志志在脱贫
横下一条心心系攻坚

清镇市王庄乡小坡村第一书记

这两年来，无论阴晴雪雨，总有一个年轻的身影行走在清镇市王庄乡小坡村的田间地头、路口村头、院落里头，村民见了他都会亲切地问一声"小王书记好"，放下手中的农活陪他聊上几句。这个青年叫王周，2018 年初来到村里，是中共贵阳市委办公厅的干部。两年来，他以信仰指引实践、用行动见证理想，在脱贫攻坚战场践行初心使命，以苦干实干检验对党忠诚，以实绩实效促农村发展，让农民受益、让青春无悔！

一、脱贫攻坚战场，机关党员干部绝对不能缺席

撕掉千百年来绝对贫困标签的贵州大地，敢于担当、不怕艰辛、顽强奋斗的青年群像，已然成为一道道展现新时代中国青年精神风貌的亮丽风景线。王周虽身处机关，但他与"三农"有着难以割舍的情愫。"习近平总书记多次要求青年一代要有理想、有本领、有担当。唯有让自己投身时代发展的潮流、嵌入地方发展的年轮，方能在奋斗中成小我、利大家。作为机关干部，如果在这场战天斗地的脱贫攻坚

战中，不能投入战场、投身一线，当参与者、奋斗者，只当亲历者、见证者，将来一定会很遗憾。"2018 年初，在新一轮轮战驻村启动之际，他向组织提出申请时如是说。4 月 2 日，王周告别熟悉舒适的生活工作环境，经过两轮驻村岗前培训后，带着组织的嘱托和自己的梦想，怀揣让群众过上更好的日子的目标，带着一本《习近平的七年知青岁月》，来到清镇市王庄乡小坡村，任村第一书记兼驻村工作组组长，在脱贫攻坚前线践行矢志不渝的初心和孜孜以求的梦想，为组织分忧、为村里分担。

调查研究是谋事之基、成事之道。在村委会安顿好起居、召开见面会、完成新老驻村干部交接后，王周就带领驻村队员走村入户、察看产业、熟悉村情实际、开始调查研究。他们用不到 1 个月的时间，走遍全村每个村民小组、每户贫困户和老党员、老村干部、致富能人。与此同时，积极了解玉米、辣椒等产业特性，危房改造、教育资助、项目补助等脱贫政策，临时救助、合医等普惠政策，基层自治、换届选举、宅基地等基本法律，机耕道、一事一议等项目申报流程，初步掌握了实情、倾听了心声、找到了方法、拟定了路径。

二、坚持党建引领，脱贫攻坚事业才能行稳致远

经过一段时间工作，王周发现，小坡这个少数民族村寨经过几轮驻村帮扶，脱贫致富具备一定的基础，但村民感党恩、听党话、跟党走的意识不强，在村党员数量偏低、总体年龄偏大，党群关系、干群关系需要进一步提升。"建立党员对群众的联系机制""到哪儿都要宣传党对人民群众的关心关怀，宣传习近平总书记、党中央对贵州关怀备至"，省委主要领导调研小坡时的指示再一次在他耳边响起。他第一时间找到村支两委谈心交心、分析问题原因、研究解决举措，相互开展批评与自我批评。"这些年脱贫工作搞得热火朝天，在发展产

业的时候忽略了群众工作，'摆农门阵'的功夫下得不够。"谈心谈话时村主任这样说道。最后大家达成共识：充分发挥党员的旗帜引领作用和党支部的战斗堡垒作用，切实把党的政治优势和组织优势转化为脱贫优势、制胜优势，在夺取脱贫攻坚战全胜中作表率、走前列、做贡献。

坚持问题导向是破困前行的不二法门。王周同村支两委一道，紧盯建强村级党组织，突出党组织政治功能，提升基层组织力，通过以脚步量民情、体察百姓期盼，用声音聚民心、引导百姓感恩，聚焦产业兴旺、推进项目落地，带头创业守业、拓宽致富门路，开展综合治理、推进生态宜居，规范行为举止、引领良好风尚，发扬本土文化、促进乡风文明，突出基层民主、确保村民自治，树典型立标杆、充分彰显德治，加强自身建设、夯实战斗堡垒，逐步形成了"五个一"的党员联系服务群众"杨顺清连"工作模式，即一处主阵地，不断优化阵地建设，推进功能布局、党建资料、服务内容规范化、标准化；一张组织网，建立覆盖到组、到产业的党小组，建立到宗族寨佬、致富能人的"连排兵"的立体组织体系；一个话匣子，通过"基层夜话"摆寨行动，适时记录入户交心谈心内容；一本民情台账，把上门交心谈心搜集到的问题进行登记造册、分析处理，并适时反馈处理情况；一面情绪墙，建立基于平时走访搜集数据的按月直观展现全体贫困户情况的情绪表情系统，达到了"三知一为"（知人、知情、知心，有为）目标，聆听了群众呼声和人民诉求，打通了党群干群关系"血管"，回应了群众呼声和服务诉求，发扬了党密切联系群众的优良传统和政治优势。

村看村、户看户，群众看干部、干部看支部。支部坚强有力，进一步提升党员的身份意识、责任意识、先锋模范意识，激发了广大党员干部群众干事创业的内生动力，提升了大家的政策宣传力、引领群众力、精准发展力，小坡村培养发展了 1 名正式党员和 4 名入党积极分子，充实了 2 名支委委员，培养了 3 名后备干部队伍。

三、拼命苦干实干，产业脱贫基础才能不断夯实

发展产业是实现脱贫的根本之策。踏上小坡村这片贫瘠的土地，立足村内基础设施相对成熟、主导产业短期难以见效的现状，通过走访调研，王周和村支两委一道，认真研究讨论，摸清村情实际、厘清发展基础，决定紧紧抓住当前最急最重的脱贫任务，以党建引领推动项目落地见效。经过讨论，确定了从农民能做好的事做起、以短期保长期的思路，严格按照抓具体、抓深入的要求，充分利用国家的好政策和自己单位的组织协调优势，决定既突出"精准"二字抓针对性帮扶，又着眼"发展"二字抓长远脱贫，为村里争项目、争资金，来一场振兴农村经济的深刻产业革命。

"现在比较困难的是水厂的手续，我们只知道埋头苦干，对政策要求了解不充分，现在水厂很多证件都没有，没办法上市销售。"在村里的见面会上，村主任开门见山提出当前最需要解决的问题，这也是王周到村后解决的第一件大事。共产党员就是解决问题的。他现场察看水厂生产设备和运行情况，得知乡愁泉水厂充分发挥小坡村世世代代饮水的百年老井作用，利用得天独厚的地下水资源，按照农村"三变"改革模式，通过财政扶贫资金入股、水资源折价入股和合作社会员自筹入股方式建立起来的，但缺乏土地使用证、取水许可证、食品生产许可证、生产商标等手续，经多方渠道打听办理水厂所需手续，联系相关部门协调处理。随后的一段时间里，王周开着私家车，带着村主任，从清镇到贵阳再到省里，从水务局到食药监局再到工商局，从政府部门到中介服务机构再到计量检定机构，跑遍了所有涉及的单位，托遍了所有相关的人，用最短的时间完成了手续办理，全村

户户有股、户户分红的乡愁泉水厂基地终于有了齐全的手续，顺利实现生产销售，逐步释放带动效能，打通了绿水青山向金山银山的转换通道。

以乡愁泉水厂基地为代表，小坡村牢牢把握农村产业革命"八要素"，谋划形成了蔬菜种植园、精品果蔬园、贵苗夫田园综合体和生猪养殖基地、脱温鸡养殖基地、乡愁泉水厂基地"三园三基地"产业格局。其中，"三园"按照土地连片发展、建立利益联结机制的构想，采取"公司＋合作社＋农户"方式，初步覆盖全村可用耕地的农业产业结构调整格局，形成了增加村民特别是贫困群体脱贫致富的三条路径，即土地入股保底分红、村民劳动力入股分红和每年10%的利润分红。"三基地"按照"不能坐以待毙"的思路，坚持以短养长、长远结合，香猪养殖基地、脱温鸡养殖基地结合中央关于"发展生态循环农业"的要求，通过"四提供（幼苗、饲料、农药、技术指导）一回收（产品）一确保（合理利润）"方式，既解决了长期以来市场信息不对称造成农户损失的问题，有效规避了市场风险、保证了合理收益；又通过对养殖场畜禽粪便的有机处理，加工形成有机肥返田返土，最大限度地保护了生态环境、产业二次收益。通过发展产业增强了"造血"功能，奠定了稳定脱贫、长远发展的基础，以小坡实践诠释着"绿水青山就是金山银山"的理念。在此过程中，他们同步推动民族文化广场、有机肥处理车间、污水管网、杨顺清故居等建设，努力做到"两山"一起守、两个文明一起要。

四、情系人民群众，揪心事烦心事才能得到解决

王周出身于农民家庭、成长于农村大地、受惠于农业养育，对农民有着天然的感情，知道困难群众的苦，也知道怎么去帮扶他们。马鞍组是小坡最偏远的村民组，那里产业基础设施相对落后，每次大会

小会村民代表提的意见都是修机耕道。一天晚上的院坝会，得知留守在家的老人好不容易在古家高坡刨出几个土豆，还得肩挑背扛整回家，累得不像样子，问清楚古家高坡多少土地，看到大家对修路热情高涨，他当即表态向上争取机耕道项目。"不要开空头支票，不然下次没人来开会哦"，经常出门在外的中年男子叼着烟提醒道。"会尽最大努力，成与不成，下次来这里会给大家结果。"他回答得极短。当夜回到办公室，驻村工作队和村支两委立马进行研究，形成初步上报方案。第二天，王周带领驻村队员到现场踩路，那是一个春雨绵绵的早上，瘦小而略驼背的老党员、村民组长谢培初走在最前面，穿着水胶鞋深一脚浅一脚地踩着牛脚印，不时回过头来提醒大家不要踩石板、小心滑倒；不时和大家聚在一起吃树梅。回来后，他特意三天没有洗去鞋上的泥土，用此提醒自己尽早把那条路修好。紧接着的几天，他们跑乡里汇报、去清镇对接，没多久就基本敲定项目。每次走上那条路，他都会想起村民组长谢培初带他们看路的情景，也不时遇到村民招呼几声，一起"摆农门阵"，邀请他到家里吃饭。也总会在路口遇到第一次在会上提醒他的中年大叔，对方总会竖起大拇指向其他人道："这娃儿办事崽气"。虽然不是本地话，也不明白确切意思，但王周还是很高兴。

孤儿和事实孤儿是最可怜的群体。一次年中述职评议会后，茅草坝组一个中年群众代表，拉住王周的手不放，不由分说地讲述起在村孤儿生活困难的情况，"这个孩子父亲死亡、母亲抛下他嫁出去了"，没有声泪俱下，但对方眼里明显泛着泪花，声音颤抖得越来越厉害，握着的双手竟也找不到安放之处。王周看着对方，久久说不出话来。这个本来"事不关己"的中年男子，向他反映别人条件艰苦，给他带来的触动极大。"帮助一个困难学生，能够彻底改变一个人、一个家庭的命运。他的情况我掌握，已经梳理了 8 个像他这样的，准备一起帮扶。"王周回答得很笃定。最终，经讨多次磋商，星力集团决定持续帮扶 8 个贫困学子，对在读大学、高中生定向帮扶至对应学习阶段毕业，在读小学生帮扶至初中毕业。

像这样的事情，王周经历了很多很多，群众想发展他就向上争取项目，群众有难题他就帮忙协调解决，群众有疑惑他就过去解释疏导，在走家串户中宣传党的政策、疏解群众难题、增进双方情感，解决了老支书的腿病医治、孤儿的教育帮扶、残疾人的饮水安全和贫困户小孩上户口等一批具体问题。他心里有群众、真心实意帮群众，人民群众也把他当亲人、当贴心人。"之前来驻村的时候，一个领导告诉我，如果你到村头不被狗咬，老百姓喊你吃饭，你就算是做到位啦。"他经常说。现在，他们走村串户基本不怕被狗咬、基本都有农家饭吃。把群众当自家人，视群众的事为自家事，当好群众的"主心骨""领头雁"，就能和群众做到不是亲人恰似亲人，群众就会成为衡量工作的最重的秤砣。

两年过去了，王周为小坡村办成了许多实事，解决了许多涉及人民群众切身利益的问题，发展起贵苗夫精品果蔬、清镇产投精品果蔬、两山集团元宝枫、乡愁泉水业等产业项目，奠定起当地群众稳定增收致富的产业基础。小坡村建档立卡贫困户全部达到"清零"标准，在几轮驻村干部帮扶推动下，小坡村农民人均可支配收入从 2015 年底的 7900 元增加到 2019 年的 15000 余元，荣获"全国民主法治示范村""省级民族特色村寨"等荣誉称号，入选贵州省"十县百乡千村"乡村振兴示范工程示范村。王周从入村那天起，就和千千万万个驻村干部一样，把全部精力投入到脱贫攻坚战场，以不计得失的赤子心肠、舍我其谁的责任担当，为打赢脱贫攻坚战贡献着青春力量，在平凡岗位上践行着共产党人的初心使命。

吴吉华：扶贫工作放心上　真抓实干做榜样

乌当区扶贫中心副主任

从乌当区农开中心副主任工作到区扶贫中心副主任，2017 年 11 月，吴吉华成为扶贫战线上的一个新兵。在扶贫工作中，吴吉华以党员的标准严格要求自己，认认真真，兢兢业业，率先垂范，脚踏实地，主动担当，克服困难，按时完成区委、区政府交代的各项任务。

一、加强学习，以增强"四个意识"为重点筑牢扶贫思想

在政治思想上，吴吉华自觉增强"四个意识"，坚定"四个自信"，做到"两个维护"，始终在政治立场、方向、原则、道路上同以习近平同志为核心的党中央保持高度一致，坚决维护中央权威，坚决执行好各级党委和政府的决策部署，认真履行职责，主动承担责任，确保政令畅通。

深入学习习近平新时代中国特色社会主义思想、《党章》、《习近平扶贫论述摘编》、党的十九大精神和习近平总书记在贵州省代表团重要讲话精神，在意识上深刻领会习近平脱贫攻坚方略精髓、"精准"两字的真正含义，精准重在识别精准、帮扶精准、退出精准。通过学习，增强意识，厘清工作思路，谋定而后动，对标对表开展全区扶贫工作。

二、履职尽责，以统筹为抓手助推脱贫攻坚取得实效

乌当区国土面积 686 平方公里，辖 6 镇 2 乡 2 个农村社区 3 个城市社区，属于非贫困区（县），全区总人口 28.1 万人，其中，农村人口 12.04 万人，有 7 个乡镇的 58 个行政村涉及脱贫任务。2019 年初全区建档立卡贫困人口 1399 户 3675 人，分布在 7 个乡镇 56 个村，贫困人口较分散，为摸清全区贫困人口基本情况，吴吉华深入贫困户家中了解其生产生活情况，收集信息及时整理，作为区扶贫中心副主任，当好扶贫中心主任助手，为区委、区政府决胜脱贫攻坚提供第一手决策依据。截至 2019 年 11 月 10 日，全区未脱贫人口 1668 人全部达到脱贫标准，动态调整后全区建档立卡未脱贫 714 户 1646 人全部脱贫退出，完成减贫计划的 100%，贫困发生率为 0。目前乌当区建档立卡人口动态调整为 1359 户 1633 人。

她是脱贫攻坚工作的统筹者。结合实际，吴吉华牵头开展了"春风行动""夏秋攻势"四场硬仗、"五个专项治理""春季攻势""夏秋决战"、新一轮"五个专项治理"和"农村产业革命""全面巩固脱贫攻坚成果""脱贫攻坚冲刺 90 天　坚决打赢歼灭战"等各项工作调度，围绕"一达标两不愁三保障"突出问题，统筹医疗、住房、教育、水务、民政、产业等各方力量，按照五步工作法强力推进全区脱贫攻坚工作。

她是脱贫攻坚具体工作的组织者。2018 年初乌当区建档立卡数据质量在全省排名靠后，根据风险点，统筹区乡（镇）分管领导和建档立卡数据管理人员商量解决办法，采取集中办公，现场指导，乡镇逐户核对信息，专人管理，实时监控，自上而下、自下而上反复修正，乌当区建档立卡数据质量 2018 年全省排名第一，2019 年建档立卡数据质量全省排名第四的好成绩。

她是脱贫实效的监督者。省市下达 2018 年、2019 年减贫任务，为了解乌当区拟脱贫人口的实际情况，吴吉华带队到有脱贫任务的 6 个乡镇，对"一达标两不愁三保障"7 个指标逐户核实，因户施策补短板，2018 年 11 月乌当区 233 人标注脱贫，完成计划的 388%，实现脱真贫、真脱贫的目标。2019 年全区剩余贫困人口 714 户 1645 人全部脱贫，为防止返贫致贫，建立了预警机制，因户施策及时开展帮扶，实现脱真贫、真脱贫的目标。

她是上级命令的执行者。省市区三级书记下达指令在 2017 年 11 月 25 日之前完成 2013—2017 年扶贫项目三率，针对问题，吴吉华建立扶贫项目三率调度机制，对扶贫项目进行清理建台账，与财政局联合行文收回历年扶贫项目结余资金重新安排，梳理问题难点、堵点，通过上下联动统筹调度，按时完成扶贫项目三率达 100%。

她是遗留问题的销号者。历年扶贫项目有 66 个未完成区级验收，区乡镇村扶贫干部背思想包袱，不敢用、不想用扶贫资金，为了解决遗留问题，吴吉华主动担当，想办法解决。2018 年制定《乌当区财政专项扶贫资金项目区级验收管理办法》下发。建立问题台账，带队对 8 个乡镇 2 个社区的扶贫项目进行验收，通过清理，66 个项目逐一销号，并按一个项目一个档案资料收集归档，解决了久拖不决的历史遗留问题。

她是脱贫攻坚存在问题的整改者。2017 年、2018 年、2019 年脱贫攻坚省级绩效考核交叉检查指出，乌当区脱贫攻坚工作存在扶贫对象不精准、脱贫退出不精准，结对帮扶不到位、扶贫政策落实不到位，政策知晓率和群众满意度不高等突出问题，对存在的问题，认真分析原因，举一反三在全区范围内开展了大走访、大排查、"1+5"专项治理、"1+5+1"专项治理，建立问题台账、整改台账、销号台账，通过治理对漏评的贫困户 163 户 454 人、户内漏人 282 户 455 人按程序纳入贫困人口管理，对错评的贫困户 186 户 412 人进行清退，对错退的贫困户 23 户 63 人进行回退，做到扶贫对象识别退出精准。对标全区 1399 户贫困户制定帮扶方案进行一对一结对帮扶，宣传落实各项扶贫政策，群众知晓率和满意度得以提升。2019 年聚焦"两不愁三保障"突出问题再次开展五个专项治理。2020 年对标"冲刺 90 天　打赢歼灭战"通过各类排查整改问题 1649 个，全面补齐短板弱项，提高脱贫质量。对全区 1362 户贫困户制定帮扶方案进行一对一结对帮扶，宣传落实各项扶贫政策，群众知晓率和满意度得以提升。

她是扶贫项目的管理者。为保证用好扶贫资金，建好扶贫项目，利益联结贫困户增收脱贫，从扶贫项目库建设、项目申报、实施、验收、资金使用等方面先后制定了《乌当区财政专项扶贫资金项目管理办法（试行)》《乌当区 2018—2020 年扶贫产业项目库建设工作指南》《乌当区财政专项扶贫资金报账制管理实施细则》等 7 个文件下发，区乡镇村扶贫干部按照管理办法规范管理，专项扶贫资金对标对表覆盖贫困户 244 户 654 人，为贫困户脱贫提供有力支撑，扶贫资金安全运行，充分发挥效益。

三、率先垂范，以发挥党员先锋岗为榜样传导正能量

一路走来，"5+2""白加黑"、高压、快节奏的工作态势让人应接不暇，厌战情绪时常有之，吴吉华说："当有厌战情绪时，有个声音时常提醒我，你是一名共产党员，行百里半九十，不能半途而废。当团队中队员出现厌战情绪时，在工作上我率先垂范，和队员们一起加班，做主心骨，开导疏导，相互扶持向前行，传导正能量，我的团队有'70 后'、'80 后'和'90 后'，他们充满活力，积极向上，均在扶贫工作岗位上尽职尽责。"

吴吉华说，在今后的工作中，她将继续带领团队每一个队员勇往直前，坚定信心和决心，按照"四个不摘"要求，全面巩固脱贫成果，坚决打赢脱贫攻坚战，推进脱贫攻坚与乡村振兴有效衔接，实现小康目标。

吴维进：扎根基层抓帮扶　带领群众奔小康
贵阳市统计局驻村干部

53 岁的吴维进，1986 年参加工作以来，至今已有 30 多个年头。2016 年 3 月，任驻村贵阳市特困村开阳县潘桐村第一书记以来，吴维进时刻牢记为人民服务这个初心、脱贫攻坚使命，在乡村党组织的领导下，认真履行职责，坚持走村串户，和村民同吃、同住、同劳动，了解民情，反映民生，着力解决群众的操心事、烦心事、揪心事。认真落实脱贫政策，帮助潘桐村强班子、带队伍、理思路、谋发展，定规划、争项目，扎根潘桐村，带领村民奔小康。

一、摸家底、析村情，厘清村情找思路

潘桐村总土地面积 23.47 平方公里，辖 28 个村民组，常住人口 1090 户 4217 人。总耕地面积 9510 亩，其中水田 2163 亩，土 7347 亩，森林覆盖率 54%。吴维进一上任就结合脱贫攻坚工作深入村、组和群众开展走访，了解村情民意。全面调查研究潘桐村存在的村民居住比较分散、水资源缺乏、基础设施较差、交通信息闭塞、产业发展缓慢、农民增收困难等方面的问题及原因。

通过做好发展辣椒、黄花菜、精品桃等种植养殖业实现农业产业

扶贫，改变农户居住环境提高农民生活质量，做好危房改造提升居住环境，配合做好"组组通"建设助力脱贫攻坚，开展"扫黑除恶"和社会治安综合治理、抓扶贫专项资金科学合理使用等脱贫攻坚行动，全村的经济发展和村民生活水平有了明显提高。

二、筹资金、上项目，解决难题促发展

脱贫攻坚，一定要以产业为抓手。扎实发展产业，助力脱贫工作推进，吴维进配合村支两委抓好全村的辣椒、黄花菜、大蒜、香菇、精品桃种植及病虫害防治。向贫困户何进发、潘国均、郑明祥、杨超兰、陈永刚、陈勇、赵国海、陆安海等无偿发放仔猪，向贫困户沈维昌、陈勇无偿发放中华蜂箱，给贫困户廖明贵发放黑山羊等，促进农民增收，让贫困户尽快实现产业脱贫。

此外，吴维进还组织为困难农户无偿发放生活用粮和饲料用粮等。考虑到2019年潘桐村遭受旱情，农作物受损较大，2018年，吴维进联系帮扶单位市统计局出资12700元，购买玉米3300公斤、大米750公斤，无偿发放给何进发、沈维昌、龚天国、廖明贵、陈勇、郑明祥、赵国海、简应发、陆定福、赵国兵、陈静、陈永刚等19户农户，解决贫困农户的生产生活用粮。

改变农户居住环境，提高农民生活质量，吴维进协调组织力量为农户周发万、何进发、廖明贵、杨超兰、陈永刚、赵学荣等维修房屋、厕所，硬化进户路和庭院。2019年，他又协调市统计局资金7180元，帮助农户潘国均、沈天志维修住房、硬化庭院，切实改善贫困农户居住环境。

在扎实做好危房改造工作方面。吴维进协调组织力量对陈静、何进发、卢珍国、龚天国等困难农户的危房进行改造。配合做好易地扶贫搬迁工作。做好犹合浪、犹贵强、喻元书等13户农户的易地扶贫

搬迁工作。

在全力做好"组组通"公路建设扫尾工作方面，吴维进为切实改变农户"出行难"，让潘桐富硒农特产品走出大山，积极协调力量，扎实做好全村 31 条共 62 公里的"组组通"公路建设扫尾工作。切实改善村委环境状况，2019 年联系市县统计部门出资 11 万元在老村委会后面硬化院坝 787 平方米，新建围墙、村务公开宣传栏和群众休闲园，改善村委周边环境。

三、访贫困、送温暖，党的恩情暖民心

2019 年，吴维进联系市统计局走访慰问了困难群众周发万、何进发、陆定福等 19 户，共发放大米 475 公斤、菜油 95 公斤、慰问金 5700 元。2020 年春节前夕，他又走访了潘国均、郑明祥、郑文全、沈维昌、廖明贵等 9 户农户，发放《全面调减低效作物种植》宣传手册，鼓励农户减少低效玉米作物种植，为困难农户发放大米 225 公斤、菜油 45 公斤、慰问金 3700 元，为驻村干部困难农户带来了物质上的关怀和精神上的慰藉与鼓励。

为协调解决村委办公用品，减轻村委经济压力，2019 年 3 月下旬，吴维进联系帮扶单位贵阳市统计局，购买 A4 纸、统计笔、订书机、装订卡、固体胶、水性笔、碎纸机、档案袋、胶水、起钉器、打孔机等价值 2 万元的办公用品送给潘桐村，着力改善村委办公条件，提升基层党支部的凝聚力、向心力为脱贫攻坚提供保障。

2019 年"六·一"前夕，吴维进联系帮扶单位市统计局挂职副局长杨洁，捐资采购笔袋 460 个、书包 35 个、图书 500 册，价值 3 万元的学习用品送给宅吉中心学校，为山区教育事业献爱心，积极开展教育扶贫。

2020 年 6 月，吴维进组织帮扶单位职工、党员开展向困难农户

献爱心活动，共募集资金 5000 余元，为建档立卡农户购买了 27 床四件套和 1 台电视机。

四、纾民情、解民忧，维护和谐保稳定

继续开展"扫黑除恶"和社会治安综合治理工作，助力乡村基层治理，吴维进通过积极开展"禁毒""扫黑除恶"等宣传工作，组织人员开展夜间治安巡逻活动，减少和杜绝"两抢一盗"案件发生，形成"警民携手、村寨参与"的良好局面，不断提升村民的安全感和满意度。

同时，他还积极调解群众矛盾纠纷，办理实事好事。积极协调通组公路扫尾工程占地、农户建房与施工方之间、邻里边界和其他矛盾纠纷调解 20 余次，维护农户之间和谐稳定。扎实开展村庄环境整治活动。村委综合楼、宿舍区化粪池装满外溢，卫生间不能正常使用。为整治新老村委会周边人居环境，2019 年联系市级帮扶单位出资 7200 元，组织人力将化粪池彻底清理干净，解决了办事群众、开会人员、贫困户培训、村支两委及驻村干部上厕难困境。

在开展民主评议贫困户和民主测评村干部活动方面，为充分发扬民主并对全村贫困户进行动态管理，吴维进本着不优亲厚友、实事求是的原则，经过入户调查了解、民主评议、公示等环节，确定 2019 年 17 户贫困农户，做到小康路上"一个不掉队"。同时认真开展季度民主测评村干部活动，让村支两委干部的工作始终处于人民群众的监督之下。

潘桐村是一个拥有 1090 户、4217 人的大村，为防止新冠肺炎疫情蔓延，吴维进按照"外防输入，内防扩散"的总体要求，带领全村党员干部、群众积极分子立即行动起来，从多方面扎实开展疫情防治工作。召开紧急会议，落实防疫措施。分别召开村组干部、驻村队

员、党员、群众积极分子工作会议，传达市、县、乡工作会议精神，提高思想意识，制定防疫措施，对防疫工作进行细化，责任落实到人。加大宣传力度，提高防范意识。针对春节回乡人员较多，组织返乡农民工"早报告、戴口罩、勤洗手、拒热闹、少串门、不赶集"六要素的《倡议书》1000 余份，在每个组显要位置张贴《疫情防控封闭式管理通告》《防疫手册》《家庭防火手册》300 余份。同时利用宣传车，在 28 个村民组巡回播放防疫知识。

同时，吴维进组织人员对返乡的学生、务工人员 1600 余人进行摸底登记，了解其学习工作地点、回乡时间、是否接触武汉人员、体温、身体状况等，建立《入户滚动排查走访台账》并及时上报。设置检查站点，防止疫情扩散。24 小时轮班在黄泥堡、园区、沈家寨、何家潮、上三组、朱潮水、当坪、郑家湾、同一二组等 20 余个村寨密集区域设置疫情防控劝导点和咨询台，对进出村的车辆、人员进行登记和体温测量，防止疫情扩散，做到"外防输入"。

吴维进还组织人力开展环境卫生整治活动，清运村寨居住区和路边垃圾 20 余车，同时动员村民打扫室内和房前屋后、圈舍环境卫生，为村民营造良好的居住和生活环境，减少病菌传播。为了防止疫情发生，及时组织并亲自驾驶消毒专用车辆，在主干道和人口密集区域喷洒消毒液，组织人员对村寨住宅、圈舍进行消毒杀菌，做到"内防扩散"。

使命在肩，征程在望。吴维进敬业奉献的精神和工作业绩得到它吉乡党政府、村支两委和建档立卡贫困户的一致好评，2017 年被评选为贵阳市脱贫攻坚优秀共产党员，2017—2019 年连续三年被评为优秀公务员。他用实际行动诠释了一名共产党员的责任使命，以坚定的信心和饱满的热情，全身心投入到脱贫攻坚中，不负重托，不辱使命，为打赢脱贫攻坚作出了应有贡献。

吴勇：当好群众贴心人

朱昌镇党委书记

"我在朱昌工作已经八年了，朱昌的每一寸土地，每一个小巷都承载着回忆，带领群众脱贫致富，当好群众的贴心人，是我肩上不可推卸的责任。"在朱昌的八年时光里，吴勇始终坚定理想信念、厚植民生情怀、坚持问题导向，狠抓党建主业，自觉增强"四个意识"、坚定"四个自信"、做到"两个维护"，以习近平新时代中国特色社会主义思想武装头脑，指导实践，推动工作，认真贯彻执行党的路线、方针、政策，结合镇情的工作发展思路，带领广大干部扎实抓好全镇各项工作，推动全镇经济社会发展，带领朱昌镇建档立卡户 131 户 277 人在 2019 年实现全面脱贫目标。

一、厘清思路明方向

吴勇在政策学习方面，对自己和身边的工作人员都有较高的要求，每有新的文件精神，都会反复阅读体会并进行批注笔记，召开职工大会将怎么干、为什么干、怎么干好，一一部署。这些年里吴勇紧紧围绕"一达标两不愁三保障"脱贫攻坚工作目标，认真贯彻落实省、市、区工作部署和要求，按照区委"一二三四五六"总体发展思路和"六大帮扶"措施，结合朱昌实际提出了"一二三四"的工作措施，为朱昌镇脱贫攻坚工作进一步明确了工作目标和方向，统一了思想行动和工作步伐，为打赢脱贫攻坚这场硬仗打下了坚实的基础。

二、压实责任抓落实

为解决朱昌镇各村任务重、人手少的突出问题，确保脱贫攻坚工作得到有力支撑，吴勇狠抓组织建设。结合工作推进情况，对扶贫攻坚领导小组进行了调整充实，建立和完善扶贫工作机构，进一步细化职责、明确责任，全面落实党政领导包村、镇村干部包保到户的网格化工作机制，出台了《朱昌镇扶贫联络员顶岗锻炼工作方案》，脱贫攻坚组织基础得到有效夯实。狠抓责任落实。多次召开工作调度会传达贯彻中央、省、市、区脱贫攻坚"春风行动""夏秋攻势"会议精神，对全镇扶贫工作进行研究和安排，制定出台了《朱昌镇脱贫攻坚"春风行动"实施方案》《朱昌镇脱贫攻坚"夏秋攻势"实施方案》《朱昌镇脱贫攻坚"冲刺 90 天　打赢歼灭战"工作实施方案》《朱昌镇巩固提升脱贫成果实施方案》，进一步明确扶贫工作主攻方向，细化扶贫工作内容、目标、任务。狠抓人财物保障。组织召开会议对脱贫攻坚人财物问题进行研究安排，抽调能力强、工作经验丰富的干部担任扶贫工作站站长，对扶贫工作站工作力量进行调整充实，建立村级扶贫联络员工作机制，为 11 个村配备专职扶贫联络员，具体负责抓好村级建档立卡户自然变动、档案管理、"两不愁三保障"边缘户排查等工作。

三、精准施策求实效

吴勇一直坚持问题导向，相信脱贫的关键是"精准"二字。一是政策落实精准。紧紧围绕"一达标两不愁三保障"，组织镇、村干部入户走访排查，摸清建档立卡户家庭情况、致贫原因，配合区级机构对全镇 131 户建档立卡户进行房屋安全认定，落实资金 20 万元对赵官村 6 户建档立卡户房屋进行修缮，完成建档立卡户住房改造和提升，确保住房达到安全标准。2019年发放救济粮2470斤，发放173人低保金、特困供养金74万元，医疗救助金、临时救助金30万元。二是产业帮扶精准。抓好朱昌窖酒研发基地、朱昌镇百灵新能源加油站等项目谋划，依托各村成立的村集体合作社，将全镇131户建档立卡户全部纳入贵阳观山湖投资（集团）产业发展有限公司实施的百花一号加油站、蒿芝加油加气站项目，让建档立卡户通过土地、劳务等方式参与项目建设和发展，带动农户稳定增收致富，增强建档立卡户发展动力，2018年和2019年共为131户建档立卡户每户发放了8000元，朱昌窖酒研发基地分红100余万元。三是金融扶持精准。为充分发挥金融助力扶贫攻坚作用，吴勇积极协调驻镇农村商业银行，建立低收入群体创业发展融资平台，落实精准扶贫小额信贷免抵押、免担保政策，帮助村集体和有劳动能力、有贷款意愿以及有一定还款能力的低收入群众都能够得到创业或产业发展的贷款，为村集体拓宽发展之路，为建档立卡户和低收入群众脱贫致富增添动力。目前，已协调落实3600万扶贫贷款融入赵官蔬菜基地"三变"项目，组织投入1540万元融入朱昌窖酒研发基地、朱昌加油站等"三变"项目中，以进一步发展壮大村集体经济。同时，协调朱昌信用社为3户建档立卡户发放15万元三年免息特惠贷。

四、勤奋工作讲担当

吴勇积极投身到脱贫攻坚工作中，多次组织召开会议对镇、村干部走访调查工作进行安排部署，与镇、村干部经常深入村组、田间地头和农户家中倾听群众意见、与村干部座谈交流、摸清村情民情、为建档立卡户查找致贫原因、找准产业脱贫发展方向。为当好群众贴心人，动员和号召社会各界人士为全镇低收入困难群众送温暖、献爱心，组织爱心企业、全镇干部职工以及村（居）干部开展爱心基金募捐，为 43 户贫困户发放了爱心基金及爱心物资。同时，为做实建档立卡户产业帮扶、基础设施建设等工作，吴勇还经常实地查看农村饮水、"三变"改革、"8+1"攻坚和"组组通"等项目建设以及产业结构调整推进情况、现场解决存在的问题和困难，在投入资金 3000 万元完成长冲村、郝官村、赵官村富美乡村和 5 个美丽乡村"提高型"示范点建设基础上，2019 年协调落实资金完成了长冲村牟佬组和土坝组污水处理、郝官村一至六组以及七至九组污水处理项目建设、630 户农房风貌整治、10 座公厕新建和改造以及 11 个村 700 户卫生厕所改造。吴勇始终以身作则、认真履职，研究建立了干部召回管理工作机制，安排相关部门对脱贫攻坚工作开展不定期督查，把脱贫攻坚作为各村年终考评的重要依据、兑现目标奖惩，2019 年对扶贫领域"三个专项治理"、环境卫生、信访维稳等重点领域不作为、乱作为问题开展督查 7 次。因工作能力突出，吴勇 2019 年获得"全市扶贫攻坚优秀党务工作者"荣誉称号，2020 年获得"全省脱贫攻坚优秀共产党员"荣誉称号。

谢朝勇：扶贫路上的"三心"干部

云岩区人社局局长

扶贫路上，他细心调查研究，真心解决实困、用心谋划思路，被大家亲切地称呼为"三心"干部，他就是云岩区人社局局长谢朝勇。

一、精准建立工作台账，细心调查帮扶对象

没有调查，就没有发言权。扶贫期间，按照"精准登记、精准帮

扶、动态管理"的原则，通过印江县相关部门工作人员上门走访、入户调查、电话联系等方式，对帮扶对象开展摸底调查，精准掌握帮扶对象的基本信息。同时亲赴印江县缠溪镇土坪村，开展结对帮扶座谈会，入户走访对口帮扶的 12 户贫困户贫困情况，精准掌握贫困户的基本情况，深入调研了解实际问题，建立帮扶台账，并按时拨付印江县缠溪镇土坪村 12 户贫困户帮扶专项资金 24000 元。结合帮扶对象的实际，分类施策进行帮扶，一是针对有培训意愿的帮扶对象，由区就业局组织帮扶地区的劳动对象，接受专业技能培训学校的就业技能培训。二是针对有意愿从事农业方向的帮扶对象，根据华龙集团的金银草项目，由企业提供经济类草本植物种植项目，延伸出养殖业、木材业等产业，为帮扶地区提供种植岗位、养殖岗位等。三是针对有创业意愿的帮扶对象，提供 IYB、SYB 等创业培训，并加强创业指导服务，提供创业项目的推送服务。四是针对有在外就业的帮扶对象，由区就业局为帮扶对象提供家政服务培训。对培训合格人员，以劳务输出的方式，推荐其与企业签订劳动合同，让帮扶对象实现就业，例如贵阳保德城市环境管理公司。五是针对有意愿就近就业的帮扶对象，由企业作为第三方，对帮扶地区养殖的牲畜或家禽进行收购，例如贵州龙腾稷丰投资开发有限公司的黔牧出山项目。六是针对有意愿居家就业的帮扶对象，通过贵州黔粹行民族文化发展公司，为对口帮扶地区的帮扶对象提供手工艺等技术培训，帮扶对象可在家中制作工艺品，企业以签订订单的方式进行收购。

二、精准深挖就业岗位，真心解决实际困难

心与百姓同忧喜，不拔穷根誓不还。作为云岩区人社局局长，谢朝勇对帮扶工作铆足了劲。自对口援助帮扶工作开展以来，谢朝勇多次深入到帮扶地区进行走访摸底调查，上门走访招聘企业，争取用工

单位的支持，为对口帮扶地区的求职人员开发适合他们的就业岗位。积极与印江、开阳、长顺相关部门对接，采集当地求职人员信息，联合当地就业部门积极开展对贫困人员的就业服务工作。实施上门"送岗位、送政策、送服务"和"走出去、迎进来"战略，组织辖区用工单位和企业采取多种形式针对对口帮扶地区举办各类专场招聘会。2017 年至今，共深挖就业岗位 12 万余个，吸纳贫困县就业人数 1242 人，其中对口帮扶县 343 人，其他贫困县 899 人，为 74 名外来建档立卡贫困人员提供免费职业技能培训服务，为 142 名贫困县户籍人员提供培训服务，培训技能包括"电工""中式烹调师""家政服务员""育婴师"等种类。

同时，多形式、多举措为群众排忧愁、解难题，组织望谟县打易镇当地贫困群众开展"送温暖、献爱心"活动，帮助一户贫困家庭成功养殖家猪 10 余头，保障家庭经济来源；多次赴印江县易地移民搬迁安置点及望谟县打易镇，开展以"就业扶贫，保障民生"主题专场招聘会，举行了以"春风送真情，就业暖民心"为主题的云岩区对口帮扶 2020 年春风行动暨就业援助月专场招聘会，牵头贵州大怡豪生大酒店、贵州山子信息技术有限公司、贵州茅台酒厂（集团）技术开发有限公司、贵阳德众物业服务有限责任公司、贵阳蒙牛乳业贸易有限公司等 180 余家企业现场招聘，提供保安、普工、收银员、服务员等适合农村富余劳动力就业的岗位 20000 余个，达成就业意向 3000 余人。参加了"2019 年望谟县·余姚东西部劳务协作暨'春风行动'两省三地专场招聘会"，为对口帮扶县提供就业岗位、创业援助及开展职业技能培训，提供的岗位类型有行政主管、部门经理、专业技术人员、文员、技术工人、营业员、保安、保洁等，多方位满足求职群体的就业创业需求，进一步实现望谟县精准扶贫工作稳定推进。招聘结束后，邀请黔粹行、黔灵女家政等企业共同前往望谟县打易镇，进行就业及培训工作洽谈，寻求合作方式，洽谈会内容包括发展居家就业，由合作企业收购当地手工艺品，提供就业岗位；将提供刺绣、织锦手工艺技术培训，家政、养老、月嫂培训等多种培训服务，帮扶当地更多失业人员实现就业。通过跨区域招聘活动，既解决了云岩区企业的用工问题，又为劳动力丰富的对口帮扶县提供了就业机会，成为云岩—印江、云岩—打易两地的"双赢之举"。得到了企业和当地群众的充分肯定，电视台对活动进行了全程宣传报道。

2020年疫情期间，为进一步做好"稳就业、保民生"工作，谢朝勇多次带队前往印江县，与当地人社部门就疫情防控期间云岩—印江两地用工招聘工作进行洽谈。依托"淘就业"及"智慧就业系统"线上就业平台，举办"抗击疫情架金桥 服务民生稳就业"网络招聘大会，帮助用工企业和广大求职者搭建平台，真正做到就业服务不打烊、网上招聘不停歇、创业帮扶不止步、就业援助不放松，共有120家企业积极参与其中，提供就业岗位10166个，保障困难人员成功就业，促进企业顺利复工复产。截至目前，已与印江、长顺、望谟、罗甸、从江五地完成2020年就业帮扶协议的签订，进一步实现精准扶贫工作稳定推进。

三、精准探索帮扶模式，用心谋划工作思路

为提升扶贫成效，谢朝勇结合实际，用心探索了一系列帮扶工作模式，通过设立就业扶贫车间，推送云岩区优秀企业黔灵女家政服务有限公司到对口扶贫县开设分公司，为贫困县有就业需求的贫困人员提供家政、养老等多种培训，促进贫困户家门口就业，目前已完成了印江县、长顺县、望谟县、开阳县四地的就业扶贫车间设立工作，共计培训2370人，实现就业1853人，目前已完成对两县一街一镇的就业扶贫车间设立工作。提出建立扶贫项目孵化点，依托"政府为引

导、项目为孵化、企业为主体、市场为原则"的理念，与区龙腾稷丰公司联合，改造位于中华路面积约 90 平方米的一间临街门面，将之打造为对口帮扶县生态农副产品销售的体验店及创业项目孵化点，政府发挥引导职能，专业机构提供必要支持，并结合其他社会组织力量，让贫困县创业人员全程参与项目孵化，在项目中提升技能，累积经验，接受培训，与孵化项目共同成长，实现就业、创业。同时，结合印江县罗场村当地的产业特色，为其提供特色产品的展示平台，带动当地产业发展，进一步促进当地贫困劳动力实现就业。为对口帮扶县带入以"家庭农场＋村集体合作社"模式为主的"林下鸡"养殖培训项目。通过选取试点村，免费为参训学员提供 50—100 只鸡苗并开展养殖培训，以前期集体边学习边实操、中期自行养殖或合作社代养、后期自销或由企业统一收购的学、养、销一条龙的培训帮扶模式，让贫困劳动力在掌握专业养鸡技能的同时增加家庭收入，实现就业创业。2020 年启动培训项目以来，已为长顺县、望谟县、印江县、从江县开展家禽家畜饲养技能培训共计 2724 人，同时为印江县和从江县开展农作物植保、乡村旅游服务技能培训 527 人。

　　贫困群众作为群众的一部分，是我党执政基础的一部分，作为党的干部，就是要把贫困群众当作自己的家人，以己心度民心，用实际行动让贫困群众把扶贫干部当作自己人、家里人，用关心和关爱巩固我党执政基础。谢朝勇常常这样说道。

　　不忘初心、牢记使命，勇于担当、甘于奉献。扶贫期间，他坚持主动"走出去""请进来"的工作思路，用细心、用心、真心的辛苦指数，换取群众的幸福指数，多次组织用工企业前往贫困地区举办跨区域招聘服务活动，把岗位送到求职者家门口，更加坚定、精准、有效地推进大扶贫战略行动，深刻落实就业创业援助扶贫工作成效。

谢舟鑫：挂职到大山深处的"扶贫工程师"

贵阳市观山湖区市政工程管理处干部

"伦梅，组织今天找我谈话了，准备选派我到望谟县郊纳极贫乡镇去参加脱贫攻坚……"谢舟鑫既是欣喜又是愧疚地和身怀六甲的妻子在电话里说道。

"你不是一直给我说想到具有历史意义的脱贫攻坚战中去锻炼一下吗？既然组织相信你选中了你，这么好的机会一定要珍惜。"

"可是我走了婉儿上幼儿园就没人接送了，你又怀孕5个多月了，爸妈70多岁了也送不了，况且你一天上班来回要跑50多公里……"

"没什么可是的了，我们都是老党员了，去吧，我支持你！家里的困难我想办法克服，只要你在外安全就行了，我这里很忙，就这样决定了。挂了啊！"还没等谢舟鑫说话妻子就把电话给挂了。

在组织谈话后不久，谢舟鑫背负着沉甸甸的使命和责任，组织的信任、领导的嘱托、群众的期盼、家人的支持，和其他两名队员一起到望谟县郊纳镇开展为期一年的脱贫攻坚帮扶工作，用实际行动践行了共产党员的担当和使命。

一、深入调查研究，谋划工作思路

谢舟鑫是观山湖区市政工程管理处道桥排水维护科科长，在观山湖区结对帮扶望谟县郊纳极贫镇脱贫攻坚之际，他主动申请到帮扶的郊纳镇参加脱贫攻坚工作，发挥党员先锋带头作用，同时用自己的技术专长，在脱贫攻坚战中为脱贫攻坚出一分力。经党组织研究，决定他挂职望谟县郊纳镇经济发展办副主任（项目办副主任）。

谢舟鑫到郊纳镇后，看到这里的风景很美，空气很好，但发展却比较落后，群众生活都比较贫困。他暗下决心，在帮扶期间，一定尽自己最大的能力去帮助这里，去解决百姓的难题。到岗工作后，迅速转变工作角色，积极投入到脱贫建设当中，谢舟鑫所在的经济发展办主抓基础设施建设，建设村容村貌。

"舟鑫，很晚了，早点休息了！"办公室主任岑波催促着。

"好的，我弄完这个方案就去睡，明天还赶着给领导看呢！"拿起手机看了看时间，就又继续修改起了方案。

这时已经是夜里十一点，到了郊纳后，已经不知道有多少个夜晚和同事们这样加班着。

"如果我没有机会到这样的基层来锻炼，我真不知道在基层的同志们是这样的辛苦，加班加点都是工作的日常，但每一个基层的同志，都是毫无怨言地担起责任！"谢舟鑫感慨道。

谢舟鑫来到郊纳镇两个月后，就和同事们一起跋山涉水，走访调研，走遍了全镇各村组寨，充分了解农户生活、交通、饮水及住房安全情况，了解群众当前迫切需求。通过与群众的共商，深入调查研究及座谈研判，他对所有村居基础情况、经济发展现状、道路状况、群众脱贫愿望和扶贫开发规划等第一手资料有了深刻的认识，发现了短板问题所在，找出了问题症结，找准致贫原因，进一步建立了水、电、路、讯、房和环境等短板实施规划，确立了本镇扶贫开发工作思路。

二、推进基础设施建设，落实各项帮扶措施

为了解决问题短板，谢舟鑫立足工作岗位，发挥自身专长，组织参与项目实施方案编制审核、立项、可研、评审、招标、质量安全控制、竣工验收等全过程管理工作。在郊纳镇党委政府的领导下，在观山湖区委、区政府的帮扶下，郊纳镇的基础设施建设得到快速的改善，到目前，全镇4459户21291人住上了小康房、喝上了放心水，实现了通组通村路和太阳能路灯全覆盖，村庄环境发生了翻天覆地的变化。

持续实施完成望谟县郊纳镇2017年脱贫攻坚集镇配套基础设施及通组硬化建设项目涉及的35条通组路113公里（总投资约16000万元）、5座中小桥（总投资约700万元）、14个特色小城镇建设及1个经贸流通项目（总投资17000万元）全面竣工投入使用，切实完善了全镇的配套基础设施建设。

组织、参与郊纳污水处理厂、郊纳水厂、八步紫茶配套设施建设、郊纳镇人畜饮水巩固提升工程、洋大坪至过门寨产业路等20余个配套基础设施和郊纳镇幼儿园、冗岩村活动室、八步村活动室、纳江社区活动室等10余个公共服务设施项目的技术质量管理、材料采购询价等项目管理监督工作。

组织实施郊纳镇人居环境整治、郊纳镇壮大村集体经济项目等多个项目方案编制、立项、可研和招标等项目前期工作；配合协调郊纳镇石漠化治理项目、郊纳水库进场路建设、郊纳镇加油站等项目的现场踏勘选点以及协调工作；协助镇领导处理农民工工资问题，保障民工工资落实到位。

郊纳的产业主要以发展八步紫茶为主，但茶产业是一个长效产业，为有效促进郊纳镇的发展，必须要有更多的"短平快"项目来促

群众增收。谢舟鑫与同时来郊纳挂职的王华副镇长一起，把郊纳的实际情况报告给观山湖区委、区政府，请求帮扶。报告得到观山湖区委、区政府重视。

自 2019 年以来，在谢舟鑫努力下，实现观山湖区对郊纳的许多有效帮扶措施得以落户生根。他与郊纳考察团队一起对贵阳 20 多家大型房地产开发企业项目进行走访调查，编制《贵阳市门面市场调查报告》并在镇班子会上进行分析讨论，为郊纳镇在观山湖区中铁逸都购置 2 个门面商铺，投资 600 余万元，创造年收入约 30 余万元用于壮大村集体经济。郊纳民族小学直饮水项目得以实施，投资 80 万元，让郊纳民族小学 648 名师生喝上了干净水、放心水。还为郊纳镇的产业结构调整捐赠 20000 斤黄豆种，为群众献出免费优质的"希望种子"。同时还带动区直部门、爱心企业为郊纳帮扶捐赠疫情防控口罩、10000 元扶贫工作经费等。

三、践行党员初心使命，增强村民脱贫信心

作为一名党员的他深刻理解组织委派帮扶的目的意义，谢舟鑫在抓好项目建设等工作的同时，他本人还帮扶 6 户建档立卡农户。只要一有空，谢舟鑫就到包保户家走走，看看有什么需要帮扶的帮忙的，只要一个电话，他都会第一时间赶到。

"罗叔，你叫你儿子抓紧回来把危房改造弄了，你家现在这个房子已经属于危房了，不能再住人了，而且你家如果实施危房改造后，都有 3.5 万元补助款的，你们还担心什么呢？"这是谢舟鑫第四次到罗尚美家做动员工作了，罗尚美家一直都以没有钱没有能力为措辞，一直不肯实行危房改造，为这个事，谢舟鑫不知道打了多少个电话给他在外打工的儿子罗旺玲进行沟通。最终，在谢舟鑫的努力下，罗尚美家建上了新房，并且已经入住。

在谢舟鑫的帮扶下，6 户建档贫困户于 2019 年年底已全部顺利脱贫，其中 5 户住上了新房（2 户实施了危房改造，3 户易地扶贫搬迁到了兴义和望谟安置点）。

在 2020 年新冠肺炎疫情期间，妻子刚刚生产完不到 10 天，谢舟鑫就主动请缨第一时间投入到疫情防控工作中去，坚持按照"内防扩散、外防输入"的原则加强防控，做好宣传和卡点值守，同时还利用休息时间进行部署防控，让群众配合好疫情防控，确保万无一失，最终赢得了老百姓的认可，包保点无疫情感染发生；保障了人民生命安全。疫情缓解后，结合疫情防控的工作要点和脱贫攻坚基础设施建设的关键环节，一手做好重点防控，一手抓好关键项目建设，按下了复工复产工作的快进键，如邮亭河山洪沟治理项目等工作有序拉开了序幕。正如一首歌唱到"我不知道你是谁，但是我知道你为了谁。"谢舟鑫和他的伙伴们，用实际行动践行了一名党员的初心和使命。

在脱贫攻坚战场上，谢舟鑫立足岗位，主动作为，带着他的专业技术和对老百姓的深切关怀，在望谟县郊纳镇的每一座山、每一条河、每一个村庄都留下了他忙碌的身影。他把对党忠诚和爱岗敬业落实到实际行动中，充分发挥了一名党员一面旗帜的战斗堡垒作用，让党旗高高飘扬在防疫和脱贫攻坚的第一线，体现了党一切为了人民的宗旨。

熊平：常怀为民之心　常恤群众之苦

白云区派驻清镇市新店村归宗村第一书记

随着脱贫攻坚进入收官阶段，白云区派驻清镇市新店村归宗村第一书记熊平的 5 年驻村生涯也即将结束。自 2016 年 4 月驻村以来，他先后帮扶过三个村，其中有两个是党组织后进村，一个是国家级贫困村，熊平感受最深的是："驻村帮扶要常怀为民之心，常恤群众之苦，不要求你做多大的事，但一定要为群众多做好事实事"。

由于地理位置和历史原因，归宗村发展底子比较薄、贫困人口多、基础设施严重欠缺、产业支撑不够、村集体经济薄弱。熊平认为，要实现长远发展，必须补齐短板，增强归宗村自我"造血"功能，在大力发展产业的同时做到扶志、扶智相结合，才能让贫困群众真脱贫、脱真贫。

一、调整产业结构，优化产业布局

拥有产业源头活水，群众脱贫才能持续和长久，发展生产才是实现稳定脱贫、脱贫不返贫的治本之策。于是，熊平结合当地实际情况，依托产业结构调整，因地制宜制定了《归宗村产业发展规划（2018—2022）》，采取盘活现有的金银花，发展壮大李子产业，并培育新产业的发展路子。

最终，归宗村形成了"一花一果一宝枫，李子树下红彤彤"的产业发展布局。其中，"一花"是指金银花有 5000 亩；"一果"是指李子有 3000 亩；"一宝枫"是指元宝枫一期种了 500 亩，二期还会增加 1000 亩；"李子树下红彤彤"是指合作社在李子树下套种辣椒 1000 余亩，通过合理套种提高了土地利用率，同时通过产业带动解决部分贫困人口就业问题，目前全村金银花全年产值近 500 万元，李子产值 200 万元，辣椒产值 500 余万元。贫困户通过土地入股、参与分红和劳动务工等方式增加了收入，通过产业的带动全村人均增收近 2000 元。

熊平刚到村走访时，发现全村有好多李子树，但却疏于管理。作为专修果树种植科班出身的他，找到了帮扶工作的第一个突破口——教大家如何种好李子。可第一次培训，只来了三个老年人。

难道大家对种植李子不感兴趣吗？一打听才知道，那个时候正是收油菜的农忙时节，熊平发现农村工作和机关不同，要想做好培训，就必须利用村民的闲暇时间。随后，他把集中培训时间从早上9点改为晚上8点，白天就在田间地头手把手地教大家怎么施肥、疏果、修枝。

产业有了，如何破解产销衔接难题？让熊平印象最深刻的便是李子销售问题。起初，归宗村李子刚成熟时销路不好，甚至5毛钱一斤都没人要。看着满树又甜又大的李子落了一地，群众愁眉不展的情形让熊平心里特别难过。有产要有销，群众才能"鼓荷包"。坐着等可不是办法，得主动出击。于是，熊平试着通过朋友圈、QQ群、微信群帮大家卖李子。

很快，卖李子的信息被白云区的领导干部快速转发，甚至媒体记者也加入到了转发队伍，报纸电台都在宣传，一天时间就卖了8000斤。随后，熊平帮忙联系了几个大超市和一些连锁水果超市，短短几天就把滞销的李子全部卖完。原先5毛一斤都没人要的李子被他们卖到了3元一斤，老百姓的收入也翻了几番。因此，村民给他取了个"李子书记"的绰号。

二、建设交通路网，解决发展难题

在搞李子培训的时候，村民向熊平反映：你教我们这样修枝、那样施肥是好事，可路不通，光靠人力运输，即使种好了也收不回来，别说拿去卖了。这时，他意识到路不通已经成为制约归宗村产业发展的最大问题。

在一位村民组长的带领下，熊平看到了一条年久失修的机耕道，由于地势较陡且一直没有硬化，加上多年的雨水冲刷导致沟壑纵横，根本无法通车。然而，下面还有 1000 多亩土地以及几百亩的金银花，每到收获季节，村民会自发组织从周边抬泥土来铺路，勉强能让货车通过，这样的状况从 2012 年持续至今。于是，他下定决心，一定要竭尽所能解决这个问题。随即，熊平带着驻村工作组成员，向相关单位部门协调资金。

好不容易筹到了钱，可征用村民土地等问题还需解决。于是，他们又挨家挨户走访，征求意见，做思想工作，连续召开 8 次院坝会，最终解决了所有问题。从 2019 年 6 月开始，归宗村村民自发组织起来，出工、出力，连续大干 3 个月，直至路修通那天。

三、多方协调资金，解决民生难题

在新店镇的五个驻村工作组中，熊平是公认的最能"泼"的一个。任归宗村第一书记后，为修建村综合楼，他带着所有驻村队员到派出单位、组织部门、帮扶单位、帮扶领导挨个寻求支持，历时 5 个多月先期凑了 21 万元，但资金缺口还是很大。于是，熊平请清镇市领导协调清镇清安集团先垫资修建，后面再慢慢还。好不容易综合楼建起来了，但文化活动广场的钱又没了着落，熊平又到了 7 个部门去"泼"去"要"，有的部门去的次数多了，就有熟悉同志一看到他，不由得发出"怎么你又来要钱了"的感叹！最后又"要"了 28 万元。如今，500 多平方米的综合楼已经建成，大家再不用挤在 30 多平方米的办公室里办公了，1500 多平方米的文化活动广场让村民闲暇之余有了健身活动的地方。

据介绍，到归宗村任第一书记后，熊平带领工作组先后从贵阳市、白云区、清镇市的 15 个部门和企业协调到了帮扶资金共计 20

笔70.4万元，这些资金不包括项目资金，最少的1万元，最多的10万元。据统计，熊平协调的项目16个，投入资金近1000余万元，其中就有白云区从2018—2020年帮扶资金358万元，这些资金解决了困扰归宗村多年的自来水问题，投入700多万元为归宗村新建机耕道和硬化道路31.825公里，新建500多平方米的村级综合楼和1500多平方米的文化活动广场，协调10万元入股到合作社建设归宗村第一家加工企业——归宗村面条加工厂，打破了归宗村无集体经济的局面。

四、用心沉下去，院坝会聚民心

除了外出协调资金和项目，熊平平时都是吃住在村、工作在村，没有特别工作就去走访，有什么重要事情时就召开院坝会，所以每一户贫困户的情况他都了如指掌，谁家有几口人，养了几头猪几头牛他都一清二楚。在别的村可能存在贫困户不认识驻村干部的情况，但在归宗村上至耄耋老人，下至学龄孩童都认识他，知道他们工作组，因为他在全村12个村民组每个组至少召开过3次以上的院坝会，最多的甚至召开过8次，而且都是利用村民晚上休息时间召开的。召开院坝会在他看来一是可以提高群众知晓率，同时可以宣传党的方针政策；二是可以收集群众意见，了解群众需求，为自己的工作找准方向，更好地帮助群众解决问题；三是集中群众智慧解决特别是在项目建设中存在的矛盾问题，可谓一举多得。另外他来到村之后就为归宗村小学捐赠了近5万元的物资，解决了课桌椅、校服、图书、体育器材等问题，同时利用闲余时间到学校给学生上课，所以全村的孩子见到他都会叫他熊老师，他已经完全融入了归宗村的生活。在帮助调解村民矛盾时，他会认真细心地帮助调解，同时表明态度，他在这里一不沾亲，二不带故，他不会偏袒任何一方，他所做的都是为大家解决问题。也正是如此，当村民之间有什么矛盾、有什么困难时，第一时间想到的就是他，而不是村干部，他也尽最大的努力帮助村民解决困难问题。其中为了解决新田组道路硬化问题，就召开了8次院坝会，修路的方案也改了几次，刚开始是筹钱的问题，后面又是土地的问题，再后面又是长度、宽度不够的问题，反反复复的开了几次，最后在他的带领下，他率先自己掏腰包帮助村民集资修路，然后带领村民投工投劳地干，虽然几经周折，但最后道路修通了，那个组的村民由衷的感激他，因为这条路已经困扰他们8年多，而且因为这条路让村民产生了无数矛盾，现在路一通所有问题都不是问题了。

在熊平和工作组两年多的帮扶下，归宗村不仅实现了整村稳定脱贫，并且摘掉了后进党支部的帽子，归宗村党支部2019年还获得了"全省脱贫攻坚先进党组织"称号，实现了由"后进"变"先进"。2020年熊平也获得"全省脱贫攻坚优秀村第一书记""贵阳市脱贫攻坚优秀党务工作者""清镇市脱贫攻坚优秀党务工作者"等荣誉。

熊平说：回首以往，他不会因为虚度光阴而悔恨，也不会因碌碌无为而自责，因为他用人生中最宝贵的5年时间践行了一名党员在脱贫攻坚中应该坚守的初心和使命，履行了一名扶贫干部的应尽职责，即将到来的乡村振兴，他时刻准备着。

徐康雨：扎根基层拔"穷根"

息烽县养龙司镇江土村党支部书记

徐康雨作为一名奋战在基层农村的普通党员，2016年任息烽县养龙司镇江土村党支部书记以来，始终保持坚强的党性，从不计较个人得失，总以一股不服输敢为人先的干劲投入到工作中去，时刻把群众冷暖牢记于心。

一、立足全面，弄清当前贫根是什么

以前，村情复杂，村内凝聚力不强，一段时间来，由于各种原因，江土村各项工作长期滞后，群众期盼着能在本村选出一名为人民服务的村支部书记带领大家摆脱贫困，走向富裕。自徐康雨担任江土村党支部书记以来，虽然是组织安排和群众推荐的，但仍有部分群众和个别村干部心怀疑虑，认为"年轻人都爱在外面跑，这样能干的年轻人在村里干得长久吗？"面对群众的疑虑，他自己也是这样认为，自己能行吗，能抵挡外面优越条件的诱惑安心在村工作吗？再说，当了村支书家里活咋办？在外面业务也跑不了，不仅经济损失过半，而且还得把所有的心思放在全村的发展上。他想，"我是一名共产党员，既然组织信任，就得尽心尽力把工作做好，只要全村人富了，我个人的损失又算得了什么？"因此，自从他在村里任职后，经常用自己切身经历，鼓励广大群众勤劳致富，并尽全力帮助群众解决生产生活困难。打消了群众的疑虑，赢得了群众的支持，从此，他成了群众的贴心人。

作为江土村党支部书记，根据村情组情，徐康雨首先认为"要想火车跑得快，全靠车头带"的道理。重点从村两委班子、村六大员、驻村帮扶队伍建设抓起，强化村级班子的执政能力入手，不断提升为民办事能力，为推进脱贫攻坚奠定了坚实基础；同时以"两学一做""学习强国"为主线，有力增强两委班子理论知识能力。同时努力强化党员队伍建设，对无职党员均设岗定责，为无职党员设定了政策宣传岗、环境治理岗、民事代办岗，极大地提高了党员的服务意识，进一步增强党支部的战斗堡垒作用。按照工作目标和要求，认真落实重大事项党群议事制度，坚持"四议两公开"制度，接受党员群众的监督。

二、放眼全局，思考治贫路子怎么走

为推动脱贫攻坚工作开展，统筹协调各方力量，认真开展精准识别、精准帮扶等工作。组织开展贫困户走访，并建好走访档案。算好时间账、经济账，"一户一策"找准脱贫致富的路径，制定了年度目标、阶段计划和帮扶措施。对因病、因学、因灾致贫的重点贫困户，开展一对一、点对点的结对帮扶。同时结合村情实际，切实加强向上协调对接，加强基础设施建设和产业结构调整等工作，强力推进脱贫攻坚。2016年以来，争取到各级项目资金及帮扶资金696.64万元，完成了整村亮化工程，新建街上、大寨及下坝文化广场，新建街上、下坝公共厕所，安装街上5个组人畜饮水工程，新建了1.3公里机耕道，硬化生产道路6.2公里，实施农村危改58户，为困难户争取帮扶资金30.57万元。

村里要发展，不能总是"化缘"，打铁还需自身硬。2015年贵阳市全面推进村集体经济发展，很多优惠政策逐一释放，徐康雨看到这个好消息，认为带领群众致富的好机会到来了。他一直思考："有了村集体经济，不仅可以带动群众致富，发展收益还能投入到村的公益性事业及困难群众急需解决的问题。"2015年以来争取到上级资金148.14万元以入股的形式发展村级集体经济，争取到上级支持59.14万元发展村集体经济肉鸡养殖修建圈舍及管理房项目一个，现村集体经济收入每年十余万元，每年按照比例分给贫困户。2020年争取帮扶单位及上级资金75万元，用于发展产业及基础设施建设，增加贫困户及群众的收入。

三、着眼全体，谋划扶贫重点在哪里

2019 年，采取"经营主体＋合作社＋农户＋党建"的方式参与到产业结构建设中，结合党员量化积分考核，切实强化支部解决问题、服务群众等能力，提升支部的综合能力，通过产业结构调整，种植脆红李大约 836 亩，种植刺梨 310 亩，按 50％为经营主体所有、40％为村民所有、10％为村集体经济所有，进行分红。种植辣椒 30 亩、吊瓜 150 亩、南瓜 320 余亩，养殖鸡 18000 羽，产业结构调整涉及 9 个村民组，旨在通过产业结构调整带动经济发展促进群众增收致富。

徐康雨非常关注村里面的留守儿童、困境儿童、留守老人、五保户、低保户、长期患病等这些特殊群体，几乎每星期他都要向村民组长了解一下这些群体的近况，有困难总是第一时间设法帮助解决，亲力亲为。逢年过节徐康雨都要带领村六大员逐一探访。他总是说："这些对于我来说都是小事，但一旦他们有任何困难我们知晓了，第一时间出手相助，就能帮助他们解决实际困难，我们的工作态度就会深得民心，金杯银杯都不如我们在老百姓心中的口碑啊。"

自徐康雨担任江土村支部书记以来，在他的带领下，该村发生了翻天覆地的变化，农业基础设施建设不断加强，生产条件和人居环境明显改善，农民收入逐年攀升，村容村貌焕然一新，呈现出一派欣欣向荣的新农村景象。

徐康雨始终坚持情为民所系，权为民所用，利为民所谋，扎根基层、不忘初心。2016 年 7 月获得息烽县优秀共产党员称号，2016 年 7 月获得养龙司镇优秀共产党员称号，2018 年 2 月获得息烽县关心下一代工作委员会 2017 年度"党建带关键"先进个人称号，2018 年 7

月获得息烽县扶贫攻坚优秀党务工作者称号，2019 年 7 月获得贵阳市扶贫攻坚优秀党务工作者称号。

阳麟：把准贫困"关键脉"
做足功课"迎大考"

清镇市犁倭镇茅草村第一书记

　　战鼓声声催征急，发力冲锋正当时。在脱贫攻坚进入最为关键的倒计时阶段，贵阳市卫生健康局派驻清镇市犁倭镇茅草村的第一书记、驻村工作组组长阳麟和队友们同心协力，紧紧围绕"精准扶贫、促进增收、办好实事"的工作思路，扎实工作，以实际行动为改变茅草村的生活面貌，为打赢 2020 年脱贫攻坚战贡献力量。

一、勤学习，新兵变"战上"

　　2018 年 4 月，阳麟根据组织安排来到犁倭镇茅草村担任第一书记、驻村工作组组长。为了及时、有效提升自己驻村工作能力，增强做好农村工作的信心，他积极参加各级党委组织的政治理论和党建知识培训，认真地学习各级、各部门关于脱贫攻坚的相关文件精神，深刻领悟习近平总书记关于脱贫攻坚的系列重要论述，不断强化业务知识储备，进一步增强自身政治理论水平，为帮助村党支部建设奠定一定基础。在实践中，他加强学习和交流，积极主动地向"驻村老队员"请教，努力做到"指导不领导、到位不越位、帮忙不添乱"。

二、反复走，找准贫困成因

走访，是一项重要的驻村工作，也是了解村情民意的重要手段。为了及时准确掌握茅草村村民的生产生活情况，更加有效地促进帮扶工作开展。驻村工作初期，阳麟多次组织村干部、村民组长及村民代表开展座谈，深入分析全村自然资源、基础设施和产业结构等现状，厘清劣势短板，找准优势长项。短短1个月时间，阳麟遍访全村14个村民小组，深入到贫困户家中，与群众"拉家常"，详细了解他们的生产、生活情况和家庭困难，倾听他们脱贫致富的愿望和想法，并做好政策宣传，增强群众脱贫致富信心。针对茅草村现状，阳麟和其他队员一起与犁倭镇党委制定驻村工作计划，保证驻村帮扶有方向、出成效。

通过大量走访调研，阳麟认为导致茅草村贫困的原因主要是由于茅草村地处边远、基础设施比较落后、缺少发展产业的资金和劳动力等，各方面的因素导致了茅草村多年来发展滞后。同时，由于近年来村委会成员之间协调不够，党务、村务、财务不够公开，在产业发展上村干部与村民缺乏沟通，导致村里的各项工作较难开展，2018年被评为清镇市"后进村"（2018年底，在驻村工作组的帮助下茅草村已摘帽）。

三、履职责强服务出成效迎"大考"

农村工作离不开村党支部和广大党员的带头，阳麟把进一步提高村党支部的凝聚力和战斗力，加强村级组织建设当作驻村工作的首要任务来抓。抓学习，以"三会一课"为抓手，组织村干部和党员学习上级党委、政府关于疫情防控和决战脱贫攻坚的有关指示精神，切实增强了村两委班子成员的责任意识。抓制度落实，督促和监督村两委严格落实"三会一课"、村务公开、坐班制度等，使村里面各项工作逐步制度化、规范化。抓活动开展，同时针对班子中存在不团结、不协调的问题，通过做思想工作、谈话谈心和坦诚不公地开展了批评与自我批评活动，化解了矛盾，强化了班子的工作合力。

2018 年 7 月，结合贫困人口"漏评错评错退"整改工作，阳麟带领村干部对全村 60 户建档立卡贫困户、213 户低收入户、12 户提出贫困户识别申请的农户（共计 285 户）的家庭基本情况再次进行精准识别，全面掌握贫困户家庭情况，确保不漏一户、不漏一人。

为了聆听村民的心声，阳麟结合上级党委的阶段性工作要求，带领驻村工作人员结合"相约星期三"、周五"扶贫面对面"等活动，通过入户走访、与村民交心谈心、院坝会议等形式积极了解村民的想法和愿望，向村民宣传党的扶贫政策，并积极组织村两委、包村单位到村民家中大力宣传扫黑除恶工作、新冠肺炎疫情防控的相关知识等。

在对茅草村硬件设施帮扶上，阳麟争取到 15 万元资金用于村委会综合楼规范化改造以及阵地建设；向市卫健局党委申请到 10 万元脱贫攻坚帮扶资金用于实施茅草村 2 个组共约 3 公里长的"一事一议"进组路硬化等项目；局党委帮扶 30 万元资金新建面积约 150 平方的标准化村卫生室，并完善各种医疗设备；2020 年为解决茅草村机耕道不足的问题，阳麟积极协调上级农业部门给予项目支持。

为进一步做好做细脱贫攻坚工作，激发贫困户脱贫致富的志气和自信，树立感恩党委政府、勤劳致富的社会风气，提高帮扶满意度。2020 年，结合走访工作，阳麟积极开展"铭记党恩强信心·汇聚民力战贫困"教育活动，对贫困户逐户进行感恩教育，累计走访教育贫困户 100 余次。通过感恩教育活动的开展，茅草村贫困户加深了对帮扶成果、扶贫工作的认可，为实现脱贫攻坚目标任务奠定了坚实基础。

驻村工作以来，阳麟带领工作组按照"两不愁三保障"的总要求，结合清镇市委"双十行动"的工作安排，把村民的事当成工作组的大事来办，积极帮助村民解决生产生活中遇到的困难。帮助陈忠福等多名外出不便的村民跑腿办理低保、户口等事宜；在2020年春节前夕带领驻村工作组队员大力开展环境卫生整治工作，清除茅草村卫生死角10余处，累计清运垃圾10余车。帮助绿茶种植能手协调贷款项目、联系农业专家给予技术支持等。努力争取到浙江宁波的爱心企业家为品学兼优的贫困户黄明忠子女进行结对资助，保障其今后的学费及生活费每月至少400元，直至完成学业。同时协调5000余元用于改造其居住环境。2018年以来，利用驻村工作经费，在"六·一"和"八·一"等节日，阳麟带领驻村工作组开展走访慰问，分别向茅草小学、18名贫困儿童、19名老兵、11名残疾人送去价值1万余元的慰问品。联合清镇市经开区管委会机关党支部一起在茅草村通过"主题党日"活动，积极落实"扶贫先扶智"帮扶措施，对近两年来村里考入大学的7名学子开展捐资助学活动，每人捐款3000元。

四、同心协力战"疫"情

2020年初，突如其来的新冠肺炎疫情打乱了阳麟的驻村工作计划，他牢记"一切为了人民健康"的初心使命，第一时间加入茅草村的疫情防控工作队中，及时发动群众，群策群力、群防群控，迅速发动村民成立茅草村应对新冠肺炎疫情防控工作应急小组、制定应对新冠肺炎疫情防控工作方案。加大对新冠肺炎防控知识的宣传力度。挨家挨户访民情，对外出务工人员的工作地点、返乡时间、身体状况进行建档登记，引导村民不串门、不动车、不聚集、不赶场，杜绝外组、外乡等与疫情工作无关的人员和车辆进入本村活动，组织村民对组内各交通要道进行轮流值守，全力做好茅草村的疫情防控工作。

过去的两年，茅草村"一达标两不愁三保障"的目标已基本实现，标准化村卫生室、"组组通"、串户路、路灯等基础设施已基本完善，村民的生产、生活情况也得到了改善。驻村工作两年来，他的工作得到上级党委的肯定，2019年7月，阳麟获得了"贵州省脱贫攻坚优秀第一书记""贵阳市优秀共产党员""清镇市优秀党务工作者"等荣誉称号。

2020年是脱贫攻坚"大考"之年，阳麟将继续拿出诚心、守住初心、惠存民心，积极进取、奋发有为，用真抓实干全力打好脱贫攻坚战，为茅草村同步小康驻村工作画上圆满的句号。

余杰颖：真蹲实驻暖民心　真抓实干促脱贫

开阳县禾丰乡田冲村优秀驻村干部

驾车从贵遵复线十里画廊站驶出，向右沿着蜿蜒曲折的山路，车像蜗牛一样攀爬，一路上，植被茂盛，车一直行驶约10千米，映入眼帘的是一幅美丽和谐的乡村图景：干净整洁的民居错落有致，宽阔平整的水泥路通村入户，猕猴桃基地里新种植的猕猴桃苗木生机勃勃，长势喜人……

这里是开阳县禾丰乡田冲村，如果不提过去，外人很难想象到，它曾是国家级二类贫困村。田冲村辖16个村民小组，866户2600人，建档立卡贫困户60户205人。过去，每个村名组之间通行要绕行很远，村里没有支柱产业，都是自给自足的传统种植业，村民经济收入较低，大部分村民都外出务工。

2018年3月，余杰颖立即主动报名请缨参与脱贫攻坚工作，被选派到开阳县禾丰乡田冲村开展"乡村振兴·同步小康"驻村工作，担任驻村工作组第一书记、组长。

到村工作后，对如何抓好驻村工作，带领群众脱贫致富一头雾水。于是，他从摸清家底入手，与村两委干部、驻村队员一起，逐一走访贫困户，宣传扶贫政策，在农家院坝、田沟土坎，与群众拉家常、听民声、收民意、话发展。

"只有把群众当亲人，群众才不会把你当外人。"两年多来，余杰颖走遍了全村16个村民组，走访群众2600多人，帮助群众解决急事难事，贫困户的住房条件、劳动能力、教育医疗、收入状况等情况，都熟记于心、了然于胸。走得多了，情况清楚了，心中就更有了底气。"角落寨王永才家房屋需改造，细泥河组罗光山想发展生猪养殖，剪刀坝组李朝刚需要办理残疾证，坡头上组孤儿李永琪学习文具缺乏、上学不方便"等问题……4本厚厚的驻村笔记，记下了民情民意，也拉近了他和乡亲们的距离，群众对他也由起初的质疑转变为信任。

只有建强党组织，脱贫致富才有"主心骨"。火车跑得快，全靠车头带。他把抓好村党支部建设作为推动打赢脱贫攻坚战的龙头任务，严肃"三会一课"、规范主题党日，一开始就把"严"的主基调贯穿支部建设，村两委班子更有凝聚力了，战斗力也更强了。原来一开会，大家各唱各的调，各过各的桥，意见无法统一，村里的发展也就耽误了。比如，原来全村发展思路总是剪不断、理还乱，支部堡垒作用夯实后，村支两委多次研究，多次开群众会听意见建议，"农业先行、农旅一体"的思路已经成为村两委和全村群众的"共识"。支部党员在全村人饮工程、"组组通"公路建设、人居环境整治等项目中，积极参与土地协调、纠纷调处、进度监督等各项工作。现在的田冲村，心齐了、气顺了、人和了，群众都铆足了干劲，发展前景更加清晰明朗。

产业是脱贫之根。只有把产业搞准了，致富之路才会越走越宽广。立足田冲村自然地理、区位优势及现有资源，余杰颖积极邀请省、市、县有关农业专家到村调研指导，制定产业发展计划。围绕产业发展"八要素"，立足生态优势和资源优势，聚焦多元发展、多级联动、多方受益，结合实际认真研判、科学规划、合理布局，按照"农业先行、农旅一体"的发展思路，在全村16个村民小组召开村民小组会议，集思广益讨论产业发展，充分征求、听取群众意见，通过村民代表大会表决决议。充分发挥市农业农村局"娘家人"的后盾作用，经过和市农业农村局果树专家对接、印证，选择发展猕猴桃产业作为田冲村巩固脱贫成效、实现村集体经济持续发展的突破口。

"打一场漂亮的猕猴桃产业革命战是田冲村必须要跨的坎、必须要爬的坡。"余杰颖说，产业定下来了，求实、务实、扎实把猕猴桃产业做深、做优、做强才是田冲村聚力攻坚的重点。

驻村两年多来，他积极协调整合各类帮扶资金740余万元，采取"党组织＋合作社＋龙头企业＋农户"的模式，把猕猴桃作为主导产业全面铺开，羊肚菌等产业同步推进。目前全村已种植以猕猴桃为主的产业2000余亩。产业扶贫和利益联结实现建档立卡贫困户100%全覆盖。在2020年项目利益联结分红会上，禾麻冲组易地扶贫搬迁贫困户刘安华，角落寨组贫困户王永才，山闹组贫困户林国珍每人均领到了分红资金4350元，他们激动地说："感谢党的好政策，我们的生活有保障了。"在发展种植产业的同时，依托田冲村村内4A级香火岩风景区资源，余杰颖积极配合景区投资方全面打造升级景区旅游环境，发展"农旅一体"、休闲观光旅游产业，打通了绿水青山就是金山银山的转换通道。

"脱贫路上坚决不漏一户、不漏一人。"只有精准施策，脱贫才能破难见效。驻村以来，他紧紧围绕"两不愁三保障"，因户施策，锁定问题短板，采取项目覆盖、项目利益联结分红、危房改造、改厨改圈改厕、民政兜底等措施，实现"两不愁三保障"。对41名建档立卡贫困学生进行教育帮扶，贫困人口参合率、重大疾病政策保障率、常住贫困人口家庭医生签约率体检率均达100%，实施危房改造34户，整治透风漏雨17户。建设人饮提灌站4个、人饮水池13口，完成34户145人易地扶贫搬迁，建成"组组通"公路15条，实现16个村民组互联互通，积极推荐就业岗位，通过产业发展，解决部分群众就地就业难题。建设生活污水处理、公共厕所、活动广场等基础设施，村容村貌大幅提升，人居环境明显改善。开展扶志扶智，对有劳动能力的贫困群众，引导他们参与扶贫项目，按照就业意向举办厨师、家政、挖掘机培训4期240人次，强化群众自身"造血"功能，通过就业培训、务工招聘、岗位推荐等方式，实现了一户一人稳定就业。

只有聚力提升基层治理能力，脱贫致富才有保障。驻村以来，他一直坚持法治、德治、村民自治结合，依托村实际情况，充分发挥农村党组织领导核心作用，有效发挥农村党组织在乡村治理中的核心作用。制定并修改完善《田冲村村规民约》《关于违规滥办酒席公告》，引导群众自我管理、自我教育，自觉抵制"滥办酒席""盲目攀比"等不良风气。与村支两委积极配合县、乡开展扫黑除恶工作，在全村范围内组织开展扫黑除恶宣传，积极配合派出所的治安巡逻工作，有效阻止和控制了案件的发生。按照依法调解、以德协商的原则，努力把矛盾调解到最小，争取将矛盾化解在基层。

自全国多地发生新冠肺炎疫情以来，与村支两委，带领全村人民群众，坚决贯彻落实党中央决策部署，对全村 16 个村民组 866 户村民进行全面排查，利用村级小喇叭、微信、发放宣传资料、进村入户、车辆流动宣传等方式，广泛宣传新冠肺炎疫情防护知识。组织安排 6 名生活物资采购配送人员，负责全村 16 个村民小组村民基本生活物资采购配送，保障物资供应，解决疫情防控期间村民基本生活保障难题，全面开展疫情阻击。个人主动捐献 1000 元，发动党员群众捐赠 11000 余元，全村未发生疫情。在抗击疫情一线践行初心和使命，勇于担当。

如今田冲村 60 户 205 人建档立卡贫困人口全部脱贫，贫困人口全部实现清零，宽阔的"组组通"公路将全村 16 个村民组全部有机串联起来，水电讯等基础设施完善，主导产业优势显现，田冲村荣膺入选第二批国家森林乡村。一系列"变局"开启了田冲村发展的新篇章，曾经的贫困村已完成了华丽蜕变。

在中国共产党成立 99 周年之际，7 月 1 日，贵州省、贵阳市脱贫攻坚"七一"表彰大会在贵阳隆重举行。余杰颖被表彰为全省脱贫攻坚优秀村第一书记及贵阳市优秀党务工作者。

"作为一名共产党员，我有幸参与并见证了脱贫攻坚这一伟大的历史进程，倍感骄傲、十分自豪。两年多的奋战历程，让我更加深刻理解一名共产党员的初心和使命。脱贫摘帽不是终点，而是新生活、新奋斗的起点。我将坚守阵地、真抓实干、一往无前，千方百计巩固来之不易的脱贫成果，推动全面脱贫与乡村振兴有机衔接，带领全村党员群众在小康路上行稳致远。"这份荣誉让余杰颖更加坚定了信心和决心。

赵朝发：邀请"市民认种猕猴桃"
解决农村产业发展"三无"难题

修文县青山村村主任

在修文县青山村赵朝发家的院墙上，至今还贴着一块职责牌，上面清晰地写着四大职责，其中一项是"找路子 带民富"。

这是 2011 年赵朝发当选青山村村主任时，洒坪镇人民政府为村主任当选人明确的主要工作职责，这也是赵朝发自己对村民们的承诺。

时间过去了八年，这块职责牌已陈旧，但赵朝发仍然舍不得拆掉。"虽然我不当村主任了，但我还是党员、农村致富带头人，这块牌子时刻提醒着我该干什么，给我指明了方向。"赵朝发说。

在这个目标指引下，赵朝发向城市居民发出"认种"邀请，同企业签订订单生产，向政府寻求技术支持，有效解决了农户在猕猴桃发展中无资金、无技术、无市场的"三无"难题，通过"公司＋合作社＋农户"的产业发展模式，带领青山村群众走上致富路。

一、"市民认种"破解资金难题

过去的青山村，村民们种过果树、蔬菜，最终因技术、市场等因素，产业发展未能成功。赵朝发知道，要动员群众参与发展，必须有明确的发展路子，我是村主任、是党员、是农村致富带头人，领着群众干，带着群众赚钱是我的使命与职责。

2014年，在修文县大力发展猕猴桃的背景下，赵朝发决定再发动村民种植猕猴桃。但习惯了日出而作、日落而息常规的农村群众，更不敢摸投入大、风险大的猕猴桃。赵朝发知道，机遇瞬息即逝，哪怕历尽千辛万苦，也要动员群众一起发展。"为了增加农户的信心，赵朝发不辞辛劳每家每户上门动员，谈政策谈市场谈技术谈收入，从白天聊到晚上，口水都说干了，但没有一户村民愿意参与。"后来发展起来的群众回忆说，赵朝发真的是把群众的事当作自家事来做，极有耐心，一项一项地算，一样一样地比较，并不断给大家打气。

赵朝发分析原因，一是村民有失败的阴影。二是全县都在种猕猴桃，数量多了怕卖不出去。三是种植一亩猕猴桃要投入上万元的资金，老百姓没钱。

看着外出务工人员越来越多，土地撂荒越来越严重，赵朝发做了一个决定：农户没有钱，那就找有钱的人来投资，并把目标锁定在城市居民的身上。

赵朝发把这一想法和村委会的同志商量后，大家一拍即合。粗略算了种植一亩猕猴桃的投入与产出账后，他们向贵阳城里认识的一些市民发出了"猕猴桃认种"的邀请。

"邀请发出不到一周，就有十多位市民愿意来投资认种猕猴桃。后面，一个带一个的，共计来了40余位市民，资金的问题一下就得到了解决。"赵朝发说。

对于认种猕猴桃，赵朝发是这样想的，认种人只需要投钱，不用参与管理，也不用担心市场，猕猴桃成熟时还可以到认种基地进行采摘体验。对于农户来说，解决了想发展猕猴桃产业而又没有资金的难题，可谓一举两得。

二、多方受益，激活产业发展一池春水

有了资金后，赵朝发又开始忙碌起土地流转、生产管理、利益分配等详细规章的制定。

赵朝发和青山村村支两委商量确定，通过农民专业合作社，将过去种植蔬菜的村民撂荒的土地全部流转过来，然后由合作社、市民、农户共建"猕猴桃认种"基地，共计流转了207亩。

建起了基地，赵朝发很快制定出投资和利益分配方案：按种植一亩猕猴桃三年投入14000元来算，市民前三年每亩投资7000元，三年后每亩出资1000元用于管理及肥料、农药费用的支出，投产后，每亩每年获销售收入的50%。合作社采取银行贷款的方式，每亩投资7000元，负责技术和生产管理，获取收益的45%；村集体作为协调方，每年可以分得合作社收益的5%。农户获取土地租金收益和务工收入。另外，合作社与修文县农业投资开发公司签订收购协议，由该公司负责产品收购、市场开拓和品牌塑造。

为兑现该村发展产业带领全村百姓一起脱贫致富的初衷，该村在土地流转中，采取优先流转低收入困难户的撂荒土地，在用工上优先聘请低收入家庭的农民。

"另外，我们还约定，每年从收益里面拿出36000元分配给村里的低收入户后，再按照比例分配。并在劳务工资上，来自贫困户家庭的工人的工资每天100元，其他非贫困户工人工资为每天80元。"赵朝发说。

四年时间过去，2018年，青山村的207亩猕猴桃全部投产。2019年，参与认种的市民获得28万元的收益分红，合作社向当地农户支付劳务工资和土地租金共计22万元。

满山遍野的猕猴桃，让村民实实在在感受到发展产业的好处。夏

天，大量来自重庆、武汉等地的游客进入青山村休闲避暑；猕猴桃成熟时，周边城市的市民来采摘猕猴桃，不仅带动了当地农家乐的发展，还让当地的土鸡、蔬菜等农副产品不愁销路。目前，该村正依托猕猴桃产业，大力发展乡村旅游服务产业。

"下个月，将有 500 名重庆游客过来休闲避暑，他们最短的住一个月以上，最长的要住三个月。我们村要开始热闹起来了。"赵朝发说。

三、让农民变股民，带动村民共同富裕

为了增加农户收入，合作社提出了新方案——农户可以将土地租金当股金入股猕猴桃产业，享受每年的分红，且合作社保证每亩分得的红利高于土地租金。

"现在，我们种植猕猴桃，除了自然的灾害不可控外，几乎没有其他风险。在市场端，修文县农业投资开发公司有强大的市场渠道，就算滞销，该公司还可对猕猴桃进行深加工。在技术上，我们的农户现在都是猕猴桃种植专业人员。农户的顾虑没有了，因此，我们开始引导农户自己种植或参与入股，要让村民共同致富。"赵朝发说。

据了解，青山村自发展猕猴桃产业以来，合作社每年都要组织农户进行三到五次的猕猴桃种植、修枝、授粉、病虫害防治等技术的培训，要求每位进入基地务工的农民都要持证上岗。

"我们对他们严格要求，也是希望他们能掌握一门技术。现在看来，效果很明显，基地的工人经常被周边村寨请去，帮助他们种植和管理猕猴桃。"赵朝发说。

修文县农业局副局长黄亚欣说，青山村猕猴桃基地发展模式是"公司 + 合作社 + 农户"的代建共享模式。该模式充分利用了农村闲置土地和劳动力，通过合作社的组织协调，形成资源的优势互补和有

效整合，使多方受益。同时，又让农户在产业发展中没有任何风险，实现旱涝保收。

目前，这种模式已经成为修文县快速发展猕猴桃产业的最佳模式。如今。修文猕猴桃种植面积达 16.7 万亩，成为贵州猕猴桃种植第一大县，被称为猕猴桃之乡，其中 85％以上的基地面积均采用了"公司＋合作社＋农户"的发展模式。

张海波：用情用心用力　决胜全面小康

开阳县南江乡毛家院村第一书记

2017 年，随着《贵阳市特别困难村扶贫解困定点包干工作方案》出台，开阳县南江乡毛家院村作为市委组织部定点帮扶联系村，张海波便因此担任驻村第一书记至今。

2019 年 7 月 1 日，张海波被贵州省委授予"全省脱贫攻坚优秀第一书记"荣誉称号；在贵阳市扶贫攻坚"七一"表彰大会上，被贵阳市委评为"贵阳市脱贫攻坚优秀党务工作者"。

在驻村工作组、定点帮扶单位的帮助下，在"两委一队三个人"的共同努力下，毛家院村彻底改变了"穷、弱、空"的落后面貌，华丽转身成为"党建强、产业旺、环境美、百姓富"的富美乡村示范村。

在张海波的带领下，毛家院村确定了"农旅养一体化"发展思路，明确了"一年打基础、两年见成效、三年抓巩固、四年全面提升"的工作部署和时间节点，坚持基础设施建设与产业发展协同推进，产业扶贫与民生保障互促互进，推进全村脱贫攻坚向乡村振兴迈进。

一、补短板强弱项，改善基础设施

基础设施持续改善是脱贫攻坚工作的重要支撑。毛家院村聚焦打好基础设施建设硬仗，坚持量质并重，把发展规划落实到具体项目，着力补齐基础设施短板。在上一年取得阶段性成果的基础上，张海波带领"两委一队三个人"和全村群众继续对照小康标准，大力实施基础设施建设"六项行动计划"。

修通"小康路"。完成组组通硬化路 15 条，总长 28 公里，串户路 13 公里；完成香树至高枧、高枧至小岩口（岩下寨）、岩下寨路口至老落田三个施工段，全长 14.5 公里、宽 6.5 米的产业大道。随着这条连接 20 多个村民组的产业发展"大动脉"的打通，不仅极大地改善了村民的出行条件，更是打破了全村交通瓶颈制约，提高运输效率、降低运输成本，为平衡全村产业发展提供了完善的交通配套。

引入"小康水"。在提水工程全村覆盖的基础上，积极实施农村饮水安全巩固工程，建成一座 300 立方米的高位水池。同时，新修农田灌溉沟渠 5.2 公里，维修山塘水库 3 个，全村饮水巩固提升率达 100%，基本农田灌溉面积比例达到 60% 的扶贫解困标准。

建好"小康房"。考察评估村民房屋情况 70 余座，严格按照省、市、县工作要求，严把工程建设质量，完成农村危房改造 15 户，其中一级 5 户、二级 5 户、三级 5 户，圆满完成农村危房改造和住房保障工作任务。

扮靓"小康寨"。以香树组作为毛家院村的社会治理示范点，建成占地 168 平方米的群众服务中心，配套的灯光球场和羽毛球场顺利完工并投入使用，群众开展文化体育活动的基本需求得到进一步满足；扎实推进"厕所革命"，建成公共厕所 3 座；建成投用香树和迎龙寨生态污水处理厂，设立垃圾中转站 1 个，集中收集处理点 9 个，进一步提升改善人居环境和村容村貌。

二、依托资源优势，狠抓产业培育

产业发展升级是脱贫攻坚工作的重要举措。毛家院村依托资源优势，整合涉农资金，狠抓产业培育，积极推进产业结构调整升级。

具体实践中，毛家院村充分利用南江乡旅游生态资源，结合当地地理、气候条件，贵州省农科院园艺研究所建立富硒生态猕猴桃仿野生栽培示范基地 200 亩。项目总投资 150 万元，辐射带动种植 300 亩，初期亩产值 1 万元。

同时，积极引进贵州仙草农业有限公司，在卡木屯、中屯组发展中草药种植、研发项目。项目一期总投资 1000 万元，建成占地 300 亩的天门冬、黄金等中草药基地，对土地、山林按照 10 年内平均每年每亩 520 元、125 元的价格进行流转。项目直接长期提供就业岗位 10 余个，引导村民种植药材，公司统一进行技术培训、管理指导和保价回购，帮助村民增加收入。

以全省产业结构调整为契机，组建合作社和小微企业，张海波组织群众规模种植脆红李、黄蜡桃等经果林 5000 亩，以短养长种植大葱 500 亩、线椒 100 亩、牛腿南瓜 400 亩。

不仅如此，张海波还带领村民大力发展旅游，增加农民收入。水上乐园新投资 800 万元，打出温泉水，出水温度 30 余度，新建游乐项目 20 余个。2018 年开业以来，累计接待游客 15 万人次，产值达到 800 余万元。

此外，进一步巩固和发展现有产业。泡椒厂每年带动 73 户农户种植彩椒 400 亩，以 1.2 元每斤的价格收购 80 余万斤，户均收入 13150 元；菌棒厂 2020 年完成菌棒生产、冷库、烘干室等厂房建设

1300平方米，建成生产大棚84个2万平方米，生产菌棒300万棒/年，种植食用菌90万棒，年产值突破100万元。

三、持续改善民生，提高群众获得感

按照以人民为中心的发展理念，瞄准脱贫攻坚中的短板弱项，密切关注群众多方面、多层次的需求，持续保障和改善民生，切实提高群众获得感。

着力打好教育医疗住房"三保障"硬仗。实施贫困户教育扶贫32户，整改提升村属幼儿园，新收入学幼儿8名，教育帮扶解决29名贫困学生学杂费，帮助275名贫困家庭子女在外就学，全村未出现适龄儿童辍学、因贫失学和因学返贫情况；2020年新农合新增参保85人，全村参保率100%，较上一年度提升4.1个百分点，贫困户参保率达到100%，全村无一起因病致贫、因病返贫问题发生；在"两委一队"的积极推动下，组建毛家院村施工团队，承揽本村"因户施策"工程项目，帮助村民改造房屋23户，修缮圈舍15处，挖通排沟渠200余米。

劳动力就业率稳步提升。"组组通"道路和产业大道的建设创造了大量工作机会，先后有100余人参与到修建中，获得劳动收入超过100万元，有效转化和利用了本村富余劳动力；泡椒厂长期解决本村劳动力就业13个；菌棒厂以"公司＋合作社＋农户"的模式带动30户困难户发展，长期解决17个劳动力就业；水上乐园在旺季平均每周接待游客1.5万余人次，最多能提供临时用工岗位110余个，淡季也能稳定提供用工岗位25个。

困难群众收入水平持续增长。通过流转盘活闲置土地资源，整合各类扶贫涉农资金，采取"村集体＋企业＋农户"的合作模式，建立以股权为核心的利益联结机制，为贫困户获得持续性收益提供保

障。2018 年以来，建档立卡贫困户人均可支配收入达到 5800 元，比上年提高 74%。

四、建强班子队伍，夯实战斗堡垒

战斗堡垒坚强有力是脱贫攻坚工作的重要保障。毛家院村前线工作队以创新型党组织创建为统领，严格落实"一好双强"标准，突出从加强班子队伍建设、壮大村集体经济等方面发力，推动抓党建与脱贫攻坚深度融合，将"两委一队"筑牢，成为脱贫攻坚、乡村振兴牢固的战斗堡垒。

党支部严格落实"三会一课""三会一评"等党内制度，认真开展"主题党日""两学一做"等党内活动。坚持周一集中学习例会制度，及时传达学习中央和省、市、县有关会议精神。利用农民讲习所、宣讲团、党建红云等平台，通过"三同一助""乡间党课""坝坝会"等形式，引导党员干部持之以恒用习近平新时代中国特色社会主义思想武装头脑、指导实践、推动工作，组织开展各类学习宣讲活动36 场次。

充分发挥党员先锋模范作用。在"组组通"道路和产业大道修建过程中，为了做通占地村民的思想工作，前线工作队积极作为，多次深入群众家中进行走访协调，充分了解群众意愿、统一群众认识、凝聚群众共识。在这个过程中，不少老党员、离任村干部更是主动担负起化解矛盾、协调群众的任务，为村支两委工作提供有力支持。

村级集体经济不断发展壮大。村支两委积极主动作为，帮助引进企业发展生产，促进企业与其他乡镇同类型企业开展联动、抱团发展。同时，根据企业经营情况落实分红事宜。2018 年，实现建档立卡贫困户首次分红，未脱贫建档立卡贫困户分红 3060 元，脱贫建档立卡贫困户分红 1116 元；村里通过土地流转、产业入股分红、上级政策扶持、基础设施建设等渠道，村级集体经济收入年均达到 160 万元。

在张海波及村支两委班子的带领下，毛家院村发生了蜕变。2020 年 3 月，毛家院村被中央农村工作领导小组办公室、农业农村部、中央宣传部、民政部、司法部五部门授予"全国乡村治理示范村"荣誉称号。从贵阳市特别困难村到全国乡村治理示范村，毛家院村用了三年时间实现华丽转身。

张青：脱贫攻坚铸忠魂　誓为党旗添光彩

云岩区民政局扶贫干部

自开展望谟县打易镇对口帮扶脱贫攻坚以来，张青积极发挥党员带头作用，凝聚带动社会各界强大攻坚力量、鼓舞激发贫困群众内生动力，精准发力、强势推进，以研学者、调研员、规划师、组织人、实践家的姿态投身脱贫攻坚事业，用实际行动折射出一名普通共产党员的担当、责任、初心、使命。

一、她是脱贫攻坚方针政策的"宣传员"

为尽快找准位置，进入角色，做好工作，张青坚持把政治理论学习作为干好脱贫攻坚工作的第一要务，在主题教育中，坚持以习近平新时代中国特色社会主义思想为统揽，怀着极大的热情全面学习贯彻落实习近平总书记关于扶贫工作重要论述和党中央脱贫攻坚决策部署，系统学习脱贫攻坚系列政策，将"两不愁三保障""六个精准""五个一批"等基本政策方针熟练于心，在思想上、认识上、行动上与国家政策方针、上级决策部署保持高度一致，为脱贫攻坚保质保量完成提供强大的政治保证。同时，为利于国家脱贫方针政策精准落地，攻坚任务开展奠定坚实的群众基础，她利用所学所得，以"主题党日活动"为契机，先后4次带领党委班子成员、支部党员先后多次下村组、进家户为扶贫对象宣讲脱贫方针政策，让国家普惠政策入心入脑。

二、她是脱贫攻坚擘画蓝图的"规划师"

"扶贫在于'精准'，必须了解帮扶对象每家每户的情况，才能对症下药，精准脱贫。"隶属于贵州省黔西南布依族苗族自治州望谟县打易镇的河头上村、二泥村是全国贫困村、脱贫攻坚重点村镇，也是云岩区民政局结对帮扶对象，为全面了解对口帮扶望谟县打易镇对口帮扶村的村情民情，她多次带领局党委班子成员深入田间地头、走入村组屋舍宣讲国家脱贫方针政策，与乡镇干部、扶贫对象一起聊村情、解民意、挖穷根、治穷病，全面掌握了第一手的调研材料，为下一步脱贫攻坚精准"规划蓝图""开方下药"提供科学、翔实的数据支撑。针对对口帮扶村基础底子薄、增收项目少、贫困程度深、扶贫成本高、脱贫难度大的实际情况，在深入细致的基层调研、多方会诊的科学研判、多方沟通全面协调的基础上，带领班子成员精准施策亲自提笔谋划《云岩区民政局对口帮扶脱贫攻坚实施方案》《云岩区行业特色工作组工作机制》等一系列精准实用的脱贫攻坚工作方案、制定了一张"以党建引领、多方联动、常态帮扶、合力攻坚"的总蓝图。

三、她是脱贫攻坚强大合力的"凝聚者"

按照"一切工作都向脱贫攻坚发力，一切工作都与脱贫攻坚融合，一切工作都为脱贫攻坚服务"攻坚总原则，她积极立足民政工作职能，先后5次组织全区民政系统党员干部召开"脱贫攻坚推进会"，在全区民政队伍统一认识、凝聚共识；组织辖区养老服务机构、各类社会组织、社会爱心群体召开脱贫攻坚专题协调会，下发《云岩区社会组织脱贫攻坚倡议书》等多形式，多方位引导社会组织、社会力量积极参与脱贫攻坚结对帮扶，先后发动云岩区养老产业党建、行业"双联盟"等多家社会组织筹集帮扶资金91000元，为望谟县打易镇40户贫困户200余名脱贫对象开展对口帮扶；发动爱心企业、爱心人士等社会力量组成"善爱行"微信公益团队，捐资善款5万余元，购买文具、校服、鞋子及食品一批，帮助望谟县打易镇长田小学改善学生学习和生活条件，解决办学难题。充分激发扶贫对象自主脱贫内生动力，推动社会资源供给和扶贫需求的双向衔接，实现脱贫攻坚"输血"与"造血"联动并举、协同推进的良好工作格局。她创新谋划、统筹协调，牵头成立"云岩区脱贫攻坚行业特色帮扶工作组"。组织24家社会组织筹集资金24万元，为望谟县打易镇边王村等四个贫困村搭建"爱心超市——云岩站"，通过创新"爱心积分"兑换生活用品的形式，激发扶贫对象自主脱贫主动性。同时积极拓展帮扶村集体增产增收渠道，特设开通了"农产业绿色通道""就业培训通道"，牵头将帮扶地优势农产品资源引入辖区市场一线、群众餐桌，协调辖区社会组织开展就业技术培训，为帮扶对象提供意向性就业岗位47个，就业信息30条。试引进猪肉、鸡蛋、菜油等一批特色农产品供销各养老服务机构，为在院老人开设健康餐桌，深得老年群体喜爱。开设北京路社区"雷锋超市"、水东社区"农产品帮扶展示区"，外销增产增收3万余元，有步骤为帮扶地农产品拓宽增收渠道，建立稳定供应链，形成了"点对点、线连线"的特色脱贫做法。

张维：搭建帮扶桥梁　促进就业扶贫

贵阳市就业与职业技能开发中心职介部副主任

　　张维是贵阳市就业与职业技能开发中心职介部副主任，2019 年 8 月被选派到罗甸县挂职，任罗甸县人力资源和社会保障局党组成员、副局长，主要协助局党组书记、局长和就业工作分管局长开展就业扶贫工作。挂职以来，张维充分发挥联络协调作用，为推进贵阳市帮扶罗甸就业扶贫工作发挥了重要作用。

一、主动对接联系，搭建沟通桥梁

　　张维积极为贵阳市与罗甸县搭建沟通桥梁，一是联系贵阳市人力资源市场、云岩区人力资源和社会保障局、经开区人力资源和社会保障局赴罗甸县就如何开展好就业扶贫工作进行调研座谈，为后续对口帮扶工作奠定基础。二是联系贵阳市赴罗甸县开展对口帮扶招聘会 6 场，参加招聘会企业共计 80 余家，提供就业岗位 5000 余个。三是联系云岩区帮助引入贵州环亚学校帮助强化罗甸县挖掘机技能培训工作。四是联系义乌行业协会赴罗甸县考察扶贫车间建设环境。五是疫情防控期间，及时将收集的 30 余家企业 4000 余个就业岗位信息推送给罗甸县劳动力，并积极宣传贵阳市针对有组织输出出台了车费减免、统一包车免费输出等优惠政策，帮助罗甸县贫困劳动力实现转移就业，增收脱贫。六是协调贵阳市就业中心、南明区人社局赴罗甸县就开展对口帮扶就业扶贫工作进行了再次深入对接，重点围绕做好疫情期间劳动力转移就业等方面工作进行了沟通协商，为贫困劳动力精准输入搭建良好平台，深化两地劳务协作。

二、积极配合参与，推进扶贫工作

一是利用参加技能培训开班和结业以及对培训过程中督导的机会，到各乡镇、村以及各易地扶贫搬迁安置点做好劳动就业政策宣讲和就业指导。二是在疫情期间参与稳岗就业专项督查，前往边阳镇部分村和县各易地扶贫搬迁安置点对县稳岗就业工作期间各乡镇村以及安置点对政策和岗位信息的宣传情况、工作人员对政策的熟悉掌握程度以及政策落实过程中存在的问题进行了解。三是按照深入推进人社扶贫促脱贫攻坚督战工作方案，前往茂井镇和凤亭乡进行督战，对乡镇本级和半数以上的村级人社扶贫基本情况和相关各项台账进行检查。四是参与 2020 年罗甸县脱贫攻坚第一季度现场督战，负责对县域十个乡镇和街道的档卡资料建设示范村（点）和"村社合一"示范村的就业扶贫工作开展情况进行检查指导。

三、加强劳务协作，促进转移就业

一是参与赴广州市越秀区的座谈和调研，先后与越秀区人社局和罗甸籍赴越秀区务工人员代表进行座谈，并参观务工人员的工作和居住环境，由越秀区就业局协调赴部分服务类劳动密集型企业进行调研，商讨下一步如何做好有组织劳务输出工作和技能培训合作等相关事宜。二是带队赴浙江省永康市对接劳务协作有关事宜，与当地人社部门和劳务派遣公司进行座谈，实地考察当地企业的用工和居住环境，同时在当地人社部门的帮助下成功设立罗甸驻永康"劳务协作 +"工作站，并商讨草拟两地劳务协作协议有关内容。

张仙："阳光总在风雨后"

贵阳市人大常委会办公厅驻村干部

贵州的大山一座接着一座，像此起彼伏的巨大浪头，席卷着延绵向远方。在这绿油油的大山里，一个个村庄星罗棋布，似繁星倒映在绿色中，似宝石镶嵌在大山里。

2018年，阳春时节，鸟语花香、莺歌燕舞。张仙沐浴着春风，驾着车，穿行在山间，颠簸在路上，探索着来到了大洪村。大洪村是国家级贫困村，贵阳市的20个极贫村之一，位于息烽县石硐镇。以前大洪村流传着这样一句话："问息烽哪里最穷？人们会不由自主地说是石硐；问石硐哪里最穷？人们会不由自主地说是大洪。"大洪村的穷，是出了名的。正因如此，张仙作为脱贫攻坚驻村干部，来到这里，参与全国上下这场轰轰烈烈的脱贫攻坚大战。

来驻村，张仙是安心的，因为有妻子对家庭的付出和担当。张仙的家，是一个普通得不能再普通的小家，张仙说："说实在的，来驻村，我对家庭是很愧疚的。不管是工作还是生活，累点苦点我不怕，怕的是没有付出的机会。对于我的小家而言，就是如此，明知这个家需要我在家一起分担，可工作却让我有家不能回。单说孩子生病一事，几乎都是妻子一人面对。婴幼儿，抵抗力差，很容易生病。有一天深夜，女儿得了小儿烧疹发了高烧，妻子硬是把儿子一人丢在家里，独自抱着女儿，撑着雨伞，冒着大雨，打不到车，蹚着水走了一两公里的路程，赶到医院。女儿虽然没有被雨水淋湿，可是妻子自己全身上下都湿透了。等医生就完诊、抽完血、拿到化验结果、开好药，天边已经泛起了鱼肚白，妻子身上的湿衣服也差不多自己风干了。第三天，女儿的高烧还没退，妻子自己却病倒了，感冒发烧。她实在是撑不住了，才给我打了电话。然而这样的事情，我妻子自己都记不清重复过多少次了。即便如此，可妻子从来没有埋怨过，显得很坚强，其实我知道，那是她在苦苦地为这个家支撑着。发自内心地说，一个真诚担当的女人，不管是对于一个男人还是一个家庭，都是福音。"

妻子给张仙安稳了家这个大后方，张仙的驻村顾虑也少了许多。同时"娘家人"（贵阳市人大常委会办公厅）的鼎力支持，更是直接为他创造了干事创业的良好条件。大凡镇村两级提出需要张仙协调项目支持，只要他回单位报告，都会亲自协调有关部门予以帮助。S520省道修复、"组组通"、机耕道、道路标识标线标牌、房屋庭院整治项目、房屋立面整治、猕猴桃园区喷滴灌系统、错季节开花、农特产品宣传、千村整治等一系列项目的争取落实，极大地推进了地方的脱贫攻坚工作。

不过，争取项目是一回事，实施项目要达到预期效果就是另外一回事，必须要主动融入实施过程，才能对项目实施效果予以把控。项目在实施过程中，会遇到各种各样的现实情况，不仅可能达不到预期效果，还有可能为长远发展埋下隐患。因此，项目的实施，驻村干部绝不能当甩手掌柜，完全交给施工方实施，必须适时主动介入项目实施过程，以便及时发现问题，并对项目实施内容进行调整。有个项目，张仙算是介入最多的，那就是大洪村的庭院提升整治项目。

庭院提升整治项目涉及资金300余万元，主要是用于大洪村的庭院提升整治。当时施工方提供的实施方案，是只对以前开展过房屋立面整治的庭院进行提升改造，且改造的对象不是以房屋栋数为单位，而是以户数为单位。如果按照这个方案实施，必然会引发众多矛盾纠纷。因为农村不是完完全全的一户一房，有很多是多户一房。那么按照户数实施，多户一房的庭院便可安排很多的改造内容，一户一房的庭院就只能安排一两项改造内容，而没有房屋立面改造过的房屋庭院就什么都没有。很明显，这个实施方案没有考虑到农村并非一户一房的大实际，如果继续实施下去，不仅不公平，达不到项目的预期效果，还会造成更多的社会矛盾。张仙作为项目的争取者，深知项目能争取落地非常不容易。为了让项目达到预期效果，最大限度地发挥项目促进社会治理的作用，减少资金浪费，他提出拓展项目实施内容及范围的想法。即庭院提升改造项目要按照房屋栋数为单位推进，每栋房屋庭院均要实施，庭院改造内容不宜过于复杂，每栋房屋对应的庭院尽量以门头和瓜果架为基础，从立体上美化庭院，多余资金用来改造公共区域，强化文化要素的打造。当然，张仙遇到了极大的阻力，个别干部不支持，施工方不接受。

更甚的是，有干部因此而与他争论。

这干部说："你管天管地，难道还管人拉屎放屁。项目实施是施工方的事情，你管那么宽搞哪样？"

张仙回答说："明知这样实施不合理，老百姓意见大，再不管，就是不负责任。对问题置若罔闻，尸位素餐，那来驻村有何用？"

那干部又说："项目的施工方是县直部门招投标来的，你怎去管？"

张仙回答说："办法总比困难多。可以先跟镇党委政府汇报，由他们出面协调。如果还不行，再想其他办法呗。"

张仙不仅这样说，也这样干了。他第一时间跟镇党委分管村建的黄婉乔委员汇报，那时她正在休年假，不过听了他的汇报后，黄委员第一时间跟县住建局作了反馈，县住建局第二天就安排人来村里。经过一席深入的座谈，他们采纳了他的建议。

阳光总在风雨后。经过之前的努力，最终房屋庭院提升整治项目的实施，不仅达到了预期效果，而且还覆盖更多内容。全村房屋庭院从立体上得到美化，文化墙长龙般沿村道舒展，寨门成为村寨新标志建筑，猕猴桃观光长廊发挥多个阵地作用。至此，鳞次栉比的房屋蓝瓦白墙浑然交融，房屋庭院瓜果架与门头遥相辉映，文化墙与寨门意型搭配……完全一幅美丽乡村的画面呈现在眼前。

干部心连民心。干部辛勤的付出，群众是看在眼中、装在心里的。通过全身心地争取项目和实施项目，让群众深入了解他，也增进了张仙与群众之间的情感，群众对他认可度大幅提升。

"书记，我要向你反映个情况。"70多岁的老大爷陈荣刚说。

"我哪是什么书记嘛，就是你们村的驻村干部而已。你要反映啥问题，可以找村支两委，或者第一书记嘛。"张仙调侃地说。

他说："我不了解他们，我只信任你，你不是书记更甚是书记。"

张仙回答说："承蒙你老人家抬举和厚爱，要不我们就聊聊。"

当时，陈荣刚老人家反映的是一村干部办事不公、优亲厚友的事情。

"吃百姓之饭，穿百姓之衣，莫道百姓可欺，自己也是百姓；得一官不荣，失一官不辱，勿说一官无用，地方全靠一官。"干部与群众是互生共利的关系，民声直接反映干群关系的好坏。

经陈荣刚老人家这一说，张仙的心头也是一紧。如果他反映属实，那么势必村民心中是有积怨的，如不及时化解，必然会影响全村后续发展。回到村委会，他把陈荣刚老人反映的事情避重就轻地说了出来。可是一听到陈荣刚的名字，他们就不约而同地说："那人是刁民"。

毛主席说过"没有调查，就没有发言权"。张仙不能轻信一家之言，必须摸清实情，才有发表意见的权利。于是他顺藤摸瓜，沿着陈荣刚老人反映的线索展开调查。经了解，陈荣刚老人反映的内容和实际情况出入不大。这件事情更是引起了他对类似情况的高度重视。

虽然群众主动跟张仙聊天、反映问题越来越多，但是他还得主动沉下去，举一反三，得把类似于陈荣刚老人之类的所谓的"刁民"刁的原因摸清楚。

一段时间来，张仙独自一人游走于"刁民"家，甚至在有的人家，一聊就是几个时日。

有干部知道，劝他说："尽量不要一个人下队，不然遇到危险都没人晓得和帮衬。"

张仙说："不一个人走访群众，他们不会跟我们掏心窝子啊！"

独自走访中，张仙深入了解了"刁民"，也摸清了陈荣刚老人反映的那个干部的问题，人们对那个干部的意见的确很大。

"'死的医不活，活的医死了。'那干部尽干些不得人心的事，还想用权压死人。"

"书记，以前没人把我们的话当回事。"

"书记，受那个干部的蛊惑，是没人愿意相信我们的。"

"其他干部都当我们是瘟疫，只有你把我们当亲人。"

……

"刁民"们如是说。

魏征说过："虽董之严刑，震之以威怒，终苟免而不怀仁，貌恭而不心服。""刁民"，他们大多是很硬扎的弹簧，你压得越厉害，他就抵抗得越凶。因为干部自身原因，把他们推向了村支两委的对立面，实在是得不偿失。其实他们大多都关心村寨的发展，只是苦于意见得不到重视，甚至还受到个别干部的打压。长此以往，他们对于个别干部的积怨，便转变为对党和政府的积怨了。由此看来，争取民意，融洽干群关系，关键要能得到认可。

不经一番寒彻骨，怎得梅花扑鼻香。经过张仙与"刁民"们的推心置腹，以心换心，以情换情，"刁民"们也慢慢转变了观念。他们逐步认同了他的说法。"个别干部的问题是干部自身的问题，绝不能代表党和政府。""村民是村寨的主人，绝不能当吃瓜群众，更不能因为个别干部的问题而把自己与全村决裂开去，必须主动支持和参与村里的发展。""要相信党和政府，对于有问题的干部，党和政府最终会给你们一个交代。"

针对问题解决问题，是一个好干部的起码素养。张仙把这个干部的问题摸清楚后，刚好迎来新的村支部书记到任，他便把有关情况跟他作了反映，也带他走访了许多群众。实证以后，村支部书记把问题反映给了镇党委，最终这个干部被清出了村支两委班子。

百尺竿头更进一步。通过张仙个人来化解民怨，拉近干群关系，这只解决一时。搭建一个好的群众与干部互动平台才是长远，这也是乡村振兴的需要。

为此，张仙跟村支部书记提出搭建群众与干部互动平台这个想法，他说要不就建立乡贤理事会。张仙认为，建立这个平台，乡贤理事会还不如相信理事会来得好。不过叫啥名字不重要，重要的是要把这个平台建起来。于是大洪村的乡贤理事会于2019年年底成立了。

由村党支部引导，由退休干部等知理明事的人、"刁民"等组成的乡贤理事会，大事小事议一议，话桑麻，谈发展，其乐融融。切实拓宽了干部听取民意的渠道，工作也更具针对性。按照马斯洛的需求层次理论，群众想法得到聆听和采纳，他们会觉得得到尊重；群众想法最终得以实现，他们会认为得以自我实现。不管是尊重，还是自我实现，势必会极大地激发群众参与全村发展的激情。群众把自己当村里的主人了，干群关系将不再是个事儿。新冠肺炎疫情暴发后，乡贤理事会成员全员出动，主动参与，上门打招呼居家隔离、参与宣传防控、在进村公路设卡点、蹲点 24 小时值守……

回首三个年头，林林总总，事无巨细，艰辛的付出虽难以丈量，但收获确是那样实实在在。

站在自己付出汗水的观景台上纵目远眺，此山、此村、此物、此景、此人、此事……因自己付出而产生蜕变，这感觉刻骨铭心。

展望那些一样在脱贫攻坚一线执着、坚毅、无私、奉献的驻村人，汗水浇灌着收获，真情滋养着村庄。

众多真情流露的付出，收获了农村的富美变化，收获了贵州的醉美多彩。作为驻村人，可以自豪地说：在脱贫攻坚这个浪潮里，无愧于新时代的使命担当。

周伟：用实干换来秋天丰收的喜悦

贵阳市农投集团综合部优秀驻村干部

30 多岁的周伟，在外人看来，只是一位普普通通的转业士官，然而，在长顺县广顺镇来远村的老百姓眼里，他却是一个充满人格魅力，深受当地百姓拥护的人。他更像是一座灯塔，除去黑暗，照亮了更多人前进的道路。

2019 年，为了响应党的号召，落实脱贫攻坚相关政策，本是集团综合部管理人员的周伟，本可以天天在办公室里吹空调，工作相对轻松，还可以天天按时下班，陪着老婆小孩，然而他心里装的更多的是基层的发展和贫困的人民，他想到基层去放开手脚大胆干，于是多次向集团领导请缨，要求把他调到生产第一线，于是他来到了贫困县长顺。

初到长顺的周伟，一来就面对施工现场管理混乱，生产用地杂草丛生凹凸不平，当地百姓对政策不理解不支持，民企纠纷严重等棘手的问题，但是作为一个在部队待了16年的老兵，在困难面前丝毫没有退缩。他利用两天时间，走遍了项目区的三千多亩土地，一块一块梳理问题，记下笔记，思考对策。针对项目建设问题，对监理施工单位狠抓作风整改，工作落实，并迅速制定了项目部相关管理制度，力求整改懒散风气，以身作则，保证建设任务顺利完成。

为更好地让老百姓树立对产业发展的信心，他一边进行工程建设一边还要开展生产种植，面对基础设施建设不完善，生产种植条件差，为保证工程和种植任务顺利进行，他白天在田间地头解决工程建设及生产种植难题，晚上就和生产种植技术人员讨论种植管理方案，他一干就是一个月没有回家，面对妻子和女儿的埋怨，他只能不断地安抚她们，但是始终都不能改变他扎根基层的决心。

在项目建设期间，因为老百姓看不见产业发展的效果，找不到产业发展的信心，很多老百姓不理解不支持，有些在项目中心的土地不愿意流转，严重影响项目建设的推进，周伟沉下身子，利用晚上休息时间，走村入户听民意，耐心地给村民宣传扶贫政策，做工作，一次不行就去两次，两次不行就去三次，终于，周伟的行动让村民们感受到扶贫政策的利好，纷纷愿意支持工作的开展，此时，周伟已经成了村民们的好朋友、好兄弟。在日常的工作生产中，周伟时刻心疼着老百姓，在田间地头，从来没有领导的架子，经常到生产采收现场看望从村里组织的生产人员，通过真诚的交流聊天，与工人们打成一片，很受村民欢迎。

起初，由于机械化水平不高，生产成本难以控制，工人们的工资也不稳定，周伟考虑到了这一点后，不遗余力地组织专业机构，对农民们的生产技能，农业知识进行了系统培训，对一些较为平整的地块，推行小范围机械化种植采收，这样一来，工人的技能得到了较大提升，生产、采收的效率也大大提高，公司的效益也越来越好，村民们的收入也由原来一天 80 到 90 元，涨到每天平均 100 元以上甚至高的能达到 300 元以上。周伟觉得这一切都很值得，总是乐呵呵地说："我就是想让大家的工资翻一番，甚至更高，让老百姓过上更好的日子。"这种由内而外的激情和情怀，感动着每一个同事。同时也激励着每一个同事，让他们更坚定地放手去做。

雄关漫道真如铁，而今迈步从头越，此时的周伟，俨然完成了一个从部队老兵到带领广大村民脱贫致富的企业管理者的华丽转变，如今广顺基地的繁荣，离不开他夜以继日地工作，离不开他对扶贫任务的执着和信念，更离不开家人对他的支持。

由于离家太远，周伟很难回一次家。无数个家人本应团聚的夜晚，他都选择让同事回家休息，自己却始终坚守在基地建设一线指挥工作。有一次，家中身体本就不好的妻子，在晕倒前最后一刻拨通了远在建设工地的周伟的求救电话，拨通的那一瞬间，妻子倒了下去……直到后来妻子被医院抢救了三个小时，终于被抢救过来，周伟突然才意识到，为了做好扶贫工作，他真的欠了家庭太多，每当谈及至此，作为军人的周伟也会潸然泪下。

直至今日，广顺基地建设已按期完成，生产按照计划有序推进，公司效益逐步提升，300 多个贫困农民自从加入生产工作中后，通过劳动生产月收入轻松达到 3000 余元，周伟在提升企业自身效益的同时，不忘初心，牢记使命，出色地完成了初期扶贫工作，建设生产进度超过预期，得到了广大村民的认可和喜爱。

疫情就是命令，防控就是责任。2020 年的新冠肺炎疫情突然来袭，战"疫"当前，兵马未动，粮草先行，接到集团公司派驻支援贵阳市公共卫生救治中心应急工程项目餐饮服务工作任务时，周伟毫不犹豫、义不容辞，主动请战，简单向兄弟们交代好基地工作后，他便收拾行装，家都没来得及回地奔向战"疫"一线"将军山"，在那里夜以继日，悉心坚守，一直没有回家。他用实际行动践行着农投集团召之即来、来之能战、战之必胜的队伍精神。

即使在"将军山"的饮食保障工作中已然精疲力尽，周伟仍然放心不下长顺的扶贫工作，经常利用难得的休息时间号召长顺基地的同志们召开视频会议，听取同志们在扶贫工作中遇到的问题，指导同志们如何更有效地开展扶贫生产工作，并对下一阶段的工作提出建议和安排，保证长顺基地的顺利运营和企业增收效益。

从进驻"将军山"院区的那刻起，周伟时刻坚守阵地，驻扎在院区内，未曾离开过一分钟。牢记统筹安排包含医务人员、患者、项目施工等人员整体就餐的使命，不忘热情服务前线"战士"的初心。医生们24小时的连续作战，他也不能休息，除了正常的早中晚餐再加夜宵外，他会向医务人员、公安交警人员、项目建设人员征求意见，得知医护人员和患者喜食清淡，建设者偏好油荤时，立即反馈至餐饮工作组，即刻要求分门别类地配出菜单，以调节众口来提高"将军山"院区人员工作的积极性。用餐保障过程中，周伟与团队一起建立"配餐＋点餐"服务模式，最大限度满足大部分人早、中、晚、夜宵一日四餐服务保障。

与此同时，针对隔离区医务人员和确诊病人，积极提供"个性化点餐"服务，尽全力、用情感满足大家的需求。一是推出"个性需求"服务。结合确诊病人身体状况以及医务人员的建议，精心选择食材，由高级营养师科学配制营养餐，助力他们早日恢复健康。二是推出"私人定制"服务。隔离区的医务人员和确诊病人来自四面八方，口味不一，为了帮助广大医务人员缓解压力、工作顺心，帮助确诊病人疏解情绪、生活舒心，推出"个性需求"服务，由隔离区医务人员和确诊病人点餐配送，最大限度满足他们的口味需求。三是推出"全天不打烊"服务。针对一些确诊病人因心情焦虑，导致需求特殊，24小时不"停业"，不管任何时候病号有需求，都是第一时间满足。

周伟细心地承担着市公共卫生救治中心应急工程建设期及后续入驻人员餐饮服务保障工作。日常工作中，他坚持用心服务，以情动人，竭尽全力做好广大项目建设者、一线医务工作者和行政管理者的餐饮服务工作，为"将军山"院区如期建成投用提供坚强后盾。为搞好用餐保障工作，周伟与团队一起建立了信息收集反馈机制，组建"抗疫情餐配战队"微信群，采取"需求每日一统计、菜样不重复、信息相协调"的方式，对就餐人数进行统计汇总，精准掌握用餐数量，确保信息实时共享、无缝对接。精心制定每日菜单，加强与后勤管理人员的交流沟通，广泛收集用餐人员反馈的就餐信息，及时进行汇总分析，随时对菜单进行调整充实，最大限度满足大部分人的餐饮需求。建立备餐调运机制，本着数量保证、厉行节约的原则，每餐均备有足够的机动数量，确保院区所有人员能够吃饱，全身心投入项目建设和疫情防控阻击战中。配餐原材料全部来自集团旗下企业，确保食品绿色安全、品质有保障。

自抗击新冠肺炎疫情阻击战以来，周伟始终牢记"生命高于一切，疫情就是命令"的宗旨，坚守着"将军山"院区的"阵地"。他放弃休假、告别妻女、以院为家，配合医院全面优化团餐配送工作，也按照市农投集团党委的要求严把质量关、安全关，对配送过程严格把控。用心、用情、用力地服务，得到了广大项目建设者、一线医务工作者和行政管理者的充分肯定。

他始终坚信："阴霾终将过去，曙光就在前方，待到山花烂漫时，我们不见不散"。在工作中，周伟始终胸怀信念、坚定信仰，身处疫区、无惧生死，坚持抗疫与生产两手抓、两不误，每天远程指挥、视频调度，基地春耕井然有序，在"将军山"这片热土上，用青春挥洒汗水，浇灌理想之花，满怀激情地等候着秋天丰收的喜悦！

附录

贵阳市全国、全省脱贫攻坚先进个人和先进集体获奖名单

全国脱贫攻坚先进个人（2 名）

杨锡勇　贵阳市开阳县扶贫开发中心主任

雷鹏飞　贵阳市委政法委关爱中心后勤部长

全国乡村振兴（扶贫）系统先进个人（1 名）

邱　波　贵阳市扶贫开发技术服务中心主任

全省脱贫攻坚先进个人（61 名）

陈雪竹　贵阳市农业委员会扶贫规统处副处长

杨锡勇　贵阳市开阳县扶贫开发中心主任

严文富　贵阳市开阳县双流镇三合村支部书记

陈海滨　贵阳市委宣传部副主任科员、开阳县南龙乡党委副书
　　　　记、翁朵村第一书记

杜友山　贵阳市修文县谷堡乡党委书记

吴仕启　贵阳市花溪区马铃乡扶贫站站长

杨通帅　贵阳市花溪区农业局扶贫科工作人员

李　刚　贵阳市清镇市暗流镇扶贫电商办工作人员

赵吉伦　贵阳市修文县龙场镇甘坝村村委会主任

郭庆文　贵阳市群工委网格管理中心办公室副主任

盘　江　贵阳市人民政府办公厅秘书七处处长

陈　生　贵阳市乌当区下坝镇农办主任

赵福生　女　贵阳市花溪区高坡乡党委书记

姚绍波　贵阳市开阳县扶贫开发中心规统科科长

马运祥　贵阳市扶贫开发办公室社会扶贫处处长

刘晓东　贵阳市经济技术开发区党工委副书记

金　显　贵州双龙航空经济区社会事业发展局农工处负责人

邓文乾　贵阳市南明区教育局党委书记、局长

邓明礼　贵阳市白云区农业农村局工作人员

刘明兰　女　贵阳市委办公厅办公室主任

姚高波　土家族　贵阳市人大选举任免联络委员会代表联络处副处长

罗　松　贵阳市政府办公厅建议提案处处长

张　峰　苗族　贵阳市修文县六桶镇宝寨村第一书记，贵阳市政协文化文史与学习委员会办公室主任

吴　勋　贵阳市委组织部部务委员

吴远学　贵阳市开阳县南龙乡翁朵村第一书记，贵阳市互联网信息办公室网评科副科长

贾俊杰　苗族　贵阳市社会治理综合服务中心基础数据采集部部长

向　洋　女　贵阳市委统战部常务副部长

谢启洪　彝族　贵阳市农业农村局（市乡村振兴局、市生态移民

局）扶贫项目开发处处长

张志坤　贵阳市农业农村局（市乡村振兴局、市生态移民局）生态移民处副处长

余江平　贵阳市果树技术推广站副站长

邓建忠　贵阳市修文县六桶镇石板村第一书记，贵阳市房地产交易管理中心工作人员

李小京　贵阳市水务管理局一级主任科员

莫　江　贵阳市水务管理局建设处处长

李　奇　清镇市流长乡王院村第一书记，贵阳市商务局工作人员

路喜宏　贵阳市民政局局长、党委书记

陈　薇　女　贵阳市财政局税政法规处处长、农业处处长（兼）

刘锡秋　贵阳市就业与职业技能开发中心主任、党总支书记

张　英　女　国家统计局贵阳调查队队长、党组书记

周　伟　贵阳市扶贫开发投资有限公司长顺县分公司负责人

王　玉　女　生前为从江县丙妹镇大歹小学第一校长，贵阳市南明区南明小学副校长

李震宇　贵阳市花溪区扶贫开发服务中心主任

唐家贵　苗族　贵阳市花溪区马铃布依族苗族乡党委书记

苏利霞　女　贵阳市乌当区百宜镇党委书记

余　华　贵阳市乌当区农业农村局局长

蒋德盛　贵阳市白云区国有资产投资管理有限公司负责人

朱元超　贵阳市观山湖区扶贫开发领导小组办公室专职副主任

张崇彬　贵阳市观山湖区百花湖镇党委委员、人大专职主席

王国鉴　贵阳市清镇市副市长

尹乐平　贵阳市清镇市扶贫开发服务中心规统科负责人

周元刚　穿青人　贵阳市清镇市流长苗族乡油菜村丫口组村民

卢 燕 女 贵阳市修文县委常委、县纪委书记、县监委主任

王 发 修文县六桶镇扶贫工作站负责人

余德江 修文县小箐镇龙山村大寨组村民

李明伟 息烽县副县长

邹华军 息烽县温泉镇党委书记

孔 毅 开阳县冯三镇党政办副主任

李洪伟 开阳县花梨镇扶贫站站长

张稀国 贵阳市公安局经开分局刑侦大队二级警长

李 季 彝族 贵州双龙航空港经济区社会事业发展局副局长

李志文 贵安新区马场镇马鞍村第一书记，贵安新区经济发展局
工作人员

梁 斌 贵州威门药业股份有限公司董事长、高级工程师、执业
药师

全国脱贫攻坚先进集体（2个）

贵阳市农业农垦投资发展集团有限公司

中共息烽县石硐镇委员会

全省脱贫攻坚先进集体（33个）

贵阳市委办公厅

贵阳市政府办公厅

贵阳市纪委市监委机关

贵阳市教育局

贵阳市医疗保障局

贵阳市云岩区农业农村局

贵阳市花溪区农业农村局党委

贵阳市花溪区水务管理局党委

贵阳市乌当区纪委区监委机关

贵阳市乌当区水田镇竹林村党支部

贵阳市观山湖区朱昌镇党委

贵阳市观山湖区金华镇何官村委会

贵阳市清镇市水务管理局

贵阳市清镇市农业农村局

贵阳市清镇市王庄乡小坡村党总支

贵阳市修文县委久长街道党工委

贵阳市修文县委组织部

中国农业发展银行修文县支行

贵州修文农村商业银行股份有限公司

贵阳市息烽县委办公室

贵阳市息烽县农业农村局

贵阳市息烽县九庄镇党委

贵阳市开阳县农业农村局

贵阳市开阳县高寨乡党委

贵阳市开阳县宅吉乡党委

贵阳市开阳县冯三镇党委

贵阳国家高新区科技创新创业局

贵州合力惠民民生超市股份有限公司

贵阳市息烽县扶贫办

贵阳市清镇市王庄乡党委

贵阳市农业农垦投资发展集团有限公司

贵阳市云岩区教育局

贵阳市花溪区扶贫开发办公室

责任编辑：陈佳冉

封面设计：石笑梦

图书在版编目（CIP）数据

一枝一叶总关情：贵阳市脱贫攻坚实践／贵阳市农业农村局，贵阳市乡村
 振兴局，贵阳市生态移民局 编著 . —北京：人民出版社，2022.2

ISBN 978 - 7 - 01 - 024343 - 6

I. ①一… II. ①贵…②贵…③贵… III. ①扶贫－工作经验－贵阳
 IV. ① F127.731

中国版本图书馆 CIP 数据核字（2021）第 257875 号

一枝一叶总关情

YI ZHI YI YE ZONG GUAN QING

——贵阳市脱贫攻坚实践

贵阳市农业农村局　贵阳市乡村振兴局　贵阳市生态移民局　编著

人民出版社 出版发行

（100706　北京市东城区隆福寺街 99 号）

中煤（北京）有限公司印刷　新华书店经销

2022 年 2 月第 1 版　2022 年 2 月北京第 1 次印刷
开本：710 毫米 ×1000 毫米 1/16　印张：57
字数，742 千字

ISBN 978 - 7 - 01 - 024343 - 6　定价：120.00 元（上、下卷）

邮购地址 100706　北京市东城区隆福寺街 99 号

人民东方图书销售中心　电话（010）65250042　65289539